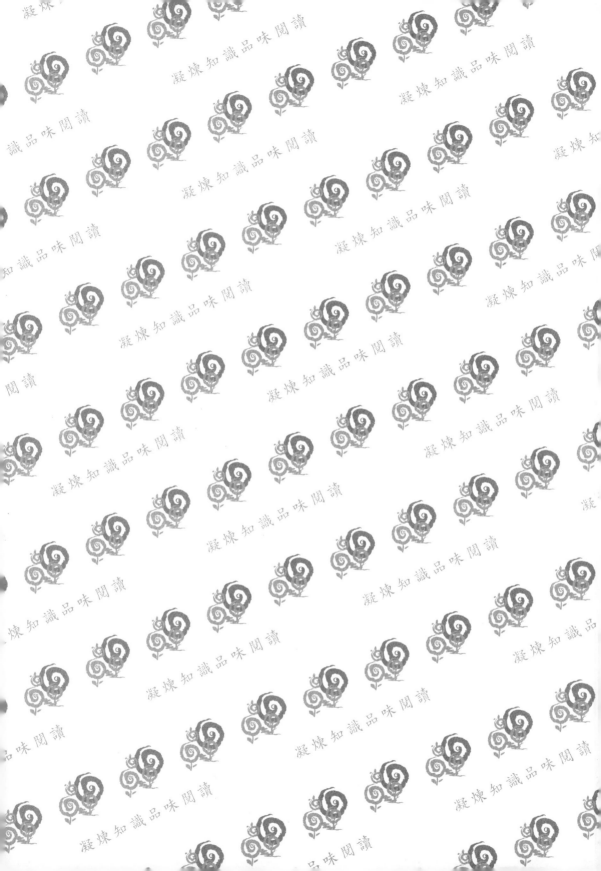

行政法概要

蔡震榮 著

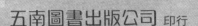

五南圖書出版公司 印行

五版序

行政訴訟法於111年6月22日有重大修正，本書原本所撰寫第五編第二章行政訴訟法內容，已不符合現狀，而必須修正。本次修正重點如下：

1. 建構堅實第一審的訴訟結構

原第三條之一所稱：「辦理行政訴訟之地方法院行政訴訟庭，亦為本法所稱之行政法院。」該條文重新修正為地方行政法院，係指高等行政法院地方行政訴訟庭，亦即，不再有地方法院行政訴訟庭，一切回歸到行政法院組織上，並重新調整高等行政法院與地方行政法院第一審管轄範圍。

2. 擴大強制代理的範圍與增訂於律師強制代理事件

3. 強化行政訴訟和解制度與增訂行政訴訟調解制度

4. 明確化行政法院職權調查與當事人協力義務

5. 個案濫訴之防杜

6. 保障原住民族、弱勢兒少與身心障礙者近用司法之權益。

上述修正重點，在於強化行政訴訟層級管轄權，並健全訴訟進行之程序，完善替代裁判之紛爭解決機制，並保障弱勢團體權益等；基於上述重大變革，本章行政訴訟法，即有急迫修正必要。

蔡震榮

於新竹香山2023.9.5

四版序

　　本次修正乃配合相關法規修正以及制度上重大變革。首先在制度上，我國增加了憲法訴訟法取代原大法官解釋，另行政法院增設大法庭制度，取代了原有的判例以及庭長聯席會議之決議，本次修正對此也隨之修改相關敘述。行政訴訟法增加都市計畫審查程序，以及國家賠償法之修正，本書也隨之補充與更正。

　　本書第一編由李兆麒先生（高雄大學法學院博士生）配合修正，在此感謝，另外要感謝五南圖書編輯協力矯正諸多不順之內容與註解，使本書得以在短時間內完成。

蔡震榮

於玄奘大學

三版序

　　本次修改，感謝高大博士生李兆麒之用心整理，行政契約部分有黃春霖先生就此修正，並再次感謝五南熱心編輯，使本書格式更為一致。

　　行政法與憲法關係密切，本文本次修正也增列釋字第六八二、六八三號解釋與信賴保護之關聯。

　　我也從真理大學轉至玄奘大學服務，在此特別聲明。

於玄奘大學

二版序

　　本書之修正，除第一版已無存書外，另外，最近法令諸多修正，本書也配合修正，其中針對行政罰法（101年11月23日）以及行政訴訟法（103年6月18日）之修正，本書也配合修正，另外，本書對內容也更加以修潤，以讓讀者能夠清楚了解所述內容。

　　感謝高雄大學研究生李兆麒對本書之校稿，並感謝五南圖書提供出書之機會。

蔡震榮

2015年9月於真理大學

序

　　行政法是一部行政機關法，也是人民與行政機關接觸有關之法律，大學生接觸這門學科時，會覺得行政法概念抽象與難懂，主要是由於其概念諸多是外國之概念引進而來，如法治國、法律保留、信賴保護原則等，並非一般生活概念所能理解，由於大學生涉世未深，生活經驗不足，且很少有機會與行政機關接觸，也不會主動了解行政機關之運作，更加深學習之困難，我常告訴目前在學學生，行政法應是三十歲人學習才會懂之法律，你們二十歲時只好認真學習。但希望你們勤作筆記，如你們踏入社會，再把筆記拿來翻閱時，你就會發覺它的好處。

　　鑒於上述之原因，本書嘗試著以淺顯文字敘述為基礎，並試圖以實例來解釋抽象法律概念，以使學生能藉由實例理解法學概念。本書特色在於所舉實例並非完全是法院之判決，若干以生活經驗為依據，期能以讀者得以輕易了解法學概念，此外，本書在行政制裁部分有較多著墨，是因為這些規範屬於強制性規範與人民權利密切相關，本書在此部分提供實際案例較多，文字較詳實敘述，希望給予讀者有較多資訊，得以清楚了解這些強制措施之依據與處置結果。

　　本書得以完成要感謝真理大學提供不錯之環境，讓我得以

靜下心來完成想完成之心願，雖然本系無研究生可資運用，但在我積極輔導之下，本系四年級學生李兆麒、黃春霖、黃柏嘉實力漸增，能夠幫忙整理資料，最後再由李兆麒總校閱，本書才得以完成，在此感謝他們三位，另外，也感謝五南圖書提供出版之機會，激勵我盡快完成本書。

蔡震榮

2012年7月於真理大學

凡例說明

一、本書之引註於每篇（不論章節數）均重複計算，以免讀者反覆翻找之查察之累。並本書為使初學者能夠較快速且體系化的瞭解行政法的概念，因此，如非必要，則引註皆以本國行政法學教科書為主，而以本國專論或各法學期刊為輔助。而如有進一步的概念說明者，則以外文（德文為主）作為本書的引註及輔助說明。

二、本書所引之本國官方文書，如：大法官解釋（憲法法庭）、各級法院、大法庭裁定及行政法院判決及相關法律（法條）規定之格式例示如下：

(一)司法院大法官解釋第六百八十四號解釋：釋字第六八四號解釋。

(二)高雄高等行政法院九十一年度訴字第一一五一號判決：高雄高等行政法院九一年訴字第一一五一號判決。

(三)行政程序法第一百五十條：行政程序法第一五〇條。

目　錄

第六編　國家責任法

主要參考書目

第一編

行政與行政法

第一節　行政法之基本概念

一、行政之多樣性

　　法律（Recht, Law）作為人與人間之社會生活關係及其外部行為之基本規範，在歸納、建立其基本原理原則並基此訂定其主要內容之前，應先就其所欲規制或調整之對象劃定範圍，以資明確而使人民得以有效遵行。其中，所謂「行政法」（Verwaltungsrecht, Administration Law）即應係指作為規制或調整「行政」（Verwaltung, Administration）所有法律規範的總稱。

　　行政法構成公法（Öffentliches Recht, Public Law）體系之一環，雖然因為「行政」概念本身含有執行、管理之意義，從而得以運用於各種日常社會生活事務（例如私人企業內部的行政管理），但作為「行政法」所規制或調整對象之「行政」，在我國憲法框架下，大抵係指涉與立法、司法、考試或監察權併立，而作為國家權力作用之一的公共行政或公行政（Öffentliche Verwaltung）而言。至於純屬私人間法律活動之事項，則被排除於行政法的射程範圍之外。

　　然而，行政（公行政、公共行政）縱使被肯認為國家權力作用之構成部分，但相較於立法、司法及監察等國家權力作用而言，卻呈現出各式各樣的不同型態。以日常生活為例，舉凡兒童自出生後六十日內須向各地戶政事務所辦理出生登記（戶籍法）、兒童年滿六歲應受國民教育（國民教育法）、男子年滿十八歲須依法服兵役或替代役（兵役法及替代役法）、兩願結婚須向戶政機關登記（民法及司法院釋字第七四八號解釋施行法等）及低收入戶得申請社會救助（社會救助法），甚或是經營公司須向經濟部登記始得成立（公司法）以及若干開發行為應實施環境影響評估（環境影響評估法）等都屬於行政之範疇，換言之，無論是否對於上述的行政措施有無體認或理解，我們都可以說是

處於由行政概念構建而成的生活領域之中，無論是食衣住行育樂，皆可能與公行政或公共行政扯上關係。

二、行政之意義

由上可知，行政無論從活動範圍、任務定位、結構及其行為形式來說，都呈現出多樣性的特質[1]，無論從何種角度來定義「行政」之概念，多少都有不明確或難以理解的問題產生。對此，在學說上即嘗試自以下路徑來說明行政──這個作為行政法理解之前提的基本概念：

(一)形式意義之行政（組織意義之行政）

自憲法規範的角度出發，反面地將與行政活動無關的國家權力作用予以列舉扣（排）除，其所得出的最後結果即被劃歸為公行政的活動範疇，此說即所謂的「扣除說」或「排除說」。詳言之，於扣除在憲法及憲法增修條文內，立法院及直轄市、縣（市）議會與其所掌理的立法權限、司法院與其所掌理的解釋法律及命令與審判權限，以及監察院與其所掌理的彈劾、糾舉及審計權後所剩餘的國家權力活動，即屬此處所稱公行政或公共行政之權限範圍。至於國家的政府行為或統治行為，係國家最高決策機關基於國家政策或憲法授權所為的導引措施（即憲法所規定之施政方針或政策的決定等），具有高度的政治意涵，而得被排除公行政或公共行政的概念範疇之外；而考試院與其所掌理的考試、銓敘等事項，涉及到公務人員之考用等人事行政活動，在此則仍被劃歸於行政的範圍之內。因此，只要是在組織上屬於行政機關者，如中央之總統、行政院、考試院及其所屬機關（構）或地方之直轄市、縣（市）政府及其所屬機關（構）與該等組織所為之行為皆被劃歸為行政之概念範疇，至於該等組織所進行之行為活動的實質內容與意義，則在所非問。

(二)實質意義之行政

上述見解雖然符合權力分立原則的要求，但仍然無法對於行政作出圓滿的定義，例如，立法院為管控人員進出核發採訪或旁聽證、司法院發布法官人事

---

[1] 李震山，行政法導論，三民書局，2019年2月，修訂十一版，頁1-2（並參照其註2之說明）。

調動或監察院受理公職人員財產申報等行為，應與該等權力本身之作用較無直接關聯。

　　實則，國家機關及其活動尚且有重疊交錯而截然劃分之處，使立法、司法及監察的國家作用，難以透過消極扣除之方式來加以排除；並且，現代國家在基本權保障之誡命下，並非僅止於消極不侵害人民權利，尚且具有積極給付之功能，從而以掌握行政之內涵。因此，在學理上即嘗試著從正面、積極的方式來定義何謂「行政」，其中，德儒E. Forsthoff指出：「行政只能描述其特徵，而無法定義。」以此為基礎，E. Forsthoff認為「行政」係在法律範圍內進行一連串有繼續性質的社會形成活動[2]，而此等形成活動，除了追求個案的合目的性及適當性外，必須滿足分配正義及交換正義（justitia distributiva und commutativa）的要求。此後，亦影響不少學者改以此一「特徵描述」之方式，來解決有關行政的定義問題。

　　H. Maurer即提出了下列四個典型特徵來界定行政之範疇[3]：

1. 行政是社會形成活動：行政所針對的對象為社會之共同生活，亦即，行政是處理共同體內部的公共事務與個人。

2. 行政以公共利益為定位：行政雖以公共利益為定位，但公共利益的內涵並非是一成不變，而係隨著時代而變遷，在多元利益相互交融的國家體系中，何者屬於個人利益或公共利益，彼此之間發生衝突時應如何協調，常為各個時期的人類社會所困擾。有關公共利益的判斷，其決定性之因素，主要係以憲法（形式意義之憲法）及其有關之法規（實質意義之憲法）為依據，由於憲法第二章所保障之（個人）人民權利[4]，且兼作為現行憲法賴以存立之基礎，凡憲法設置之機關均有義務遵守，從而公行政在追求公共利益之過程中，亦必須考慮個人的利益，甚至維護個人利益可能是作為公共任務的一部分（例如社會福利措施等）。

3. 行政主要以主動及向將來形成為方向：行政機關係依法行政，亦即是依

---

[2] 黃守高，現代行政法之社會任務，法務通訊雜誌社，1988年7月，再版，頁72。

[3] Maurer/Waldoff, Allgemeines Verwaltungsrecht, 19. Aufl., S.

[4] 公共利益若從字義觀之，應是指眾人有關社會及國家等之利益，意即吾人所稱超個人之利益，則此種定義顯然與憲法純粹保障基本人權之私人利益有所衝突，因此，Maurer才說公共利益之概念應隨時代而變遷，即本此旨意。例如，有關都更議題，是否也涉及公共利益？就此，如由私人建商所主導的都更案，士林文林苑之強制拆除一案，是值得探討的議題。

據立法者規定抽象之法規來執行。但行政機關並非侷限在單純執行機關，法律仍給予其相當的活動空間，如行政裁量及行政計畫之執行，因此行政機關所展現與司法機關係被動解決過去事宜不同，其具有主動解決問題之性質，除某些特殊事項如訴願等外，係主動並向將來形成之活動。

4. 行政係以具體措施來規範個案及實現一定意圖：行政行為最具代表性之特徵即係解決具體個案之問題，此點與立法機關以抽象法規之制定不同[5]，例如准駁人民申請之案件或變更都市計畫之內容等為一定之具體措施之行為。

就我國學說而言，吳庚大法官也沿襲著上述的思維脈絡放棄了直接定義行政的方法，而由行政本身的結構、實質及功能三方面的特徵來界定行政的概念[6]：

1. 就結構而言：行政是民意代表機關、司法、考試及監察權以外的國家結構或組織（strukturell-organisatorisch）之總稱。

2. 就實質而言：除立法部門制定法律並代表民意而為監督、司法部門所從事憲法解釋、統一解釋法律及命令與審判作用，以及監察部門行使之監察權限外，皆屬行政作用之範疇。

3. 就功能而言：行政之運作並非單純執行法律，並可以運用不同的行為手段或形式，形成符合社會正義的生活關係、規劃及推動基本建設、引導及維持合於公意的政治發展。

第二節　行政之種類

誠如於上一節所述，行政之概念及其範圍相當難以界定，並且，隨著時代的變遷，公行政的內涵也更趨多樣性及複雜性。因此，在學理上也普遍地從下列角度為出發點進行分類論述，其中，縱使各個分類角度之間可能有重疊交集之處，仍藉由制度功能及事務領域等標準切入觀察，嘗試著對於「行政」之概

---

[5] 當然行政行為中，仍有些係以制定抽象之法規，如法規命令或行政規則等，但行政機關主要之行為仍是在為具體之作為，而該具體作為又以行政處分為重心。

[6] 吳庚、盛子龍，行政法之理論與實用，三民書局，2020年10月，增訂十六版，頁6-8。

念提供較為清晰的說明：

一、公權力行政與私經濟行政

依行政行為之法律形式分類

(一)公權力行政

所謂公權力行政，係指國家或自治團體居於統治主體之地位所從事之各種行政活動，依其概念可分為：

1.高權行政

行政主體以統治主體並得強制相對人服從而具有威權之地位，適用公法法規單方面運用強制命令或禁止等方式達成公共目的之各種行為，亦即，國家所為之命令、強制行為。

2.單純高權行政

公行政雖仍依據公法法規行為，且國家仍居於統治或威權主體之地位，但放棄強制之手段而改以提供給付、服務、照顧、救濟、保護等不具強制力之方法來達成公共目的[7]。亦即，國家排除命令強制手段之行使，但仍屬公權力行使之範圍。

(二)私經濟行政

私經濟行政亦可稱國庫行政。指公權力主體立於國庫之地位，以私法之法律形式所為之私法活動。而私經濟行政大致分為下列數種：

1.行政私法

係指國家為直接達成行政上之任務，所採取之私法型態之行為。亦即，國家得以成立公司或訂立私法契約的方式，來滿足行政任務的要求[8]。此外，國家所成立之公司，吾人一般稱之為「國營事業」或「公營事業」，在目前此一概念可分為二種層面：其一係依公司法設立，由政府與人民合資經營之公司，

---

[7]　吳庚，同前揭註6，頁11。氏認為「單純高權行政」之用語會使人誤認為純粹地、絕對地行使公權力之行為，因此，單純高權行政之概念應為給付行政或行政上之事實行為所取代。

[8]　翁岳生，行政的概念與種類，收錄於：翁岳生編，行政法（上），元照出版，2006年10月，三版一刷，頁20-21。

如中鋼、臺肥等是,此種公司已為私法上之組織,原則上較不受國家監督[9];其二是政府獨資經營之公司,其係指未發行股票,而預算完全由政府支付之公司,如臺灣自來水公司、臺電及臺灣中油等是,此種公司因為國營事業仍須接受立法院之預算審查與監督,並不完全適用私法自治。

2.行政輔助

問題一

政府採購行為之性質為何?在政府採購法制定前後有無不同?請試就學者見解及政府採購法相關規定回答之。

所謂行政輔助,係指國家機關為滿足日常行政事務所必須之工程、財物或勞務,而以私法行為之方式取得者,例如:一般政府機關採購辦公用品、移民署採購虹膜辨識儀器等是。早期學說認為政府採購行為之性質屬於行政輔助而為私經濟行為,但政府為防止公務員採購案之弊端,乃於1998年制定了政府採購法,並在後續透過多次的修正,將政府採購行為以「決標」為時點區分為前後兩階段,亦即,前階段之決定屬於公法性質(如招標、投標與決標等程序之行為),而後階段之行為則屬私法性質(如決標後之執行或履約行為)[10]。故政府採購法採雙階理論,於「私法適用之分析」章節中敘述之。

3.營利行政

指國家以私法所從事之營利行為。例如:國家從事股票之投資或從事土地或房舍之販售或出租等,與民間發生之法律關係。

4.參與純粹之交易行為[11]

此類行為具有行政上之目的,基本上均受市場供需法則所支配,例如:為維持匯率而參與外匯市場之操作或進口大宗物資以穩定市場價格等。

---

[9] 惟吳庚大法官認為,此種公司受行政法規拘束之程度,其實與行政機關殊無二致。參照:吳庚,同前揭註6,頁161。

[10] 此即為所謂的「雙階理論」,詳細的論述請參閱:蔡震榮,行政執行法第11條所稱公法上金錢給付義務之確定及範圍—以政府採購法上「追繳押標金為中心」,法令月刊,第63卷第6期,2012年6月,頁9-11。

[11] 吳庚,同前揭註6,頁13。

二、秩序行政、給付行政與計畫行政

若依行政之任務與目的為分類標準，吾人得將行政之種類區分為秩序行政、給付行政與計畫行政：

(一)秩序行政

所謂秩序行政又稱為干涉行政。係以排除危害及維護公共秩序為目的之行政，此種行政多以強制、命令、禁止等實施公權力之手段，限制人民自由權利為手段，亦即，對人民課予負擔或不利益處分之行政行為。

例如：停止營業、課徵租稅、徵收土地、交通裁罰等。此種行政由於侵害人民權利程度甚高，如遇人民不服從時，通常會透過處罰或行政強制手段來貫徹。因此，在秩序行政上要求有較高密度之法律保留。

(二)給付行政

所謂給付行政，又稱為授益行政。其係指國家提供人民福利服務、照顧人民生活之行政行為。例如：發給獎助學金、低收入戶補助金及提供交通事業、學校、醫院等確保及改善人民生活條件之行為。此時，國家之地位由一個高權管理者成為給付服務之提供者，因此，給付行政屬於較低密度法律保留之範疇，亦即，多數政府補助只要在預算許可下，即可為之，不必要求法律保留。

問題二

給付行政是否屬私法經濟行為？

其性質有屬公權力行使而為公法事件者（如公務人員保險、社會救助、行政機關自行辦理經濟補助等），亦有屬私經濟行政而歸私法範圍者（如水電之補助等）。

1.給付行政與法律保留原則之適用：

(1)過去見解（否定說）

給付行政係給予人民利益、生活照顧、社會福利措施，故其受法律保留程度較寬鬆，給付行政措施僅須有國會議決通過之預算為依據即可。

(2)重要性理論說

A.近年來傾向採此說，認為給付行政如涉及原則性問題，因而屬於重要性事項者，亦應有法律之依據。

B.況且對特定人之給付就該人而言固屬授益，實際上對其他人而言，則係負擔，而經濟補助措施往往有多數競爭者，行政機關之決定與機會均等之原則息息相關，凡此皆構成主張給付行政應有法律保留原則適用之理由。

(3)我國司法實務見解

問題三

給付行政與行政措施內涵有何不同？

A.釋字第四四三號解釋：涉及公共利益重大事項者，應有法律或有法律授權之命令為依據。

B.釋字第五二四號解釋：社會保險（全民健康保險），攸關全體國民之福祉甚鉅，故對於因保險所生之權利義務應有明確之規範，並有法律保留原則之適用。

C.釋字第六一四號解釋：退休（87年公務人員退休法細則第十二條第三項違憲）相關權益乃涉及公共利益之重大事項，仍應以法律或法律明確授權之命令定之為宜。

D.釋字第七〇七號解釋：有關教師之待遇事項（公立學校教職員敘薪辦法），自應以法律或法律明確授權之命令予以規範（屬於「行政措施」，而非釋字第六一四號解釋所明白提及的「給付行政」[12]）。

E.釋字第七三〇號解釋：學校教職員退休條例施行細則第十九條第二項，其退休金基數或百分比連同以前退休（職、伍）基數或百分比或資遣給與合併計算，以不超過同條例第五條及第二十一條之一第一項所定最高

---

[12] 「給付行政」與傳統的高權行政與秩序行政有別，係描述國家針對一般或特殊國民所為福利、公共建設、水電等民生供應措施，而非著眼於國家或政府的「支付行為」，因此有關教師待遇事項，不應列入給付行政，而應屬國家之行政措施。

標準為限之規定，欠缺法律具體明確之授權，增加法律所無之限制，侵害其受憲法第十五條保障之財產權，與憲法第二十三條法律保留原則有違，應自本解釋公布之日起，至遲於屆滿一年時失其效力。

上述行政措施（行政機關對所屬人員所採取之措施）違反法律保留原則。

(三)計畫行政

所謂計畫行政係指行政機關為在將來之一定期限內達成特定目的或實現特定構想，事前就該目的或構想所為之設計與規劃。（行政程序法第一六三條）例如：依照區域計畫法、都市計畫法所擬定的區域計畫、都市計畫或中央政府及地方自治團體依照相關法制所提出的預算計畫（刑事局採購贓車辨識系統的預算評估、臺北市政府提出的花博採購預算等）。行政訴訟法依司法院釋字第七四二號解釋之意旨，增訂「都市計畫審查程序」專章，已於109年1月15日修正公布，並自109年7月1日施行，人民就違法之都市計畫，認為損害其權利或法律上之利益時，得提起訴訟救濟。

三、羈束行政、裁量行政與法規無規範之行政

若依法律拘束程度分類，吾人得區分為下列三者：

(一)羈束行政

指具備某法律規定之構成要件時，行政機關即應依規定作成行政行為，亦即，羈束行政是指無裁量權之行政。

(二)裁量行政

在具備某法律規定構成要件之前提下，行政機關享有斟酌權衡之餘地者稱之裁量行政。

(三)法規無規範之行政

又稱為法律未特別規定之行政或行政保留。亦即，某些事務雖無法律規定，行政得依自己之決定及構想行動。惟須遵守一般法律原則，不得違反管轄權規定及基本權利之保護。

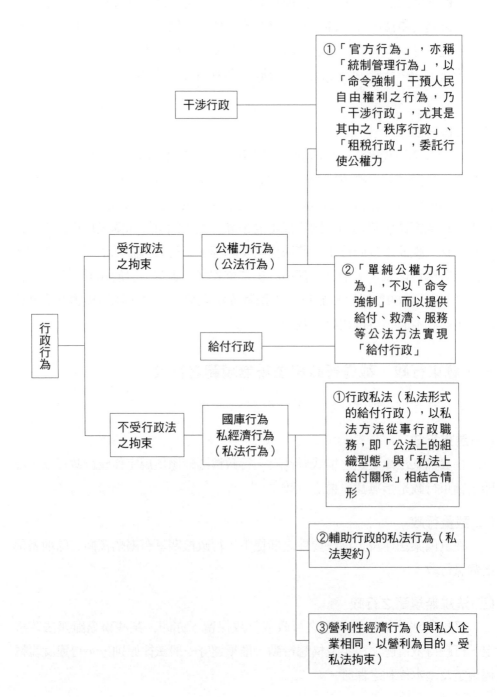

行政行為

受行政法
之拘束

公權力行為
（公法行為）

干涉行政

①「官方行為」，亦稱
「統制管理行為」，以
「命令強制」干預人民
自由權利之行為，乃
「干涉行政」，尤其是
其中之「秩序行政」、
「租稅行政」，委託行
使公權力

②「單純公權力行
為」，不以「命令
強制」，而以提供
給付、救濟、服務
等公法方法實現
「給付行政」

給付行政

不受行政法
之拘束

國庫行為
私經濟行為
（私法行為）

①行政私法（私法形式
的給付行政），以私
法方法從事行政職
務，即「公法上的組
織型態」與「私法上
給付關係」相結合情
形

②輔助行政的私法行為（私
法契約）

③營利性經濟行為（與私人企
業相同，以營利為目的，受
私法拘束）

四、直接行政與間接行政

將行政以行政組織作為分類，得分為直接行政與間接行政：

(一)直接行政

國家經由其本身之行政機關而為行政活動。

(二)間接行政

國家對其行政事務不自行為之，而移轉由國家所創設具有法律上獨立人格之公法人或機構行使之[13]。例如，健保局、勞保局及捷運局等是，又如依行政法人法之機構所執行之公共任務稱之。

五、依行政事務領域分類

(一)內部行政

係指對一般人民不發生法效力的行政內部行為或決定，純屬國家機關內部之權力運作。

(二)外部行政

係指與一般人民權利義務有關，直接涉及人民權利義務事項之行政。

第三節　法律二元論

一、公私法之區分實益

> **問題四**
>
> 某替代役男於某日下班，於飲酒後駕駛公務車返家，未料在途中撞死一名路人，問路人之家屬得據之要求該役男之損害賠償與公務機關之國家賠償？又設該名替代役男係於執行公務時酒駕撞死路人，其與路人家屬之法律關係如何？

---

[13] 這些機構執行特定任務，又稱公共營造物，如中央銀行、健保局等。

本案因替代役男非屬公務人員，其所執行工作屬輔助性質，雖駕駛公務車，仍不構成國家賠償責任，但須負民刑事責任。

將整個法律體系劃分為公法及私法之理論是否妥當，在學理其實不無爭議。例如就勞動法、社會法甚至經濟法而言，其性質其實非為公法亦非為私法，因此學者主張不應將法律體系切分為公法與私法之二元體系[14]。但繼受於大陸法系的我國，將整體的法律制度架構在二元體系上，而有不同的效果，因此在法律體系的實際運作，仍無法直接脫離二元體系而作討論：

(一)基本權之拘束性

在行政法之法律關係中，人民得直接援引憲法上之基本權利，以對抗機關所為之行政行為。至於私人與私人間得否引用基本權利之概念，來主張其基本權優於他人之基本權（基本權衝突）？在此，則涉及所謂基本權之「間接第三人效力」的問題[15]。亦即，人民要藉由法律的概括條款及不確定法律概念，將基本權利之客觀價值導入，使其適用於私人間之法律關係。

(二)行政程序法之適用

行政程序法係屬於針對行政機關所為行政行為之程序規範（可能涉及實體法概念的定義）。因此，若屬行政機關所為之私經濟行為或私人間之法律關係則無適用之餘地，乃屬當然。

(三)行政爭訟途徑不同

承繼我國之法律體系屬於公法、私法二元劃分的思維，在具體的爭議案件中也因該案件係屬於公法爭議或私法爭議，而進入不同的法院而為救濟。基本上，若屬於私法爭議，則進入普通法院審理。

而公法之爭議則依照行政訴訟法第二條之規定：「公法上之爭議，除法律別有規定外，得依本法提起行政訴訟。」亦即，公法爭議原則上屬於行政法院的審理範圍，例外者如解釋憲法由司法院大法官審理，自111年1月4日實施之憲法法庭審查及裁判憲法爭議案件，國家賠償案件、選舉罷免法案件及社會秩

---

[14] 陳敏，行政法總論，作者自版，2011年9月，七版，頁38。

[15] 例如釋字第六八九號解釋所處理記者得否主張其新聞自由優於他人之隱私權之問題。詳參：蔡震榮，新聞採訪跟拍權與憲法爭議之探討，收錄於：蔡震榮，行政制裁之理論與實務，元照出版，2012年1月，頁303-348。

序維護法案件則是由普通法院審理[16]。

(四)損害賠償依據不同

國家之行為若屬違法而有侵害人民權利之情況時，吾人必須先判斷系爭違法行為究屬公法行為抑或私法行為，在於判斷該人民係得主張損害賠償（民事訴訟）抑或國家賠償，國家賠償為公權力行使或公共設施致生損害賠償，故要先判斷是否為公權力行使或公共設施所致（行政訴訟）。

(五)強制執行方法不同

公法事件所生的強制執行，其方法應依照行政執行法及行政訴訟法為之；而因私法事件所生的強制執行，其方法則應依照強制執行法為之。

二、公私法之區分理論

公法與私法的區分大致有如下數種[17]：

(一)利益說

以個別法條所設定的利益來區分。亦即，公法是以公共利益為準，私法則屬私人利益的規定。此說係為Ulpian所創。但礙於公、私益難以區分，且許多法規係公、私益兼顧，因此本說不可採。

(二)隸屬關係說

又稱主體說，該說非以法條，而係以法律關係作為判斷。公法上的法律關係為上下隸屬關係，私法則為平行關係。此說源自十九世紀的干預行政，亦即防止危害的行政。在今日給付行政不斷增加的情形下，公法上亦存在著平行關係如公法上的契約行為，故面臨嚴重的考驗，此外，私法亦存在有上下隸屬關係者，如親子關係，勞工與雇主間的法律關係等。且此說亦無法說明國家的事實行為屬何種關係。

---

[16] 此種如國賠、選罷及社維法等公法上爭議之所以會交由普通法院審理，係因為早期行政法院較少而對於人民提起訴訟上較不便利，而自2011年開始於地方法院增設行政訴訟庭後，而如朝此種廣設行政訴訟庭（或行政法院）之方向邁進，相信此種例外情形將會逐步減少（例如在2011年修法後即將交通違規處罰案件交回由地方法院行政訴訟庭審理）。

[17] 蔡震榮編，警察百科全書（二）行政法，正中書局，2000年1月，頁6以下。

(三)修正主體說

又稱特別法說，是以法條做為區分公法及私法的標準。亦即，僅國家或其他高權主體為規範主體之法條而對其產生權限及義務之規定者為公法，而規定私人的權利義務，以私人作為規範主體之法條則為私法。在此所謂的其他高權主體，除地方自治團體、其他公法人外，尚包括委託行政及行政助手之私人團體在內。此外，國家亦可能以私人地位為私法行為，此時，國家則可納入私法的範圍。

(四)實質修正主體說

本說乃進一步對前述修正主體說予以實質的修正而認為僅以高權主體之形式化作為區分仍不足夠，尚需確定此高權主體依其特質是否視為高權主體而定，亦即所規定的是否屬高權主體的特質而予以區分。如法規規定國家為規範主體，仍需進一步探究是否國家所執行者屬高權範圍。

實質修正主體說的範圍不再侷限於國家的法律行為上，如警察處分、稅單通知等，尚包括那些不屬強制、命令之處分的公法事實行為，如設置學校、醫院及馬路，消防車完成任務返途中或交通號誌之設置等。實質修正主體說，雖普遍逐漸受到重視，但仍有其無法涵蓋的範圍，如一些法條沒有規定之事實行為，如司機開公務車上班途中發生車禍、給付行政中的給付行為如提供公共設施之行為等。實質修正主體說，係對修正主體說之補充，較完整，故修正主體說已無存在之必要。

(五)輔助判斷標準

除上述四種學說外，吳庚大法官尚提出兩種輔助判斷標準可供吾人參考[18]：

1.傳統說

某類事件究屬公法或私法性質，除法律有新規定或出現變更以往之判例外，皆須遵守約定成俗之規範。

例如釋字第五一八號解釋即採傳統說來判斷系爭案件係屬公法抑或私法之爭議，其稱：「農田水利會所屬水利小組成員間之掌水費及小給水路、小排水路之養護歲修費，其分擔、管理及使用，基於臺灣農田水利事業長久以來之

---

[18]　吳庚，同前揭註6，頁29-30。

慣行，係由各該小組成員，以互助方式為之，並自行管理使用及決定費用之分擔，適用關於私權關係之原理，如有爭議自應循民事訴訟程序解決。」

2.事件關聯說

指某一事件中一部分事實關係，明顯屬於公法關係者，事件整體均視為公法關係。事件關聯說則得舉釋字第一一五號為例：「耕者有其田之徵收與放領，人民僅得依行政程序請求救濟，為公法關係。」其中「徵收」係為公法行為，雖「放領」係屬私法行為，但大法官認為其中徵收部分既涉及公法行為，則整體視為公法來處理。

綜觀上述學說均各有缺失而無法涵蓋全部的公法行為，故遇爭議時，建議交錯使用各學說以解決公、私法區分的問題。

三、私法適用之分析

(一)私法行為

所謂行使公權力，係指公務員居於國家機關之地位，行使統治權作用之行為而言，包括運用命令及強制等手段干預人民自由及權利之行為（干涉行政），以及提供給付、服務、救濟、照顧等方法，增進公共及社會成員之利益，以達成國家任務之行為（給付行政）。但如國家機關立於私法主體之地位，從事一般行政之輔助行為，如購置行政業務所需之物品或處理行政業務相關之物品，自與公權力之行使有間，不生國家賠償適用之問題。國民中學之教學活動（化學實驗），係代表國家為保育活動，屬給付行政之一種，亦屬行使公權力之行為。宜為係公務員執行職務行使公權力之行為（法務部八十一年五月十一日法八一律字第〇六九〇九號函）。

雖屬行政機關所為但卻缺乏公權力行使之情形，如原處分機關代為標售地籍清理土地，乃行政機關依地籍清理條例第十一條規定代土地所有權人標售土地之行為，屬私法行為。

1.非屬公權力之行使

原處分機關係依土地法第四六條之二第二項規定，參照舊地籍圖協助指界結果據以施測並為公告重測結果，屬私法行為。上述行為缺乏公權力之行使，屬私法性質。

2.非屬委託行使公權力範圍

問題五

某私立大學棒球隊，於進行訓練課程前，隊員A生與其他隊員在教練B指示下整理訓練場地。當A生在撿拾雜草時，教練B亦正好在其前方以手推式割草機整理場地，孰料，草地上有塑膠細片從割草機下飛濺出去，刺傷A生右眼而導致失明，教練B整地行為性質為何？

　　因為為私立大學，因此，並非如上述國中教學活動皆屬公法行為，僅止於委託行使公權力之範圍才屬之，如頒授學位或學生受教權以及退學處分等，其他教學活動原則上不屬之，教練B整地行為為私法行為，並非執行委託行使公權力，故A生不得申請國家賠償，僅得向教練B或某私立大學請求民事賠償。

(二)雙階理論

　　前階段為公法行為，後階段為私法。發生在政府採購法之規定上：

　　以契約之成立劃分為前（公法行為）後（私法行為）階段。

　　前階段（公法行為），該法第七四條：「廠商與機關間關於招標、審標、決標之爭議，得依本章規定提出異議及申訴。」第八三條：「審議判斷之效力，視同訴願決定。」

　　後階段（私法行為），第八五條之一第一項第一款：「機關與廠商因履約爭議未能達成協議者，得向採購申訴審議委員會申請調解。」

問題六

某廠商參與臺北市政府之興建國宅之投標案，其利用分標廠商賄賂評審委員，幸運取得該案之興建，正在興建中被市政府發覺該違規行為而追繳押標金，試問此時法律關係為何？廠商應如何申請救濟？

　　就此，違規發生在招標時，當然屬於公法階段。雖然在履約階段才發現該違規行為，但不影響該行為之性質（以行為時不以發現時為基準）。

　　此外，招標完成後履約階段屬私法關係，之後，就履約事項雙方有爭議，而申請政府機關調解所成立之調解委員會做成之決議，仍屬私法性質，如雙方就執行標的之價錢有爭議，例如廠商認為執行期間因物價波動產生之差價，要求減少支出之爭議申請調解等。

　　同樣地有關國民住宅，國民住宅條例，對興建國民住宅解決收入較低家庭居住問題，採取由政府主管機關興建住宅，辦理出售、出租、貸款自建或獎勵民間投資興建等方式為之，上開條例第二一條第一項規定：國民住宅出售後有該條所列之違法情事者，國民住宅主管機關得收回該住宅及基地，並得移送法院裁定後強制執行」，乃針對特定違約行為之效果賦予執行力之特別規定，涉及私權法律關係之事件為民事事件，該條所稱之法院係指普通法院而言。

(三)買賣契約性質

　　臺北高等行政法院九四年度訴字第七號裁定稱：「……查被告讓售區段徵收配餘地予原告，乃區段徵收以外雙方合意買賣之行為，與區段徵收及政府之行政處分無涉。被告對於原告有關請求退還溢繳地價款之函復，均係對於原告陳情之答復與說明，核非行政處分，此觀被告93年5月10日府地測字第0930053495號、93年6月8日府地測字第0930041788號、93年7月20日府地測字第0930091794號、93年8月30日府地測字第0930110618號函，即可自明，是區段徵收範圍內配餘地之讓售，並非抵費地之配給，純屬民法上買賣之性質……」原處分機關將區段徵收配餘地第一次標售作業，並由訴願人標得系爭土地之法律關係，屬私法上之買賣契約。

四、私法規定可否適用於公法行為

　　民法的理論發展較行政法早也且較發達，因此行政法在發展之際常借用民法已經發展的理論，來處理行政法上之法律關係，亦即是行政法有時會在條文中適用私法的相關規定。

　　早期學者認為公私二元論的法律體系中，尚不容許行政法適用民法之相關規定[19]，不過目前我國學說及實務上均肯認行政法得就特定事項有明文規定

---

[19] 李震山，同前揭註1，頁32-33。

適用私法之規定[20]。例如行政執行法第十七條第一〇項：「行政執行處或義務人不服法院關於拘提、管收之裁定者，得於十日內提起抗告；其程序準用民事訴訟法有關抗告程序之規定。」同條第十二項：「拘提、管收，除本法另有規定外，準用強制執行法、管收條例及刑事訴訟法有關訊問、拘提、羈押之規定。」及第二六條：「關於本章之執行，除本法另有規定外，準用強制執行法之規定。」等屬之。

而私法規定得適用於公法之方式有二：

(一)直接適用

法律內有所謂一般法律原則，雖然規定在民法中，但其性質如同各法律之總則規定，為各法律領域所共通適用，故得直接適用於公法。例如：誠信原則、公平原則等。民法第二四七條之一規定契約無效之規定，衡量締約雙方地位不平等，如勞資雙方所訂定契約，為防止契約自由濫用及維護交易公平等，雇主106年10月份薪資中扣款「誠實險120元」一項，並非法定可自勞工薪資中扣減之項目，有薪資未完全給付之情事，違反勞動基準法第二二條第二項規定，雙方所訂契約違法上述民法之規定，直接適用民法之例子。（參閱勞動法訴字第1070003401號訴願案）

(二)類推適用

對特定事項，行政法內並無可資依據之規定，又無法以公法規定填補缺漏時，則可比照適用法律評價上相似之私法規定。惟須注意該私法規定是否與行政法上之原則相容。例如，租稅債務關係，基於租稅法定原則，稅捐稽徵機關即不得類推適用民法第三四三條（免除債務）之規定，片面地免除人民之租稅債務。

而公法類推適用私法規定之例子，則有釋字第四七四號解釋所稱有關消滅時效之規定：「公務人員參加公務員保險，於保險事故發生時，有依法請求保險金之權利，該請求權之消滅時效應依法律規定……在法律未規定前，應類推適用公務人員退休法……有關請求權消滅時效之規定。至於時效中斷及不完

---

[20] 陳敏，同前揭註14，頁45以下。
　　當然地，此種由行政法在法律中明文適用民法的規定，在後續的發展中，有可能使公私法二元區分的界限逐漸消弭。

成，於相關法律未有規定前，亦應類推適用民法之規定……。」

四、公私法區分之司法解釋

關於公私法的區分，司法院大法官曾有作成多號解釋，本書整理如下表：

解釋字號	涉及事項（爭點）	解釋結果（公法／私法）
釋字第八九號	因公有耕地放領所生爭執之管轄法院？	私法爭議
釋字第一一五號	耕地徵收與放領之爭執，循何程序救濟？	公法爭議
釋字第一二八號	不服（三七五減租）耕地准否收回自耕之核定與調處，如何救濟？	公法爭議
釋字第三〇五號	公營事業人員	原則私法 例外公法
釋字第三〇八號	公立學校聘任教師、兼行政職教師適用公務員服務法？	私法爭議 （但朝公法方向邁進）
釋字第三四八號	陽明醫學系公費生	公法契約
釋字第三八六號	政府發行公債	私法爭議
釋字第四四八號	國庫出租或出售土地	私法爭議
釋字第四六六號	公務人員保險	公法爭議
釋字第四七三號	全民健保保費之法律性質	公法爭議
釋字第五一五號	工業區開發發展基金	公法爭議
釋字第五一八號	農田水利會與會員之法律關係	私法爭議
釋字第五二四號	全民健保爭議	公法爭議
釋字第五三三號	健保局與醫療機構履約爭議之救濟程序？	公法爭議
釋字第五四〇號	國宅條例收回國宅強執事件之審判權？	雙階理論
釋字第六九五號	依國有林地濫墾地補辦清理作業要點申請訂立租地契約遭否准，其爭議由何種法院審判？	公法爭議
釋字第七五八號	土地所有權人依民法第七六七條第一項請求返還土地事件，攻擊防禦方法涉及公用地役關係存否之公法關係爭議者，其審判權之歸屬？	屬私法關係所生之爭議，其訴訟應由普通法院審判
釋字第七五九號	（前）臺灣省自來水股份有限公司人員依「臺灣省政府所屬省營事業機構人員退休撫卹及資遣辦法」請求發給撫卹金發生爭議，其訴訟應由何種法院審判？	其訴訟應由普通法院審判之，私法爭議

　　由於行政法並無一部統一之法典，而是散見在其他相關法典，因此，欲
了解行政權如何被規範及控制，必須先了解依法行政之「法」到底為何物？亦
即，行政法之法源為何？本章即在探討此問題。

第一節　法源之意義

　　指「有關行政法的法規範形式」或「行政法關係之規範基礎」，是指抽
象法規之參考依據，其內容包含成文法源及不成文法源。而成文與不成文之區
分，在於「是否經過正式之制定程序」，與「是否有法典化」為區別標準。

第二節　成文法源

一、憲法

　　Fritz Werne：「行政法是憲法的具體化。」行政法與憲法間實有密切之互
動，而此種互動模式可分為兩種層面：
- 從屬性：憲法具有法的最高性，其價值之決定及基本原則對於法律或命令有
  所影響。因此，憲法的精神得藉由立法者的制定，落實在具體的法規範中。
  亦即，行政法的制定施行，是在實現憲法所保障的組織與權利。
- 獨立性：相較於修憲程序的嚴謹程度，相對的，行政法屬法律層面，透過時
  代的演進的而隨時修正的程序較為容易，故較能隨社會事實之需要而做適當
  調整，行政法較憲法更貼近人民之生活。

　　德國鑑於納粹對基本人權的迫害，乃於制定基本法（德國憲法）之際增列

國家的基本準則來保障人權，如法治國原則、人權之核心內涵不容侵犯等[21]。而在我國，有關基本人權限制及具體化，則係以憲法第二三條的規定作為標準，凡合於防止妨礙他人自由，避免緊急危難，維持社會秩序或增進公共利益等四大要件其中一個，且合於必要性原則，亦即有立法之必要時，立法機關可立法來限制或規範人民之權利或義務；但由於前述四大要件屬不確定法律概念，且其範圍過於概括，幾乎到了無所不包的程度，對立法機關而言，其實並無法限制；且從憲法基本人權的條文中，除憲法第八條人身自由有進一步具體規定及針對國家組織有所規劃外，其餘皆屬宣示性條款。

此外，尚有所謂緊急命令的概念，緊急命令係國家為應付緊急事故，既有法律不足以因應，期待立法者立法又緩不濟急時，不得已乃授權行政部門暫代立法者的地位，採取急速之措施以為因應。因此，緊急命令屬於憲法層次的命令，而與一般之行政命令有別，大法官於釋字五四三號解釋中亦稱：「緊急命令係總統為應付緊急危難或重大變故，直接依憲法授權所發布，具有暫時代替或變更法律效力之命令。」

憲法有形式意義與實質意義的憲法，形式意義是指本身制定係依憲法所規定制憲程序制定之，其包括：中華民國憲法本文（1947年1月1日公布，12月25日施行）、憲法增修條文（第七次增修）以及動員勘亂時期臨時條款（1991年5月1日廢止失效）。實質意義是指除形式義意外，尚包括有關人權保障及國家基本法秩序、政府組織之全面性、廣泛性規範與作用。其存在於憲法典、憲法習慣（慣例）、憲法解釋、憲法學理及各種憲法事實現象之中，是最廣義、普遍的憲法定義[22]。

問題七

「憲章」與「憲律」內涵為何，有無區別之必要？

憲法條文中具本質重要性而為規範秩序存立基礎者，如第一條民主共和國

---

[21] 例如人性尊嚴不可侵犯、基本人權拘束立法、司法及行政（德國基本法第一條）、基本人權不得任意侵犯（德國基本法第二條）、平等原則（德國基本法第三條）、基本人權的核心不容侵害（德國基本法第十九條第二項）、民主國、法治國及社會國原則（德國基本法第二三條第一項）等。

[22] 憲法意義之傳統vs現代、形式vs實質，臺灣憲法學會，http://constitutiontw.org/archives/1930（瀏覽日期：2018年8月20日）。

原則、第二條國民主權原則、第二章人民基本權保障核心內涵，以及有關權力分立與制衡之原則，即未違反自由民主憲政秩序。此為釋字第七二一號解釋內容，有稱為「憲章」，憲法賴以存立之基本價值，除程序有明顯重大瑕疵或內容涉及自由民主憲政秩序之違反者外，不得於修憲時修改。另有主張將憲法條文分成不可修改的「憲章」與時勢變遷俱進可修改的「憲律」（憲章與憲律之區別有無必要？）。

二、法律

　　法律的概念，可區分為形式意義及實質意義之法律。

　　形式意義之法律即所謂狹義的法律，係指經立法院通過，總統公布之法律，此為我國憲法第一七○條及中央法規標準法第四條所明定。依法律位階理論，形式意義之法律其位階較憲法低，因此，我國憲法第一七一條規定：「法律和憲法牴觸者無效。」

　　至於，實質意義之法律係指所有規範人民或法人的權利義務之抽象性、一般性規定，亦即所有具有普遍有效的規定，實質意義之法律係講求法的效果，而不論制定機關為何。因此，實質法律除立法機關所制定之法律外，尚可包括立法機關授權制定之法律（法規命令）在內所謂法律保留即屬於實質意義之法律而言。

　　而吾人在此所討論之法律，乃係指前者形式意義之法律而言。中央法規標準法第二條：「法律得定名為法、律、條例或通則。」中央行政機關組織基準法第五條：「機關組織以法律定之者，其組織法律定名為法。但業務相同而轄區不同或權限相同而管轄事務不同之機關，其共同適用之組織法律定名為通則。」

　　釋字第五二○號解釋稱：「預算案經立法院通過及公布手續為法定預算，其形式上與法律相當，因其內容、規範對象及審議方式與一般法律案不同，本院釋字第三九一號解釋曾引學術名詞稱之為措施性法律。」此即所謂措施性法律。

三、命令

(一)法規命令

　　法規命令係指由行政機關在法律授權之下所制定對人民具有法效力的規範，之所以稱法規命令係指其具有外部規範之性質，與其僅規範內部的行政規則一般而言，不具法規範性質有所區別。因此，法規命令與形式法律的區別，並非在於其內容及其拘束力（因為兩者皆屬有拘束力之法規），而在於制定機關的不同。

　　法規命令在一般民主先進國皆要求其制定須在法律授權下始得為之，其目的在要求符合法律保留之原則，防止行政機關在非有法律授權之情形下，恣意侵害人民的自由及權利。

　　吾人所稱的法律保留原則，除形式意義的法律外，尚包括此種實質的法規命令。法規命令乃基於法律授權而來，因此，其並非行政機關原本之權力，故其位階在法律之下，我國憲法第一七二條規定，命令與憲法或法律牴觸者無效，即此之意。

　　法規命令的主要功能如下：

1.減輕立法機關的負擔

　　由於法律的專門性及技術性不斷增加，立法機關基於時間及事務性質考量下，無法對個別領域皆詳細規定，如最近幾十年來因科技所帶來的環保、公害及衛生、核能之問題或公共安全檢查之體系其技術性及專門性已非立法機關所能單獨勝任，必須仰賴行政機關，就其細部規定以命令訂之，以分擔立法之職責。

2.修改程序較簡單，適應力較強

　　社會不斷變遷，立法程序之繁複，往往無法趕上社會發展的腳步，透過此種立法的授權，得以迅速適應社會變遷，尤其對於技術、專門的個別問題得以迅速的解決。

3.地區差異的考慮

　　法律有時因地區性的差異有時要制定特別法規命令才可以解決地區差異性

問題[23]。

　　行政機關制定法規命令，同時又執行法律，因此，形成立法與執行於一身。但因吾人對法規命令仍強調基於法律的授權，對法律有其依賴性，故不致因而違背民主之原則。但太過重於法規命令，會形成以命令潛越法律地位之虞，或過度的授權，而未給行政機關設限，則會演變成德國第二帝國總統之過度擴張緊急命令權（威瑪憲法第四八條）的濫用。

　　因此，戰後德國在制定基本法時，為防止歷史重演乃於第八〇條第一項第二款規定立法者授權政府機關訂定命令時，須在法律本身中先規定所授權命令制定的內容、目的及範圍。此種嚴格賦予立法者事先預定命令內涵，以確保法規命令的可預見性及可計算性，並可阻止行政的濫權，但會對行政的某些領域，如計畫法規等有以將來為規範性質，會造成相當的困擾[24]。

(二)行政規則

　　所謂行政規則依照行政程序法第一五九條第一項規定，係指在行政組織內，由上級機關（或長官）對下級機關（或屬官），所為有關行政組織或行政行為之普遍性、抽象性規定。

　　行政規則在傳統行政法領域中，被視為內部規範，原則上對外既不發生法律之效果，則不具行政法源性質。惟現今多數學說見解皆認為，行政規則得透過平等原則或行政自我拘束原則而有間接對外效力，因此，得作為行政法法源。

(三)職權命令

　　所謂職權命令乃行政機關未經法律授權而係依職權所制定對外發生法律效果之行政命令[25]。

　　我國中央法規標準法第七條所規定的命令有兩種，一是基於法定職權、二是基於法律授權之兩種命令。由於這兩種可能針對人民所訂的對外發生法律效

---

[23]　參閱：Maurer, Allgemeines Verwaltungsrecht, 1999, §4, Rdnr. 12。

[24]　Wolff/Bachof/Stober, Verwaltungsrecht I, 10 Aufl. 1994, §25, Rdnr. 32f。此外，我國司法院大法官也將此種精神透過作成釋字第三一三號解釋而體現出來，詳細的論述請參閱本書第三編第二章有關法規命令的部分。

[25]　參照陳敏，同前揭註14，頁68。並有學者認為，依中央法規標準法第五條第二款規定，人民之自由權利僅得以法律定之。因此，未經法律授權，縱使行政機關依其組織法規定具有某項職權，亦不得據以制定法規範，限制人民之自由與權利。故職權命令僅屬內部法，並無對外之法律效力。

果之命令，而具有普遍有效的規範性質，其屬法規範命令無疑，故該法第七條亦規定其下達或發布後，即送立法院備查。上述兩種命令，除授權命令尚符合法治國原則爭議性較少外，職權命令在我國是否有存在的空間則爭議較大[26]。

(四)特別規則

　　係指在傳統特別權力關係範圍所訂定之規章，例如：學校校規、軍隊營規、公務員服務規章及營造物規則等。關於特別權力關係之爭議問題，本書將於公務員法章節中探討，而就特別規則係公行政為維持別權力關係內部之秩序及功能，對於具有該關係內特定身分之人，基於公權力所為普遍抽象規定之性質而言，特別規則實質上即為「特別權力關係之行政規則」，因此，特別規則自係行政法法源。

四、自治規章

　　自治規章，係由國家組織下之公法人，在法規所授與自治權限範圍內，對其所轄之人員頒布抽象、一般具拘束力的法規範[27]。此處所稱之「公法人」乃包括地方自治團體、農田水利會及依行政法人法或相關法規成立的行政法人而言[28]。而以下僅舉地方自治團體所訂定之自治法規為例，以便說明。

(一)訂定自治法規的意義

　　由地方自治團體制定之自治規章稱作「自治法規」，訂定自治法規係屬於地方自治團體的立法權（地方立法權），此種地方立法權乃係基於憲法第一〇八條、第一〇九條及第一二一條有關地方立法之規定而來。目前則依照地方制度法第二五條第一項前段即規定：「直轄市、縣（市）、鄉（鎮、市）得就其自治事項或依法律及上級法規之授權，制定自治法規[29]。」

　　而吾人授權由地方自治團體自行訂定自治規章之用意主要如下：

---

[26]　詳細的論述請參閱本書第三編第二章有關職權命令的部分。

[27]　Ossenbühl, Satzung, in: Handbuch des Staatsrecht, § 166, Rdnr. 1.

[28]　李建良教授則認為自治規章應指「由自治組織所訂定的一般性、抽象性規定」，氏認為在此概念下不具法人身分之公立大學亦不包括在內。請參照：李建良，行政法基本十講，元照出版，2011年3月，頁93。

[29]　如地方制度法施行前之省縣自治法（廢）第十八條至第二〇條及直轄市自治法（廢）第十五條，亦作類似之規定。

1.分權

在地方行政的概念中，此種政治上的分權在要求的是地方自治團體選出民意機關自行制定自制法規[30]。亦即，是將一部分立法權劃歸地方自治團體之事務，由其自選議決機關自己決定，以自我責任來規劃自己之事務，分權基此則可更貼近地方上之需要。

2.應變力強

由自己成員管理自己之事務，對於環境狀況最為瞭解，若環境改變，則得以快速配合修法，故應變能力較強[31]，且符合自治規章多樣性及不同性的要求，而不必造成中央立法機關之困撓及負擔。

(二)自治法規的種類

地方自治團體有訂定自治規章之權限，已如前述。有關自治法規之種類，依地方制度法之規定，分為下列三種：

1.自治條例

依該法第二五條中段規定，自治法規經地方立法機關通過，並由各該行政機關公布者，稱為「自治條例」。自治條例在性質上屬於地方層級的法律。而同法第二八條則針對自治條例所得訂定之事項規定：「下列事項以自治條例定之：一、法律或自治條例規定應經地方立法機關議決者。二、創設、剝奪或限制地方自治團體居民之權利義務者。三、關於地方自治團體及所營事業機構之組織者。四、其他重要事項，經地方立法機關議決應以自治條例定之者。」

2.自治規則

第二五條後段規定：「自治法規由地方行政機關訂定，並發布或下達者，稱自治規則。」而自治規則在性質上屬於地方層級的法規命令或職權命令[32]。

3.委辦規則

依該法第二九條第一項規定：「直轄市政府、縣（市）政府、鄉（鎮、

---

[30] 法治斌、董保城，憲法新論，元照出版，2010年9月，四版，頁463。
[31] Wolff/Bachof/Stober, a.a.O., § 25, Rdnr. 48.
[32] 黃錦堂，地方制度法論，元照出版，2012年3月，二版，頁413。

市）公所為辦理上級機關委辦事項，得依其法定職權或基於法律、中央法規之授權，訂定委辦規則。」因此，下級自治機關為執行上級自治機關之委辦事項而依職權或授權所訂定之規則為委辦規則。

(三)自治法規之規範範圍

關於規範範圍，首先必須說明的是，這不僅指地方自治團體所制訂之自治法規而已，換言之，其他公法人如農田水利會、行政法人所制訂之規章亦屬之。而自治法規所得規範的範圍，原則上係以憲法或法律所指定的範圍，以自治團體之成員為規範的對象。

除此之外，自治法規是否得訂定有關罰則之權限？就此，我國以往並不承認地方法規有限制人民權利或處罰之權限[33]，不過地方制度法第二六條第二項規定：「直轄市法規、縣（市）規章就違反地方自治事項之行政義務者，得規定處以罰鍰或其他種類之行政罰。但法律另有規定者，不在此限。其為罰鍰之處罰，逾期不繳納者，得依相關法律移送強制執行。」而同條第三項則針對處罰的範圍及權限予以規定：「前項罰鍰之處罰，最高以新臺幣十萬元為限；並得規定連續處罰之。其他行政罰之種類限於勒令停工、停止營業、吊扣執照或其他一定期限內限制或禁止為一定行為之不利處分。」

至於自治規章的內容是否亦可涉及人民之基本權？就此，依地方制度法第二八條規定，有關創設、剝奪或限制地方自治團體居民之權利義務者，應以自治條例定之。因此，自治規章的內容涉及人民之基本權時，應經由地方立法機關制訂自治條例定之，且內容受到同法第二六條第三項之限制。

自治條例經各該地方立法機關議決後，如規定有罰則時，應分別報經行政院、中央各該主管機關核定後發布；其餘除法律或縣規章另有規定外，直轄市法規發布後，應報中央各該主管機關轉行政院備查；縣（市）規章發布後，應報中央各該主管機關備查；鄉（鎮、市）規約發布後，應報縣政府備查。

---

[33] 釋字第三八號解釋參照。

五、國際法、條約與協定

> ## 問題八
>
> 我國與中國大陸與2010年所簽訂的兩岸經濟合作架構協議（ECFA），其是否屬於條約而為我國行政法之法源？

　　國際法（國際公法）國家間的行為規則，規範國家與國家之間權利與義務關係的規則。例如劃定各國領海或專屬經濟區範圍的海洋法、WTO降低各國關稅的國際貿易法、各國減少排放廢棄的國際環境法、保護外國人投資的國際投資法。國際法的法源包括：（一）條（conventions）。（二）習慣（custom）。（三）一般法律原則（the general principles of law）。（四）判決、學說。前三項為「主要法源」（principle sources），可作為國際法的依據、第四項「輔助法源」（subsidiary sources），僅能補充主要法源主張[34]。國際法作為政法法源方式有三：（一）直接作為國內法規適用（如兩國間引渡條款）[35]。（二）將條約或協定內容轉化為我國法規（如公民與政治權利國際公約及經濟社會文化權利國際公約施行法）。（三）國際法之原則經司法審判機關作為判決先例。

　　所謂條約，指二個（以上）國家及國際組織，所締結而受國際法規範的國際協定[36]。國際書面協定又稱為行政協定，是指由我國政府或非官方機構與他國簽訂，不經立法院審議而係逕由行政機關批准生效之文書。一般認為，協定既未經立法院審議，不能等同於條約。依釋字第三二九號解釋認為：「憲法所稱之條約係指中華民國與其他國家或國際組織所締結之國際書面協定，包括用條約或公約之名稱，或用協定等名稱而其內容直接涉及國家重要事項或人民權利義務且具有法律上效力者而言。其中名稱為條約或公約或用協定等名稱而附

---

[34] 蔡孟翰，什麼是國際法：國家和國家之間真的有法律嗎？，國際法／法律小學堂Academy，2014年4月19日，https://plainlaw.me/2014/04/19/international-law/（瀏覽日期：2018年8月21日）。

[35] 國際刑事司法互助，各國為達成其刑事司法目的，而依條約、協定或其他國際刑事規範，或透過一定之國際組織，而相互為請求或協助之國際刑事司法行為」，如犯罪人之引渡，參考呂昭芬，兩岸跨境犯罪引渡策略之研究，展望與探索，第14卷第12期，2016年12月，頁92；而2009年海基會、海協會共同簽署「兩岸共同打擊犯罪及司法互助協議」因為規範臺灣與大陸間，性質不屬條約。

[36] 丘宏達，現代國際法，三民書局，2007年，二版二刷，頁155。

有批准條款者，當然應送立法院審議，其餘國際書面協定，除經法律授權或事先經立法院同意簽訂，或其內容與國內法律相同者外，亦應送立法院審議。」無須送立法院審議之國際書面協定，以及其他由主管機關或其授權之機構或團體簽訂而不屬於條約案之協定，應視其性質，由主管機關依訂定法規之程序，或一般行政程序處理。外交部所訂之「條約及協定處理準則」，應依本解釋意旨修正之，乃屬當然。」因此，條約如經立法院議決同意、總統公布後，即具有法律上之效力。但如未具法律位階之國際協定，則相當於行政命令位階。

惟條約的法律效力為何？我國憲法及憲法增修條文則未有規定[37]。於2009年12月10日施行之兩公約施行法則於第二條規定：「兩公約具國內法效力[38]。」另第八條亦規定：「各級政府機關應依兩公約規定之內容，檢討所有主管之法令及行政措施，有不符兩公約規定者，應於本法施行後二年內，完成法令之制（訂）定、修正或廢止及行政措施之改進。」

基此，行政院也於2010年4月30日成立人權工作小組，由相關機關全面檢討所主管法令有無違背兩公約內容者，如法務部開始研擬有關死刑廢除（公民與政治權利國際公約第六條‧生存權）、修正行政執行法之拘提管收（公民與政治權利國際公約第九條‧人身自由）檢討事項，內政部研擬集會遊行法第九條之（公民與政治權利國際公約第二一條‧集會遊行自由）檢討事項[39]。

而如上例中有關ECFA之爭議問題，因為我國與大陸並非屬於國與國之關係，因此ECFA應非屬所謂之「條約」[40]，但其性質仍可作為行政法之法源[41]。

至於國際私法間法律適用，我國訂定有涉外民事法律適用法，就兩國人民間發生民事法律適用管轄之規定，如巴西吳憶樺事件，即屬從國際私法事件，

---

[37] 就此，德國基本法第二五條則直接規定：「國際法之一般規則構成聯邦法律之一部分。此等規定之效力在法律上，並對聯邦領土內居民直接發生權利義務。」亦即，國際法為德國聯邦法之構成部分，優於法律適用。

[38] 立法院於2009年3月31日審議通過後，馬英九總統也於2009年5月14日批准「公民與政治權利國際公約」及「經濟社會文化權利國際公約」（合稱兩公約）及公民與政治權利國際公約及經濟社會文化權利國際公約施行法（兩公約施行法），並於同年12月10日由總統公布施行。

[39] 本書在此僅能列舉數點以供說明之便，詳細的報告內容請參照：法務部，各機關主管法令及行政措施是否符合《兩公約》規定檢討情形，http://www.humanrights.moj.gov.tw/lp.asp?ctNode=27273&CtUnit=8930&BaseDSD=7&mp=200（瀏覽日期：2012年6月23日）

[40] 依據臺灣地區與大陸地區人民關係條例第一條之規定，兩岸關係並非國與國之關係。

[41] 就此，吳庚大法官提出「兩岸法」的概念，認為兩岸政府或其委託之非政府組織所簽訂具有法規效力之書面協議，其中若屬於經立法院三讀通過、總統公布者，乃得成為我國行政法之法源。請參見：吳庚，同前揭註6，頁45。

而適用巴西法律有關之規定。

第三節　不成文法源

一、習慣法

　　相對於成文法之規範體系，習慣法係長期以來皆對於未經法律明文規定之事項，遵循一定之行為方式處理，並確信其為法律所要求或許可者，而此種行為之方式，即成為所謂之「習慣法」。一般而言，習慣法之成立，必須具備下列三項要件[42]：

1.客觀要件

　　經由被實施的事實長時間且普遍地存在，亦即事實必須要在社會上反覆實施。

2.主觀要件

　　必須參與者確信其具合法規範的性質。因此僅行政機關或法院使用該習慣法，仍不足夠，必須參與法律事務之所有人，包括一般人民在內，皆承認其具法規範，而願受其拘束始成立。

　　此種要件後來也為大法官納入解釋文作為說理依據[43]。

3.形式要件：該習慣須得以法條或文字等方式表達[44]

　　而習慣法通常係在法律規定出現漏洞時，有其適用而具補充的效果。至於是否有所謂「部分終止法律」之效力？亦即，若存在著一般共同的信念，得使該現行法喪失效力，則屬存疑。此情形僅在相當例外的情形才可能產生。例如德國曾經在都市計畫法中，以每個人皆明顯認知該法條所規範之事實不產生法效力，而以習慣法排除現行法之效力[45]，此種情形之產生，係因立法者來不及

---

[42]　蔡震榮編，同前揭註17，頁22。

[43]　釋字第四一九號解釋理由書（節錄）：「憲政慣例在不成文憲法國家，恆居重要地位，其規範效力亦不容置疑。至於在成文憲法之下，雖亦有憲政慣例之概念，但僅具補充成文憲法之作用，尚不能與前者相提並論。所謂慣例係指反覆發生之慣行，其經歷長久時間仍受遵循，而被確信具有拘束行為之效力時，始屬不成文規範之一種。……。」

[44]　Peter-Michael Huber, Allgemeines Verwaltungsrecht, 1992, S.46.

[45]　Wolff/Bachof/Stober, a.a.O., § 25, Rdnr. 15.

即時修法之故。

　　然而，今日習慣法之適用空間亦逐步縮小，若行政事務有法律保留之適用，如租稅法定原則，則不得引用習慣法。

　　釋字第四〇〇號解釋理由書所稱：「……既成道路成立公用地役關係，首須為不特定之公眾通行所必要，而非僅為通行之便利或省時；其次，於公眾通行之初，土地所有權人並無阻止之情事；其三，須經歷之年代久遠而未曾中斷，所謂年代久遠雖不必限定其期間，但仍應以時日長久，一般人無復記憶其確實之起始，僅能知其梗概……。」即屬習慣法適用之例子。

二、行政慣例

　　是指行政機關對某類事件反覆為相同之處理，因而形成所謂之「行政慣例」或稱「行政先例」。此不以人民對之具有法律確信為要件，並非習慣法。

　　另外，基於法律保留原則，不得以行政慣例作為限制人民自由權利之依據。惟行政先例如未違法，依行政自我拘束之法理，則非不得透過憲法之平等原則及信賴保護原則而間接產生對外效力[46]。

三、司法判解

(一)大法官解釋與憲法法庭之判決

　　依憲法第七八條規定：「司法院解釋憲法，並有統一解釋法律及命令之權。」第一七三條：「憲法之解釋，由司法院為之。」另司法院大法官審理案件法第四條第一項規定：「大法官解釋憲法之事項如左：一、關於適用憲法發生疑義之事項。二、關於法律或命令，有無牴觸憲法之事項。三、關於省自治法、縣自治法、省法規及縣規章有無牴觸憲法之事項。」大法官對於憲法所作成之解釋，其具有與憲法相同的效力。又大法官針對法律及命令所為的統一解釋之效力，則依照釋字第一八五號解釋：「自有拘束全國各機關及人民之效力，各機關處理有關事項，應依解釋意旨為之。[47]」

---

[46]　陳敏，同前揭註14，頁79。
[47]　釋字第一八五號解釋：「司法院解釋憲法，並有統一解釋法律及命令之權，為憲法第七十八條所明定，其所為之解釋，自有拘束全國各機關及人民之效力，各機關處理有關事項，應依解釋意旨為之，違背解

基此，大法官所作成之解釋，依其性質，具有與憲法、法律或命令同等之法源地位[48]，而實際上大法官所作成的解釋，常影響著我國行政法的發展，亦即是大法官常以憲法的高度來解決系爭規定違憲或違法的疑慮，並確立了重要的原理原則[49]，如：

- ・法律保留原則之灌輸：例如釋字第四四三號解釋。
- ・特別權力關係之突破：例如釋字第六八四號解釋。

我國憲法訴訟法於2022年1月4日施行，取代了司法院大法官審理案件法，司法院大法官解釋即時結束，由憲法法庭之判決取代。憲法法庭於111年2月5日作成第一號判決。

(二)大法庭取代判例與決議

以往判例與行政法院庭長聯席會議，於大法庭制度實施後將被取代。2019年1月4日法院組織法、行政法院組織法修正，總統公布，並自同年7月4日施行。現形最高法院判例與決議制度功成身退，由大法庭取而代之。

(三)一般司法判決

我國乃大陸法系國家，司法判決僅對系爭個案有拘束力，對於其他案件無任何拘束力。判決中所表示之法律見解，只代表該案法官對於法律的解釋。因為法官依據法律獨立審判，而非依判決審判，故個別法官皆應以自己對於法律之見解獨立審判。

四、一般法律原則

所謂行政法之一般原則（Die allgemeinen Grundsätze des Verwaltungsrechts）依學者之研究有四種不同來源[50]：（一）習慣法：習慣法乃昔日重要之法源，不成文之習慣法一旦被採用，通常以法之一般原則視之，在行政法領域亦是如此。（二）憲法之具體化：憲法上所揭示之原則，直接適用於具體案

釋之判例，當然失其效力。確定終局裁判所適用之法律或命令，或其適用法律、命令所表示之見解，經本院依人民聲請解釋認為與憲法意旨不符，其受不利確定終局裁判者，得以該解釋為再審或非常上訴之理由，已非法律見解歧異問題。」
[48] 吳庚，同前揭註6，頁57。並氏認為此乃基於大法官本質上扮演類似歐陸國家之公法審判權角色之故。
[49] 陳新民，行政法學總論，作者自版，2002年9月，八版，頁102-103。
[50] 吳庚，同前揭註6，頁53以下。

件時也有可能形成一般之原理原則。（三）現行法規：從現行各行政法規抽象化的結果，亦可導出一般原理原則。（四）法理：從作為實證法基礎之基本規範，可導出行政法之一般原則。另外，由於我國行政法多係繼受外國法而來，因此，外國法亦為我國產生行政法原理原則之重要依據。

以我國而言，在行政程序法尚未制定之前，約有誠信原則、比例原則、信賴保護原則、公益原則及正當程序原則等已於其他行政法規中成文化且為行政法院所採用，而行政程序法立法後，除將誠信原則、比例原則、信賴保護原則明訂於該法以外，更增列了明確性原則、平等原則及不當連結禁止原則，茲分述如下：

(一)誠實信用原則

行使權利、履行義務，應依誠實及信用方法（民法第一四八條第二項），即為誠信原則之意義。其原為民法中行使債權、履行債務之重要原則，進而為一切私法法律行為之作用法則，此為學者最早主張援用於公法領域之原則，而行政程序法第八條亦將誠信原則明文化。

(二)比例原則

問題九

設某甲欠繳稅捐二百萬元，稅捐稽徵處送交某行政執行分署執行之，但該行政執行分署卻將其價值二億的透天厝交付法拍。試問，上述情形有無違背比例原則？

比例原則或稱「過度禁止原則」（Übermassverbot），乃自德國警察法中所發展而來的一項原則，指國家行為所採取的手段與其所欲達到的目的間須合乎一定的比例（不能「以大砲打小鳥」）。比例原則在行政法的適用上，則指行政行為（尤其是行政處分）所採取的手段須與其所欲達到之目的間有一定的比例關係。

而在我國之實體法上，除憲法第二三條中之「必要性」，在一般法律層次，亦多有將此原則具體化者。例如，集會遊行法第二六條：「集會遊行之不予許可、限制或命令解散，應公平合理考量人民集會、遊行權利與其他法益間

之均衡維護，以適當之方法為之，不得逾越所欲達成目的之必要限度。」[51]另如社會秩序維護法第十九條第二項：「勒令歇業或停止營業之裁處，應符合比例原則。」則更將之明文化，而行政程序法第七條則更進一步的規定：

> 「行政行為，應依下列原則為之：
> 一、採取之方法應有助於目的之達成。
> 二、有多種同樣能達成目的之方法時，應選擇對人民權益損害最少者。
> 三、採取之方法所造成之損害不得與欲達成目的之利益顯失均衡。」

此外，如行政執行法第三條[52]及警察職權行使法第三條等也有類此之規定。

另依通說及實務的發展，比例原則的概念大致得分為三個概念，即：適合性原則、必要性原則及狹義比例原則：

1.適合性原則

適合性原則，又稱適當原則。指國家行為（行政行為）所採取之方法須有助於目的之達成。意即，能達到目的之方法或手段，皆符合適當性原則。

2.必要性原則

指國家在得達到目的之眾多方法中，應選擇造成人民權益損害最小的方式。因此，必要性原則應屬於方法與手段間的損益比較。

3.狹義比例原則

或稱衡量性原則，國家為達目的所採取之方法所造成的損害，不得與欲達成之利益顯失均衡。狹義比例原則，是屬於進一步的將該通過必要性原則之方法，與原來所欲達到的目的加以比較，「以砲擊雀」（Mit Kanonennach Spatzen schießen）或「殺雞焉用牛刀」是普遍最常被引用作為違反狹義比例原則的典型例子。

---

[51] 李震山，同前揭註1，頁292。
[52] 行政執行法第三條僅籠統規定比例原則，在該法施行細則第三條如同行政程序法第七條更明確指出適當性、必要性以及狹義比例原則，因此，未來修法方向是將施行細則第三條直接規定在行政執行法中，而與行政執行法第七條之規定相同。

　　如上述案例中，選擇拍賣納稅義務人價值兩億之房屋是行政執行分署所採取之必要手段，但其目的是在執行二百萬的給付義務，則顯然地目的與手段間顯失均衡，而違反狹義比例原則。

(三)信賴保護原則

問題十

> 警政署將警務外勤人員之退休年齡訂於年滿六十歲。
> 某甲服務於澎湖地區之警務員，至六十二歲時警政署來函謂外島之警務員亦屬外勤人員，故令其即日退休，而該甲自滿六十歲後之薪資須全數繳回，而退休年資亦溯及六十歲時開始起算。試問該甲得否主張信賴保護原則？

1.信賴保護原則之要件

　　信賴保護原則是公法上的重要原則，主要來自法治國原則下要求法安定性的需求[53]。其意義是指，人民因信賴國家法規範所為之行為，不得因事後規範的變更而受到不利益。其要件則為：

(1)信賴基礎

　　信賴基礎是指須有令人信賴的國家行為存在。依行政程序法第一一七條但書、第一一九條、第一二○條及第一二六條等規定，將人民得主張信賴保護的行政行為，僅限定於授益行政處分的撤銷及廢止。

　　惟大法官於釋字第五二五號解釋中認為：「行政法規公布施行後，制定或發布法規之機關依法定程序予以修改或廢止時，應兼顧規範對象信賴利益之保護。除法規預先定有施行期間或因情事變遷而停止適用，不生信賴保護問題外，其因公益之必要廢止法規或修改內容致人民客觀上具體表現其因信賴而生之實體法上利益受損害，應採取合理之補救措施，或訂定過渡期間之條款，俾

---

[53] 釋字第五二五號解釋理由書：「法治國為憲法基本原則之一，法治國原則首重人民權利之維護、法秩序之安定及誠實信用原則之遵守。人民對公權力行使結果所生之合理信賴，法律自應予以適當保障，此乃信賴保護之法理基礎……。」就此有關學說的詳細整理並可參照：林國彬，行政法適用之一般法理——信賴保護原則，收錄於：城仲模編，行政法裁判百選，月旦出版社，1996年3月，頁159-160。

減輕損害，方符憲法保障人民權利之意旨。」亦即，人民對於行政法規的修正或廢止均得主張信賴保護。

(2)信賴表現

人民因信賴而有所行為，亦即，人民在客觀上有對信賴基礎之表現行為[54]，而信賴表現，大法官於釋字第六○五號解釋理由書進一步地認為：「惟人民依舊法規預期可以取得之利益並非一律可以主張信賴保護，仍須視該預期可以取得之利益，依舊法規所必須具備之重要要件是否已經具備，尚未具備之要件是否客觀上可以合理期待其實現，或經過當事人繼續施以主觀之努力，該要件有實現之可能等因素決定之。」基此，表現行為與信賴基礎間須有因果關係。

(3)信賴值得保護

指信賴基礎之獲得無可歸責及信賴表現非基於惡意，一般認為，若有行政程序法第一一九條之各款事由者，則信賴不值得保護[55]。以法規為例（釋字第五二五號）有：

- 預先定有施行期間。
- 經有權機關認定係因情事變遷而停止適用。
- 經廢止或變更之法規有重大明顯違反上位規範情形者。
- 相關法規（如各種解釋性、裁量性之函釋）係因主張權益受害者以不正當方法或提供不正確資料而發布，其信賴顯有瑕疵不值得保護者。

2.合理之補償

至於信賴保護原則實現之效果，則須衡量公益與私益之輕重關係，如人民之信賴利益值得保護，但公益在評價上大於信賴利益（即公益大於私益）者，則對於人民因行政處分或法規之撤銷或廢止所遭受之財產上損失，依照行政程序法第一一七條及第一二六條之規定，行政機關應給予合理之補償；然若其信賴利益顯然大於撤銷所欲維護之公益者（即私益大於公益）時，則應予以存續保障，另大法官提出訂立過渡期間條款等方法以保護信賴利益（第五二五號以

---

[54] 釋字第五二五號解釋理由書：「……是以於停止適用時，尚未應考試及格亦未取得公務人員任用資格者……難謂法規廢止時已有客觀上信賴事實之具體表現，即無主張信賴保護之餘地。……」
[55] 行政程序法第一一九條：「受益人有下列各款情形之一者，其信賴不值得保護：一、以詐欺、脅迫或賄賂方法，使行政機關作成行政處分者。二、對重要事項提供不正確資料或為不完全陳述，使行政機關依該資料或陳述而作成行政處分者。三、明知行政處分違法或因重大過失而不知者。」

及第六〇五號解釋）。

案例一：某甲提供虛偽不實資料（以某乙中庭為該建築許可法定用地），向建管機關申請建築執照，而獲許可，該建築許可之效力為何？某乙可否主張信賴保護原則，而要求撤銷該許可？

案例二：臺北市發給某甲建築許可，嗣後交通部民航局調整航線，原發給執照用地列入飛航管制區，不得為建築使用，臺北市可否進一步作為，若對某甲造成損害，某甲應如何處理？

第一案某甲提供虛偽不實資料，屬於惡意信賴不值得保護之情形（行政程序法第一一九條），不得主張信賴保護。第二案人民之信賴利益值得保護，但公益在評價上大於信賴利益（即公益大於私益）者，則對於人民因行政處分之撤銷或廢止所遭受之財產上損失，主管機關應給予甲合理之補償（行政程序法第一二〇條）。

釋字第七一七號解釋指出，18%優存規定的修改兼顧國家財政資源永續運用之重要目的，確有公益之考量。政府並未驟然取消優惠存款，而係考量優惠存款本為早年退休金額度偏低時之政策性補貼，非獨立於退休金外之「經常性退休給付」，訂定所得替代率上限，消除或減少部分不合理情形，緩和預算之不當排擠效果，並未逾越必要合理之程度，故未違反信賴保護原則及比例原則。釋字第七八二與七八三號，針對公務員教師變更上述人員退撫給予之條件與計算基準，削減公保給付優存利息，降低退休所得替代率等規定，無涉法律不溯及既往原則，與信賴保護原則、比例原則尚無違背。

(四)公益原則

所謂公益並非抽象的屬於統治團體或其中某一群人之利益，更非執政者、立法者或是官僚體系本身之利益，亦非政治社會中各個成員利益之總和，而係社會各個成員之事實上利益，經由複雜交互影響過程所形成之理想整合狀態。公益之判斷過去以「數量（優勢）論」決定，但現今則輔以在「質」的方面做判斷，只要基於一個已獲憲法或法律所承認之價值標準，則受益人即使只居社會上之少數，亦不失為公益。至於公益是否有優先性，仍有正反不同意見：肯定說認為，公益優先於私益，因此個人權利與公益相衝突時，個人權力需退讓。因此，為了追求公益，國家即可限制人民基本權利；否定說認為，公益原則僅係公權力措施的考量依據之一而已，必非當然可導出公益優先性，蓋

公益與私益並非全然對立之概念，保障私益亦屬維護公益之一部分[56]。

　　士林文林苑王家的拆除案，即對所謂的「公益原則」有著激烈的討論。由建商主導的都市更新計畫，是以多數人之利益來否決少數人之利益，是否此多數人決定、程序是否合法以及實質內容是否正確而符合所謂的「公益原則」？即有探討空間[57]。

(五)正當程序原則

　　關於正當法律程序原則，係源自於英國的大憲章，後來為美國憲法增修條文第五條及第十四條納入規定。而我國憲法就此無明文規定，但經由大法官在多號解釋中透過對憲法第八條「法定程序」之解釋，而引進成為行政法上之重要原則：

1.正當法律程序之內涵

　　原先的正當法律程序，指任何人非依法律所定之程序，不得剝奪其生命、自由、財產。在行政法上的體現則指國家為行政行為時，必須遵守「程序正義」的要求，此為「程序上正當法律程序」。

　　後來美國最高法院自1887年開始[58]，認為其有時可以針對法律的實質內容進行審查，亦即，認為法律的實質內容與目的必須符合公平正義且正當合理，始符合正當法律程序原則之要求，就此，吾人稱之為「實體上正當法律程序」。而實質正當法律程序，其適用的要件大致有下列數種[59]：

　　(1)法律須為達到合理目的的手段。

　　(2)須對人民限制最少。

　　(3)法律規定必須明確。

2.正當法律程序原則在我國憲法上之基礎與運用

　　我國憲法上並無有關正當法律程序的明文規範，而大法官作成釋字第

---

[56] 吳庚，同前揭註6，頁71。

[57] 而有關士林文林苑與公共利益的議題，吳庚大法官的投書有詳細的論述。請參照：吳庚，都更未爆彈知多少？，中時電子報，2012年4月5日，http://news.chinatimes.com/forum/110514/112012040500372.html（瀏覽日期：2012年4月20日）。

[58] 詳細的判決經過，請參照：郭介恆，正當法律程序，收錄於：憲法體制與法治行政，三民書局，1998年8月，頁136；法治斌，憲法保障人民財產權與其他權利之標準，收錄於：法治斌，人權保障與釋憲法制，月旦出版，1993年9月，再版，頁232-240。

[59] 請參閱：湯德宗，論憲法上的正當程序保障，憲政時代，第25卷第4期，2000年4月，頁5。

三八四號認為：「憲法第八條第一項規定：『人民身體之自由應予保障。除現行犯之逮捕由法律另定外，非經司法或警察機關依法定程序，不得逮捕拘禁。非由法院依法定程序，不得審問處罰。非依法定程序之逮捕，拘禁，審問，處罰，得拒絕之。』其所稱『依法定程序』，係指凡限制人民身體自由之處置，不問其是否屬於刑事被告之身分，國家機關所依據之程序，須以法律規定，其內容更須實質正當，並符合憲法第二十三條所定相關之條件。」此號解釋有二項重點：（一）大法官透過憲法第八條第一項所稱之「依法定程序」將「正當法律程序原則」之理念導入我國法中，而使之成為我國憲法（及行政法）之一項重要的原理原則。（二）大法官在本號解釋提出了實質正當法律程序的概念。亦即，除必須依據法律規定踐行程序外，該程序尚應滿足公平、合理之要件，始得通過正當法律程序之要求[60]。

　　而大法官在釋字第三八四號解釋後，後續亦作成有關解釋，並就正當法律程序之內涵作了更具體的闡述與補充，包括有釋字第三九二號、第四六二號、第四八八號、第四九一號、第五三五號、第五六三號、第五八八號及第六三六號解釋等。

(六)明確性原則

　　明確性原則在要求行政行為之內容應明確，行政程序法第五條就此亦訂有明文。而明確性原則，得分為兩個層次探討：

1.授權明確性

(1)立法明確授權（一號明確性公式）

　　針對授權明確性原則，我國憲法及相關法制中原為類似德國基本法第八〇條第一項：「聯邦政府、聯邦閣員或邦政府，得根據法律發布命令。此項授權之內容、目的及範圍，應以法律規定之。所發命令，應引證法律根據。如法律規定授權得再移轉，授權之移轉需要以命令為之。」之規定。

---

[60] 釋字第三八四號解釋理由書（摘錄）：「實質正當之法律程序，兼指實體法及程序法規定之內容，就實體法而言，如須遵守罪刑法定主義；就程序法而言，如犯罪嫌疑人除現行犯外，其逮捕應踐行必要之司法程序、被告自白須出於自由意志、犯罪事實應依證據認定、同一行為不得重覆處罰、當事人有與證人對質或詰問證人之權利、審判與檢察之分離、審判過程以公開為原則及對裁判不服提供審級救濟等為其要者。除依法宣告戒嚴或國家、人民處於緊急危難之狀態，容許其有必要之例外情形外，各種法律之規定，倘與上述各項原則悖離，即應認為有違憲法上實質正當之法律程序。」

　　而後來大法官乃於釋字第三一三號將此精神導入，認為：「若法律就其構成要件，授權以命令為補充規定者，授權之內容及範圍應具體明確，然後據以發布命令，始符憲法第二三條以法律限制人民權利之意旨。」亦即，大法官認為指立法者授權由行政機關訂定行政命令時，應於法條中「明示」或「充分明確」方式，表現授權的內容、目的及範圍[61]。

　　後來行政程序法在制定時，也於第一五○條第二項規定：「法規命令之內容應明列其法律授權之依據，並不得逾越法律授權之範圍與立法精神。」

(2)法律整體性觀察（二號明確性公式）

　　雖然大法官於上述第三一三號解釋中，要求法規命令之授權必須具體、明確。但在釋字第三九四號解釋中，大法官則又提出了所謂「法律整體性觀察」的見解：「授權條款雖未就授權之內容與範圍為明確之規定，依法律整體解釋，應可推知立法者有意授權主管機關，就營造業登記之要件、營造業及其從業人員之行為準則、主管機關之考核管理等事項。」亦即，得由法律整體結構中，透過一般法律解釋方法可知授權的內容、目的及範圍者，亦屬授權明確性之範圍內。

2.法律明確性

　　基於法治國家原則，法律應明白確定，使人民可預見其法律效果而知所進退，行政機關及法院亦可據以執行與審判；由行政機關所作成的行政命令其內容亦應明確。惟法規內若使用「不確定法律概念」或「概括條款」者，並非必然違反明確性原則，大法官於釋字第四三二號認為，只要「立法使用抽象概念者，苟其意義非難以理解，且為受規範者所得預見，並可經由司法審查加以確認」者，即符合法律明確性原則，而釋字第五四五號則認為「因以不確定法律概念予以規範，惟其涵義於個案中並非不能經由適當組成之機構依其專業知識及社會通念加以認定及判斷，最後可由司法審查予以確認，則與法律明確性原則尚無不合」。

　　基此，吾人可從大法官作成之解釋中，約略理出「法律明確性」之判斷基準：

---

[61]　此外大法官後續亦於釋字第三九○號、第六○二號等解釋採相同見解。

(1)可理解性：一般人理解能力為準（釋字第五四五號解釋）。

(2)可預見性：以受規範者具有之預見可能性為準（釋字第五二四號解釋號）。

(3)審查可能性：以司法者或客觀第三者藉由邏輯方式，有審查可能為準（釋字第五四五號解釋、第六一七號解釋）。

(七)平等原則

平等原則的內涵是要求人民「法律地位的實質平等」。但平等原則並不禁止「差別待遇」，主管機關可斟酌具體個案事實上之差異及立法目的，而為合理之不同處置。（最高行政法院一○一年度判字第一○三四號；九一年度判字第一四一八號；九一年度判字第一○七九號判決）

憲法第七條：「中華民國人民，無分男女、宗教、種族、階級、黨派，在法律上一律平等。」行政程序法第六條規定：「行政行為，非有正當理由，不得為差別待遇。」

另外，在與行政法領域之關聯性上，平等原則中可導出「禁止恣意原則」與「行政自我拘束原則」：

1.禁止恣意原則

指行政機關不得在「欠缺合理的、充分的實質上正當理由」之情形下而為差別待遇，禁止任何客觀上違反憲法基本精神及「事物本質」之行為，而恣意的行政行為即屬有瑕疵，嚴重時甚會導致無效。

例如，釋字第六六六號解釋文：「社會秩序維護法第八十條第一項第一款就意圖得利與人姦、宿者，處三日以下拘留或新臺幣三萬元以下罰鍰之規定，與憲法第七條之平等原則有違，應自本解釋公布之日起至遲於二年屆滿時，失其效力。」

又如，釋字第六二六號解釋文：「憲法第七條規定，人民在法律上一律平等；第一百五十九條復規定：『國民受教育之機會，一律平等。』旨在確保人民享有接受各階段教育之公平機會。中央警察大學九十一學年度研究所碩士班入學考試招生簡章第七點第二款及第八點第二款，以有無色盲決定能否取得入學資格之規定，係為培養理論與實務兼備之警察專門人才，並求教育資源之有效運用，藉以提升警政之素質，促進法治國家之發展，其欲達成之目的洵屬重

要公共利益；因警察工作之範圍廣泛、內容繁雜，職務常須輪調，隨時可能發生判斷顏色之需要，色盲者因此確有不適合擔任警察之正當理由，是上開招生簡章之規定與其目的間尚非無實質關聯，與憲法第七條及第一百五十九條規定並無牴觸。」

即對有無違反該原則作出解釋。

2.行政自我拘束原則

(1)定義

指行政機關作成行政行為時，對於兩者相同或至少具有同一性質之事件，藉由行政機關自己前後反覆之同一行為，使人民產生信賴，如無正當理由，應受合法行政先例或行政慣例之拘束 ，即應為相同之處理，此即所謂行政自我拘束原則，包括下列原則：

A.相同或具有同一性事件之存在（先例或慣例）

行政機關處理某類事務具有反覆之實施行為存在。

B.須該行政先例或慣例為合法

例如，稅捐的正確核定，乃稅捐稽徵機關之職責，行政先例必須是合法的，乃憲法上的平等原則係指合法的平等，並不包含違法的平等。故行政先例必須是合法的，乃行政自我拘束的前提要件，憲法之平等原則，並非賦予人民有要求行政機關重複錯誤的請求權（最高行政法院九五年判字第一二一五號及九三年度一三九二號判例判決）。行政自我拘束的前提要件，行政機關不得任意的悖離，稅捐的合法公正核定，乃稅捐稽徵機關之職責，而人民並無要求稅捐稽徵重複錯誤的請求權（最高行政法院九五年度判字第八二九號判決）。

C.須行政機關具有裁量餘地

行政裁量餘地，是指行政機關就此部分享有合義務性裁量之空間。

行政自我拘束原則並不意味著行政機關須僵化而不能變通地受行政先例之拘束，但並未剝奪其作成合於平等之新的裁量，仍應保留未來實務變遷的可能性。對此變遷，必須說明理由。

(2)拘束對象

行政自我拘束所規制之對象，不僅是行政之具體行為，行政之抽象規範亦受其拘束。對此，行政機關規範機關內部秩序及運作之指令暨辦事細則，透過憲法平等原則之規定而具有外部效力。準此，依事件之性質，如無作成不同

處理之明顯根據，即不得為差別待遇，此為行政程序法第六條規定：「行政行為，非有正當理由，不得為差別待遇。」之精義所在（最高行政法院一〇〇年度判字第二〇四四號判決）。

(3)差別待遇理由說明之必要

行政機關所訂定之裁量準則（依行政程序法第一五九條第二項第二款之裁量基準），行政機關針對非典型（atypische）的事件，仍應保有「差別待遇」的可能性，但必須說明為何作出不同處理之理由。下列問題即針對裁量準則而來的。

問題十一

某整型醫師甲於隆乳材料之「果凍矽膠」開放使用前二個月即為病患使用，經臺北市政府衛生局以違反醫師法第二八條之四第二款規定：「醫師有下列情事之一者，處新臺幣十萬元以上五十萬元以下罰鍰，得併處限制執業範圍、停業處分一個月以上一年以下……二、使用中央主管機關規定禁止使用之藥物。」依「臺北市政府衛生局處理違反各項醫療衛生法規案件統一裁罰基準」第二項規定，違反使用禁止使用藥物，第1次處罰鍰10萬元，停業1個月，第2次處罰鍰20萬元，停業3個月，裁處甲「罰鍰10萬元，並命停業3個月。」甲就關於停業3個月部分之處分不服，試問甲得如何提起救濟？理由為何？（99年司法官考試）

某甲第一次違規，本應停業一個月，卻因其是名人，而改停業三個月，而有違裁量準則之規定，亦即，違反了行政自我拘束原則，裁處機關就此必須說明其作出不同裁處之實質理由，否則有違平等原則。

(八)不當聯結禁止原則

行政機關為達成特定之行政目標，固得採行一定之手段，但該手段與行政行為所欲追求的目的間，不得有「無實質關聯」或「不正當之關聯性」，亦即要求行政行為之目的與手段間須有一種合理的連結關係。

不當連結之禁止在行政法之適用上最常見者，即為行政處分若附有附款，則該附款之內容不得與行政處分之內容缺乏實質的關聯性，例如建築許可之核發屬行政處分，依其性質可為附款，但若該附款之內容為要求建商須提供

一定額度之基金與建公園，因與建築許可之核發無實質之關聯性，故屬「不當之連結」而應予禁止[62]。

　　行政程序法九四條：「前條之附款不得違背行政處分之目的，並應與該處分之目的具有正當合理之關聯。」以及第一三七條第一項：「行政機關與人民締結行政契約，互負給付義務者，應符合下列各款之規定：一、契約中應約定人民給付之特定用途。二、人民之給付有助於行政機關執行其職務。三、人民之給付與行政機關之給付應相當，並具有正當合理之關聯。」屬該原則之規定。釋字第六一二號解釋理由書也提到：「……以清除、處理技術員所受僱之清除、處理機構所造成污染環境或危害人體健康，情節重大之違法或不當營運，作為撤銷其合格證書之要件，衡酌此等行為對於環境衛生、國民健康危害甚鉅，並考量法益受侵害之程度及態樣，而以撤銷不適任之清除、處理技術員合格證書作為手段，核與規範目的之達成具有正當合理之關聯，不生違背不當聯結禁止原則之問題，並未逾越必要之範圍，符合憲法第二十三條之規定，與憲法第十五條保障工作權之意旨，尚無違背。」

第四節　法源位階

一、法源位階之概念

　　法源位階，係將各種法源按一定順序由上而下排列，在法源間有衝突時，適用位階較高者，而與其相牴觸之低位階法源則歸於無效，不能適用。

二、成文法源位階

(一)效力優先原則

1.法源位階不同時之處理

(1)憲法具有最高法位階性

憲法第一七一條：「法律與憲法牴觸者無效。」

---

[62] 不當連結禁止原則亦落實於行政程序法第九四條（行政處分之附款）及第一三七條第三款（雙務契約之締結）。

憲法第一七二條：「命令與憲法或法律牴觸者無效。」

中央法規標準法第十一條：「法律不得牴觸憲法，命令不得牴觸憲法或法律，下級機關訂定之命令不得牴觸上級機關之命令。」

(2)法規命令不得與憲法、法律或上級機關之命令牴觸

行政程序法第一五八條第一項第一款：「法規命令，有下列情形之一者，無效：一、牴觸憲法、法律或上級機關之命令者。」

中央法規標準法第十一條：「命令不得牴觸憲法或法律，下級機關訂定之命令不得牴觸上級機關之命令。」

(3)自治法規不得與中央法規牴觸

憲法第一一六條：「省法規與國家法律牴觸者無效。」

憲法第一二五條：「縣單行規章與國家法律或或省法規牴觸者無效。」

地方制度法第三〇條第一項：「自治條例與憲法、法律或基於法律授權之法規或上級自治團體自治條例牴觸者，無效。」

地方制度法第三〇條第二項：「自治規則與憲法、法律、基於法律授權之法規、上級自治團體自治條例或該自治團體自治條例牴觸者，無效。」

地方制度法第三〇條第三項：「委辦規則與憲法、法律、中央法令牴觸者，無效。」因此，上級自治團體自治規章優先於下級自治團體自治規章。

綜上說明，吾人得以各個法源之效力位階為標準，排列如下圖：

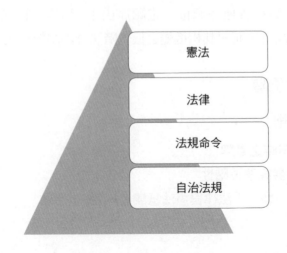

憲法

法律

法規命令

自治法規

2.法源位階相同時處理

法源屬於相同位階時，則依下列「牴觸法規則」（Kollisionsregeln）[63]決定優先適用順序：

(1)後法優於前法

依中央法規標準法第十七條規定：「法規對某事項規定適用或準用其他法規之規定，該他法規修正後，適用或準用修正後之法規。」此即後法優於前法原則。

(2)特別法優於普通法

按中央法規標準法第十六條規定：「法規對其他法規所規定之同一事項而為特別之規定者，應優先適用之。其他法規修正後，仍應優先適用。」為特別法優於普通法原則，此時，即使普通法修正而成為後法，特別法仍應優先適用。

(3)母法優於子法

普遍抽象之法規，優於執行該法規之其他法規。例如：土地法優於土地法施行法。

(二)適用優先原則

由於較低位階之法規範通常較為具體詳細。因此，就具體事件適用法規範時，應先適用較低位階之法規範。例如，在有具體法律足以規範時，不得援引憲法規定，只有在法律規定有疏漏時，始得適用憲法之規定。

三、不成文法源位階

不成文法源之習慣法，其位階相當於法律或憲法，因成文法源之各位階除法規命令外皆有可能成立習慣法，故可能有憲法位階的「憲法習慣法」，或自治規章位階的「地方習慣法」。

而一般法律原則則視該原則之位階而定，例如平等原則、信賴保護原則、正當程序原則等係屬於憲法位階之原理原則，而不當聯結禁止原則則屬於法律位階之原理原則。

---

[63] 參照陳敏，同前揭註14，頁100。

第五節 法規效力論

一、法規的生效與施行

法規應於法條內明定生效之時日,且自公布或發布後發生效力。一般而言,法規的生效時日有分作下列二種:

(一)法規明定自公布或發布日施行者

中央法規標準法第十三條規定:「法規明定自公布或發布日施行者,自公布或發布之日起算至第三日起發生效力。」

(二)法規特定施行日期者

中央法規標準法第十四條規定:「法規特定有施行日期,或以命令特定施行日期者,自該特定日起發生效力。」

二、法律不溯及既往原則

(一)意義

法律不溯及既往原則,係基於信賴保護原則、法安定性原則與人民基本權利之保障而來,乃屬於憲法上之基本原則。其係指法律不得將其規範之效果延伸到法律生效前已完成(或已發生)的事件或行為上。此一原則,除行政機關之行政行為外,亦拘束立法者之立法行為。而法律不溯及既往之目的,在於維持法律生活關係之穩定,避免人民遭受法律突襲、保障人民之既得權及落實信賴保護原則。

(二)溯及既往之類型

吾人基本上將法律溯及既往之類型,分作「真正溯及既往」及「不真正溯及既往」二種[64],以下分述之:

---

[64] 德國在1983年時,另有學者提出以「法規生效時點」為形式判斷基準,區分為:1.法律效果之溯及作用(溯及性法規):指溯及效力自「時間」上觀察,法規範的開始適用早於該法規範公布之前者,始有溯及既往之問題。2.構成要件回溯連結(影響性法規):法規範的開始適用係於該法規範公布之後,亦即,法規並未溯及既往生效,但對過去已發生之事實或法律關係有所影響者稱之構成要件回溯連結。前者原則上禁止溯及適用,例外在符合真正溯及既往之例外四個要件時始可允許;後者則涉及信賴保護問題,應援用信賴保護原則之理論解決。

1.真正溯及既往

所謂真正溯及既往，指業已終結之事實或法律關係，在事後以制定法規之方式予以重新評價，而此種評價可能有利益或不利[65]。

基於信賴保護原則及法安定性原則的考量，在法律效果上，真正溯及既往應以禁止溯及為原則，惟若該變動之法規係屬授益性質，或雖屬負擔性質但符合下列要件時，則例外允許溯及：

(1)法規之溯及適用有預見可能性者。

(2)溯及既往得改善舊法規之不明確性者。

(3)不致造成損害或雖造成損害但範圍極輕微者。

(4)具有強烈的公益需求者。

(5)排除立法漏洞。

2.不真正溯及既往

所謂不真正溯及既往，係指對於法規變更或生效前已發生而尚未終結之事實或法律關係，向將來發生該法之法律效果。因此，不真正溯及既往是屬於事實跨越新舊法持續發生，新法縱然直接適用於法律生效後繼續發生的事實，亦無法律效力溯及既往可言，僅止於現在的事實與過去的事實連結而已，又稱為事實的回溯連結，而非效力的溯及發生[66]。

而是否容許不真正法律溯及既往的存在？誠如釋字第五七四號解釋理由書所言：「……法律一旦發生變動，除法律有溯及適用之特別規定者外，原則上係自法律公布生效日起，向將來發生效力。此時立法者於不違反法律平等適用之原則下，固有其自由形成空間。惟如人民依該修正前法律已取得之權益及因此所生之合理信賴，因該法律修正而向將來受不利影響者，立法者即應制定過渡條款，以適度排除新法於生效後之適用，或採取其他合理之補救措施，俾符

而刑法因為基於「罪刑法定主義」的要求，須於行為人在行為前能預見時才能適用刑法之規定，尚不容許其效力向前追溯業已發生的不法行為。就此，請參照：林山田，刑法通論（上），作者自版，2008年1月，十版，頁85-86。

[65] 釋字第五八〇號解釋許玉秀大法官一部協同暨一部不同意見書參照。

[66] 釋字第五八〇號解釋許玉秀大法官一部協同暨一部不同意見書參照。

惟若許玉秀大法官在該意見書中亦認為「不真正溯及既往理論解決問題的路徑，乃是認為法律是否溯及既往，其實在於事實是否屬於已經完成的『既往』，藉由改變界定事實的標準，即可避免遭受法律溯及既往的質疑，而擴大新法的適用範圍。」

法治國之法安定性原則及信賴保護原則。[67]」亦即，原則上應予以允許，惟在下列情形例外禁止：（一）人民信賴舊法規存續之信賴利益，優於新法所欲達成之公益；（二）法規的變動超乎預期，而立法者未設有「過渡條款」或「其他合理之補救措施」者。

---

[67] 大法官於釋字五七七號解釋理由書中亦認為：「……惟對該法施行前，已進入銷售通路，尚未售出之菸品，如亦要求須於該法施行時已履行完畢法定標示義務，勢必對菸品業者造成不可預期之財產權損害，故為保障人民之信賴利益，立法者對於此種菸品，則有制定過渡條款之義務。……。」

第 ③ 章　依法行政與裁量

第一節　行政羈束性

一、依法行政之概念

　　依法行政原則係指一切行政行為均應受法律的規範、拘束與支配。學說認為此一原則包括「法律優位」及「法律保留」二大原則。

二、消極的依法行政（法律優位原則）

　　法律優位原則，在要求行政行為或其他行政活動皆不得違反現行有效之法令，此亦為行政程序法第四條：「行政行為應受法律及一般法律原則之拘束。」所明定。此外，法律優位原則也寓含有下位規範不得牴觸上位規範之意義。而因為此一原則只有要求行政行為消極地不違背法律規定即可，故稱之為「消極的依法行政」。

　　而依照法律位階理論，現行法制又可分作下列種類的法律優位：

中央法令	・憲法第一七一條：「法律與憲法牴觸者無效。」 ・憲法第一七二條：「命令與憲法或法律牴觸者無效。」 ・中央法規標準法第十一條：「法律不得牴觸憲法，命令不得牴觸憲法或法律，下級機關訂定之命令不得牴觸上級機關之命令。」 ・行政程序法第一五八條第一項第一款規定：「法規命令有牴觸憲法、法律或上級機關命令之情形者，無效。」
中央與地方	・憲法第一一六條：「省法規與國家法律牴觸者無效。」 ・憲法第一二五條：「縣單行規章，與國家法律或省法規牴觸者無效。」
地方與地方	・地方制度法第三〇條第一項規定：「自治條例與憲法、法律或基於法律授權之法規或上級自治團體自治條例牴觸者，無效。」第二項規定：「自治規則與憲法、法律、基於法律授權之法規、上級自治團體自治條例或該自治團體自治條例牴觸者，無效。」 ・地方制度法第三〇條第三項規定：「委辦規則與憲法、法律、中央法令牴觸者，無效。」

三、積極的依法行政（法律保留原則）

(一)意義

　　係指特定領域之國家事務，應保留立法者以法律規定，行政權只有依法律的指示始能決定行使，故學界也將「法律保留原則」稱之為「積極的依法行政」。

　　換言之，沒有法律授權，行政機關即不能合法地作成行政行為。由於在法律保留原則之下，行政行為除了消極的不牴觸法律以外，對於有涉及人民權利義務之事項，還必須具有法律之明文依據，此種要求則顯然較法律優位原則更強調立法者的角色[68]。

(二)法律保留的學說

1.干預保留說

　　德國學者Anschütz提出，凡政府干預人民的自由和財產時，皆須由議會以法律明定之[69]，此稱為干預保留原則。

　　按此說，給付行政則不需要法律保留，只須以預算保留為已足。但由於國家資源有限，且給付行政具有雙面性（因為資源有限，故給予一方給付時，等於侵害他方資源分配之請求權利），又人民無法直接依據預算規定向國家請求給付，因此，給付行政不需要法律保留，只有干預行政始受法律保留原則拘束之理論，在現代社會福利國家已無法適用[70]。

2.全面保留說

　　全面保留說係主張國家所為的行政行為，基本上都應該由法律或法律予以授權規定，亦即，此說論者認為法律保留的功能應自對行政權的干涉擴大到

---

[68] 蔡震榮，由法律保留來探討立法與行政權的界限，收錄於：蔡震榮，行政法理論與基本人權之保障，1999年10月，二版二刷，五南圖書，頁59。

[69] a. a. O., S.133.

[70] 釋字第五四二號解釋：「行政機關訂定之行政命令，其屬給付性之行政措施具授與人民利益之效果者，亦應受相關憲法原則，尤其是平等原則之拘束。系爭作業實施計畫中關於安遷救濟金之發放，係屬授與人民利益之給付行政，並以補助集水區內居民遷村所需費用為目的，既在排除村民之繼續居住，自應以有居住事實為前提，其認定之依據，設籍僅係其一而已，上開計畫竟以設籍與否作為認定是否居住於該水源區之唯一標準，雖不能謂有違平等原則，但未顧及其他居住事實之證明方法，有欠周延。相關領取安遷救濟金之規定應依本解釋意旨儘速檢討改進。」

所有國家行政領域[71]。因此，國家所為之行為除干涉行政須由法律規定或授權外，而給付行政也應該包含在內。

然而，由於國會之能力有限，所有國家事務均須經由國會立法，誠屬不可能，且採此說會讓行政機關淪為立法院之執行機關，破壞憲法規定之權力分立原則，故此說亦不可採[72]。

3.重要性理論

德國聯邦憲法法院判決發展出所謂「重要性理論」（Wesentlichkeitstheorie）[73]，其理論是指除干預人民自由、財產權利事項屬法律保留範圍外，其他國家事務若為「重要性事項」亦屬法律保留的範圍。茲分析如下：

所謂「重要」是指「對基本權利的實現具有本質重要性者而言」。重要性之判斷必須綜合「人民的法律地位、所涉及的生活範疇、以及受規範之對象的性質」等加以衡量。由於「重要性」之概念過於模糊，學者們提出幾點關於重要性的標準試圖具體化，即以基本權之重要性與公共事務之重要性為準[74]，亦即，涉及生命、身體自由等基礎性權利或宗教、政治等涉及個人信仰之權利，較社會性、財產性等權利重要；而公共事務若受規範人之範圍愈大、影響作用愈久、財政影響愈大、公共爭議性愈強、或現狀變革幅度愈大者，該公共事務則愈是重要。

綜上，即使學者們試圖將重要性理論明確化，但重要性理論之標準仍無法具體表達，且採此說會片面凸顯立法權之優越性（因為國家重要性事項屬立法院；不重要事項始屬於行政權範圍，亦違反憲法權力分立原則），因此，另有學者引進德國近年來盛行之「機關功能理論」來補充說明「重要性理論」[75]。

---

[71] 董保城，行政法講義，作者自版，2011年9月，二版，頁82。
[72] 不過德國學者Herzog則對上述質疑予以駁斥，其認為基於下列理由而有「全面保留」之必要：(1)給付行政所涉及者通常係屬於有關經濟或社會的民生給付，通常其所造成的危害不亞於干預行政；(2)立法行為較行政行為之預見可能性高，且能擔保同樣事物得為相同處理；(3)行政規則在實務運作上如有違反平等原則時，雖得提起救濟，但透過立法行為予以明定，顯然較為公平。詳細的論述請參照：Herzog, in: Maunz-Dürig-Herzog-Scholz, Art. 20, Rd. 68. 蔡震榮，同前揭註68，頁79。
[73] BVerfGE 33, 303, 346 ff.; 34, 165, 192 f.; 41, 251, 260; 47, 46, 78 ff.; 57, 295, 320 f.; 58, 257, 272 ff.
[74] 參照陳敏，同前揭註14，頁161。
[75] 亦有學者將機關功能理論列為法律保留學說的第四說，參照：陳清秀，依法行政與法律的適用，收錄於：翁岳生編，同前揭註8，頁154以下。

4.機關功能理論

所謂「機關功能理論」，原先係德國聯邦憲法法院於判決中提倡以「功能法上的正確性」作為國家組織於憲法上權力分立之重要解釋原則之概念[76]，後為學者借用而為重要性理論所提出的「事務的政治性」與「事務的重要性」提供了理論依據及更具體的判斷標準，使其更為完整。

機關功能理論認為，某國家的事務應由立法或行政機關以法律或命令的規範方式來決定，應視何者於組織、程序與規範結構具備決定該事務的最佳條件而定[77]。而此種區分的目的在於要求國家決定能夠達到「盡可能正確」之地步，進而要求國家之決定應選擇交由「功能最適」的機關來作成。

基此，法律保留在機關功能理論的要求下，因為立法程序與命令訂定程序相較之下較為正式、嚴謹並且討論程序也較公開、透明，因而較適合規範重要的、原則性的事務[78]；至於具有專業性、緊急性或立法規範不能之事務，則宜由行政機關處理。

(三)組織法的法律保留－從嚴格到鬆綁

所謂組織法的法律保留是指，有關行政組織之事項，應由法律或法律授權之命令加以規定。原先法律保留原則所規範者係為「行為法」，「組織法」原則上不受法律保留之限制。但我國過去依中央法規標準法第五條第三款要求國家一切機關，無論層級均應以法律定其組織，此種高密度組織法上法律保留的規範方式，實屬難得一見[79]。

不過我國於1997年修憲時注意到上述問題，乃於憲法增修條文第三條第三項及第四項增定：「國家機關之職權、設立程序及總員額，得以法律為準則性之規定。」「各機關之組織、編制及員額，應依前項法律，基於政策或業務需要決定之。」並於2004年立法院通過「中央行政機關組織基準法」，該法第四條第一項規定：「下列機關之組織以法律定之，其餘機關之組織以命令定之：一、一級機關、二級機關及三級機關。二、獨立機關。」第二項規定：「前項

---

[76] BVerfGE 68, 1, 86.
　　此外，我國司法院大法官亦於釋字第四一九號採用此一概念。
[77] 許宗力，論法律保留原則，收錄於：許宗力，法與國家權力，月旦出版社，1994年10月，二版一刷，頁180。
[78] 陳清秀，同前揭註75，頁155。
[79] 吳庚，同前揭註6，頁97。

以命令設立之機關，其設立、調整及裁撤，於命令發布時，應即送立法院。」

(四)作用法的法律保留－建立層級化的保留密度

　　釋字第四四三號解釋理由書：「憲法所定人民之自由及權利範圍甚廣，凡不妨害社會秩序公共利益者，均受保障。惟並非一切自由及權利均無分軒輊受憲法毫無差別之保障：關於人民身體之自由，憲法第八條規定即較為詳盡，其中內容屬於憲法保留之事項者，縱令立法機關，亦不得制定法律加以限制（參照本院釋字第三九二號解釋理由書），而憲法第七條、第九條至第十八條、第二十一條及第二十二條之各種自由及權利，則於符合憲法第二十三條之條件下，得以法律限制之。至何種事項應以法律直接規範或得委由命令予以規定，與所謂規範密度有關，應視規範對象、內容或法益本身及其所受限制之輕重而容許合理之差異：諸如剝奪人民生命或限制人民身體自由者，必須遵守罪刑法定主義，以制定法律之方式為之；涉及人民其他自由權利之限制者，亦應由法律加以規定，如以法律授權主管機關發布命令為補充規定時，其授權應符合具體明確之原則；若僅屬與執行法律之細節性、技術性次要事項，則得由主管機關發布命令為必要之規範，雖因而對人民產生不便或輕微影響，尚非憲法所不許。又關於給付行政措施，其受法律規範之密度，自較限制人民權益者寬鬆，倘涉及公共利益之重大事項者，應有法律或法律授權之命令為依據之必要，乃屬當然。」

1.層級化法律保留之結構整理

	內　　容
憲法保留	憲法第八條規定人身自由
絕對法律保留	1.罪刑法定主義：生命剝奪／人身自由限制 2.租稅法定主義（釋字第第三四六號、第四二〇號、第五〇六號、第五六五號、第六五〇號解釋） 3.憲法委託事項 4.時效制度（釋字第四七四號解釋） 5.公務員懲戒（釋字第四九一號解釋） 6.臨檢要件、程序與救濟（釋字第五三五號解釋）

	內　容
相對法律保留	1.其他自由權利之限制： (1)裁罰性：嚴（一號明確性公式）—自授權法律規定中得預見其行為可罰（釋字第三九〇號、第四〇二號、第五二二號、第六三八號解釋） (2)非裁罰性：寬（二號明確性公式）—非拘泥於特定文字，自法律整體關聯意義可推知即可（釋字第三九四號、第四二六號、第五一〇號、第五三八號、第六〇四號、第六一二號解釋） 2.給付行政之重大給付事項（釋字第五二四號、第六一四號解釋）
非屬法律保留	1.執行法律細節性、技術性事項 2.非重大給付行政 3.大學自治（釋字第五六三號、第六二六號解釋）

2.憲法保留

所謂憲法保留是指將國家某些事項在憲法中予以規範，且該憲法中自行規定一定之要件，因此禁止立法機關就該憲法已明文之規定事項為相異之規定。就此，釋字第四四三號解釋理由書即認為：「……關於人民身體之自由，憲法第八條規定即較為詳盡，其中內容屬於憲法保留之事項者，縱令立法機關，亦不得制定法律加以限制……。」

此外，憲法中針對國家組織的相關規定，亦屬於憲法保留範圍之列。

3.絕對法律保留

絕對的法律保留（國會保留）其意指某些事項只能由形式意義的法律規定，立法者不得授權予行政機關以法規命令定之，故又稱「狹義的法律保留」。

(1)罪刑法定主義

刑法第一條規定：「行為之處罰，以行為時之法律有明文規定者為限。拘束人身自由的保安處分，亦同。」是為罪刑法定主義，屬於絕對法律保留事項[80]。

(2)租稅法定主義

依照釋字第三四六號解釋：「係指有關納稅之義務應以法律定之，並未限制其應規定於何種法律。法律基於特定目的，而以內容具體、範圍明確之方

---

[80] 釋字第四四三號解釋理由書摘錄：「……諸如剝奪人民生命或限制人民身體自由者，必須遵守罪刑法定主義，以制定法律之方式為之……。」

式，就徵收稅捐所為之授權規定，並非憲法所不許。」並釋字第四二○號解釋亦稱：「涉及租稅事項之法律，其解釋應本於租稅法律主義之精神：依各該法律之立法目的，衡酌經濟上之意義及實質課稅之公平原則為之。」

　　後來大法官於釋字第六九三號解釋，也再次的重述此一要求：憲法第十九條規定，人民有依法律納稅之義務，係指國家課人民以繳納稅捐之義務或給予人民減免稅捐之優惠時，應就租稅主體、租稅客體、租稅客體對租稅主體之歸屬、稅基、稅率、納稅方法及納稅期間等租稅構成要件，以法律定之。惟主管機關於職權範圍內適用之法律條文，本於法定職權就相關規定予以闡釋，如係秉持憲法原則及相關之立法意旨，遵守一般法律解釋方法為之，即與租稅法律主義無違。（最近公布的釋字第七○○號解釋亦採相同見解）

(3)憲法委託事項

　　所謂憲法委託是指制憲者僅於憲法條文為原則性之規定後，而指示該事項應由立法者於法律中明文規定之事項（絕對法律保留）。例如憲法第二四條：「凡公務員違法侵害人民之自由或權利者，除依法律受懲戒外，應負刑事及民事責任。被害人民就其所受損害，並得依法律向國家請求賠償。」憲法第一三六條規定：「創制複決兩權之行使，以法律定之。」及憲法增修條文第十一條規定：「自由地區與大陸地區間人民權利義務關係及其他事務之處理，得以法律為特別之規定。」等即為適例。

(4)時效制度

　　釋字第四七四號解釋理由書：「時效制度不僅與人民權利義務有重大關係，且其目的在於尊重既存之事實狀態，及維持法律秩序之安定，與公益有關，須逕由法律明定，自不得授權行政機關衡情以命令訂定或由行政機關依職權以命令訂之。」亦即，時效制度與人民之權利義務有重大影響，且此種制度不僅與人民權利義務有關亦與公益有關，因此係為絕對法律保留之事項，而由法律明定。

(5)公務員懲戒

　　依釋字第四九一號解釋理由書：「公務人員之懲戒乃國家對其違法、失職行為之制裁，此項懲戒為維持長官監督權所必要，自得視懲戒處分之性質，於合理範圍內，以法律規定由長官為之。中央或地方機關依公務人員考績法或相關法規之規定，對公務人員所為免職之懲處處分，為限制其服公職之權利，實

質上屬於懲戒處分。其構成要件應由法律定之，方符憲法第二十三條規定之意旨。」

(6)臨檢要件、程序與救濟

針對臨檢，警察所實施之手段（檢查、路檢、取締或盤查等）均屬對人或物之查驗、干預，影響人民行動自由、財產權及隱私權等甚鉅，因此大法官乃於釋字第五三五號解釋理由書認為：「**是執行各種臨檢應恪遵法治國家警察執勤之原則，實施臨檢之要件、程序及對違法臨檢行為之救濟，均應有法律之明確規範，方符憲法保障人民自由權利之意旨。**」而在大法官作成此號解釋後，立法院乃通過「警察職權行使法」，針對臨檢之要件、程序及救濟等皆予以明定[81]。

4.相對法律保留

在釋字第四四三號解釋理由書之體系下，涉及人民生命、身體以外之其他自由權利之限制者，屬相對法律保留之領域，亦即法律得自為規定，或可授權由行政機關以法規命令加以規範，但依歷年來大法官之解釋得知，授權明確性有寬嚴不同的審查標準，說明如下：

(1)裁罰性規定

釋字第三九〇號認為：「對於人民設立工廠而有違反行政法上義務之行為，予以停工或勒令歇業之處分，涉及人民工作權及財產權之限制，……；若法律就其構成要件，授權以命令為補充規定者，授權之目的、內容及範圍，應具體明確，始得據以發布命令。[82]」

因此，若該法規命令係涉及對人民裁罰性之規定，則母法之授權明確性標準要求較為嚴格，必須自授權法律規定中得預見其行為之可罰性。

(2)非裁罰性規定

若該法規命令不涉及對人民裁罰性之規定，則母法之授權明確性標準要求較為寬鬆，毋庸拘泥於特定文字，只要自法律整體關聯意義可推知其行為所受

---

[81]　參照：蔡震榮，花蓮路檢查賄問題之探討，收錄於：蔡震榮，警察職權行使法概論，中央警察大學印行，2010年3月，頁45。
　　在此須附帶一提的是，雖然大法官在此號解釋針對警察勤務條例之相關規定予以補充立意甚佳，但對於臨檢的發動要件、程序及救濟程序等皆予以鉅細靡遺的解釋，就此，可能已經有侵害立法權之嫌。
[82]　大法官後續亦於釋字第四〇二號、第五二二號解釋採類此之見解。

之規制即可。

　　例如大法官曾於釋字第三九四號：「建築法第十五條第二項規定：『營造業之管理規則，由內政部定之』，概括授權內政部訂定營造業管理規則。此項授權條款並未就授權之內容與範圍為明確之規定，惟依法律整體解釋，應可推知立法者有意授權主管機關，就營造業登記之要件、營造業及其從業人員之行為準則、主管機關之考核管理等事項，依其行政專業之考量，訂定法規命令，以資規範。[83]」

(3)涉及重大公益的給付行政

　　由於國家資源有限，因此，給付行政措施具有雙面性（亦即，國家將資源分配予某特定人時，等同侵害未分配到資源之人民的權利）。依釋字第四四三號解釋理由書之見解認為，給付行政雖未直接侵害人民權利，其受法律規範之密度，自較限制人民權益者寬鬆，但涉及公共利益之重大事項者，仍應有法律或法律授權之命令為依據之必要。因此，涉及重大公益的給付行政，至少應受相對法律保留之拘束[84]。

5.非屬法律保留事項

(1)執行法律之細節性、技術性事項

　　依釋字第四四三號解釋理由書認為：「若僅屬與執行法律之細節性、技術性次要事項，得由主管機關發布命令為必要之規範，雖因而對人民產生不便或

---

[83] 並請參照釋字第四二六號、第五一〇號、第五三八號及第六一二號解釋。

[84] 釋字第五二四號解釋（摘錄）：「全民健康保險為強制性之社會保險，攸關全體國民之福祉至鉅，故對於因保險所生之權利義務應有明確之規範，並有法律保留原則之適用。若法律就保險關係之內容授權以命令為補充規定者，其授權應具體明確，且須為被保險人所能預見。又法律授權主管機關依一定程序訂定法規命令以補充法律規定不足者，該機關即應予以遵守，不得捨法規命令不用，而發布規範行政體系內部事項之行政規則為之替代。倘法律並無轉委任之授權，該機關即不得委由其所屬機關逕行發布相關規章。」
釋字第六一一號解釋理由書（摘錄）：「憲法第十八條規定人民有服公職之權利，旨在保障人民有依法令從事公務，暨由此衍生享有之身分保障、俸給與退休金請求等權利。國家對公務人員有給予俸給、退休金等維持其生活之義務。公務人員曾任公營事業人員者，其服務於公營事業之期間，得否併入公務人員年資，以為退休金計算之基礎，憲法雖未規定，立法機關仍非不得本諸憲法照顧公務人員生活之意旨，以法律定之。惟關於給付行政措施，其受法律規範之密度，自較限制人民權益者寬鬆（本院釋字第四四三號解釋理由書參照），在此類法律制定施行前，曾任公營事業人員無從辦理併計年資，主管機關自得發布相關規定為必要合理之規範，以供遵循。主管機關針對曾任公營事業之人員，於轉任公務人員時，其原服務年資如何併計，依法律授權訂定法規命令，或逕行訂定相關規定為合理之規範以供遵循者，因其內容非限制人民之自由權利，尚難謂與憲法第二三條規定之法律保留原則有違（本院釋字第五七五號解釋參照）。惟曾任公營事業人員轉任公務人員時，其退休相關權益乃涉及公共利益之重大事項，依現代法治國家行政、立法兩權之權限分配原則，仍應以法律或法律明確授權之命令定之為宜，併此指明。」

輕微影響，尚非憲法所不許。」因此，執行法律之細節性、技術性次要事項屬於無庸法律保留之領域。

(2)非重大之給付行政

釋字第四四三號解釋理由書闡明：「給付行政涉及公共利益之重大事項者，仍應有法律或法律授權之命令為依據之必要。」反面推知，非重大之給付行政者，亦屬於無庸法律保留之領域。

(3)大學自治

依照大法官解釋認為，大學自治受憲法制度性保障，大學得於合理及必要之範圍內，訂定有關取得學位之資格及條件，不生違反法律保留原則之問題。因此，有關大學自治事項，應屬無庸法律保留之領域。

例如，釋字第六二六號理由書：「大學對於入學資格既享有自治權，自得以其自治規章，於合理及必要之範圍內，訂定相關入學資格條件，不生違反憲法第二三條法律保留原則之問題。……。是警大就入學資格條件事項，訂定系爭具大學自治規章性質之『中央警察大學九十一學年度研究所碩士班入學考試招生簡章』，明定以體格檢查及格為錄取條件，既未逾越自治範圍，即難指摘與法律保留原則有違。」即為適例。

(五)法律保留原則之範圍

1.特別權力關係

在傳統理論之下，特別權力關係不受法律保留原則之拘束。但依司法院大法官解釋之立場，似已逐漸地打破特別權力關係[85]，而有基礎關係與管理關係之區分。基礎關係已列入一般權力關係，但管理關係則仍得基於內部管理而制定所謂的「特別規則」來規範特別權力關係下成員的權利義務規定，但這些規定應只是涉及非基本權之範圍，若人民認為基本權受到侵犯，仍得主張權利之救濟[86]，如釋字第六八四號解釋所稱之「受教權」即屬於重要事項，應以法律規定且容許學生提起救濟。

---

[85] 例如有釋字第二四三號、第二九八號、第三八二號、第四三〇號、第四六二號、第六五三號解釋等。
[86] 許宗力大法官即認為：「在民主法治國家，已不應再有『特別』與『一般』之國家／人民關係的區分，任何人都是基本權利的主體，對其基本權利的限制，縱因所處的地位不同而可能寬嚴有別，但無論如何，沒有議會法律的授權不得為之。」參見：許宗力，同前揭註77，頁54-55。

就此，特別權力關係應改為特別法律關係，仍容許在其自治範圍內享有若干制定「特別規則」之權利。

2.行政保留

行政保留，係指行政部門擁有具有憲法效力的、可避免國會干預的自主形成空間[87]。不過在我國現行規定下，行政保留是否有存在的空間？學界仍有爭議：

吳庚大法官認為，我國大法官雖已屢次於釋字第三號及第七五號等號解釋中強調「五權分治、彼此相維」的概念，但行政權所擁有決定施政方針、人事權等權限卻常常受到立法權過度的侵犯（國會過度規範）[88]。不過憲法增修條文第三條第三項、第四項規定：「國家機關之職權、設立程序及總員額，得以法律為準則性之規定。」「各機關之組織、編制及員額，應依前項法律基於政策或業務需要決定之。」可謂已提供行政保留之憲法依據，是修憲後在我國的影響是「行政保留」在組織決定權方面日益擴大[89]。

而採肯定說論者認為目前較無爭議可納入行政保留事項有：（一）自治行政保留（地方制度法等）；（二）行政組織權及行政人事權；（三）次位的規範制定權（執行法律細節性、技術性之事項等）；（四）補充權及緊急處置權（例如：緊急命令等）。

另有學者採否定說認為，在法律秩序內，行政係基於法律之授權而為執行，其間並無法律不得介入之行政領域。就行為法而言，立法者以不確定法律概念或裁量授與行政活動空間，亦得隨時收回；就組織法來看，不僅設立行政主體或行政機關管轄權等事項，應適用法律保留，即行政內部事項，例如：公務員與國家之關係，亦應有相關法律規範。因此，行政權功能固應保障，但其

---

[87] 並值得注意的是，近來董保城教授自憲法增修條文第六條、憲法第八七條、釋字第一五五號、第三四一號解釋導引出「考試保留」的概念，董保城教授認為考試保留事項如有涉及人民權利義務事項，則應回歸法律保留原則的適用，除此之外應屬於考試事項的框架立法，具體內涵則應該由考試機關訂定之。有關「考試保留」理論的介紹，請參照：董保城，從大法官法律保留之解釋論憲法考試權，收錄於：2010首屆海峽兩岸公法學論壇－憲法與行政管制理論與實務會議論文集，政治大學法學院編印，2010年11月，頁1-16（論文集第三篇）。

[88] 吳庚，同前揭註6，頁143-146。

[89] 廖元豪教授認為依此規定雖然規定國家機關之組織須由法律明定，但僅能為「準則性的規定」而不能過度的規定而侵犯到行政權的核心領域。請參照：廖元豪，論我國憲法上之行政保留，東吳大學法律學報，第12卷第1期，2000年2月，頁35-36。

間並無立法機關不得介入之行政保留存在[90]。

　　除上述二說外，學者也有認為無論採取肯定說或否定說，行政保留皆非屬法律保留原則之例外。蓋採承認行政保留存在說者，由於在此一領域內之行政行為，根據憲法而擁有不受法律規制的權限，因此無須受到法律保留原則的拘束，此種權力係來自於憲法，故非法律保留之例外；反之，若採行政保留否定說者，認為行政行為並無立法機關不得介入的領域存在，至多僅為規範的密度降低而已，因此，行政保留自非法律保留之例外。

　　而綜合上述見解後，本書較贊成肯定說之見解，如前所述全面法律保留實不可能實現，行政機關在法律規範外，為處理內部事務，就某些內部管理範圍內，仍享有法律未干涉範圍內的行政自主權，則較符合行政管理之法制。

第二節　行政自由性

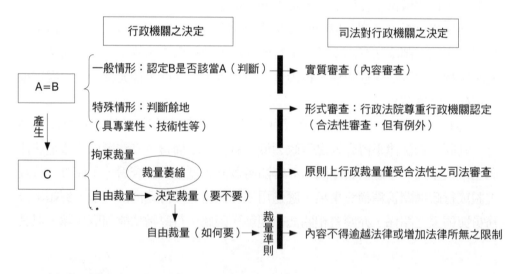

A：法律構成要件　B：法律事實　C：法律效果

---

[90] 因此，縱然憲法增修條文第三條第三、四項規定有關國家機關之準則性法律，亦正顯示立法機關對國家機關組織有有規範之權限，立法機關就個別機關制定獨立之組織法，亦未受限制。故雖有上開增修條文之規定，對國家機關之組織亦無行政保留可言。
　並請參見：陳敏，同前揭註14，頁177。

一、行政法的解釋與適用

(一)概念的變遷

　　行政裁量的概念，是指法律授予行政機關可自由決定的空間，不受司法審查之範圍。裁量概念，隨著時代而變遷，其早在十九世紀即已存在，但將裁量範圍侷限在法律效果上，則屬二次大戰以後之發展[91]，也因此才有不確定法律概念之探討，由於兩者之關係相當密切，故一般學者皆將兩者一併探討。

　　不確定法律概念是指法條文中含有一些意義模糊、不清楚等概念，如招搖撞騙、妨礙安寧等須經法使用者進一步的具體化。而這些概念之使用目的，在於適用法律時能涵蓋更多的法事實。

　　不確定法律概念與裁量之使用，都涉及司法審查密度之問題。早期德國於第二次世界大戰前，將某些不確定法律概念視為裁量，而享有不受司法實質審查（違法審查）之空間。二次大戰後，卻又限制裁量之範圍，將構成要件與法律效果作嚴格劃分，僅承認法律效果之裁量。至於有關構成要件上之不確定法律概念，卻完全否定行政機關最後之決定權，而要求法院全面審查。但由於法院無法且無能力審查日漸增多之行政事件，故當時乃有學者倡判斷餘地說，承認有部分構成要件之認定行政機關擁有不受司法審查的最後決定權。隨著行政事務之多樣性及專業性，裁量及不確定法律概念範圍之界定亦有所變遷。

(二)行政法上法律解釋及法律適用之問題

　　在個案中如要判斷系爭法律事實與系爭規範是否合致，首先面臨的即是法律解釋的問題。因此，法律解釋的意義是在於確定該法律規定是於某特定之法律事實而言具有法律上之意義[92]。

　　而行政法上之法律解釋與民法、刑法稍有不同[93]。一般而言，行政法在法律解釋及適用上，係先由行政機關將具體的法律事實適用在抽象的規定上，而

---

[91] 有關十九世紀裁量概念之發展請參閱：翁岳生，論「不確定法律概念」與行政裁量之關係，收錄於：翁岳生，行政法與現代法治國家，國立臺灣大學法學叢書，1989年10月，九版，頁37-48。
[92] 黃茂榮，法學方法與現代民法，國立臺灣大學法學叢書，1993年7月，三版，頁280。
[93] 在民事及刑事案件中，不論是法律的解釋或適用都係由法官（法院）在審酌個案時，先對於抽象要件進行解釋後，再將具體法律事實與抽象法規範涵攝。而與行政法係先由行政機關先行適用法律，而後由法院判斷是否合法而有不同。
　　除此之外，有關民事法與行政法解釋與適用之其他差異比較，請參見：林紀東，行政法，三民書局，1990年12月，六版，頁97-102。

行政機關在涵攝過程中，會先針對不確定法律概念予以解釋（例如警察機關會先解釋何謂「無正當理由」、「跟追」）。行政機關所為的工作僅是說明為何系爭法規得以適用於該具體案件上，但若人民對此仍有爭議而圖以訴願或行政訴訟作為解決，則訴願管轄機關或法院，得以更改行政機關之意見，而最後再由法院作最終的解釋，以判斷其是否合法[94]。

1.法律的解釋

依照「依法行政原則」之要求，行政機關必須受法之拘束，亦即須先有法律（授權）後，行政機關才能為行政行為，因此，行政機關成為法律執行機關與法律適用機關。

行政機關適用法律時，由於法律規定有時並非相當明確，尤其法條中經常含有不確定法律概念，執法機關必須對其加以解釋，法律並非總要求行政機關嚴格受其拘束，因而立法者也會於法條中予以行政機關自由決定或選擇之權，此吾人稱之為裁量。

基此，裁量及不確定法律概念，為行政機關適用法律必須探討之問題。

2.法律的適用

法條的結構通常是屬於「條件句」的表現形態，亦即是法條可分成「構成要件」及「法律效果」。就此，法律的適用上得分為下列三個層次：

(1)概念的解釋（構成要件）

構成要件屬事實之抽象描述，是立法者將欲規範之事實藉由抽象之法條表現出來，吾人又將其稱為大前提。在法適用前行政機關必須對於不確定法律概念予以闡釋，以確定概念之一般意義及內涵。

(2)事實之確定（法律事實）

具體事實中符合法構成要件者稱之為法律事實，吾人又將其稱為小前提，透過事實之調查及事實之發現並因而確定之。此涉及證據取捨之問題。

(3)涵攝過程

此階段（傳統上認為）為事實判斷問題。行政機關必須判斷所確定之具體事實是否符合構成要件，法律事實符合法構成要件之過程，吾人稱其為涵攝，

---

[94]　蔡震榮，不確定法律概念之探討，東海法學研究，第10期，1996年3月。

兩者符合後接下來就是探討法律效果[95]。

　　(4)法律效果

　　法律效果是法條中抽象之規定，法適用者將抽象法效果轉化為具體個案之適用，若抽象法律效果中並非只是唯一，而有多種選擇性可資運用，此種具體適用吾人將其稱之為裁量，若其為行政機關適用法律而作出具體之決定，則稱之為行政裁量。

　　亦即，法律的適用，係法適用者如何將抽象法規適用在具體個案所產生之具體決定稱之。就此，茲以下例作為圖解說明：

　　「甲女上空僅穿著薄紗，於馬路旁邊叫賣檳榔，經主管機關以違反社會秩序維護法第八三條第二款規定處甲女罰鍰。」

	大前提	+	小前提	=	結論
	規範－構成要件 （存在不確定法律概念）		法律所規範之事實		法律效果 （行政裁量）
行政判斷與裁量	於公共場所或公眾得出入之場所，任意裸體或為放蕩之姿勢，而有妨害善良風俗，不聽勸阻者。處新臺幣6,000元以下罰鍰。（社維法第八三條第二款）		甲女上空僅穿著薄紗，於馬路旁邊叫賣檳榔。		課處新臺幣5,000元罰鍰
司法審查	行政機關的涵攝正確與否，法院得以全面實質審查。例外在「判斷餘地」情形則僅作形式合法性審查。		須透過證據之調查加以確定，證據方法是否正確法院得予以審查。		法律效果的賦予，法院以不審查為原則。例外在有「裁量瑕疵」情形始予以審查。

二、不確定法律概念

(一)定義

　　相較於行政裁量係屬於法律效果的概念，目前學說上所稱之不確定法律概念係屬構成要件層次之問題。

　　原本依照法律明確性原則之要求，立法者應力求法條概念之明確，就此

---

[95] 吾人論及法適用理論，Bachof對此提出如下之解析方法：1.概念之解釋；2.事實之確定；3.涵攝之過程。詳細之論述請參照：蔡震榮，同前揭註24，頁4。

而言，不確定法律概念之用語則極具爭議，若吾人以其與確定概念做區分，則此用語顯然極為不當，因為法律概念中除數字外，其餘概念多少皆含有不確定性[96]。立法者往往無法作成一個完全明確的規定，而需要以不確定法律概念來涵蓋較廣的社會事實，是故，此區分顯無意義。但若以其用語作為劃定司法審查界線，則又因其概念過於寬廣，而不切實際。故不確定法律概念之用語在法效用上並無多大實益，頂多僅在於表示其不確定性之內涵而已。

　　而不確定法律概念之內涵，以「是否可依一般經驗法則確定」或「必須依法適用者個人價值之決定」而有所謂經驗性（描述性）及規範性概念之區別，而Heck對此則提出「概念核心」及「概念外圍」之說，其所稱之概念核心即屬描述性或經驗性概念，而概念外圍則屬規範性法律概念[97]。

1.經驗性概念（描述性概念）

　　係指概念可客觀確定或可依一般社會通念或經驗加以確定稱之。可客觀確定之概念如雨天、潮濕、黎明、天黑等；而如危險、干預、無工作能力等概念雖與前者相較之下概念較不明確，但仍可依一般社會通念加以客觀確定，故屬於描述性概念。

2.規範性概念

　　而規範性概念比前者可以社會通念及經驗確定者更具不確定性，基於此種高度不確定性在其解釋時，往往需個人主觀的價值決定，故有人稱這些概念為需價值補充之概念[98]。

　　規範性概念在行政法領域中數量龐雜，如公共利益、重大事由、勤務需要、行為不檢、惡意犯上、嚴重污染等。此種區分在行政法之法解釋上稍具意義，Ule即以此作為界定司法審查的界線而認為，行政機關解釋規範性法條時，若該解釋適當時，法院即不得審查，而提出所謂的適當說（Vertretbarkeitslehre）[99]。

---

[96] Engisch, Einfuehrung in das juristische Denken, 8.Aufl. 1983, S.108.

[97] Erichsen und Martens, Das Verwaltungshandeln, in: AllgemeinesVerwaltungsrecht, Hrsg. Erichsen und Martens, 1999, S.192.

[98] Mutius, UnbrstimmterRechtsbegriff und ErmessenimVerwaltungsrecht, in: JURA 1987, S.94; Engisch, a.a.O., S. 111.

[99] Ule, Verwaltungsprozessrecht, 9.Aufl. 1987, S.10.

(二)不確定法律概念與司法審查

1.司法審查

行政法上對於不確定法律概念之探討，主要在於解決劃分行政與司法權限之爭議。亦即探討在那些範圍內，司法機關應尊重行政之最後決定權。但並非此種最後決定完全排除司法之審查，因此吾人有必要先區分司法審查之範圍：

(1)實質審查

司法對於行政機關的涵攝，可以依自己意見變更，亦即，法院可更改行政機關所為的內容決定，而以自己之判斷為最後之決定，吾人又稱此為全面審查。學理上所謂行政機關第一次決定，而法院擁有第二次審查，即屬此一概念。

(2)形式審查

司法原則上尊重行政機關涵攝後之決定，亦即法院僅就涵攝過程中有無違法作形式上的認定，吾人亦稱此種違法性審查為受限制之審查，行政機關擁有最後之決定權，而判斷餘地理論僅屬此一概念。

2.不確定法律概念視為裁量

早期並沒有對構成要件及法效果作區分，而常將不確定法律概念，視為立法機關所給予行政機關裁量之權。德國聯邦行政法院迄至西元1955年止，仍將部分的不確定法律概念，如公共交通之利益或公共利益等視為裁量[100]，亦即，僅承認司法有限的審查權[101]。

3.不確定法律概念與判斷餘地

基於法治國法律保留及法律救濟的擔保下，二次大戰後德國首先貫徹了不

---

[100] Martin Bullinger, VerwaltungsermesseninmodernenStaat, Landesberichte, Bundesrepublik Deutschland, in: VerwaltungsermesseninmodernenStaat, Hrsg. Bullinger, 1986, S.138。並請參見翁岳生，同前揭註91，頁64-65。

[101] 例如行政法院（改制前）八一年判字第二一五號判決即稱：「按「醫療機構，不得以不正當方法，招攬病人。」醫療法第四十四條第一項定有明文。至何謂『不正當方法』，法律則未設規定，乃不確定之法律概念，主管機關自得依其職權個案裁量醫療機構招攬病人之方法是否正當。」即將不確定法律概念視為裁量。

另外，對於聯結性條款，即不確定法律概念與法效果裁量同時存在於一法條中，我國行政法院皆認為此不確定法律概念即為立法機關所給予之裁量。如行政法院八十年判字第五一九號判決稱：「公路法第七七條所規定：『公路經營業、汽車或電車運輸業，違反本法及依本法所發布之者，……公路主管機關並得按其情節，吊銷營業牌照一個月至三個月……』，汽車運輸業違規情節之嚴重與否，有無吊扣營業車牌之必要，乃被告機關裁量之權限……。」

確定法律概念之使用不再被視為裁量，而將不確定法律概念與裁量嚴格區分。也就是限定裁量僅存在於法效果的多種選擇上，而此種選擇係立法者於法條之法效果中明文授權。法律上概念如公共交通之利益等將被視為不確定法律概念，對此，不同於裁量，因立法者並無明文授權行政機關。基本上行政機關於個案中僅存在一個正確的解釋及適用，對其適用法院擁有全面之審查權。

在德國學說中，Reuss主張裁量侷限在法律效果上[102]，深獲Bachof及Ule的贊同，但其兩人為挽救行政權仍保有一部分自由空間，Bachof提出了對某些確定條件如專業知識或高度屬人性的判斷餘地說，Ule則提出了對一般規範性概念之適用狀況准許以「適當說」來限制司法的審查權。Bachof僅承認部分領域非司法能力所可掌握，行政機關才擁有判斷餘地，而Ule並非以某些領域為區分，而係以規範之內涵是否需價值判斷來區分，凡屬概念外圍之部分只要行政機關適當的涵攝即應被視為合法的[103]。

不過德國聯邦憲法法院及聯邦行政法院的實務上，並沒有一開始就完全追隨判斷餘地的說法，而是經過了一段發展的過程：

在1960年的一個憲法法院判決中，憲法法院認為「公共交通之利益」的法律概念為不確定法律概念，不承認行政機關有合義務性裁量之權，因此，憲法法院贊成司法擁有全面審查之權[104]。對此，行政法院在六〇年代亦追隨憲法法院之見解，但對於考試之決定及公務員之考評等高度屬人性之價值評定則承認行政機關有判斷餘地。

但在七〇年代開始，1971年聯邦行政法院有關「認定有危害青少年讀物」概念的決定，卻變更以往全面審查的觀點，而不認為行政機關對此僅存在有一唯一正確之決定，而係有不同的選擇可能性，基於此種選擇性法院不應擁有最後的決定權[105]，而應由聯邦檢驗局做最後之判斷。對此項決定，行政法院在多年的蹉跎下，終於採用Bachof所提的判斷餘地，而承認部分的領域有特別例外地適用。之後，行政法院對具有預估或預測之行政決定，如經濟政策、計

---

[102] Reuss, Das Ermessen, VersucheinerBegriffsklaerung, DVBl 1953, S.585ff.

[103] Ule, a.a.O., S.11.

[104] Christian Starck, Das Verwaltungsermessen und dessengerichtlicheKontrolle, Festschrift für Horst Sendlerzum-AbschiedausseinemAmt, Hrsg. Fraussen, 1991, S. 167.

[105] v. Matius, a.a.O., S.97.

畫行政等亦承認其評估大權[106]。迄至八〇年代初，由行政法院決定判斷餘地之範圍，其適用僅侷限具體個案，不及於抽象法規。

　　德國憲法法院在九〇年代，卻又否定聯邦檢驗局危害青少年讀物之認定具有判斷餘地[107]，而認為此涉及基本法第五條第三項藝術自由之保障，法院應有實質審查權。但在此之後，聯邦行政法院卻又作出相反見解，承認該行政機關之判斷餘地，有利於基本人權之實現，因聯邦檢驗局之審查，係由專家所組成之委員會作決定，較法院決定更具客觀及正確性而有利基本人權之保障。

4.判斷餘地適用之範圍

　　目前德國判斷餘地適用之範圍，主要係依據聯邦憲法法院及聯邦行政法院之判決及依規範之對象而定，除抽象法規之承認外，迄至目前為止所承認之具體適用範圍吾人約略可歸納如下：

(1)高度屬人性：此類屬傳統已承認之範圍，包括考試之決定[108]、公務員之考績評等。

(2)由社會多元利益代表或專家所組成的委員會所作之決定[109]：若行政事務之決定係由「社會公正人士」或專家組成的委員會所為，因其成員多係代表各種利益或具備專業知識，且其決定需經一定的程序，故與一般公務員所做的判斷有所不同，行政法院原則上應予尊重。例如：消費者保護委員會所作之決定即是。

(3)由獨立行使職權的委員會所作的決定：按行政事務的決定，若係由具有獨立行使職權的委員會所作成，因其多具有「準司法」性質，故行政法院原則上應尊重其決定。例如：行政院公平交易委員會所作之決定即是[110]。

(4)策略性考量之行為：所謂策略性行為係指為達到法律之目的，通常必須即時迅速處理，才不至延誤時機。如中央銀行匯率之調整，需隨市

---

[106] Ule, a.a.O., S.15.
[107] Jesch, Gesetz und Verwaltung, Tübingen, 1968, S.31.
[108] 我國司法院大法官會議釋字第三一九號之解釋亦承認應尊重閱卷委員之學術評價，此即屬行政機關具有判斷餘地之權限。
[109] 李建良、陳愛娥、陳春生、林三欽、林合民、黃啟禎合著（李建良執筆部分），行政法入門，元照出版，2006年1月，三版，頁136-137。
[110] 對此茲舉我國國家通訊傳播委員會（NCC）為例：因為其兼具社會多元利益代表與專家所組成及獨立行使職權之委員會之性質，基此由NCC所為之決定當然屬於判斷餘地之範圍。

場變化而隨機應變。又如警察之措施常因隨狀況而做出因應措施[111]。因此，為使警察謹守法律之界限，法律通常會用比例原則來約束其行為。

(5)計畫行政：在法規中通常會授與主管機關形成權，亦即法規僅規定目標前提，而最終目標之設定則由行政機關依狀況發展衡量各方利益而定[112]。例如都市計畫、專業計畫如交通計畫等。

(6)環境法及經濟法上之預估及風險評估：如核能法、基因法、食品法以及安全技術法等之風險評估。

(7)其他政策性之決定：如交通政策應核准多少計程車業，貿易政策如何保護國內產業，市場政策如何確保貨物供需之平衡等[113]。

在九〇年代中，德國憲法法院對聯邦行政法院過度開放判斷餘地，而不予審查，重新提出檢討，並提出基本人權保障作為要求。凡涉及基本人權部分，法院不應放棄其審查權，應就有利於基本人權之部分作實質之審查。例如上述有關危害青少年讀物之認定。憲法法院認為就判斷餘地仍應區分判斷之過程與判斷之決定本身，在判斷之過程方面，如委員之聘請、專業資格或一些程序之規定，這些皆應隸屬法院實質審查範圍；而有關判斷之決定，則屬專業之判斷，僅在此範圍內承認判斷餘地，法院僅作形式上之審查[114]。

此外，在法院審查與職業相關的考試中，憲法法院雖不否認主考官專業上的判斷餘地，但憲法法院卻提出，職業考試涉及當事人職業入門之基本人權，因此，應以限制職業入門之目的作為出發點為考量，並應依德國基本法第十二條（職業自由）嚴守比例原則加以審查。法律學科第一次及第二次國家考試之目的在於防止未達專業基本要求的應考人進入該項職業。基此，凡是切題的回答與合宜的解答，原則上不應被評定為錯誤的或不合格，雖然主考官擁有判斷餘地，但也應承認當事人有解答餘地[115]。憲法法院就此對判斷餘地又作了限縮。因此，判斷餘地與司法審查之界限，顯然又作了相當之變遷，法院之審查

---

[111] Martin Bullinger, a.a.O., S.149.

[112] Maurer, a.a.O., S.139.

[113] Starck, a.a.O., S.180.

[114] Sieckmann, Beurteilungsspielräume und Kontrollkompetenz, in:DVBl, 1997, S.101ff。

[115] 此為德國聯邦憲法法院1991年的判決，參考蔡震榮譯，有關「法院審核職業有關之考試」之判決，收錄於德國聯邦憲法法院裁判選輯（三），司法周刊社出版，1992年6月，頁277以下。

範圍明顯擴充。

5.我國不確定法律概念與判斷餘地之探討

　　有關我國不確定法律概念與判斷餘地之探討，學理上係以德國之理論為基礎，所探討的重心集中在具體個案上，鮮少對行政機關抽象法規效力進一步深究。至於實務界處理具體個案，卻並未引用學者之理論，仍以傳統之方式來處理不確定法律概念之問題，對其處理之方式，我國有學者以行政法院之判決為例而認為，行政法院對不確定法律概念之使用，常與裁量混為一談，如舊商標法第二六條第一項中的「國家經濟發展需要之條件」，礦業法第七條第二項中的「必要時」以及舊專利法第二六條第一項的「有正當理由」等規定，行政法院皆認為這些概念為法律授予行政機關之裁量權。

　　而行政法院面對於不確定法律概念之處理態度，將之分為兩種，其一為尊重行政機關之判斷，此如專利申請案件、科技專門機構鑑定以及考試成績之評定等等。另一為採全面審查，此類事件通常無須專業知識或科技水準即可判斷，而發生最多在於商標法之事件中，例如何謂「近似」之概念，法院採全面審查之態度[116]。從上述的分析中，我國行政法院基本上對不確定法律概念之使用，尤其對於「聯結性條款」，即法條中除含有不確定法律概念之構成要件外，法效果中包括了裁量，皆認為屬行政機關之裁量[117]。

　　實務界常將裁量與不確定法律概念於概念上視為相同，但對於兩者在司法審查之處理上卻仍有不同。原則上法效果之裁量，司法尊重行政機關之決定不予審查。但在不確定法律概念之使用，其雖以裁量稱之，但原則上採全面性審查，僅在涉及高度屬人性、專業知識、科技水準等領域，行政法院基於其功能之界限，沒有能力審查或事件之決定須透過專家或專門機構作決定時，才會尊重行政機關的判斷，亦即，目前我國之所以承認上述領域行政機關擁有判斷餘地，係由於法院功能上之限制，不得不採取之措施。

　　其實在我國的立法當中，對於一些涉及專門性及技術性的不確定法律概念，原則上立法機關作了相當的考量，如專利法之發明、新型之實體審查，消

---

[116] 吳庚，同前揭註6，頁134以下。

[117] 吾人可從行政法院判決加以分析，即可對聯結性條款一目了然。如行政法院（改制前）八〇年判字第五一九號判決稱：「汽車運輸業違規情節之嚴重與否，有無吊扣營業車輛牌照之必要，乃被告機關裁量之權限⋯⋯」；又如行政法院（改制前）八一年判字第二一一一號判決稱：「電影法第四五條第一項第一款之違規情節是否重大而應予撤銷許可，乃屬行政機關就具體事實認定所為之裁量行為。」

防法之火災調查與鑑定，及公路法有關車輛行車事故鑑定等，立法機關均授權由行政機關決定是否設立委員會之裁量權[118]。因此，行政法院原則上對不確定法律概念之審查，可分為兩種，其一，對於不涉及專業或專家判斷之事宜，所發生事實可以加以判斷之情事，法院採實質審查，此如，商標之近似，雖然，主管機關訂定有近似審查基準，但法院不受其拘束，仍可進一步實質審查。另一為專門性或技術性，這些概念之確定通常法院會尊重行政機關的判斷，此如專利之指定審查或空氣品質標準之界定等。

我國目前實務界所承認判斷餘地之範圍如下：

(1)考試成績之評定

對於考試成績之結果，我國行政法院採取不作實質內容之審查，僅對於程序是否違背法令，法院得以形式審查違法性而已。行政法院五五年判字第二七五號判例即稱：「關於考選機關面試程序之進行如無違背法令之處，其由考選委員評定之結果，即不容應試人對之藉詞聲明不服。」[119]行政法院八一年判字第七六五號判決亦採此見解而稱：「公務人員考試如非典試或試務之疏忽，或考試程序違背法令，致應錄取而未錄取外，其未錄取，即屬確定，不得要求重新評閱，提供參考答案或影印試卷。」此外，翁岳生、楊日然、吳庚大法官於釋字第三一九號解釋所提出之不同意見書，參考德國之理論而將判斷餘地之概念引進認為：「無論從裁量之理論或不確定法律概念之見解，典試委員之評分應受尊重，其他機關甚至法院亦不得以其自己之判斷，代替典試委員評定之分數。因依典試法規定，國家考試之評分權賦予典試委員而不及於他人。[120]」臺北高等行政法院判決一〇一年訴字七三二號判決針對考試之判斷餘地有新發展，其稱：「……綜合以上原題庫試卡所載之參考答案、評分標準、

---

[118] 專利法第三六條係採「應」指定，屬強制性規定，而消防法及公路法係採「得」設立，設立與否行政機關有裁量權。

[119] 翁岳生，行政法院對考試機關考試評分之審查權，收錄於：翁岳生，法治國家之行政法與司法，月旦出版社，1997年4月，頁81。

[120] 釋字第三一九號解釋：「考試機關依法舉行之考試，其閱卷委員係於試卷彌封時評定成績，在彌封開拆後，除依形式觀察，即可發見該項成績有顯然錯誤者外，不應循應考人之要求任意再行評閱，以維持考試之客觀與公平。…」
翁岳生、楊日然、吳庚大法官不同意見書則認為：「法院固不得自行評分以代替典試委員之評分，惟得審查考試程序是否違背法令（如典試委員有無符合法定合格要件），事實認定有無錯誤（如部分漏未評分或計分錯誤），有無逾越權限（如一題三十分而給逾三十分）或濫用權力（專斷或將與事件無關之因素考慮在內）等。如有上述違法情事，行政法院得撤銷該評分，使其失去效力，而由考試機關重新評定。」

對照前後試題文義及命題委員於系爭試題卡註明本題作答時間僅為4分鐘等客觀事實，依一般經驗法則及一般期待可能性綜合判斷之，足認系爭試題之題意、參考答案及評分標準均已客觀明確，應屬簡答題，並無『判斷餘地』之適用……」可見未來考試如符合上述判決所稱「試題之題意、參考答案及評分標準均已客觀明確，應屬簡答題」，將無「判斷餘地」之適用。

(2)學生學業評量

大法官於釋字第三八二號解釋中，認為教師及學校本於其教育之專業知識，對於學生之學業評量及操行考核之事項知之甚稔，因此「又受理學生退學或類此處分爭訟事件之機關或法院，對於其中涉及學生之品行考核、學業評量或懲處方式之選擇，應尊重教師及學校本於專業及對事實真象之熟知所為之決定，僅於其判斷或裁量違法或顯然不當時，得予撤銷或變更，併此指明」。此即為教師及學校對學生學業評量之判斷餘地。

(3)大學教師升等評審

釋字第四六二號對於判斷餘地有進一步的說明，該號解釋針對各大專院校、系（所）教師評審委員會關於教師升等之決定。其主要重點有二：其一為管轄之確認，承認教師評審委員會評審之權限，係屬法律在特定範圍內授予公權力之行使，其對教師升等通過與否，於教師之資格等身分上之權益有重大影響，均應為訴願法及行政訴訟法上之行政處分。另一為判斷餘地及司法審查之範圍，大法官認為升等處分涉及人民工作權與職業資格之取得，因此，要求主管機關應訂定客觀可信、公平正確的評量之實施程序，而強調程序的重要性。此外，教師評審委員會應本專業評量之原則，選任具充分專業能力的學者專家先行審查，將其結果報請教師評審委員會評議。

大法官在此承認專業審查的判斷餘地，換言之，此種判斷除非教師評審委員會能提出具有專業學術依據之具體理由，動搖該專業審查之可信度與正確性，否則應尊重其判斷。該號解釋認為教師評審委員會僅能就名額、年資、教學成果等因素加以斟酌，而相當反對其申請人專業學術能力以多數決作決定。同時，該號解釋亦認為，受理此類事件訴願機關或行政法院自得審查其是否遵守相關之程序，或其判斷、評量有無不當或違法情事。

(4)地方制度法中之「特殊事故」

按釋字第五五三號認為，地方制度法第八三條第一項規定：「直轄市議

員、直轄市長、縣（市）議員、縣（市）長、鄉（鎮、市）民代表、鄉（鎮、市）長及村（里）長任期屆滿或出缺應改選或補選時，如因特殊事故，得延期辦理改選或補選。」其中「特殊事故」即屬不確定法律概念，但應賦予地方自治機關相當程度的判斷餘地[121]。

(5)考績事項

最高行政法院一〇六年判字一〇一號判決稱：「作成一〇三年年終考績考列丙等之處分，行政法院審查之範圍，亦僅限於上訴人有無遭申誡2次及記過3次之事實部分，至於構成申誡2次及記過3次之內容事實，並非行政法院審查之範圍，是上訴人主張該等事實須受訴訟程序辯論之保障，原審應再審查構成申誡2次及記過3次之原因事實云云，亦非可採。」

(6)醫師職業病認定

最高行政法院一〇七年裁字八九五號判決：「關於保險事故是否因執行職務所致而屬職業傷害或職業病，甚或其傷病是否已達失能程度，常涉及醫理專業判斷，故被上訴人於審核保險給付案件時，除以被保險人或受益人檢附之資料、診斷書等書面資料予以審核外，如有必要，尚得調查有關文件、另行指定醫院或醫師複檢、通知出具診斷書之醫院診所檢送相關紀錄或診療病歷，及特約專科醫師提供之專業意見等，以為審核之依據（勞工保險條例第二八條、第五六條及同條例施行細則第六八條第二項參看），由於審查核定之法定權限在於被上訴人，且涉及專業性、經驗性之判斷，法院原則上承認行政機關就此等事項之決定有判斷餘地，除非其審查程序違法或其判斷有恣意濫用及其他違法情事，法院均應予以尊重，此有本院九六年度判字第一八六八號、一〇二年度判字第六二〇號判決可參，核其所表示之法律見解並無歧異情事。」

---

[121] 釋字第五五三號解釋理由書（摘錄）：「……其中所謂特殊事故，在概念上無從以固定之事故項目加以涵蓋，而係泛指不能預見之非尋常事故，致不克按法定日期改選或補選，或如期辦理有事實足認將造成不正確之結果或發生立即嚴重之後果或將產生與實現地方自治之合理及必要之行政目的不符等情形者而言。又特殊事故不以影響及於全國或某一縣市全部轄區為限，即僅於特定選區存在之特殊事故如符合比例原則之考量時，亦屬之。上開法條使用不確定法律概念，即係賦予該管行政機關相當程度之判斷餘地，蓋地方自治團體處理其自治事項與承中央主管機關之命辦理委辦事項不同，前者中央之監督僅能就適法性為之，其情形與行政訴訟中之法院行使審查權相似（參照訴願法第七九條第三項）；後者除適法性之外，亦得就行政作業之合目的性等實施全面監督。本件既屬地方自治事項又涉及不確定法律概念，上級監督機關為適法性監督之際，固應尊重該地方自治團體所為合法性之判斷，但如其判斷有恣意濫用及其他違法情事，上級監督機關尚非不得依法撤銷或變更。」

3.判斷瑕疵

雖然法院在遇到「判斷餘地」時，多半會尊重行政部門的決定，惟行政部門在未遵守法律規定而做成決定時，法院仍得進行審查，此為學說上所稱之「判斷瑕疵」，除判斷逾越與判斷濫用構成判斷瑕疵外，學者更提出以下數種判斷瑕疵之情形[122]：

(1)作成判斷之行政機關，其組織是否合法且有判斷權限。

(2)行政機關之判斷，是否違反正當法律程序。

(3)行政機關之判斷，是否違反平等原則。

(4)行政機關所為之判斷，是否出於與事實無關之考量，亦即違反不當聯結禁止原則。

(5)行政機關所為之判斷，是否出於錯誤之事實認定或錯誤之資訊。

(6)行政機關所為之判斷，是否有違一般公認之價值判斷標準。

三、行政裁量

(一)行政裁量的意義

1.行政裁量之發展

行政裁量概念隨時代發展而變遷，在十九世紀時，人民代表之立法機關在權力的鬥爭中，獲得相當的權限，得以法律來拘束當時仍屬專制之行政，因而產生所謂法律保留之概念。但在另一方面，法律無法鉅細靡遺加以規定，立法機關仍必須給予行政機關相當之空間，如法律規定法效果授權由行政機關自由裁量。因此，法律保留與裁量形成一對立之概念，前者以法律保留來限制行政機關，並要求行政機關遵守依法行政之原則，有處處防止行政機關過分濫權之意味；而後者卻用法律給予行政機關自由之決定，此卻屬立法機關基於分工之結果。

十九世紀所稱之裁量並非侷限在法效果上，對於法條構成要件中一些不確定的法律概念，承認行政機關自由權衡之餘地，故對這些不確定法律概念的闡述，乃容認行政機關擁有最後決定權，而與法效果部分之決定皆認為係屬行政機關之裁量。此種不分構成要件及法效果之裁量概念沿續至二十世紀才略有改變。

---

[122] 陳清秀，同前揭註75，頁204。

　　二十世紀以來，逐漸有學者提出，應區分不確定法律概念構成要件及法效果。行政裁量應僅存在於法律效果之部分，而對於構成要件的認定最後應由法官來審核，亦即僅法律效果部分行政機關擁有最後的決定權，至於構成要件部分並非裁量，僅是價值的認定而已，最後的決定權仍屬法院。對此種區分，學說又有稱法律效果之決定為「意志的」（volitives）或「行為裁量」，構成要件之決定為「認定的」或「判斷裁量」[123]。

　　因此，目前所稱之行政裁量，係指法律效果裁量，亦即指立法者給予行政機關就法律效果之決定空間，行政機關一方面遵守法律授權，一方面則就具體個案尋找公正客觀之決定[124]。

2.行政裁量之種類

(1)自由裁量與羈束裁量

　　在早期的學說中，將行政裁量分為自由裁量及羈束裁量[125]：

　　自由裁量是指即立法者於法條中授予行政機關可以自由決定。行政機關在此範圍內，原則上擁有最後的決定權，亦即，此種決定權除非超出法律所賦予的權限外，否則即非司法審查的範圍。但裁量並非意味著，行政機關可恣意決定，而應同時注意裁量行使法律所設定之界限以及注重當事人權益之保障，因此，不再以自由裁量而應以合義務裁量稱之。裁量在發展過程中，作了某些程度之限縮，目前所稱之裁量，並不及於構成要件，而係指法律效果之裁量，亦即在法律事實符合法構成要件時，行政機關可依自我意志合義務性地決定其法效果。

　　另外，法條中僅規定一種情形，亦即在事實符合構成要件時，即符合法律效果，行政機關別無選擇。如社會救助金或失業金只要當事人符合所規定條件，即應給予，或只要當事人符合申請專利或商標之要件而提出申請，行政官署無裁量餘地，必須給予專利或商標，以往稱此為羈束裁量，此概念為不當的稱呼，為免滋生困擾，不宜用之。

---

[123] 因此，有稱構成要件之認定為判斷裁量，應屬一矛盾之概念。裁量或法律效果之決定，屬於意志的決定（volitiv）或稱行為裁量，與上述之認定或判斷不同，意志之決定含有裁奪量度之成分在內。就此，請參照：蔡震榮譯，裁量與不確定法律概念，警學叢刊，第22卷第3期，1992年3月，頁142。

[124] 蔡震榮，論事實認定與裁量基準之適用─評最高行政法院97年裁字第00446號裁定，收錄於：蔡震榮，同前揭註15，頁249。

[125] 如：管歐，中國行政法總論，作者自版，2002年9月，八版，頁405-406。

(2)決定裁量與選擇裁量

決定裁量乃意謂著行政機關僅在二種選擇情形下，亦即可或不可擇一而為，如法條中的「得」處，意味著行政機關可處罰，亦可不處罰之，由其依事實狀況來認定。而選擇裁量，則意味著有二種以上法律效果之選擇性，如早期之違警罰法對於違反構成要件之違警行為，得處罰鍰，拘留或罰役。就此，警察機關可擇一為之。

因為裁量之決定通常得依個案而定。在某些個別案件下，行政機關依法律規定本有多種選擇，卻因狀況特殊，尤其需顧及基本人權及憲法原則下，裁量萎縮至只有唯一一種選擇為正確，其他則為違法時，此時行政機關變成無選擇之餘地，此種情形，吾人稱其為「裁量萎縮至零」。

(二)行政裁量與司法審查

裁量是立法機關所授予，主要在於劃分行政與司法之權限。亦即在探討在那些範圍內，行政擁有最後決定權。但並非此種最後決定權完全排除司法之審查，因此吾人有必要對司法審查範圍做區分。司法審查可分為兩種，其一為實質審查，亦即司法對行政機關的涵攝，得以自己的涵攝替代之，亦即可更改行政機關所為之內容決定，而以自己之判斷為最後之決定，吾人稱此種審查為全面審查，故行政機關具有第一次決定權，而法院擁有第二次審查權[126]。另一為形式審查，亦即司法原則上尊重行政機關涵攝之決定，僅就涵攝過程中有否違法，作形式審查，吾人稱此種違法性審查為有限的司法審查，故此種審查行政機關仍擁有最後的決定權。而吾人所言對行政裁量及判斷餘地之司法審查通常是指有限的司法審查。

(三)行政裁量之瑕疵

關於行政裁量之瑕疵，依學理及實務之見解，通常認為可包括以下情形[127]：

1.裁量逾越

指行政機關所為之裁量行為，已經逾越立法者所賦予的裁量範圍，又稱為

---

[126] Wahl, Risikobewertung der Exekutive und richterlicheKontrolldichte, in: NVwZ 1991, Heft 5, S. 410.
[127] 而大法官則是在釋字第五五三號解釋（有關臺北市政府決定延期辦理里長選舉案）理由書中列舉了六項標準。

「越權裁量」。如道路交通管理處罰條例第二四條第三項規定：「汽車駕駛人有第一項各款、第二項情形之一或本條例其他條款明定應接受道路交通安全講習者，無正當理由，不依規定接受道路交通安全講習者，處新臺幣一千八百元罰鍰。經再通知依限參加講習，逾期六個月以上仍不參加者，吊扣其駕駛執照六個月。」若道路交通主管機關若對不參加講習者即時吊扣其駕駛執照或處於1,000元之罰鍰即屬於裁量逾越。

又如，法律授權行政機關訂定之授權命令而增加母法所無之規定，亦屬逾越裁量，大法官於釋字第四二三號解釋即認為：「交通工具排放空氣污染物罰鍰標準第五條，僅以當事人接到違規舉發通知書後之『到案時間及到案與否』，為設定裁決罰鍰數額下限之唯一準據，並非根據受處罰之違規事實情節，依立法目的所為之合理標準。縱其罰鍰之上限並未逾越法律明定得裁罰之額度，然以到案之時間為標準，提高罰鍰下限之額度，與母法授權之目的未盡相符，且損及法律授權主管機關裁量權之行使。」就此應屬裁量逾越之情形。

2.裁量濫用

指行政機關裁量權之行使，雖未違背法定界限，但卻違反法律授權目的、參雜與事件無關的因素或動機等。此為基於不公正之理由而違反行政之目的，如基於黨派政策、種族之觀點或個人報復心態，嫉妒或其他類似動機所下之決定[128]。濫用權限涉及行使裁量者內部之心理狀態，是否符合仍須就所其衍生出來客觀事實加以判斷。此部分常會與平等原則重疊，例如有關公務員之任用或考績發生長官基於內心偏差行為而產生用人不公及考績不當之處分，因此，由於呈現之事實違反平等原則，而導出濫用權限之結果。

3.裁量怠惰

係指行政機關依法享有裁量權限，但因故意或過失消極的不行使裁量權限，或未認清基礎事實或未審酌應斟酌之觀點等。裁量怠惰又可分為二種，一為不為裁量，另一為僅部分裁量。

前者如集會遊行法第十二條第一項規定：「室外集會、遊行申請之許可或不許可，主管機關應於收受申請書之日起三日內以書面通知負責人。」而主管機關竟疏於通知者屬之；後者如集會遊行法第十一條第四款：「申請室外集

---

[128] 蔡震榮譯，同前揭註123，頁144。

會、遊行，除有左列情事之一者外，應予許可：……四、同一時間、處所、路線已有他人申請並經許可者。」而主管機關疏於裁量竟然於同一時間、處所、路線核准二人之申請。或如道路交通處罰條例第十七條前段規定：「汽車不依限期參加定期檢驗或臨時檢驗者，處汽車所有人新臺幣九百元以上一千八百元以下罰鍰。」而處罰機關對此不問原因一律處1,800元之罰鍰。

4.裁量收縮至零

所謂裁量收縮係指於具體個案上，將法律授權行政機關裁量之範圍與已縮小。亦即，原本行政機關有多種不同的選擇，但因特殊情事之發生，致使行政機關除採取該某種措施外，別無其他選擇，即為裁量收縮至零。

大法官並於釋字第四六九號解釋理由書中認為：「……斟酌人民權益所受侵害之危險迫切程度、公務員對於損害之發生是否可得預見、侵害之防止是否須仰賴公權力之行使始可達成目的而非個人之努力可能避免等因素……。」係屬於裁量收縮至零之情形。

就此，論者常舉建築法第八一條為例，認為如有某無人維護管理之危樓位於市中心，雖拆除與否係屬主管機關之裁量權限，但該危樓若可能危及周遭建物或人車安全時，主管機關此時即「應」予以強制拆除[129]。

(四)裁量與行政處分之附款

法律授予行政機關裁量時，行政機關可否訂定行政規則，而在其中設定限制人民之權利。一般而言，裁量本身即屬行政機關有自由裁奪之權限，其在具體案件決定前，可訂定抽象之規定，作為具體決定之標準，此應仍屬裁量之範圍。但重點在於，此種裁量可否限制人民之權利，則有進一步解釋之必要。尤其若這些規定涉及人民的負擔或一定之期限，亦即，在行政處分之附款時，人民若不履行負擔，而產生失權之效力時，是否符合法律保留之原則，容有探討之餘地。

裁量可否設定附款？此依照行政程序法第九三條規定：「行政機關作成行政處分有裁量權時，得為附款。」是故，在裁量範圍內，依其所頒布之行政命

---

[129] 例如高雄市政府認定中興國宅係屬危樓，經通知土地所有人拆除並未獲回應後，乃為強制拆除措施，高雄市政府工務局建築管理處，http://build.kcg.gov.tw/news/news_01.aspx?id=684，2010年9月17日（瀏覽日期：2012年6月17日）。

令設定一定申請期限或設定提供切結書或一定擔保，應屬合於裁量之規定。

　　如我國促進產業升級條例對於重要科技事業、重要投資事業及創業投資事業有投資抵減租稅之規定，但其適用範圍由行政院定之，此種授權，表示行政機關有裁量之權。行政院依此訂定適用範圍標準，於該標準中設定「取得工廠設立許可或公司登記主管機關核准增資函後六個月內」為申請期限，此種申請期限並非附款，而僅係法律所賦予裁量期限之規定，應非屬增加法律所無之限制，應屬合法。

　　另一案則係依產業升級條例第三八條規定，工業主管機關對不遵守法律規定之興辦工業人有強制收買權之裁量權，而工業局依此裁量訂定「工業區土地及標準廠房強制收買或收回工作執行要點」，在此要點中規定，對於合於強制收買之條件予以強制收買，但若當事人簽訂三年內不申請轉售土地之切結書，得免於強制收買。此種規定應屬行政處分之附款，合於我國行政程序法第九三條「行政機關作成行政處分有裁量權時，得為附款」之規定。

四、不確定法律概念與裁量之區別問題

(一)概說

　　不確定法律概念與行政裁量，在學說發展之初並未加以嚴格的區分為「構成要件」層次及「法律效果」層次，已如上述。也就是說，早期學說上所謂的「裁量」，是指行政權力在「構成要件」及「法律效果」二方面之自由決定；而基此，不確定法律概念則係指存在於成文法中，且構成要件及法律效果皆有可能存在不確定法律概念，但以存在於構成要件為主[130]。一般而言，概括條款大多以不確定法律概念為主要構成部分[131]。

　　但此種說法自1950年代以降，經由Bachof及Ule教授提出一系列的學說後，不確定法律概念與（行政）裁量才有所區別，而成為我國行政法學界長久以來討論之對象。不過，此種「構成要件—不確定法律概念／法律效果—裁量」的區分方式是否仍有存在的必要？則是學界爭論不休的重點。就此，以下將予以分別介紹，並提出本書的見解。

---

[130] 如我國集會遊行法第二六條之規定：集會遊行之不予許可、限制或命令解散，應公平合理考量人民集會、遊行權與其他法益間之均衡維護等規定即屬存在於法效果的不確定法律概念之例。

[131] Wolff/Bachof/Stober, Verwaltungsrecht I, 10.Aufl. 1994, S.363.

(二)裁量與不確定法律概念之區別學說[132]

裁量與不確定法律概念之區別，依照學者的整理，大致可分為下列三者：

1.質的區別說

所謂「質的區別」，係指「裁量」與「不確定法律概念」其規範本質根本完全不同。主要區別點在於，「不確定法律概念」存在於法律條文的構成要件中，以受到司法審查為原則；而「裁量」則存在於法律效果部分，以不受司法審查為原則。

2.量的區別說

本說認為裁量與不確定法律概念均屬立法者欲授與行政機關在適用法律時，有自行判斷的餘地。惟在依法行政原則下，行政機關行為不得恣意，否則皆須受司法審查。而兩者之區別點只在於適用不確定法律概念時，較授權裁量受到更嚴格的司法審查，亦即，兩者僅有受法律規制之程度上差別而已，並無本質的不同。

3.無區別說

此說根本否定裁量與不確定法律概念有區別存在。而認為以不確定法律概念與裁量分屬法條之構成要件與法律效果，僅屬人為之假設，在邏輯上並無任何理由依據。所謂裁量與不確定法律概念均係法律授權給行政機關，使其能在個案中妥適行使職權之表現，根本無加以區分之必要。再者，裁量既須考量合目的性與適當性，因此，在個案中亦只有一種正確判斷之可能性，實與不確定法律概念無差別。

4.本書見解

我國實務與學說雖尚未形成共識，但本書基於以下之理由，認同無區別說之見解：

(1)行政裁量與不確定法律概念無法截然劃分

目前在法律條文中常見有裁量與不確定法律概念併合存在之情形，即所謂「聯結性條款」，例如李建良教授所舉的建築法第八六條第一款規定：「違反

---

[132] 參照吳庚，同前揭註6，頁124以下。

第二十五條規定者，依左列規定分別處罰：一、擅自改造者，……必要時得強制拆除其建築物。」認為該規定中之「必要時」雖係一「不確定法律概念」，但行政機關在判斷是否屬於「必要時」亦帶有「裁量」性質[133]。或如我國集會遊行法第二六條之規定：「集會遊行之不予許可、限制或命令解散，應公平合理考量人民集會、遊行權利與其他法益間之均衡維護，以適當之方法為之，不得逾越所欲達成目的之必要限度。」其即屬存在於法律效果層次之不確定法律概念。

因此，行政機關在適用此類規定時，並無法完全地劃分「行政裁量」與「不確定法律概念」。

(2)裁量與不確定法律概念之區別無實益

按裁量與不確定法律概念探討之主要爭點乃在於司法審查的界線問題。質的區別說認為不確定法律概念以受到司法審查為原則，例外在判斷餘地情形不受司法審查，惟於例外之例外情形，亦即判斷有瑕疵時，司法又得介入審查[134]；而裁量則以不受司法審查為原則，例外於裁量瑕疵之情形，司法則得以介入審查。因此，結論是無論在不確定法律概念或裁量之情形，司法皆無不得介入之空間，故將不確定法律概念與裁量作區分似無太大之意義。

綜上所述，傳統的區分理論已無實益，蓋無論不確定法律概念之解釋與適用或行政裁量權之行使，行政法院均得審查其合法性，只是就行政與司法間權力分立的觀點而言，若事件所涉及的行政專屬性愈高，司法得介入的空間愈窄而已。

---

[133] 參考李建良等著（李建良執筆部分），同前揭註109，頁138。

[134] 釋字五五三號解釋理由書摘錄：「……本件既屬地方自治事項又涉及不確定法律概念，上級監督機關為適法性監督之際，固應尊重地方自治團體所為合法性之判斷，但如其判斷有恣意濫用及其他違法情事，上級監督機關尚非不得依法撤銷或變更。對此類事件之審查密度，揆諸學理有下列各點可資參酌：（一）事件之性質影響審查之密度，單純不確定法律概念之解釋與同時涉及科技、環保、醫藥、能力或學識測驗者，對原判斷之尊重即有差異。又其判斷若涉及人民基本權之限制，自應採較高之審查密度。（二）原判斷之決策過程，係由該機關首長單獨為之，抑由專業及獨立行使職權之成員合議機構作成，均應予以考量。（三）有無應遵守之法律程序？決策過程是否踐行？（四）法律概念涉及事實關係時，其涵攝有無錯誤？（五）對法律概念之解釋有無明顯違背解釋法則或牴觸既存之上位規範。（六）是否尚有其他重要事項漏未斟酌。又里長之選舉，固有例外情事之設計如地方制度法第五十九條第二項之遴聘規定，但里長之正常產生程序，仍有賴法民主政治基本原則之適用，解釋系爭事件是否符合「特殊事故」而得延辦選舉，對此亦應一併考量，方能調和民主政治與保障地方自治間之關係。本件因不確定法律概念之適用與上級監督機關撤銷之行政處分有不可分之關係，仍應於提起行政訴訟後，由該管行政法院依照本解釋意旨並參酌各種情狀予以受理審判。」

第一節　行政法律關係之發生

　　法律關係的概念，源自於一般法理，其係指兩個或多個主體間以法規為基準之具體法律事實而產生權利義務之關係，而行政法的法律關係，通常是指國家與人民依行政法規範之具體法律事實，而產生權利與義務之關係。由於現代國家行政任務日益複雜及彈性，因此，行政法之法律關係亦日趨多樣性。

　　基此，行政法是規範國家行政權力為主，其當事人間之關係，可能存在於行政主體間，亦可能在國家與人民之間，此種存在於國家與人民間之行政法關係，主要發生原因茲分述如下[135]：

一、直接依據法規

　　此處所謂的法規，包括有法律、命令及自治規章。

　　行政法律關係，係依法規規定而直接發生情形甚少。因為，法規在性質上係屬於一概括性、抽象性之規範，基本上都必須先透過行政機關為一具體行為，法律關係始能發生，因此，能直接依據法律之規定發生行政法律關係者，唯有在法律已經明確指明適用之人及其法律效果時始得為之。

　　例如，大赦法一旦公布，則對符合赦免之人即發生出獄之權利[136]，又如社會秩序維護法第九一條之一授權各直轄市、縣（市）政府得制定自治條例規劃得設性交易之區域及管理，而地方政府一旦設立專區，法律關係即為存在。

---

[135] 參考林錫堯，行政法要義，元照出版，2016年8月，四版，頁122以下，頁111以下。
[136] 請參見：陳新民，同前揭註49，頁122。

二、依據行政處分

　　法規之抽象規定，通常會透過行政處分將個案具體化，以確定其權利義務內容，而發生行政法關係。例如：課稅處分、發給獎學金處分等等。

三、依據行政契約

　　行政契約係以行政法之法律關係為其標的而設定、變更或消滅行政上權利義務之契約。例如委託私人行使公權力之契約。

四、依據事實行為

　　依據事實行為而發生行政法關係者，例如：因行政機關單純的作為或不作為（如公法上無因管理或公法上不當得利），造成人民損害而發生之損害賠償關係。又行政法關係之發生，不以行政機關之事實行為為限，人民之事實行為，例如：事實上利用公物或營造物等，亦可能發生行政法關係。

第二節　行政法律關係之分類

　　行政法律關係的態樣繁多，若從行政任務及組織態樣的觀點而言，行政法律關係所涵蓋的範圍，可以包括建築法的法律關係、教育法的法律關係、稅捐法的法律關係、公務員法的法律關係等等。但若從「規範對象」、「存續久暫」及「規範面向」等三個觀點，對於行政法律關係之態樣大致分類如下[137]：

一、屬人性的法律關係與屬物性的法律關係

(一)區別方法

　　依行政法律關係所規範的對象，可分為「屬人性的法律關係」與「屬物性的法律關係」。前者所規範的對象著重當事人「人的屬性」，例如行政處分相對人的資格或能力；而後者則著重在某一權利主體與特定物之間的關係，例如

---

[137] 參考李建良等著（李建良執筆部分），同前揭註109，頁150以下。

建築物之設備、狀態或位置等。

(二)區分實益

著重於「人的屬性」之法律關係不得繼受；著重於「物的屬性」之法律關係則得繼受（詳如後述「行政法律關係之繼受問題」）。

二、暫時性的法律關係與繼續性的法律關係

(一)區別方法

依法律關係存續期間的長短，行政法法律關係得基此區分為暫時性的法律關係與繼續性的法律關係：

1. 暫時性的法律關係：係指該法律關係所產生的權利義務僅具有「短暫性」或「偶發性」而言，此如針對交通違規的裁罰行為屬之。
2. 繼續性的法律關係：則是指其法律關係所產生的權利義務通常皆具有一定之存續期間而言，而此種法律關係多半都涉及身分上之關係[138]，此如公務員關係等是。

(二)區分實益

就行政契約之部分而言，依行政程序法第一四九條規定：「行政契約，本法未規定者，準用民法相關規定。」依本規定準用的結果，「一時性的法律關係」準用契約之解除（溯及失效）；「繼續性的法律關係」準用契約之終止（終止之時起始失其效力）。

就行政處分之部分，則係依行政處分之撤銷或廢止而定其是否溯及失效而定，一時性的行政處分經撤銷或廢止，讓行政處分即屬不存在，並無溯及失效之問題；反之，繼續性行政處分，有真正溯及與非真正溯及問題之存在，如多年核發主管加給，事後發現錯誤，是否溯及所有錯誤核發加給，或僅從發現時才不予核發之非真正溯及，則有探討。

---

[138] 陳新民，同前揭註49，頁123。

三、雙面性的法律關係與多面性的法律關係

(一)區別方法

　　傳統學說上認為，行政法法律關係所規範者係指人民及國家間的關係。但行政法法律關係，尚有存在著多面性的法律關係[139]。此種多面性的法律關係尚包括有原本雙面性的法律關係擴及到第三人及法律關係同時涉及數名當事人兩種。

　　例如，主管機關核發建照，原本為國家與起造人間之關係，但核發建照的處分有可能會涉及鄰人之權利，因而產生多面性的法律關係。

(二)區分實益

　　若行政契約為多面性的法律關係，依行政程序法第一四〇條規定，應經該第三人書面同意始生效力；而行政處分若屬多面性法律關係者，該第三人則可以利害關係人之身分受行政程序之保障，甚至得提訴願、行政訴訟。但此種利害關係人提起訴願，依訴願法第十四條第二項，自知悉時起算，有別於行政處分相對人提起之期限。

第三節　主觀公權利

一、訴權之概念

　　訴願法第一條規定，人民對於中央或地方機關之行政處分認為違法或不當致損害其權利或利益者，得提起訴願。因此，權利或利益受到侵害時，為提起訴願之前提要件，釋字第四六九號另提出保護規範理論，作為人民提起訴訟之要件，而該理論所主張即是所謂的主觀公權利，亦即，人民基於主觀公權利得主張權利之救濟。

　　從上述得提起訴權除權利或利益外，也包括所謂的主觀公權利。主觀公權利將於下段敘述，本段先就現行法概念作說明。

---

[139] 李建良等著（李建良執筆部分），同前揭註109，頁152。

(一)權利

　　所謂之「權利」意指人民在國家法律秩序中所享有受保障之地位；泛指個人在國家法律之秩序中之法地位包括憲法保障之地位。

(二)利益

　　「利益」意指尚未成為權利之各種值得保護之利益，如申請中但尚未取得商標或專利之註冊，或專利聲請優先權之主張。

(三)反射利益

　　法規它規定的目的主要是在保護整體的利益（公共利益），並非保護個別特定人的利益而這種保護公益的規定基本上並不適合特定的人透過訴訟手段（打官司）來加以實現，換言之，法規的規定不是在保護特定的人 而是公共利益，而你個人可能因為這個規定，附隨的對你有利而已這就稱為反射利益。反射利益屬法律實施中所產生的間接影響，非在法律保護範圍中，不得提起訴訟。

　　治安不好或警察未取締色情，讓色情瀰漫社區，民眾不得主張因警察不作為而請求國家賠償。

問題十二

　　政府機關認定土地為既成巷道（即現有巷道），一般不特定人民得否請求行政機關請求公用地役之公法上請求權？

　　按行政機關認定土地為既成巷道（即現有巷道），係行政機關基於行政目的，依法對土地所有權賦予限制之關係，一般不特定民眾利用既成巷道通行，僅係其反射利益，對該土地並無任何權利，故具有公用地役關係之既成巷道，僅行政主體基於行政目的得為主張，一般不特定人民並無向行政機關請求將他人所有之土地認定為具有公用地役關係之既成巷道之公法上之請求權，改制前行政法院八二年判字第二二七九號判決及最高行政法院一○一年裁字第二六二號認定意旨可資參照。查司法院釋字第四○○號解釋理由書有關既成巷道認定要件，及嘉義市建築管理自治條例第五條規定「既成巷道」之構成要件，並非為保障特定人而設，亦未賦予訴願人有申請認定既成巷道或現有巷道之公法上

請求權，訴願人自難據有認定既成巷道或現有巷道之公法上請求權基礎。

二、主觀公權利之意義

　　所謂主觀公權利，是指人民依據公法上所給予之法律上權利，為追求自身利益，有要求國家一定的作為，學者也有將主觀公權利稱之為「公法上權利」、「公法權利」或「公權利」等[140]。

　　主觀公權利在憲法上之意義在於擔保人性尊嚴得以實現，承認人民為權利主體，給予人民獨立面對國家之可能，並要求國家顧及其有關權益之法律。若忽視主觀公權利之存在，人民將淪為國家下屬與國家行為任意宰割的客體。因此，擔保主觀公權利的實現，係屬自由民主社會法治的本質[141]。也因此，主觀公權利的實際意義在於使人民得透過法律，提起救濟來擔保其權利之實現（或不被侵害）。

三、主張主觀公權利之要件

　　吾人在論及行政救濟時，通常會區分主觀公權利與反射利益兩種。若個人擁有主觀公權利時，得以法律救濟途徑貫徹其權利。反之，若屬反射利益，則不得提起之。主觀公權利，係指國家依法秩序之規定，有給予個人一定之權利並促其實現之義務，而個人對此亦有要求國家為一定行為之權利。

　　基本上，吾人得以下列三個步驟來檢驗該個人是否擁有主觀公權利：

---

[140] 本來「主觀公權利」一詞，僅是德國語意學上的一種方便辨別「法律」及「權利」的分類方法，在我國並無類似的問題；因此，在公權利之前冠上「主觀」一詞，實非必要。但我國目前學者仍多稱之為「主觀公權利」，為讀者閱讀方便，本書仍稱為「主觀公權利」，合先敘明。
　　另有關德國主觀公權利與客觀法規範的詳細論述，請參見：李建良，公法上權利的概念、理論與運用，月旦法學教室，第99期，2011年1月，頁20；陳敏，同前揭註14，頁257。

[141] Hartmut Maurer, Allgemeines Verwaltungsrecht, 12 Aufl. 1999, §8, Rdnr. 4.

```
Step 1  ・行政機關應盡義務：
        系爭法規是否有課予行政機關一定行為或不行為之義務？

Step 2  ・保護個別義務：
        系爭法規除公共利益外，是否亦兼及保護個人利益？

Step 3  ・法貫徹力之要求：
        個人對此義務有要求國家履行之請求權
```

　　首先，第一個要件是行政機關在此有無應盡的義務存在？在羈束行政的概念下，具備某法律規定之構成要件時，行政機關即應依規定作成行政行為。而在裁量行政下，行政機關是否要為特定行為，全憑其裁量權而定。但如果其有裁量萎縮至零的情況時，吾人即認為行政機關在此有行為之義務。

　　而如欲判斷個人是否擁有主觀公權利，其關鍵應在於第二項有關「利益」的檢驗。意即是檢驗系爭法規所保護之「利益」是否除公共利益外，尚兼及保護了「私人利益」，此即吾人所稱之「保護規範理論」，依照條文有無直接明定主觀公權利，吾人可分為「明示性」及「解釋性」兩種：

- 所謂「明示性」，係指系爭法規已直接於條文中明定人民對國家應盡之義務有請求權者。例如，公務人員保障法第十八條規定：「公務人員對於服務機關或人事機關所為之行政處分，認為違法或不當，至損害其權利或利益者，得依本法提起復審。」亦即，是法律有明確規定有「主觀公權利」。
- 「解釋性」則是指若系爭法規針對其所保護者是否係「私人利益」缺乏此種明確規定時，則需依一般法律解釋之方法來加以確定該法規是否亦應保護個人之利益[142]。例如，建築法上鄰人訴訟，雖然建築許可並非針對鄰人而核

---

[142] Hartmut Maurer, Allgemeines Verwaltungsrecht, 11 Aufl. 1997, §8, Rdnr. 8.

發，但若該建築許可之核發，觸犯其他保障鄰人特質之法規時，則該鄰人亦可主張主觀公權利。至於，在營業法上如一地區新計程車營業許可之核發，是否影響已存在之計程車業，通常亦得就具體狀況判斷之[143]。競爭者訴訟，亦屬之，如工商業者申請補助或公務員升遷之競爭對象有關之訴訟。

若以此種理論作為標準，則反射利益係指雖然個人因法秩序規定因而獲有一定利益，但法規本身僅以公益之維護為目的，並無保障個人權益之意思，其作為或不作為結果，雖致使個人之利益受影響，實乃反射之效果，對此結果，個人並無要求國家為一定行為之權利，亦即，縱使國家不履行義務時，其亦無法提起救濟。在此，或雖然國家基於法規有為一定行為之義務，而可能因而使人受益，但個人卻無要求一定給付之請求權。

因此，是否為反射利益之重點，並非在於國家有無為一定行為之義務上，而係在於該法規是否在保護個人利益，或雖為保護公益但透過客觀法規範意旨之解釋[144]得知，該法規範之保護目的同時及於個人時，人民即擁有主觀公權利而非僅反射利益。故本說係以法律利益（主觀公權利）與事實利益（反射利益）來區分請求權之有無。

至於，如何決定歸屬通常得依具體個案而定[145]。吾人以下圖說明之：

主觀公權利	事實利益 （反射利益）

亦即，保護規範理論係以實體法所欲保護之權利或利益為準，但在今日強調國家監督義務以及個人保護之前提下，卻逐漸受到質疑，因此，新的趨勢則將主觀公權利之範圍擴充至值得保護的利益上而包括事實上之利益，亦即，吾人對以往所認為的反射利益中，再將其區分為值得保護利益與純粹反射利益，

---

[143] 我國目前實務上亦遭遇此類之問題，例如，有關高速公路遊覽車業許可之核發，亦發生已存在之業主，對新申請之營業，提起訴願之案例，而實務上，採否定之態度，認為此僅是反射利益，故駁回其訴願。

[144] 釋字第四六九號解釋理由書摘錄：「……至前開法律規範保障目的之探求，應就具體個案而定，如法律明確規定特定人得享有權利，或對符合法定條件而可得特定之人，授予向行政主體或國家機關為一定作為之請求權者，其規範目的在於保障個人權益，固無疑義；如法律雖係為公共利益或一般國民福祉而設之規定，但就法律之整體結構、適用對象、所欲產生之規範效果及社會發展因素等綜合判斷，可得知亦有保障特定人之意旨時，則個人主張其權益因公務員怠於執行職務而受損害者，即應許其依法請求救濟。……。」

[145] Ebert, Das GesamteöffentlicheDienstrecht, 1984, §280, S.1ff.

前者係指受侵害的為其實質上之利益，包括法律上利益或值得保護之事實上利益。目前有人主張實質上之利益應加以界定，只有生命、身體以及財產等重大利益才屬主觀公權利，其他實質上利益，仍列入反射利益之範圍[146]。

　　吾人試圖以下列圖表說明之：

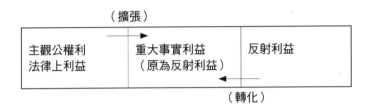

圖示：
虛線部分：以往主觀公權利與反射利益之界線
實現部分：目前德國主觀公權利之範圍
（反射利益範圍明顯縮小）

　　最後，在前二項條件皆為符合時，人民即得要求行政主體履行法規所課予之義務，而以法律救濟手段來貫徹其請求權，此為主觀公權利實際之意義。

第四節　特別權力關係

一、德國法上之發展

(一)特別權力關係之起源

　　特別權力關係起源於十九世紀自由法治國時期，原係為維持軍人及公務員對於君王所負之忠誠及服從義務[147]。亦即，特別權力關係原係為保存專制體制而生。因此，特別權力關係應與一般權力（法律）關係對照，一般權力（法律）關係是指凡屬人民之權利及義務之規定，不得任由行政機關為之，必須由立法機關以法律定之而有法律保留原則之適用。是故，特別權力關係與一般權

---

[146] 國家違背對於第三人應執行之職務，則以是否造成當事人生命、健康以及財產上之實質損害為準，而經濟上之利益則不在考慮範圍其仍屬反射利益之範圍，參閱：Hartmut Maurer, a.a.O., §25, Rdnr. 19。

[147] Detlef Marten, ebenda; Ronellenfitsch, Das besondereGewaltverhältnis-einzufrühtotgesagtesRechtsinstitut, in: ÖffentlicheVerwaltung, 1981, S.934.
此種思維其實也反映在我國的現行法制中，如宣示條例及公務員服務法第一條之規定。

力關係之劃分在於確定法律保留原則之適用範圍。

　　至於行政機關內部之事宜，亦即有關組織及人員之規定，非屬立法機關所及範圍，即所謂的行政保留之範圍，行政機關可以內部的規定來規範內部人員之權利義務，不受法律保留之限制。

　　因此，特別權力關係之產生，係專制體制與代表人民之立法機關妥協之結果，以內部人員之權利的犧牲作為代價，因此有人批評特別權力關係係官署的殘餘物。

　　吾人試以下表說明特別權力關係與一般權利關係之區別：

	一般權利關係	特別權力關係
有無法律保留	法律保留之適用	行政保留
救濟途徑	權利救濟	無外部救濟 僅有內部申訴

(二)理論的架構

　　凡一種新體制的實施，必須以理論的架構的作為襯托，以作為其合法的依據。對此，德儒Laband提出了支撐特別權力關係之主體封閉說，其認為法律關係僅存在於主體與主體間，國家視為密不可破的一大主體，法律關係僅存在於人民與人民間，或人民與國家間，至於國家內部之組織及公務員關係因屬主體內部之事宜，故並不發生法律之關係，主體內部之事宜，由行政機關來決定之，非屬立法干涉之範圍，法律關係僅及於主體之外圍，因此吾人稱國家為法人，而法人內部僅屬機關不具法律上人格，即由此理論而產生。有關Laband的理論，本書試以圖示說明：

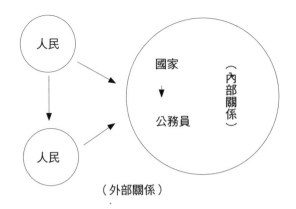

（外部關係）

而Otto Mayer進而主張「志願不構成侵害說」，其主張公務員本來擁有權利，但在進入國家主體之前，主動放棄其權利，既然志願放棄其權利，而國家對其侵害因無權利之可言，故無所謂侵害，因此國家對公務員掌有絕對的支配權，並可以內部的規範來限制公務員的一切權利，對此公務員亦無救濟之管道。

就此，吾人得歸納出特別權力關係特點主要有三：

　·事前：身分權、財產權的限制不適用法律保留原則，因此可用行政規則限制公務員權利。

　·事中：不承認公務員基本人權，無程序保障之規制，亦即，不賦予公務員程序之保障。

　·事後：排除司法的審查，亦即，不得提起司法救濟。

(三)特別權力關係的類型

早期依Otto Mayer所提之特別權力關係之類型如下：

1.公法上勤務關係：國家與公務員之關係。

2.營造物利用關係：例如有學校與學生之關係、監獄與犯人之關係及受羈押刑事被告與看守所之關係等。

3.公法上特別監督關係：此種特別監督關係，係指受國家監督之特別行業或事業而言，如特種行業及專門職業技術人員（律師、會計師、建築師等）。

而我國在大法官作成釋字第二九五號（關於不服會計師懲戒覆審決議之案件）及第三七八號解釋（關於不服律師懲戒覆審決議案件）後，這些職業如今已不再劃分入特別權力關係之範疇。

綜上所述，目前吾人所要探討的特別權力關係主要係指公法上勤務關係及營造物利用關係（學校及監獄）等。

(四)特別權力關係之發展

十九世紀之特別權力關係並非全面的禁止，特別權力關係下屬員一切權利之爭議，尤其有關公務員因勤務關係所衍生的財產請求權，如薪俸、退休金之爭議問題，在當時由於尚無行政法院之設置，仍可向普通法院提出救濟。二十世紀威瑪時代由於德國若干個邦使用了概括條款，凡身分及財產之爭議，受法院之審查，但仍未普遍。二次大戰後理論之發展，吾人可以下述三階段作為探討：

1.基礎關係及管理關係說

Ule於1954年在德國公法學會中，針對特別權力關係之司法救濟，提出其看法，其有意規避公務員基本人權之探討，而將火力集中在司法救濟之問題上。基此，Ule將國家對公務員之關係區分為基礎關係及管理關係：

「基礎關係」係指國家對公務員身分上及財產上之處分。身分上之處分，一般是指身分之創設、變更及終止，如公務員的任用、升遷、免職、退休等；財產上之處分是指身分衍生的財產請求權，如薪資、退休金等。Ule認為基礎關係係指公務員以個人之身分受國家之處分，故影響其權利，在這一部分，公務員因身分上及財產上認為遭受國家不當或違法之處分，應有司法救濟之權利，亦即基礎關係不應再被劃入為特別權力關係，而屬一般權利關係之範疇。

「管理關係」則係指國家為執行國家之任務，必須分配勤務、發布命令及指示。而在此一範圍內，並不涉及屬員之權利，因為在勤務執行當中，屬員被視為國家組織的一部分，亦即其職位是超個人之地位，只要國家執行任務之所需，當然可基於任務之目的限制屬員之基本權利。為維持國家任務之執行，亦即管理關係之正常運作，對不服從命令指示之屬員基於管理秩序維持之需要，長官對部屬享有懲戒權。

Ule所提出的「基礎關係與管理關係」理論，受到德國當時各級法院的支持及引用，因此於這一時期之特別權力關係之特點如下：

(1)基本人權並不完全適用於特別權力關係下的屬員。

(2)國家可基於機關之目的，用行政規則來限制基本人權，不適用法律保留原則。

(3)基礎關係可提起司法救濟，管理關係仍屬特別權力關係之範圍。

2.1972年德國聯邦憲法法院「監所執行判決」

德國聯邦憲法法院於1972年作成「監所執行判決」，該判決針對監獄管理員透過內部的規定，檢查受刑人之信件屬違憲的行為，因為秘密通信的自由，屬受刑人之基本人權，對其限制應以法律定之，亦即適用法律保留原則。因此，往後如欲對受刑人權利之限制，不應再任由監獄內部之規定為之。由此一判決，吾人可對此特別權力關係之理論作如下之分析：

(1)基本人權之保障亦適用於特別權力關係。

(2)法律保留原則全面適用於特別權力關係。

(3)權利之侵害皆可提起司法救濟。

3.重要性理論

上述吾人所探討的特別權力關係僅及於公務員及監獄受刑人之關係，尚未探討學校關係，因此有人戲稱學校為特別權力關係的未開發地，德國在1976年以來，司法判決為破除學校之特別權力關係，而提出所謂的重要性理論以為對策。重要性理論係指凡涉及學生重要之基本人權事項應由立法機關以法律定之，不能授權行政機關或由行政機關單獨以內規訂之，重要性理論強調國會保留之原則，亦即凡基本人權重要之部分，屬國會之權責不能授權。

重要性理論之提出，其實主要係以Ule所提出之基礎關係及管理關係作為依據，或認為基礎關係即為基本人權重要之部分，對此，須以法律定之。

二、我國法上之發展

(一)公法上職務監督關係：公務員與國家之關係

民國19年公布訴願法以降至行憲前，係屬於特別權力關係之萌芽階段[148]，司法院院字第三一一號解釋認為：「按訴願之提起，係人民不服官署處分之救

---

[148] 蔡震榮，從德日兩國特別權力關係理論探討我國當前特別權力關係應發展方向，收錄於：蔡震榮，同前揭註68，頁37。

濟方法,下級官吏對於該管上級官廳,就其監督範圍以內所發命令,有服從之義務,不得援引訴願法提起訴願。」院字第三三九號則進一步的認為:「人民為官吏雖係公權之一種,然人民與官吏身分各別,其有因官吏身分受行政處分者,純屬行政範圍,非以人民身分因官署處分受損害者可比,自不得援引訴願法提起訴願。」

而於行憲後,大法官於釋憲實務上屢次闡述有關特別權力關係之概念:

1.公法上財產請求權

釋字第一八七號解釋中,大法官首次認為:「公務人員依法辦理退休請領退休金,乃行使法律基於憲法規定所賦予之權利,應受保障。其向原服務機關請求核發服務年資或未領退休金、退職金之證明,未獲發給者,在程序上非不得依法提起訴願或行政訴訟。」並於釋字第二〇一號解釋(有關退休金之請領)、第二六六號解釋(有關考績獎金之請領)及釋字第三一二號解釋(請領福利互助金事項)採相同見解。

換言之,大法官認為涉及公務員公法上財產請求權之事項,皆屬於行政處分而得依法提起行政救濟。

2.基礎關係及管理關係

釋字第二四三號解釋表示:「公務人員考績法之記大過處分,並未改變公務員之身分關係,不直接影響人民服公職之權利,上開各判例不許其以訴訟請求救濟,與憲法尚無牴觸。」基此,大法官在本號解釋中係採「基礎關係及管理關係說」,意即,大法官將國家對公務員之處分分為:改變公務員身分關係之處分(基礎關係)及未改變公務員之身分關係之處分(管理關係),而公務員僅有前者始得提起行政救濟。

3.重要性理論

依釋字第二九八號解釋,關於足以改變公務員身分或對於公務員有重大影響之懲戒處分,受處分人得向掌理懲戒事項之司法機關聲明不服,由該司法機關就原處分是否違法或不當加以審查,以資救濟。故在此之後,實務認為,不僅改變公務員身分關係之基礎關係,得提起救濟,即使未改變公務員之身分關係之管理關係,但屬對於公務員有重大影響之處分,皆得提起行政救濟。

(二)公法上職務監督關係：軍人與國家之關係

1.基礎關係及管理關係

依釋字第四三〇號解釋，軍人為廣義之公務員，與國家間具有公法上之職務關係，現役軍官依有關規定聲請續服現役未受允准，並核定其退伍，如對之有所爭執，既係影響軍人身分之存續，損及憲法所保障服公職之權利，自得循訴願及行政訴訟程序尋求救濟。

因此，就本號大法官解釋而言，仍係採二分法理論，僅影響軍人身分存續之處分，始得提起行政爭訟。

2.重要性理論

不過，依釋字第四五九號解釋認為，兵役體位之判定，對役男在憲法上權益有重大影響，受判定之役男，如認其判定有違法或不當情事，自得依法提起訴願及行政訴訟。基此，大法官在本號解釋中，已對於軍人與國家之關係改採「重要性理論」之見解。

綜上所述，大法官原先於釋字第四三〇解釋中認為軍人僅能針對影響身分上之存續之處分才能提起救濟，後來則於第四五九號解釋認為只要對其有重大影響即可提起救濟。不過，軍人除此之外，是否還有財產上的請求權？就此，大法官於釋字第五五五號中認為：「戒嚴時期人民受損權利回復條例施行細則第三條第一項規定：『本條例第三條第一項第二款所稱公務人員，指各機關組織法規中，除政務官、民選人員及聘僱人員外，受有俸（薪）給之文職人員』，係對該條例第三條第一項第二款所稱『任公務人員、教育人員及公職人員之資格』中有關公務人員涵義之界定，不包括武職人員，乃基於事物本質之差異，於平等原則無違，亦未逾越母法之授權，與憲法規定尚無牴觸。」

(三)營造物利用關係：學生與學校之關係

依釋字第三八二號解釋認為：「各級學校依有關學籍規則或懲處規定，對學生所為退學或類此之處分行為，足以改變其學生身分並損及其受教育之機會，自屬對人民憲法上受教育之權利有重大影響，此種處分行為應為訴願法及行政訴訟法上之行政處分。受處分之學生於用盡校內申訴途徑，未獲救濟者，自得依法提起訴願及行政訴訟。」大法官在本號解釋中，針對學生與學校之關係似乎仍以基礎關係及管理關係為說理模式，亦即，與釋字第二四二號解釋相

同地認為，只有足以改變其學生身分之處分始得提起行政救濟，而未改變其學生身分及未侵害其受教育之權利者（例如記過處分），除循學校內部申訴途徑謀求救濟外，尚無許其提起行政爭訟之餘地。

而釋字第六八四號解釋則認為：「大學為實現研究學術及培育人才之教育目的或維持學校秩序，對學生所為行政處分或其他公權力措施，如侵害學生受教育權或其他基本權利，即使非屬退學或類此之處分，本於憲法第十六條有權利即有救濟之意旨，仍應許權利受侵害之學生提起行政爭訟，無特別限制之必要。」

亦即，該號解釋對於學生權利之突破在於學生如基本權（受教權）受到侵害時，也可以提起救濟，本號解釋將以往的基礎關係才可提起救濟，擴大至基本權受到侵害亦可提起救濟，只要在學生受教權範圍內，如認其受到重大侵害時，也可以主張之[149]。

(四)營造物利用關係：教師與學校之關係

依釋字第四六二號解釋認為，大學校、院、系（所）教師評審委員會關於教師升等評審之權限，係屬法律在特定範圍內授予公權力之行使，其對教師升等通過與否之決定，與教育部學術審議委員會對教師升等資格所為之最後審定，於教師之資格等身分上之權益有重大影響，均應為訴願法及行政訴訟法上之行政處分。受評審之教師於依教師法或訴願法用盡行政救濟途徑後，仍有不服者，自得依法提起行政訴訟。

故本號大法官解釋對於教師與學校間之關係，係採重要性理論。

(五)營造物利用關係：羈押被告與看守所之關係

1.特別權力關係

依釋字第六五三號解釋理由書，羈押法第六條在立法之初所處時空背景，係認受羈押被告與看守所之關係屬特別權力關係，如對看守所之處遇或處分有所不服，僅能經由申訴機制尋求救濟，並無得向法院提起訴訟請求司法審判救濟之權利。

---

[149] 詳參：蔡震榮、戴東盛，從釋字第684號解釋論法律保留與權利救濟，法學叢刊，第56卷第4期（第224期），2011年10月，頁11、17-18。

因此，羈押被告就不服看守所處分事件，僅得依上開規定提起申訴，不得再向法院提起訴訟請求救濟。

2.全面救濟

惟釋字第六五三號解釋認為，羈押係拘束刑事被告身體自由，並將其收押於一定處所之強制處分，限制其人身自由，將使其與家庭、社會及職業生活隔離，非特予其心理上造成嚴重打擊，對其名譽、信用等人格權之影響亦甚重大，係干預人身自由最大之強制處分。刑事被告受羈押後，為達成羈押之目的及維持羈押處所秩序之必要，固然得依法限制被告權利，惟於此範圍之外，基於無罪推定原則，受羈押被告之憲法權利之保障與一般人民所得享有者，原則上並無不同。因此，受羈押被告如認執行羈押機關對其所為之不利決定，逾越達成羈押目的或維持羈押處所秩序之必要範圍，不法侵害其憲法所保障之權利者，自應許其向法院提起訴訟請求救濟，始無違於憲法第十六條規定保障人民訴訟權之意旨。

故大法官於本號解釋認為，有權利必有救濟，不因救濟人之身分而有不同之處遇[150]。

(六)營造物利用關係：監獄受刑人權利救濟與發受書信

釋字第七五五號解釋文：「監獄行刑法第六條及同法施行細則第五條第一項第七款之規定，不許受刑人就監獄處分或其他管理措施，逾越達成監獄行刑目的所必要之範圍，而不法侵害其憲法所保障之基本權利且非顯屬輕微時，得向法院請求救濟之部分，逾越憲法第二三條之必要程度，與憲法第十六條保障人民訴訟權之意旨有違。相關機關至遲應於本解釋公布之日起二年內，依本解釋意旨檢討修正監獄行刑法及相關法規，就受刑人及時有效救濟之訴訟制度，訂定適當之規範。」

釋字第七五六號解釋重點如下：

---

[150] 許宗力大法官於本號解釋之協同意見書中認為，本號解釋迴避了特別權力關係是否仍存在之問題，而是直接說明羈押被告之權利受侵害得全面提起救濟之旨。但依釋字第二四三號、第三八二號、第四三○號解釋得知，公務員、學生及軍人與國家之關係，分為基礎關係及管理關係，在管理關係部分只能循內部管道救濟而不能提起行政爭訟，亦即，管理關係仍殘留了特別權力關係的理論。然而，特別權力關係在我國自始即是未附任何說理的教條，亦無憲法明文依據。又依本號大法官解釋認為，即使是管理關係也有侵害人民權利之問題，受羈押被告如認看守所管理不當而致其權利遭受侵害時，亦得提起行政爭訟，故今後公務員、學生及軍人對於管理關係不得提起行政爭訟之規定，亦恐有違憲之虞。

1. 監獄行刑法第六六條規定：「發受書信，由監獄長官檢閱之。如認為有妨害監獄紀律之虞，受刑人發信者，得述明理由，令其刪除後再行發出；受刑人受信者，得述明理由，逕予刪除再行收受。」其中檢查書信部分，旨在確認有無夾帶違禁品，於所採取之檢查手段與目的之達成間，具有合理關聯之範圍內，與憲法第十二條保障秘密通訊自由之意旨尚無違背。其中閱讀書信部分，未區分書信種類，亦未斟酌個案情形，一概許監獄長官閱讀書信之內容，顯已對受刑人及其收發書信之相對人之秘密通訊自由，造成過度之限制，於此範圍內，與憲法第十二條保障秘密通訊自由之意旨不符。至其中刪除書信內容部分，應以維護監獄紀律所必要者為限，並應保留書信全文影本，俟受刑人出獄時發還之，以符比例原則之要求，於此範圍內，與憲法保障秘密通訊及表現自由之意旨尚屬無違。

2. 監獄行刑法施行細則第八二條第一款、第二款及第七款規定：「本法第六六條所稱妨害監獄紀律之虞，指書信內容有下列各款情形之一者：一、顯為虛偽不實、誘騙、侮辱或恐嚇之不當陳述，使他人有受騙、造成心理壓力或不安之虞。二、對受刑人矯正處遇公平、適切實施，有妨礙之虞。……七、違反第十八條第一項第一款至第四款及第六款、第七款、第九款受刑人入監應遵守事項之虞。」其中第一款部分，如受刑人發送書信予不具受刑人身分之相對人，以及第七款所引同細則第十八條第一項各款之規定，均未必與監獄紀律之維護有關。其與監獄紀律之維護無關部分，逾越母法之授權，與憲法第二三條法律保留原則之意旨不符。

3. 監獄行刑法施行細則第八一條第三項規定：「受刑人撰寫之文稿，如題意正確且無礙監獄紀律及信譽者，得准許投寄報章雜誌。」違反憲法第二三條之法律保留原則。另其中題意正確及監獄信譽部分，均尚難謂係重要公益，與憲法第十一條保障表現自由之意旨不符。其中無礙監獄紀律部分，未慮及是否有限制較小之其他手段可資運用，就此範圍內，亦與憲法第十一條保障表現自由之意旨不符。

4. 前開各該規定與憲法規定意旨有違部分，除監獄行刑法施行細則第八一條第三項所稱題意正確及無礙監獄信譽部分，自本解釋公布之日起失其

效力外，其餘部分應自本解釋公布之日起，至遲於屆滿二年時，失其效力[151]。

第五節　行政法法律關係之繼受

所謂行政法法律關係之繼受，係指在系爭法律關係的存續中，一項權利或義務，在法律上脫離原有的權利人或義務人，改由第三人享有或負擔，並為權利人或義務人者言[152]。

一、屬人性法律關係或屬物性法律關係之繼受問題

問題十三

合法登記獨資商號電子遊戲場業因違反電子遊戲場業管理條例第十七條第一項第六款規定而於受停業處分中，經申請核准變更其商號名稱及負責人登記，則該停業處分對該商號是否繼續有效？其原負責人經法院判決有罪確定者，主管機關是否得據以撤銷該商號之營利事業登記，並註銷其營業級別證？

如法律未有規定法律關係之繼受時，人民行政法上之權利義務可否移轉，原則上應視法律關係之內容係著重於「人的屬性」或者是「物的屬性」而定。

- 法律關係的規範內容，若係屬於「一身專屬性」之屬人性者，自不得移轉予他人或繼受，例如律師執照、畢業證書等。若非具「一身專屬性」者，則得繼受，例如租稅的繳納[153]。
- 而法律關係的規範內容，若係以「物的屬性」為規範重點者，則隨標的物之移轉，系爭法律關係也發生移轉或繼受的效果。

本案屬實務經常運作模式，採用人頭就業變更負責人，但卻未重新申請

---

[151] 司法院釋字第七五六號解釋摘要，大法官書記處，公告日：2017年12月1日。

[152] 陳敏，人民公法權利義務之繼受，收錄於：政治思潮與國家法學，元照出版，2010年1月，頁461。

[153] 陳慈陽，行政法總論－基本原理、行政程序及行政行為，神州圖書，2001年10月，頁379。

「營利事業登記證」及「營業級別證」，而主張主體已變更，變更前之撤銷證件之處分，不及於變更後之主體。

依照最高行政法院九八年四月份第一次庭長法官聯席會議之決議結果認為，經准許經營電子遊戲場業之獨資商號，因違反系爭條例第十七條第一項第六款規定，受處分停業中，變更其商號名稱及負責人，而未重新申請核發「營利事業登記證」及「營業級別證」者，就系爭條例之立法目的而言，其管制之對象並未改變，自不因該獨資商號變更其商號名稱及負責人而有不同，其撤銷「營利事業登記證」及「營業級別證」仍及於變更後之商號及負責人。

況且，縱認獨資商業因負責人之變更，而發生原來權利義務是否繼受問題，則因電子遊戲場業管理條例第三一條及第十一條第三項所為撤銷營利事業登記及併為註銷營業級別證之規範義務內容，係「屬物性」之義務，具有可繼受性。因此，最高行政法院認為，獨資商號負責人變更並不影響商號同一性，故主管機關在商號負責人變更前對商號所為之處分仍不失其效力，仍對變更後之商號繼續有效。又即使認為商號負責人變更影響商號同一性，但其也概括繼受「營利事業登記證」及「營業級別證」（未重新申請變更），而本件撤銷營利事業登記處分又為屬物性處分，故該處分當然移轉由新成立之商號承受。本聯席會議之決議，杜絕了實務以變更負責人即變更商號主體之不當行為。

二、行政罰鍰之繼受問題

問題十四

納稅義務人甲違反所得稅法之規定，被國稅局裁處罰鍰。甲不服，提起行政救濟後，仍遭駁回確定。甲知遭駁回後旋即死亡，惟國稅局仍對甲之遺產強制執行，甲之繼承人乙不服，主張行政罰鍰具有一身專屬性，既然違反行政法義務之甲已經死亡，罰鍰處分亦應隨之失效。乙之主張是否有理？

依大法官釋字第六二一號解釋認為，對於違反行政義務者科處罰鍰，其處罰事由皆與公共事務相關，故罰鍰本質上不僅限於應報或矯正個人違規行為，

同時兼具制裁違規行為對國家機能、行政效益及社會大眾所造成不利益之結果，以建立法治秩序及公共利益。

　　故罰鍰處分後，義務人未繳納前死亡者，即便承認罰鍰繳納義務具有一身專屬性，但是否得對義務人之遺產強制執行，應認立法者對此有形成空間，而現行行政執行法第二條、第十五條與行政執行法施行細則第二條規定，罰鍰性質上屬於公法上之金錢給付義務，若義務人死亡而遺有財產者，行政執行處（分署）得逕對其遺產強制執行。此即為立法者對於行政執行處（分署）所為強制執行之特別規定。

　　因此，按本號大法官解釋意旨，即使行政罰鍰具有一身專屬性而為「屬人性」處分，仍有可能因義務人遺有財產，而由繼承人概括繼受該行政罰鍰[154]。

---

[154] 就此，廖義男大法官有不同意見認為，罰鍰之裁處，其作用在於對違規行為人施加財產上之不利益而予以制裁，使義務人心生警惕，避免再為違規行為，以維護行政秩序。如義務人於裁罰罰鍰後執行前死亡者，則處罰之對象已不存在，縱使對遺產強制執行在技術上可行，但處罰之警惕作用已全然喪失。堅持對遺產強制執行，無異對於義務人以外之第三人，施加財產上之不利益而形同處罰，實已違反「無責任即無處罰」或「罰及一身」等原則。因此，行政執行法第十五條，其適用範圍應不包括其目的具有一身專屬性質之公法上金錢給付義務，例如：罰鍰或怠金。

第二編

行政組織法與公務員法

第①章　行政組織法

　　行政組織法，是規範各級行政組織之結構、管轄（權限）、分支單位、執掌分工、人員配置及內部紀律等事項之法規[1]。然行政組織法關係到國家任務之執行，我國學者大抵分成兩部分來探討：

　　第一部分係為狹義的組織法，就此吾人討論任務之負載體，亦即指規範所有公法上組織結構法之總稱。另一部分，吾人討論廣義組織法係為除了國家任務之執行外，尚探討至國家任務之執行者，此涉及公務人員。

第一節　行政組織權

一、定義

　　行政組織權係透過職權、內在秩序關聯性及人員與事物配置之規定，而創設、改變或終止行政主體、行政機關或其他行政單位之權限稱之。行政組織權基本上可分為下列三種：

(一)組織建制權

　　此種權限又分為二種：1.憲法規定：如行政院、立法院之建制係屬於立憲者之權限；2.法律規定：例如公法人之創設創立（社團法人）或捐助（財團法人）、地方制度法規定之直轄市、縣（市）以及行政法人法規定之行政法人等行政組織體。

(二)組織設置權

　　組織之具體成立係透過設置而來，如機關人員如何取得、如何貫徹機關意志、如何確定行政機關之管轄權或處理程序等。亦即，組織設置權是使行政主

---

[1]　吳庚，行政法之理論與實用，作者自版，2010年9月，十一版，頁147-148。

體（機關）成為向外發生效力之行政單位。

也因此行政主體、行政機關等必須執行一定任務之前提是擁有完成該項任務之管轄權，而管轄權的授予或除去及決定了行政主體或行政機關的存廢[2]。

(三)組織配置權

係指透過預算或編制，而配置一定人員及物力等。通常並無法律保留原則之適用。

二、行政組織權與法律保留

(一)內部規範說

傳統行政法學，受到主體封閉說的影響，將內部組織及人員的決定視為行政機關之固有權限，而屬於內部法之範疇，不受立法之規範屬內部自由決定之空間。但在邁入自由法治國時期時，許多國家組織係要求由立法者以法律定之，而立法者法律所未及之處，行政機關仍有訂定的空間。

(二)組織法律定之

行政機關的創設、職務分配及員額的編制原則上以非屬行政機關的固有權限，而須由法律予以明文規定[3]。但並非是所有層級的機關組織都必須由法律規定，依照中央法規標準法第五條第三款規定，關於國家各機關之組織，都應由法律定之。

(三)法律為準則性之規定

而此種組織法的高密度法律保留頗受我國學者所詬病，而憲法增修條文後來乃於第三條第三款規定：「國家機關之職權、設立程序及總員額，得以法律為準則性之規定。」

(四)組織法定之限縮

中央行政機關組織基準法於第四條規定：「下列機關之組織以法律定

---

[2] Walter Rudolf, Verwaltungsorganisation, in: AllgeminesVerwaltungsrecht, Hrsg.Ericchsen/Martens, 7.Auflage, 1986, S.567。並且在通常情況下，此種管轄權都必須由法規定之，就此，請閱讀本章「管轄權」之說明。

[3] 李惠宗，行政法要義，元照出版，2008年9月，四版，頁161。

之，其餘機關之組織以命令定之：一、一級機關、二級機關及三級機關。二、
獨立機關。（第一項）前項以命令設立之機關，其設立、調整及裁撤，於命令
發布時，應即送立法院。（第二項）」

　　就此，學者即認為有關行政機關之具體組織權（下級組織之設置及員額分
配等）係屬於行政權之範圍，而立法權原則上僅作準則性的立法與監督[4]。

第二節　行政組織的結構

　　所謂行政組織，係指行使行政權限之各級組織之總稱，學術上之定義
為，以憲法及法規為依據而成立，為管理國家事務，實現國家目標之最主要手
段，對其他社會單位或組織體而言，具有監督及協調功能的公法組織體。

一、行政主體

(一)概念

　　所謂行政主體，一般分為廣狹二義：1.狹義之行政主體：此一概念係源自
於德國法上之觀念，蓋德國行政法學繼受民法概念而認為，行政主體係行政法
上享有權利、負擔義務，具有一定職權且得設置行政機關，並藉此實現受託付
之行政任務之組織體。亦即，狹義的行政主體是必須具有權利能力的法人，但
在我國公法人並不多見的情形下，採用此說，並不適合[5]；2.廣義之行政主體：
此說認為，公法上之獨立組織體，有特定職權得設立機關或置備人員，以達成
其任務者（不以具有公法人地位為條件）[6]。因此，廣義之行政主體，係指具
獨立預算之組織體，且可對外行文，代表國家或地方自治團體意思表示執行任
務，而得為訴訟以及負擔國家責任的公法組織。

(二)公法人

　　所謂公法人，是指依照公法上規定所成立的法人，係屬於兼有「法人組

---

[4]　李惠宗，同前揭註3。

[5]　此說亦為我國學者所質疑，如：李建良等著（陳愛娥執筆部分），行政法入門，元照出版，2006年1
　　月，三版，頁175-177；黃錦堂，行政組織法之基本問題，收錄於：翁岳生編，行政法（上），1998年，
　　頁265以下。

[6]　吳庚，同前揭註1，頁 156-157。

織」及「公法組織」屬性的行政主體。公法人的概念，目前我國學者普遍認為其分為下列三類：

1.公法社團

所謂公法社團，係指基於公法規定，由社員組成、參與組織及任務決定，並受國家法律監督之社團自治體。此一概念的發展，係源自於歐洲中古世紀時，由國王特許大學等組織而逐步形成的概念，而與該國的「自治行政」有密切的關係。

基此，吾人將公法社團之特徵歸類如下[7]：

(1)社員社團

由社員組成並由社員參與社團事務的決定。

(2)權利能力

公法社團在其任務範圍內法律上須是權利、義務之責任主體。若法律上明定為公法人時，則該社團享有完全的權利能力（如農田水利會）。

(3)執行公共任務

公法社團所負的任務須經由法律規定。

(4)自治行政

自治行政在法律層面之意義乃是指，在國家底下之行政主體以自己名義，獨立的不受指示履行概括或法律規定的公共事務[8]。

(5)國家監督

公法社團屬國家之間接行政，功能上屬國家組織的一部分，尤其所有之物及運用的資金由國家來資助，無法完全獨立，故須受國家的監督。對其任務執行的監督，國家僅立於法律監督的地位，亦即監督其是否在法律範圍內依法執行其任務；因其是以自己責任來執行法律授與之任務的自治行政主體，其並非直屬於國家的層級機關中，故基本上亦不受長官的指示與指導，亦即不受業務的監督[9]。至於其執行委託之任務時，雖仍以自己的名義行之，委託機關得以

---

[7] 而更詳盡的說明，請參見：蔡震榮，公法人概念的探討，收錄於：當代公法理論，月旦出版社，1993年5月，頁251-280。

[8] Wolff/Bachof/Stober, a.a.O., 84, Rdnr. 34。

[9] 法律監督與業務監督屬兩種不同之監督方式。若自治團體執行自治事務，則受國家之法律監督。但若其所執行屬國家任務時，則受國家之業務監督，因此，在此所稱之法律監督係指自治團體執行自治事項而言。

就此委託之任務實施業務監督。

而目前我國學說上認為屬於公法社團者為：國家、地方自治團體、農田水利會等[10]。

2.營造物

所謂之營造物（Anstalt），Otto Mayer認為其係掌握於行政主體手中，由「人」與「物」作為手段之組織體，持續的履行特定公共目的而存在。行政主體為達成公共行政上之特定目的，將人與物作功能上之結合，以制定法規作為組織之依據所設置之組織體，與公眾或特定人間發生法律上之利用關係。

Anstalt此一德國法之概念，後來為日本法所繼受而譯作「營造物」，我國在行政法學概念之發展上亦將此譯名予以吸收，但此一名稱其實並不恰當，蓋社會一般通念接觸此一名稱，將有誤以為「建築物」之可能，因此，我國有學者建議以「行政機構」、「公共機構」或「特別機構」之名稱，以示以一般行政機關作區別，因為營造物是為了履行特別公共任務，如保險、醫院、監獄等，而集合人與事結合在一起之組織體，與一般行政機關履行人民一般行政業務有別。目前「行政法人法」公布實施後，將會有若干營造物法人化。隨著行政院組織改造，國立中正文化中心裁撤，其所屬廳舍兩廳院與組織均納入國家表演藝術中心，隨後陸續有國家中山科學研究院、國家運動訓練中心和國家災害防救科技中心等組織改制為行政法人[11]。

(1)營造物之種類

就我國的行政組織而言，營造物屬國家組織的一部分，係依組織法規，且係公法而設立來履行一定的公共事務。因此，依公司法而成立之國營企業如臺電、自來水公司等屬私法組織，則並非此處所稱之營造物。而我國法上的營造物並無統一的稱謂，有以「機構」稱之者：如醫療法第二七條之公立醫療機構；有以機關稱之者：如舊郵政法所稱的郵政機關；或以原有名稱稱之者，如大學、監獄等，而與機關有別[12]。

---

[10] 如：董保城，行政法講義，作者自版，2011年9月，頁265；陳新民，行政法學總論，作者自版，2005年9月，八版，頁148-149；管歐，中國行政法總論，作者自版，1989年10月，二六版，頁366-368等是。

[11] 行政法人，維基百科，https://zh.wikipedia.org/zh-tw/%E8%A1%8C%E6%94%BF%E6%B3%95%E4%BA%BA（瀏覽日期：2019年2月16日）。

[12] 行政法院（改制前）四一年判字第六號判決。

此外，吳庚大法官將「營造物」之概念區分為下列數種[13]：

・服務性營造物（郵局、機場、港口）

・文教性營造物（公立學校、博物館、圖書館、紀念堂、文化中心）

・保育性營造物（公立醫院、療養院、榮民之家、勒戒所等）

・民俗性營造物（孔廟、忠烈祠、公立殯儀館等）

・營業性營造物（公有果菜市場、漁市場等）

(2)營造物利用關係與法律保留

營造物對外所生之法律關係，主要取決於使用規則。而使用規則通常依其權限（即營造物權力）由營造物主體自行訂定，但重要性或普遍適用於各個營造物者，亦可能由設置機關逕行制定。

營造物使用規則是否適用法律保留原則，在德國法上有所爭議，有部分學者主張：使用規則若無法完全納入法律、法規命令或自治規章中，則應視其為特別命令，而使其為客觀之法作為法源之一種[14]。JürgenSalzwedel則認為：營造物之使用規定若非經由法律、法規命令或章程，則只能以特別命令來規範此特別法律關係，該規則並非經由形式的立法程序，而是由行政內部所訂定，使用者只能在有限之範圍內主張其權利受到侵害，如此之程序可能產生法治國下之一個隙裂[15]。Forsthoff則認為：使用規則是否為法規或僅行政內規性質，並非以其成立的方式或制定的意向為依歸。若該規則作為個案規範之基礎與準則時，則毫無疑問應視其為法規，因此，依此法規所為之具體處分，若侵害使用人權益，應視其為行政處分，可提起法律救濟[16]。

吾人認為由於營造物的範圍龐雜，性質亦為不同，若強制要求所有使用規則適用法律保留之規定，勢必產生諸多因擾。在此，吾人可就強制性使用之營造物（如學校、監獄）及其他非強制性的使用關係區分如下：

・**強制性之使用：**

---

[13] 吳庚，同前揭註1，頁164。

[14] 特別命令說係德國學者 Böckenförde/Grawert以及 Wolff/Bachof等所倡，其重點在於強調機關之特殊性，無法皆由立法機關為之，故容許機關訂定規範內部人員權利義務之規定，但應許權利受侵害有救濟之途。

[15] Jürgen Salzwedel, Anstaltsnutzung und Nutzung (ffentlicher Sache, in: Allgemeines Verwaltungsrecht, Hrsg. Erichsen/Martens, 1986, S.424.

[16] Forsthoff, a.a.O., S.428；他的主張係以行為所產生具體結果是否造成當事人之權利損害為準，亦即是否構成行政處分，而不以使用規章之制定是否為法規來判斷。

如監獄，受刑人自由受限極大，故凡涉及其身分及基本人權的部分，應有法律保留的適用。至於學校的校規，是否一律納入法律保留中則爭議頗目前，日本憲法法院的見解，仍採不適用說，亦即可基於營造物之目的來限制學生的基本人權。吾人認為校規因各校而異，不必強行納入法律保留中，但一些影響身分如轉學、退學以及基礎權利如言論自由、集會結社自由等，應有法律保留的適用。

・非強制性使用的營造物：

應以法令或自治規章明定其營造物之目的，亦即目的之訂定，仍有法律保留之適用，由此目的而訂定的使用規則，則不必強行規定其得適用法律保留[17]。

但其實，使用規則究竟是否屬於法規並非主要癥結之所在。吾人應將重點置於實際的作用上，是故若營造物依其使用規則所為之處分是就具體事件所為發生法效果，而明顯符合行政處分構成要件時，則不論其使用規則是法規與否，應皆容許使用者對其處分提起行政救濟之途徑。此例如學生身分改變之處分以及禁止使用營造物之處分等。

另行政法之規定，將一些可獨立對外營收的營造物成立法人。

(三)委託行使公權力

除了上述的國家及公法人之外，自然人、私法人或其他私法組織，有時候也有因為授權而可以在一定範圍內行使公權力，成為行政主體。公權力之委託行使，又稱行政委託，其係指行政機關藉由某一特定之授權行為，而將某一特定事務授予私人或私人團體行使而言，行政程序法第十六條第一項定有明文。而在該特定領域中，該受託行使公權力之人，有以自己之名義據以執行之公權力之權。並依照行政程序法第二條第三款及釋字第二六九號解釋，受託行使公權力之私人（或私人團體）行使該特定事項之權力時，則與行政機關具有相同之地位。該私人（公法人不能成為行政委託之對象）以法律為依據，以自己名義行使公權力，即為「公權力受託人」，而成為行政主體之一種（如海峽交流基金會）。又如私立大學授予學位亦屬之。

---

[17] Jürgen Salzwedel, a.a.O., S.424.

此一行政委託的基礎係來自於「委託行政[18]」，而訂定介於受委託者與委託公共團體間成立一公法上委託關係之契約，受委託者最重要之義務為執行受託之任務，為使其遵守其義務故應受國家之業務監督。

委託行使公權力的委託方式，除了行政機關得以行政處分或行政契約為之外，尚得以法律之規定為授權之依據，且必須符合行政程序法第十六條第二項所規定之要件（應將委託事項及法規依據公告之，並刊登政府公報或新聞紙）。

二、行政機關

> **問題一**
>
> 國立○○大學教務處得否因某學生缺課多次，而以其名義逕自於作成該學生退學處分後，「行文」通知家長？
>
> **問題二**
>
> 移民署之移民事務組得否逕以其名義發給某甲居留許可？

所謂的「行政機關」，依照行政程序法第二條第二項之規定，係指代表國家、地方自治團體或其他行政主體表示意思，從事公共事務，具有單獨法定地位之組織。基此，某一國家組織是否屬於行政機關，必須視其是否具有「單獨法定地位」，而此種「單獨法定地位」的概念，一般吾人分為「獨立之組織」及「特定之管轄權」二個要件[19]：

(一)獨立之組織

行政機關是否具有獨立的組織之判斷，吳庚大法官列有下列之標準並為我國學理及實務所接受，即：1.有無單獨之組織法規；2.有無獨立之編制及預

---

[18] 委託行政之目的在於，減緩公共行政過度集中，減輕組織及人事之負擔，給予私人參與以及利用私人技術及專業知識，且依國家任務之繁多性，國家亦不可能設置機關執行所有之公共任務。就此請參照：Wolff/Bachof, Verwaltungsrecht II, 4.Aufl.1976, S.452。

[19] 陳敏，行政法總論，作者自版，2011年9月，七版，頁901。

算；3.有無印信[20]，而藉此與所謂的內部單位[21]有所區別。

(二)具有特定之管轄權

　　行政機關依據法規之規定所具有之「權限」，亦即特定行政任務應由何行政機關執行之意。行政機關必須要有管轄權，才能執行種種任務或履行義務，因此，管轄權可以說是行政行為的基礎。另一方面，管轄權也劃定了行政機關行為的範圍與界限。但有管轄權並不表示就能採取一切手段進行行政活動，還須要有行政作用法上的授權。

　　就管轄權之部分，本書將於第三節有更詳盡之介紹，於此不予贅述。

三、公營事業

　　公營事業，是指國家或地方自治團體為服務大眾或提供物資，而立於與私人相同之地位，所設之組織形態[22]。亦即，公營事業係各級政府設置或控有過半數股份，以從事私經濟活動為目的之組織體。

(一)公營事業之經營形態

　　1.政府獨資經營之事業。

　　2.各級政府合營之事業。

　　3.依事業組織特別法之規定，由政府與人民合資經營之事業。

　　4.依公司法之規定，由政府與人民合資經營而政府資本超過50%以上之事業。

　　公營事業機構，通常採公司組織形態，但亦有商號或門市部（如公教福利中心、國防部福利事業管理處）。

---

[20] 吳庚，同前揭註1，頁160。

　　此外，吳庚大法官所提出有關「有無獨立之編制及預算」此項要件，以為實務所放寬，依最高行政法院九四年六月庭長法官聯席會議：「……。惟實務上為避免政府財政過度負擔，及基於充分利用現有人力之考量，亦有由相關機關支援其他機關之人員編制，或由相關機關代為編列其他機關預算之情形，尚難因該其他機關之人員編制及預算未完全獨立，而否定其為行政機關。……。」

[21] 基於分工原則，行政機關之內部通常均劃分為若干小規模之分支組織，稱為內部單位。其非獨立之組織體，無單獨法定地位，僅分擔機關一部分之職掌，一切對外行為原則上均應以機關名義為之，始生效力。

　　此種內部單位與行政機關的區別實益在於判斷該組織所為之行為是否屬於「行政處分」，就此本書於第三編第一章有所介紹。

[22] 吳信華，公物法，收錄於：蔡震榮編，警察百科全書（二）行政法，正中書局，2000年1月，頁117。

(二)公營事業的名稱

公營事業由國家設置或控股者，稱國營事業；由地方自治團體設置或控股者稱省（市）營、縣（市）營事業。

(三)公營事業的規範模式

公營事業機構雖然亦負有行政目的，然其行為屬於私經濟範疇，原則上應受私法之規範。

四、行政助手

在行政機關指示下，協助該機關（協助之對象包括受託行使公權力之私人或私人團體）處理行政事務，性質上為機關之輔助人力，並非行政機關或具有自主地位之公法上組織，而輔助者亦非公務員法上之公務人員。就此，常為吾人所舉之事例有義勇警察（消防）人員及拖吊業者等。

行政助手是指非公務人員在行政機關指示下幫助執行特定任務，其不得單獨執行公權力，而與委託行使公權力有別。

第三節　行政機關之管轄

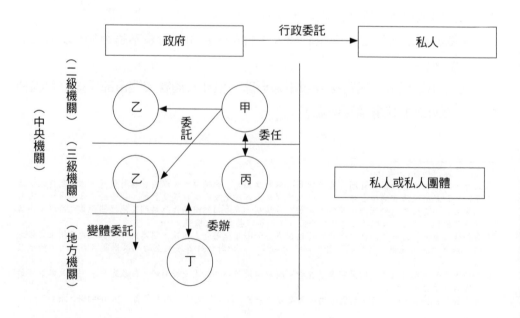

一、管轄之意義

　　管轄指行政機關依法規規定所具有之權限。一方面係機關處理行政事務之權力，另一方面則為對屬於本身任務範圍之事項，有處理之職責。管轄之劃分及變動應以法規為依據，行政機關不得任意為之。若行政機關違背管轄規定之行為，係屬有瑕疵之行政行為，應視其情形而判斷其瑕疵效果。

(一)管轄權之種類

　　行政機關之管轄方式，大致為下列四種：

1.事務管轄

　　基於分工之原理，將任務分由不同機關執行，而使該機關，在一定方式及型態下有從事特定事件之權利及義務，因此，事務管轄是一種任務之分配，將行政任務分配給一定之組織管轄。例如，決定有關建築事宜（內政部）、商業事宜（經濟部）、學校事宜（教育部）由何不同機關管轄屬之。其又可細分以下型態：(1)個別管轄：行政機關僅管轄單一事項或得以列舉之有限事項，例如衛生機關、戶政機關等；(2)一般管轄：行政機關之管轄事項無法加以列舉，其權限多以概括條款規定，如警察機關依警察法第二條規定所列之四大任務；(3)總體管轄：在一定地域範圍之內，除劃歸其他行政主體或機關掌管之事項外，其餘一切事務均有權管轄。

2.土地管轄

　　是指機關事物管轄權空間活動之範圍，因此，必須先有事務管轄，才產生土地管轄之問題。若在一組織內的多數機關履行相同功能時，則必須界定土地管轄之範圍。行政程序法上有若干規定，例如涉及不動產或與地區有關之權利或法律關係等事件，則該不動產或該地區所轄之機關具有管轄權。若涉及營業所或工作場所等問題之事件，則場所設置地的機關有管轄權。有關自然人之事件，則以自然人通常居所謂最後居住地之地區機關有管轄權。法人之事件，則以法人之所在地之機關有管轄權[23]。

---

[23]　Achterberg, Allgemeines Verwaltungsrecht, 1986, § 13, Rdnr. 28.

3.層級管轄

是指在層級架構上那一機關擁有事務之管轄，層級管轄仍是以事務管轄為前提。因此，有學者將其列入事務管轄之範圍[24]。尤其發生在我國中央與地方之事務上，如土地徵收條例、水利法、礦業法等，涉及中央、省及縣市單位對該項事務皆有部分之管轄權，因此，產生層級管轄之爭議。

在行政爭訟上，所涉及之訴願與層級管轄有關。此外，有關法律監督及業務監督之事宜，亦與層級管轄有關。

(二)管轄法定原則及其例外

行政機關之權限均係以法規為依據，非依法規不得任意設定或變更，此為「管轄恆定原則」。行政程序法第十一條第一項規定：「行政機關之管轄權，依其組織法規或其他行政法規定之。」依此規定，行政機關所得行使之權力範圍應於法規中予以明定，此即「管轄法定原則」。

復依行政程序法第十一條第五項：「管轄權非依法規不得設定或變更。」此規定則要求設定或移轉行政機關之權限須以法規為根據，而不許任意或經由當事人協議而設定或變更，就此吾人稱之為「管轄恆定原則」或稱「權限不可變更原則」。不過現行法律仍有規定其例外之情形如下：

1.委任

指有隸屬關係機關間管轄權之變動，即上級機關將特定事項委由下級機關執行（行政程序法第十五條第一項），受委任下級機關以自己名義執行該項任務。

2.委託

指無隸屬關係機關間管轄權之變動，即甲機關委由乙機關辦理原屬甲機關之事務（行政程序法第十五條第二項），受委託機關以委託機關名義執行委託機關之任務。

例如，農民健康保險條例第四條規定，本保險由中央主管機關（按：內政部）設立之中央社會保險局為保險人。在中央社會保險局未設立前，業務暫委託勞工保險局（隸屬於勞工委員會，即勞委會）辦理，並為保險人。又國民年

---

[24] Peter-Michael Huber, Allgemeines Verwaltungsrecht, 1992, S.80f.

金法第四條規定，本保險之業務由中央主管機關（中央社政機關，即內政部）委託勞工保險局（隸屬於勞工委員會，即勞委會）辦理，並為保險人，即屬委託依法律規定為之的案例。

問題三

> 國民年金保險，依國民年金法第四條之規定，由中央主管機關委託勞工保險局辦理，並為保險人。勞工保險局以保險人地位承辦國民年金保險，則其就有關國民年金保險投保資格事項所為之核定，如與被保險人發生爭議，被保險人經內政部爭議審議程序後，對於審議結果仍有不服，應向何機關提起訴願？

99年度高等行政法院法律座談會結論：以「行政院」為訴願管轄機關。

訴願法第七條規定：「無隸屬關係之機關辦理受託事件所為之行政處分，視為委託機關之行政處分，其訴願之管轄，比照第四條之規定，向原委託機關或其直接上級機關提起訴願。」國民年金保險業務依國民年金法第四條規定，由內政部委託勞工保險局辦理，勞工保險局以自己名義行使受託權限作成行政處分，固為原處分機關，然於定訴願管轄時，依訴願法第七條之規定，應視為委託機關即內政部之行政處分，並比照訴願法第四條第七款之規定，向委託機關內政部之直接上級機關行政院提起訴願。

3.干預與代行處理

干預通常指上級機關直接行使原屬下級機關之權限，上級機關之此項權限稱為干預權或介入權（Selbsteintrittrecht），我國現行地方制度法稱為代行處理[25]。地方制度法第七六條規定：「直轄市、縣（市）、鄉（鎮、市）依法應作為而不作為，致嚴重危害公益或妨礙地方政務正常運作，其適於代行處理者，得分別由行政院、中央各該主管機關、縣政府命其於一定期限內為之；逾期仍不作為者，得代行處理。但情況急迫時，得逕予代行處理。（第一項）直轄市、縣（市）、鄉（鎮、市）對前項處分如認為窒礙難行時，應於期限屆滿

---

[25] 吳庚，同前揭註1，頁182。

前提出申訴。行政院、中央各該主管機關、縣政府得審酌事實變更或撤銷原處分。（第二項）行政院、中央各該主管機關、縣政府決定代行處理前，應函知被代行處理之機關及該自治團體相關機關，經權責機關通知代行處理後，該事項即轉移至代行處理機關，直至代行處理完竣。（第三項）代行處理所支出之費用，應由被代行處理之機關負擔，各該地方機關如拒絕支付該項費用，上級政府得自以後年度之補助款中扣減抵充之。直轄市、縣（市）、鄉（鎮、市）對於代行處理之處分，如認為有違法時，依行政救濟程序辦理之。（第四項）」

　　由該條所定介入並代行處理之條件為：1.地方機關依法有作為之職責；2.致嚴重危害公益或妨礙地方政務正常運作；3.經該管自治監督機關定期命其作為，逾期仍不為或情況急迫不容定期者；4.性質上適於代為處理。有關上級機關之干預或介入，除前述地方制度法規定外，在理論上非有法律或事實上原因，致下級機關難以行使職權，或上級機關之指令無從到達時，或因情況急迫有由上級機關介入之必要者，否則干預難謂有正當理由[26]。

4.管轄權移轉

(1)行政機關受理之案件時無管轄權（無管轄權）

　　行政程序法第十七條規定：「行政機關對事件管轄權之有無，應依職權調查；其認無管轄權者，應即移送有管轄權之機關，並通知當事人。（第一項）人民於法定期間內提出申請，依前項規定移送有管轄權之機關者，視同已在法定期間內向有管轄權之機關提出申請。（第二項）」本條屬移送管轄之規定，行政機關是否能有效遂行其職務，與其是否有管轄權有重要關係，因此，行政機關自應依職權調查管轄權之有無。行政機關如發現對人民申請之事件無管轄權，本應依第十一條規定不予受理，並告知其正確之主管機關。但若如此，不便民且造成浪費行政機關之資源與成本，因此，乃有主動移送管轄之規定，行政機關自有義務主動移送案件於管轄機關，如此，不但不會造成民怨，且能提高行政效能。此外，本條第二項之規定，不因移轉管轄而重新計算日期，亦係以維護人民權益為出發點，管轄機關受理後，應通知申請人，並給予期限利

[26] 吳庚，同前揭註1，頁182-184。

益，以維護申請人之權益[27]。

(2)行政機關因管轄權變更而喪失管轄權（管轄權變更）

管轄權變更後，亦會發生移送管轄之情形，因此，行政執行法第十八條規定：「行政機關因法規或事實之變更而喪失管轄權時，應將案件移送有管轄權之機關，並通知當事人。但經當事人及有管轄權機關之同意，亦得由原管轄機關繼續處理該案件。」另行政程序法第十一條第二項規定：「行政機關之組織法規變更管轄權之規定，而相關行政法規所定管轄機關尚未一併修正時，原管轄機關得會同組織法規變更後之管轄機關公告或逕由其共同上級機關公告變更管轄之事項。」本項規定，係屬暫時的處理情形，例如海岸巡防署成立後，水上警察局併入該署，但相關法規仍未配合修正，則依本項規定，由海岸巡防署規定水上警察管轄之事項。而行政程序法第十一條第三項規定：「行政機關經裁併者，前項公告得僅由組織法規變更後之管轄機關為之。」因此，前述情形，仍由海岸巡防署公告之。對於行政程序法第十一條第二項與第三項公告之效力如何，則於行政程序法第十一條第四項規定：「前二項公告事項，自公告之日起算至第三日起發生移轉管轄權之效力。但公告特定有生效日期者，依其規定。」例如自民國107年4月28日海洋委員會成立後，原行政院海岸巡防署即成為該委員會下的三級機關。

5.委辦

地方制度法第二條以及第十四條有委辦之規定。該法第二條第三款稱：「委辦事項：指地方自治團體依法律、上級法規或規章規定，在上級政府指揮監督下，執行上級政府交付辦理之非屬該團體事務，而負其行政執行責任之事項。」同法第十四條規定：「直轄市、縣（市）、鄉（鎮、市）為地方自治團體，依本法辦理自治事項，並執行上級政府委辦事項。」

自上述規定，委辦是指地方自治團體，以自己名義，執行上級機關所交付之任務。例如依建築法第一○一條，將直轄市、縣（市）政府內之建築管理，委由當地政府辦理[28]。

---

[27] 民事訴訟法亦有類似規定條款如第二九條、第三○條，足資參考。

[28] 建築法第一○一條：「直轄市、縣（市）政府得依據地方情形，分別訂定建築管理規則，報經內政部核定後實施。」而以臺北市為例，臺北市建築管理自治條例第一條規定：「本自治條例依建築法（以下簡稱本法）第一百零一條規定制定之。」

6.緊急管轄權

是指在緊急狀況下，為避免延誤時機，由他機關或他人，代替原機關或原執行人員，採取必要措施之權限。警察職權行使法第二八條第二項：「警察依前項規定，行使職權或採取措施，以其他機關就該危害無法或不能即時制止或排除者為限。」屬之。緊急管轄也有可能發生在土地管轄上，如原處分機關無法或不能即時為之，他機關代替採取必要之措施。

此種緊急管轄權僅屬暫時之權限，事後應即時通知原處分機關。如警察處理家暴或家中精神病之情形，事後應通知社會局處理等。

(三)管轄爭議

有關行政機關相互間組織權限之爭執，依行政程序法第十一條至第十四條之規定有下列處理之方式：

1.土地管轄之認定

依行政程序法第十二條規定：「不能依前條第一項定土地管轄權者，依下列各款順序定之：一、關於不動產之事件，依不動產之所在地。二、關於企業之經營或其他繼續性事業之事件，依經營企業或從事事業之處所，或應經營或應從事之處所。三、其他事件，關於自然人者，依其住所地，無住所或住所不明者，依其居所地，無居所或居所不明者，依其最後所在地。關於法人或團體者，依其主事務所或會址所在地。四、不能依前三款之規定定其管轄權或有急迫情形者，依事件發生之原因定之。」

2.管轄競合

行政程序法第十三條規定：「同一事件，數行政機關依前二條之規定均有管轄權者，由受理在先之機關管轄，不能分別受理之先後者，由各該機關協議定之，不能協議或有統一管轄之必要時，由其共同上級機關指定管轄。無共同上級機關時，由各該上級機關協議定之。（第一項）前項機關於必要之情形時，應為必要之職務行為，並即通知其他機關。（第二項）」此外，行政罰法第三十一條第一項亦規定：「一行為違反同一行政法上義務，數機關均有管轄權者，由處理在先之機關管轄。不能分別處理之先後者，由各該機關協議定之；不能協議或有統一管轄之必要者，由其共同上級機關指定之。」

3.爭議處理

行政程序法第十四條規定：「數行政機關於管轄權有爭議時，由其共同上級機關決定之，無共同上級機關時，由各該上級機關協議定之。（第一項）前項情形，人民就其依法規申請之事件，得向共同上級機關申請指定管轄，無共同上級機關者，得向各該上級機關之一為之。受理申請之機關應自請求到達之日起十日內決定之。（第二項）在前二項情形未經決定前，如有導致國家或人民難以回復之重大損害之虞時，該管轄權爭議之一方，應依當事人申請或依職權為緊急之臨時處置，並應層報共同上級機關及通知他方。（第三項）人民對行政機關依本條所為指定管轄之決定，不得聲明不服。（第四項）」

問題四

行政機關將管轄移轉，須具備那些要件？

(四)管轄移轉之要件

1.法律保留或法律授權

委託行使公權力涉及管轄權移轉，屬重事項，需法律保留或法律授權，行政程序法第十一條第五項規定：「管轄權非依法規不得設定或變更。」故須有法規之依據予規定方得為之。

2.須有具體之行政行為

管轄權移轉須有具體之行政處分，以公文形式將管轄權移轉給他行政機關或私人。

3.公告與刊登公報或新聞紙

依行政程序法第十五條第三項以及第十六條第二項規定，應將委任或委託事項及法規依據公告之，並刊登公報或新聞紙[29]。

---

[29] 110年8月行政院所提行政程序法修正草案第二條有關實體事項之公告，管轄權移轉等，應公告於政府公報。

二、職務協助

依照兵役法施行法第三三條規定制定之召集規則，其第六條第三項、第七條及第八條之規定，召集令之交付及送達由各級警察局、分局辦理。

試問，在本例中各級警察局與國防部之關係為何？

(一)職務協助之意義

職務協助，係指不相隸屬的行政機關，就其職掌權責範圍內，無法獨力完成時，請求其他機關予以助力，彼此互為協助，而使請求機關得以順利完成任務或簡化業務之執行[30]。就此，行政程序法第十九條第一項定有明文：「行政機關為發揮共同一體之行政機能，應於其權限範圍內互相協助。」而此處所指之「職務協助」，其範圍不僅侷限於執行之協助，尚包括一般行政事務的協助。

然而，職務協助的原因不一而足，除行政程序法第十九條第二項所舉之事由外，尚有基於法規之規定者（如駐外人員之送達應囑託外交部）、基於事實之需要者（如拆除違建遇反抗而請求警察協助）等。而被請求為職務協助之機關遇有被請求之情形時，如就此認有正當理由而不能協助者，則依照行政程序法第十九條第五項之規定，得予以拒絕。

(二)職務協助的特性

基於前述有關之敘述，吾人一般得歸納出職務協助具有以下之特性：

1.以「被請求」為前提

依照行政程序法第十九條第二項規定：「行政機關執行職務時，有下列情形之一者，得向無隸屬關係之其他機關請求協助……。」此外，同條第三項至第七項亦規定有被請求機關之協助事項。因此，職務協助之發動係以其他機關之請求為原則，其目的在於避免恣意涉入他機關之管轄權範圍濫用並擴張本身職權。

而此種「被動性」原則，也有如下的例外情形[31]：

---

[30] 蔡震榮主持，警察職務協助範圍限制之研究，行政院國家科學委員會專題研究計畫成果報告，1999年1月15日，頁13。
[31] 李震山，警察行政法論－自由與秩序之折衝，元照出版，2009年8月，二版，頁72-74。

(1)不具干預性質，且為自己管轄權範圍。

(2)因見其他機關不能或不可能立即防止其任務範圍內之單一具體危害事件時，得不經請求而主動介入協助。

(3)遇有重大天然災害或緊急事故時。

2.暫時性之個案

職務協助的客體，通常是「暫時性之個案」，不同機關間較長或長期合作執行之一定行政任務，縱係基於經濟或效率之考量，仍非屬職務協助。

3.補充性之協助

職務協助並非完成本身行政任務之目的，而係協助請求機關達成主要任務之進行。因此，論及職務協助時，應區分協助事務及主要事務，被請求職務協助之行為，僅於部分程序（協助事務）而非全部程序，亦即，主要事務仍應由請求機關為之。

第四節　新興的政府組織型態

長久以來我國行政組織過度的「集中化」使得個別組織缺乏獨立做成決定，而過度的「階層化」導致行政機關內部程序過度繁複，導致行政效能不彰[32]。也因此，學者提出了相關概念來改善上述的問題，本書以下茲舉獨立機關及行政法人作為敘述的對象：

一、獨立機關

獨立機關與一般之行政機關不同之處在於它不是由行政機關直接掌控的下屬單位，而由立法機關授予獨立機關制定政策與（或）執行政策的權威，這也是其具有獨立性質之所在[33]。

(一)獨立機關之意義

獨立機關乃係源自於美國的獨立管制委員會之概念[34]，設置的主要目的依

---

[32] 林明鏘，歐盟行政法－德國行政法總論的變革，新學林出版，2009年12月，頁185。

[33] 孫煒，民主國家獨立機關的創建理由與制度定位：兼論對於我國政府改造的啟示，行政暨政策學報，第46期，2008年6月，頁110。

[34] 美國法上有關「獨立管制委員會」的概念與發展，林子儀大法官有一頗為詳細的介紹，請參照：林子

照行政院頒布的獨立機關建制原則提到：「獨立機關應依據法律獨立行使職權，自主運作，除法律另有規定外，不受其他機關指揮監督。」

後來大法官則進一步的指出：「法律規定範圍內，排除上級機關在層級式行政體制下所為對具體個案決定之指揮與監督，使獨立機關有更多不受政治干擾，依專業自主決定之空間。」（釋字第六一三號解釋理由書參照）基此，除非有專屬的法律明文規定，獨立機關應不受上級或其他機關之指揮監督。

(二)獨立機關之設置

我國政府有關於獨立機關建置的討論，首見於2002年的「獨立機關的建制理念與原則」針對獨立機關未來的發展作出準則性的制度設計與規畫。在2003年1月行政院也頒布了「獨立機關建制原則」進一步的確認有關獨立機關之設置條件、組織、職權行使及監督機制。就此，也影響了中央行政機關組織基準法於第三條第一項第二款規定：「指依據法律獨立行使職權，自主運作，除法律另有規定外，不受其他機關指揮監督之合議制機關。」

爰此，我國也於2005年成立了第一個獨立機關：「國家通訊傳播委員會」，而行政院卻於2006年3月頒布「獨立機關與行政院關係運作說明」幾乎納入了有關獨立機關之人事任命（第一點）、法律案（第三點）及預算案（第四點）等，與上述有關的規定均有所衝突[35]。

而此種爭議問題不因為釋字第六一三號的作成而有所改善，事實上行政院乃於2012年公布施行的行政院組織法第九條規定：「行政院設下列相當中央二級獨立機關：一、中央選舉委員會。二、公平交易委員會。三、國家通訊傳播委員會。」吾人認為，此種將獨立機關設於行政院下的規定，將可能導致獨立機關之依其職權所為決議，受行政院會議之決議變更。

而目前依照中央行政機關組織基準法第三二條第二項的規定，相當二級獨立機關之設置，以三個為限。基此，現在相當於二級機關的獨立機關有：中央選舉委員會、公平交易委員會及國家通訊傳播委員會、促進轉型正義委員會

儀，美國總統的行政首長權與獨立行政管制委員會，收錄於：林子儀，權力分立與憲政發展，月旦出版社，1993年10月，頁124-125。

[35] 行政院於2006年頒布「獨立機關與行政院關係運作說明」後，陸續又於同年5月及10月各修正一次。有關的分析及批評，請參見：黃錦堂，德國獨立機關獨立性之研究－以通訊傳播領域為中心並評論我國釋字第613號解釋，中研院法學期刊，第3期，2008年9月，頁6-7。

（任務編組），相當於三級機關的不當黨產處理委員會，以及飛航安全調查委員會即將轉為相當於二級機關運輸安全委員會。而隸屬於行政院之公投審議委員會，則依照釋字第六四五號解釋理由書之見解，僅係屬於行政院之內部單位而已。

(三)獨立機關之爭議問題

我國獨立機關的討論，在早期主要是鎖定在其制度本身是否合憲（權力分立原則／責任政治或行政一體原則）的問題，而葉俊榮教授認為大法官在釋字第六一三號解釋中，似乎已認為獨立機關的建制本身沒有違憲疑慮，而將焦點轉移到獨立機關之組成及人員任命[36]。

而釋字第六一三號解釋中，大法官基於以下理由，認為舊通傳會組織法關於通傳會委員須依立法院政黨比例組成的規定違憲：1.行政一體原則：即理由書所提到：「於我國以行政院作為國家最高行政機關之憲法架構下，賦予獨立機關獨立性與自主性之同時，仍應保留行政院院長對獨立機關重要人事一定之決定權限，俾行政院院長得藉由對獨立機關重要人員行使獨立機關職權之付託，就包括獨立機關在內之所有所屬行政機關之整體施政表現負責，以落實行政一體及責任政治。」2.權力分立原則：「蓋作為憲法基本原則之一之權力分立原則，其意義不僅在於權力之區分，將所有國家事務分配由組織、制度與功能等各方面均較適當之國家機關擔當履行，以使國家決定更能有效達到正確之境地，要義在於權力之制衡，即權力之相互牽制與抑制，以避免權力因無限制之濫用，而致侵害人民自由權利。」

二、行政法人

(一)行政法人之意義

所謂行政法人，依照行政法人法第二條第一項係指：「本法所稱行政法人，指國家及地方自治團體以外，由中央目的事業主管機關，為執行特定公共事務，依法律設立之公法人。」並同條第二項對公共任務設有定義：「一、具有專業需求或須強化成本效益及經營效能者。二、不適合由政府機關推動，亦

---

[36] 葉俊榮，獨立機關之獨立性，收錄於：行政組織與人事法制之新發展，元照出版，2010年9月，頁70。

不宜交由民間辦理者。三、所涉公權力行使程度較低者。」

　　設置行政法人的目的，在於分擔公共任務，也就是某部分的行政事務從原先的國家「直接行政」分離出來[37]，因此，行政法人的性質可說是一種「間接行政」。此外，國家將特定部分之公共任務由機關分離的目的，在於打破「政府／民間」二元區分的概念，能使政府在政策執行方式之選擇上能更趨彈性，達到政府人力精簡化的目標[38]。

　　行政法人實施後，將對行政組織產生重大變革，有部分所謂的「營造物」，將依據行政法人法成立行政法人。

(二)行政法人之設立

　　行政法人的設立，其實是在呼應我國政府組織改造之「四化」中的「法人化」要求。而所謂的四化指：

・去任務化：就業務面對國家任務全面檢討，將非必要者辦理去任務化。
・地方化：去任務化後，就將適合由地方自治團體辦理之事項「地方化」。
・法人化：為提升政府效率，同時確保公共任務之妥善實施，將原本由政府組織負責之公共服務自政府移出，以公法人來專門負責辦理，即行政法人制度。
・委外化：不宜交給地方自治團體或實施行政法人化者，可將其「委外化」，借重民間效能。此一制度打破以往國家、私人之二分法。

　　立法院於中央行政機關組織基準法第三七條規定：「為執行特定公共事務，於國家及地方自治團體以外，得設具公法性質之行政法人，其設立、組織、營運、職能、監督、人員進用及其現職人員隨同移轉前、後之安置措施及權益保障等，應另以法律定之。」並也將國立中正文化中心改制為行政法人，2014年1月29日立法院制定國家表演藝術中心設置條例，4月2日國立中正文化中心移撥予文化部並更名為「國家兩廳院」[39]。

---

[37] 許宗力，國家機關的法人化，收錄於：許宗力，法與國家權力（二），元照出版，2007年1月，頁472。
[38] 行政法人法第一條：「為規範行政法人之設立、組織、運作、監督及解散等共通事項，確保公共事務之遂行，並使其運作更具效率及彈性，以促進公共利益，特制定本法。」
　　並請參照：董保城，行政法人在臺灣發展之理論與挑戰，憲政時代，第33卷第1期，2007年7月，頁43。
[39] 國立中正文化中心設置條例第二條：「本中心為行政法人，其監督機關為教育部。」

第五節 公物及其關係

一、公物之意義

所謂公物，原僅屬於行政法學上之用語而目前則亦為行政法院實務所接受[40]。公物之意義係指國家或其他行政主體得直接使用、支配以完成公共目的之物。

二、種類

公物之種類，依其使用目的可分為以下數種：

(一)自然公物與人工公物

此分類係以公物之建造型態為分類標準。前者如河川、海岸、湖泊等；後者如道路、公園等。

(二)公共使用公物與行政使用公物

1.公共使用公物

行政主體直接提供公眾使用之物，依其內涵又可分為下列數種：(1)一般使用：設置公物之性質或目的，係供給於大眾通常生活所使用者，例如道路、橋樑係供民眾日常通行之用；(2)特殊使用：須經機關許可方得使用之公物，如針對馬路之特定時段、路段之使用，應經許可；(3)營造用物：該公物以「集合體」之型態結合而供民眾使用之物[41]，亦即該物業已構成「營造物」之一部分，而為民眾所使用。例如有圖書館、游泳池及其設備等。

2.行政使用公物

行政使用公物有別於以上之「公共使用公物」，其係指專供給於機關內部使用以維持行政目的之使用，例如有機關辦公所用之建築物、專供公務使用之公務車等是，因此又有學者稱之為「行政財產」或「公務用物」。

---

[40] 李惠宗，公物法，收錄於：翁岳生編，同前揭註5，頁339；吳信華，同前揭註22，頁115；黃俊杰，行政法，三民書局，2011年10月，三版，頁231。
[41] 陳新民，同前揭註10，頁259。

三、公物之限制

(一)公物之流通性限制：公物屬於不融通物

原則上公物因為其所有權不得予以移轉，因此不得作為交易之標的而為「不融通物」。但在不妨礙公務之使用及其使用目的之情形下，有所例外：如公務車及公務電腦之汰舊（符合年限要件之報廢或移轉等）、辦公用具之報廢，或他人對該公物擁有所有權者（他有公物）等是。

(二)公物取得時效之限制：不適用民法取得時效之規定

若允許他人因時效而取得所有權，自與公物之目的相違[42]。

(三)公物強制執行之限制：不得為民事強制執行之標的

基於公物之「不融通性」，公物除不得為交易之標的外，尚不得作為強制執行之客體。此一限制並為強制執行法第一二二條之三第一項所明文規定[43]。例如臺北市、高雄市欠繳健保費，行政執行分署不得就其所屬辦公處所，作為強制執行之標的。

(四)公物公用徵收之限制：不得為公用徵收

公用徵收之目的，係藉由公共事業的發展，經由法定程序予以限制私人利益（土地財產權），調合公共利益與私人利益之關係，但公物本身即為公眾所使用而無上述之問題。因此，公有之財政財產或行政財產，除先經由主管機關廢止外，自得先由財產主管機關依規定程序撥用，而不須逕為公用徵收。

四、公物之利用關係

公物之利用關係亦屬於法律關係之一種，依其利用關係之性質或其所依據之法規，可能成立有公法法律關係或私法法律關係，例如民眾買票進入動物園即屬於私法關係，而利用臺北市政府所維護之公園或市立圖書館時，因其訂定有利用規則，因此如有破壞設施或攀折花木時，則得依其利用規則而為處理。營造物之物，屬公物之一種，如上述「圖書館」或「市立游泳池」之使用，也屬公物之使用關係。

---

[42] 吳庚，同前揭註1，頁190-191。
[43] 強制執行法第一二二條之三第一項：「債務人管有之公用財產，為其推行公務所必需或其移轉違反公共利益者，債權人不得為強制執行。」並請參照：李惠宗，同前揭註3，頁217。

五、公物之成立、管理及其消滅

(一)公物之成立

公物的成立或設立，依照公物的性質而有所不同，但基本上除自然公物在事實狀態上儼然具有公物之型態時（例如河川因淤積而成為堰塞湖者、新生地的發現）外，人工公物、一般使用之公物、營造物之公物或特殊使用之公物，則應須經由公告、發布使用規則之設定而成立，就此相對於上述之事實狀態而屬於「法定設定」。如道路開啟使用之公告，國家公園特定區之公告等。

不過實際上公物也有可能因長久使用之事實而形成，如釋字第四○○號所稱之「公用地役權」即為適例。

(二)公物之管理

公物之管理或維護，須依照其設立、使用之目的而為維護，俾使其能夠發揮通常之使用功能。而公物之管理權限，實則具有對內及對外兩種內涵[44]：對外部分，主管機關對於妨害公物之管理及使用者，有予以排除之權利；對內部分，主管機關得對符合使用資格之使用者，排除及防止其破壞公物之權利。公物之管理不當，有可能構成國家賠償責任，國家賠償法第三條所稱「公有公共設施因設置或管理有欠缺」即屬之。

(三)公物之消滅

公物之消滅，得分為下列二種：1.自然消滅（或自然廢止）：係指該公物在自然狀態下消滅其功能，如建築物崩塌、湖泊淤積泥沙等；2.法定消滅：是指由公物之主管機關主動為法定程序之廢止，而此種廢止程序須與該公物成立之程序相同。如道路之開通係由行政處分為之者，廢止時應亦同樣程序處理。

此外李震山教授認為，若該公物在事實上未為公用目的所使用，而完全喪失其功能，並主管機關對此事實於長久以來並無適當之管理措施或其他表示行為時，應屬於「默示廢止公物」之情形，不過其雖然承認此一「默示廢止公物」，但仍認為此一認定之標準必須要訂定較為嚴格標準[45]。

---

[44] 就此，學說上有稱之為「公物高權」，並對內面向為「公物管理權」、對外面向為「公物家主權」。就此，請參照：黃俊杰，同前揭註40，頁235；吳信華，同前揭註22，頁118。

[45] 李震山，同前揭註31，頁131。

第一節　緒論

一、公務員之基本概念

　　學者認為我國法上針對公務員之概念係採「個別立法主義」[46]。但個別法律中針對公務員之定義及其適用範圍並不一致[47]，似有統一立法之必要。2011年5月18日，由行政院及考試院會銜送立法院審議之公務人員基準法草案之立法理由第二點指出，將來公務人員基準法將作為人事法令之基本法，亦即，準則性之規定。

　　公務人員基準法若為立法院通過、總統公布後，應可解決目前各個法律針對公務人員定義及適用範圍不一，造成認定上困難之問題。因應該法草案的提出，本章將配合現行制度及公務人員基準法草案，以方便讀者閱讀。

二、現行個別法律中之公務員概念

　　現行個別法律中之公務員概念，並就此本書將有進一步的說明。

(一)國家賠償法之公務員

　　國家賠償法第二條第一項規定：「本法所稱公務員者，謂依法令從事於公務之人員。」換言之，國家賠償法上公務員的認定並不以身分資格為判斷標

---

[46] 劉昊州，公務員法專論，五南圖書，2010年6月，頁1-2。
[47] 檢視我國法中，針對服公職之人員有稱公務人員、公務員、官吏、官員等，用語並不一致。
　　但公務人員基準法草案第二條有準則性之規定：「本法所稱公務人員，指於各級機關、公立學校（以下稱各機關）擔任組織法規所定編制內職務支領俸（薪）給之人員。（第一項）前項規定不包括軍職人員、公立學校教師、派用人員、聘用人員及民選地方行政首長及依地方制度法規定以機要人員進用之人員。（第二項）」

準，而係就公務員執行職務之行為為斷[48]，在此，國家賠償法之「公務」與刑
法之「公共任務」之範圍是否相同，本書認為，國家賠償法是以國家執行公權
力或公有公共設施為基礎，所以執行上仍以是否符合行政法上「公法上之事
件」為基準，因此，凡非屬行政法上公法上之機關，如立法機關之法定職務權
限，就不包括在國家賠償之範圍，以及公營事業之人員執行私法上之任務，
也不屬之，就此而言，顯然刑法上之公務員並不以執行公權力為基準，而係
以「具有法定職務權限」即屬「依法令從事於公共事務」，其包括所有國家
組織，如立法院等也屬之，顯然所及範圍要比國家賠償為寬，其理由係為確保
國家統治權之行使不會受到濫用，並使國家公務不會遭到非相關人之影響或干
涉[49]。

(二)刑法之公務員

依刑法第十條第二項之規定：「稱公務員者，謂下列人員：一、依法令服
務於國家、地方自治團體所屬機關而具有法定職務權限，以及其他依法令從事
於公共事務，而具有法定職務權限者。二、受國家、地方自治團體所屬機關依
法委託，從事與委託機關權限有關之公共事務者。」

因此，不論其為文職或武職、地方自治人員或國家公務員、民意機關由選
舉產生之人員（民意代表）、編制內或編制外、臨時派用或聘僱受委託行使公
權力之人員、更不論有無俸給，凡依法令從事於法令之人員均屬之。

由於國家賠償法與刑法之公務員概念並非一致，無從界定何者適用範圍較
寬。

(三)公務員服務法之公務員

依公務員服務法第二四條規定：「本法於受有俸給之文武職公務員及其他
公營事業機關服務之人員，均適用之。」所認定之公務員，係以受有俸給為條
件，不論政務官或事務官、文職或武職人員，不論其由選舉或任用產生，並及
於公營事業機關服務之人員。

---

[48] 董保城，同前揭註10，頁282-283。
[49] 董保城，同前揭註10，頁282-283。

(四)公務員懲戒法之公務員

公務員懲戒法上之公務員究以何種之公務員為範圍？此一問題在實務上屢有爭議，如行政院四八年臺（四八）人字第二四二九號令曾謂：「依公務員懲戒法之規定，懲戒處分之所因而生，與違反公務員服務法之規定息息相關，公務員懲戒法適用之範圍，自應從公務員服務法之規定。」亦即，懲戒對象應包括受有俸給之文武職公務員及其他公營事業機關服務之人員。但學者間多持反對意見[50]。本書比較贊同適用上應一致較為妥當。

(五)公務人員任用法之公務員

依公務人員任用法第五條規定：「公務人員依官等及職等任用之。」該法施行細則第二條規定：「本法所稱公務人員，指各機關組織法規中，除政務人員及民選人員外，定有職稱及官等職等之人員。前項所稱各機關，係指左列之機關、學校及機構：一、中央政府及其所屬各機關。二、地方政府及其所屬各機關。三、各級民意機關。四、各級公立學校。五、公營事業機構。六、交通事業機構。七、其他依法組織之機關。」

(六)其他公務人員相關法規

公務人員保障法、公務人員保險法、公務人員俸給法以及公務人員考績法等各有其規範對象，範圍甚不一致，實難以釐清其適用範圍之寬廣。

第二節　公務員之分類

針對公務員之分類，首先吾人得先區分為「文職人員」及「武職人員」[51]。而文職人員中，依其性質之不同則又有不同的區分方式。此處為方便讀者區分不同視角下的公務員概念起見，擬以圖表之方式，就不同分類之公務員予以說明：

---

[50] 如：李震山，行政法導論，三民書局，2019年2月，修訂十一版，頁135；陳新民，同前揭註10，頁206-208等。

[51] 文職人員係指不負有戰鬥行為或其他軍事上任務之公務員，而武職人員即為「軍人」，依釋字第二六二號解釋，仍移送公務員懲戒委員會審議，而屬公務員懲戒法規範之對象。

一、政務官與事務官

	政務官	事務官
任用資格	1.係由總統（或閣揆）任命，不須銓敘 2.原則上無資格限制 　例外：如通傳會委員等	事務官應經銓敘，具有法定任用資格，始得任用。
身分保障	隨政黨、政策及民意而進退	非依法不得免職或懲戒撤職
官等區分	特任或比照簡任	簡任、薦任、委任
任用程序	無統一之規定，各依有關法律規定，個別任用之	依公務人員任用法之程序辦理
待遇規定	1.準用撫卹法 2.不適用任用、俸給、考績、退休等法律	適用任用、俸給、考績、退休、撫卹等法律
懲戒處分	免除職務、撤職、剝奪、減少退休（職、伍）金、減俸、罰鍰、申誡	免除職務、撤職、剝奪、減少退休（職、伍）金、休職、降級減俸、罰鍰、記過、申誡

二、普通職公務員與特別職公務員

	普通職公務員	特別職公務員		
任用法律	公務人員任用法	各依個別法律		
適用對象	簡任人員 薦任人員 委任人員	（任用法第三二條） 司法人員 審計人員 主計人員 關務人員 外交領事人員 警察人員	（任用法第三三條） 醫事人員 教育人員 交通事業人員 公營事業人員	（任用法第三六條） 派用人員 聘用人員
備註		例如有： 1.司法人員人事條例 2.警察人員人事條例	例如有： 教育人員任用條例	例如有： 1.派用人員派用條例 2.聘用人員聘用條例

第三節　公務員關係之成立

一、成立公務員關係之一般條件

(一)積極條件

1.國籍

依國籍法第二〇條第一項本書規定：「中華民國國民取得外國國籍者，不得擔任中華民國公職；其已擔任者，除立法委員由立法院；直轄市、縣（市）、鄉（鎮、市）民選公職人員，分別由行政院、內政部、縣政府；村（里）長由鄉（鎮、市、區）公所解除其公職外，由各該機關免除其公職。」此一要求乃係基於公務員對國家負有忠誠義務而來[52]。

惟有關各領域之專業性、科技發展技術人員是否仍有此一限制之必要？值得吾人深思，也因此同條在第一項但書及第二至四項分設有若干例外規定：「……。但下列各款經該管主管機關核准者，不在此限：一、公立大學校長、公立各級學校教師兼任行政主管人員與研究機關（構）首長、副首長、研究人員（含兼任學術研究主管人員）及經各級主管教育行政或文化機關核准設立之社會教育或文化機構首長、副首長、聘任之專業人員（含兼任主管人員）。二、公營事業中對經營政策負有主要決策責任以外之人員。三、各機關專司技術研究設計工作而以契約定期聘用之非主管職務。四、僑務主管機關依組織法遴聘僅供諮詢之無給職委員。五、其他法律另有規定者。（第一項但書）前項第一款至第三款人員，以具有專長或特殊技能而在我國不易覓得之人才且不涉及國家機密之職務者為限。（第二項）第一項之公職，不包括公立各級學校未兼任行政主管之教師、講座、研究人員、專業技術人員。（第三項）中華民國國民兼具外國國籍者，擬任本條所定應受國籍限制之公職時，應於就（到）職前辦理放棄外國國籍，並於就（到）職之日起一年內，完成喪失該國國籍及取得證明文件。但其他法律另有規定者，從其規定。（第四項）」

2.行為能力

行為能力者，係指得為發生法律上效力行為之能力，而擔任公務員之

---

[52] 釋字第六一八號解釋，也針對兩岸人民關係條例第二一條「大陸地區人民設籍未滿十年，不得擔任公務員」作出合意的解釋，也是基於忠誠義務之考量所作之規定，尚無明顯而重大之瑕疵。

人，是否需要具備民法上行為能力之要件？學者有認為，應以具有適於執行公務之意思能力即為足夠，且實務上常發生有未滿二十歲即擔任公務員之情形[53]，但此一認定標準仍尚嫌模糊，而公務人員考試法第十七條則規定：「凡國民年滿十八歲者，得應公務人員初等考試。」

(二)消極條件

公務人員任用法第二八條規定：「有下列情事之一者，不得任用為公務人員：一、未具或喪失中華民國國籍。二、具中華民國國籍兼具外國國籍。但其他法律另有規定者，不在此限。三、動員戡亂時期終止後，曾犯內亂罪、外患罪，經判刑確定或通緝有案尚未結案。四、曾服公務有貪污行為，經判刑確定或通緝有案尚未結案。五、犯前二款以外之罪，判處有期徒刑以上之刑確定，尚未執行或執行未畢。但受緩刑宣告者，不在此限。六、依法停止任用者。七、褫奪公權尚未復權。八、經原住民族特種考試及格，而未具或喪失原住民身分。九、受監護或輔助宣告，尚未撤銷。」

(三)資格條件

依公務人員任用法第九條及第十三條之規定，依法考試及格者，係取得擔任公務人員資格重要條件[54]。

公務人員任用法第九條：「公務人員之任用資格，應具有左列資格之一：一、依法考試及格。二、依法銓敘合格。三、依法升等合格。（第一項）特殊性質職務人員之任用，除應具有前項資格外，如法律另有其他特別遴用規定者，並應從其規定。（第二項）初任各官等人員，須具有擬任職務所列職等之任用資格者始得任用；未達擬任職務職等者，在同官等內得予權理。（第三項）」公務人員任用法第十三條：「考試及格人員之任用，依下列規定：一、高等考試之一級考試或特種考試之一等考試及格者，取得薦任第九職等任用資格。二、高等考試之二級考試或特種考試之二等考試及格者，取得薦任第七職等任用資格。三、高等考試之三級考試或特種考試之三等考試及格者，取得薦

任第六職等任用資格。四、普通考試或特種考試之四等考試及格者,取得委任第三職等任用資格。五、初等考試或特種考試之五等考試及格者,取得委任第一職等任用資格。」

二、成立公務員關係之形式

於行政機關服務之人員,依其所依據法令之不同,其成立公務員關係之形式而包括有:任用、選舉、聘用、派用、遴用、約僱及雇用等。

第四節　公務員關係之變更與消滅

一、公務員關係之變更

所謂公務員關係之變更情形,係指公務人員於在職期間職位發生變動,而其身分仍在之情形,如轉調於其他職位之升任、調任。另有職位發生變動,而其雖仍具公務人員但不得執行職務之情形者,如停職、休職等,於一定條件下,仍得恢復其原職。尚有公務人員因育嬰、侍親、進修及其他情勢,經機關核准,留職停薪情形者,其於留職停薪亦仍具公務人員但不得執行職務,而於原因消失後復職[55]。

二、公務員關係之消滅

公務人員有下列情勢者,終止其與國家之公法上職務關係:1.經懲戒處分予以撤職者;2.依法免職者;3.任用資格不符經依法撤銷任用者;4.依法先派代理,經銓敘審查不合格而停止代理者;5.依法停止試用並予以解職者;6.依法退休、退職、解除職務、資遣或辭職生效者;7.任期屆滿卸職者;8.經選舉產生人員當選無效或經罷免者;9.依法停止候補,並予解職者;10.依法解聘或聘期屆滿者;11.死亡者[56]。

---

[55] 請參照:李震山,同前揭註50,頁153以下。並請參照公務人員基準法草案第十一條至第十二條。

[56] 參照公務人員基準法草案第八條;李震山,同前揭註50,頁158-159。

第五節　公務員之權利

公務員屬於本國人，當然為憲法上基本權利之主體。因此，除非依法律或依法律明白授權之行政命令，對公務員基本權利為合比例性之限制外，公務員即應享有與一般國民同等基本權利保障。

一、勞動基本權利

早期的行政法學界對於公務員勞動基本權利（勞動基本權）之問題討論較少[57]，原因乃係因為早期學者認為公務員基於特別權力關係，須對國家負忠實義務及應服無定量之勤務，而否定公務員具有與勞工相同之勞動性格[58]。不過在目前學說上普遍效法勞動法之模式，而將公務人員之基本勞動權分為：團結權、協議權及爭議權（合稱為勞動三權），以下分述之：

(一)結社權（團結權）

憲法第十四條規定：「人民有集會、結社之自由。」憲法在此所稱之結社權（自由）乃係指凡為人民皆有組織各種性質之團體的權利，而其中之內涵當然應包括有公務員組織工會之權利。

但公務員的結社權在我國相關法律之規定下卻有其界限[59]，依照工會法第四條規定：「各級政府行政及教育事業、軍火工業之員工，不得組織工會。」也因此，目前僅有公營事業人員有組織工會，如中華郵政工會、中華電信工會等是。不過教師依照教師法第二六至二七條之規定已得組織「教師會」，並教師法第二八條亦規定：「學校不得以不參加教師組織或不擔任教師組織職務為教師聘任條件。（第一項）學校不得因教師擔任教師組織職務或參與活動，拒絕聘用或解聘及為其他不利之待遇。（第二項）」而明文地保障了教師之結社權。

---

[57] 在當時較有系統的整理及介紹者，例如有：林明鏘教授、蔡茂寅教授等。就此，請參照林明鏘、蔡茂寅，公務員法，收錄於：翁岳生編，同前揭註5，頁324-325；林明鏘，德國公務員之勞動權，收錄於：彭錦鵬主編，文官體制之比較研究，中央研究院歐美研究所，1996年7月，頁223以下。

[58] 黃越欽，勞動法新論，翰蘆圖書，2004年9月，二版二刷，頁156-162。
黃越欽大法官並指出，勞動法學者就此方面的見解與行政法學者相左，亦即，勞動法學者大抵主張公務員應擁有勞動基本權利。

[59] 釋字第三七三號解釋，認為工會法第四條規定禁止教育事業之技工、工友組織工會，已與憲法第二三條之必要限度而違憲，卻並未對該法第四條為違憲之宣告。

然而，為了改善目前公務人員結社權有所限制之情形，公務人員基準法草案乃於第二〇條規定：「公務人員為加強為民服務、提升工作效能、維護其權益、改善工作條件並促進聯誼合作，得組織或加入公務人員協會。（第一項）各機關不得因公務人員組織或加入公務人員協會，而予以不公平對待或不利處分。（第二項）有關公務人員協會之組織、管理及功能，另以法律定之。（第三項）」

(二)團體協議權（團體交涉權）

團體協議權，亦作團體交涉權。其係指運用集體協商，由勞雇雙方在談判桌上，決定工資或其他工作條件並用以規範勞資雙方關係，締結團體協約[60]，消弭勞資利益分配的衝突維持和諧之關係。

就協議權之部分，依照公務人員協會法草案第七條規定，得提出協商部分僅止於，辦公環境之改善、行政管理及服勤方式及起訖時間，因此，交涉事項與個人權益無多大關係，意義不大。

(三)爭議權（罷工權）

所謂公務員之團體爭議權係指公務員為實現其勞動條件之要求，所進行罷工、怠工、集體休假等抗爭手段。但公務員是否享有爭議權？學界及實務上對此有所討論。

實務上曾有勞動三權雖賦予公務員有結社權及團體協議權但並不代表因而具有爭議權之見解[61]，或有學說則是認為公務員之爭議權，除其私人利益外尚有涉及公共利益，而應予以否定[62]。

二、公務人員其他基本權利

公務人員行政中立法第五條：「公務人員得加入政黨或其他政治團體。但不得兼任政黨或其他政治團體之職務。（第一項）公務人員不得介入黨政派

---

[60]　團體交涉協議之結果，在一般私部門的勞工法，通常會締結團體協約，有關團體協約之意義、締約資格、認可及效力等問題請參照我國之團體協約法之相關規定。

[61]　法務部(79)法律字第12462號函。

[62]　此說的整理與批評，可參見：張鑫隆，爭議權之憲法保障與爭議行為之法規範—以日本為例看臺灣爭議行為法之再生（一），http://www.cla.gov.tw/site/business/414ea820/4d58e69b/4d58f173/4d59d3c3/files/2-3-3.pdf（瀏覽日期：2012年7月28日）。

系紛爭。（第二項）公務人員不得兼任公職候選人競選辦事處之職務。（第三項）」第六條：「公務人員不得利用職務上之權力、機會或方法，使他人加入或不加入政黨或其他政治團體；亦不得要求他人參加或不參加政黨或其他政治團體有關之選舉活動。」此二規定係分別規定公務人員從事政黨活動之範圍及不從事政黨活動之權利。

同法第七條第一項：「公務人員不得於上班或勤務時間，從事政黨或其他政治團體之活動。但依其業務性質，執行職務之必要行為，不在此限。」第九條則規定公務人員不得為支持或反對特定之政黨、其他政治團體或公職候選人，從事「一、動用行政資源編印製、散發、張貼文書、圖畫、其他宣傳品或辦理相關活動。二、在辦公場所懸掛、張貼、穿戴或標示特定政黨、其他政治團體或公職候選人之旗幟、徽章或服飾。三、主持集會、發起遊行或領導連署活動。四、在大眾傳播媒體具銜或具名廣告。五、對職務相關人員或其職務對象表達指示。六、公開為公職候選人站臺、遊行或拜票。七、其他經考試院會同行政院以命令禁止之行為」等政治活動或行為。此二規範之目的則在於禁止公務人員於公務時間、辦公地點從事政黨活動等。

而公務人員基準法草案則於第三四條第一項第二款，針對公務員之集會遊行權設有限制「發起、主辦、幫助、參與以暴力破壞政府之集會、遊行、示威或抗議」等活動。

三、基於職務所生之權利

(一)經濟上權利

1.俸給權

公務人員依公務人員俸給法有俸給請求權，其俸給內容有本俸、年功俸及加給等三種，至於本俸、年功俸及加給之特定薪額標準，則依「全國軍公教員工待遇支給要點」所定標準支給之。公務人員俸給請求權為公務員對國家主觀公權利，不得預告拋棄，並得向法院提起訴訟請求國家給付。

2.退休金權

公務人員依公務人員退休法有退休金請求權，公務人員不論係自願退休或命令退休，依退休法享有一次退休金或月退休金或混合型退休金請求權，請

求政府給付[63]。此權利亦為公務員對國家主觀公法權利，若生爭議，依大法官釋字第一八七號解釋，並得向法院提起訴訟請求國家給付。退休金請求權原則上自退休之次月起，經過五年不行使而消滅（退休法第二七條第一項），為短期時效消滅制度。另此權具有一身專屬性，不得扣押、讓與或供擔保（退休法第二六條）。釋字第七一七號解釋稱：「退休公務人員公保養老給付金額優惠存款要點（已廢止）第三點之一第一項至第三項、第七項及第八項、教育部九十五年一月二十七日增訂發布、有關以支領月退休金人員之每月退休所得，不得超過依最後在職同等級人員現職待遇計算之退休所得上限一定百分比之方式，減少其公保養老給付得辦理優惠存款金額之規定，尚無涉禁止法律溯及既往之原則。上開規定生效前退休或在職之公務人員及學校教職員對於原定之優惠存款利息，固有值得保護之信賴利益，惟上開規定之變動確有公益之考量，且衡酌其所欲達成之公益及退休或在職公教人員應受保護之信賴利益，上開規定所採措施尚未逾越必要合理之程度，未違反信賴保護原則及比例原則。」該號解釋稱為預期利益，國家適度變更尚未逾越必要合理之程度。

3.撫卹金權

公務人員家屬依公務人員撫卹法有撫卹金請求權，公務人員不論因公死亡或意外死亡，其遺族均得依撫卹法規定向國家請求給予一次撫卹金、年撫卹金，此種權利為公務人員之遺族之公法上金錢請求權[64]，且此請求權雖在公務人員尚未死亡前並不能行使，但是凡任職為公務人員者，基於公務員關係該權利業已發生[65]。

總統於106年8月9日修正公布公務人員退休資遣撫卹法，影響退休人員之退休撫卹給與，主要修正重點如下：

(1)退休金計算基準之內涵改變（第二七條）

調整退休金計算基準部分，採逐步調整為最後在職前十五年平均俸額、薪額107年7月1日至108年12月31日訂為「最後在職往前五年平均俸額、薪額」，之後逐年拉長一年（109年為六年均俸，以此類推），調整至118年以後為「最

---

[63] 與退休相似者係所謂之「資遣」，依公務人員任用法第二九條第二項規定，資遣人員之給與，準用公務人員退休之規定。是故，公務人員有資遣情事者，依公務人員資遣給與辦法有請求資遣給與之權利。

[64] 參照最高法院七六台上字第一二〇三號判例。

[65] 有關公務人員退休金與撫卹金之給與，自民國86年7月1日由往昔之「恩給制」改成現行之「儲金制」。

後在職往前十五年平均俸（薪）額」。

(2)所得替代率設定上限

第三七條第二項：「職滿十五年者，替代率為百分之四十五，其後每增加一年，替代率增給分之一點五，最高增至三十五年，為百分之七十五。未滿一年之畸零年資，按比率計算；未滿一個月者，以一個月計。」

(3)取消18%優惠存款

退休公務人員支領月退休金者，其公保一次養老給付之優惠存款利率，依下列規定辦理：

一、自中華民國107年7月1日至109年12月31日止，年息百分之九。

二、自中華民國110年1月1日起，年息為零。（第三六條第一項）

(4)延後支領月退休金起支年齡（至115年退休年齡皆為65歲）

一般公務員109年12月31日以前退休且符合下列規定之一者：

(A)年齡須滿60歲、任職須滿十五年。

(B)任職年資滿三十年且年滿55歲。

110年退休者，任職須滿十五年，年齡須滿60歲，其後每一年提高1歲，至115年1月1日以後為65歲。

(5)再任有給職務，停領受月退休金權利

再任職務且每月支領薪酬總額超過法定基本工資，以及再任私立學校職務且每月支領薪酬總額超過法定基本工資，停領受月退休金權利。（第七七條第一項）

4.保險金權

公務人員依公務人員保險法規定，皆有參加公務人員保險（以下簡稱公保）之義務（另一角度，亦可稱有參加保險請求權利），公務員發生保險給付事件時，被保險人或其受益人即有權請求保險承保機關給付保險金，此即公務人員（含其受益人）之保險金請求權。其請求權內容不可侵害性在大法官釋字第二七四、三一六及四三四號中均予明示。

(二)身分上權利

公務人員之身分保障權係指，公務人員得主張非依法不得任意撤職、休

職、免職、停職、解除職務、解聘或資遣等處分之權利[66]。公務人員與國家之關係，係依法產生，公務員身分之取得，亦有法定之程序，因此，對其身分應予以合法之保障，方能使其安心服務，克盡職責。由於撤職、休職、免職、停職、解除職務、解聘或資遣，會影響公務人員之身分，非依法不得為之，以為保障[67]。

(三)其他權利

公務員基於職位關係所生之權利，尚有參加考績權、請假休假權[68]、執行職務權、使用官銜職稱權、費用請求權、健康維護權、安全維護權、因公涉訟輔助請求權等[69]。

第六節　公務員之義務

權利與義務是相對用語，但在法治國家一個人享受權利負擔義務，均必須有法律之依據，並非當一個人享受權利即須相對的負擔義務，而須視是否為法律之規定[70]。公務員服務法為規範公務員義務之準據法，本章所述之公務員之義務以該法為主[71]。

一、行政中立義務

公務人員行政中立法就其規範的內容而言，除消極性地要求公務人員應保持行政上的政治中立立場外，尚積極地以法律賦予公務人員免除政治力干擾的

---

[66] 李震山教授認為身分保障權亦包括公務人員得主張非依法不得降級、減薪、調職等處分之權利，或稱為職務保障權。請參照：李震山，同前揭註50，頁167-168。

[67] 公務人員基準法草案第十條明定：「公務人員非依法律，不得予以撤職、休職、免職、停職、解職、解聘、退休（職）或資遣。」

[68] 「公務人員服務滿一定年資，並符合規定條件者，有休假之權利。」（公務人員基準法草案第十九條）。
　　但目前我國公務員之請假休假並未有法律明文規定，而公務人員請假規則亦不將公務員休假視為其「權利」，而當其為一種「獎勵」，請參照：吳庚，同前揭註1，頁243。

[69] 有關公務人員之權利與保障，請參照：公務人員基準法草案第十條至第二四條之規定。

[70] 義務與責任有其區別，所謂責任，是對於違反義務者，使其接受刑罰、行政罰、強制執行或損害賠償等不利益制裁為基礎者。就公務員而言，有刑事、民事、行政等法律責任，因此責任常隨義務而生，責任乃強化義務拘束性，而責任也可以說是履行義務之擔保。李震山，同前揭註50，頁177。

[71] 有關公務員服務法上之義務請參照：王寬弘，公務員服務法，收錄於：李震山主編，警察人員法律須知（一），永然文化，1998年3月，頁309-341。

權利及救濟保障的方法和程序[72]。如此不僅可以突破造成行政不中立之特別權力關係思想的藩籬，也賦予公務人員免除政治力干擾的「防禦權」。

然而「行政中立」之概念，不僅指政治活動之中立，更應強調「執法中立」之理念[73]。公務員若能公正執法，自然能超越黨派利益，信守行政中立原則，並能積極保障人民權利。因此，所謂行政中立，應指在依法行政原則前提下，一方面保持政治活動之中立，不介入政黨派系或政治紛爭，以公益為考量，依法執行政府政策，另一方面並應落實公正執法之理念，超然、客觀、公正、公平地對待任何個人、團體或黨派，恪遵平等原則，依法執行個人職務。

爰此，公務人員行政中立法第九條規定：「公務人員不得為支持或反對特定之政黨、其他政治團體或公職候選人，從事下列政治活動或行為：一、動用行政資源編印製、散發、張貼文書、圖畫、其他宣傳品或辦理相關活動。二、在辦公場所懸掛、張貼、穿戴或標示特定政黨、其他政治團體或公職候選人之旗幟、徽章或服飾。三、主持集會、發起遊行或領導連署活動。四、在大眾傳播媒體具銜或具名廣告。五、對職務相關人員或其職務對象表達指示。六、公開為公職候選人站臺、遊行或拜票。七、其他經考試院會同行政院以命令禁止之行為。（第一項）前項第一款所稱行政資源，指行政上可支配運用之公物、公款、場所、房舍及人力等資源。（第二項）」

二、忠實義務

公務員之忠實義務，係在要求公務人員當執行職務之際，應盡忠職守，依法律及命令之規定，為公共利益而執行職務而言。

關於公務人員之忠實義務，於公務員服務法規定於如第一條、第六條、第七條、第十八條至第二○條等。例如員警於取締檳榔西施時，不問情節輕重即以柔道制伏該檳榔西施之行為，則有違反公務員服務法第六條：「公務員不得假借權力，以圖本身或他人之利益，並不得利用職務上之機會，加損害於人。」之疑慮。

---

[72] 公務人員行政中立法第一條：「為確保公務人員依法行政、執行公正、政治中立，並適度規範公務人員參與政治活動，……。」
[73] 蔡震榮，警察執法與集會遊行權之保障，中華警政研究學會會訊，第4期，2006年9月，頁16-17。

三、服從義務

公務員間之所以要有服從關係，重點在於維持行政一體性，目的是藉行政效率，追求人民之福祉，因此服從只是一種手段，人民方是目的。

而公務員服從命令除不合形式與程序之命令外，命令之內容實質違法甚至違憲，是否仍應服從？就此，學說及法制上之見解頗不一致，以下分述之：

(一)絕對服從說：維護公務員指揮監督之系統

絕對服從說認為公務員系統的建立目的，在於職務上指揮監督權的行使以貫徹服務人民的目的。因此，針對長官發布之命令若於形式上係屬合法時，屬官則有絕對服從之義務，不得就其內容是否違法加以審查。

就此，刑法第二一條第二項前段規定：「依所屬上級公務員命令之職務上行為，不罰。」即採此說[74]。

(二)絕對不服從說：維持法律效力

此說係認為，基於公務員依法行政之義務而言，長官雖於職務範圍內發布命令，但該命令有違背憲法或法律規定時，則應不予服從。亦即，此說賦予了公務員對於上級命令的「實質審查權」，得藉由審查長官的命令是否違憲或違法，進而維持法律效力的平衡。

(三)相對服從說：維持法律效力

相對服從說則是認為，屬官針對上級機關或長官之命令並未如第二說之「實質審查權」，而原則上應予服從之。但如該命令之違憲、違法係屬顯而易見者，則屬官即無服從之義務。因此，相對服從在效果上亦係著重於法律效果的維持。

雖然刑法第二一條第二項前段係採絕對服從說已如前述，但其但書卻為規定：「但明知命令違法者，不在此限。」在此又兼採相對服從說[75]，吾人在此應如何處理？大法官在此於釋字第一八七號解釋理由書中表示：「……如公務員關於其職務之執行，有遵守法律、服從長官所發布命令之義務，除長官所發

---

[74] 林山田，刑法通論（上），作者自版，2008年1月，十版，頁366。

[75] 同見解：管歐，同前揭註10，頁324。而陳敏大法官似認為本條係屬相對服從說之立法，而無絕對服從說之色彩，請參照：陳敏，同前揭註19，頁1092。

命令顯然違背法令或超出其監督範圍外，下屬公務員縱有不服，亦僅得向該長官陳述意見。」就此，公務人員保障法第十七條有更詳盡的規定，稱：「公務人員對於長官監督範圍內所發之命令有服從義務，如認為該命令違法，應負報告之義務；該管長官如認其命令並未違法，而以書面下達時，公務人員即應服從；其因此所生之責任，由該長官負之。但其命令有違反刑事法律者，公務人員無服從之義務。（第一項）前項情形，該管長官非以書面下達命令者，公務人員得請求其以書面為之，該管長官拒絕時，視為撤回其命令。（第二項）」

(四)陳述意見說：維護公務員指揮監督之系統

陳述意見說認為，下級屬官對於上級機關或長官在職務範圍內所發布之命令並無實質之審查權，但得視情況予以「陳述意見」，但此一意見對於長官而言並無任何之拘束力，故就結論取向而言，其結果與上述所說明之「絕對服從說」並無差異。而我國公務員服務法第二條即採此一見解而規定：「長官就其監督範圍以內所發命令，屬官有服從之義務；但屬官對於長官所發布命令，如有意見，得隨時陳述。」

而公務員針對兩級長官或主管長官與兼管長官同時所發之命令，應以何者所發命令為主？公務員服務法第三條規定：「公務員對於兩級長官同時所發命令，以上級長官之命令為主。主管長官與兼管長官同時所發命令，以主管長官之命令為準。」

此外，公務人員基準法草案第二八條也將上述有關之服從義務予以規定，認為：「公務人員對於長官監督範圍內所發之命令有服從之義務。如認為該命令違法，應負口頭或書面報告之義務；該長官如認其命令並未違法，以書面署名下達時，公務人員即應服從之；其因此所生之責任，由該長官負之。但其命令有違反刑事法律者，公務人員無服從之義務。（第一項）前項情形，該管長官非以書面署名下達命令者，公務人員得請求以書面署名為之，該管長官拒絕時，視為撤回其命令。（第二項）公務員對於長官所發命令，以上級長官之命令為準。其有主管長官與兼管長官者，以主管長官之命令為準。（第三項）依據法律獨立行使職權之公務人員，就其職權之行使，不適用前三項之規定。」此一立法模式，使得長官與屬官之權責關係得以釐清，值得肯定。

四、守密義務

公務員之守密義務，得分為二個層次探討，第一個層次是國家機密的守密義務，就此國家機密保護法有所規定；而第二個層次則是法律所規定之守密義務而言，就此依公務員服務法第四條第一項規定：「公務員有絕對保守政府機關機密之義務，對於機密事件無論是否主管事務，均不得洩漏，退職後亦同。」但此種秘密的認定，在我國法上仍欠缺有一般性之規範，在實務上有關秘密之內涵及其範圍大抵皆委由行政機關基於職權而予以認定。因此，學說上針對秘密範圍之認定，則發展出以下的見解[76]：

(一)形式秘密說

所謂形式秘密說，係指法院對於秘密事項的指定，將完全尊重行政機關之認定。此說的缺點是法院將喪失客觀公平第三者之立場。

(二)實質秘密說

此說則認為法院針對行政機關所指定之秘密事項，尚得依每一個案中之各個具體事例或事項內容獨立客觀地為實質審查。此說的缺點在於公務員是否因此而有守密義務之例外情形。

但本書認為，公務上秘密之範圍，應由法令針對該秘密之指定、解除及相關程序，而法院則僅針對行政機關有無違反指定程序或恣意指定秘密予以審查。此外，公務員服務法第四條第二項針對公務員之職務談話設有規定：「公務員未得長官許可，不得以私人或代表機關名義，任意發表有關職務之談話。」但此一規定除了未針對長官的許可標準予以規定外，對於人民知的權利可能也有所影響。

五、執行職務義務

國家針對行政事務予以分官設職之目的，在於治事[77]，因此公務人員之首一要務即在於藉由執行職務以服務人民，而公務員服務法第八條至第十二條，

---

[76] 李震山，同前揭註50，頁191。
[77] 林紀東，行政法，三民書局，1990年12月，六版，頁260。

有分別針對公務員之就職、出差、擅離職守、辦公及請假設有規定，足資參照。

六、保持品位義務

公務員服務法第五條規定：「公務員應誠實清廉，謹慎勤勉，不得有驕恣貪惰，奢侈放蕩，及冶遊、賭博、吸食煙毒等，足以損失名義之行為。」一般學者稱之為公務員「保持品位」之義務。基此，公務人員應檢束自己，遵守不為有損品位之義務。

例如新北市某警察分局交通分隊長因與屬下暗通款曲，遭其配偶發現舉報，因該員之涉入不正當交往關係，故被記過處分之案件即為違背此一義務之適例。

七、不得經營商業義務

公務員服務法第十三條第一項前段規定：「公務員不得經營商業或投機事業。」此一規定之目的在於防止公務員廢弛職務及利用職務之便牟取個人私益而言。而不得經營商業義務，依本條規定尚得分為「經營商業」及「經營投機事業」：所謂經營商業，係指負責實際業務經營之責任。包括擔任營利事業負責人、發起人、監察人、各級經理人、董事、顧問等[78]；經營投機事業，則依照司法院院解字第四〇一七號之意旨，係指利用時機投資，博取不正當利益之情形而言。

但公務員服務法第十三條第一項但書設有例外規定：「但投資於非屬其服務機關監督之農、工、礦、交通或新聞出版事業，為股份有限公司股東，兩合公司之有限責任股東，或非執行業務之有限公司股東，而其所有股份總額未超過其所投資公司股本總額百分之十者，不在此限。」

---

[78] 李震山，同前揭註50，頁199-200。

八、不得兼職義務

公務員服務法第十四條第一項規定：「公務員除法令所規定外，不得兼任他項公職或業務。其依法令兼職者，不得兼薪及兼領公費。」因此，公務員之兼職是指所稱「兼職」是指公務員兼任本職以外之其他公職或業務，但經機關首長指派兼任本職機關（構）之其他工作者不在此限。例如，某保安隊隊員於下班後兼任某公司警衛之情形屬之，而公立大學教授則因為非屬公務員服務法第二四條所稱之公務員，而無此一不得兼職義務之適用[79]。

而公務員離職後之事業依公務員服務法第十四條之一（「旋轉門條款」）之規定：「公務員於其離職後三年內，不得擔任與其離職前五年內之職務直接相關之營利事業董事、監察人、經理、執行業務之股東或顧問。」並依照同法第二二條之一規定：「離職公務員違反本法第十四條之一者，處二年以下有期徒刑，得併科新臺幣一百萬元以下罰金。（第一項）犯前項之罪者，所得之利益沒收之。如全部或一部不能沒收時，追徵其價額。（第二項）」例如若電信總局局長於卸任後計畫轉任中華電信副董事長時，則可能即有違背本條之情形。此外，公務員服務法並於第十四條之二、第十四條之三，針對公務員兼任非營利事業及教職之限制設有規定。

九、不為一定行為義務

國家為防止公務人員濫用或假借權力，以圖本身或他人之利益，或加害於他人，故公務員除前述之各種義務外，尚負有不為其他一定行為之義務。就此，依公務員保障法之規定尚有以下數種：

(一)不為關說或請託之義務

公務員服務法第十五條：「公務員對於屬官不得推薦人員，並不得就其主管事件，有所關說或請託。」

(二)不為餽贈或收受財物之義務

公務員服務法第十六條：「公務員有隸屬關係者，無論涉及職務與否，

79　最高法院八二年台上字第九九五號判決。

不得贈受財物。（第一項）公務員於所辦事件，不得收受任何餽贈。（第二項）」此一隸屬關係除組織法上之隸屬關係外，尚包括有業務上之隸屬關係[80]。

第七節　公務員之責任

所謂責任，是對於違反義務之制裁。憲法第二四條前段規定：「凡公務員違法侵害人民之自由或權利者，除依法律受懲戒外，應負刑事及民事責任。」就此，吾人認為公務員在執行職務時，如有侵害人民之權益時，應負有所謂的「行政責任」、「刑事責任」及「民事責任」而言。本章擬就此分述如下：

一、行政責任

行政責任乃係國家對公務員違反法令上之義務由行政機關或司法機關所為之制裁。就此，吾人得將行政責任分為懲戒責任與懲處責任（行政懲處）[81]。

(一)懲戒責任

公務員懲戒法之目的，除在課予公務員不為違法、廢弛職務或其他失職行為（公務員懲戒法第二條）之義務外，尚有保障公務員權益之功能，此即公務員懲戒法第一條所稱「公務員非依本法不受懲戒」之實質意義。

懲戒之事由，依照公務員懲戒法第二條之規定，包括有：違法及廢弛職務或其他失職行為。而違法係指違反公法上之義務而言，廢弛職務或失職則是指執行職務上之怠惰而言。如公務員之行為，有構成上開懲戒之事由者，依照公務員懲戒法第九條及第十一條至第十六條之規定，共有下列六種之懲戒處分：

1.免除職務（公務員懲戒法第十一條）

免除職務，免其現職，並不得再任用為公務員。

---

[80] 行政院禁止所屬公務人員贈受財物及接受招待辦法第二條。
[81] 王澤鑑（主持），公務員之法律責任，行政院研考會編印，1976年8月，頁6。吳庚，同前揭註1，頁258以下；李震山，同前揭註50，頁203以下。林明鏘、蔡茂寅，公務員法，收錄於：翁岳生，同前揭註5，頁326以下。

2.撤職（公務員懲戒法第十二條）

撤職，撤其現職，並於一定期間停止任用；其期間為一年以上、五年以下。

前項撤職人員，於停止任用期間屆滿，再任公務員者，自再任之日起，二年內不得晉敘、陞任或遷調主管職務。

3.剝奪、減少退休（職、伍）金（公務員懲戒法第十三條）

剝奪退休（職、伍）金，指剝奪受懲戒人離職前所有任職年資所計給之退休（職、伍）或其他離職給與；其已支領者，並應追回之。減少退休（職、伍）金，指減少受懲戒人離職前所有任職年資所計給之退休（職、伍）或其他離職給與百分之十至百分之二十；其已支領者，並應追回之。

4.休職（公務員懲戒法第十四條）

所謂休職，係將公務人員之現職暫時休止之謂。同時除休其現職及停發薪給外，並不得在其他機關任職，其休職期間至少為六個月以上，待休職期滿後，仍許其復職。為與降級處分配合起見，自復職之日起，二年內不得晉敘、升職或調任主管職務。

5.降級（公務員懲戒法第十五條）

降級，依受懲戒人現職之俸（薪）級降一級或二級改敘；自改敘之日起，二年內不得晉敘、陞任或遷調主管職務。

受降級處分而無級可降者，按每級差額，減其月俸（薪）；其期間為二年。

6.減俸（公務員懲戒法第十六條）

減俸，依受懲戒人現職之月俸（薪）減百分之十至百分之二十支給；其期間為六個月以上、三年以下。自減俸之日起，一年內不得晉敘、陞任或遷調主管職務。

7.罰款（公務員懲戒法第十七條）

罰款，其金額為新臺幣1萬元以上、100萬元以下。

8.記過（公務員懲戒法第十九條）

受記過處分者，自記過之日起，一年內不得晉敘、升職或調任主管職

務，一年內記過三次者，依其現職之俸級降一級改敘，無級可降者，準用第十五條第二項降級之規定[82]。

9.申誡（公務員懲戒法第十六條）

申誡為主管長官對於所屬公務人員之一種書面申斥告誡之謂。

除此之外，若係屬於九職等以下公務員之記過與申誡，則得逕由主管長官為之即可，即所謂「行政懲戒」。

(二)懲處責任

公務員若有違法失職情事，雖得依公務員懲戒法予以制裁，惟為行政機關欲收領導統御及澄清吏治之效，認為光賴司法機關之懲戒似嫌不足[83]，乃思從公務人員考績法下手，賦予強化行政長官之「實質懲戒權」，學理另以「行政懲處」規避之，形成懲戒與懲處之「雙軌並行」制度。

而目前行政懲處之種類包括有：免職、記大過、記過及申誡等（公務人員考績法第十二條第一項第一款）。

(三)懲戒責任與懲處責任之關係

懲戒與懲處雙軌並行制度有其優點，即行政權享有對於下屬公務員之獎懲人事權，而司法權亦得以糾正部分違法之懲處決定，分工合作。但是其缺點是制度複雜，且兩者有疊床架屋，是否移送全憑行政首長之裁量，而懲處案件過多，懲戒案件過少，造成司法救濟不彰。且公務員同樣一個違法失職行為，在理論上，有兩者均處罰之積極競合，與不予懲戒後但仍與懲處之消極競合。且在救濟途徑而言，又有向行政法院與公務員懲戒委員會之分，均徒增困擾。

二、民事責任與刑事責任

(一)民事責任

公務員之民事責任係指公務員因職務上之行為，以故意或過失積極不法

---

[82] 由此可知，減俸則比記過懲戒處分為重。因前者為物質上之處分，影響當事人之生活費用；而後者為精神上之處分，僅影響當事人一時之工作情緒（實際上係對其產生惕勵作用）。故二者懲戒處分，乃有輕重程度之不同。

[83] 詳細的說明，請參照：蔡震榮，由專案考績免職評論釋字第四九一號，收錄於：法與義－Heinrich Scholler教授七十大壽祝賀論文集，五南出版，2000年5月，頁313。

加損害於他人，或故意違背對於第三人應執行之職務，消極行為致第三人之權利受侵害時，其所應負之賠償責任[84]。而在此一民事責任之適用上，係以民法及國家賠償法等法律為主。就此，吾人得將公務員之民事責任的架構表解如下[85]：

公務員故意或過失侵害他人之行為	私法上職務行為	公務員責任	民法第一八四條 民法第一八六條
		國家責任	民法第二八條 民法第一八八條
	公法上職務行為	公務員責任	國家賠償法第二條第三項
		國家責任	國家賠償法第二條

(二)刑事責任

至於公務員之刑事責任，係指公務員因為與職務有關之行為，依刑事法律而應受刑罰制裁之責任而言。所謂「與職務有關之行為」包含職務犯（即只限於公務員使能構成犯罪之純正身分犯）與準職務犯（即一般人亦可犯罪之不純正身分犯），此外依刑法第一三四條之規定，公務員假借職務上之權利、機會或方法，以故意犯職務罪章以外之犯罪者，應加重其行至二分之一，以示嚴懲之旨。

第八節　公務員之保障

公務員之保障，依憲法（本文）第八三條及憲法增修條文第五條之規定而為考試院之職掌事項，考試院並就此設立有公務人員保障暨培訓委員會職掌保障之事項[86]。

公務員保障之目的，於消極方面排除對於公務人員權益之侵害，使公務人員遭受不利處分時，得循一定程序請求救濟；在積極方面則致力於增進公務人員之權益，使公務人員無後顧之憂，勇於任事，提高效率。

---

[84] 林明鏘、蔡茂寅，同前揭註81，頁331。
[85] 林明鏘、蔡茂寅，同前揭註81，頁330。
[86] 請參照：公務人員保障暨培訓委員會組織法第二條第一至四款。

一、保障對象

　　依照公務人員保障法第二條及第三條之規定，該法係在保障法定機關依法任用之有給專任人員及公立學校編制內依法任用之職員，有關其公務人員身分、官職等級、俸給、工作條件、管理措施等權益之事項，但政務人員與民選人員則非在此一保障對象及範圍內。

　　而除上述之保障對象外，公務人員保障法於第一○二條中針對下列人員設有得準用公務人員保障法之規定，包括有：教育人員任用條例公布施行前已進用未經銓敘合格之公立學校職員、私立學校改制為公立學校未具任用資格之留用人員、公營事業依法任用之人員、各機關依法派用、聘用、聘任、僱用或留用人員、應各種公務人員考試錄取占法定機關、公立學校編制職缺參加學習或訓練之人員等。

二、保障途徑

　　依照公務人員保障法第四條、第二五條及第七七條等規定，公務人員之保障途徑得分為復審程序及申訴程序，以下分述之：

(一)復審程序

1.提起復審之法定原因

　　該法第二五條第一項規定：公務人員對於服務機關或人事主管機關（二者合稱為原處分機關）所為之行政處分，認為違法或顯然不當，致損害其權利或利益者，得依本法提起復審。非現職公務人員（如退休、離職者是）基於其原公務人員身分之請求權遭受侵害時，亦同。

　　第二五條第二項規定：公務人員已亡故者，其遺族基於該公務人員身分所生之公法上財產請求權（如退休金、撫恤金）遭受侵害時，亦得依本法提起復審。

　　此外，第二六條第一項並規定：公務人員因原處分機關對其依法申請之案件，於法定期間內應作為而不作為，認為損害其權利或利益者，亦得提起復審。

2.提起復審之程序

公務人員保障法第三〇條第一項：「復審之提起，應自行政處分達到之次日起三十日內為之。」

公務人員保障法第四四條第一項、第二項：「復審人應繕具復審書經由原處分機關向保訓會提起復審。」「原處分機關對於前項復審應先行重新審查原行政處分是否合法妥當，其認為復審為有理由者，得自行變更或撤銷原行政處分，並函知保訓會。」

3.司法救濟

「保訓會復審決定依法得聲明不服者，復審決定書應附記如不服決定，得於決定書送達之次日起二個月內，依法向該管司法機關請求救濟。」（公務人員保障法第七二條第一項參照）

4.復審之標的

凡有足以改變公務員身分關係，或對公務員權利有重大影響之事件，並對外發生效力之行政處分，皆可以提起復審。

問題五

公務員經評定年終考績列丙等，該公務員得否提起行政訴訟求為救濟？

最高行政法院一百零四年八月份第二次庭長法官聯席會議（二）公務員年終考績考列丙等之法律效果，除最近一年不得辦理陞任外（公務人員陞遷法第十二條第一項第五款參照），未來三年亦不得參加委任升薦任或薦任升簡任之升官等訓練（公務人員任用法第十七條參照），於晉敘陞遷等服公職之權利影響重大。基於憲法第十六條有權利即有救濟之意旨，應無不許對之提起司法救濟之理。

根據上述決議，考績丙等屬復審範圍，不服得提起行政訴訟。在釋字第七八五號解釋後，更不成問題。

(二)申訴程序

1.提起申訴之法定原因與程序

公務人員保障法第七七條第一項規定，公務人員對於服務機關所為之管理

措施或有關工作條件之處置認為不當，致影響其權益者，得依本法提起申訴、再申訴。

而申訴之期間規定於同條第二項：「公務人員提起申訴，應於前項之管理措施或處置達到之次日起三十日內為之。」

再申訴之提起則規定於第七八條：「提起申訴，應向服務機關為之。不服服務機關函復者，得於復函送達之次日起三十日內，向保訓會提起再申訴。（第一項）前項之服務機關，以管理措施或有關工作條件之處置之權責處理機關為準。（第二項）」

2.申訴之標的

服務機關所為之管理措施或有關工作條件之處置，而非屬行政處分。因此，僅能依第七七條以下之規定提起申訴、再申訴，而不得提起行政訴訟。

3.工作條件

如服務機關是否提供執行職務必要之機具設備、良好之工作環境、安全及衛生完善之措施，以及依法執行職務涉訟或遭受侵害時是否提供法律上之協助等，均屬之。

基此，吾人得歸納復審與申訴之差異如下表：

	復　審	申　訴
不服之客體	行政處分	非行政處分
權利保護要件之有無	須行政處分違法或不當，並損害其權利或利益	工作條件或管理不當
處理程序	須經原處分機關向保訓會提出；不服復審決定得提起行政訴訟	未設特別之委員會，係由業務單位負責函復；不服不得再向保訓會提起再申訴
決定之效力	等同行政處分	拘束效力較弱
能否行政爭訟	不服得行政訴訟	不得提起行政訴訟

三、保障途徑之變遷

(一)司法院釋字第七八五號解釋

該號解釋文稱：「本於憲法第十六條有權利即有救濟之意旨，人民因其公務人員身分，與其服務機關或人事主管機關發生公法上爭議，認其權利遭受

違法侵害，或有主張權利之必要，自得按相關措施與爭議之性質，依法提起相應之行政訴訟，並不因其公務人員身分而異其公法上爭議之訴訟救濟途徑之保障。中華民國九十二年五月二十八日修正公布之公務人員保障法第七十七條第一項、第七十八條及第八十四條規定，並不排除公務人員認其權利受違法侵害或有主張其權利之必要時，原即得按相關措施之性質，依法提起相應之行政訴訟，請求救濟，與憲法第十六條保障人民訴訟權之意旨均尚無違背。……。」

　　就此，改變了原來復審與申訴之範圍，其改變如下：

1. 申訴、再申訴後，仍可以依法提起訴訟

　　過去實務認為，公務人員保障法對申訴再申訴的規定，不能提起行政訴訟。釋字第七八五號解釋改變這個見解，指出公務人員保障法關於申訴再申訴的規定，並沒有排除公務員可以依法提起行政訴訟。改變過去申訴、再申訴之後，不能提起行政訴訟的結果。

2. 行政處分適用上放寬

　　保訓會針對釋字第七八五號解釋後之說明概略如下：保障法第二五條所稱「行政處分」，過去受歷次司法院解釋影響，尚以有「改變公務人員之身分或對公務員權利或法律上利益有重大影響之人事行政行為，或基於公務人員身分所產生之公法上財產請求權遭受侵害者」為限。然參照司法院釋字第七八五號解釋意旨，以現行法制有關「行政處分」之判斷，並未以權利侵害之嚴重與否為要件，保障法第二五條所稱之「行政處分」，應與行政程序法第九二條規定「指行政機關就公法上具體事件所為之決定或其他公權力措施而對外直接發生法律效果之單方行政行為」為相同之認定。據上，諸如依公務人員考績法規所為之獎懲、考績評定各等次、曠職核定等（詳如人事行政行為一覽表），均有法律或法律授權訂定之規範，且經機關就構成要件予以判斷後，作成人事行政行為，已觸及公務人員服公職權等法律地位，對外直接發生法律效果，核屬行政處分，應循復審程序提起救濟。因此，有關懲處申誡以上，皆屬行政處分，屬復審範圍[87]。

　　此外，只要公務人員認其權利受違法侵害，即可歸類為行政處分而依法提

---

[87]　參閱https://www.csptc.gov.tw/News_Content.aspx?n=3926&sms=12390&s=35315（瀏覽日期：2022年3月8日）。

起復審，釋字第七八五號本案中的給付加班費，或者准補休假，都是基於公務員身分所生之公法上財產上請求權遭到損害，應可以提起復審[88]。

第三編

行政作用法

第一節　行政處分之概念與功能

一、行政處分之意義

　　行政處分乃係行政作用法中最典型、最重要之行政行為，其內涵之探求及發展係行政法學長久以來努力的課題之一。因此，吾人在研讀行政法學（特別是行政作用法）時，有必要先行了解及掌握行政處分之概念，就此，本書以下將進一步地予以闡述。

　　行政處分，最早可追溯至法國法之「acte administrative」，而經過德儒Otto Mayer引介至德國而稱「Verwaltungsakt」，即行政處分，行政處分乃專指行政機關，基於職權對人民採取命令或禁止、准許、擔保或拒絕等有效之形成或確定的法律關係[1]。而在二次世界大戰前之德國，行政處分僅是學術上之概念而非法律名稱，在法律上對行政機關具體規範人民權利或義務之高權行為並無統一名稱，大多係以禁止、命令、決定、議決或警察處分稱之[2]。在訴訟實務上則以訴訟法為例[3]，「行政處分」這一概念，並作為提起行政訴訟的唯一依據[4]，亦即，非行政處分不得提起訴訟。不過於1960年制定德國聯邦行政法院法後，即不再限制此種規定，因此縱非行政處分仍有提起行政訴訟的可能[5]。

---

[1]　Wolff/Bachof/Stober, Verwaltungsrecht I 10 Aufl. 1994, S. 607。
　　有關行政處分之發展的中文論述，翁岳生大法官之「論行政處分之概念」一文，提供了相當清晰的整理，請參閱：翁岳生，論行政處分之概念，收錄於：翁岳生，行政法與現代法治國家，作者自版，1989年10月，九版，頁2-7。

[2]　Forsthoff, a.a.O. S. 195。

[3]　有關德國「行政訴訟法」的歷史發展，請參照：翁岳生，西德行政法院之組織及其裁判權研究，收錄於前揭註1，頁424-426。

[4]　我國行政訴訟法自修正後，行政處分已非為提起訴訟之唯一要素。然而，我國訴願法仍以行政處分為唯一提起之要件。

[5]　Pein, Allgemeines Verwaltungsrecht, 2004, S. 75。

「Verwaltungsakt」，我國早期參考日本之立法例而譯作「行政處分」，來定義行政機關所為的單方法律行為，就此，易與我國通常一般慣用的概念產生混淆[6]，因為若以我國一般理解的概念，會認為行政處分就是行政機關之「處罰」，如民眾違法受主管機關之處罰，或認為係長官對部屬之處罰。巧合的是，民眾受主管機關之處罰，有一大部分屬行政罰（行政秩序罰）。不過，要注意的是，行政處分屬於中性的概念，其究係對人民產生不利抑或有利之效果[7]，乃須端看系爭法律關係而言，不可逕認為行政處分即屬對人民不利之決定。

不過為了避免「行政處分」與上述概念間產生混淆，我國學說或立法上是否可考慮創設另一名稱來替代行政處分這一概念以為分辨[8]？日本已將其改稱為「行政行為」，中國大陸則稱為「具體行政行為」，吾人以為值得參考。但因考慮到此一「行政處分」之翻譯名詞，目前已在學理上及法律用語上長久使用，因此董保城教授則主張不宜突然加以變更[9]，以避免新名詞之變更所產生之適應問題。

此外，釋字第四二三號解釋認為：「行政機關行使公權力，就特定具體之公法事件所為對外發生法律上效果之單方行政行為，皆屬行政處分，不因其用語、形式以及是否有後續行為或記載不得聲明不服之文字而有異。若行政機關以通知書名義製作，直接影響人民權利義務關係，且實際上已對外發生效力者，如以仍有後續處分行為，或載有不得提起訴願，而視其為非行政處分，自與憲法保障人民訴願及訴訟權利之意旨不符。」本號解釋係針對空氣污染舉發通知書，將其視為行政處分，因其實際上已對外發生效力，符合行政處分之要件。

本號解釋客體是指裁罰機關所開立的舉發單，在此實務衍生另一問題，如果舉發機關並非裁罰機關，是否舉發單也視為行政處分，如警察機關對交通違規開立的舉發單。

---

[6] 我國在早期之訴願法與行政訴訟法即援用行政處分作為法定用語，而於民國1998年立法院三讀通過、1999年總統公布施行的行政程序法亦以「行政處分」稱之。

[7] 持相同見解者：董保城，行政法講義，作者自版，2011年9月，二版，頁112。

[8] 並且目前日本亦已將其改稱「行政行為」，我國卻仍維持援用此一「行政處分」之概念。詳參：吳庚，行政法之理論與實用，作者自版，2010年，增訂第十一版，頁295；而中國大陸目前也將之稱為「行政行為」。

[9] 董保城，同前揭註7，頁112。

二、行政處分之特性

(一)在訴訟法上

我國行政訴訟法上，目前仍有針對部分之訴訟類型，如撤銷訴訟以及課予義務訴訟等，係以行政處分為提起訴訟之先決要件，亦即，此類案件必須先經由訴願之程序，而訴願之提起以行政處分為前提（訴願法第一條）。

(二)在程序法上

所謂「行政程序」，係指行政機關在作成行政處分、行政契約或其他行政行為時，所應遵守之程序性規定，亦即針對行政機關作成行政行為之程序性規範[10]。其目的在於將行政機關與人民間之法律關係透過程序法予以明確規制，進而能達到確保人民權利之效果[11]。其亦影響行政罰法，行政上之處罰（屬行政處分），就裁罰程度，證據之調查、陳述意見等程序之規定，也適用程序規定，藉此保障人民權利。

例如，行政機關依法律規定於作成行政處分（主要為負擔處分）時必須舉行之聽證，依照行政程序法第五五條第一項，必須以書面記載聽證之事由與依據、當事人之姓名及其住居所等事項，並通知當事人或已知之利害關係人[12]。司法院釋字第七〇九號解釋首度提出正當行政程序，並將陳述意見與聽證列為憲法上正當行政程序，該解釋文稱：「中華民國八十七年十一月十一日制定公布之都市更新條例第十條第一項（於九十七年一月十六日僅為標點符號之修正）有關主管機關核准都市更新事業概要之程序規定，未設置適當組織以審議都市更新事業概要，且未確保利害關係人知悉相關資訊及適時陳述意見之機會，與憲法要求之正當行政程序不符。九十二年一月二十九日修正公布之都市更新條例第十九條第三項前段（該條於九十九年五月十二日修正公布將原第三項分列為第三項、第四項）規定，並未要求主管機關應將該計畫相關資訊，對更新單

---

[10] 行政程序法第二條第一項規定：「本法所稱行政程序，係指行政機關作成行政處分、締結行政契約、訂定法規命令與行政規則、確定行政計畫、實施行政指導及處理陳情等行為之程序。」

[11] 陳敏，行政法總論，作者自版，2011年9月，七版，頁295。

[12] 行政程序法第五五條第一項：「行政機關舉行聽證前，應以書面記載下列事項，並通知當事人及其他已知之利害關係人，必要時並公告之：一、聽證之事由與依據。二、當事人之姓名或名稱及其住居所、事務所或營業所。三、聽證之期日及場所。四、聽證之主要程序。五、當事人得選任代理人。六、當事人依第六十一條所得享有之權利。七、擬進行預備程序者，預備聽證之期日及場所。八、缺席聽證之處理。九、聽證之機關。」

元內申請人以外之其他土地及合法建築物所有權人分別為送達，且未規定由主
管機關以公開方式舉辦聽證，使利害關係人得到場以言詞為意見之陳述及論辯
後，斟酌全部聽證紀錄，說明採納及不採納之理由作成核定，連同已核定之都
市更新事業計畫，分別送達更新單元內各土地及合法建築物所有權人、他項權
利人、囑託限制登記機關及預告登記請求權人，亦不符憲法要求之正當行政程
序。……。」

(三)在執行法上

行政處分本身具有可執行性，行政機關對其所頒布之行政處分，人民若
不遵從，於一定告戒期間過後，行政機關可以其作為執行名義本身來執行，一
般而言，可強制執行之行政處分通常為下命處分，亦即，含有**命令或禁止**之處
分。此種強制執行不同於一般在民事關係上所適用之強制執行，人民之民事爭
議只能聲請法院強制執行。

目前我國行政執行法所規定之強制手段，有違反作為或不作為之義務，由
原處分機關為執行機關採取直接或間接強制手段，以及行政法上之金錢給付義
務之執行，移送行政執行處強制執行，這些手段之採取，仍以人民違反行政法
上之義務，行政機關頒布下命行政處分作為前提。

(四)在法效性上

行政處分是國家公權力之表徵，為使行政權得以貫徹並建立安定及權威的
法秩序，乃將行政處分之效力以法安定性及法確定性（Rechtsgewissheit）為基
準，而導出行政處分只有在明顯無效之前提下不產生效力，否則縱使其違法仍
屬有效之行政處分[13]。行政程序法第一一○條第三項規定：「行政處分未經撤
銷、廢止，或未因其他事由而失效者，其效力繼續存在。」亦即違法的行政處
分，人們對此僅可以提起撤銷之訴而不得否認其效力之存在。然而，若行政處
分沒有在規定時間內提起撤銷之訴或撤銷之訴提出而被駁回，則行政處分具存
續力。所謂存續力，就如同訴訟法上所稱之確定力，亦即，該行政處分已經具
有不可撤銷之力。

---

[13]　Mayer/Kopp, Allgemeines Verwaltungsrecht, 5Aufl. 1985, S.176.

第二節　行政處分之要件

一、概說

　　有關我國行政處分的定義，早年規定在舊訴願法第二條第一項而稱：
「本法所稱行政處分，謂中央或地方機關基於職權，就特定之具體事件所為發
生公法上效果之單方行政行為。」而目前訴願法於修正後，將上列規定改列於
第三條謂：「**本法所稱行政處分，謂中央或地方機關就公法上具體事件所為之
決定或其他公權力措施而對外直接發生法律效果之單方行政行為。**」另外，行
政程序法制定後，於第九二條第一項規定，即：「**本法所稱行政處分，係指行
政機關就公法上具體事件所為之決定或其他公權力措施而對外直接發生法律效
果之單方行政行為。**」

　　吾人參照上開規定，似可定義行政處分係指行政機關，為規制具體事
件，以對外發生法律效果為目的，所為之單方公權力措施。本書亦將嘗試針對
依照行政處分定義所分析出之要素，逐一詳述如後[14]。

二、行政機關所為之行為

問題一

　　某甲在查詢律師高考第二試測驗成績之結果，發現其「憲法及行政法」
一科僅得50分，而認為該考試評分之結果不正確，試問其可否提起行政
爭訟？

　　行政處分係行政機關所為之行為，因此於判斷行政行為是否屬行政處分
時，在概念上首應辨明該行為之主體是否為行政機關。調閱試卷依典試法第
二六條規定，應考人得於榜示後依規定申請複查成績或閱覽其試卷。依該條第
四項訂定有應考人申請閱覽試卷辦法。因此，有閱覽其試卷權，如發現評分有
誤，當然就有行政爭訟權，與以往所稱之判斷餘地有別。

---

[14] 陳敏，同前揭註11，頁299。

(一)行政機關之意義與認定標準

何謂「行政機關」？行政程序法第二條第二項對之有定義性之解釋而稱：「**本法所稱行政機關，係指代表國家、地方自治團體或其他行政主體表示意思，從事公共事務，具有單獨法定地位之組織。**」易言之，行政機關，應是指有代表公權力主體為意思表示且具有單獨法定地位之組織體。其中判斷某一組織體是否屬於行政機關者，關鍵在於該組織體是否具有「單獨法定地位」。就此，通說及實務[15]上普遍藉由吳庚大法官所提出之三項要件作為判斷依據，即[16]：

1.組織體有無單獨之組織法規。

2.有無獨立之編制及預算：例如於組織體內有設置人事與會計單位。

3.有無印信：例如依印信條例頒發之大印或關防，得具以對外行文者。

因此，行政機關不須具有法人格，而凡有獨立之組織法規、獨立預算與編制，有印信，可對外頒布具外在效力法律行為之組織體，均應屬於行政機關。此外，本處所指行政機關係以實質上擁有行政權者稱之，而不以隸屬於行政院或其所屬機關為限[17]，亦即，非屬行政院之其他機關，如立法院、司法院、考試院、監察院及其所屬機關，若其執行之任務係屬規範權利義務的行政事務時，亦屬此處所稱之「行政機關」[18]。

而行政機關所屬之內部單位，是指行政機關之內部組織，欠缺對外行文之權限，如大學之教務處、學務處或學院等，或外派單位如刑事警察局之中部犯罪打擊中心或移民署的專勤隊、服務站等，其所為之意思表示或公權力措施不得定性為行政處分。不過，行政機關內所屬之內部單位或公務員所為之行為，如係代表行政機關所為者，即可認定該行為係為行政機關所作成，而視其為行政處分。司法院釋字第四六二號解釋中即表示，教師評議委員會所作成升等與

---

[15] 如最高行政法院九一年裁字四六二號裁定：「所稱行政機關，係指代表國家、地方自治團體或其他行政主體表示意思，從事公共事務，具有單獨法定地位之組織。（行政程序法第二條第二項參照），在此所指之「單獨法定地位之組織」者，係以具有經由中央或地方立法機關訂定該組織的法律、條例、通則或規程，即行政機關須具有「單獨之組織法規」、「獨立之編制和預算」以及依印信條例頒發之印信，並此指明。」

[16] 吳庚，同前揭註8，頁160。

[17] 翁岳生，論行政處分，收錄於：翁岳生，法治國家之行政法與司法，月旦出版社，1997年4月，頁11。

[18] 例如，釋字第三一九號解釋翁岳生、楊日然及吳庚大法官不同意見書即承認國家考試及格與否之決定（考試評分）乃屬行政處分。不過，另外值得吾人探討的是，究竟考試評分之性質，係屬判斷餘地抑或行政裁量？翁岳生、楊日然及吳庚大法官在不同意見書中並未提供我們明確的答案。

否之決議，解釋上應認其係代表學校所為之意思表示，而屬於行政處分[19]。

行政機關之定義為何？其與內部單位之差異何在，試敘述之。

(二)行政委託（受委託行使公權力）

以往我國學說及實務所言的行政機關，其內涵主要係指「公法組織」之機關而言，而不包括私法組織的國家機關及其他私法組織，因此，依照公司法所成立的臺灣電力公司、臺灣自來水公司即不包括在內。但因國家任務不斷增加，國家將公共事務依法授與私人團體來執行公權力時有所在，受公權力委託之私人，於行使受委託之公權力時，亦應視為行政機關，使人民對該公權力行為，得提起行政救濟，以檢視公權力行為之合法性。

依據司法院釋字第二六九號解釋理由書：「……惟依法設立之團體，如經政府機關就特定事項依法授與公權力者，在其授權範圍內，既有政府機關之功能，以行使該公權力為行政處分之特定事件為限，當有行政訴訟之被告當事人能力。」大法官承認私人團體受委託行使公權力時得作成行政處分，在訴訟上自得擁有當事人能力。若該私人團體所為之行為係屬私法行為者，則該行為之性質非屬「行政處分」，乃屬當然。而行政程序法第二條第三項亦規定：「受託行使公權力之個人或團體，於委託範圍內，視為行政機關。」

準此，所謂的中央或地方機關在行政法上之認定上，不再侷限在公法組織上，主要的決定點在於該機關是否執行公權力作為判斷的依據。亦即行政機關之認定，不單以組織體之公私屬性為斷，兼採功能上之認定，如私法組織依法得從事公權力行為者，於實施公權力措施之範圍內，仍應認定為行政機關[20]。

---

[19] 釋字第四六二號解釋理由書（節錄）：「各大學校、院、系（所）及專科學校教師評審委員會關於教師升等之評審，係屬法律授權範圍內為公權力之行使，其對教師之資格等身分上之權益有重大影響，均為各該大學、院、校所為之行政處分。受評審之教師於依教師法或訴願法等用盡行政救濟途徑後，仍有不服者，自得依法提起行政訴訟，以符憲法保障人民訴訟權之意旨。」

[20] 應予注意者，委託行使公權力與單純協助行政機關實施公權力行為〔行政助手〕二者間有本質上之差異。前者涉及公權力之權限移轉，使私人得以自身名義自主作成公權力措施與決定。後者，私人僅係行政機關之助手，單純協助行政機關，必須於行政機關之指揮下從事公共任務，並無自主決定行為之空間，亦無法以自身名義作成決定。

依行政程序法第十六條規定：「行政機關得依法規將其權限之一部分，委託民間團體或個人辦理。（第一項）前項情形，應將委託事項及法規依據公告之，並刊登政府公報或新聞紙。（第二項）」因此，行政委託必須有三要件：1.授權法規；2.授權具體行為；3.對外公告（刊登政府公報）。

問題三

行政機關可否委託私人行使公權力？若可以的話，其法定要件為何？

三、基於公法上之原因：行政機關所為的公法行為

問題四

甲大學將其學生餐廳之「營運、修繕」業務，依照政府採購法之規定公開招標。在招標階段，乙、丙二家餐飲公司繳交押標金十萬，評審結果由乙得標，俟甲大學將押標金分別退還後，檢察官調查發現乙公司與丙公司有勾結圍標之情事，因而將二公司起訴並經判決確定，甲大學據此依照政府採購法第三一條第八款之規定將已退還之押標金予以追繳。試問，就學理與實務之觀點而言，甲大學「追繳押標金」行為之法律性質為何？

最高行政法院一○二年度判字第一○○號判決（節錄）：「揆諸政府採購法第三十條第一項前段及第三十一條規定旨趣，足見押標金乃擔保投標廠商能遵照投標應行注意事項以踐行相關程序，除督促得標者應履行契約外，兼有防範投標人圍標或妨礙標售程序公正之作用，職是之故，辦理招標機關要求廠商參與投標須繳納押標金，乃屬避免廠商有不當或違法之行為之管制措施，法律賦予辦理招標機關對於廠商如有法定不當或違法行為，得對其所繳納之押標金不予發還，或予以追繳之權限，係以公權力強制實現廠商參與投標時所為之

擔保，性質上屬於『管制性不利處分』，核與行政罰法所稱之『裁罰性不利處分』係以違反行政法上義務而對於過去不法行為所為之制裁有殊。」因此，追繳押標金性質為行政處分。

(一)公法行為

行政處分係行政機關依據公法法規所為之決定或公權力措施，而行政處分是否係行政機關依據職權而作成，則在所非問[21]。因此，行政機關所執行之公共任務，只要屬**公法**上之行為，即有可能認定為行政處分，如警察為維持道路交通的流暢，而於交叉路口執行交通指揮或對於行人違規者加以處罰者屬之。行政機關若是基於與私人平等之地位而與人民產生法律關係，例如國家從事買賣、租賃、營利等行為，因為係受民法之規範，而屬於私法行為。

學說上有所謂的「**雙階理論**」，**亦即，前階段為公法關係，後階段為私法關係**。此如國家對中小企業之補助，補助之核准，屬公法上之行政處分，至於有關利息之支付或本金之償還則屬私法上之契約。我國釋字第五四○號解釋有關「國民住宅」事宜，即屬此所稱的「雙階理論」。釋字第五四○號解釋主要目的係將單一之法律事實拆解為複數之法律事實。於第一階段中，行政機關依據公法法規所為締約對象之決定，得認定為行政處分。而於第二階段訂定契約後所生之權利義務法律關係，係依據私法法規所為，則應受契約及私法法規所拘束，不得認為屬行政處分[22]。但此種雙階理論，有時難與行政契約作區別。例如有關大學公費生與大學之關係，可解釋為行政契約。

附帶一提，行政行為如係依據公法法規而為，縱其最後所發生之法律效果係屬私法之法律效果，亦得定性為行政處分，此即學說上所稱之「形成私法關係之行政處分」。例如：地政機關依據土地法辦理之土地登記，土地法係地

---

[21] 因為，管轄權的作用僅係在決定行政處分之合法與否（形式合法性）而已，非謂管轄權構成行政處分之生效要件。

[22] 釋字第五四○號解釋理由書（節錄）：「國民住宅條例係為統籌興建及管理國民住宅，以安定國民生活及增進社會福祉之目的而制定（該條例第一條），……其具體之方法係由政府主管機關取得土地、籌措資金並興建住宅，以收入較低家庭為對象辦理出售、出租、貸款自行建築或獎勵民間投資興建……主管機關直接興建及分配之住宅，先由有承購、承租或貸款需求者，向主管機關提出申請，經主管機關認定其申請合於法定要件，再由主管機關與申請人訂立私法上之買賣、租賃或借貸契約。……性質上相當於各級政府之主管機關代表國家或地方自治團體與人民發生私法上各該法律關係，尚難逕謂政府機關直接興建國民住宅並參與分配及管理，即為公權力之行使。至於申請承購、承租或貸款者，經主管機關認為依相關法規或行使裁量權之結果不符合該當要件，而未能進入訂約程序之情形，既未成立任何私法關係，此等申請人如有不服，須依法提起行政爭訟，係另一問題。」

政機關為辦理土地登記事項之職務法規，具公法性質。人民如欲辦理不動產之所有權移轉，依據民法第七五八條，應有書面之讓與合意契約，並經地政機關登記，始發生所有權移轉之效力。如地政機關對於人民之移轉登記申請予以核准，此一核准行為發生人民間不動產所有權移轉之法律效果。行政核准雖發生私法法律關係，仍不影響其為行政處分之特性。如人民不服地政機關之核准處分，應許其提起訴願救濟[23]。釋字第七五八號解釋理由書稱：「……。查原告係本於土地所有權依民法第七百六十七條第一項前段及中段規定，起訴請求桃園市政府刨除柏油路面並返還土地，核其性質，屬私法關係所生之爭議，其訴訟應由普通法院臺灣桃園地方法院審判，縱兩造攻擊防禦方法涉及公用地役關係存否之公法關係爭議，亦不受影響。」

四、單方面之意思表示

　　行政處分係行政機關所為之單方行政行為，強調行政處分的高權性，行政處分之作成，不受相對人意思之拘束。與其有別者，乃為雙方意思表示合致之行政契約。所謂行政處分，係行政機關基於其單方意思表示所為之決定，並因於此決定而發生法律效果，其意思表示之決定係單方面不必取得對方同意。

　　而行政契約，為需要法律主體雙方當事人意思表示合致，並同受行政契約所合致之法效意思所規範，二者間有相當之差異性[24]。雖有些須經當事人參與或同意之行政處分（mit wirkungsbedürftiger Verwaltungsakt），如公務員之升遷或入學處分，但機關最後仍是依自己意思決定之，仍與行政契約以雙方同意為要件之情形有所不同。個別之行政措施究竟屬於單方行政行為之行政處分或

---

[23] 釋字第三七九號解釋理由書（節錄）：「土地承受人本於買賣契約辦理所有權移轉登記，固係依法律行為而取得所有權；然就地政機關准予辦理私有農地所有權移轉登記言，係以承受人已提出自耕能力證明書為前提，此一前提既因自耕能力證明書之撤銷而不存在，其在行政上原准予辦理移轉登記之要件，顯有欠缺，從而前此所為之登記，即不能謂無瑕疵，地政機關自得撤銷准予登記之處分，塗銷該移轉登記〔筆者按：撤銷土地登記之行政處分〕。地政機關係因自耕能力證明書被撤銷，而塗銷所有權移轉登記，並非逕行認定該買賣為無效，尚不涉及私權之認定。關於土地之買賣，是否因以不能之給付為契約標的而無效，買賣雙方當事人如有爭執，當然可訴由民事法院依法裁判。」

[24] 就行政契約意思表示之等價與合致性，高雄高等行政法院九一年訴字第一一五一號判決足供參酌：「行政契約亦應如同私法契約，由二人以上之法律主體，為達成共同之法律效果，互為要約、承諾之意思表示完全一致而合意，契約始得成立。……行政契約是否存在之判斷上，即至少必須確認雙方間有以成立契約為目的之意思表示，且雙方意思表示對於契約內容必要件，確有意思合致存在之時，始有成立行政契約之可能……。」

屬雙方意思合致之行政契約，判斷之重點，毋寧在於法律效果之發生究係基於雙方之意思決定、此意思決定是否具有法律上之等價性以及合致之意思表示是否同時拘束行政契約之雙方當事人而定[25]。

五、具體之決定或其他具體之公權力措施（與抽象法規之差異）

問題五

1.某甲未經許可而採取土石，行政機關依據土石採取法第三六條[26]命特定單一之相對人某甲整復以回復原狀之行為。試問，行政機關命其回復原狀之行為，其性質為何？
2.臺北市政府為舉行國際花卉博覽會，公告某路段在展覽期間禁止停車，違者將加強查緝。試問，本公告之法律性質為何？

行政處分係行政機關依據法規，而規範具體個案之行為，亦即，行政機關所為行政行為如屬「具體、個別」之行政行為時，該行政行為始有可能定性為行政處分，此即法條中所規定之「具體事件」。行政處分是具體行政行為，而與抽象行政行為區別，如行政法規，是抽象、一般之規定。所謂個別或一般是指規範之事件而言，行政處分是針對個別事件，抽象法規是針對不特定之一般事件。

至於以何標準認定行政行為屬於具體之規制措施？應將「所規制之對象究竟是否特定」與「所規範之事件是否具體」二個面向合併觀察[27]，分類說明如下：

---

[25] 吳庚，同前揭註8，頁312-313；陳敏，同前揭註11，頁304。

[26] 土石採取法第三六條：「未經許可採取土石者，處新臺幣一百萬元以上五百萬元以下罰鍰，直轄市、縣（市）主管機關並得限期令其辦理整復及清除其設施，屆期仍未遵行者，按日連續處新臺幣十萬元以上一百萬元以下罰鍰至遵行為止，並沒入其設施或機具。必要時，得由直轄市、縣（市）主管機關代為整復及清除其設施；其費用，由行為人負擔。」

[27] 蔡震榮，行政處分，收錄於：蔡震榮編，警察百科全書（二）行政法，正中書局，2000年1月，初版，頁409-410。
附帶一提，居於兩者中間者有所謂「一般處分」，其意義及內涵請參照本章第三節。

(一)相對人單一而事件之法律效果亦屬單一所產生之具體規制措施

此一類型屬行政處分基礎型態,例如問題五中之某甲未經許可而採取土石,行政措施所規範之相對人係屬單一而所發生之法律效果係屬單一具體,此為針對特定人所為之行政處分,較無疑義。

(二)相對人單一而事件之法律效果係針對得反覆發生之具體規制措施

例如:為防止冷凍庫蒸氣外洩所造成周遭之結冰,命冷凍庫所有人於結冰時應清除結冰,此一命清除結冰之決定,相對人係屬特定,雖規制效力於結冰時反覆發生,仍屬行政處分而非行政命令[28]。

(三)相對人無從特定,但屬具體個別事件的規制效力,則屬一般處分(將於下述敘述之)

如行政行為所規範之法律事實的對象雖不特定,但事件具體並產生一定的規制效力時,則屬行政處分,如問題五之2,公告之性質為一般處分,而非行政命令。

六、對外直接產生法律效果

> **問題六**
>
> 1.在○○街常有學生於紅線處隨意停車,而某警察恰好巡邏至此而目睹此一違規情形,以「舉發單」予以舉發,試問此一舉發單之性質為何?
> 2.某甲因原處分機關桃園市政府開闢道路,而留有畸零地,要求該桃園市政府徵收,桃園市政府答覆函稱「臺端之請求非屬本府管轄」是否為行政處分?

(一)法律效果之外在性

行政機關之決定或者公權力措施必須要能夠對外發生法律效果,始得認定

---

28 吳庚,同前揭註8,頁315。

為行政處分，如僅為內部行為，則非屬行政處分。所謂產生外在法效果係指行政機關所為之措施，就其客觀內容（外在形式、決定依據、理由以及救濟途徑之告知等）觀之，直接對當事人產生權利義務的效力而言，如下命、禁止或權利義務之設定、變更、終止等，亦即，產生對人民主觀權利之影響。

　　至於內在外在的區分，係源自於早期特別權力關係理論之內部規範及外部規範的區分而來，凡屬規範人民之權利義務之法規屬外部法，而行政內部之規範則屬內部法，故對人民所頒布具體個案而發生法效果之處分屬行政處分。至於國家內部仍存在著基於管理關係下長官對部屬所為之具體命令或指示，其雖對部屬產生拘束，尤其對基本人權之限制，然因實務上認為此種限制係基於機關目的所為，僅屬內部對人員權利之限制，缺乏外在的效果，仍不得視為行政處分[29]。亦即，基礎關係屬行政處分，管理關係若非涉及重要之基本權利內涵時，則非屬行政處分。

(二)直接之法律效果

　　法條中所稱之法效果，必須是直接的法效果，所謂直接是指最終法效果（Finalität），如果行政機關並無直接為之，而是以勸導為之，例如警察對於違規道路擺設攤位的勸導，仍非行政處分。

　　行政處分係行政機關依據法規，而規範具體個案之決定或措施，亦即行政處分係應具有法律上規制效力之行政措施。所謂規制（Regelung）是指行政機關之意思表示內容，並非只是單純告知，且含有對具體個案作出一定決定或採取措施之規制。如行政機關意思表示之內容僅為觀念通知（單純告知），則不得認定為行政處分，必行政機關所為之意思表示具有規制效力屬於規範意思表示（例如，不於一定期間提出申請即失去權利），始得認為行政處分。

　　至於是否發生法律上效果或是法律上之規制效力，應依照行政措施是否對人民之權利義務產生法之規制作用，亦即因法的規制導致權利義務發生、變更、消滅或確認[30]。

---

[29] 吾人試圖以德國學者Ule所提的基礎關係及管理關係來說明外在與內在的區別，凡屬基礎關係則屬外在，而管理關係則屬內在，否則，若連長官的命令或指示，皆可興訟，非但往後行政業務難以執行，且會因興訟之累而造成公勤務全面癱瘓。

[30] 釋字第四五九號解釋理由書：「凡直接影響人民權利義務關係，且實際上已對外發生效力者，如仍視其為非行政處分，自與憲法保障人民訴願及訴訟權利之意旨不符，業經本院釋字第四二三號解釋在案。……。因此，兵役體位判定，係徵兵機關就役男應否服兵役及應服何種兵役所為之決定而對外直接

觀念通知是指雖有意思表示在外,但卻不發生法律效果之行為,如主管機關針對檢舉或陳情案件之答覆,屬觀念通知,因其不具法效性之故。觀念通知與行政處分之差異,在於有無法效性。

而行政機關之通知,若就其內容及狀況觀之,僅就觀念通知,如僅屬傳達補正之意思時,則因缺乏獨立規範之意思或具體之決定,非屬行政處分。但若行政機關通知當事人,而對當事人之主觀權利產生影響時,則該項通知,應屬行政處分。實務上,釋字第四二三號解釋對此爭議,有所闡明:「所謂行政處分係指行政機關行使公權力,就特定具體之公法事件所為對外發生法律上效果之單方行為,不因其用語、形式以及是否有後續行為或記載不得聲明不服之文字而有異。若行政機關以通知書名義製作,直接影響人民權利義務關係,且實際上已對外發生效力者,諸如載明應繳違規罰款數額、繳納方式、逾期倍數增加之字樣,倘以仍有後續處分行為或載有不得提起訴願,而視其為非行政處分,自與憲法保障人民訴願及訴訟權利之意旨不符。遇有行政機關依據法律製發此類通知書,相對人亦無異議而接受處罰時,猶不認其為行政處分性質,於法理尤屬有悖。」

上述案例1,警察以「舉發單」予以舉發,此一舉發單之性質為何,有人認為如釋字第四二三號解釋般而認為行政處分,但通說認為屬觀念通知,因警察非屬處罰機關,其舉發並不會發生法效果,必須經裁罰機關裁處後才發生法效果,因此,一般認為警察因缺乏事務管轄權,其舉發僅屬觀念通知。案例2土地徵收內政部為主管機關,某甲向原處分桃園縣政府請求徵收補償系爭土地,原處分機關之回函非行政處分,屬觀念通知。

第三節　一般處分

一、一般處分之意義

行政規範措施之對象並不特定,但所規範之事件仍為具體,或特定公物設定變更廢止以及公物的使用關係則因所規範事件具體,仍屬行政處分,吾人

發生法律效果之單方行政行為,此種判定役男為何種體位之決定行為,不問其所用名稱為何,對役男在憲法上之權益有重大影響,應為訴願法及行政訴訟法上之行政處分。」

稱之為一般處分。一般處分屬於行政處分的一種，其與上述個別行政處分之區別，在於其擁有特別的要件，亦即，規範對象之不同。有別於傳統行政處分係以特定人為規範對象，一般處分並非如行政處分僅以可確定之個人為準，而係針對一個確定或可確定的人數作為對象，或以特定物以及物之使用為對象。

　　行政處分與法規命令，雖皆由行政機關所頒布，但法規命令係抽象，針對一般不特定大眾的規定，行政處分則是具體個別的處分，但行政處分中對人的一般處分則屬介於其中，其屬具體事件但規範對象不確定（物的形成與使用關係）一般之處分。法規命令或自治規章之對象是不確定之多數人，而行政處分之對象則屬個人或可得確定之個人（人的一般處分）。關鍵在於決定頒布處分之際，對象、人數客觀上可確定及個別化。至於與行政命令之區別，在於行政命令係使用在一個不確定的人數上。例如：行政機關就尚未到來之某日，禁止舉行集會遊行，所規範之對象無從特定，惟仍屬具體單一之事件，仍可解為行政處分，並允許人民以之救濟[31]。

　　基本上，以行政命令或行政處分之決定，係屬行政機關之裁量。但行政機關對此亦經常享有決定權。準則或行政規則通常並非屬行政處分。但勤務內之指示或其他對外解釋性之說明，若其具有個案拘束，且行政機關對此也有規範之意思表示，且發生法效果時，應可視為行政處分。對此，例如，經濟部所公告之禁採砂石區，其公告直接對某些砂石業者產生法效力，應屬行政處分。

二、一般處分之分類

(一)對人一般處分

　　行政程序法第九二條第二項前段規定：「前項決定或措施之相對人雖非特定，而依一般性特徵可得確定其範圍者，為一般處分，適用本法有關行政處分之規定。」行政行為所規制之相對人非必為特定之相對人始得稱為行政處分。僅要依據一般性之特徵可得確定相對人之範圍，即可認行政行為具有具體特徵，而屬行政處分。

　　一般處分由於處分之對象，係為不特定人或可得特定之人，無法依個別送

31　陳敏，同前揭註11，頁327。

達之方式使行政處分發生對外效力，而必須要以「公告」之方式代替之。「公告」本身究竟係屬行政處分或行政命令，在實務上一直有爭議，通常仍應視其是否為具體有效之規制行為，且其內容是否對相關當事人產生直接規範之效力而定。警察對人之一般處分，諸多是在現場執行，通常透過口頭或舉牌方式為告誡，如集會遊行現場之命令解散。又如疫情期間指揮中心所宣布二級警戒之管制，亦屬一般處分。

　　另實務上是否存在著一行為，可能因規範對象之不同，而被視為所謂雙重性質（Doppelcharakter）的高權行為，是否可依其對象可得確定或不可確定，而將該高權行為區分為行政處分或命令。例如，行政院依懲治走私條例第二條第三項公告某項物品，為管制進口之物品，而對往後進口之不確定多數人為行政命令，但對於公告前已經申請進口，而貨物正運送中的可得確定的進口商而言，應屬行政處分。但仍有多數學者反對此種二分法，其認為一個措施只能是二選一之情形，不可能兼而有之[32]。又如土地徵收之公告地價，此公告行為屬一般處分[33]。

(二)對物一般處分

> ### 問題七
>
> 臺北市交通局因為飆車族常於北投大度路橫行飆車，因此於臺北往淡水方向之明顯處設置限速六十公里之速限標誌，並於該標誌後方不遠處設立「測速照相器」。試問，交通局設置「速限標誌」之法律性質為何？又該「測速照相機」之法律性質是否與「速限標誌」相同？

　　我國行政程序法第九二條第二項，沿襲自德國聯邦行政程序法第三五條第二句之立法體例，除包括以人為對象的一般處分外，並於同條項後段明文設有對物一般處分的概念：「有關公物之設定、變更、廢止或其一般使用者，亦同。」依此規定，對物一般處分又分作：「事物有關的一般處分」與「使用關

---

[32] Hans-Günter Henneke, Begriff des Verwaltungsaktes, in: Verwaltungsverfahrensgesetz, Kommentar, Hrsg. Knack, 6 Aufl., 2000, §35, Rdnr. 4.3.1.2.

[33] 張永健，土地徵收條例第30條徵收補償標準－綜論2000年後之最高行政法院相關判決，中研院法學期刊，第6期，2010年3月，頁185以下。

係的一般處分」二種類型,對此本書以下將有所敘述。

此外,對物一般處分之規制對象係為不特定多數人,其所規範之事件也屬於反覆發生效力之抽象規制,在性質上時常與法規命令難以區分。惟對物一般處分因與特定物之法律性質產生聯結,是故本法第九二條第二項仍認定具有具體特徵,效果上則適用了行政處分之相關規定。

1.事物有關的一般處分

此類一般處分涉及到「物之公法性質」,亦即是**非直接以人為對象而係以事物為處分的對象,非直接規範個人與國家間之權利及義務,而係以一個事物的公法上特質加以規範**,此即上開規定所稱之「有關公物之設定、變更、廢止」。其特質在於,基於行政機關對某一事物之意思表示,而對該物產生一定之法效果,使其得以作為依據,而得以對不確定之多數人設定權利或義務。

例如,行政機關公告某地區為行水區,則依水利法第七八條之規定於該地區內不得擅採砂石或主管機關公告某地區內空氣品質極為惡化而將之列為霾害區(Smog),並於當日禁止所有車輛駛入該區。此外,諸如公共道路之開啟使用、街道之命名[34]、都市計劃之變更[35]、商店開放之時間、軍事用地之公告等皆屬之。

此外,承認「物之公法性質」的一般處分,其主要的功能在於有利於當事人提起行政爭訟,但由於目前法規上存在諸多空白授權之規定,此尤其發生在經濟、環保衛生等,若普遍承認則易造成過多之爭議事件。

問題七設置「速限標誌」為事實行為,但「速限標誌」本身為禁止之告示,屬警告性之行為,但因具規制效力,而屬一般處分以及「測速照相機」之超速照相措施,有認定為「一般處分」,也有認為裁決確定前之認定屬事實行為,一般而言,主管機關仍會製作行政處分書,送達當事人,則可能發生兩個行政處分同時存在之問題。因此,認定裁處前為事實行為,比較合理。

---

[34] Kopp, Verwaltungsverfahrensgesetz, 6.Aufl., 1996, §35, Rdnr. 64ff.
[35] 釋字第一五六號解釋。

問題八

> 假設因特定縣境發生高病源禽流感疫情，行政院農業委員會下令撲殺該縣境所有養雞場所飼養之雞隻。請問該「撲殺命令」的性質為何？養雞場的雞農可否針對該「撲殺命令」提起救濟？

　　該「撲殺命令」為對特定物產生一定法效果之一般處分，對此命令不服得提起訴願以及行政訴訟。

2.使用關係的一般處分

　　而使用關係的一般處分，係結合人與物而成的關係。所涉及到的則是有關「公物之使用關係」，亦即是上開條文後段所稱之「公物之……一般使用」[36]，其內涵在於規範到大眾（使用者）對某一事物的權利義務關係（使用關係）。屬於使用關係的一般處分者，如交通號誌、速限等。

問題九

> 如何分辨「公物之設定、變更、廢止」或「其一般使用」，試舉例說明之。

　　公物之設定屬針對物的性質之設定，如道路開啟使用、國家公園之認定屬之，但如進一步對道路使用作規定則屬一般使用，如速限、開放道路做展覽之用，以及公園內禁止狩獵或公園內一些活動限制或禁止之規定等。

　　但使用關係此一概念必須與「**使用規則**」（使用章程或利用規則）有所區別。前者之概念係在規範內部秩序之規定，如：市立游泳池於池畔所張貼之「未入池前請先淋浴」即是一般處分；而使用規則係在規範該公物的基本使用問題，此如公共圖書館所制定的閱覽規定、公園的使用說明等是[37]，這些使用

---

[36] 許宗力大法官認為有關「公物之使用關係」的一般處分，其內涵本來就可以為前述之「有關公物之設定、變更、廢止」所涵蓋，而無獨立敘述之必要。請參照：許宗力，行政處分，收錄於：翁岳生編，行政法（上），元照出版，2006年10月，三版一刷，頁499。

[37] 圖書館法第八條：「圖書館辦理圖書資訊之閱覽、參考諮詢、資訊檢索、文獻傳遞等項服務，得基於使用者權利義務均衡原則，訂定相關規定。」有關圖書館之使用規則性質的檢討與分析，請參見：林明昕、張淇龍，從德國法制之觀點論臺灣公立公共圖書館之使用規則，圖書資訊學研究，第5卷第2期，2011年6月，頁29-52。

規則屬抽象對一般人適用之規定，應定性為「特別規則」之抽象規定，而非一般處分。

行政處分、一般處分與行政命令之差異如下：

概念	特徵
行政處分	具體事件 特定的對象 一次完成
行政命令	抽象規定 不確定多數 反覆實施
對人的一般處分 （一般警察處分）	具體事件 對象確定或可得確定 一次完成
對物的一般處分	具體事件 不確定多數 反覆實施

第四節　行政處分之種類

一、下命處分、形成處分與確認處分

以處分之內容為分類標準，行政處分可分成下命處分、形成處分及確認處分三種型態，此種分類標準係仿判決之區分方式（給付判決、形成判決及確認判決）而設[38]，以下分述之：

(一)下命處分

行政處分內容有命當事人作為、不作為或忍受之義務，亦即處分之內容含有命令或禁止之下令之性質。此種處分大多發生在於警察處分（如警察對集會遊行民眾之下令解散）、稅務處分（稅務機關作成之稅捐通知）等。

下命處分另外必須注意的概念在於，其具有「執行力」，亦即，行政機關得以其作為執行名義進行行政執行，形成處分、確認處分則無。

---

[38] 許宗力，同前揭註36，頁501。

(二)形成處分

行政處分之內容為創設，改變或終止具體之法律關係，亦即，涉及權利關係之變動。例公務員之任用、升遷或免職，學生之註冊等。形成處分一經確定，即產生效力，並無所謂中止而不執行之效力。例如，營業許可之撤銷，不因當事人對其提起訴願，而中止其執行。

此為發生人民權利之設定、變更或終止等之行為，如集會遊行法許可之處分，營業許可之核發以及公務員之任用、升遷以及公務員之免職等。

(三)確認處分

確認處分係指主管機關對於已存在之法律事實，確認當事人之權利或法律上重要之事項，而產生確定之法效果。此如，國籍之確認、銓敘部級俸之確認、公職候選人資格之確認等。

二、授益處分、負擔處分、雙重效力處分與他效處分

根據行政處分對於相對人產生之法律效果，而有以下之區分：

(一)授益處分

行政處分對關係人設定或確認權利或給予法律上相當利益稱之。如獎學金之核准，失業救濟金之核發，營業執照之頒發等。

授益處分的作成因為涉及人民利益，因此會有後續有關「信賴保護」的問題。如釋字第七一七號解釋，稱原定之優惠存款利息，固有值得保護之信賴利益，惟上開規定之變動確有公益之考量，且衡酌其所欲達成之公益及退休或在職公教人員應受保護之信賴利益，上開規定所採措施尚未逾越必要合理之程度，未違反信賴保護原則及比例原則。

(二)負擔處分

行政處分課與當事人義務或產生法律上之不利益稱之。下令處分皆屬此種負擔處分，如警察命令解散以及形成處分之終止處分，如公務員之免職或拒絕駕駛執照之頒發等。

(三)雙重效力處分

　　其係指同一行政處分同時對於同一當事人產生授益及負擔之效力時，則稱作雙重效力處分，又有學者稱混合處分。

　　例如，警察許可○○人民團體於某日得在集會遊行（授益），並限制其僅能在有限範圍內活動（負擔）。

(四)他效處分

　　又有學者稱之為第三人效力行政處分，其意指某一行政處分除對相對人外，亦對第三人之法律地位產生影響[39]，其包括兩種情形：1.對相對人產生負擔效果——對第三人產生授益效果；2.對相對人產生授益效果——對第三人產生負擔效果：此如經濟部智財局核准某甲之商標註冊申請（對甲有利），但卻對競爭者產生不利；又或是核准某乙之建築許可申請，卻對附近居民產生不利等。

(五)裁量處分與拘束裁量

　　以受法規拘束之程度來區分。裁量處分是指法規在法效果部分，授予主管機關可以自由做出法效果之決定（合義務性裁量），在此，通常會出現兩種裁量，決定裁量（法效果出現「得」）與選擇裁量。而拘束裁量是指主管機關只能就法律規定做出決定，別無選擇。如電子遊戲場業管理條例第二五條擅自變更電子遊戲場營業級別、機具類別或混合營業級別經營者，處負責人新臺幣20萬元以上100萬元以下罰鍰，並命其限期改善；屆期未改善，仍繼續營業者，廢止其電子遊戲場業營業級別證、公司或商業登記或部分登記事項（108年公務人員高考題目）。處罰鍰後，只能命改善，不改善不得連續處罰（法條無規定連續處罰）[40]，主管機關只能廢止登記，而此項規定，別無選擇，即可稱為拘束裁量。

---

[39] 許宗力，同前揭註36，頁506。
[40] 電子遊戲場業管理條例第二八、二九、三○條有屆期仍未改善者，按次連續處罰至其改善為止之規定。

三、多階段處分與單階段處分

「多階段行政處分」與一般由行政機關獨力作成之「單階段行政處分」有所區別。因此，單階段行政處分係指不需經由他機關即可作成之行政處分，而多階段行政處分[41]則係指某一行政處分之作成，依法須多數機關提供協力或參與[42]者稱之。例如，營利事業欠稅達新臺幣200萬元以上者，依稅捐稽徵法第二四條第三項規定，得由財政部函請內政部入出國及移民署限制其負責人出境，亦即，後者限制出境係以前者通知行為為依據，而屬多階段行政處分，又如外國人申請就業金卡，包括工作許可、居留簽證、外僑居留證及重入國許可證，經勞動部、外交部同意，由移民署核發之。與前述略有差異的是多階段行政程序，係指多個行政處分間，彼此有前後牽連關係所形成的法律關係，如外勞由勞動部核發工作許可後，移民署核發居留證係以前者工作許可為依據，形成緊密關聯之多階段行政程序（107年移民特考題目）。

四、要式處分與非要式處分

行政處分之作成，以「是否應以特定方式為之」的標準，得區分為要式與非要式兩種。前者固有助於法的安定性與權利之保障，但亦造成行政之過度負擔。故基於行政之彈性與機動性，並為提高行政之效率，我國行政程序法第九五條規定：「行政處分除法規另有要式之規定者外，得以書面、言詞或其他方式為之。以書面以外方式所為之行政處分，其相對人或利害關係人有正當理由要求作成書面時，處分機關不得拒絕。」兼採要式與非要式兩種方式，除法律規定要式行為外，其餘則容有行政機關依裁量為之，得以書面、言詞或其他方式為之。其他方式如警察之交通指揮手勢、電報、E-Mail等。

(一)要式之行政處分

所謂要式之行政處分，係指行政處分之作成應以特定之方式作成。行政處分之作成，原則上並非以應具備特定要式為必要，如法律規定應以特定形式作

---

[41] 關於多階段行政處分，可參見：陳永福，多階段行政處分之研究，中央警察大學法律學研究所碩士論文，1998年。

[42] 通常前階段機關之參與方式包括有同意或許可，例如依照保全業法第五條，業者如欲經營保全業，須先向內政部申請許可核准後，再由縣市政府發給營業許可之處分。

成行政處分,則應以特定形式作成行政處分。例如:學位授予法第十四條,大學畢業之學位授予,應由大學製作學位證書,即應以製作學位證書之要式方式作成授予學位之行政處分。如法令規定應以要式方式作成行政處分,惟行政機關未能依規定以要式方式作成處分時,則屬違法之行政處分。其違法之法律效果如何,未能一概而論。如行政處分之作成應以證書為之,而行政機關未以證書為之者,依行政程序法第一一一條第二款乃屬無效。又如鄉鎮市公所發給自耕能力證明未依內政部發布之「自耕能力證明書之申請及核發注意事項」內所規定之格式,製作自耕能力證明書,卻以一般書面公文方式充當證明書發與申請人,則該自耕能力證明書雖有瑕疵,然應非無效[43]。

應予注意者,書面之行政處分,並非即係所指之要式行政處分,必以法令規定處分之作成應以特定形式或格式者,始為要式之行政處分。如法令規定應以書面方式作成處分,則該處分因法令有要式規定而屬要式處分。惟如法令並無規定處分應以特定方式為之,而行政機關基於行政處分作成之裁量權限,決定以書面方式作成處分,該處分雖係書面處分,然不得稱之為要式之行政處分。準此,要式與否,應以處分之作成,法令就有無硬性規定應依特定形式而作成為準,非以是否為書面為準。

(二)非要式之行政處分

除前述要式之書面作成之行政處分外,我國行政程序法尚容許非要式行政處分之存在。其包括言詞或其他方式等非要式之處分。言詞之處分如警察分局長對集會遊行者之命令解散。其他方式例如:言詞以外之方式,如透過公告或廣播等。

五、擬制行政處分

擬制行政處分,係將不符行政處分要件之行為,因其性質、表現方式或經由解釋或法令規定,而轉化為行政處分稱之。

---

[43] 吳庚,同前揭註8,頁391以下。

(一)事實所需

擬制行政處分，是指訴願機關或法院對某些具有強制性質，且影響當事人權益，為使其有救濟之可能，將本屬於強制性的事實行為，視為行政處分。早期因提起訴願，必須以行政處分為前提，而將強制處分中的即時強制，擬制為行政處分。法規所授與之行政處分，亦即，行政處分是行政機關意思表示而發生法效果之行政行為，若行政機關不作為或沈默不作表示時，法規上規定一定期間的不作為時，就發生一定法效果，即可稱為法規上擬制的行政處分[44]。

(二)法令轉化

如集會遊行法第十二條：「室外集會、遊行申請之許可或不許可，主管機關應於收受申請書之日起三日內以書面通知負責人。依第九條第一項但書之規定提出申請者，主管機關應於收受申請書之時起二十四小時內，以書面通知負責人。主管機關未在前二項規定期限內通知負責人者，視為許可。」以及訴願法第二條：「人民因中央或地方機關對其依法申請之案件，於法定期間內應作為而不作為，認為損害其權利或利益者，亦得提起訴願。」上述條文將行政機關一定期間的不作為視為已為意思表示而擬制為具有一定效果的行政處分。

(三)司法解釋

釋字第四二三號解釋，將本屬觀念通知的舉發單擬制為行政處分。釋字第六〇四號解釋，將警察舉發單的開具，視為具有行政罰效力的行政處分，此舉將會產兩行政處分（事後交通裁決所開具或罰處分書）先後存在的問題，而在救濟上將有重複的困惑。

在此要區別的是，靜態之違規停車，屬警察管轄可以認定為行政處分，有關動態如違規駕車，則不屬警察管轄，舉發視為觀念通知較妥。

第五節　行政處分之合法性要件

一、意義

依行政程序法第四條：「行政行為應受法律及一般法律原則之拘束。」就

---

[44] Franz-Joseph Peine, Allgemeines Verwaltungsrecht, 7.Aufl. 2004, S.115.

此，行政處分係為行政行為之一種，當然地應該遵守有關依法行政之原則。

然而，吾人欲判斷行政處分是否合法，首先必須檢驗行政處分是否係由權限之機關所作成？其次，應審查行政處分之形式合法性，亦即檢驗行政處分之程序上及形式上規定，是否合於法律之規定。最後，再就行政處分之內容，是否合於現行法律之規定加以檢驗，以確保行政處分之實質合法性[45]。

此外，欠缺形式及實質合法要件之行政處分，吾人稱其為瑕疵行政處分。

二、行政處分合法要件之判斷標準

判斷行政處分合法性之基準，在行政處分形式合法性（程序法）之觀點下，一般係以頒布行政處分之時點作為判斷行政處分合法性之基準時點，此種時間點之確定標準，對於若干一經頒布即已完成之行政處分（如警察之下令解散）較無問題。但若行政處分係屬於具持續效果者（如營業許可），其時點應如何判斷則有爭議。

在實質合法性（實體法）之觀點下，行政處分基於法律或事實變更，而其內容規定不再符合現行法之規定，而成為違法時（嗣後違法），在形式上須問該違法行政處分應否被撤銷或廢止。亦即，行政處分作成時為合法，然而其後因情事變更而成為（實質）違法之行政處分，而此種行政處分是否應予（合法）廢止或（違法）撤銷？（採廢止說）吾人認為應參考廢止行政處分之規定予以判斷，亦即針對具持續效果之行政處分，原則上以「現在之時點」判斷行政處分之合法性，至於作成時為合法，嗣後成為違法之行政處分得否廢止，則以信賴保護原則予以處理[46]。

惟我國實務上仍採「原時點」作為判斷行政處分合法性之基準，僅以行政處分作成時為合法，即不生「嗣後違法」之問題。例如，舊有營業場所本已取

---

[45] Maurer, Allgemeienes Verwaltungsrecht, 12.Aufl., 1999, S.229.
[46] 「情事變更」原因可能是「始料未及」者，也可能是得以「事前預估」者。行政程序法第一二三條第一款至第三款所定之廢止事由，性質上為「事前預估」之情事變更。而同條第四款及第五款之廢止事由，則屬「始料未及」之情事變更。
二者在規範上之區分實益則為：廢止處分作成後，應否給予信賴補償。若屬事前預估者，原則上不給予信賴補償；若屬始料未及者，則應給予信賴補償（行政程序法第一二六條規定參照，並參考最高行政院一〇九年判字第五六六號判決）。

得營業許可，因消防法之變更而不符合現行法之規定，而成為實質上違法之行政處分，而我國實務採原時點作為判斷合法性之基準，因此，法律變更前仍以變更前之法律狀態為判斷行政處分之合法性。

其次，所謂行政處分違法性之判斷，均係指行政處分「實質上之違法」（內容違法），而對於一些書寫、計算或電腦等明顯不正確之錯誤（形式上違法），則僅屬輕微錯誤非屬此處所謂「實質上之違法」，因為這些錯誤頒布機關隨時可以更正之。我國行政程序法第一○一條規定：「行政處分如有誤寫、誤算或其他類此之顯然錯誤者，處分機關得隨時或依申請更正之。」即屬此種情形。在此種情形下，當事人因該項錯誤而授益之處分，不得主張信賴保護原則。

三、有權管轄之機關

行政處分必須由具有土地管轄及事務管轄之機關為之，事務管轄係指依法所擔負之任務，土地管轄係指主管機關事務所及之區域。

土地管轄之問題實務上比較容易區分，但事務管轄在我國屬於大問題。經常介於各部會間產生事權爭議。例如有關兩性之間的管轄法規有性別工作平等法（勞動部）、性別教育平等法（教育部）以及性騷擾防治法（縣市政府），分別不同管轄機關。但也可能產生中央與地方管轄爭議，如土地徵收權限屬中央內政部，縣市政府無管轄權。

四、形式之合法要件

所謂形式合法性，係檢驗行政處分之作成，其踐行之程序是否合法而言：

(一)管轄

行政處分必須由有事務以及土地管轄機關所頒布。土地管轄是指行政機關在其所隸屬之區域範圍內，有權頒布行政處分。如新北市政府土地專屬管轄為新北市區域範圍內。事務管轄是指有權處理法律授予之行政任務，如警察管理治安與交通等任務。

(二)作成程序

　　作成行政處分所應踐行之何種程序，原則上由行政機關裁量為之，但法律會規定一些程序要件，如依法申請、其他機關之參與決定或陳述意見等，歸類為狹義行政程序[47]之一環。

　　依行政程序法之規定，作成行政處分時，主要應經兩種行政程序：1.聽證程序、2.賦予陳述意見機會[48]，二者之目的，均係藉由賦予人民參與作成行政處分之機會，使當事人有機會表達意見，藉此影響程序之結果，讓機關認知當事人之意見並於決定中加以考量，聽證程序較為冗長稱之為正式程序，反之陳述意見則稱為非正式程序：

1.聽證

　　依行政程序法第一〇七條規定：「行政機關遇有下列各款情形之一者，舉行聽證：一、法規明文規定應舉行聽證者。二、行政機關認為有舉行聽證之必要者。」基此，聽證程序是否踐行，原則上除法規有明文規定應進行聽證程序外，行政機關得考量案件對人民權利影響之嚴重性、爭議性之大小等因素，依職權決定是否進行聽證程序。如案件影響層面廣泛，各方意見爭議不斷時，應依職權召開聽證程序，以使行政機關所作成之決定盡可能達到正確之地步。

　　自行政程序法實施後，法律規定之聽證有逐漸增多之趨勢，屬於依職權之聽證，公平交易委員會依據公平交易委員會舉行聽證應行注意事項，智慧財產局依據商標爭議案件聽證作業要點舉行聽證，法規聽證，如經濟部貿易委員會依進出口就寄案件處理辦法辦理聽證，通訊傳播委員會依據通訊傳播委員組織法第十條第八項之聽證規定等[49]。而有關聽證，行政程序法第五四條至第六六條尚有規定，包括有：(1)當事人之權利：收受通知權（第五五條）、提出證據權／表達意見權（第六一條）、聲明異議權（第六三條）；(2)聽證之程序：期日與場所（第五六條）、主持人（第五七條、第六二條）、預備聽證（第五八條）、聽證之公開（第五九條）、聽證之開始、紀錄、終結及再為聽

---

[47] 而廣義的行政程序係指行政機關為特定行政行為時，所進行之各種程序，即行政程序法第二條第一項所規定之：「本法所稱行政程序，係指行政機關作成行政處分、締結行政契約、訂定法規命令與行政規則、確定行政計畫、實施行政指導及處理陳情等行為之程序。」

[48] 當然，除此之外還包括有迴避、閱覽卷宗權等程序，在此僅舉其要者。

[49] 郭介恆，行政聽證制度之實證分析及法制變革建議，法學叢刊，第57卷第1期，2012年1月，頁37以下。

證（第六〇條、第六四條、第六五條及第六六條）。

2.陳述意見

行政程序法第一〇二條規定：「行政機關作成限制或剝奪人民自由或權利之行政處分前，除已依第三十九條規定，通知處分相對人陳述意見，或決定舉行聽證者外，應給予該處分相對人陳述意見之機會。但法規另有規定者，從其規定。」依此規定，行政機關對特定人在作成負擔處分前，原則上必須給予人民（相對人）陳述意見之機會，以避免行政機關之恣意專斷，並確保該相對人之權益。也因此，給予人民陳述意見機會之目的，在於貫徹依法行政、維持行政處分之正確性、減少訟源及人民權益之保障。而行政程序法第一〇四條就行政機關通知相對人陳述意見之義務亦有明確規定。

在此有疑義的是，行政機關在頒布具有「負擔性質之一般處分」前，是否須給予因該處分而致權益有所影響之人民陳述意見之機會？本書認為應目的性擴張行政程序法第一〇三條第一項第一款「大量作成同種類處分」之解釋，而得不給予人民陳述意見之機會[50]。因為一般處分與大量作成同種類處分同樣具有行政效率之考量，故難以一一踐行給予陳述意見之程序。

最後，如符合以下之例外情形時，行政機關得不給予人民陳述意見之機會，此例外情形包括有行政程序法第一〇二條所規定之：「……已依第三十九條規定，通知處分相對人陳述意見，或決定舉行聽證者……。」及同法第一〇三條規定：「……一、大量作成同種類之處分。二、情況急迫，如予陳述意見之機會，顯然違背公益者。三、受法定期間之限制，如予陳述意見之機會，顯然不能遵行者。四、行政強制執行時所採取之各種處置。五、行政處分所根據之事實，客觀上明白足以確認者。六、限制自由或權利之內容及程度，顯屬輕微，而無事先聽取相對人意見之必要者。七、相對人於提起訴願前依法律應向行政機關聲請再審查、異議、復查、重審或其他先行程序者。八、為避免處分相對人隱匿、移轉財產或潛逃出境，依法律所為保全或限制出境之處分。」

(三)作成方式

行政程序法第九五條第一項規定：「行政處分除法規另有要式之規定者

---

[50] 目的性擴張是指法律之解釋，是指在法目的範圍內做擴張解釋，仍屬合乎法目的之解釋，非類推解釋，處罰之規定不得類推，但目的性擴張解釋仍在許可範圍內。

外，得以書面、言詞或其他方式為之。」就此學說上稱之為作成行政處分的「方式自由原則」。亦即，行政處分之作成，並不限於以書面、證書或其他特定形式始得為之，即使以言語、手勢、舉牌皆得為行政處分，且行政處分作成之方式，原則上係為行政機關所得裁量之事項，除有特別之要式規定外，不論以何種方式作成處分，均為合法。

但以書面方式作成行政處分，具有明白、容易證明以及檔案管理方便等優點，而屬於行政機關作成行政處分時較為一般性、常態性的方式。基此，似應以書面作成行政處分之方式為原則，而非以書面做成行政處分之情形，應視該等行政處分之作成，以言詞、符號或其他默示方式，較易達成行政處分之目的者為限，始為妥適[51]。

並依照本條第二項之規定：「以書面以外方式所為之行政處分，其相對人或利害關係人有正當理由要求作成書面時，處分機關不得拒絕。」而作成書面處分時，應記載事項則依行政程序法第九六條第二項準用第九六條第一項有關書面行政處分應記載事項之規定[52]，此外必須注意的是，「作成書面」並非是指重新做成一個新的行政處分，而僅屬於確認或證明原已作成之行政處分之文書。

1.其他行政處分之作成方式

基於作成行政處分之「方式自由原則」，行政機關除以書面方式作成行政處分時，須依照法定（行政程序法及其他法規）方式作成外，原則上行政機關欲以其他口頭（如警察機關之下令）、E-mail等方式作成（如外國人向內政部移民署申請就業金卡，移民署駁回其申請），並無限制，而屬於行政機關之裁量權。

2.書面處分之應記載事項

行政機關若以書面作成行政處分時，依照行政程序法第九六條第一項之規定，行政處分書應記載下列事項，俾使處分相對人除知悉行政處分之內容外，亦可明瞭如不服該行政處分時之救濟途徑：

(1)得辨別處分相對人之特徵：（自然人：姓名、出生年月日、性別、身

[51] 陳敏，同前揭註11，頁383。
[52] 陳敏，同前揭註11，頁384。

分證統一號碼、住居所或其他足資辨別之特徵／法人：其名稱、事務所或營業所，及管理人或代表人之姓名、出生年月日、性別、身分證統一號碼、住居所。）

(2)處分之內容：包括主旨（主文）、事實、理由及其法令依據。而主旨、事實、理由及其法令依據，雖未逐一分別列出，但可自行政處分書中得知者，則非屬瑕疵之情形。

(3)處分之附款：處分內容若有附款者，應同時載明附款之內容。

(4)處分機關：處分書亦應由機關首長署名、簽章，若由代理人或受任人為之，須同時於下簽名。但以自動機器作成之大量行政處分，得不經署名，以蓋章為之。

(5)發文字號之記載：處分書應載明發文字號及年月日，此一事項之記載涉及時效之問題，行政機關在頒布處分時猶須注意。

(6)救濟途徑之告知：處分書中應表明為行政處分之意旨及不服行政處分之救濟方法、期間及其受理機關。

但並非所有以書面方式作成之行政處分皆須記明理由。就此，行政程序法第九七條設有以下之例外規定：「書面之行政處分有下列各款情形之一者，得不記明理由：一、未限制人民之權益者。二、處分相對人或利害關係人無待處分機關之說明已知悉或可知悉作成處分之理由者。三、大量作成之同種類行政處分或以自動機器作成之行政處分依其狀況無須說明理由者。四、一般處分經公告或刊登政府公報或新聞紙者。五、有關專門知識、技能或資格所為之考試、檢定或鑑定等程序。六、依法律規定無須記明理由者。」

(四)說明理由

行政處分必須對其所為之事實或法律決定說明之，根據何事實及所依據之法條為何，亦即，決定性主要之事實或法律觀點，加以說明之。若涉及裁量權時，則應附上裁量考量之觀點。

理由說明是機關的自我審查，首先在事實及法律之觀點下仔細考慮並足夠確保合法性。對人民而言，藉由理由說明知其合法性並判斷訴訟勝算之機會。最後，對訴願機關及行政法院而言亦可確定，機關判斷及其考量之基礎，處理

上較為容易[53]。

(五)行政處分之通知與錯誤更正

1.行政處分之通知

行政程序法第一一〇條規定：「書面之行政處分，應送達相對人及已知之利害關係人；書面以外之行政處分，應以其他適當方法通知或使其知悉。一般處分之送達，得以公告或刊登政府公報或新聞紙代替之。」此為行政處分之通知，其意義在於行政機關將行政處分之決定內容，告知因該處分涉及之相對人或利害關係人，使其知悉該處分之存在，並使行政處分藉由行政機關通知其相對人或利害關係人，而發生外部效力[54]。行政處分未對外通知或公告時，尚屬行政機關內部之文件。

並依照上開規定之內容，吾人得將行政處分通知之型態，區別為下列三種模式：口頭、電話告知、傳真、電子郵件、書面送達、公告於政府公報及新聞媒體等方式。然而，行政機關應以何種方式而為通知？依照行政程序法之規定，包括有：(1)以書面作成之行政處分——送達（行政程序法第一〇〇條第一項前段，並同法第六七條至第九一條就送達之程序有詳細之規定）；(2)非以書面作成之行政處分——其他適當方法通知或使其知悉（行政程序法第一〇〇第一項後段），例如以言詞、默示、手勢等屬之；(3)一般處分——公告（行政程序法第一〇〇第二項）。若法律無特別規定時，則應屬於行政機關之裁量權。

但並非所有之行政處分一經送達或通知或公告即發生效力，若該行政處分有另訂不同日期者，從其規定（行政程序法第一一〇條第二項但書）。

行政處分經通知後產生效力，也開啟救濟期間的計算始點[55]，但行政處分若以同樣內容多次對當事人通知，則以第一次通知為準（第二次以後的重複通知，稱之為觀念通知），計算其救濟期間。行政處分以通知當事人後產生外部效力。而瑕疵之通知（送達給未滿十二歲之家屬或應寄掛號卻以一般信件處理

---

[53] Maurer, Allgemeines Verwaltungsrecht, 9.Aufl., 1994, S.224.

[54] 對行政機關而言，行政處分之作成在尚未通知當事人前，僅屬於內部行為（具有內部效力），在頒布前其仍得隨時更改或放棄該行政處分之頒布。

[55] Schweichhardt/Vondung, AllgemeinesVerwaltungsrecht, 8.Aufl. 2004, S.140.

等），該行政處分原則上不生效力，但行政程序法第九八條規定，處分機關告知之救濟期間有錯誤時，應由該機關以通知更正之，並自通知送達之翌日起算法定期間，瑕疵之通知例外可以更正的規定。

例如，人民申請案，因證件不齊，原處分機關要求當事人補齊證件，未如期補證，則將退回申請案。

2.行政處分之更正

行政程序法第一〇一條規定：「行政處分如有誤寫、誤算或其他類此之顯然錯誤者，處分機關得隨時或依申請更正之。（第一項）前項更正，附記於原處分書及其正本，如不能附記者，應製作更正書，以書面通知相對人及已知之利害關係人。（第二項）」

蓋行政處分若尚未通知相對人或利害關係人之前，仍屬內部行為，行政機關得隨時變更。但若該行政處分業經通知後，則產生存續力而不得任意變更，僅得於救濟程序予以變更之。惟行政處分之頒布若有顯然錯誤者，基於法律明確性及程序經濟利益的考量，本條授權行政機關，得隨時以書面將顯然之錯誤予以更正。

然而，顯然錯誤的意義係指若由行政處分之關聯性、規範之字義、意義、目的或該處分頒布之過程顯示出行政處分有錯誤，而當事人亦就此有所認知者，其不正確性，亦即，可由行政處分頒布之有效內容，比較其理由與決定後，顯示出行政處分之錯誤者。例如本條所稱之誤算（計算錯誤）、誤寫（誤寫姓名、住址、門牌號碼）等是。行政處分之更正，應由原處分機關本於職權裁量而隨時予以更正，此種更正不因該處分具有形式存續力而受有影響。此外，如該處分涉及當事人權益時，當事人亦得申請更正[56]。並且，更正之方式應製作更正書並附記於原處分書及其正本，如不能製作更正書附記者，則應以書面通知相對人及已知之利害關係人。

就其效力而言，更正後之效力係溯及至行政處分之頒布時，並其所適用範圍乃不限於由書面所作成之處分，在更正之內容上則包括有行政處分之決定、理由等，至於錯誤之原因或更正後有利何者則在非所問。

---

[56] 但當事人申請更正者，則應負有「協力義務」，例如隨申請書附上相關文書以利更正等。見：李惠宗，行政法要義，元照出版，2008年9月，四版，頁329。

　　例如，原處分機關將當事人所申請之建築物本屬於三層樓房，誤繕寫為十層，但因有照片為證，顯然屬於誤繕則可以更正之。

(六)告知救濟途徑之義務（教示義務）

　　救濟方法之教示義務，係為了便於人民行使救濟權利所設，因此行政程序法第九六條第一項第六款規定：「表明其為行政處分之意旨及不服行政處分之救濟方法、期間及其受理機關。」但若行政機關就救濟方法、期間及其受理機關」未為救濟之告知或告知有誤時，此時即屬於「教示瑕疵」，其法律效果依照行政程序法第九八條、第九九條之規定分別處理：

1.救濟期間之教示瑕疵

　　行政程序法第九八條：「處分機關告知之救濟期間有錯誤時，應由該機關以通知更正之，並自通知送達之翌日起算法定期間。（第一項）處分機關告知之救濟期間較法定期間為長者，處分機關雖以通知更正，如相對人或利害關係人信賴原告知之救濟期間，致無法於法定期間內提起救濟，而於原告知之期間內為之者，視為於法定期間內所為。（第二項）處分機關未告知救濟期間或告知錯誤未為更正，致相對人或利害關係人遲誤者，如自處分書送達後一年內聲明不服時，視為於法定期間內所為。（第三項）」

2.救濟機關之教示瑕疵

　　救濟機關之教示瑕疵，係指就人民提起救濟之管轄機關，告知有誤或是未為告知。針對此種教示瑕疵之處理，行政程序法第九九條定有明文：「對於行政處分聲明不服，因處分機關未為告知或告知錯誤致向無管轄權之機關為之者，該機關應於十日內移送有管轄權之機關，並通知當事人。（第一項）前項情形，視為自始向有管轄權之機關聲明不服。（第二項）」例如某甲不服臺北市政府環保局之罰鍰，就此情形之訴願管轄機關應為臺北市政府，但該處分書卻誤植為行政院環保署之情形屬之。

五、實質之合法要件

　　係檢驗行政處分之內容，事實之認定，法規之解釋與引用是否符合現行法律、法律原則以及憲法之規定。諸如：

(一)法律優越原則之審查

係檢驗行政處分是否符合現行法律及一般法律原則或法律原理之規定,甚或檢驗是否與憲法意旨相符合。

(二)法律保留原則之審查

係檢驗行政處分是否具有合理之授權基礎。在法律保留所及範圍內,行政處分之頒布需法律之授權。若行政處分所依據之法規觸犯較高法規或違憲時,則亦屬缺乏法律之授權。

(三)裁量瑕疵之審查

若行政機關擁有裁量權,而行政處分之頒布,係基於裁量而來,則裁量必須合於法律規定,亦即應嚴守裁量之界限並使其符合法律授權之目的,不得逾越裁量、濫用裁量或違反憲法上之比例原則、平等原則或信賴保護原則等,而屬裁量瑕疵之違法。

(四)比例原則之審查

尤以作成負擔之行政處分時,考量公益及私益間之衡平性,應特別注意考量目的與手段間合理性之比例原則。

(五)明確性原則之審查

行政處分之內容應有足夠之明確性,使當事人認定明確及機關決定明確。

(六)事實之認定與法規解釋與適用之審查

亦即審查事實之認定,是否符合經驗法則及論理法則,法律之解釋是否符合一般法邏輯之解釋標準。

六、合法行政處分之廢止

所謂行政處分之廢止,係指行政機關將業已發生效力之合法行政處分予以廢棄[57],而針對廢止合法行政處分之要件,又因行政機關其所廢棄者係為授益處分或負擔處分而有所不同:

---

[57] 而針對違法行政處分之廢棄則稱為「撤銷」,就此請參照次節有關之敘述。

(一)授益處分的廢止

因為行政機關原先所作成之行政處分係為合法，因此「依法行政原則」（合法性）與信賴保護原則乃立於同等地位上，但如法律或事實之變更使原來合法之行政處分轉變成違法行政處分，則會使二者重新出現緊張關係，此時必須具備有法定要件始得廢止。

就此，行政程序法第一二三條規定：「授予利益之合法行政處分，有下列各款情形之一者，得由原處分機關依職權為全部或一部之廢止：一、法規准許廢止者。二、原處分機關保留行政處分之廢止權者。三、附負擔之行政處分，受益人未履行該負擔者。四、行政處分所依據之法規或事實事後發生變更，致不廢止該處分對公益將有危害者。五、其他為防止或除去對公益之重大危害者。」

第四款與第五款之情形，對受益人因信賴該處分致遭受財產上之損失，應給予合理之補償。第四款、第五款屬情事變更或公益考量，非可歸責於當事人，其廢止應給予適當之補償。

(二)負擔處分的廢止

負擔處分的廢止，其要件規定於行政程序法第一二二條：「非授予利益之合法行政處分，得由原處分機關依職權為全部或一部之廢止。但廢止後仍應為同一內容之處分或依法不得廢止者，不在此限。」行政機關在基於行政處分所依據之事實或法律之變更，而將對人民產生不利效果的行政處分予以撤銷，原則上應屬於行政機關之裁量權限，而無予以限制的必要。

但行政處分的廢止權之賦予並非因此毫無限制，如依照行政機關廢止該行政處分之法律狀態，而該處分必須存在（將作成之處分又與該處分內容相同）時，則似無予以廢止之必要。此外，廢止若有違背法律規定或是將違反平等原則時，亦不得廢止之。

第六節　行政處分之違法性

一、意義

關於行政處分，吾人得區分為二組概念而為理解：

　　第一組概念，是行政處分之「合法」或「違法」的區別：此涉及行政機關所作成之行政處分「是否合法」之判斷。合法行政處分廢止，而違法稱撤銷。

行政處分之終止：
撤銷與廢止

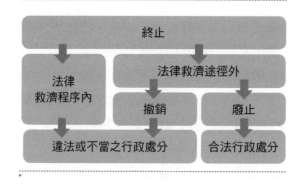

　　第二組概念，是行政處分之「有效」或「無效」的區別：行政處分若屬合法，則其應為有效，乃屬當然；但若是行政處分係屬違法時，其法律效果應為如何？通常法律秩序對於一行政行為之作成會提出一定之要求，若行政行為不符合法律要求時，則該行政行為係為「違法」並且「無效」。但立法者在得依實際情形選擇或決定其他的法律效果，亦即是雖該行政處分係屬違法，但依其情形得產生不同之依其各別違法之情節、輕重及方式，將產生有不同之瑕疵結果：

1.行政處分之違法情節如已達明顯及重大違法之程度，則行政處分應自始無效。
2.原則上違法之行政處分是可撤銷。
3.違法之行政處分得被轉換成合法之行政處分。
4.程序錯誤若可補正或其不影響內容規定，則可補正，無須特別注意之。
5.具有明顯性錯誤之行政處分，可隨時更正之。
6.錯誤或不正確法救濟手段之教示，雖無關其法效性，但卻構成救濟期間之延長等其他法律效果。

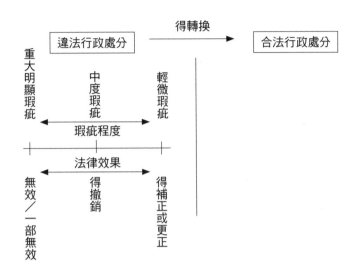

因此，在具體個案的審查上，吾人應先檢視違法行政處分之瑕疵程度是否已達到明顯、重大之「無效」？「一部無效」？得否「轉換」為合法行政處分？或該行政處分之瑕疵程度尚屬輕微予以「補正」即可，甚至是「效力不受影響」？此時，若某一行政處分不符合上開要件時，則得確定該行政處分得予以撤銷。

二、行政處分之無效

(一)意義

所謂無效之行政處分，係指行政機關雖然在形式上業已作成了行政處分，但其處分之內容在實質上具有重大、明顯之瑕疵，因此未能符合法律之要求而自始、當然地不發生效力之行政處分。

而行政處分之無效，必須與「不存在之行政處分」有所區別，後者之概念係指行政機關根本「未有作成」行政處分之客觀事實，而與無效行政處分之前提是行政處分「業已存在」而有不同。

(二)行政處分無效之概括規定

依照行政程序法第一一一條第七款規定，行政處分有重大明顯之瑕疵者，無效。此規定係指行政處分若具有特別重大且綜觀所有狀況皆得認為其明顯瑕疵時，則該行政處分無效，此即吾人所稱的「明顯理論」。

其行政處分雖有瑕疵仍存續有效不能再干預的法安定性原則，而認為基於明顯及重大瑕疵之行政處分不適用法安定性原則，而應為無效[58]。

另外，在此所謂「明顯錯誤」的判斷，非以當事人主觀之想像或法律人之認知能力作為認定標準，而是以有注意能力及理解能力之人民，其所作出的觀察來作判斷。不過此種判斷標準仍非屬明確，因此必須藉由個別規定例示各種可能構成行政處分無效的事由來協助判斷[59]。

(三)行政處分無效之個別規定

無效行政處分之個別原因，於行政程序法第一一一條第一款至第六款有所規定：「行政處分有下列各款情形之一者，無效：一、不能由書面處分中得知處分機關者。二、應以證書方式作成而未給予證書者。三、內容對任何人均屬不能實現者。四、所要求或許可之行為構成犯罪者。五、內容違背公共秩序、善良風俗者。六、未經授權而違背法規有關專屬管轄之規定或缺乏事務權限者。」例如：某甲已死亡，其子以甲名義，申請建築許可，主管機關未詳為審就，而發給建築許可，此建築許可應可認為是無效的行政處分。

(四)行政處分無效之效果

無效行政處分之法律效果，依照行政程序法第一一〇條第四項之規定，係為自始、當然不生效力。

基此，人民對無效之行政處分即無服從義務，原則上應不須採取任何救濟行動[60]，而行政機關則按行政程序法第一一三條第一項，得依職權確認其為無效[61]。但為確保人民之權益及預防機關貫徹無效之行政處分，人民對其最好在所規定之時間內提起確認之訴，較為恰當。此外，主管機關也可依行政程序法第一一七條之職權撤銷之。

---

[58] Maurer, Allgemeines Verwaltungsrecht, 7.Aufl., 1990, S.220.

[59] 許宗力，同前揭註36，頁535。

[60] 陳敏教授認為，人民僅要在行政機關執行該處分時，請求行政機關其為無效或向行政法院提起確認無效之訴即可。參見：陳敏，同前揭註11，頁411-413。

[61] 惟陳新民教授認為，行政程序法第一一三條第一項之規定係屬於「機關確認原則」（宣告無效制），換言之，其認為依此規定，某一行政處分是否無效必須由行政機關所確認，而非有待人民請求確認即「當然無效」。參照：陳新民，行政法學總論，作者自版，2005年9月，八版，頁356-357。

三、行政處分之撤銷

(一)意義

　　行政處分之作成，如違反法律之規定而構成違法時，依其違法程度不同違法之法律效果也有所差異。例如，行政處分之作成欠缺形式合法要件時（管轄權、程序參與、通知等）通常得經由「補正」，使其成為合法之行政處分；而如行政處分之作成違反實質合法要件時，此種違法較不易補正，而構成撤銷之條件。

(二)授益行政處分的撤銷

1.發展及問題面

　　我國早期學說及實務，基於「依法行政原則」之要求，普遍認為某行政處分若有違法或不當時，基本上得隨時予以撤銷[62]。我國修法前之訴願法第十七條第二項亦規定：「訴願因逾越法定期限決定駁回時，若原行政處分顯屬違法或不當者，原行政處分機關或其上級機關得依職權變更或撤銷之。」亦即，強調合法狀況之回復，因而要求撤銷違法之行政處分。

　　然而，德國法院實務在二次戰後受到「信賴保護原則」的影響，認為授益行政處分的撤銷因為「信賴保護原則」而必須約束，信賴保護原則顧及人民對機關所頒行政處分之信任，並因此要求違法行政處分之維持。我國行政程序法第一一七條以下，亦就此有所規定：「違法行政處分於法定救濟期間經過後，原處分機關得依職權為全部或一部之撤銷；其上級機關，亦得為之。但有下列各款情形之一者，不得撤銷：一、撤銷對公益有重大危害者。二、受益人無第一百十九條所列信賴不值得保護之情形，而信賴授予利益之行政處分，其信賴利益顯然大於撤銷所欲維護之公益者。」

　　綜上所述，其要求行政處分之撤銷不應僅以依法行政原則為考量，而應顧及信賴保護原則，但吾人應如何決定是否撤銷原處分？就此原則上應衡量事件的具體狀況後而定之。

---

[62] 管歐，中國行政法總論，作者自版，1989年10月，二十六版，頁463。

2.信賴是否值得保護

信賴保護之前提係指，授益人信賴行政處分之存在，並其信賴在考量公共利益撤銷下仍具保護必要時，屬之。然而，當事人是否在此有信賴值得保護之情形？吾人試以下列順序予以審查：

(1)授益人是否確實信賴行政處分？

如何證明信賴性，通常應就受益人是否對此處分以採取相當之措施來判斷。例如對中小企業補助，企業已將補助資金作為廠房設備之用，即屬此種情形。

(2)有否排除適用之理由？

（須不構成行政程序法第一一九條所列事由）

- 行政處分係其以欺騙、威嚇或不正當手段求取之。
- 行政處分係受其不正確或不完全的說明或提供資料之影響。但若錯誤屬機關所疏忽，則非屬之。
- 認知行政處分之違法性或基於重大過失而不知其違法性。

(3)信賴利益大於公共利益

若保護利益較重時，則給付決定（若非屬持續性給付）不得撤銷，而其他行政處分，則有損失補償之請求權。信賴保護原則，既然為憲法上的原則，故行政機關若觸犯該原則，而撤銷行政處分，造成當事人權益受損時，則當事人得提起行政救濟及申請補償。

行政程序法第一二○條規定：「授予利益之違法行政處分經撤銷後，如受益人無前條所列信賴不值得保護之情形，其因信賴該處分致遭受財產上之損失者，為撤銷之機關應給予合理之補償。前項補償額度不得超過受益人因該處分存續可得之利益。關於補償之爭議及補償之金額，相對人有不服者，得向行政法院提起給付訴訟。」

最後，吾人得將「信賴保護原則」之內涵與要件區分如下[63]：

(1)積極面

- 受益人信任行政處分的存續。
- 其信任有保護之必要。

---

[63] 就此有關的相關實務見解整理，請參考：黃俊杰，行政法，三民書局，2011年10月，頁345-346。

・其信賴利益重要性大過於公共利益所欲回復的合法性。

(2)消極面

・行政處分之受益人不得以欺騙或不正當手段求取之。

・非屬明知或應知違法性之存在，亦即，須是善意第三人。

・違法之引起非屬受益人責任範圍（例如提供不正確之資料）。

(三)負擔處分的撤銷

　　依照行政程序法第一一七條之規定，是否撤銷負擔處分，係屬行政機關之裁量權限。

(四)撤銷期間之規定

　　行政程序法第一二一條之規定：「第一百十七條之撤銷權，應自原處分機關或其上級機關知有撤銷原因時起二年內為之。前條之補償請求權，自行政機關告知其事由時起，因二年間不行使而消滅；自處分撤銷時起逾五年者，亦同。」

　　第一二一條明示「知」為撤銷權除斥期間之起算點，在授益行政處分之撤銷，且其撤銷純係因法律適用之瑕疵時，尚非僅以原處分機關或其上級機關可得知悉違法原因時，為除斥期間之起算時點，仍應自有權撤銷之機關確實知曉原作成之授益行政處分有撤銷原因時，起算二年之除斥期間。又是否確實知曉有撤銷原因者，乃事實問題，自應具體審認[64]。

(五)違法行政處分撤銷之效力

　　行政程序法第一一八條規定：「違法行政處分經撤銷後，溯及既往失其效力。但為維護公益或為避免受益人財產上之損失，為撤銷之機關得另定失其效力之日期。」

(六)處分失效不當得利之返還

　　行政程序法104年修正增列第一二七條第三項，明定授予利益行政處分之不當得利返還，應以書面行政處分確認返還範圍，並限期命受益人返還之。該條稱：「授予利益之行政處分，其內容係提供一次或連續之金錢或可分物之給

---

[64]　參閱最高行政法院一〇二年二月份第二次庭長法官聯席會議決議。

付者，經撤銷、廢止或條件成就而有溯及既往失效之情形時，受益人應返還因該處分所受領之給付。其行政處分經確認無效者，亦同。（第一項）前項返還範圍準用民法有關不當得利之規定。（第二項）行政機關依前二項規定請求返還時，應以書面行政處分確認返還範圍，並限期命受益人返還之。（第三項）前項行政處分未確定前，不得移送行政執行。（第四項）」

　　增訂第三項，明定行政機關於授予利益行政處分因撤銷等原因，而請求受益人返還公法上不當得利時，應以書面行政處分確認返還範圍，並限期命受益人返還之，以符行政經濟原則，並杜爭議[65]。另考量受益人或有對前開命返還之處分不服而起起行政救濟之情形，為避免行政機關於上開處分未確定前，即移送行政執行，並增訂第四項，在命返還之行政處分未確定前，不得移送行政執行，以保障受益人權益[66]。

問題十

行政程序法規定，在那些情況下，人民的信賴不值得保護？請舉例說明之。又土地被徵收可以請求補償土地上之作物，在公告徵收前，所種植的作物是否應予補償？又在公告徵收後，再行依從來的使用而播種稻米，徵收機關是否應予補償？

　　本題應探討行政程序法第一一九條信賴不值得保護各款之情形。原則上公告前之作物應予補償，公告後則不予補償。

問題十一

減少公保養老給付得辦理優惠存款金額利息之規定有無違反信賴保護原則？

---

[65]　本題第三項係參考德國聯邦行政程序法於1996年修正，增訂第四九條之一，於該條第一項規定：「行政處分撤銷或廢止溯及既往發生效果，或因解除條件成就而失其效力者，已提供之給付應予返還。應返還之給付，以書面之行政處分核定之。」

[66]　法務部於104年12月11日，所發布「修正行政程序法第127條規定，行政機關請求人民返還公法上不當得利，不必法庭相見」新聞稿。

司法院釋字第七一七號解釋文稱：「銓敘部施行的退休公務人員公保養老給付金額優惠存款要點以及教育部施行之學校退休教職員公保養老給付金額優惠存款要點，有關以支領月退休金人員之每月退休所得，不得超過依最後在職同等級人員現職待遇計算之退休所得上限一定百分比之方式，減少其公保養老給付得辦理優惠存款金額之規定，尚無涉禁止法律溯及既往之原則。上開規定生效前退休或在職之公務人員及學校教職員對於原定之優惠存款利息，固有值得保護之信賴利益，惟上開規定之變動確有公益之考量，且衡酌其所欲達成之公益及退休或在職公教人員應受保護之信賴利益，上開規定所採措施尚未逾越必要合理之程度，未違反信賴保護原則及比例原則。」

四、行政處分之治癒

(一)行政處分之轉換

行政處分之轉換，係指由具有溯及效力之其他行政處分補救或治癒違法之行政處分，而將其轉變為合法之行政處分[67]。而就違法行政處分之轉換的限制，行政程序法第一一六條有所規定：「行政機關得將違法行政處分轉換為與原處分具有相同實質及程序要件之其他行政處分。但有下列各款情形之一者，不得轉換：一、違法行政處分，依第一百十七條但書規定，不得撤銷者。二、轉換不符作成原行政處分之目的者。三、轉換法律效果對當事人更為不利者。（第一項）羈束處分不得轉換為裁量處分。（第二項）行政機關於轉換前應給予當事人陳述意見之機會。但有第一百零三條之事由者，不在此限。（第三項）」因此，不具備以上條件之行政處分，得被轉換為新的內容。

而行政處分除了得由原處分機關及訴願機關而為轉換外，行政法院亦得轉換之，並人民亦得聲（申）請轉換之，不過現行實務上將違法行政處分轉換為合法行政處分之事例較為少見。

(二)行政處分之補正

行政處分之補正，係指行政處分在作成時即因違法而具有瑕疵，但因其瑕疵輕微，所欠缺之適法要件得於事後補足，使瑕疵得已被治癒，而成為有效之

---

[67] 李震山，行政法導論，三民書局，2019年2月，修訂十一版，頁346。

行政處分，有利於維持法安定性、簡化行政手續及提高行政效率。一般而言，雖然此一瑕疵較為輕微，但並非是所有的瑕疵行政處分都得予以補正，必須檢視瑕疵是否「重大而影響內容之決定」來加以判斷：

　　有些行政處分之瑕疵雖屬輕微，但涉及內容之決定（因此改變決定）時，原則上不允許補正，但若僅是輕微地違反方式或程序之規定（如理由或證據的補提），因其尚非造成實質上之影響，基於經濟原則或行政效率，應許其補正，而治癒該行政處分[68]。就此，行政程序法第一一四條規定：「違反程序或方式規定之行政處分，除依第一百十一條規定而無效者外，因下列情形而補正：一、須經申請始得作成之行政處分，當事人已於事後提出者。二、必須記明之理由已於事後記明者。三、應給予當事人陳述意見之機會已於事後給予者。四、應參與行政處分作成之委員會已於事後作成決議者。五、應參與行政處分作成之其他機關已於事後參與者。」

　　此外，為維持依法行政原則及正當法律程序的要求，同條第二項及第三項針對補正之期間亦設有規定：「前項第二款至第五款之補正行為，僅得於訴願程序終結前為之；得不經訴願程序者，僅得於向行政法院起訴前為之。（第二項）當事人因補正行為致未能於法定期間內聲明不服者，其期間之遲誤視為不應歸責於該當事人之事由，其回復原狀期間自該瑕疵補正時起算。（第三項）」

五、單純不正確的更正

(一)意義

　　單純的不正確是指這些錯誤並不會使行政處分違法性產生，如書寫錯誤、計算錯誤以及一些明顯不正確隨時可以更正。

(二)法律效果

　　依照行政程序法第一〇一條之規定，處分機關得隨時或依申請更正。

---

[68] 翁岳生，法治國家之行政法與司法，1994年6月，頁27。

問題十二

主管機關查獲某甲農地卻作工廠使用，除依違反區域計畫法第十五條規定，依同法第二一條第一項規定，以103年11月27日高市府地用字第10333730700號裁處書處訴願人30萬元罰鍰，並限期於104年12月31日前移除回填之轉爐石級配料，卻誤將限期改善至104年3月31日誤繕為至104年12月31日，試問主管機關是否可以更正，理由何在？

在未更正前，主管機關於4月2日前往該地，仍作工廠違規使用，主管機關可否依工廠管理輔導法以未辦理登記工廠處罰，理由何在？

　　就此，本案看似只是日期誤繕之更正，但其實不然，非屬明顯錯誤，且當事人已收受該通知書，也相信所告知內容，主管機關除非頒布另一行政處分，取代原處分，不得只做日期之更正。

　　改善期間之告戒處分屬於不利益處分，業者所觸犯行為若屬同一行為處罰之告戒，則在告戒期間內，應有信賴保護原則之適用，原主管機關原則上應忍受違法之存在。但若主管機關以當事人觸犯其他行為加以處罰，則仍得於限期改善其間內處罰他行為，而不受告戒期間之影響。

問題十三

行政處分有瑕疵時，其效力因瑕疵之類型而有不同，請詳細敘述之。又對於各種具有瑕疵之行政處分，相對人分別應如何主張救濟？

六、一部違法之行政處分及其效果

　　倘若行政機關所作成之行政處分，其一部違法而一部合法時，吾人是否僅須除去該違法部分而保留合法部分？行政程序法第一一二條規定：「行政處分一部分無效者，其他部分仍為有效。但除去該無效部分，行政處分不能成立者，全部無效。」

本書認為若符合以下要件者，則應採此種上開之見解：

- 該行政處分整體規範可分割並於具體個案中，在分離違法部分後其餘合法部分仍擁有獨立之意義者。
- 除去違法部分，機關有權頒布該合法部分之行政處分。

值得爭議的是，該行政處分是否得為分割的標準，有認為係以機關之意志為準，而另一見解則認為應以行政機關有義務作成該處分為限。

在此，如係頒布羈束處分時，自應視其在客觀情形有否作成義務而非以機關之主觀意志為準；但若是裁量處分，則應探求其裁量原意，是否其有意保持其餘合法處分之存在。以機關假設之意志為準，亦即，應顧及機關之客觀意志，而非公務員個人主觀之意志[69]。

在訴願實務上，受理訴願機關將原處分做出一部分撤銷，另一部分駁回之訴願決定。例如，其決定稱，原處分罰鍰部分因違法而撤銷，至於有關停止營業部分仍得以維持。最常發生的是，出現在行政罰法第二六條，原處分機關未顧及該條文刑事優先，而對同一行為業者先處予行政罰，並對業者做出停止營業之處分。此時，受理訴願機關撤銷行政罰，但仍維持停止營業之處分屬之。

七、行政處分之救濟

行政處分一經頒布即產生拘束力而具法效性，人民可選擇忍受，或認為該行政處分違法或不當得提起救濟，救濟途徑包括訴願與行政訴訟[70]。

請參閱下表行政處分類型：

---

[69] Maurer, a.a.O., 9.Auf., 1994, S.250。中文的介紹可參考：許宗力，同前揭註36，頁547-548。
[70] Maurer, a.a.O., 18. Auf., § 10, Rdnr. 26, S.264.

違法行政處分
概說（類型比較表）

分類		態樣	效果 （事後救濟）
無效行政處分		1.無效行政處分（行程法第一一一條） 2.部分無效（行程法第一一二條）	自始無效→請求確認 行政程序法第一一三條 行政訴訟法第六條
有瑕疵之 行政處分	違法行政處分 （實質之瑕疵）	轉換（行程法第一一六條）	行政訴訟法第四條
	（形式上之瑕疵）	1.教示規定之瑕疵： 　告知之教示期間有誤 　（行程法第九八條） 　向無管轄權議題聲明不服 　（行程法第九九條） 2.程序瑕疵 3.事後補正（行程法第一一四條） 4.管轄權錯誤	1.更正式聲明不服（行程法第九八條第一項），十日內移送有管轄權之授權（行程法第九九條第一項） 2.程序瑕疵依行程法第一七四條規定為之 3.依行程法第一一四條事後補正，無須撤銷 4.依行程法第一一五條規定處分時，無須撤銷
	單純錯誤	誤寫、誤算或其他類此之顯然錯誤（行程法第一〇一條）	仍為有效，處分機關得隨時成依申請更正

第七節　行政處分之效力

一、存續力

　　所謂存續力，係指行政處分發生外部效力後，並未有失其效力之事由者。行政法上的存續力，乃係由訴訟法上的「確定力」發展而來，但行政處分與法院判決仍有所區別，因行政機關本身非如法院係居於「仲裁地位」來解決兩造的糾紛，而是以「當事人」決定自己的事務，亦即同時兼具決定機關及當事人之地位，並且基於「即時適應變遷」之目的，行政處分亦非如法院判決主要解決過去的紛爭。基此。而吾人得將存續力分作下列二種面向來加以探討：

(一)形式存續力

　　形式存續力，亦稱為不可爭力。亦即是指行政處分已不得由人民再行提起行政救濟而言。而發生形式存續力的情形，大致上包括有：訴訟期間之經過、

當事人放棄提起救濟、用盡救濟途徑或不得提起行政救濟等。

(二)實質存續力

實質存續力，是指當事人及行政機關皆受到行政處分之內容所規制而言。但行政機關在滿足一定要件時，得將該處分予以廢棄：

1.拘束力

此指行政處分一經頒布後即對兩造當事人產生拘束效力。

2.受限的終止效力

行政機關雖受行政處分的拘束力，但在一定前提下或一般救濟途徑外，可終止其效力，並除去其拘束力；而人民則可要求機關廢棄行政處分。

二、構成要件效力

所謂行政處分之構成要件效力，係指行政處分對其他機關、法院或第三人所產生之拘束效果。易言之，行政處分之內容不論為下命、形成或確認所產生之法律關係，不僅應受其他國家機關之尊重，抑且在其他行政機關甚至法院有所裁決時，如涉及前行政處分所形成或確認之法律關係時，即應接受該行政處分所形成或確認之法律關係[71]。

例如，地政機關所為之土地移轉登記處分，亦應受鄉鎮市公所所為「人民有無自耕能力認定」之拘束，亦即肯認此構成要件效力之存在[72]。

三、執行力

行政處分如屬下命處分時，則具有自力執行力，亦即行政機關得以行政處分為執行名義，依行政執行法之規定，以實力強制人民履行公法上之義務。訴願法第九三條第一項規定：「原行政處分之執行，除法律另有規定外，不因提起訴願而停止。」行政訴訟法第一一六條第一項：「原處分或決定之執行，除法律另有規定外，不因提起行政訴訟而停止。」均明示有效之下命行政處分，即具有執行力，縱使人民對行政處分提起救濟，亦不停止執行。

---

[71]　吳庚，同前揭註8，頁370-371。
[72]　釋字第三七九號解釋參照。

第八節　行政處分之程序重開

一、意義

　　所謂「行政程序之重新進行」,指人民對其已不可爭訟之行政處分,在一定之條件下,得請求行政機關重新進行行政程序,以決定是否撤銷或廢止原行政處分。

　　程序重開之申請性質上為法院或訴願機關(亦即通常救濟程序)外的特殊救濟程序,目的是將已無法經由通常程序予以撤銷之行政處分,重新作成決定,再開程序,以新處分替代原來之處分。

二、適用要件

　　行政程序法第一二八條第一項規定:「行政處分於法定救濟期間經過後,具有下列各款情形之一者,相對人或利害關係人得向行政機關申請撤銷、廢止或變更之。但相對人或利害關係人因重大過失而未能在行政程序或救濟程序中主張其事由者,不在此限:一、具有持續效力之行政處分所依據之事實事後發生有利於相對人或利害關係人之變更者。二、發生新事實或發現新證據者,但以如經斟酌可受較有利益之處分者為限。三、其他具有相當於行政訴訟法所定再審事由且足以影響行政處分者。」

　　其中,法條所稱「於法定救濟期間經過後」,係指行政處分之相對人或利害關係人於法定救濟期間內,未依法定之救濟程序請求撤銷、廢止或變更,致該行政處分發生形式之確定力而言。基於法之安定性原則,相對人或利害關係人即應尊重其效力,不得再有所爭執。惟為保護相對人或利害關係人之權利及確保行政處分之合法性,法律乃明定於具有一定事由時,准許相對人或利害關係人得向行政機關申請撤銷、廢止或變更,以符法治國家精神。因此,倘相對人或利害關係人已依法提起訴願或行政訴訟,即發生阻斷原行政處分確定之效果,自應循該救濟程序救濟,並無適用上開規定申請撤銷、廢止或變更原行政處分之餘地[73]。

---

[73] 最高行政法院九五年度判字第一八〇九號判決。

　　例如員警甲經考績通知書為免職處分，甲經依法循復審程序提起行政訴訟，則不得另行申請行政程序重開。甚至甲之免職處分經確定之終局判決後，復經再審程序由法院將原確定判決廢棄，發交及發回原審法院審理。於此情形，考績免職之處分尚未確定，上訴人即不得再依行政程序法第一二八條第一項規定申請被上訴人重開程序撤銷、廢止或變更原處分。

　　本條109年12月修法新增第三項，明定「新證據」不再限於處分作成前已存在或成立而未及調查斟酌之證據，亦可以包含處分作成後始存在或成立之證據。修正後第三項規定：「第一項之新證據，指處分作成前已存在或成立而未及調查斟酌，及處分作成後始存在或成立之證據。」

考題（110年移民行政三等特考）

　　外國人甲男與臺灣人乙女結婚後，生有一女，後來因故離婚，經104年法院判決子女撫養權為乙女，甲男居留許可乃被內政部移民署廢止，但後來法院因甲申請程序重開，於108年重新判決甲男與乙女取得共同撫養權，甲男向內政部移民署請求程序重開，回復其已被廢止的居留權，內政部移民署應如何處理，試說明之。

　　本題應適用第一二八條第三項所稱「處分作成後始存在或成立之證據」作為新證據。

> ### 問題十四
>
> 甲工廠經主管機關認定乃水源污染之禍首，被處以停工之處分，但甲並未於法定期間提起撤銷該處分之訴願。在前開法定期間經過二個月後，甲方發現足以證明該處分違法之新證據。請問甲有何權利可以主張？其行政救濟管道為何？

　　所謂之「發現新證據」係指凡發現可以證明事實之存否或真偽之方法，即使作成行政處分後始成立者亦屬之；至當事人請求行政程序重新進行，如遭原處分機關拒絕，此一決定乃程序上之「重覆處置」，當事人如對之不服，自得

提起課以義務訴訟，請求重新進行行政程序[74]。

第九節　行政處分之附款

一、意義及功能

> **問題十五**
>
> 供公眾使用之營業場所，須作好消防設備，某消防隊員執行其檢查業務，發覺其未遵守規定，乃責令其一定期限內改善，否則予以撤銷營業執照，請問此為行政處分之附款嗎？若不是，理由何在？

行政處分之附款，在於對原行政處分內容之時間或事務上作補充或限制的規定，若將行政處分視為大略操縱行政行為的工具，則其附款為細部的操縱工具以及更進一步具體化的措施。附款的功能，在於排除法律上或事實上核准的障礙，而使核准能合於法規定下發給之，俾使彈性地處理行政實務及確保當事人的利益。其規定於行政程序法第九三條，稱：「行政機關作成行政處分有裁量權時，得為附款。無裁量權者，以法律有明文規定或為確保行政處分法定要件之履行而以該要件為附款內容者為限，始得為之。（第一項）前項所稱之附款如下：一、期限。二、條件。三、負擔。四、保留行政處分之廢止權。五、保留負擔之事後附加或變更。（第二項）」

行政處分的附款常見於經濟行政法（尤其在營業法及建築法）上，因為在此一領域內往往需官署核准才得以從事工、商業的經營。而有關營業執照或建築執照之發給，當事人須具備法律上所規定的構成要件，為保障當事人權益，機關對申請者不具備法律上規定時，仍發給其執照，但於其中設定附款。不過，為了防止行政機關在缺乏法律依據下，任意以行政處分附款限制當事人的權益，有必要對行政處分附款之設定給予一定的界限。

上述問題十三，並非行政處分之附款，該案行政處分已核發，故撤銷行政處分，係因營業場所未遵法令規定所為之告戒，與附款無關。

---

[74] 臺中高等行政法院九〇年度訴字第七三二號判決。

二、附款之種類

(一)期限與條件

　　期限與條件，在方法上皆係以「一定之時日」作為行政處分之內部效力的限制。在實務案例中，此二者經常難以區分。

1.期限

> **問題十六**
>
> 某乙為外國學生，在臺取得入出國及移民署所核發「為期一年」之居留許可，並在該許可上加註「不得在臺打工，否則將撤銷其居留許可」。試問該居留許可之許可期間及其所加註限制的性質為何？試申論之。

　　所謂期限，是指行政處分之效力從一定之時日開始、終止有效或在一定期間有效。而附始期之行政處分，自該期限起始發生效力；附終期之行政處分，自該期限屆時失其效力。問題十四「為期一年」為期限，但加註「不得打工」則屬條件。

> **問題十七**
>
> 某甲有一空地，臺北市政府要求其若在花博期間予以綠化，政府將補助其綠化費用，並其在未來取得建築執照時，得以放寬容積率的使用面積，試問此種情形之性質為何？

2.條件

　　所謂條件，是指行政處分之效力繫於將來不確定之事實。而條件之種類又分為：(1)停止條件：附停止條件之行政處分，於條件成就時，發生效力。亦即條件的履行乃行政處分生效的要件，例如須準備有一定之保證金才能參加公職人員選舉；(2)解除條件：附解除條件之行政處分，於條件成就時，失其效力。亦即行政處分本來有效，但條件履行後則喪失其效力，例如，入出國及移民署針對外籍勞工所作成的居留許可，因為居留許可之核准係以外籍勞工有一

定雇主於一定期間內之雇用為要件，因此若外籍勞工因故不繼續於原雇主處工作，則其居留許可效力亦同時喪失。

兩者的區別在於，期限對於行政處分效力的開始或終止時間是確定的，而條件則時間是不確定的，而且在事件是否發生亦屬不確定狀，例如，行政處分是否生效則端視專家意見的結果來決定，屬於條件式的附款[75]。

上述問題十五也屬條件，條件成就時，亦即，某甲申請建築執照時發生效力。

(二)負擔

負擔係指在授益處分下是要求行政處分的當事人一定的作為，忍受或不作為，因此，負擔不僅是原處分的構成部分，並由於其具義務性本身亦可單獨成為另一行政處分，而可作為行政救濟與被強制執行的客體。

負擔及條件（特別是解除條件）有時難以分辨其差異，就此吾人通常係以其是否「即時產生效力」來作為區別。亦即，負擔的條款是指行政處分頒布之際即發生效力，而條件即係於將來發生的事件才能使該行政處分生效（解除條件）。但判斷仍需依具體個案而定。例如於KTV之營業許可附加須裝設隔音設備的附款，可能為負擔或解除條件，端視該行政處分何時生效為區別。

負擔與條件差別如圖示：

負擔與條件差異之圖示

要件／名稱	條件	負擔
獨立與否	非獨立行政處分	獨立行政處分
履行與否之效力	事件不履行（發生）行政處分不生效	事件不履行不影響行政處分效力
使用強制或處罰	不必使用強制力即事件發生產生效力	使用強制力或處罰
須廢止與否	事件發生自動產生效力	須經由主管機關廢止之處分

---

[75] 如申請建核能廠，必須見有專家意見調查，始可批准設立；又如建科學園區，需先有專家對地層研究，是否有足夠的耐震度，始可成立等是。

(三)廢止權保留

問題十八

新北市政府擬將暫時無法利用之空地轉作為停車場用途,而辦理公開招標,其在招標文件中聲明,本停車場至少開放三年,未來將視本地區人口數之發展,決定是否終止停車場之合約。試問,本聲明之性質為何?

廢止保留權,又稱保留行政處分之廢止權。其係指行政機關對授益行政處分效力之全部或一部廢止,繫於將來一定事實發生或法律變更上。例如新北市政府准許某甲於新開道路擺設小吃攤位,但指明若將來該道路車流量達到一定門檻時,而可能影響交通時,得廢止其許可。是以,上開案例之情形乃屬廢止保留權。

問題十九

某甲向臺北市市政府申請租金補貼,經主管機關核准後,核定涵載明受核准者租約中斷,未於二個月檢附新的租賃契約,以棄權論,即屬於廢止權保留之情形。

(四)保留負擔之事後附加或變更

機關在頒布行政處分之際,尚未能真正確定未來的發展,認為目前無需設定負擔,但保留該機關未來有設定負擔的可能性,亦即是:負擔的履行或負擔內容的改變可繫於將來狀況而定。

例如工廠之設立申請,核准許可時該工廠對廢水及煙霧之處理技術尚稱完備,但機關仍保留未來隨科技發展而命其改善處理技術之權。

(五)修改性的負擔?

修改性的負擔,係由學者Weyreuther所提出的概念[76],之後由法院所援用,其與負擔之別在於並非附加一定的義務(並非改變原行政處分的內容),

---

[76] Weyreuther, DVBL, 1969, 295ff。至於中文有關的詳盡說明,請參見,許宗力,同前揭註36,頁553。

而是對原來所申請的行政處分內容作改變，而成為行政處分之主要內容。

　　人民所申請與所獲得的內容不一樣。因此，人民對此若不同意，卻不得僅對此限制或改變單獨訴訟，而需對此行政處分訴訟，並要求頒布其原來所申請的行政處分。此種修改性的負擔在建築許可上最常發生，例如 A 申請建築一平頂式屋頂的房屋，而官署卻僅核准其建築尖頂式屋頂的房屋。又如，外國人申請居留，批准官署卻增加不得獨立營業之規定[77]。

　　但不久後，即認為其概念不夠明確，而採取遠離此概念之態度。由此，修改性的負擔，實際上所頒布之行政處分，已屬行政機關所另為之處分，故學界通說認為其不應列入行政處分附款的範圍。

　　行政處分附款種類如下：

行政處分
行政處分的附款（整理表）

附款之各類	附款之區分
條件	將來不確定發生之事實
負擔	等到相對人主張或使用某一授益處分之內容
期限	將來特定的時日或期間
保留廢止權	原處分機關留有嗣後予以廢止的權限 （對抗信賴保護原則的主張）
負擔之保留	原處分機關留有嗣後變更或補充原負擔的權限

三、附款之許可要件

　　行政程序法第九三條第一項規定：「行政機關作成行政處分有裁量權時，得為附款。無裁量權者，以法律有明文規定或為確保行政處分法定要件之履行而以該要件為附款內容者為限，始得為之。」

　　基此，立法者於法律授予行政機關就特定事項有行政裁量權，而得決定是否作成行政處分以為規制者，自得於該處分中附加有附款之情形，此外諸如法律有特別規定或是以法定之條件為履行之處分，亦得附加附款。

---

[77]　Maurer, Allgemeines Verwaltungsrecht 9 Aufl. S.308.

四、附款合法性之要求

依行政程序法第九四條規定：「前條之附款不得違背行政處分之目的，並應與該處分之目的具有正當合理之關聯。」本條規定係指行政機關雖有附款之裁量權，惟其行使仍須遵守有關裁量權行使之一切限制。復依行政程序法第十條規定：「裁量權行使，不得逾越法定之裁量範圍，並應符合法規授權之目的。」此條亦是認為裁量權之行使不得逾越、濫用裁量及違反本法所規定之原則，如比例原則、平等原則、信賴保護原則或一般法律原則等[78]。

而基於此二法條的規定，得將附款之限制區分如下：

(一)不得違背行政處分之目的

附款係對行政處分所附加之內容，易言之，即附款係依附行政處分主要內容而為存在。基此，行政機關所附加之附款即不得逾越行政處分之目的，乃屬當然。

(二)正當連結（禁止不當連結）

行政機關雖有附款設定之選擇權，但該附款內容與該處分之目的應具有正當合理之關聯，亦即，附款內容不但應合於行政處分之目的，而且附款規定之事項，亦應屬行政機關之權限範圍內，始得為之。例如，發給建築執照卻以先繳納「環境美化捐」為前提[79]。

第十節　公法上之請求權

一、公法上之請求權之性質

行政程序法第一三一條所稱「公法上之請求權」屬消滅時效，與行政執行法第七條的執行時效以及行政罰法第二七條裁處權時效皆屬除斥期間（法定不變期間）不同。前者「公法上之請求權」經請求後，得重新起算，後者除斥期間屬法定不變期間，期間一過即不得請求權。

---

[78] 行政程序法第九四條及第十條針對行政裁量之行使同時設有規定，本書認為實有重複規定之疑慮。
[79] 李惠宗，同前揭註56，頁337。

二、行政程序法第一三一條之修正

行政程序法第一三一條所稱「公法上之請求權」原來規定是五年，102年5月22日修正規定：「公法上之請求權，於請求權人為行政機關時，除法律另有規定外，因五年間不行使而消滅；於請求權人為人民時，除法律另有規定外，因十年間不行使而消滅。公法上請求權，因時效完成而當然消滅。前項時效，因行政機關為實現該權利所作成之行政處分而中斷。」

其修正立法意旨係考量「政府在公法上請求佔有證據保持及公權力行使的優勢，而人民往往因其訊息的劣勢，常有請求權罹於時效的情形發生」、「人民取得資訊之能力亦弱於行政機關，且人民對法律之掌握亦不若行政機關為佳。因此，人民並不一定清楚知悉其究有何公法上請求權存在，往往導致時效期間已滿仍未行使之」，而將人民對行政機關之公法上請求權時效，由舊法所定五年延長為十年。依中央法規標準法第十三條規定：「法規明定自公布或發布日施行者，自公布或發布之日起算至第三日起發生效力。」新法應自102年5月24日（含該日）起生效施行。

三、重行起算之時效期間

第一三三條與第一三四條所稱「重行起算」仍僅指行政機關而言，對修正後第一三一條所稱「請求權人為人民時」，仍未進一步加以增修。

第一三三條規定：「因行政處分而中斷之時效，自行政處分不得訴請撤銷或因其他原因失其效力後，重行起算。」例如，針對甲未繳納之稅金，主管機關於該處分經過後第四年，請求甲繳納之行政處分，甲對該處分並未提起救濟而告確定，從確定之日起起算請求權時效。

第一三四條規定：「因行政處分而中斷時效之請求權，於行政處分不得訴請撤銷後，其原有時效期間不滿五年者，因中斷而重行起算之時效期間為五年。」依前例行政機關於第四年請求後，於行政處分不得訴請撤銷後，從新起算計算五年。

至於第一三二條規定：「行政處分因撤銷、廢止或其他事由而溯及既往失效時，自該處分失效時起，已中斷之時效視為不中斷。」依前例行政機關於第四年請求後，甲訴請撤銷，訴願機關撤銷該處分時，加上已經過之四年，行政機關只剩一年之請求權。

第一節　行政契約之基本概念

一、行政契約之意義

行政契約，另有學者稱之「雙方行為」、「行政法上契約」或「公法上契約」者[80]。依照行政程序法第一三五條之規定，行政契約係指行政機關與行政機關或行政機關與私人間，為發生、變更或消滅行政法上權利義務所訂立之契約。

因此，行政契約與行政處分因單方行為與否之不同而有所差異，而如同民法上之契約一般，係屬基於雙方意思表示合致即可成立之雙方行為，有差異之處則在於，行政契約係以發生行政法上之法律關係為目的，而民法上之契約則是以發生私法上之法律關係為目的。

就此而言，吾人得將前揭有關行政契約之定義，歸納其要件如下：

(一)雙方或多方權利主體就具體事件決定的法律行為

1.契約當事人至少有一方必須是行政主體

原則上，行政契約應係行政主體間或行政機關與私人間所締結者較為多數，但私人之間是否得締結行政契約？早期學者多採否定見解，但現今通說認為若私人間是以公法上的權利或義務作為契約標的時[81]，則應可成立行政契約。例如，私人間以水域保護為標的、承受道路建設之義務或私人與巴士業者訂定無償提供運送有權之殘障者的契約約定等[82]。

---

[80] 稱雙方行為者，如涂懷瑩，行政法原理，五南圖書，1980年4月，頁565。此外，有學者認為公法契約亦包含憲政層次的契約，故仍以行政契約之名較為精準。

[81] 亦有學者認為要以法律明文規定才可。

[82] Kopp, Verwaltungsverfahrensgesetz, 6.Aufl., 1996, §54, Rdnr. 10.

2.非屬同一主體之機關

有謂機關相互間締結行政契約,須以兩機關分別隸屬不同行政主體為前提,因契約當事人為行政主體,有權利能力,惟機關僅係具當事人能力的締約機關而已,故兩機關訂約之情形就有如左手與右手訂立契約一般。但亦有稱既然行政程序法是以行政機關為行政程序之當事人,當事人之間當然可以締結行政契約之說法。

此外,既然承認同一行政主體下的機關可互為行政處分,由此推論,亦可締結行政契約。吾人認為後說為宜,惟其應不屬行政程序法所稱之行政契約,且救濟方式亦有所爭議[83]。

(二)行政契約係雙方或多方意思表示合致的公法行為

行政機關對於行政作用之方式,固有選擇之自由,如法律並無強制規定時,行政機關為達成公共行政上之目的,自可從公法行為、私法行為、單方行為或雙方行為等不同方式中,選擇運用,如我國行政私法化結果,將諸多與民生有關之事業民營化,如電信、電力以及自來水公司等與人民所訂定屬私法契約。

公法上之單方行為須受依法行政原則之羈束,公法上之雙方行為,因具有雙方當事人合意之基礎,其內容為契約兩造相互之權利義務關係,與公權力主體逕對個人課以義務或負擔之情形有別,故在公法契約之領域,所受依法行政原則之支配,密度較低,不若單方行為之嚴格[84]。

基此,判斷行政契約與行政處分之區別得以一個更為具體之判斷標準-即以當事人之表示及整體關聯性為準。如人民對契約內容有影響力,應認為行政契約;如人民僅得同意或拒絕同意而對契約內容無變更協商之能力,則應解為須相對人協力之行政處分。

(三)意思表示合致發生共同行政法上之效果

所謂行政法上之效果,係意思表示合致後所產生之設定、變更或消滅行政法上權利義務之謂[85]。

---

[83] 依債務不履行或由上級機關協調等何種方式來進行救濟仍有所爭議。
[84] 釋字第三二四號吳庚大法官協同意見書。
[85] 吳庚,同前揭註8,頁413。

二、行政契約之承認

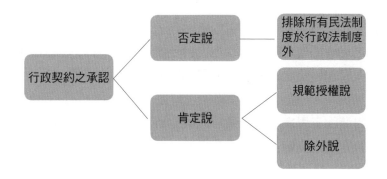

關於行政契約之承認，隨時代發展而有不同見解：

(一)否定說

1.Otto Mayer

Otto Mayer認為公法上之法律關係，係以上下之法律關係亦即權力關係為前提，而契約關係乃是架構在雙方對等為前提的法律關係之上，也因此公法關係上並無「契約」行為形態存在之餘地[86]。

亦即，行政法上之關係應與民法之概念有所區隔，而契約形態自然亦包括在內[87]。此說已經不合時宜。

2.G.Jellinek

其藉由倡導「雙方的行政處分[88]」，而提高相對人的地位。惟「雙方」與「行政處分」的意義扞格不入。否定說乃認公法關係為權力關係即統治關係，而國家與公共團體居於優越地位，人民受國家支配，為行政客體[89]，與當事人對等的契約關係不相容，故人民與國家間不可成立行政契約。

而我國在行政程序法制定前，我國對行政契約並無一致性之規範，若干事件性質雖屬行政契約，但實務上卻鮮少承認行政契約之存在，涉及契約內容有

---

[86]　Otto Mayer, ZurLehrevomöffentlichrechtlichenVerträge, AöR Bd.3 (1888), S.42.

[87]　Hans-Günter Henneke, Öffentlich-rechtlicher Vertrag, Vor §54, in: Verwaltungsverfahrensgesetz, Kommentar, Hrsg. Knack, 1996, Rdnr. 6.1.

[88]　即行政機關與相對人共同作成的行政處分。

[89]　惟現今行政程序法之精神即人民為行政程序之主體而非客體。董保城，同前揭註7，頁236。

所爭議時，諸多仍以私法途徑解決，如早期教師與學校或公費生與公立學校之關係[90]。

(二)肯定說

肯定說之見解則是認為國家或地方自治團體與私人間的關係雖係以權力關係為主，但人民在目前之法律概念上已非為國家行為之客體，而係轉變為法律關係主體之情況下[91]，並非無平等關係之存在。因此在一定之範圍內，國家與私人間，應得藉由意思表示之合致，而成立行政契約之法律關係。

而目前肯定說之見解下，吾人又得將之分為規範授權說及除外說，以下試分述之：

1.規範授權說

所謂規範說，係指締結行政契約之前提要件，須有法律明文授權始得為之，因此，亦可稱之為狹義之肯定說。其認為國家在行政法上係立於單方之支配地位，如更改此一地位而承認其與人民具有同一地位，難保會形成國家的濫權，甚至發生貪污賄賂之情形[92]。

就此，我國司法院大法官曾作成兩號解釋而明白援引此一見解作為說理基礎：(1)釋字第三二四號解釋，本號解釋乃首度引進公法上契約（即行政契約）之概念而稱：「財政部中華民國七十四年六月十八日修正發布之海關管理貨櫃辦法，其第二十六條前段，關於貨櫃集散站由於非人力所不能抗拒之原因，致貨物短少時，海關得於一定期間停止受理其申報進儲業務之規定，旨在確保海關對於存站貨物之監視效果，防止走私，為增進公共利益所必要。惟上述一定期間，未設最長期間之限制，究須如何規範，應參酌航業法第六十三條之規定，以法律或法律授權之命令定之，並應於中華民國八十三年十二月三十一日以前制定施行，逾期上開規定應停止適用。又該辦法尚涉及公法契約之問題，關於公法契約之基本規範，亦宜由有關機關儘速立法，妥為訂定。」(2)釋字第三四八號解釋，本號解釋認為國立陽明醫學院醫學系公費學生待遇

---

90 現認公立學校教師之聘任以釋字三八四號解釋後，才承認其為行政契約，詳參最高行政法院九八年七月份第一次庭長法官聯席會議

91 陳敏，同前揭註11，頁557。

92 Fleiner, Institutionen des deutschen Verwaltungsrechts, 8.Aufl., 1928, S. 209ff.

及畢業後分發服務實施要點之規定作為其契約之內容，其解釋理由書中稱：
「……行政機關基於其法定職權，為達成特定之行政上目的，於不違反法律規定之前提下，自得與人民約定提供某種給付，並使接受給付者負合理之負擔或其他公法上對待給付之義務，而成立行政契約關係。教育部以臺（六七）教字第八二三號函發布『國立陽明醫學院醫學系公費學生待遇及畢業後分發服務實施要點』，作為處理是項業務之依據。該要點第十三點內規定『服務未期滿，不予核定有關機關頒發之各項證書或有關證明。其專業證書，先由分發機關代為保管』，於第十四點規定『公費畢業生於規定服務期間，不履行其服務之義務者，除依第十三點規定辦理外，並應償還其在學期間所享受之公費』。此項規定並作為與自願接受公費醫學教育學生訂立行政契約之準據，且經學校與公費學生訂立契約（其方式如志願書、保證書之類）後，即成為契約之內容，雙方當事人自應本誠信原則履行契約上之義務。從而公費學生之權益受有限制，乃因受契約拘束之結果，並非該要點本身規定之所致。[93]」

2.除外說

除外說之見解係認為，除法律有明文排除公法契約的締結外，行政機關得以行政契約作為行政作用的方法。

(三)我國法之情況

依照我國行政程序法第一三五條本書規定：「公法上法律關係得以契約設定、變更或消滅之。」依此規定，目前行政程序法業已授權行政機關得基於裁量可以自由選擇簽訂行政契約，亦即，行政契約並不以法律明文規定或授權者為限[94]，此亦合乎行政行為形式選擇自由之要求。

只是同條但書規定有關不得締結行政契約之例外情形而已，即：「但依其性質或法規規定不得締約者，不在此限。」

---

[93] 就此並可參照：吳秦雯，行政契約基礎理論──學校可以扣留我的醫生證書嗎？，收錄於：陳慈陽主編，行政法案例研習，元照出版，2011年11月，頁185以下。

[94] 早期認為行政契約只有在法律特別授權與許可下才得締結；關於第一三五條前段之規定，黃俊杰教授則稱其為締約自由（原則），請參照：黃俊杰，同前揭註63，頁365-366。

三、行政契約制度之實益

(一)適應社會變遷之需要

國家與人民關係之複雜化,已非國家單一行為所能支配,透過多方意思表示之合致的行政契約不失為一解決問題的途徑,尤其適用在一些特殊法律沒有規範之案件上更能顯現其價值。

行政法關係已非著重在「點」的關係上,有些關係是屬於「面」的關係,如同行政契約般,在契約締結前應先有相互溝通協調之過程,如同所謂未類型化行為(informellenHandelna),亦即,此種行為不在法律規範之範圍內,在法律上並不具拘束力的行為,如君子協定等[95]。

行政契約如吾人所瞭解般,是一種合作模式的表徵。契約之締結只是行政程序上的一種法型態的部分行為,行政契約並非就此結束,契約之履行亦是契約重要內容。行政契約特別適用在一些以時間作為規範之事件,如持續之行為等。因此,行政契約之適用是擴大行政行為適用之範圍,它是涉及「面」的程度,解決多元社會之問題[96]。

(二)保護人民地位之功能

人民在目前之法制上已非國家行為的客體,而行政契約則提供人民對契約內容可直接參與行政機關諮商、協議的權利,減少行政機關行為的命令與強制色彩,補充及取代單方高權行為[97],故人民與行政主體間在行政契約之法律關係中應屬於「夥伴關係」,對於人民權益有進一步之保障,並提昇人民之地位。

(三)提供法和平狀態

行政契約是透過意思表示之合致所產生狀態,是締約當事人都可接受之條件,故能創造出一個較少爭端的法狀態,不失為較佳的解決途徑[98]。

---

[95] 所謂未類型化行為是源自德國法之概念,其是指尚未定型為一定的行政行為稱之,並非在現行法上所規範的行政行為,如行政處分、行政契約外的行為。

[96] Hans-Günter Henneke, Öffentlich-rechtlicher Vertrag, Vor §54, Rdnr. 8.1.

[97] 林明鏘,行政法講義,新學林出版,2019年8月,頁361以下。

[98] Bonk, Zulässigkeit des Öffentlich-rechtlicher Vertrag, §54, 4.Aufl., 1993, Rdnr. 3.

(四)避免公法遁入私法

　　長期以來由於我國對行政契約並無救濟途徑規定，以致原屬行政契約範疇事件，以私法救濟途徑解決，而不受公法原則，如比例原則、信賴保護原則等之拘束，將損害國家法治之基礎，影響人民之權益[99]。

(五)適用在依法行政上的問題

　　行政契約的適用不得違反依法行政原則。因為行政契約的適用與民事契約強調私法自治與締約自由形成權不同，其若給予太多自由選擇時，有導致一致性與均勻性法執行上適用的危機，因此，有必要作特別之限制。我國行政程序法第一三六條以下，對行政契約之締結作了特別之限制即在於，行政契約應注重公益性，而對相關利益作謹慎之考量。同樣地，因為行政契約在法規上有代替行政處分之效，也應適用對行政處分限制的相關規定[100]。

(六)行政契約實務上之功能

　　經林明鏘教授的整理，目前行政契約在實務運作下，大致上業已發展出下列數種之功能[101]：1.大量行政：如全民健保[102]、公費生契約；2.官民合作事務：如BOT契約；3.官民合作手段：如國家對國家、中央對地方之雙子星契約及4.國家與聘僱人員之關係形成：如聘僱契約[103]。

99　廖宏明，行政契約之研究，司法院印行，1995年6月，頁10。
100　ebenda., Rdnr. 4; Kopp, §54, Rdnr. 6.
101　林明鏘，行政契約之基本法理與實務發展（PPT簡報檔），收錄於：行政院衛生署中央健康保險局編印，健保行政契約法律研討會（會議手冊），2012年02月17日，頁11。
102　大法官釋字五三三號。
103　詳參「聘用人員聘用條例」和「行政院暨所屬機關約僱人員僱用辦法」等

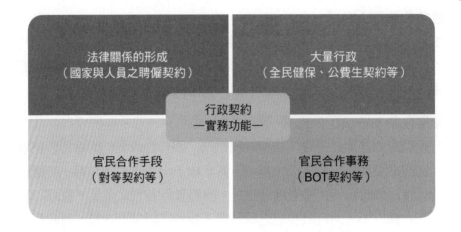

法律關係的形成
（國家與人員之聘僱契約）

大量行政
（全民健保、公費生契約等）

行政契約
─實務功能─

官民合作手段
（對等契約等）

官民合作事務
（BOT契約等）

　　總之，行政契約之承認並從而立法而法制化，不僅可使行政機關除了在傳統與當事人處於對立地位的行政處分之方式外，尚有另一種選擇，可使行政行為更富彈性地處理行政事務，特別是在處理特殊非常態的行政案件方面，也較能迎合現代民主法治國家的行政理念；行政機關與人民締結行政契約，無異於明白宣示人民不再是單純的統治客體，而是獨立的權利主體，與行政權平起平坐的行政夥伴。學者認行政契約也能善盡其「解決衝突」之功能，更反應出行政程序法的夥伴化程序取向[104]。

第二節　行政契約與私法契約

一、行政契約與私法契約之區別

　　行政契約與私法契約之區別，應以契約究係發生公法或私法上權利義務變動之效果為斷。

　　至於如何判斷，通說提出之區別標準有二：

---

[104] 釋字第四六六號解釋理由書（節錄）：「國家為提供公務人員生活保障，依公務人員保險法規定，由考試院銓敘部委託行政院財政部所屬之中央信託局辦理公務人員保險，並於發生殘廢、養老、死亡、眷屬喪葬四項保險事故時予以被保險人現金給付。按公務人員保險為社會保險之一種，具公法性質，關於公務人員保險給付之爭議，自應循行政爭訟程序解決，且公務人員之公法上財產請求權遭受侵害時，得依訴願及行政訴訟程序請求救濟，亦經本院釋字第二六六號及第三一二號解釋闡釋在案。」

(一)契約標的說

所謂契約標的說，乃是以契約所設定之法律效果，作為行政契約與私法契約的區分標準，而行政程序法第一三五條：「公法上法律關係得以契約設定、變更或消滅之。」之規定，即採此一見解。

而釋字第五三三號解釋吳庚大法官協同意見書之見解，則又基於契約標的說的見解，更進一步的提出了具體化的標準，其認為凡行政主體與私人締約，其約定內容亦即所謂契約標的，有下列四者之一時，即認定其為行政契約，分別為：

1. 作為實施公法法規之手段者，質言之，因執行公法法規，行政機關本應作成行政處分，而以契約代替。
2. 約定之內容係行政機關負有作成行政處分或其他公權力措施之義務者。
3. 約定內容涉及人民公法上權益或義務者。
4. 約定事項中列有顯然偏袒行政機關一方或使其取得較人民一方優勢之地位者。

台電與九家民營電廠之糾紛，最高行政法院認為，台電非行政機關，且台電與九家電廠就供電行為所訂定之契約，非屬執行公權力行為（契約標的），屬私法契約[105]。

(二)契約目的說

此說係以契約所追求之目的為標準，若契約追求行政目的即屬行政契約，若契約追求私法目的即屬私法契約。而在此所謂的行政目的，是指契約當事人主觀上所欲達成之目的而言，與實現行政法上關係之客觀目的無涉[106]。

雖然目前通說及行政程序法之規定皆採契約標的說之見解，但「契約標的」之標準看似明確，在實務操作上卻存有諸多疑義，例如對於「契約標的」之意涵，有認為係「包括契約內容之基礎法律關係、對相關當事人間之法律效果及契約目的[107]」；亦有認為係「契約所設定之法律效果，或當事人用以與該

---

[105] 參閱最高行政法院105年裁字第一五七六、一六六六、一七五七、一七五九、一七六二、一七六六等號。

[106] 程明修，行政契約標的理論，收錄於：程明修，行政法之行為與法律關係理論，新學林出版，2005年10月，二版，頁196。

[107] 郭介恆，行政契約在我國法制上之運用，收錄於：吳森田編，臺灣永續發展研討會論文集，1997年，頁278。

契約相結合之法律效果[108]」。上述歧見顯現出以「契約標的」為判斷標準之困難。

　　而學者基本上就此認為，如以「契約標的說」無法判斷契約之公私法屬性時，則應以「契約之目的」作為輔助性之判斷標準[109]，而本書則同意此一見解。

問題二十

　　某建商與市政府訂定契約興建道路，於完工後認為市政府所訂定砂石每單位面積價格支付5,000元過低，不敷成本，請求市政府將價格提高為6,000元，而申請和解。經市政府召開和解會議，所做成之協議性質為何？

　　就此，此一協議之性質為私法性質，對協議內容不服時，得提起民事訴訟。

問題二十一

　　土地徵收之協議價購屬公法或私法契約？

　　臺中高等行政法院一〇六年度訴更一字第二號判決稱：「土地徵收條例第十一條第一項規定，需用土地人申請徵收土地或土地改良物前，除國防、交通或水利事業，因公共安全急需使用土地未及與所有權人協議者外，應先與所有權人協議價購或以其他方式取得，所有權人拒絕參與協議或開會未能達成協議者，始得依本條例申請徵收。可知，協議價購乃徵收之法定先行且必經之程序，倘需地機關依該條之規定所為之價購，係為達成行政目的而在徵收前所為之價購，則需地機關與土地所有權人依上開條例規定達成價購之協議，應屬行政契約之性質。惟此所謂之價購協議應限於為達代替徵收處分目的之契約，所以必須在徵收程序發動後或即將發動之際，並在徵收行政處分作成之前，需用

---

[108] 陳敏，同前揭註11，頁519-521。
[109] 陳新民，同前揭註61，頁367-369。

土地人申請或即將申請徵收之際，為替代徵收行政處分之目的而達成協議，則該契約自屬行政契約。反之，若需用土地人尚無任何徵收計畫，或開始徵收程序前，並無任何跡證證明隨之有緊密接連徵收程序之開始發動，僅係人民為避免其土地日後被徵收而預先將其土地賣給需用土地人，則屬私法上之買賣契約（最高行政法院一○二年度裁字第一三一九號裁定意旨參照）。」

二、雙階理論

(一)雙階理論之意義

　　雙階理論係指行政機關處理某些特定事務時，在程序上區分兩階段，前階段行政機關可單方面決定其事務，而後階段則係人民與行政機關形成之契約關係，其通常為私法契約。德國法上針對人民申請「津貼補助」事件中的「雙階理論」，係指行政主體在辦理補貼貸款時，必須經歷不同的主體與行政程序。對此，雙階理論將第一階段中行政主體對人民申請補貼之准駁決定視為公法關係。而第二階段，則將貸款銀行與申請人所締結的貸款契約視為私法上消費借貸契約[110]。

　　依我國通說見解認為，實務上首次明白肯認「雙階理論」之存在者，首推釋字第五四○號解釋，大法官在本號解釋中將國民住宅事件分為前後階段，前階段係由有承購、承租或貸款需求之人民，向主管機關提出申請，經主管機關認定其申請是否符合法定要件部分，視為行政處分，此等申請人如有不服，須依法提起行政爭訟；而後階段由主管機關與申請人訂立私法上之買賣、租賃或借貸契約部分，大法官採公私法區別理論之「權力說」（Subordinationstheorie）來說明此部分係成立私法契約，若生爭訟，應由普通法院受理。

(二)雙階理論與促進民間參與公共建設法之關係

　　BOT契約在我國行政法上由於其具有的「公私協力」性質，乃使得其與一般的「行政契約／私法契約」區分理論所爭執的焦點不同[111]，因此本書獨立將

---

[110] 就雙階理論的介紹，請參見本書第一章之部分；並有關德國法上雙階理論之發展，可參見：程明修，雙階理論之虛擬與實際，收錄於：程明修，同前揭註106，頁43-82。

[111] 吳志光，ETC裁判與行政契約－兼論德國行政契約法制之變革方向，月旦法學雜誌，第135期，2006年8月，頁14-15。其並引介德國立法例已將此種契約之類型量身訂作一「合作契約」的規範模式。

之予以介紹。

遠通ETC案[112]或其他基於促進民間參與公共建設法所成立的BOT契約，大體上包括申請、審核、評定、公告及締結契約等程序。惟整體過程究應視為單一階段或數階段？涉及是否採取「雙階理論」問題：

1.單階理論

此說將本件ETC案之締約過程僅視為單一法律關係，前階段之行為申請人資格之甄審僅係最終締結契約階段的準備行為[113]。

2.修正式雙階理論

依傳統雙階理論，將同一事件的兩個前後緊密相聯階段的行政行為，分別定性為「行政處分」與「私法契約」，不僅會使單一生活法律關係分別受到不同法律（公法及私法）的管制，而且事後之爭訟程序亦會分受不同法院（行政法院與民事法院審理）審理而徒增困擾。為解決雙階理論之弊病，因此，提出所謂的「修正式雙階理論」，亦即，第一階段仍將甄審行為定性為行政處分，但第二階段之投資契約則應視為行政契約，以避免公私法上之銜接困難，及行政法院與民事法院之見解分歧[114]。

3.前階段甄審公告與決定的法律性質

(1)行政處分說（雙階理論）

臺北高等行政法院認為，促參法下之甄審決定係「甄審委員會就民間依促參法（公法）規定申請參與特定公共建設規劃案之具體事件，作成單方決定（評定），直接發生使特定申請人成為最優申請人，並得與主辦機關簽訂投資

---

[112] 背景事實：緣臺灣宇通資訊科技股份有限公司（下稱宇通）參與交通部臺灣區國道高速公路局（下稱高工局）辦理之「民間參與高速公路電子收費系統建置及營運」案之公開甄審，惟宇通對高工局於93年2月27日業字第0930005550號公告甄選決定遠東聯盟為最優申請人之決定不服，向高工局提出異議。嗣認高工局未於法定期間為適當處理，又於93年4月9日向行政院公共工程委員會提出申訴。工程會審議中，高工局於93年4月26日以業秘字第0931000072號函作成異議決定為「異議無理由」，宇通遂向行政院工程委員會提出申訴，該會於94年1月7日以促字第093003號作成「原異議處理結果有關公證、認證部分撤銷；有關設立建置營運公司發起人、修改投資計畫及公平協商部分不予受理；其餘申訴駁回」審議判斷。宇通乃對上開審議判斷中不利部分，提起本件行政訴訟。

[113] 陳愛娥，促進民間參與公共建設事件中的行為形式與權力劃分，月旦法學雜誌，第134期，2006年7月，頁35-38。

[114] 林明鏘，促進民間參與公共建設法事件法律性質之分析，臺灣本土法學雜誌，第82期，2006年5月，頁220。

契約之法律效果，核其性質，自屬行政程序法第九二條第一項規定之行政處分[115]」。

　　國內學者並以促參法第四七條規定：「參與公共建設之申請人與主辦機關於申請及審核程序之爭議，其異議及申訴準用政府採購法處理招標、審標或決標爭議之規定。」而政府採購法第八三條規定，審議判斷視同訴願決定；及條文規定「招標」、「審標」及「決標」等文字，認為促參法之甄審決定應為一行政處分[116]。

(2)締約行為準備說（單階理論）

　　但亦有學者認為行政行為之定性不應取決於其用何種救濟程序，而應回歸依行政程序法第九二條之要件來判斷，況且行政處分應具有終結整個事件之效力，招標、審標與決標僅屬過程中之個別決定，並未對整個事件作成決定。因此，從實際的運作過程中觀察，招標、審標與決標實為最終締結契約所做的準備行為[117]。

4.後階段契約之法律性質

(1)行政契約說

　　實務上認為，依促參法成立之BOT案件，不論在招商、興建、營運、以迄營運期間屆滿由民間將建設移轉予政府前，政府均有高度參與與監督，係有公權力介入，促參法第五章特別明定政府對民間參與興建及營運交通建設之監督管理，其中促參法第五二條及第五三條更規定：民間機構於興建營運期間如有施工進度嚴重落後、工程品質重大違失、經營不善或其他重大情事發生時，主辦機關得命定期改善，中止其興建營運之全部或一部，情況緊急時，中央目的事業主管機關亦得令民間機構停止興建或營運之一部或全部，並採取適當措施維持該公共建設之營運，必要時並得強制接管興建或營運中之公共建設等等，上開制度與行政契約之契約調整之機制（行政程序法第一四六、一四七條）相當。另依促參法成立之投資契約具有強烈公權力與特許之內容與本質，且投資之建設為攸關全民利益之公共建設。因此，高等行政法院見解認為高速公路電

[115] 臺北高等行政法院九四年度訴字第七五二號判決。
[116] 詹鎮榮，促進民間參與公共建設法之現實與理論，月旦法學雜誌，第134期，2006年7月，頁51；林明鏘，同前揭註114，頁221。
[117] 陳愛娥，同前揭註113，頁36-38。

子收費系統建置及營運契約應為行政契約[118]。

學者則認為，ETC契約中包含的特許權授予、土地徵收、履約協助、強制接管與收買、政府財政補助、租稅特別優惠之給予等，均屬行政機關得履行之公法上權利義務。故以該契約內容觀之，應屬行政契約[119]。另有學者以ETC投資契約之標的，乃特許民間機構建置高速公路電子收費系統、代政府徵收通行費，而通行費徵收之法源依據為公路法，該法律之規範體系及內容係將高速公路通行費定位為規費，規費之徵收本屬國家公權力之行使，故高公局與民間機構以「高速公路通行費電子收費」作為契約標的所簽訂之ETC契約，應係行政程序法第一三七條第一項意義下之行政契約[120]。

(2)私法契約說

學說上仍有認為BOT契約係屬於私法契約者，其主要理由如下[121]：

促參法第十二條第一項規定：「主辦機關與民間機構之權利義務，除本法另有規定外，依投資契約之約定；契約無約定者，適用民事法相關規定。」該條立法理由並明示，其規範意旨在確立投資契約屬民事契約。

此外，促參法大量準用政府採購法，而政府採購法之後階段行為又被定位為私法契約行為[122]，BOT投資契約之性質應與政府採購法作相同之解釋，而定義為私法契約。

5.前後階段之關聯性

當本案已經由甄審程序進入締約程序時，倘若發現前階段之甄審公告有無效或得撤銷之瑕疵時，是否影響第二階段的契約效力？即涉及前後階段行為關聯性之問題。

由於本件遠東公司主張，甄審公告已因事後營運契約之簽訂而消滅，故即使原甄審公告之行政處分有瑕疵而被撤銷，亦不影響事後營運契約之效力。惟臺北高等行政法院認為，行政處分執行完畢，並不當然構成行政處分消滅之事

---

[118] 臺北高等行政法院九五年訴字第二七一〇號判決。

[119] 參照江嘉琪，ETC契約之公、私法性質爭議，臺灣本土法學雜誌，第81期，2006年4月，頁114。

[120] 參照詹鎮榮，同前揭註116，頁58。

[121] 參照陳愛娥，同前揭註113，頁38-42；黃茂榮，BOT契約，植根雜誌14卷7期，1998年7月，頁6-7；顏玉明，我國促參法BOT契約法律性質初探，臺灣本土法學雜誌，第82期，2006年5月，頁170-175。

[122] 政府採購法第七十四條之修正理由：「政府採購行為一向被定義為私經濟行為，故有契約關係之履約或驗收爭議應循民事訴訟途徑解決。」

由，換言之，在本案進入第二階段時，第一階段之行政行為並非當然消滅，否則其他合格申請人即失去救濟管道，促參法所定之救濟及行政訴訟形同虛設，非但造成有競爭關係之第三人權利保護的漏洞，並使BOT促參案件之甄審及後續執行之合法性逸脫司法審查。因此學者進而認為，第一階段甄審決定乃第二階段投資契約之「法律上原因」，若該原因不存在，將使該契約無所附麗，理論上會產生「失其效力」之結果[123]。

綜上，本書之見解認為，隨著社會的進步與時代的變遷，現代國家之行政事務已日趨複雜，國家為完成某行政事務，過程中或許必須歷經數個行政行為，而該數個行政行為之屬性亦未必相同。

因此，本案將數個獨立之行政行為解釋為一個行政行為，恐與客觀事實不符，故不採單階理論。至於後階段之契約行為究為公法或私法契約，本書認為得依釋字第五三三號解釋理由書闡明之意旨檢驗之[124]：1.契約標的（內容）：ETC契約內容包含特許權授予、土地徵收、興建營運範圍之指定、交通事業費率之核定、租稅特別優惠之給予等，均屬約定公法上權利義務事項；2.契約目的：ETC契約允許民間經營之公共建設，與社會大眾權益息息相關，因此，契約係以公益為目的無疑；3.公權力高度介入：促參法第五二條及第五三條規定，民間機構於興建營運期間如有施工進度嚴重落後、工程品質重大違失、經營不善或其他重大情事發生時，主辦機關得命定期改善，中止營運，甚至得採取強制接管措施等，與行政程序法第一四六、一四七條規定之調整機制相當，足見ETC契約之締結以迄營運之過程中，政府均高度參與及監督。

因此，本書亦同意臺北高等行政法院所採取行政契約說之見解。

---

[123] 林明鏘，同前揭註114，頁223。
[124] 釋字第五三三號解釋理由書（摘錄）：「……，依全民健康保險法第三條、第六條規定，由行政院衛生署設中央健康保險局為保險人，以辦理全民健康保險業務，並由中央健康保險局依全民健康保險法第五十五條規定，與保險醫事服務機構締結全民健康保險特約醫事服務機構合約，於保險對象在保險有效期間，發生疾病、傷害、生育事故時，由特約保險醫事服務機構依全民健康保險法第三十一條及全民健康保險醫療辦法，給予門診或住院診療服務，以為中央健康保險局之保險給付（全民健康保險法第二條）。按全民健康保險為強制性之社會保險，攸關全體國民福祉至鉅，具公法之性質，業經本院釋字第五二四號、第四七三號、第四七二號解釋闡釋甚明。……又為擔保特約醫事服務機構確實履行其提供醫療服務之義務，以及協助中央健康保險局辦理各項保險行政業務，除合約中訂定中央健康保險局得為履約必要之指導外，並為貫徹行政目的，全民健康保險法復規定中央健康保險局得對特約醫事服務機構處以罰鍰之權限，使合約當事人一方之中央健康保險局享有優勢之地位，故此項合約具有行政契約之性質。締約雙方如對契約內容發生爭議，自屬公法上爭訟事件。」

第三節　行政契約之類型分類

一、對等契約與隸屬契約

(一)對等契約

　　對等契約，又稱平行契約。係指當事人間非基於上下隸屬關係而處於對等狀態，所訂定之行政契約。此種對等契約之締結，最多見於行政主體與行政主體間，因為無法以行政處分達成任務，進而藉由締結行政契約，例如介於二直轄市或縣（市）之間的河川共同整治契約等是。

(二)隸屬契約

　　契約當事人處於上下隸屬關係所定之契約，因此隸屬契約又稱上下契約。一般而言，由行政主體或行政機關與人民所締結之契約，即屬於隸屬契約。此種行政契約之締結，行政程序法第一三六條及第一三七條所規定之和解契約及雙務契約，即屬於隸屬契約之下位概念，而其此種契約締結之目的乃係代替行政處分的作成[125]。

　　例如，警察大學對於學生自動退學，無法履行義務而必須償還國家對其支出之費用，或對中小企業補助款支付所定之契約等。

二、義務契約與處分契約

　　此一模式之區分，乃是師法民法上之分類，以規範標的是否因契約之締結而產生權利上之變動[126]而作區分：

(一)義務契約

　　義務契約，係指契約之內容負與一方或雙方一定給付之義務，而他方擁有要求另一方履行給付義務之請求權稱之。而學者從義務契約之內涵及性質上觀察，認為義務契約與將於次段說明的雙務契約並無太大差異[127]。

---

[125] 由行政程序法第一三七條第二項：「行政處分之作成，行政機關無裁量權時，代替該行政處分之行政契約所約定之人民給付……」應可得知。
[126] 陳新民，同前揭註61，頁376。
[127] 李惠宗，同前揭註56，頁390。

(二)處分契約

　　處分契約係指義務之實施直接產生權利之改變。替代行政處分之行政契約屬之於此種契約方式。如對中小企業之補助可以行政處分，亦可以行政契約為之，同樣地，警察對於違反警察義務者可以行政處分命其改善，亦可以契約方式要求其除去妨害之義務。

三、雙務契約與和解契約

問題二十二

　　為防止禽流感的蔓延，防止傳統市場攤商於市場內販賣宰殺活禽，經濟部擬定「傳統市集內攤商（販）申請購置設施補助作業計畫」，在此計畫中，攤商（販）透過向各縣市政府申請冷藏（凍）展示櫃，冷藏（凍）櫃或真空包裝機等設施申請補助，此項補助係為政策推動之鼓勵及協助攤商（販）達成政策配套措施之一，因此，申請補助的攤商（販），必須和各縣市政府簽訂一「行政契約」，其中第四條規定：「乙方（傳統市集內販售活禽、屠宰活禽及販售屠體攤商（販））經補助購置設施，若有違反下列情形之一時，願隨時無條件繳回全額補助經費，且不得以任何理由提出要求或異議，並願確實遵守：1.99年4月1日起不得再有販售宰殺活禽之情事……。」及第七條規定：「乙方（傳統市集內販售活禽、屠宰活禽及販售屠體攤商（販））如有違反本契約之約定且未依約繳回補助款者，同意接受甲方（直轄市、縣（市）政府或鄉（鎮市）公所）依行政程序法第一四八條規定，以本契約為強制執行之名義逕為執行。前項約定業經（地方行政首長）依行政程序法第一四八條第二項規定認可。」
　　試問，傳統市場攤商與各縣市政府所締結之行政契約，係屬於雙務契約或是和解契約？

　　依行政程序法第一三六條及第一三七條之規定，行政程序法上所規定之契約有如下兩種：

(一)雙務契約

所謂的雙務契約,又稱互易契約,其依行政程序法第一三七條前段規定係指「行政機關與人民締結行政契約,互負給付義務」之契約,但為免行政機關出賣、濫用公權力,或訂定不合理之契約條款,同條後段及第二項仍設有雙務契約締結之限制,即雙務契約人民之對待給付必須合乎下列要件:

1.契約中應約定人民給付之特定用途

如國家與欲建構大賣場的業者訂立契約,若國家要求業者須捐出土地或繳納代金,則必須載明捐出土地或繳納代金之行為的用途。

2.人民之給付有助於行政機關執行其職務

如要求業者捐出土地是為公共設施之建設,有助於行政目的之達成。

3.人民之給付與行政機關之給付應相當,並具有正當合理之關聯

即國家不可只做出一較小的給付卻要求人民提供一非常大之給付,正當合理之關聯即不當連結禁止。

4.行政機關無裁量權時,代替該行政處分之行政契約所約定之人民給付,以得為附款者為限

依照行政程序法第一三七條第二項之規定:「行政處分之作成,行政機關無裁量權時,代替該行政處分之行政契約所約定之人民給付,以依第九十三條第一項規定得為附款者為限。」亦即是,羈束處分係因為法律要件之具備,而國家對某一特定事項有義務作成處分以為滿足,是故原則上不得添加附款亦不得以行政契約作為替代。

最高行政法院98年7月份第1次庭長法官聯席會議認為:「公立學校教師之聘任公立學校係各級政府依法設置實施教育之機構,具有機關之地位。公立學校教師之聘任,為行政契約。」雙方各負有權利義務關係,即屬於雙務契約。

(二)和解契約

「行政機關對於行政處分所依據之事實或法律關係,經依職權調查仍不能確定者,為有效達成行政目的,並解決爭執,得與人民和解,締結行政契約,以代替行政處分」者,稱之為和解契約,此為行政程序法第一三六條所明定。締結和解契約之目的在於:藉由雙方相互讓步,以解決經合理調查仍不能確定

之事實或法律關係之不確定性。例如，稅捐稽徵處明知某企業有逃漏稅捐之事實，但經由職權調查仍無法確定其漏稅之數額時，即得與該企業締結和解契約以協定應給付之稅額[128]。

依照上述之說明，吾人得將締結和解契約之前提要件歸納如下：

1.有事實或法律關係不明確；兼指在主觀及客觀上不明確。

2.此種不明確須經依職權調查仍不能確定者。

3.必須有效達成行政目的。

4.雙方當事人相互讓步。

5.行政機關對締結該和解契約享有裁量權。

就此，在實務上曾發生行政院公平交易委員會與微軟公司締結和解契約之爭議；依前文所述，和解契約其中之一的前提要件為「有事實或法律關係不明確」之狀況才可訂立，但公平會與微軟間之爭議係「本國軟體售價高於外國」及「不同軟體的搭配銷售」，此種爭議是否符合上開要件，頗為國內學者質疑[129]。

臺灣微軟與公平交易委員會所簽訂之契約協議如下：

1.對消費者及教育用戶軟體產品之價格訂定。

2.促進消費者利益。

3.促進品牌內競爭。

4.微軟產品之售後服務。

5.合理分享軟體碼。

6.在中華民國落實美國和解協議之內容。

7.協商機制。

8.期間及生效。

本書認為上述契約應屬行政法上和解契約，本來公平會得對臺灣微軟公司處罰，雙方互相讓步而妥協所定之契約。

此外，性質上屬於「非獨立性之因素」或「先決問題」者，學者大抵認為其不得作為和解之標的，不得就核發執照必須具備之前提條件，譬如必須有醫

---

[128] 李震山，行政契約，收錄於：同前揭註67，頁359-360。

[129] 謝杞森，微軟壟斷案　事實法律不確定才可行政和解，聯合報，第15版（民意論壇），2002年10月23日。

師資格為核發醫師執照之前提成立和解。

針對上開問題有關防止禽流感蔓延事件之處理，有學者認為，經濟部所擬訂此項「作業計畫」是屬於行政程序法第一六三條所稱的行政計畫：「係指行政機關為將來一定期限內達成特定之目的或實現一定之構想，事前就達成該目的或實現該構想有關之方法、步驟或措施等所為之設計與規劃。」在此計畫中所實施的行政契約乃是計畫的實施方法之一，故應屬於以行政契約代替行政處分之和解契約[130]，而另有見解認為，本案之一方要求在既定期間後將嚴格執法之決心，並非退讓，且與攤商互負權利義務故其係為雙務契約。

但依行政程序法第一三七條雙務契約之規定，其前提應是該行政機關有權作成行政處分，惟經濟部無權限制攤商屠宰行為，故不得頒布禁屠令，而和解契約的要件之一係法律關係不明確，因此，在此一問題中之行為是否為吾人所言之行政契約或甚至可否在此事件上訂立行政契約仍有待商榷。

本書認為此契約之訂定較接近雙務契約，但屬有瑕疵的行政契約，因經濟部並無禁止屠宰之裁量權，且又無依行政程序法第九三條規定得為附款之情形，因此不符合行政程序法第一三七條第二項規定。

第四節　行政契約之合法要件

關於行政契約合法性之問題，參照行政處分之合法性要求，尚得區分為形式合法要件及實質合法要件[131]。其中形式合法要件又分：締約機關有權限、須依法定方式及依法定程序等三項要件；而實質合法要件則即指契約內容須不得牴觸法律而言，以下予以簡單介紹：

一、締約機關有權限

無權限之機關不得越權訂立行政契約。依法規定作成行政處分須經其他機關核准、同意或參與者，如未經該機關核准、同意或參與而締結行政契約以代

---

[130] 由於現行法並無市場禁止屠宰的規定，市場禁止屠宰則將於未來實施，經濟部為了輔導與勸導攤商所採取以行政契約代替行政處分方式的計畫，未來將實施市場禁止屠宰之規定。政府之一方為要求在既定期間後執法而退讓，因此，贊成此見解之學者認為本契約性質應為和解契約。

[131] 江嘉琪，行政契約的合法要件，月旦法學教室，第57期，2007年7月，頁28及頁30以下；李惠宗，同前揭註56，頁392-393。

該行政處分者，則屬效力未定；契約內容若損及第三人權利，在該第三人以書面表示同意前，亦同（行政程序法第一四〇條規定）。

二、須依法定方式

行政契約涉及公權力行使並由公務員參與作成，故在通常情形以書面為必要（行政程序法第一三九條規定）。此種要求締結行政契約須以文書為之的規定，係為了避免雙方當事人輕率締約之情況而言，但此一規定在我國行政實務上仍產生適用上的問題，例如公營造物利用關係（動物園）僅有入場券而沒有正式書面、勞工保險也沒有存在締約的正式書面[132]，換言之，此書面應從寬解釋，如動物園之門票亦可作為書面[133]，若在與行政主體互相往來之文件中，可察知已就公法上某法律關係設定、消滅或變更生意思表示合意者，即可認定已具備書面之要件[134]。

三、須符合法定程序

若行政程序法就行政契約無特別規定時，有關民法之規定，例如要約、承諾、生效、變更等條文亦適用之。至於行政程序法有特別規定者，如該法第一三八條規定，依法應以甄選或其他競爭方式決定當事人時，行政機關應將締約資格及相關程序事先公告，俾使人民參與競爭並表示意見，違反第一三八條規定之契約則無效。行政程序法第一四〇條第一項規定：「行政契約依約定內容履行將侵害第三人之權利者，應經該第三人書面之同意，始生效力。」

四、契約內容須不得牴觸法律

行政契約中有因特殊性質，須受特別條件限制者，如和解契約與雙務契約，在法律無特別規定之情況下，有民法第七一條規定，法律行為不得違反法律強制或禁止規定之適用。又此處法律不限於形式意義之法律，尚包括法規命

---

[132] 許宗力，雙方行政行為—以非正式協商、協定與行政契約為中心，收錄於：新世紀經濟法制之建構與挑戰，元照出版，2002年9月，頁285。
[133] 惟動物園之門票係公法或私法契約在學說中多有爭議。
[134] 臺北高等法院九十年簡字第七九六九號判決。

令及判例。

　　因此，吾人在判斷該行政契約的合法要件時，可先從行政程序法第一三五條著手，行程法第一三五條但書：「依其性質或法規規定不得締約者不在此限」，目前國內對此條通說係法規明定不允許即禁止，若無禁止規定即允許，通過容許性要件的要求後，再就形式要件，即行政程序法第一三八條、第一三九條[135]及第一四〇條之規定予以檢驗，最後再由實質合法要件即第一三六條及第一三七條作最後要件之審查（和解與雙務契約要件）。

第五節　行政契約違法之效果

一、各種行政契約之共同無效原因

(一)準用民法規定而無效

　　行政程序法第一四一條第一項規定：「行政契約準用民法規定之結果為無效者，無效。」準用民法規定契約之一般無效事項應包括：契約違反強制或禁止規定者（民法第七一條）[136]、契約違反公序良俗者（民法第七二條）、契約違反法定方式者（民法第七三條）、民法上有關意思表示之瑕疵（民法第七五條、八六條以下）、以不能之給付為契約標者（民法第二四六條）及定型化契約按其情形顯失公平者（民法第二四七條之一）等[137]。一般而言，民法之準用仍須就個別情況考量之，而非全盤接受，此肇因為行政法強制或禁止規定遠多於民法，應視其情況而定，如非嚴重違法而僅是輕微違法之情形，應不否認其效力存在。

(二)違反行政契約之許可性

　　行政程序法第一四一條第二項前段規定：「行政契約違反第一百三十五條但書……者，無效。」而行政程序法第一三五條但書所規定之「但依其性質或

---

[135] 如前所述，本書認為此條所指之書面應從寬解釋。

[136] 因行政法規多屬強行規定，若準用，將導致違法行政契約動輒歸於無效；學說多數見解認為民法第七一條仍可在準用之列，但僅在「嚴重違法」情形，契約始為無效；至於「單純違法」，契約仍為有效。

[137] 定型化契約乃係現代經濟活動之產物，多存在於工商企業者與消費大眾間，與行政契約乃行政行為，具有公定力及公益性之本質不盡相符，故應非行政程序法第一四一條第一項準用之範圍。最高法院一〇六年度判字第一九七號稱：「被上訴人於95年間已知悉警察特考之考試資格已開放，仍參與應考並於錄取後就學，彼等與上訴人警專學校成立系爭公費契約，該契約係合法有效，對於被上訴人亦無難以履行之顯失公平情事，不該當民法第二四七條之一所定約款無效之要件。」

法規規定不得締約者，不在此限」。

　　學者認為此條規定係不能締結行政契約之例外規定。也因此，如該行政法上之法律關係，涉及到依其事件性質或法律規定（如行政程序法第一三七條第二項之羈束處分不得訂立附款規定）不能締結行政契約而締結者，契約應為無效[138]。

二、隸屬關係契約之特別無效原因

　　行政程序法第一四二條規定：「代替行政處分之行政契約，有下列各款情形之一者，無效：一、與其內容相同之行政處分為無效者。二、與其內容相同之行政處分，有得撤銷之違法原因，並為締約雙方所明知者。三、締結之和解契約，未符合第一百三十六條之規定者。四、締結之雙務契約，未符合第一百三十七條之規定者。」本條所稱之「代替行政處分之行政契約」即本章前文所介紹之「隸屬契約」，以下分述之：

(一)與其內容相同之「行政處分」為無效者

　　依第一四二條第一款規定，行政機關與人民締結之行政契約，如以相同作成行政處分，該行政處分因有行政程序法第一一一條所規定之各種重大明顯之瑕疵而無效者，行政契約亦因之無效。

(二)與其內容相同之行政處分，有得撤銷之違法原因，並為締約雙方所明知者

　　行政機關與人民故意以締結行政契約之方式，迴避作成行政處分時之法律限制及違法效果，故本款特規定「與其內容相同之行政處分，有得撤銷之違法原因，並為締約雙方所明知者」行政契約亦屬無效。（行政程序法第一四二條第二款）

(三)締結之和解契約，未符合第一三六條之規定者

(四)締結之雙務契約，未符合第一三七條之規定者

---

[138] 上述案例二十二中，經濟部所訂的「作業計畫」，若依行政程序法規定，似應為無效，但該契約是履行「防止禽流感蔓延」的公共任務，目的正當，在此情形下，考慮目的之重現，似應容許有瑕疵行政契約之存在，而非全部無效。

(五)第一四一條第二項後段之無效

行政程序法第一四一條第二項後段規定：「行政契約違反第一百三十五條但書或第一百三十八條之規定者，無效。」亦即，行政契約之當事人一方為人民，依法應以甄選或其他競爭方式決定該當事人者，倘若未經「事先公告應具之資格及決定之程序」，或「於未決定前給予參與競爭者表示意見之機會」者，該行政契約無效。

三、行政契約無效之法律效果

(一)不生契約目的之效果

無效之行政處分不能產生當事人所意欲之法律效果。無效之義務契約不能設定當事人之給付義務及請求權。無效之處分契約則不能引起權利義務之變動。

行政契約之一部無效者，全部無效。但如可認為欠缺該部分，締約雙方亦將締結契約者，其他部分仍為有效（行政程序法第一四三條參照）。

(二)給付之返還請求權

基於無效之行政契約所為之給付，原則上應回復原狀。已為給付之契約當事人，享有公法上之返還請求權。惟若當事人一方之對待給付已不能回復，則另一方則不得請求返還已為之給付，否則構成權利濫用。

(三)損害賠償請求權

行政程序法第一四三條規定：「行政契約，本法未規定者，準用民法相關之規定。」因此，行政契約無效時，得準用民法上債務不履行之相關規定請求賠償。

(四)「履約處分」之無效或廢棄

基於無效行政契約所為之行政處分，如別無其他法律依據，即為違法之行政處分，應適用有關違法處分之規定處理。亦即，原則上得依職權撤銷該處分，例外具備重大明顯之瑕疵者，則為無效處分。

第六節　行政契約之履約

一、行政機關之指導與協助

　　行政契約當事人之一方為人民者，行政機關得就相對人契約之履行，依書面約定之方式，為必要之指導或協助（行政程序法第一四四條），此條文之設計係為了使國家能基於公益的目的，給予適當的指導或協助，可使契約的履行有無依法或依契約更為明確，而吾人若由法條形式觀之可能以為在此行政機關較為強勢，但就其實質而言係對人民較為有利。

二、契約外公權力行使之損失補償

　　行政契約當事人之一方為人民者，其締約後，因締約機關所屬公法人之其他機關於契約關係外行使公權力，致相對人履行契約義務時，顯增費用或受其他不可預期之損失者，相對人得向締約機關請求補償其損失。但公權力之行使與契約之履行無直接必要之關聯者，不在此限。且關於補償之爭議及補償之金額，相對人有不服者，得向行政法院提起給付訴訟（行政程序法第一四五條第一項、第四項），換言之，此條文為補償的一種，即締約機關的屬同一公法人之機關在行使公權力，致相對人於履行契約時顯增費用或受其他不可預期之損失可向締約機關請求賠償[139]。此源自於法國行政契約法之「王之行為」（Fait due Prince），亦即公權力之行為而加重契約相對人之履約負擔時，自應補償相對人所受之損失，以平衡契約雙方所代表之公益與私益。

三、行政機關之契約調整與終止權

　　基於法國法制之「不預見理論」及德國法之「情事變更原則」，所產生之公法上特別的契約調整與終止規定。

(一)為防止或除去對公益之重大危害之終止

　　依照行政程序法第一四六條之規定：「行政契約當事人之一方為人民

---

[139] 有學者即曾打趣的表示兩個機關是兄弟，哥哥做了壞事那弟弟當然不能賴帳。

者，行政機關為防止或除去對公益之重大危害，得於必要範圍內調整契約內容
或終止契約。（第一項）前項之調整或終止，非補償相對人因此所受之財產上
損失，不得為之。（第二項）第一項之調整或終止及第二項補償之決定，應以
書面敘明理由為之。（第三項）」應注意的是，此一調整或中止，行政機關非
以補償相對人之損失者，不得片面主張之，而人民則無主張調整或終止之權
利[140]。

此外，依據上開規定第三項之規定，調整及終止應以書面為之。

(二)基於情事重大變更之終止

非當時所得預料，而依原約定顯失公平，且不能調整契約內容者（行政程
序法第一四六條第一項、第一四七條第一項）。

行政機關行使調整或終止權者，須補償相對人因此所受之財產上損失，
否則不得為之，並應以書面敘明補償之理由。又相對人對補償金額不同意時，
得向行政法院提起給付訴訟（行政程序法第一四六條第二、三、五項）。另
行政機關如係因情事重大變更之情形，為調整或終止契約時，行政機關為維護
公益，得於補償相對人之損失後，命其繼續履行原約定之義務（行政程序法第
一四七條第二項）。

除此之外，依照行政程序法第一四九條之規定，行政契約得準用民法上有
關終止契約之事由的相關規定，而行政契約基於重大公益之考量所為之調整行
為，則同（一）中所為之相關說明。

第七節　行政契約之執行與救濟

問題二十三

某甲為警察大學民國95年畢業之公費生，其於入學時向學校立具之志願
書內容略以「畢業後將遵守法律所定服務年限之規定，如於服務年限
（按此服務年限為八年）內擅自離職或經撤職、免職者，本人願意賠償
在學全部公費……」等語，但其於民國99年考取司法官而欲辭職，而不

---

[140] 李惠宗，同前揭註56，頁395。

符合當時所訂應服務滿八年的行政契約，警大乃通知某甲應於三個月內返還在學之全部公費。試問此一志願書之法律性質為何？而警大對某甲未於三個月內給付，是否可移送行政執行處強制執行，若某甲對該給付不服，應提起何種救濟方式？

思考點：該通知應屬無法效果之觀念通知，不可移送執行。

一、行政契約之執行

(一)一般情形

行政契約之爭議，如欲強制實現其行政契約之權利者，皆應向行政法院提起行政訴訟法第八條第一項之給付訴訟，以取得執行名義。於法律無特別規定時，相對人縱不履行行政契約義務，行政機關不得逕為行政上的強制執行。

(二)自願執行約款之情形

行政程序法第一四八條規定：「行政契約約定自願接受執行時，債務人不為給付時，債權人得以該契約為強制執行之執行名義（第一項）。前項約定，締約之一方為中央行政機關時，應經主管院、部或同等級機關之認可；締約之一方為地方自治團體之行政機關時，應經該地方自治團體行政首長之認可；契約內容涉及委辦事項者，並應經委辦機關之認可，始生效力（第二項）。第一項強制執行，準用行政訴訟法有關強制執行之規定（第三項）。」

因行政契約多係以公益為目的，若經過繁複之訴訟程序等到勝訴確定取得執行名義時，可能會對公益有所不利，故才有此條自願受行政執行之約定。

因此，行政契約之債務人不履行行政契約之給付義務時，債權人應依行政訴訟法第三〇五條規定，聲請高等法院強制執行。債權人為行政機關者，高等行政法院必要時得囑託行政機關代為執行。債務人為人民時，高等行政法院得自為執行，或囑託民事法院民事執行處執行之[141]。

---

[141] 關於各機關依行政程序法規定，就公法上法律關係締結行政契約並約定自願接受執行，債務人不為給付時，依九一年度各級行政法院行政訴訟法律座談會結論認為，除有行政執行法第十一條第一項規定得經主關機關移送，由行政執行處執行者外，應向高等行政法院聲請強制執行。而非由行政機關移送行政執行署聲請強制執行。

　　而上開問題中，警察大學公費生與學校所簽訂者應屬於雙務契約，但對於學生畢業後未履行服務年限時，該大學如想催討其公費，依現行行政程序法的規定，是不可以直接移送行政執行處強制執行；但若當時簽訂契約時，契約內容約定，契約不履行時自願接受強制執行，其性質上與法院判決所為之強制執行，均以履行行政契約之義務為目的，其程序宜求一致，在行政機關為債權人的情形，得以該契約作為強制執行名義，而符合行政程序法第一四八條第三項規定：「第一項強制執行，準用行政訴訟法有關強制之規定。」

　　依行政訴訟法第三〇五條規定，債務人不為給付者，應聲請高等行政法院強制執行，必要時得依行政訴訟法第三〇六條規定囑託行政機關代為執行[142]，否則，對上述學生無法履行契約所訂內容，學校應移由行政法院處理之。（行政訴訟法第八條第一項）

二、行政契約之爭訟

　　選擇行政契約作為行為方式，則後續之效果亦應隨之，故其履行問題自應如同民事契約經由訴訟程序解決，申言之，當事人應向行政法院提起該當類型之訴訟，故除具高度之公益性，有制定法律管制之必要者，否則不能再由行政機關單方面以行政處分方式達成履行之目的[143]。

　　因此，又就讀警校之學生入學時簽訂之各項約定，既屬行政契約性質，事後如欲變更（例如延長服務年限）亦應經雙方協議，不得單方以訂定行政規則方式實施。

附論　行政契約與行政處分併用之適法性

問題二十四

　　依照民國99年1月27日修正公布之全民健康保險法（即所謂一代健保），於全民健康保險醫事服務機構特約及管理辦法第四條[144]規定有將

---

[142] 九一年度各級行政法院行政訴訟法律座談會結論。
[143] 吳庚，同前揭註8，頁439。
[144] 全民健康保險醫事服務機構特約及管理辦法第四條：「申請特約之機構或其負責醫事人員有下列情事之

特約機構違規之不予特約之要件。試問，此一特約辦法之性質為何？並行政機關用以規範健保關係之解除特約（規定稱不予特約）是否適當？

如行政主體業已與人民締結有行政契約時，是否仍得以行政處分在此予以併用？亦即是否得以行政處分作為履行該行政契約的手段？此頗為學說及實務所爭議之問題其實係屬於「行政處分容許性」的問題，但為行文之便，本書則將之置於本章予以簡述：

(一)肯定說

在行政契約之法律關係中，並不排除立法者就其中部分法律關係，以法律特別規定其要件、行為方式、程序或法律效果，俾限制行政契約當事人之部分契約自由而維護公益。

就此，最高行政法院即採肯定見解而用以處理公立學校教師之解聘、停聘或不續聘之爭議，其稱：「公立學校教師若有教師法第十四條第一項各款事由，經該教師評審委員會（教師法第二九條第二項參照）及法定程序決議通過予以解聘、停聘或不續聘，並由該公立學校依法定程序通知當事人者，應係該公立學校依法律明文規定之要件、程序及法定方式，立於機關之地位，就公法上具體事件，所為得對外發生法律效果之單方行政行為，故其具有行政處分之性質。」[145]

(二)否定說

否定說認為，締結行政（隸屬）契約訂定之目的即在代替行政處分之作成，也因此如行政主體業已與人民締結行政契約時，則不應再以行政處分再為契約關係的得喪變更，也認為此種結果將導致對締約相對人之突襲[146]。

一者，不予特約：一、違反醫事法令，受停業處分期間未屆滿，或受罰鍰處分未繳清。二、違反全民健康保險（以下稱本保險）有關法令，經停止特約（以下稱停約）或終止特約，期間未屆滿，或受罰鍰處分未繳清。三、與保險人有未結案件，且拒絕配合辦結。四、對保險人負有債務未結清，且不同意由保險人於應支付之醫療費用中扣抵。五、負責醫事人員因罹患疾病，經保險人實地訪查，並請相關專科醫師認定有不能執行業務之情事。六、負責醫事人員執業執照逾有效期限，未辦理更新。七、容留受違約處分尚未完成執行之服務機構之負責醫事人員或負有行為責任之醫事人員。」

[145] 最高行政法院九八年七月份第一次庭長法官聯席會議。
[146] 林明鏘，行政契約與行政處分，收錄於：林明鏘，行政契約法研究，翰蘆圖書，2006年4月，頁166-167。

也因此，否定說認為行政處分與行政契約應是屬於「擇一」的關係[147]，而不得在同一法律關係中交互使用行政契約及行政處分之手段，一旦選擇使用行政契約作為法律關係之規範，即不得再為下命處分。

而針對前述問題的分析，首先特約醫療院所與中央健保局間之行政關係是否為行政契約向來爭議繁多，而大法官在釋字五三三號即肯定其行政契約之性質：「中央健康保險局依其組織法規係國家機關，為執行其法定之職權，就辦理全民健康保險醫療服務有關事項，與各醫事服務機構締結全民健康保險特約醫事服務機構合約，約定由特約醫事服務機構提供被保險人醫療保健服務，以達促進國民健康、增進公共利益之行政目的，故此項合約具有行政契約之性質。」

進而本書認為，應以系爭事件是否具有高度之公益性為標準，以決定行政處分得否與行政契約併用[148]，以健保契約為例，因為健保制度具高度之公益性，故健保局與特約醫療院所除以行政契約約定外，仍有制定法律管制之必要，而應採肯定見解。但在軍警院校學校與公費學生所簽訂之行政契約，則不同意學校單方行政處分要求被退學學生返還享有之公費，亦即，行政處分與行政契約不得併用[149]。

但有關扣減金額、停止特約或終止特約，其性質應為不利益管制性行政處分[150]，影響當事人權益者故應移由法律規定者為當，其將罰責訂於辦法或有違反法律保留原則之疑慮。但若該辦法之裁罰性不利處分，只是重複法律規定，則並不違反法律保留原則，亦即，雙方同意以法律規定作為契約一部分，應屬適法。

---

[147] 江嘉琪，行政契約與履行行政契約之行政處分，中原財經法學，第14期，2005年6月，頁3。
　　但蔡秀卿教授則認為，如果行政契約與行政處分屬於併行的選擇關係，其可能導致行政機關基於行政處分的便利性而選擇作成行政處分，因此，氏認為此兩者之關係應是補充的關係，在此時行政契約獨立發展專屬的領域，以排斥行政處分之適用的可能性則較高，詳參：蔡秀卿，行政契約，收錄於：臺灣行政法學會主編，行政法爭議問題研究（上），2000年12月，頁529-530。

[148] 江嘉琪教授認為原則上應採否定見解，但如果具有明確之法律依據及足夠之法律依據者，仍得予以例外的併用。詳參：江嘉琪，行政契約關係與行政處分之容許性，律師雜誌，第303期，2004年12月，頁63-65。

[149] 吳秦雯，行政契約之定義與適用－由吳庚教授之學說出發，中研院法律期刊，特刊，2019年12月，頁246以下。

[150] 罰鍰係行政罰法所明定之行政罰並無疑義，惟有學者認為扣減金額、停止或中止特約為行政契約之管理手段，殊難認其為行政處分，惟我司法實務認為對於有無停止或終止特約之情事之構成要件認定並無當事人可磋商之餘地，應屬行政處分。
　　詳細的整理，可以參考：葉俊榮，從救濟管道到管制脈絡－論行政處分與行政契約的交錯予併存爭議，收錄於：王必芳主編，2008行政管制與行政爭訟，中央研究院法律學研究所籌備處專書（10），2009年11月，頁7-10。

第一節　行政命令之基本概念

問題二十五

「行政命令」概念內涵為何，試敘述之。

　　行政命令，係指行政機關依據法律授權或基於職權，針對行政事務，所為一般、抽象之規範稱之；早期實務上，亦有將行政命令逕稱為「命令」之情形。惟「命令」一詞，實務上對此用語有所混用，包括行政機關所訂定之抽象法規、長官對部屬所下之指示或任務之分配及警察機關對一般人民之下命處分等，亦以「命令」稱之，甚至大法官目前也將判例或決議當作是「命令」來審查。行政命令是指抽象之規定，不包括長官對部屬具體之指令（內部關係），也不包括警察對人民之下命處分（行政處分）。因此，本書將首先對於行政命令之基本概念作進一步的解釋和分析。

　　另外，我國學界及實務界在行政程序法施行以來，普遍依循著該法的立法體例，依照適用對象的不同、是否須以法律授權等標準，將行政命令區分為「法規命令」及「行政規則」。雖然，此種將行政命令「一分為二」的分類方法，對於吾人在理解行政命令上有所助益，但在實務運作上卻尚有所謂「職權命令」之概念，然而職權命令之屬性為何？或是否應該予以廢除？雖然行政程序法第一七四條之一規定：「本法施行前，行政機關依中央法規標準法第七條訂定之命令，須以法律規定或以法律明列其授權依據者，應於本法施行後二年內，以法律規定或以法律明列其授權依據後修正或訂定；逾期失效。」但實施迄今，實務界（司法院大法官與法院判決）都不否認其存在。

　　為因應時空環境演變，並使行政更加便民，擴大人民參與，行政院會今

110年8月19日通過法務部擬具的「行政程序法」部分條文修正草案，將函請立法院審議。其中於草案第一五七條之一與一五七條之二增列職權命令之規定，將行政命令增列第三種，規範對外發生法律效果之職權命令[151]。就此，本書也將進一步予以探討[152]。

綜上所述，本章主要先闡述有關於行政命令之基本概念；而在行政命令之分類上，則係先以行政程序法的立法體例為依據，講解「法規命令」及「行政規則」之概念及合法要件後，再行討論中央法規標準法之職權命令的爭議問題。

一、行政立法行為與行政命令

依學者見解，「行政立法行為」係指行政機關依法律授權或基於職權，而有行使立法權之可能的行為。易言之，行政命令即是行政機關直接居於立法者之地位所制定之抽象性、一般性規範，而非如行政處分一般，是係對於具體個案之處理。因此，學者也將行政命令稱之為行政立法[153]。

而法國立法例上，則認為行政機關本身即有訂定法規命令的固有權限，無待法律授權。就此，董保城教授認為我國行政機關在早期經常逕以「職權命令」來規定涉及人民權利義務之有關事項，雖然此種情形依通說見解而有違反法律保留原則之虞，但其時常有正面成效，也與法國立法例甚為接近[154]。

---

[151] 為使行政更加便民、擴大人民參與 行政院會通過「行政程序法」部分條文修正草案，行政院新聞稿，參閱https://www.ey.gov.tw/Page/9277F759E41CCD91/af7c8cfd-b020-4572-9375-87554f063ff0（瀏覽日期：2022年2月2日）。

[152] 行政程序法之制定，除了既有的授權命令與職權命令外，更增加了法規命令及行政規則的概念（授權命令基本上係等同於法規命令，因此實際上行政程序法是增加了「行政規則」的概念），此種情況則導致了行政命令之類型於我國行政法體系中顯得更趨繁雜。葉俊榮教授認為現行法下行政命令類型的架構，並沒有先考慮分類的依據或目標為何？即引用德國聯邦行政程序法對於行政命令的二分法，方能更進一步地進入立法程序。詳參：葉俊榮，行政命令，收錄於：翁岳生編，同前揭註36，頁395-396、403-404。

[153] 蔡茂寅教授則引用了日本法上之理論，認為行政命令之用語除可能與前述概念有所混淆外，也可能有行政命令即等同於法規命令或職權命令之刻版印象，因此在用語上或能改稱為「行政規範」（意指：行政機關所訂定之規範），較能擺脫名稱上之混亂。參見：林明鏘、周志宏、蔡茂寅、李建良合著（蔡茂寅執筆部分），行政程序法實用，新學林出版，2007年7月，三版，頁361。

[154] 董保城，同前揭註7，頁190。但董氏在立法院於110年12月召開公聽會中更改見解，而認為授予行政機關職權命令權形同立法院自廢武功，放棄監督權。

二、我國法上行政命令之區分類型

(一)中央法規標準法：授權命令與職權命令

中央法規標準法第七條規定：「各機關依其法定職權或基於法律授權訂定之命令，應視其性質分別下達或發布，並即送立法院。」就此，學者大抵皆將上述規定分類為授權命令及職權命令，並分別適用「發布」或「下達」之程序：

1.授權命令

依學者通說見解，上開規定中所稱之授權命令，依其內容大抵上與行政程序法上所稱之法規命令並無差異，亦即係指立法機關授權行政機關制定規範人民權利義務之抽象性規範，然而學者吳庚認為仍有所不同[155]。

2.職權命令

所謂職權命令，係指職權命令係指行政機關在其職權範圍內，為執行法律，不須經由法律授權，而得依其職權可逕行制頒補充性的行政命令。

(二)行政程序法：法規命令與行政規則

行政程序法第一五〇條以下，規定有法規命令及行政規則二種行政命令之類型。在該法施行後，學者普遍地依照此分類作為主要的闡述或比較之學理概念[156]：

1.法規命令之基本概念

依照行政程序法第一五〇條第一項規定：「本法所稱法規命令，係指行政機關基於法律授權，對多數不特定人民就一般事項所作抽象之對外發生法律效果之規定。」因此，吾人得依照上開規定得出法規命令具有：(1)制定依據：須經法律授權；(2)規範對象：不特定多數人；(3)規範內容：屬於為一般、抽象性之規範；(4)規範效力：具有外部性。

---

[155] 吳庚，同前揭註8，頁269。
[156] 例如有：陳敏，同前揭註11，頁521以下；黃俊杰，同前揭註63，頁387以下；董保城，同前揭註7，頁190以下，李震山大法官甚至逕將法規命令獨立為一章作為論述主軸，而將行政規則併入行政作用之內部行為，詳參：李震山，同前揭註67，頁229-234、297-315。另外，國內有關於「行政程序法」的專論或教科書，則當然地是採用此種體例作為說明、論述的模式，自不待言。

2.行政規則之基本概念

行政程序法第一五九條第一項：「本法所稱行政規則，係指上級機關對下級機關，或長官對屬官，依其權限或職權為規範機關內部秩序及運作，所為非直接對外發生法規範效力之一般、抽象之規定。」就此，行政規則所具有之要素如下：(1)制定依據：基於職權即可而不需經由法律授權；(2)規範對象：以制定機關；下級機關及屬官為對象；(3)規範內容：屬於一般、抽象之規定；(4)規範效力：僅有對內發生效力。

3.法規命令與行政規則之差異性比較

法規命令係規定有關人民權利義務事項之規範，直接對外發生法律效果，屬外部法，具對外性。而行政規則原則上屬內部法[157]，僅具內部效果，亦即僅對機關及其成員產生拘束力，對於外部人民之權利義務並不生直接影響。

三、行政命令體系表

中央法規標準法第七條：「各機關依其法定職權或基於法律授權訂定之命令，應視其性質分別下達或發布，並即送立法院。」包括了授權命令與職權命令而行政程序法之規定則包括了法規命令與行政規則。就此，本書將法規命令、職權命令與行政規則之辨異，圖示如下：

	經法律授權	依法定職權
對外生效	法規命令	職權命令（行政程序法第一七四條之一）
對內生效 （不直接對外生效）	法規命令	行政規則（職權命令）

---

[157] 當然，行政規則在因為長久之慣行（成為行政慣例），則可能產生對外效力。就此，詳參本章第三節有關行政規則之效力的相關敘述。

第二節　法規命令

一、法規命令之意義及適用範圍

> **問題二十六**
>
> 授權命令得否再授權？

　　法規命令（Rechtsverordnung），係行政機關基於法律授權，由其單方面所訂定，而具有抽象性、一般性、對外性及未來性拘束力之規範。行政程序法第一五〇條第一項所規定：「本法所稱法規命令，係指行政機關基於法律授權，對多數不特定人民就一般事項所作抽象之對外發生法律效果之規定。」

　　就法規命令所具有之「對外性」來加以觀察，其涉及人民之權利義務，亦即得以之設定、變更或消滅人民之權利義務[158]。在德國法歷史上，鑑於威瑪憲法時期，立法機關普遍地利用「空白授權」，而授權行政機關就一定事項制定法規命令，而無對內容，範圍等設定界限，因而造成二次大戰行政權過分獨大之情狀，戰後德國基本法乃於第八〇條第一項規定：「聯邦政府、聯邦閣員或邦政府，得根據法律發布法規命令（Rechtsverordnungen）。此項授權之內容、目的及範圍，應以法律規定之。所發命令，應引證法律根據。如法律規定授權得再移轉，授權之移轉需要以命令為之[159]。」

　　因此在法治國原則之要求下，行政機關對於法規命令之發布，須有法律具體、明確之授權[160]，否則逕自不得發布。我國實務上常會發生上級機關將授權命令再度授權下級機關訂定抽象之命令，但若法律沒有再授權之規定應不得為之。亦即，再授權應以法律明定外，該再授權命令仍應明示授權之依據。釋字第五二四號解釋明確表示：「……倘法律並無轉委任之授權，該機關即不得委由其所屬機關逕行發布相關規章。」本號解釋確定了兩個原則：第一個原則為

---

[158] 陳敏，同前揭註11，頁521。
[159] 為求讀者查閱之方便，本處德國基本法之譯文引自：李震山等增譯，德意志聯邦共和國基本法，司法院（中外國法規），http://www.judicial.gov.tw/db/db04/db04-01.asp（瀏覽日期：2012年2月28日）。
[160] 亦因為法規命令在須以「法律授權」始能訂定之原則下，在學說上又稱作「委任立法」或「委任命令」。詳參：吳庚，同前揭註8，頁47。

再授權須有法律之明確依據；而第二個原則為在有法律明確規定下，方得將應由法規命令規範的事項，授權由下級機關以行政規則來制定，亦即「上位階法規轉為下位階法規必須由法律規定」之原則[161]。

二、法規命令制頒之合法要件

法規命令係以「法律授權」、「對外公布」為其合法要件，滿足此合法要件者，方具有法律上之拘束力，茲分述如下：

(一)法律授權基礎

1.須經由法律授權

法規命令既為具有對外性之規範，與人民權利義務有關，依據法治國原則，對於法規命令即需有法律授權，否則行政機關不得發布。行政程序法第一五〇條第二項即規定：「法規命令之內容應明列其法律授權之依據，並不得逾越法律授權之範圍與立法精神。」並且大法官於釋字第五二四號解釋中認為：「又法律授權主管機關依一定程序訂定法規命令以補充法律規定不足者，該機關即應予以遵守，不得捨法規命令不用，而發布規範行政體系內部事項之行政規則為之替代。」因此，如立法者已藉由法律授權，由行政機關就某一事務以法規命令定之以為規範時，即不得以行政規則作為替代手段，而規避法規命令，其與行政規則相較之下，更為嚴謹之程序要件。

另外，法規命令之發布主體限定為行政機關，乃是強調行政機關的內部單位並無制定命令的權能，不得為授權之對象，若有依此情況發布法規命令者，其行為自應不生效力。

2.法律授權需符合授權明確性原則

首先，法律對於法規命令之授權密度上，是否得為「空白授權」？亦即，是否法律對於原本應由其規範的構成要件，或對於人民權利義務之限制[162]，皆委由法規命令加以規範，立法者僅在此作原則性之規定？我國在早期

---

[161] 參考陳新民大法官在釋字第六七二號解釋，壹、不同意見書之整理所提出之見解。

[162] 然而何種事項應由立法者自行規定或得由法律授權訂定？就此，吾人基於法律保留原則之要求，認為凡屬對於人民權利義務具有重要性、原則性的特定事務即應保留給立法者制定法律以為規範外，立法者得基於機動性、專業性的考量，將某些事務經由制定法律的方式，授權予行政機關訂立。詳參：許宗力，

實務上的確存在有不少此種法規命令，而給予行政機關相當廣泛的裁量空間。

就此，大法官於釋字第三一三號首次提出質疑[163]，即：「對人民違反行政法上義務之行為科處罰鍰，涉及人民權利之限制，其處罰之構成要件及數額，應由法律定之。若法律就其構成要件，授權以命令為補充規定者，授權之內容及範圍應具體明確，然後據以發布命令，始符憲法第二十三條以法律限制人民權利之意旨。[164]」因此，吾人得認為立法者經由法律授權委由法規命令，對於人民之權利義務有所限制時，該授權制定法規命令之法律，應就授權之內容、目的及範圍予以明確之規定及界限，此乃合乎學理上所稱「授權明確性原則」之要求[165]。

不過，雖然法律的授權必須符合授權明確性原則，業經大法官多次作成解釋並屢次強調其所具有之重要性，但在實務上卻也肯認另一項授權的模式，亦即是所謂概括授權。而如果法律若欲為概括授權時，則依照釋字第三六七號解釋理由書：「若法律僅概括授權行政機關訂定施行細則者，該管行政機關於符合立法意旨且未逾越母法規定之限度內，自亦得就執行法律有關之細節性、技術性之事項以施行細則定之，惟其內容不能牴觸母法或對人民之自由權利增加法律所無之限制，行政機關在施行細則之外，為執行法律依職權發布之命令，尤應遵守上述原則。」亦即，如法律對於法規命令僅有作概括授權時，該法規命令之內容則僅能就與母法有關之細節性及技術性事項加以規定，且必需符合立法意旨，而不得逾越母法規定之限度。

目前，我國法上仍存在下列係屬於「概括授權」的法規命令：

(1)程序規定

由於當時尚未頒布行政程序法之規定，故一般法律僅作實體規定，有關程序部分，皆以法律授權行政機關為之，吾人在一般法律規範中最為常見即是：

論法律保留原則，收錄於：許宗力，法與國家權力，月旦出版社，1994年，二版一刷，頁83-88。而此種法律保留原則之要求，除了憲法第二三條（限制人民權利義務之事項，須以法律定之）、中央法規標準法第五條第二款及中央法規標準法第六條有所規定外，在釋字第四四三號解釋理由書所建立之「層級化保留原則」，也有所闡述。

[163] 採同一見解者：吳庚，同前揭註8，頁273。

[164] 本號大法官解釋之作成，亦是我國首次將德國基本法第八〇條第一項之規定，亦即「授權明確性原則」，作為界定有權干涉人民權利之範圍。

[165] 在釋字第三一三號解釋作成後，授權命令（法規命令）之作成受到授權明確性的要求，立法者即不能以空白授權之方式，委由行政機關制定規定，而要求立法者之授權應具體、明確。

「本法施行細則以命令訂之。」不過一般而言，施行細則並不侷限程序，尚對實體，亦即母法所規定內容，作更詳細之規定。

(2)管理辦法

係以特定人或特定事物為管理的對象而制定抽象、一般的規定。此類命令種類繁多，涉及範圍甚為寬廣，例如槍砲彈藥刀械管理條例第六條第二項所規定，槍砲、彈藥、刀械等之管理辦法，由中央主管機關定之，依公路法第七九條規定而訂定汽車運輸業管理規則；依道路交通管理處罰條例第三七條第五項，營業小客車駕駛人，執業登記辦法，由內政部會同交通部定之等皆屬之。

(3)設置標準

在此類的授權命令，主要係對不確定法律概念及行政裁量，由主管機關設定抽象、一般的標準：

涉及構成要件之命令如，依勞工安全衛生法第五條第一項之規定，雇主應有符合標準之必要安全衛生設備，以防止爆炸性、發火性等物質引起之危害等，並此種必要設備之標準，依照同條第三項之規定係由中央主管機關訂之[166]。此外，尚有內政部依照建築法第九七條所制定的建築技術規則、依照槍砲彈藥刀械管制條例第四條第三款之所訂定的刀械查禁公告；公平交易委員會依照公平交易法第二三條第二項所訂定之多層次傳銷管理辦法；內政部依照消防法第八條第一項，會同中央目的事業主管機關並報請行政院核定後訂定之各類場所消防安全設置標準等皆屬之。

此外，涉及法律效果裁量之規定，例如交通部會同內政部依照道路交通管理處罰條例第九二條，所訂定的違反道路交通管理事件統一裁罰基準及處理細則等。

最後，吾人如須判斷系爭法規命令是否有逾越立法意旨或授權範圍時，則依照釋字第六一二號解釋意旨：「其在母法概括授權下所發布者，是否超越法律授權，不應拘泥於法條所用之文字，而應就該法律本身之立法目的，及整體規定之關聯意義為綜合判斷。」亦即，吾人就系爭法律授權之解釋上，必須除依循條文之文意為解釋依據外，尚必須就法律條文本身之立法目的，配合法

---

[166] 中央主管機關（勞工委員會）當時並據之訂有：「爆竹煙火製造業安全衛生設施標準」（已於2005年05月12日廢止）。

律（條文間）整體之關聯為綜合判斷，以更能確切地掌握法條內涵及立法者本意[167]，此即所謂之「整體關聯性判斷」[168]。

問題二十七

何謂授權明確性，其與法律明確性之差異，試說明之。

就此，所謂授權明確性是指，若法律就其構成要件，授權以命令為補充規定者，授權之內容及範圍應具體明確，然後據以發布命令，始符憲法第二三條以法律限制人民權利之意旨（釋字第三一三號解釋），法律明確性是指法律本身所使用之概念內涵，是否足夠明確，使受規範者，得以就其概念內涵得到

(一)可理解性：一般人理解能力為準。

(二)可預見性：以受規範者具有之預見可能性為準。

(三)審查可能性：以司法者或客觀第三者藉由邏輯方式，有審查可能為準。

(二)形式合法要件

1.由法律授權之行政機關制定

羅馬法諺云「受委任者不得再委任」（delegatus non post est delegate），法規命令在法理上亦與此法諺作同一解釋。易言之，則法規命令除法令另有許可再授權之明文外，僅得由法律授權之行政機關制定，就此，釋字第五二四號解釋理由書亦採相同見解[169]。

2.載明授權之法律

行政機關制定之法規命令須載明授權之法律，行政程序法第一五○條第二項即規定：「法規命令之內容應明列其法律授權之依據，並不得逾越法律授權之範圍與立法精神。」

---

[167] 洪家殷，授權命令之合法性，收錄於：2011年月旦法學教室別冊公法學篇，元照出版，2011年5月，頁138。

[168] 早在釋字第三八○號、第三九四號、第四○二號、第四五六號、第四八○號等號解釋中，大法官即提出「整體關聯性判斷」的看法，以避免該法規不符合授權明權性之要求。

[169] 釋字第五二四號解釋理由書（節錄）：「又法律授權主管機關依一定程序訂定法規命令以補充法律規定不足者，該機關即應予以遵守，不得捨法規命令不用，而發布規範行政體系內部事項之行政規則為之替代。倘法律並無轉委任之授權，該機關即不得委由其所屬機關逕行發布相關規章。」

3.對外公布

法規命令既對於人民發生法律上拘束力則性質上自應公布周知，使人民知所遵循。法規命令發布之方式，依行政程序法第一五七條第三項規定：「法規命令之發布，應刊登政府公報或新聞紙。」法規命令未依法定方式發布者，不生效力。

(三)實質合法要件

實質合法要件，或稱內容合法要件[170]，其依照法律優位原則，要求法規命令之內容不得與上位階之法規範牴觸。就此，吾人得分為二種情況而論：

1.命令不得與憲法、法律牴觸

此乃憲法第一七二條所明文規定：「命令與憲法或法律牴觸者無效。」另外，於中央法規標準法第十一條、行政程序法第一五八條第一款中，對此亦有相同規定。

2.下級機關訂定之命令，不得與上級機關訂定之命令牴觸

依照行政程序法第一五八條第一款之規定，法規命令牴觸上級機關之命令者，無效。另外，中央法規標準法第十一條亦有相同意旨。

三、法規命令制頒之程序

法規命令之訂定程序，依行政程序法第一五一條第一項本文規定：「行政機關訂定法規命令，除關於軍事、外交或其他重大事項而涉及國家機密或安全者外，應依本法所定程序為之。」依此規定，法規命令之訂定，除了關於軍事、外交或其他重大事項而涉及國家機密或安全者外，皆應以行政程序法所規定之程序為之。此乃基於上開例外事項恆涉及重要國家利益，而有保密必要之故。

此外，行政程序法有關法規命令之訂定程序，為各機關制定命令所應履行之最基本程序。惟如立法部門或各行政機關以法律或行政規則，設定更嚴格之程序，則得從其規定。

---

[170] 例如：陳敏，同前揭註11，頁524；而學者蔡茂寅則稱為內容上的界限，詳參：蔡茂寅，同前揭註153，頁380。

以下分述行政程序法所規定之法規訂定程序：

(一)訂定程序之開始一行政機關自行草擬或人民提議

行政程序法第一五二條第一項：「法規命令之訂定，除由行政機關自行草擬者外，並得由人民或團體提議為之。」因此，法規命令原則上係由行政機關自行草擬，例外時則得由人民或團體提議為之。而如果法規命令之訂定係由人民或團體提議者，則此時依照同條第二項之規定應以書面敘明法規命令訂定之目的、依據及理由，並附具相關資料。此外，行政程序法第一五三條並明文規定行政機關受理人民或團體提議訂定法規命令之處理程序：

「受理前條提議之行政機關，應依下列情形分別處理：

一、非主管之事項，依第十七條之規定予以移送。

二、依法不得以法規命令規定之事項，附述理由通知原提議者。

三、無須訂定法規命令之事項，附述理由通知原提議者。

四、有訂定法規命令之必要者，著手研擬草案。」

有關人民提議訂定法規命令之程序，如行政機關未依行政程序法第一五三條處理，依現行法制，人民或團體仍不得請求法律救濟，此瑕疵不影響所制定法規命令之效力。蓋因人民提議，應定性為陳情之行政行為，非行政處分，自不得提起撤銷訴願或撤銷訴訟。

(二)擬定程序

1.非正式程序——預告及表示意見（notice and comment）

行政程序法對於法規命令之擬定，著重人民之協力參與，使人民得以知悉行政機關將擬定法規命令，得為相應之措施。參與制度不僅緩和行政行為之公權力片面行使之色彩，並可避免出現市民不服從（civil disobedience）[171]。故行政程序法於第一五四條即規定有法規命令草案之預告，且任何人皆得於規定時間內表示意見。

基此，無論由行政機關草擬或人民提議訂定法規命令，均應依行政程序法第一五四條規定：「行政機關擬訂法規命令時，除情況急迫，顯然無法事先

---

[171] 吳庚，同前揭註8，頁554；所謂市民不服從，係指市民針對某一項法律規定或政策，基於其不合理之規範，而採不遵從並接受法律制裁，以顯示其不合理性，如抗爭以人頭作為納稅之依據等。

公告周知者外，應於政府公報或新聞紙公告，載明下列事項：一、訂定機關之名稱，其依法應由數機關會同訂定者，各該機關名稱。二、訂定之依據。三、草案全文或其主要內容。四、任何人得於所定期間內向指定機關陳述意見之意旨。（第一項）行政機關除為前項之公告外，並得以適當之方法，將公告內容廣泛周知。（第二項）」

2.正式程序——預告及聽證程序（hearing）

　　為集思廣義，並昭公信，行政程序法第一五五條規定，行政機關得依職權舉行聽證。另依行政程序法第一五六條規定：

　　「行政機關為訂定法規命令，依法舉行聽證者，應於政府公報或新聞紙公告，載明下列事項：

　　　一、訂定機關之名稱，其依法應由數機關會同訂定者，各該機關之名稱。

　　　二、訂定之依據。

　　　三、草案之全文或其主要內容。

　　　四、聽證之日期及場所。

　　　五、聽證之主要程序。」

　　除此之外，行政程序法第五四條至第六六條有關聽證之程序，亦應遵守。

　　有關訂定法規程序之公告及聽證，如行政機關未依行政程序法第一五四條至一五六條處理，依現行法制，人民或團體仍不得請求法律救濟，此瑕疵不影響所制定法規命令之效力。蓋因人民之陳述意見或參與聽證程序，應定性為陳情之行政行為，非行政處分，自不得提起撤銷訴願或撤銷訴訟。

3.行政監督程序——核定後發布

　　法規命令若屬下級行政機關所訂定，為維持法律優位原則，應經上級機關之監督與審核，始能避免規範之衝突。行政程序第一五七條第一項及第二項即規定：「法規命令依法應經上級機關核定者，應於核定後始得發布。」「數機關會同訂定之法規命令，依法應經上級機關或共同上級機關核定者，應於核定後始得會銜發布。」

　　除此之外，法規命令係對不特定人民所制定，自應發布，以使人民知所遵

行。行政程序法第一五七條第三項對此即有特別規定：「法規命令之發布，應刊登政府公報或新聞紙。」如未依法定方式公告者，該法規命令不生效力。故發布之方法應考慮人民知悉的可能性，顧及人民知所遵行的可能。法規命令聽證及公告程序如下：

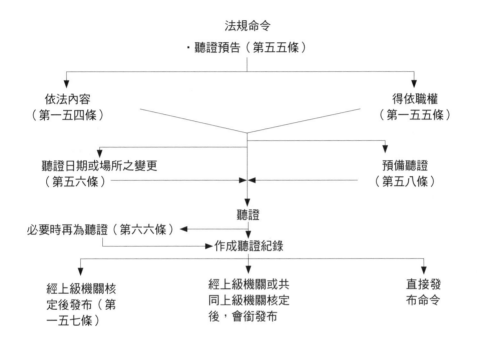

問題二十八

立法院對法規命令之監督權限為何？試依相關法律說明之。

　　國會對行政命令的監督模式，大體上可區分為四種：同意權之保留、廢棄請求權之保留、課予單純送置義務、國會聽證權之保留。說明如下：

1.同意權之保留：行政機關依本授權法之授權所訂之行政命令應先送國會，待國會同意後，始得公布或生效，係對行政命令之一種「事前監督」。例如：臺灣地區與大陸地區人民關係條例第九五條、貿易法第五條、第七條、公益彩券發行條例第二〇條，依此等授權規定所訂定的行政命令，若未經立法院的議決同意而發布者，即不生效力，從而須先送

請立法院審議通過後，始得發布。

2.廢棄請求權之保留：行政機關有義務將依本授權法之授權所訂之行政命令於公布後送國會審查，國會保留嗣後請求行政機關廢棄命令之權，係對行政命令之一種「事後監督」。立法院職權行使法第六一條規定：「各委員會審查行政命令，應於院會交付審查後三個月內完成之；逾期未完成者，視為已經審查。但有特殊情形者，得經院會同意後展延；展延以一次為限。（第一項）前項期間，應扣除休會期日。（第二項）」立法院職權行使法第六二條規定：「行政命令經審查後，發現有違反、變更或牴觸法律者，或應以法律規定事項而以命令定之者，應提報院會，經議決後，通知原訂頒之機關更正或廢止之。（第一項）前條第一項視為已經審查或經審查無前項情形之行政命令，由委員會報請院會存查。（第二項）第一項經通知更正或廢止之命令，原訂頒機關應於二個月內更正或廢止；逾期未為更正或廢止者，該命令失效。（第三項）」

3.課予單純送置義務：行政機關有義務將依授權之命令送置國會審查，至於先送置或以送置為命令之生效要件，則由立法者決定之。中央法規標準法第七條：「各機關依其法定職權或基於法律授權訂定之命令，應視其性質分別下達或發布，並即送立法院。」該條規定已由上述2.所採取廢棄請求權保留的監督模式取代之。

4.國會聽證權之保留：行政機關依法律授權所訂之行政命令，非經國會之聽證程序，不得公布。

第三節　行政規則

一、行政規則之概念

(一)行政規則之意義

所謂行政規則，係指上級機關（行政機關）對其下級機關，或長官對其屬員所為之普遍抽象之規定。此即行政程序法第一五九條：「本法所稱行政規則，係指上級機關對下級機關，或長官對屬官，依其權限或職權為規範機關內部秩序及運作，所為非直接對外發生法規範效力之一般、抽象之規定。」而依

此規定，行政規則其所主要之依據係為「上級之抽象指揮權」，基此行政規則之適用上得作為「行政機關之內部秩序及運作」的規範，亦得用以規範「行政機關之行政行為」[172]，也與實務上之具體行政指令（Anweisungen）有所區別。

(二)行政規則之適用範圍

釋字第四四三號解釋理由書認為：「憲法所定人民之自由及權利範圍甚廣⋯⋯至何種事項應以法律直接規範或得委由命令予以規定，與所謂規範密度有關，應視規範對象、內容或法益本身及其所受限制之輕重而容許合理之差異⋯⋯。」並該號解釋理由書，基此對於法律保留原則建構有「層級化保留原則」，即：「憲法保留」、「絕對法律保留」、「相對法律保留」及「非屬法律保留」[173]。

就此，吾人依照行政規則所主要規範之內容，即行政程序法第一五九條規定其係用以規範機關內部秩序及行政機關、屬官之行政行為，原則上與人民權利義務事項無涉，自屬「非屬法律保留範圍」之細節性、技術性次要規定，從而，行政規則之訂定遂無須有法律之授權[174]。而行政規則之制定上，不得與上位階之法律或法規命令有所牴觸[175]，自不待言。

二、行政規則之類型

行政規則依其概念可有數種類型之區分，而我國行政程序法第一五九條第二項規定：「行政規則包括下列各款之規定：一、關於機關內部之組織、事務之分配、業務處理方式、人事管理等一般性規定。二、為協助下級機關或屬官統一解釋法令、認定事實、及行使裁量權，而訂頒之解釋性規定及裁量基準。」就此，學理上並參酌同條第一項之規定，則將行政規則分作「組織性行

---

[172] 陳敏，同前揭註11，頁534。

[173] 蘇俊雄大法官也於釋字第四四一號解釋之不同意見書中提到：「由於行政規則的制定欠缺直接或間接的民主正當性基礎，且並非公布周知的外部法規範，其當然不能進而創設法律或授權命令所無的要件限制，而僅能依客觀公認的法律解釋方法，就各該法律或授權命令的解釋與適用表示意見。對於此等行政規則的規範審查，從而原則上均應該依循法律解釋方法的各項準則，檢視其是否逾越了法律解釋的界限，據以貫徹法律保留原則乃至法律優位原則等憲法規範意旨。」

[174] 實則，行政規則之訂定權一向視為行政之家產（Hausqut）。

[175] 法務部90.08.21.（90）律字第028749號函。

政規則」及「作用性行政規則」[176]，本書試分述如下：

(一)組織性行政規則

組織性行政規則，係指用以規範機關內部秩序的行政規則，即行政程序法第一五九條第二項第一款所稱之「關於機關內部之組織、事務之分配、業務處理方式、人事管理等一般性規定」。

1.組織規定

係指規範機關內部職務及任務之分配所設置之分工單位，此種組織之設定係在預算範圍內為之，因此不得增加原來組織法上所無之單位[177]，關於機關內部組織之行政規則，如中央研究院研究所組織規程等是。

2.勤務要點

則係以執勤公務員為對象，而要求公務員執勤時應注重之事項，並責付其一定的勤務，若此時公務員不遵守其義務時，則屬觸犯職務義務，可能構成國家賠償法上的怠於執行職務或可能觸犯刑法的廢弛職務釀成災害之刑法第一三〇條之規定。

此類的行政規則為數不少，例如，為加強消防隊員之責任而訂定之「對供公眾使用建築物消防安全檢查加強措施」、對警察人員要求執行取締色情及賭博等業務而頒布之「內政部有關警察取締色情及賭博性電動玩具執行要點」或「警察機關查捕逃犯須知」亦屬責付警察人員之職務義務。

3.程序規定

此類的行政規則係針對一般行政或特殊行政之程序規定。此種的行政規則，目的在於提供執行一定可遵循的程序，一般而言，僅發生內部的拘束力，故鮮少發生外在的法效果。如一般公文處理程序、公文登記查詢檢核補充規定、行政機關法制作業應注意事項、行政暨所屬各機關營繕工程招標注意事項等。

---

[176] 黃俊杰，同前揭註63，頁404。
[177] 組織法規通常行政機關不得自行加以變更，但有些狀況，機關基於需要必須增列單位，則因無預算編列，且非屬組織法上之單位，則通常機關會暫時以臨時編組方式設置後，等下一年度再透過修改組織規定變更之。

(二)作用性行政規則

　　作用性行政行為，則是用以規範行政機關或所屬公務員所為行政行為的行政規則，此乃行政程序法第一五九條第二項第二款規定：「協助下級機關或屬官統一解釋法令、認定事實、及行使裁量權，而訂頒之解釋性規定及裁量基準。」

1.解釋性行政規則

　　解釋性行政規則，實務上常稱為函示、函及解釋函令等[178]，其係指就法規範之解釋及適用為規定，其目的在於行政機關或長官對於其下級機關或屬官適用法律、業務處理的一致性或合理性及協助認定事實上，於其職權範圍內，對於法規範所作之統一性的解釋。

　　如釋字第四○七號解釋稱：「主管機關基於職權因執行特定法律之規定，得為必要之釋示，以供本機關或下級機關所屬公務員行使職權時之依據。」此種行政規則的實益，尤其是體現在不確定法律概念的涵攝上，如屬官（公務員）對於不確定法律概念之意涵難以理解致有適用上疑義時，甚或是下級機關間彼此有不同的適用結果時，上級機關或屬官為解決此類爭議，有義務先對於法令作一解釋，以杜爭議。例如公平交易委員會，基於處理事業對他人散發侵害智慧財產權警告函之行為的目的，制定有「審理事業發侵害著作權、商標權或專利權警告函案件處理原則」，來作為公平交易法第四五條之解釋性行政規則[179]。

2.裁量基準

　　立法者在一般的情況之下，通常會經由法律授予行政機關所謂「行政裁量」之權限，其目的在於希望行政機關於執行法律時，能夠依據具體個案之情事作出權衡，而能作成更貼近具體個案情況之認定或決定[180]。此種在法律效果的裁量或決定，其主要依據的是具體個案的情況，是在體現「個案正義」的要

---

[178] 例如：陳新民，同前揭註61，頁292；李震山，同前揭註67，頁247。不過黃俊杰教授認為解釋函令不能單憑有無法規授權作為區分而逕認為其係行政規則，而應視其有無涉及人民權利義務之事項而判定其性質究係屬於行政規則，抑或是法規命令。詳參：黃俊杰，同前揭註63，頁418-419。而葉俊榮教授則認為解釋函令之法律性質是屬於「解釋性命令」與行政命令係屬不同概念。參見：葉俊榮，同前揭註150，頁404-405。
[179] 行政院公平交易委員會86年5月14日（86）公法字第01672號函。
[180] 李建良，行政裁量與判斷餘地，月旦法學教室，第98期，2010年12月，頁40。

求，也因此「行政裁量」也稱作「具體個別裁量[181]」。

　　但在實務上，上級機關經常就若干經常不斷發生的典型案件，為了執行一致性與均勻性的要求，總會訂立「裁量基準」或「裁量規則」，提供給下級機關或屬員在法律規定之裁量範圍內再進一步作裁量之認定。亦即裁量基準是基於公正裁量及合理化的要求，針對一般反覆發生的典型個案作一致性處理，而由上級機關統一制定之一般性規定，也使之有別於前文所述之具體個別裁量[182]，而頒布這類裁量準則，須注意不得逾越法律所授與的裁量範圍以及不得使裁量限縮至於零。

　　另外，必須附帶一提的是，如裁量基準係由法律明文授權訂定者，其性質即屬於法規命令[183]；而法律未明文授權訂定，而係由行政機關本諸職權加以訂定者，即屬於行政規則，自不待言。

三、行政規則之效力

(一)行政規則之內部效力

　　依照學說見解，行政機關於行政規則之訂定上不須先行經由法律授權[184]，而依照行政程序法第一五九條第一項：「本法所稱行政規則，係指上級機關對下級機關，或長官對屬官，依其權限或職權為規範機關內部秩序及運作，所為非直接對外發生法規範效力之一般、抽象之規定。」依此規定可知，行政規則係上級機關或長官依其權限或職權所作成，對於其下級機關或屬官產生拘束力之一般、抽象性之規範。因此，有效下達之行政規則，依照行政程序法第一六一條，則當然地具有拘束訂定機關、其下級機關及屬官之效力，自不待言。

　　然而，也因為行政規則不直接對人民、法院產生外部效力，而僅有如上述的拘束制定機關及其下級機關或屬官，除學者一般皆將行政規則之法律性質理

---

[181] 蔡震榮，論事實認定與裁量基準之適用－評最高行政法院97年裁字第00446號裁定，收錄於：蔡震榮，行政制裁之理論與實務，元照經銷，2012年1月，頁257。
[182] 蔡震榮，同前揭註181，頁257。
[183] 蔡震榮，同前揭註181，頁257。
[184] 此乃相較於法規命令之訂定，與人民之權利義務有所關連，且經由發布而對外發生效力而言。

解為「內部法[185]」外，而行政規則之效力，行政規則於原則上亦不對於人民之權利義務產生影響，對於法院也無拘束力可言。

(二)行政規則之外部效力

某甲係為某民營事業的受雇者（依規定為全民健保之第一類被保險人）而卻以無一定雇主或自營作業而參加職業工會（第二類被保險人）為名義投保全民健保，而為承辦公務員某乙所發現。就此錯誤投保之情況，全民健康保險法第十二條及第七〇條規定，除追繳保險金外，尚須課處罰鍰。然健保局卻訂定全民健康保險保險人執行全民健康保險法罰鍰注意事項，其指某甲雖違反上開之規定，但須先發函輔導，並告知於該函送達後二個月內未為辦理者方課予罰鍰，試問裁量準則與法律規範不一致時，公務員應如何處置？

　　行政規則是否具有外部效力？吾人認為並不能一概而論，必須依照行政規則的種類不同而有所分別：

1.組織性行政規則

　　組織性行政規則，其所規範者係為機關內部之組織、事務之分配、業務處理方式、人事管理等一般性規定，亦即只有涉及機關內部事務。另外，此類行政規則之制定，尚以制定機關之組織權及指示權為要件[186]。因之，此類行政規則仍屬「內部法」性質，原則上難謂有對外效力。

2.作用性行政規則

(1)解釋性行政規則

　　此種釋示或函示，原則上僅拘束執法的公務員，對外不產生效力。但由於其係直接對法條的闡釋，適用結果亦對人民產生影響。原則上法官審判不受其拘束，但若法官於裁判上加以引用，則此項函示應具有外在效力，此即為釋字

---

[185] 陳春生，行政規則之外部效力問題研究，收錄於：陳春生，行政法之學理與體系（一），三民書局，1996年8月，頁97。
[186] 陳敏，同前揭註11，頁546。

第二一六號所稱：「各機關依其職掌就有關法規為釋示之行政命令，法官於審判案件時，固可予以引用，但仍得依據法律，表示適當之不同見解，並不受其拘束，本院釋字第一三七號解釋即係本此意旨；司法行政機關所發司法行政上之命令，如涉及審判上之法律見解，僅供法官參考，法官於審判案件時，亦不受其拘束。」

(2)裁量基準

裁量基準雖為上級機關對下級機關公務員使用法律時行為的規劃，但卻間接亦影響到人民之權益，就此，德國行政法院及學者主張，得透過德國基本法第三條第一項平等原則所衍生出來的「行政自我拘束」（Selbstbindung der Verwaltung），使行政規則本身具實質法規範性質。亦即，由行政實務在適用該類行政規則而產生的一致性，據此，行政機關受其一致性的拘束，不得對相同事物恣意為不同之處理，否則違反德國基本法第三條第一項之平等原則的要求[187]。但為了維護人民權益起見，凡此類行政規則影響人民權益甚鉅，得透過公布之程序，使其具有一般法規範的性質。

而裁量準則是否具有直接對外法效性，則視其係屬於法規命令或行政規則。裁量準則雖依照行政程序法第一五九條規定而屬於行政規則，不過裁量準則之訂定，若係基於法律授權者，則屬於法規命令，例如道路交通管理處罰條例第九二條第三項[188]授權訂定之「違反道路交通管理事件統一裁罰基準及處理細則」屬之。

裁量準則若屬法規命令者，則具對外法效性，不但行政機關有依該準則裁量之義務，人民亦得依此有所請求，行政機關違反裁量準則時即屬違法，而司法審查原則上也受該裁量準則之拘束。若裁量準則係屬於行政規則，則通常僅具有內部拘束力，但裁量準則經由公告程序，且人民亦得透過網路取得資訊時，而產生間接法效性，而行政機關未依該準則裁量時，人民即得主張其為違法。

而法律規定與裁量準則產生衝突時，公務員在行使裁量時，仍不得逾越

---

[187] Maurer, Allgemeines Verwaltungsrecht, 5 Aufl.1986, S.497f.
[188] 道路交通管理處罰條例第九二條第三項：「本條例之罰鍰基準、舉發或輕微違規勸導、罰鍰繳納、向處罰機關陳述意見或裁決之處理程序、分期繳納之申請條件、分期期數、不依限期繳納之處理、分期處理規定及繳納機構等事項之處理細則，由交通部會同內政部定之。」

法律目的為之，而裁量準則若屬違法，則應告知長官並以法律規定為裁量依據[189]。

　　上述問題中有關之裁量準則屬行政規則，其發函輔導之規定，是增加法律所無之規定，屬逾越權限，違反法律保留原則。

四、行政規則制頒之程序

問題三十

依照警察人員人事條例第二九條第一項第二款[190]之規定，某員警涉及貪汙案件，經檢察官提起公訴後至第一審判決前應予停職，亦即，經提起公訴後至第一審判決前，主管機關應有權審酌何時作出停職處分。但警政署及人事行政局卻認為「於第一審判決前」等字，非在賦予權責機關，並無斟酌「停職時點」之裁量權限，因此只要提起公訴即應停職。而該員警之人事主管機關刑事局答辯：前揭二函（解釋性行政規則）未踐行法定程序（有效下達）[191]，自不具有拘束其級機關及屬官之效力，此論點是否有理？

　　行政規則之訂定既為行政固有之權限，各國行政程序法就其訂定時應履行如何之程序，皆未設規定。惟行政規則事實上既有拘束行政內部，並可因而間接拘束外部之效力，其表示之方式允宜有所規範。

　　組織規程及處務規程，因僅對內發生效力，故一般僅需通知其所屬下級機關或公務員，使其知悉該行政規則所欲達成之行政目的，行政程序法第一六○條第一項爰規定，行政規則應下達下級機關或屬官。而解釋性規定與裁量基準，雖不直接對外發生法規範之效力，但因行政內部遵照適用之結果，可間接發生拘束外部一般人民之對外效力，行政規則既有此種間接效力之特性，故行政程序法第一六○條第二項規定，此種行政規則除下達外，並應由其首長簽

---

[189] Hartmut Maurer, a.a.O., §24, Rdnr. 31.

[190] 警察人員人事條例第二九條第一項第二款：「警察人員有下列情形之一者，應即停職：……二、涉嫌犯貪污罪、瀆職罪、強盜罪，經提起公訴於第一審判決前。但犯瀆職罪最重本刑三年以下有期徒刑者，不包括在內……。」

[191] 行政程序法第一五九條、第一六○條參照。

署，並登載於政府公報發布，使人民得以知悉。關於行政程序法第一六○條之立法體例，有學者認為不妥，蓋機關內部組織、事務分配及業務處理方式，難謂與人民請求行政機關作為之權益無關，基於公開透明之理念，應一體規範為宜[192]，但發布不為成立要件及生效要件。

另有關行政規則之廢止，依行政程序法第一六二條規定，行政規則得由原發布機關廢止之。行政規則之廢止程序，適用行政程序法第一六○條之規定。

而針對上述問題中，刑事局所為之答辯，本書認為該函釋雖係針對構成要件「停職時點」作成解釋，即屬解釋函示，但也涉及裁量權的行使，而屬於「判斷裁量」的問題。該函釋是限縮了法律構成要件所給予的裁量空間，而使處分機關僅得作唯一的決定，亦即有「裁量限縮至零」的情形，有違反法律所授予之裁量空間，屬於有瑕疵之判斷裁量行為。

第四節　職權命令

一、職權命令之意義

我國行政程序法也依循著德國聯邦行政程序法之體例，將行政命令區分為法規命令及行政規則。雖然，原先在行政程序法草案第一四四條第一項中法規命令尚有包括職權命令而稱：「本法所稱法規命令，係指行政機關基於法定職權或法律授權，對多數不特定人民就一般事項所作抽象之對外發生公法效果之規定。[193]」但後來則予以刪除，因此行政程序法關於職權命令未有明文規定[194]。

現行的行政程序法，甚至還進一步地於第一七四條之一規定：「本法施行前，行政機關依中央法規標準法第七條訂定之命令，須以法律規定或以法律明列其授權依據者，應於本法施行後二年內，以法律規定或以法律明列其授權依據後修正或訂定；逾期失效。」不過，我國是否此後即無職權命令之存在餘

---

[192] 吳庚，同前揭註8，頁614-615。
[193] 引自：廖義男，行政程序法之重要內容—適用範圍、行政處分、法規命令及行政規則，收錄於：廖義男，行政法之基本建制，作者自版，2003年6月，頁108。
[194] 許宗力大法官則認為，職權命令如釋字第四四三號之見解只是針對細節性、技術性之事項作一規定，對於人民權利義務之影響較小，因此行政程序法在此並非否定職權命令之存在，而只是消極地不加以規範。參見：許宗力，職權命令是否還有明天？，收錄於：臺灣行政法學會主編，同前揭註147，頁342。

地[195]？然在我國學界及實務界近幾年的思考及運作下，職權命令似乎有起死回生的趨勢，這也引發法務部於行政程序法重新草擬職權命令之規定，行政院審查後並於110年8月送立法院審議；針對職權命令部分，立法院於110年9月與12月召開兩次「行政程序法增訂職權命令之合憲性及民主監督機制爭議」公聽會，就此部分將於下述說明之。

(一)職權命令之定義

依照中央法規標準法第七條規定：「各機關依其法定職權或基於法律授權訂定之命令，應視其性質分別下達或發布，並即送立法院。」其中「依其法定職權」之規定，我國學者大抵認為此即職權命令之法源基礎[196]。因此，依上開規定，所謂的職權命令係指行政機關基於法律所規定之職權，在法無授權下所制定規範人民權利義務之抽象一般之規定[197]。

(二)職權命令的法理及合法性

我國實務雖自大法官作成釋字第一五五號解釋後，肯認職權命令的存在，也基於行政效能或統治之便而訂定有諸多的職權命令，但長久以來我國學者基於權力分立原則、法律保留原則甚或是法安定性原則的考量，基本上認為不應以職權命令來限制人民的權利義務[198]。亦即，行政機關在未經由立法者以

---

[195] 採「否定說」（包含行政程序法公布後，見解由肯定轉為否定者）者，如：陳春生，職權命令的概念與法理，月旦法學教室，第17期，2004年3月，頁130；陳新民，同前揭註61，頁289-292；蘇永欽，同前揭註193，頁121。採「肯定說」者，如：蘇永欽，職權命令的合憲性問題，收錄於：蘇永欽，走入新世紀的憲政主義；許宗力，同前揭註194，頁342-348；黃舒芃，再論「二分」與「三分」之爭：從憲法觀點檢討職權命令的存廢問題，東吳法律學報，第23卷第4期，2011年10月，頁1-29；董保城，本土化「職權命令」法理建構之嘗試，臺灣本土法學雜誌，第11期，2000年6月，頁99；李震山，同前揭註67，頁326-327。

關於職權命令之存廢問題，有關的正反論述整理，請參見：蔡震榮主編，警察法總論，一品文化，2009年，頁170-172。

[196] 董保城，同前揭註7。

[197] 廖義男教授提出不同意見而稱，中央法規標準法第七條職權命令為下達所屬機關，屬組織法上之職權不能用來規範人民之權利、義務；參閱立法院110年12月23日公聽會報告，立法院司法及法制委員會，111年1月印發，頁24-25。

[198] 葉俊榮，同前揭註152，頁413。

不過，學者黃舒芃從二元民主理論的角度加以觀察，其認為德國係因為德國基本法第八○條在憲法層次上，即鞏固了德國國會成為法秩序中樞的地位，而不容許行政機關在法律未有明文授權（內容、目的及範圍）的情況下，訂定有關人民權利義務之規定，在這個脈絡下，該國才以「法律授權與否」作為法規命令與行政規則的區分標準，來規範涉及人民的權利義務之事項。而我國乃別於德國法的原因在於，總統直選後使得行政權及立法權均在各自由人民選舉產生，而具有民意正當性，在此情況下則不能全然地適用「議會支配」思想下的法律保留原則，並且，我國也透過「層級化保留」將法律保留的範圍予以區分，而非自始即排除了職權命令的存在空間。詳細的敘述，請參照：黃舒芃，同前揭註196，頁9-14、18-19。

法律授權時，不得逕自取代立法者，訂定有關限制人民權利義務之規範。

　　就此，大法官亦於釋字第三九〇號解釋作出革命性的決定[199]，其稱：「對於人民設立工廠而有違反行政法上義務之行為，予以停工或勒令歇業之處分，涉及人民權利之限制，依憲法第二十三條及中央法規標準法第五條第二款規定，應以法律定之；若法律授權以命令為補充規定者，授權之目的、內容及範圍，應具體明確，始得據以發布命令。工廠設立登記規則第十九條第一項規定：『工廠不依照本規則之規定申請設立登記，或不依照核定登記事項經營，或違反其他工廠法令者，得由省（市）建設廳（局）予以局部或全部停工或勒令歇業之處分』，涉及人民權利之限制，欠缺法律授權之依據，與前述意旨不符，應自本解釋公布之日起，至遲於屆滿一年時失其效力。[200]」換言之，即僅有法律或合乎授權明確（明確指示授權之目的、內容及範圍）之法規命令，方得以之限制人民權利。系爭規則（係屬職權命令）因欠缺法律授權，而不得作為限制人民權利之規範。

　　而釋字第四四三號解釋理由書，大法官更細緻化的職權命令之適用範圍（可說是限縮了）有所闡明：「至何種事項應以法律直接規範或得委由命令予以規定，與所謂規範密度有關，應視規範對象、內容或法益本身及其所受限制之輕重而容許合理之差異……若僅屬與執行法律之細節性、技術性次要事項，則得由主管機關發布命令為必要之規範，雖因而對人民產生不便或輕微影響，尚非憲法所不許。又關於給付行政措施，其受法律規範之密度，自較限制人民權益者寬鬆，倘涉及公共利益之重大事項者，應有法律或法律授權之命令為依據之必要，乃屬當然。」亦即，本解釋理由書在「層級化保留」的理念上，認為行政機關僅得於非涉及人民權利義務的範圍內，就執行法律之細節性、技術性次要事項訂定職權命令，以資規範[201]；不過，訂定職權命令雖涉及人民權利義務，但如係基於實現給付行政之目的，且其內容範圍與目的，實質上仍在合

---

[199] 同說：法治斌，職權命令與司法審查，收錄於：法治斌，資訊公開與司法審查，正典出版社，2003年6月，頁90。並詳細論述，請參照：蔡震榮，論我國法律保留原則之發展，收錄於：蔡震榮，行政法理論與基本人權之保障，五南圖書，1999年10月，二版，頁302。

[200] 日後之釋字第四四三號、第五一四號、第五七〇號解釋，大法官大致上皆採相同見解。

[201] 此外，雖職權命令與行政規則皆屬於本號解釋理由書中所稱用與執行法律之細節性、技術性次要事項，而由主管機關所發布之必要規範。然而職權命令乃是其中具有直接對外效力且對於人民權利「影響輕微」之細節性、技術性次要事項，而與行政規則係屬於間接對外效力而有所區別。

法範圍內，且係非干預人民自由權利性質者，則應可予以支持[202]。

二、職權命令制頒之要件

全面性的法律保留雖符合法治國原則，卻可能在行政任務數量不斷增加且複雜性越趨提升的今日，使行政機關在實務上缺乏主動性、積極性及靈活運作的空間。而全面不適用法律保留原則，則可能無法扼止行政機關的濫權。

因此，吾人認為應符合下列要件時，則應給予行政機關應付特別狀況的活動空間，而容許職權命令之存在：

(一)須由具有管轄權之機關訂定

訂定職權命令之前提，係檢驗行政機關是否有法律明文授予職權，即行政機關在無逾越法律規定之前提下，得基於法定職權訂定職權命令。而行政機關之職權，則因其係為組織法或作用法所授予者[203]，而在效力上有所不同，本書試分述如下：

1.基於組織法所明定之職權

若某一行政機關之職權，係由組織法所授權者，因為組織法的規定內容大多是屬於有關權限之宣示性規定，因此不能將之視為職權命令的概括授權而訂定之[204]，不過若是行政機關係基於組織法上之授權據以訂定相關組織性之內部規定如組織規程等，則並非法所不許。

2.基於作用法所賦予之職權

若須訂定具有外部效力之職權命令時，則必須以作用法上之職權為依據，例如：警察機關若針對路檢盤查之實施方式、時間等訂定職權命令，依警察職權行使法（行為法）為依據，而不宜逕依警察法（組織法）的規定為之。

此外，若有權限之機關不自行訂定命令，而交由下級機關擬訂，發布時仍以該有權限之上級機關名義為之，始無瑕疵。若有權限之機關不自行發布，而

---

[202] 李震山，同前揭註67，頁325。
[203] 行政法院（改制前）七九年判字第六二八號判決：「按行政機關得在職權範圍內，基於組織法規之一般委任授權或概括授權，制定職權命令，此項職權命令有拘束人民之效力，為行政法上之法則。」
[204] 葉俊榮，同前揭註152，頁413。然而，蘇永欽教授則認為中央法規標準法要求行政機關應以法律設有組織規定，對於行政機關原有的組織權有所限縮，因此在此應認為有立法者概括授權，而委由行政機關訂定職權命令，詳參：蘇永欽，同前揭註196，頁284。

委由欠缺法律授權之下級機關發布，則涉及前文有關「再委任禁止」（羅馬法諺：受委任者不得再委任，delegatus non post est delegate）之合法性問題，於此不贅。

(二)須有急迫性

德國Ossenbühl教授認為，行政機關不能因法律無規定而不去執行行政認務。因此，應准許行政機關有暫時性之緊急行政權，而若所規範事項係具有長期性者，則仍得適用法律保留原則[205]。

(三)限於非重大性事項

中央法規標準法第五條規定：「左列事項應以法律定之：一、憲法或法律有明文規定，應以法律定之者。二、關於人民之權利、義務者。三、關於國家各機關之組織者。四、其他重要事項之應以法律定之者。」第六條規定：「應以法律規定之事項，不得以命令定之。」亦即，要依第五條第一至三款訂定法律固然不成問題，而吾人對於同條第四款之「其他重要事項……」應如何認定？

釋字第四四三號解釋理由書則：「至何種事項應以法律直接規範或得委由命令予以規定，與所謂規範密度有關，應視規範對象、內容或法益本身及其所受限制之輕重而容許合理之差異……若僅屬與執行法律之細節性、技術性次要事項，則得由主管機關發布命令為必要之規範，雖因而對人民產生不便或輕微影響，尚非憲法所不許。」此後的釋字第四七九號、第五七〇號解釋等，大法官基本上亦持相同見解。因此，職權命令所規範的內容如已有涉及對當事人權利義務之限制時，則必須僅就「細節性、技術性」之非重大事項始得為之，但倘若行政機關所訂定之職權命令，依其性質乃屬於行政規則者，應即修正為行政規則[206]。

(四)受法律優位原則之拘束

職權命令係行政機關依其職權所訂定，因此，職權命令所規範的內容僅能

---

[205] Ossenbühl, Vorrang und Vorbehalt des Gesetzes, in: Handbuch des Staatsrechts, Hrsg. Isensee/Kirchhof, BdⅢ, § 62, Rdnr. 61.
[206] 蔡震榮編，同前揭註27，頁172。

就執行法律之細節性、技術性之事項加以規定，尚不得與上位階之憲法、法律有所牴觸，否則無效。

(五)立法院的隨時介入權

依中央法規標準法第七條規定：「各機關依其法定職權或基於法律授權訂定之命令，應視其性質分別下達或發布，並即送立法院。」並立法院職權行使法第六〇條第一項規定：「各機關依其法定職權或基於法律授權訂定之命令送達立法院後，應提報立法院會議。」

亦即，職權命令之內容，依中央法規標準法第五條第二款之規定，應限制在與人民權利義務無關之部分，即不得規定應以法律規定之事項。但因其仍具法效性，縱屬所規範之事宜純屬內部性質（如：組織規程）下達之後，仍應即送立法院查照，以有別於行政規則。而在法理上，若立法機關認為職權命令所規範的內容，顯然已涉及人民重要之權利義務時，應容許立法院可隨時將其納入法律保留的範圍。

但立法院職權行使法第六二條第一項規定：「行政命令經審查後，發現有違反、變更或牴觸法律者，或應以法律規定事項而以命令定之者，應提報院會，經議決後，通知原訂頒之機關更正或廢止之。」就此，許宗力大法官則認為，立法院職權行使法第六二條之效果，實質上已屬於「廢止權之保留」，應用在依行政機關法定職權所訂定之職權命令則難免有違反權力分立之疑慮，因此，氏認為最妥適的作法，係單純課與行政機關「送置義務」即可，而立法院如認為該職權命令有違法之虞時，則得議決通知原機關修正或廢止[207]。

因此，不論是中央或地方法規，皆必須符合法律保留之原則，亦即，凡限制人民權利，必須符合授權明確性原則之授權命令始可，概括授權之職權命令或行政規則應僅能就「細節性、技術性」並與人民權利無關之事項而為規範。最後，本書並將法規命令、職權命令及行政規則的意義及其概念之區別表附於本章文末，作為總結說明，請讀者自行參照。

---

[207] 許宗力，同前揭註194，頁359。

三、職權命令有無制定之必要

　　行政院於110年8月送立法院行政程序法草案第一五七條之一以及之二提到職權命令，其中第一五七條之一涉及定義以及範圍界定，將於下列討論；且在本次疫情實務上，指揮中心防疫措施頻頻以「指引」名目發布，其內容範圍寬廣，該性質究竟為行政處分或職權命令，或行政指導性的函示，並非清楚，更成為本次公聽會研討之議題[208]。加上本次行政院所提草案增加職權命令，更引發激烈討論，立法院共召開兩次公聽會，一次在110年9月30日「防疫措施法制爭議」[209]，另一次為110年12月23日。在最近一次針對職權命令展開激烈辯論，贊成與反對者各自主張。

(一)草案內容

　　行政程序法草案第一五七條之一：「本法所稱職權命令，係指行政機關依其法定職權，對多數不特定人民就一般事項所作抽象之對外發生法律效果之規定。應以法律或法規命令規定之事項，不得以職權命令定之。」

　　本條草案內容並未對職權命令範圍作界定，但在立法理由中卻有進一步界定而稱：「依中央法規標準法第七條規定，行政機關得依其法定職權訂定職權命令；另司法院釋字第五七〇號解釋亦肯認職權命令之存在。為因應多元之行政實務，如無職權命令加以補充規範，其業務之推展，恐受影響而不利於公益或人民之權益。故單純為執行法律而設之細節性、技術性規定，且不增加法律所無之限制，亦未涉及法律保留之事項或公共利益之重大事項，實應賦予行政機關得視業務需要，本於職權訂定命令據以執行，爰為第一項規定。」針對該理由所稱「釋字第五七〇號解釋亦肯認職權命令之存在」在本次公聽會（12月23日）遭到若干學者極力反對[210]。至於，職權命令限於執行法律而設之細節性、技術性規定，且不增加法律所無之限制，亦未涉及法律保留之事項或公共利益之重大事項，則有若干學者建議應移至該草案條文的第三項。

---

[208] 例如疫情中心在公告二級或三級警戒會以一般處分性質發布，但對於營業場所、餐廳等都有限制之規定，範圍過大，實難以單以一般處分視之，其內容似有抽象法規職權命令之性質。

[209] 蘇永欽教授在讀者投書中指出，以授權不明的防疫法制實務，有可能因職權命令之入法而大開後門，更加失控，參閱「行政程序法增訂職權命令之合憲性及民主監督機制爭議」公聽會，111年1月，頁5。

[210] 曾參與釋字第五七〇號解釋陳春生教授指出，該號解釋並非贊成職權命令之訂定；廖義男教授亦指出，釋字第五七〇號解釋並非肯認職權命令之存在。

(二)立法院公聽會意見

以下就反對與贊成分別論述。

1. 反對說

持反對說認為，應堅持行政程序法二分法，尤其行政程序法訂定之初，即以二分法設立界限，以防止行政不斷之擴權。

在本次公聽會中持反對意見者認為，行政機關無形中可利用職權命令之巧門，規避立法院之監督，立法院將自廢武功，且目前立法監督機制也不彰[211]。

2. 贊成說

認為職權命令之存在有其必要性，以應付社會不斷之變遷。多數認為草案中應對職權命令範圍作為限制，其中有認為職權命令之存在，應只是「暫時過渡」，用來處理緊急必要之事宜。多數意見則認為，職權命令之存在有其必要，以應付行政必要之事務，但應設定一定之界限。有提到，以臨時性、必要性以及細節性技術性之事務[212]。有主張以限制顯屬輕微，或給付行政中非屬重大事項。

(三)綜合分析

從上述分析，職權命令比較多數贊成有存在必要，但應設定一定之界限，且應強化立法監督機制。尤其本條草案第一五七條之一應增列第三項，其內容大概如下：

1. 執行法律之細則性、技術性之事項。
2. 非重大事項之給付行政範圍。
3. 一些緊急必要性或過渡性之事務，但事後即時報請立法院追認（暫時處理之必要性）。

附論　緊急命令

緊急命令係指國家發生緊急危難或重大變更之際，由國家元首所發布之命令，其在性質上非屬於行政命令之範疇，其法律位階可能高於行政命令或法

---

[211] 採此說者，有廖義男教授、董保城以及廖元豪教授等。
[212] 廖元豪教授所提之書面意見採此說。

律，亦可稱為替代法律之命令[213]，係屬於憲法授權之特別法規範[214]，只是其名稱中所含有之「命令」二字，使其有與行政命令產生混淆之困擾。

我國原先依照憲法第四三條之規定，總統必須係依照法律（緊急命令法）作為發布緊急命令之依據。而在憲法增修條文第二條第三項：「總統為避免國家或人民遭遇緊急危難或應付財政經濟上重大變故，得經行政院會議之決議發布緊急命令，為必要之處置，不受憲法第四十三條之限制。但須於發布命令後十日內提交立法院追認，如立法院不同意時，該緊急命令立即失效。」目前總統須經由行政院會議決議後始得發布緊急命令，而立法院於發布後未為同意時，該緊急命令即為失效。

而緊急命令之發布，係基於國家發生緊急危難或重大變更之情況所發布，已如前述，而因為緊急命令具有暫時取代法律之效果，因此為避免總統趁機擴充職權[215]，釋字第五四三號解釋即稱：「緊急命令係總統為應付緊急危難或重大變故，直接依憲法授權所發布，具有暫時替代或變更法律效力之命令，其內容應力求周延，以不得再授權為補充規定即可逕予執行為原則。若因事起倉促，一時之間不能就相關細節性、技術性事項鉅細靡遺悉加規範，而有待執行機關以命令補充，方能有效達成緊急命令之目的者，則應於緊急命令中明文規定其意旨，於立法院完成追認程序後，再行發布。此種補充規定應依行政命令之審查程序送交立法院審查，以符憲政秩序。」

---

[213] 陳新民，同前揭註61，頁269。

[214] 我國最近一次所發布的緊急命令，係於1999年9月25日，因為同年9月21日之南投集集地震（921大地震）而由當時行政院會決議後，經時任總統之李登輝先生所發布。當時主要所涉及之爭議在於緊急命令是否「得再授權」而為補充之規定。另外，我國分別於2003年SARS事件及2010年之莫拉克風災時，當時學界及實務上亦有認為應發布緊急命令之看法。

[215] 李惠宗，憲法要義，元照出版，2008年9月，頁470。

附表　行政命令（法規命令、職權命令及行政規則）概念之比較

差異點	法規命令	職權命令	行政規則
名稱不同	各機關依照行政程序法第一五七條規定，法規命令係於發布後始對外產生效力。然而依照中央法規標準法第三條所定之七種名稱，亦僅對於各機關須「發布」之命令產生拘束效果[202]	得適用中央法規標準法所定之名稱	1.原則：得以其他名稱命名[203] 2.例外：解釋性行政規則與裁量基準仍須由其首長簽署後登載於政府公報發布之，因此中央法規標準法第三條在此有所適用（行政程序法第一六〇條第二項）
法律有無授權	內容需明列法律授權之依據（行政程序法第一五〇條第二項）	基於法定職權	基於職權或上級命令即可（與人民權利義務無涉）
應否送交立法院（立法監督）	須送交立法院（中央法規標準法第七條）	須送交立法院（立法院職權行使法第六〇條第一項）	除非使用中央法規標準法第7條名稱，否則無庸送交立法院
（發布）程序不同	1.須經上級機關核定 2.數機關會同訂定者，而「依法」應經上級機關或共同上級機關核定後會銜發布者 3.刊登政府公報或新聞紙（行政程序法第一五七條第一至三項）		1.原則：下達下級機關或屬官 2.例外：具有間接對外效力之行政規則，須由其首長簽署，並登載於政府公報發布之（行政程序法第一六〇條第一至二項）
規範內容不同	對多數不特定人民之權利義務事項	1.對多數不特定人民之權利義務事項（非重要事項） 2.給付行政事項	規範機關內部秩序及運作

216 最高行政法院九五年度裁字第一一八七號裁定認為，衛生署所發布之衛署食字第0950400279號公告：「自95年1月25日起，有條件開放美國牛肉進口（貨品號列C.C.C Code 0201.30.10.00-9等10項貨品）」，係依食品衛生管理法授權訂定之抽象性規定，在性質上屬於主管機關就其主管事項對全體人民公告周知，而屬於法規命令。就此裁定之內容以觀，似可評出我國目前實務上，業已逐漸承認行政機關得以除中央法規標準法第三條所訂定以外之名稱亦可作成法規命令。陳新民教授亦肯認此種「公告」之性質屬於法規命令，但氏認為此種「公告」的名稱，可能導致實務上有所混淆，故而法規命令之命名仍應回歸適用中央法規標準法第三條之規定。參見：陳新民，同前揭註61，頁270。

217 而在實務上則多有用須知、要點、注意事項等名者。

差異點	法規命令	職權命令	行政規則
規範對象不同（規範效力不同）	以多數不特定人民為規範對象	以多數不特定人民為規範對象	以制定機關及其下級機關、所屬公務員為規範對象
遵守之原則	須遵守法律優位及法律保留原則	須遵守法律優位原則之拘束，但不須適用法律保留原則。	1.不須遵守法律保留：規範行政機關與公務員間之內部事項，而無關人民權利義務事項[204] 2.仍受法律優位原則之拘束

218 不過，若在此將公務員實質上當然屬於人民之概念一併思考，則對公務員之規範實際上已發生對外效力。因此，於此若無法適用法律保留原則，則在解釋上則非屬合理。參見：李震山，同前揭註156，頁243。

第一節　行政事實行為之基本概念

一、行政事實行為之意義

　　所謂行政事實行為，學界通說認為其係指行政主體並非以發生法律效果為目的，而以發生事實效果為目的之行政措施[219]。行政事實行為之概念，始於德國威瑪時期由W.Jellinek所提出，其稱之為：「單純高權行政行為」，係指除行政處分、公法上契約、章程及命令外之一種行政行為[220]。

　　事實行為在發展之初，就學理上就其名稱之討論即頗有分歧，例如除前上述所稱之單純行政行為外，尚包括有：事實處分、行政事實處分等。但本書認為法律名詞中有「處分」之名稱者，常使人誤認有「規範」效果[221]，此與事實行為不以規範為要件不符，因此事實處分或行政事實處分之名詞應不予援用；而若逕以「事實行為」稱之，則無法與民法事實行為分辨。因此應以「行政事實行為」稱之，較能合乎在此所界定之範圍。

　　在傳統的行政法學係以「行政處分」為重心的發展上，「行政事實行為」相對之下較為少人所討論，但在今日行政任務之增加及多樣化下，行政事實行為的討論日趨重要，吾人觀之社會國給付行政下，國家面對於公眾提供諸多服務、生存及將來照顧，而這些並非僅以法律行為完成，尚須有實際實施行為，使這些給付行政具體化之行為為事實之行為；尤其政府面對今日瞬息萬變

---

[219] 參照吳庚，同前揭註8，頁447；陳敏，同前揭註11，頁609；黃俊杰，行政機關之事實行為，月旦法學教室，第84期，2009年10月，頁8。

[220] Robbers, Schlichtes Verwaltungshandeln, in: DÖV 1987, S.273f.
　　陳敏，同前揭註11；吳庚，同前揭註8，頁447；陳春生，事實行為，收錄於：翁岳生編，行政法（下），元照出版，2006年10月，三版，頁1-4。

[221] 在「行政處分」之概念中，亦有如此之困擾。就此，可參照本篇第一章行政處分中的說明。

之社會，必須與人民溝通，例如透過指導、宣導、警告、協定或溝通等行為，來完成或執行行政任務，在此觀點下更顯示行政事實行為之重要性。

　　事實行為種類繁多，於實務上，公行政無論在行政內部或在涉及外部人民之關係，皆有可能作出種種之事實行為。行政事實行為可概略分為行政內部行為、認知表示、實施行為（執行行為）及強制措施等。

二、概念上之定位

(一)行政法上之法律行為與事實行為

　　行政法上的行為，有些係以發生法律效果為其要件，例如行政處分、行政契約或行政命令等以規範權利義務為目的，吾人稱其為法律行為；然而，行政行為仍存在有一大部分行為，非屬上述的法律行為中，因為這些行為並不具規範性質，且僅產生事實上的結果，傳統行政法上將這些不屬於上述法律行為之行政行為，一律統稱為事實行為，包括有：行政機關內部之行為、行政處分頒布前之準備行為、行政調查、行政機關的意思表示行為、行政指導、警告、觀念通知、純粹事實行為（如修築馬路、違章建築的拆除行為）及即時強制等。此種非屬法律行為，即屬事實行為之劃分，吾人又稱事實行為具聚集及總括型態及補充性質[222]。

(二)行政事實行為與民法上的事實行為

　　行政事實行為與民法上的事實行為亦有所差異：行政事實行為不以發生法律效果為其要件；但民法上之事實行為，係指因自然人之事實上動作而發生一定法律效果之行為[223]，亦即仍有法律效果的產生。

　　而民法上針對法律行為與事實行為二者間尚有所謂的「準法律行為」，其係指基於法律規定而發生效力之行為[224]。而行政法學則未如民法一般之區分，而將非法律行為之概念一概納入事實行為之範疇中[225]，在分類模式上尚嫌不夠

---

[222] Wolff/Bachof/Stober, Verwaltungsrecht I, 1994, §57, Rdnr. 1ff.

[223] 施啟揚，民法總則，作者自版，2007年10月，七版二刷，頁242-243。

[224] 施啟揚，同前揭註223，頁242。

[225] 以往學理上雖採用準法律行為之型態，而分為公證、確認、受理、通知及賞罰等行為，由於這些行為有些有法效果，有些則無，故無法如民法予以類型化。故在我國最近之教科書中已無準法律行為之稱呼，而視其有無法效果分別劃入行政處分及事實行為中。
　有關舊日行政法教科書上所稱之事實行為，可參照：林紀東，行政法，三民書局，1990年12月，頁351-353。

細膩。

　　但事實行為雖不具有法律效果，但此並非即等同於無法律效力，所謂法律效力係指此種事實行為的結果在法律上產生一定之效力而言。通常只要事實行為合法，如修築馬路、行政指導等，並不會發生法效力之問題；但若事實之結果違法，而產生法效力時，人民可要求結果除去請求權或損害賠償[226]，如警察使用槍械，流彈造成不相干人之傷亡或軍事演習試射飛彈而造成民宅發生火災產生所有權之侵害的法效果、行政機關實施即時強制卻對人民身體及財產所產生之影響等。

三、行政事實行為內容之確定

　　由於行政事實行為漸增重要性，且在某些範圍內逐漸產生一些內容相近行為樣態，因而，有人嘗試著從事實行為中對這些行為予以類型化。

　　此種嘗試類型化之趨勢因國情不同，而有不同之發展，在日本因民風較為保守，發展出政府單方面之指導行為，又稱行政指導，而在德國則企圖就政府與人民間成立非法律規定下之溝通及協定之方式。此即德國學界出現了「非正式化的行政行為」（informales或informelles Verwaltungshandeln）之名稱。

　　所謂非正式化的行政行為主要係指介於行政及人民間，在頒布行政處分前的協定或其他的接觸，其非屬法律上所規定之介於行政及人民之行為。非正式化的行政行為，係以意思表示為要件，但不以發生法效果為其條件，故與民法上的準法律行為有所區別。一般而言，其主要的範圍包括警告、推薦、呼籲或具有約束力的協定（ein Gentleman's Agreement）等，與我國一般大型行政計畫如興建垃圾焚化爐所舉辦之公聽會也屬此種情形。公聽會與聽證不同，公聽會只是溝通協調或政府機關事先向當地人或利害關係人公布欲執行之計畫，縱然公聽會有所結果，但也只是做為未來決策之參考，並不產生任何法效果，屬非正式行政程序，反之，聽證則屬於正式程序，聽證應作成記錄，聽制證為行政處分（行政程序法第一〇八條），行政程序法一〇九條規定：「不服依前條作成之行政處分者，其行政救濟程序，免除訴願及其先行程序。」

---

[226] Koch/Rubel, Allgemeines Verwaltungsrecht, 1992, III Rdnr. 20.

日本學界所稱的行政指導，即屬於類似情形，亦可包括在此非正式化的行政行為中。因此，其是指一些如指導、期望、勸告、獎勵、警告等非正式之行政行為。行政指導通常是指：行政機關為實現一定的行政目的，就其所掌業務，以非公權力之任意手段，於特定個人或公私法人團體同意或協助下，要求其為一定作為或不作為之行政作用[227]。

第二節　行政事實行為之態樣

一、態樣

學說上認為行政事實行為之種類可概分為行政內部行為、認知表示、實施行為（執行行為）及強制措施，茲略述如下：

(一)內部行為

行政機關相互間或行政機關內部單位間意見之簽呈會辦或公文往來；或有隸屬關係之公務員間簽呈或指示等均屬之[228]。

(二)認知表示

所謂認知表示（Wissenserklärung）乃有別於意思表示，亦有稱之為「通知行為」（Mittelungshandlung），係指各種不以發生法效拘束力為目的，亦即不具法效意思之表示行為，在我國實務上常見之觀念通知即屬於此類。

例如，提供氣象報告或颱風警報、警告危險區域或有害商品、建議、報告、鑑定及說明等[229]。至於行政程序法第一六五條[230]所規定之行政指導，原則上亦屬認知表示，蓋因其不以發生法效拘束力為目的，而為一不具法效意思之表示行為。

---

[227] 劉宗德，試論日本之行政指導，政大法學評論，第40期，1989年12月，頁76。
[228] 吳庚，同前揭註8，頁448。
[229] 吳庚，同前揭註8，頁448；陳敏，同前揭註11，頁610。
[230] 行政程序法第一六五條：「本法所稱行政指導，謂行政機關在其職權或所掌事務範圍內，為實現一定之行政目的，以輔導、協助、勸告、建議或其他不具法律上強制力之方法，促請特定人為一定作為不作為之行為。」

(三)實施行為（執行行為）

實施行為（Ausführungshandlung），或稱執行行為。係指用以執行行政處分或其它具有規範作用高權行為之事實行為[231]。

通常以實施行政處分或行政計畫最為常見，實施行政處分之實例，如稽徵機關收受稅款之繳納行為，或溢繳稅款由稽徵機關退還之行為，以及地政機關公務員登錄人民房屋坪數之行為皆屬之；實施行政計畫之實例，例如道路建設計畫確定後，整地及施工之行為屬之；又如行政執行程序中，依行政處分有作為或不作為義務之人，主管機關所為之執行行為或代履行行為，亦屬於對於行政處分之執行[232]。惟需注意者在此係行政處分之執行，僅執行方法之使用為事實行為，至於「告戒」及執行方法之「核定」則為行政處分的核心內容[233]。

(四)強制措施

強制措施（Zwangsmassnahme）指行政機關（尤其警察機關）運用物理的強制力，以實現行政處分之內容，或逕行執行法令之行為。例如行政執行程序中之直接強制、即時強制，以及警察職權行使法之即時強制措施等，即為最典型之強制措施。此外依集會遊行法對不服從解散命令者之強制驅離（集會遊行法第二五條第二項），違規拖吊，拆除違章建築；

以文林苑都更事件為例，行政處分為市政府給王家的強制拆除令，都發局強制拆除以及警察對現場之學生強制驅離等屬執行之事實行為。

此外，對犯罪嫌疑人之傳喚、逮捕、拘提及搜索（刑事訴訟法第七一條、第七八條、第八八條、第一三一條）等亦屬討論之對象[234]，但這些活動應屬刑事訴訟法上之司法活動，仍與此所稱之行政事實行為有所區別。此類強制措施之共同特徵有[235]：

1. 下命性質：須伴隨動作或物理強制力之使用
2. 個別性：以個別實施為原則，縱然有多數相對人時亦同，僅在少數例外情形，例如對集合人群之強制解散行動，則屬一般性之強制措施。

[231] 陳敏，同前揭註11，頁610。
[232] 吳庚，同前揭註8，頁448。
[233] 陳敏，同前揭註11，頁610。
[234] 吳庚，同前揭註8，頁484-449。
[235] 吳庚，同前揭註8，頁452-454。

3.立即效果：如行動之受拘束、建物之破毀、處所之受搜查。

4.不受程序法規規範：行政程序法之適用對象，原則上以行政法律行為為限，故強制措施應遵守之程序應取決於個別法規，而非行政程序法，例如行政執行法、警察職權行使法或海岸巡防法等。

由於單純行政行為的多樣性以及社會、經濟及技術的快速變遷，想為所有可能之行政事實行為做區分，事實上是不可能的，故吾人認為僅就可能發生的情形加以類別化。

二、行為狀態作區分

首先吾人採民法上的區分事實行為及準法律行為而將行政事實行為亦區分為兩類：

(一)事實之執行

係以事實狀態為其要件，如警察的巡邏、注射預防針、清除馬路、文化活動的舉辦等或以執行行政處分所定的強制手段，如違章建築拆除之行為或違規車輛的拖吊行為。

(二)意思表示型態的行為

此種意思表示型態之行政行為，可大略包括官署的提供消息及通知，如對未繳稅之人民在原通知繳納之處分書後的再一次通知繳納，即屬觀念通知等。

官方的警告，此種行為目前發生相當多，其樣式亦呈多樣性，故無法理出一致性的型態。如國家環保署公告隆乳矽膠對人類危害的可能性、公布市面上礦泉水的品質、香煙對人體健康有害的警告或警告，勿食用非經檢驗的食用油。

由於警告須就個案研判，其侵害的可能性來決定其法救濟或損害賠償、損失補償等救濟可能性。警告事實上亦可能產生比行政處分中的影響更大的法效果，如環保署公布某油行之油含多氯聯苯，又如警告某地區之豆乾含有毒物質之嫌，而事實上將使人不敢買其油或豆乾，造成業者經濟上之損失無法估計。官方的調查確定，如報導、專家意見以及調查結果。又如官方與人民間的非正式的協定等等皆屬意思表示型態之行為。

三、以是否具有個案規範性作區分

所謂「個案規範」是指，行政機關對該項事務有規範使產生一定法效果之意，其類型又可區分如下：

(一)個案規範前準備之行為

此種行為如提供資訊、建議、聽證、擔保調閱卷宗權，也包括核准前雙方之協定等非正式之行政行為等內部準備行為。

另有關資料之處理，如資料之儲存、傳遞、更正或銷毀等雖屬高權措施但卻非行政處分。在警察執行任務中諸多此種行為，勤務上理由之開車、警察之巡邏、觀察或監督、指示或宣導及資訊之提供等等屬之[236]。此種準備性行為由於尚未直接涉及人民權益，亦即實際上尚未產生法效果，故爭議性較小。

(二)個案規範替代性之行為

這些行為與行政處分之區別在於，其並非如行政處分先有法規範之下令，而係在無預先個案規範之情形下，直接改變關係人之法地位。此種情形特別發生在即時強制上。早期即時強制是指情況急迫來不及事先通知或警告當事人忍受之義務，必須即時對人或物等採取必要之措施。其所展現於外之行為，係在無事先公告或告知當事人忍受或作為下所為的即時執行。

即時強制之法律規定，1931年之普魯士警察行政法第四四條第一項第二款而將即時強制稱擬制為警察處分之頒布。而1934年普魯士高等行政法院將其定義為集合「警告，確定及執行」等行為於一起所下之實質警察處分。此種擬制之行政處分，有其時代之意義，因為早期只有行政處分才有救濟，但現在我國之訴訟已不限於行政處分始可提起，故有人認為此種想法及觀念已過時[237]。

德國新的警察法概念將以往即時強制之概念重新加以定義，而稱：「所要求之措施，不能或不能及時達到所應負責之人，則對此措施，行政機關（警察）得自己或透過受委託者直接施行。」此種新的即時強制之概念，在於強調干擾者不在場或不能及時通知時才可為之。吾人所稱之汽車拖吊之事件即屬此種即時強制，由於此種狀況，非常類似代履行，亦有人稱其為即時代履行。

---

[236] Rasch, Der Realakt, DVBl.1992, S.209.
[237] Sadler, Verwaltungsvollstreckungsgesetz, 2, Aufl, 1992, 6, Rdnr. 146.

　　即時強制概念，因此必須對其設定界限，其狀況必須屬緊急情況，且若非緊急之平常狀況下，行政機關亦會採取頒布一相當行政處分為前提。即時強制所採用的手段為直接強制及代履行兩種手段，如火災時，消防隊員強制將障礙物拆除之直接強制手段或請人將汽車拖離之代履行手段。

　　即時強制法律性質仍有爭議，少數說仍持行政處分說，而稱其行為係集合告戒、確定及執行在一起之一種擬制之行政處分，但通說認為因其缺乏行政處分事先告知之特質，因其無法告知或來不及告知，缺乏行政處分之要件，而認其為行政事實行為，此說為目前德國之通說。但若負責之義務人可確定並得以告知則此行為則屬行政處分[238]。

　　目前在德國最具爭議在於警察的典型措施上。所謂典型措施係指警察所為之一些例行性涉及人民自由及權利的措施，這些如身分之確認、鑑識措施、盤查、審問、人的管束、對人或物之搜索、驅離、住宅之侵入物之確保及扣留以及逮捕等等[239]。學者Schenke認為這些措施絕大部分並非事實行為而是行政處分。理由在於，在其下令執行中已具有規範關係人作為或忍受之義務。其與一般事實之執行的事實行為不同。例如下令搜索，即命關係人有忍受搜索之義務，此屬行政處分無疑，這與搜索行動之進行，在於找尋證物之事實行為不同。下令與其執行不同，若將其整體視為事實行為，則顯然無法自圓其說。而警察典型處分中即包含有此種下令作為或忍受之義務在內。此外，只有行政處分才可強制執行，事實行為則不可，因此若將警察典型處分視為事實行為，則將使警察之例行性之行為不具執行力，而使類型化失去其意義[240]。Würtenberger則以警察典型措施可告知關係人為強制執行時屬行政處分，但若必須即時強制時，如情況緊急或當事人不在或並無確切之當事人時，則屬事實行為，例如屋主不在場之搜索房屋或偷竊物之保管所有人尚未確定等屬之[241]。但在某些情況下，關係人雖在場但卻無行為能力，無法對其告知，則仍歸屬事實行為，此如對於醉酒不醒之人的管束。

　　由上之分析，吾人大致可理解，德國學者區別行政處分與規範替代性之事

[238] Rasch, a.a.O., S.210.
[239] Drews/Wacke/Vogel/Martens, Gefahrenabwehr, 9Aufl., 1986, S.173ff.
[240] Schenke, Polizei- und Ordnungsrecht, in: Besonderes Verwaltungsrecht, Steiner (Hrsg.), 1992, IIC, Rdnr. 47.
[241] Würtenberger, Polizei- und Ordnungsrecht, in: Besonderes Verwaltungsrecht II, Achterberg/Püttner (Hrsg.), 1992, 7/1, Rdnr. 114.

實行為在於是否關係人在場以及有無行為能力作判斷來決定之。

我國有關即時強制係規定在行政執行法第四章以及警察職權行使法第三章,但後者範圍較廣,還包括第二七條之驅離或禁止進入以及第二八條之「行使職權或採取措施之限制」概括規定,但這些措施仍應歸屬於即時強制事實行為措施。

有關汽車拖吊之事宜屬即時強制措施,係依道路交通管理處罰條例第五六條為之,最容易產生爭議在於,車主出現時,若車子已被拖吊上架,車主通常是眼睜睜讓車子拖離現場,在此,當事人已在場,是否警察就不應執行拖吊是最為爭議所在[242],因為拖吊之原因,已經排除,車主可自行開走,若仍執行拖吊,則適法性遭受質疑。

在我國拖吊行為是否為行政處分或事實行為已不重要,因為有關道路交通管理處罰條例受理對於不服處罰之管轄機關為法院,故縱若拖吊屬事實行為,當事人仍可向繫屬之交通法庭聲明異議。

(三)規避個案規範之行為

屬於此類之行為,如警告、忍受、非正式之溝通、推薦或提供經濟上依循資料,如提供消費者正確消費資訊。規避規範之行為當然無法達到正式行為法律上之拘束力。此類行為之意義主要在於規避正式之程序。

警告屬此類行為的大宗。行政機關之所以以警告代替規範,主要在於所欲規範之事務已不能規範或若加以規範則有違比例性,前者如殘餘農藥之蔬菜已上市無法全數收回,後者如服用過量始造成身體之損害,如香菸之警告。

另外之類型則為忍受。忍受或不作為係指行政機關對人民行為之忍受或應積極作為而不作為稱之。忍受之對象係與違法行為、狀態或公共安全之干擾有關。此如容忍空氣之污染或噪音、超速或違建。忍受是在公益及私益考量下依行政便宜原則所下之決定,是行政機關減輕任務負擔而能擁有行為能力的必要工具。違法狀態之存在必須行政機關已事先認知,並對此狀況應有意的加以忍

---

[242] 「臺北市停車管理處執行違規停車車輛拖吊及保管作業規定」(6)2.規定:「於開始執行拖吊作業中,如駕駛人已到現場,應即指揮停止拖吊,並請車主出示駕、行照,查核無誤後,交付違規人以填置之『違反道路交通管理事件通知單』,責令違規人駛離。」請參閱:李建良,違規車輛拖吊及保管之法律問題,政大法學評論,第53期,1993年6月,頁150。

受。但忍受仍須注意比例原則以及不危及他人之基本權利[243]。因此,受影響之第三人仍可要求行政機關之作為。

(四)執行個案規範之行為

這些行為係在執行行政處分後續之活動,此如金錢之給付、搜索令下之搜索行動以及行政執行之執行行動,如違章建築之拆除行動等。一般而言,行政執行之程序可分為四個程序,亦即,下令處分、告戒、確定及執行。下令處分如違章房屋之下令拆除,本身為行政處分,此為執行之基礎。告戒告以一定期限自行拆除亦屬行政處分。確定係行政機關確定使用一定之強制手段,告戒金或代執行費用等,此種確定也屬行政處分。吾人在此所稱之執行係指第四階段之執行,此種行為為事實行為。

(五)職權有關之行為

此如,學校之上課、消防隊之救火或大學之研究等,這些行為不具規範性故歸之於事實行為。但若違反道路交通處罰條例而被罰上交通課程,則屬行政處分。

四、以結果為區分

(一)具法效性之行為

行為本身在程序上雖不合行政處分之要件,但在結果上卻如同行政處分般,產生一定法效果。這些行為與前述所稱規範替代性行為類似,亦即即時強制即屬此類。

(二)具事實侵害之行為

此種行為係指行政機關之行為在於執行一定之任務,但執行該任務而產生對當事人或第三人自由或權利的侵害,此種侵害並非執行任務原本之目標。此如警察機關為追緝人犯而公告其相片及其資料,此種行為由於尚未直接發生法效果,故仍將其歸之於事實行為,但基此公告卻對個人名譽造成莫大損害。與此種情形相當類似,則為學校一般在處理學生退學事件,除頒布給當事人退學

---

[243] Robbers, Schlichtes Verwaltungshandeln, S.279.

處分外，另將此事公告，此舉亦造成當事人人格及名譽之傷害。此外，行政機
關執行一定事實行為時，卻造成其他之損害結果，如搜索造成物之損害，拖吊
造成汽車之損害，警察使用槍械傷及路人等。處理這些事實損害，對於公告事
項依德國法上之規定可要求結果除去請求權。此種請求權之基礎有二，其一，
公告行為造成個人基本權利之損害，另一為此種公告當事人並無忍受之義務時
則可提出[244]。

　　事實之損害，通常得視基於公務員合法或違法之行為所造成，而有損失補
償或損害賠償之請求權。

(三)無權利侵害之行為

　　行政機關執行事實行為並無造成對人民權利之侵害，此如氣象報告、警察
之巡邏、修築馬路。由於這些行為並無法效性，故實務上並無爭議之存在。

五、以強制力之有無作區別

(一)無強制力之事實行為

　　行政調查行為，若法規上若並無給任何實施強制手段之依據，當事人拒不
遵從，並不成立妨害公務之罪。但若依警察職權行使法之查證身分，若人民拒
不受檢查，警察可採取強制措施，則屬具強制力之行為。

(二)有罰則或施以不利益之事實行為

　　此種主要涉及之範圍為行政機關檢查之行為。法律上通常會授與監督主管
機關，在其監督範圍內，對所管轄之事務實施檢查，為使檢查不受抗拒得以順
利進行，通常議會授與主管機關對此有處罰之權。這些行為如進入檢查工廠之
設備、採樣等，此如我國消防法、食品衛生法第二四條以下授與主管機關查驗
及取締之權，並可對不服從檢查施以行政罰之處分。至於施以不利益之處分，
如拒不接受檢查，而對其授益之處分予以撤回等。

(三)具有強制力之事實行為

　　此及吾人所稱之即時強制之行為，一般又可分為對人身體、自由之限
制，家宅之侵入以及對財產之限制等。

---

[244] 張嫻安，行政行為中之事實行為，輔仁法學，第9期，1990年6月，頁9以下。

六、行政事實行為之公私法性質

　　定性行政事實行為之公私法性質之重要性在於，於有違法侵害人民自由權利之情形發生時，依該行政事實行為公私法性質之不同，則需循不同之法律途徑救濟。行政事實行為如係公法性質，則成立國家賠償法之國家賠償請求權，或成立徵收或類似徵收干涉之請求權等；除有特別規定外，例如國家賠償請求權依國家賠償法，係依民事訴訟途徑求償，原則上公法性質之行政事實行為之法律救濟途徑，係提起行政訴訟救濟。行政事實行為如係私法性質，則僅能依私法規定提起民事訴訟，例如依民法第一八四條提起民事訴訟請求損害賠償。

　　有關行政事實行為之公私法定性問題，原則上可由行政事實行為所歸屬適用之法規加以決定，即行政事實行為所歸屬適用之法規為公法，則該行政事實行為可定性為公法；行政事實行為所歸屬適用之法規為私法，該行政事實行為則定性為私法[245]。行政事實行為之公私法定性決定如有困難時，則宜推定為公法性質，蓋因行政機關為公權力行政為正規方式，而且公權力行政受較多之法律拘束，人民可受較多之保障[246]。

　　以下就行政事實行為之種類加以延伸討論，內部行為及通知行為應係公法性質，蓋因此二種行政事實行為須受到如公文程式條例或辦事細則等公法規定之拘束[247]。實施行為或強制措施，例如行政機關依行政執行法自行執行之各種行為，因其所歸屬適用之行政執行法為公法，故歸屬於該法之行政事實行為則可定性為公法性質。

七、行政事實行為之合法性要件

　　行政事實行為仍需遵守法律一些原理原則的規定，故並非所謂的法不管的自由空間。此外，若行政事實行為而使人民心中產生強制的約束時，如打預防針，經由一再宣導，乃對民眾產生心理約束之作用。故對其所為之行為，應認為係屬強制性的措施。如同其他行政行為，行政事實行為亦不得違法，而須符合相關形式、程序及實質合法性要件。

---

[245] 陳敏，同前揭註11，頁611。
[246] 吳庚，同前揭註8，頁10-11。
[247] 吳庚，同前揭註8，頁458-459。

(一)管轄權

　　管轄權係行政機關從事行政行為之根據及界限，無管轄權或逾越管轄權之行政行為即屬權有瑕疵。有關處理瑕疵行政處分之理論，基於二者同為公權力行政，相同事務應為相同處理之法理，原則上亦應可類推適用於行政事實行為。

(二)程序合法性要件

　　如行政事實行為所歸屬適用之法規有規定應遵守之特別程序時，應具備該項程序始為合法。例如依行政執行法第二七條為強制執行時，則依該法第二七條第二項應限定期間預為告戒。

(三)實質合法性要件

1.法律優越原則

　　法律優越原則又稱消極的依法行政原則，旨在防止行政行為違背法律[248]。行政事實行為為行政行為之一，故亦應遵守。是故行政事實行為，與形式意義之法律，亦即立法院通過總統公布之法律，不得與之牴觸。

2.法律保留原則

　　法律保留原則又稱積極的依法行政原則，係憲政主義之產物[249]，旨在防止國家或君主任意限制人民權利。判斷有無法律保留原則適用，本書採重要性理論，是故行政事實行為如干涉人民財產或自由或涉及人民其他重大事項時，即有法律保留原則之適用，需有法律之授權始得為之。

3.行政法一般原則

　　行政法之一般原則，如比例原則、誠信原則、信賴保護原則及公益原則等，為我國學界及實務界承認得作為行政法之法源，行政事實行為為行政行為之一，且常使用物理強制力，立即發生效果，故更應遵守。

　　例如警察取締因暴露底褲而違反社會秩序維護法之檳榔西施，即應符合比例原則之要求，注意手段與目的間合宜及適當，不得逾越必要程度，此時如逕用柔道大外割招式側摔壓制違反社會秩序維護法之檳榔西施並上銬，即有違反

---

[248] 吳庚，同前揭註8，頁85。
[249] 吳庚，同前揭註8，頁88。

比例原則之虞，因此宜先以逕行告發處以行政罰鍰，並依據行政執行法之間接強制處以怠金，如仍不聽從始得採取直接強制。另如有妨礙公務情事，並得依法移送檢方由檢察官起訴，為刑事訴訟課題，不在本書探討之內。

八、行政事實行為之救濟

行政機關所為之行政事實行為如違法侵害人民權利或為公益而合法造成人民權利特別犧牲時，基於有權利即有救濟之法理，人民即得依行政訴訟請求救濟，並得請求國家賠償或損失補償。

(一)行政訴訟

行政機關之行政事實行為，如有應為而不為，或不應為而為，違法造成人民權利受損時，人為對於本行政事實行為即有「給付請求權」或「防禦（排除或不作為）請求權」[250]

人民本於給付請求權，請求行政機關為事實行為時，應依行政訴訟法第八條提起一般給付訴訟。

對於違法行政事實行為之排除，法理上依據民法第七六七條及第九六二條可導出「結果除去請求權」[251]，人民本於此「結果除去請求權」，亦應依行政訴訟法第八條提起一般給付訴訟。

如欲阻止行政機關為行政事實行為，應提起一般給付訴訟之特別類型「不作為訴訟」[252]。本訴訟類型之法律依據係行政訴訟法第八條，人民與行政機關間，因公法上原因發生財產上之給付，或請求作成行政處分以外之其他非財產上給付，得提起給付訴訟。

(二)國家賠償或損失補償

若行政機關所為公法性質之行政事實行為，因違法侵害人民權利，則人民得對此違法行政事實行為依國家賠償法提起國家賠償。人民可依國家賠償法向普通法院提起賠償之訴，或於向行政法院提起前述「一般給付訴訟」或提起

---

[250] 陳敏，同前揭註11，頁617。
[251] 陳敏，同前揭註11，頁617。
[252] 陳敏，同前揭註11，頁617。

「確認之訴」確認事實行為違法時，併向行政法院提起國家賠償訴訟。

　　若行政機關所為公法性質之行政事實行為，因合法造成人民權利特別犧牲，則人民得對此合法行政事實行為，依據規定國家有補償義務之法律，向行政法院提起一般給付訴訟請求損失補償。

第三節　行政指導

　　依行政程序法第一六五條，行政指導係指「行政機關在其職權或所掌事務範圍內，為實現一定之行政目的，以輔導、協助、勸告、建議或其他不具法律上強制力之方法，促請特定人為一定作為或不作為之行為」。行政指導源起於日本，具有要求相對人同意配合而不具法律上強制力之任意性、單方性及主動性，我國行政實務上亦大量使用。

一、前言

　　我國行政程序法繼受日本行政手續法而行政指導予以列入[253]，其規定包括有：行政指導之定義（行政程序法第一六五條）、濫權禁止原則與不利處置禁止原則（行政程序法第一六六條）、行政指導之方式（行政程序法第一六七條）等。

　　行政指導雖在歐陸、英美等國之行政實務中也有存在，但在日本法上則較為發達，似與在日本之法文化，對行政事務之實現，喜好以行政主體及行政客體能相互接受之合作方式與非正式之方式進行有關，但另一面，行政指導具有使當事人理解與彈性對應實際情況之功能，使其在正式的行政行為形式（行政處分、行政立法與行政契約）之外，提供行政機關另一非正式之行為手段，此點在現代行政上具有重大意義，其存在不再只是日本特有之法現象，而具有普

---

[253] 日本行政程序法第二條第六款：「謂行政機關於職權或所掌事務範圍內，為實現一定之行政目的，對特定人要求一定之作為或不作為之指導、勸告、建議以及其他不屬於處分之行為。」
第三二條：「行政指導時，為行政指導者應注意不得超越該行政機關之職務或所掌事務之範圍，且行政指導之內容僅得依相對人任意之協力以達成之。為行政指導者，不得以相對人不依其行政指導為理由，而為不利之處置。」第三五條：「為行政指導者，應明確告知其相對人該行政指導之趣旨、內容及承辦人。行政指導以言詞為之者，如相對人請求交付記載前項規定事項之書面時，為該行政指導者，除行政上有特別困難外，應交付之。」前揭條文請參閱法務部編印，各國行政程序法之法例暨草案彙編，1994年5月，頁391、406、407。

遍之性格，亦即類似行政指導之行使，已漸為各國普遍之現象[254]。

二、行政指導發展之原因

關於行政指導之發展原因，吾人得參酌學者間之整理，歸納如下[255]：

(一)由於經濟、技術性行政之必要

因該領域內業務變遷快速，不宜以法律（行為），強加拘束。

(二)增進政府與民間之協力，取代強制執行措施

其可鼓勵人民自動自發履行之精神，惟仍須注意不得違反依法行政原則或逾越裁量之範圍。

(三)為適應科技行政發達之需要

於政府機關對於某領域科技具有領導地位時尤然。

三、行政指導之意義

我國行政程序法第一六五條：「行政機關在其職權或所掌事務範圍內，為實現一定之行政目的，以輔導、協助、勸告、建議或其他不具法律上強制力之方法，促請特定人為一定作為或不作為之行為。」

現代行政於所採用之多樣化行為方式中，被稱為指導、指示、勸告、獎勵、建議、輔導、宣導、協助等一連串非正式行政活動，一般皆統稱為「行政指導」，此一名詞並非正式之法令用語，且為最近行政法學檢討之對象，爰特別明確其定義，將行政指導具有要求相對人同意配合而不具法律上強制力之任意性、單方性、主動性等特色表示出來，以杜爭議[256]。

---

[254] 陳春生，同前揭註220，頁13；葉俊榮，行政程序法通過後各機關之因應與調整，收錄於行政程序法草案研討會論文集，臺灣大學法律學系編印，1999年2月，頁127以下
但此種制度是否適合移植而我國行政法學為繼受？學者也有就此提出質疑者，如：林明鏘等著（蔡茂寅執筆部分），同前揭註153，頁417；林明鏘，行政程序法草案之重要內容（一）─行政契約與行政指導，收錄於：臺灣法律學系主辦，行政程序法草案研討會（論文集），1999年，頁75。

[255] 林紀東，同前揭註225，頁435-437；涂懷瑩，行政法原理，五南圖書，1986年3月，頁586-587

[256] 陳清秀，行政程序法簡介，全國律師月刊，1999年4月，頁20-21。

四、行政指導之特徵

行政指導，具有以下之特徵[257]：

(一)任意性

行政指導係非權力之行政活動，與權力行為之行政處分、行政強制等有別，故對不服從行政指導者，不得為行政上強制執行或課於行政罰。惟仍屬公權力行為。

(二)單方性

行政機關不必拘泥於相對人之意思，而得逕以片面之意思決定指導之內容。

(三)主動性

行政指導係積極誘導人民以形成一定之秩序或達成一定之行政目的。

(四)優越性

行政機關於資訊、知識方面均優於一般人民，方能達成指導之目的。

(五)社會性

行政指導係行政機關對人民（包括個人及公私法人團體）所為之行為，故與行政機關內部組織間基於監督作用而為之指揮命令不同。

五、行政指導之效用

行政指導之功能或效用，得歸類如下[258]：

(一)應急性

行政指導係對造任意服從之非權力行為，不須有法律根據即可為之，故遇有緊急行政需要之發生，因無法律依據而不能以公權力行為處理時，行政指導即可發揮其應急效用。

---

[257] 劉宗德，試論日本行政指導，收錄於：劉宗德，行政法基本原理，學林出版，1998年8月，頁185-186；董保城，行政法講義，2011年9月，二版，頁195；並有關行政指導之特色，可參閱：林紀東，同前揭註220，頁434-435。

[258] 劉宗德，同前揭註257，頁428-429。

(二)簡便性

原則上無庸遵守繁複之行政程序，且可以口頭為之。

(三)穩當性

行政指導係以人民任意服從為前提，故少有涉訟者。

(四)隱密性[259]

行政指導得以書面、言詞或其他方式為之，實際上大多以口頭進行，因未留有文書記錄，故有保密之效用。

六、行政指導之實效性（擔保手段）

由於行政指導僅為任意之事實行為，並不對外發生任何法律效果或拘束力，故實際上係憑藉下列手段以擔保其實效性之達成[260]：

· 公布已作之行政指導或不服從行政指導者之事實，藉輿論之關心、支持或責難，以形成「人民審判」之壓力，使相對人服從。

· 進行行政指導之際，行政機關保留部分之行政權限，不加行使。例如於相對人接受行政指導前，遲延發給建築執照或核准其聲請，使其產生心理壓力。

· 利用其他行政權限對不服從者加以制裁。如：(1)對不服從減產之指導者，削減其外匯配額；(2)對不服從價格之指導者，停止銀行之融資。

但上述三種皆屬報復性之制裁手段，在法理上仍有檢討之處，茲述如下：

· 「公布不服從者姓名」之制度，易造成對方之不當壓力，甚至侵害其權益（如侵害其隱私權），故於公布事實之前，應給與對方陳述意見之機會，甚或須有法律明文根據方能公布，以確保人民之權益。

· 人民表明不服從行政指導之態度後，行政機關若仍保留其行政權限而不行使

---

[259] 陳委員婉真提案：行政指導貴在其具有應急性、簡便性及隱密性，故原則上不採「書面要式主義」然此舉將有害於行政責任之明確，且易造成被指導者權益之損害，故列舉規制性或調整性行政指導須以書面實施之例外，並應將指導之內容作成書面交付相對人，使其知所適從。而吳委員東昇等提案：明定行政機關應作成行政指導說明書交予當事人，使當事人能瞭解行政指導方針及本身之權利，以避免因行政指導之錯誤而造成相對人損害之求償無門。但行政程序法第一六七條並未完全採用渠等之提案，僅規定：「行政機關對相對人為行政指導時，應明示行政指導之目的、內容及負責指導等事項。前項明示，得以書面、言詞或其他方式為之。如相對人請求交付文書時，除行政上有特別困難外，應以書面為之。」

[260] 劉宗德，同前揭註257，頁429-430

者，已超過行政指導之界限，該「行政不作為」實已構成違法，而有提起行政爭訟之可能（訴願法第二條第二項），同時亦涉及國家賠償之問題（國賠法第二條第二項後段）。

・有違反「不當連結禁止原則」之虞。

七、行政指導之種類

就行政指導之種類，我國學者普遍將之分為下列數種[261]：

(一)抑制性之行政指導

對妨害社會秩序或公益之行為，所採取預防或抑制之行政指導。如青少年輔導或交通指導具有預防效果，違章建築之勸導具有改善效果，企業合併或調整生產之指導則具有統制經濟之效果[262]。

(二)調整性（或協調性）行政指導

對公共團體或企業機構間所發生之利害衝突情事，由主管機關居間促成互相調適妥協，所採取之行政指導。如對發生建築糾紛之建築業者與鄰近居民所為之指導。生產限制或價格限制等勸導，亦具有調整之性質。

(三)促進性（或輔助性）行政指導

由行政機關對民間各種事業機構或個人，為使其生活或工作業務有所改善，所採取之行政指導。通常附隨補助金、獎勵金之交付或融資等利益。如農業改良資金助成法上之指導，職業安定法或職業訓練法上之指導等[263]。

八、行政指導之法律依據與界限

(一)行政指導與法律保留原則之關係

1.行政指導不得逾越組織法上所規定該行政機關所掌事務及權限範圍，此

[261] 劉宗德，同前揭註257，頁431-432；林紀東，同前揭註225，頁438；陳春生，同前揭註220，頁761；蔡智達，論行政指導—以日本法制為中心，法學叢刊，第162期，頁111。
[262] 劉宗德教授認為此種行政指導雖以對方任意之同意或協助為前提，然常以公權力行使為背景，故易生限制人民權利或自由之效果，從法治主義而言，如何謀求此種行政指導之適當、公正化乃為當務之急。就此請參閱：劉宗德，同前揭註257，頁431。
[263] 有學者認為行政指導應以「帶有事實上之強制力」為構成要件方能確保其實效性，故認此種「助成性之行政指導」不應納入行政指導之分類，請參閱劉宗德，同前揭註257，頁432。

即所謂「行政指導之組織法上授權」[264]。

2.行政指導是否須有明白之法律授權？（行政指導是否受法律保留原則之支配？）

(1)依「侵害保留說」：行政指導其本質非為侵害人民權利、自由或課加新義務之公權力行使行為，縱其結果造成人民不利益，亦為基於人民任意同意行為，故不須有法律依據。但例外地認為個案規範性行政指導應受此原則之拘束。

(2)依「全面保留說」：包含行政指導在內之一切行政活動均須法律根據[265]。然採此說者，亦認應有例外，如為補充法治主義之不足，應承認「應急性行政指導」不須有法令依據即得為之。

整體而言，行政指導通常並不具個案規範性，且多數行政指導屬任意性，並不產生法效果，並非屬「侵害保留」或「全面保留」之範疇。

(二)行政指導之界限（或原則）

依行政程序法第一六六條之規定（行政指導之原則），將行政指導之界限歸納如下：

1.法律優先原則之拘束：行政機關實施行政指導時，應注意相關法令之目的，不得濫用（第一六六條第一項）[266]。

2.逾越權限行為之禁止：即行政指導不得逾越行政機關任務、職掌與權限之範圍。逾越則為違法或不當之問題。

3.違反法律行為之禁止：法律若對行政指導之基準、手續、形式等加以明文規定，或雖未設明文規定，惟行政指導不當侵害憲法保障之人權或與現行法律相牴觸時，皆在禁止之列。

4.一般法律原理原則之拘束：行政指導雖係行政機關之任意性事實行為，惟其仍屬行政行為，故亦受比例原則、平等原則與誠實信用原則[267]等法

---

[264] 請參閱行政程序法第一六五條。

[265] 依法行政是否果真需要法律保留恐怕還是有問題。如果法治建設趕不上社會進步的情況之下，仍然要求法律保留，將使行政機關無法達成行政目的，請參閱城仲模，我國法治行政之回顧與前瞻，律師通訊，191期，1995年8月，頁18。

[266] 劉宗德，同前揭註257，頁434-435；林紀東，同前揭註225，頁442；張家洋，行政法，三民書局，1987年11月，頁667-668。

[267] 過去高雄縣曾有開放彩券之議，故公開鼓勵民間購置搖獎設備，後因中央不贊同，故此政策因此打住（因依刑法第二六九條第一項規定發行彩券須獲中央政府允准方可）。有業者因事先聽從縣政府之建

理拘束。

(三)行政指導之停止

行政機關之行政指導，於相對人已明確表示拒絕時，應即停止，並不得據此對相對人為不利之處置（第一六六條第二項）。

蓋行政指導應於相對人同意或協助下進行，若其已表明不服從之態度時，即應停止，且不得導致相對人受有不利益。

九、行政指導之方式

行政指導原則上不採書面要式主義，但此點有違行政之責任明確性原則，且侵害相對人之權益，故於一定情況下須以書面為之並交付相對人。請求交付書面之手續，是為使行政指導之存在、內容及責任明確而設，因此相對人如因相信行政指導而行動時，利用此一程序事先獲得文書，有助於避免事後產生紛爭。而若相對人要求交付書面，但行政機關不回應時，在無法證明行政指導存在情況下，推定行政指導不存在[268]。

依行政程序法第一六七條：「行政機關對相對人為行政指導時，應明示行政指導之目的、內容、及負責指導者等事項。前項明示，得以書面、言詞或其他方式為之。如相對人請求交付文書時，除行政上有特別困難外，應以書面為之。」行政指導貴在其應急性、簡便性及隱密性，故原則上不採「書面要式主義」，但如相對人請求交付時，除行政上有特別困難外，應以書面為之[269]。此因行政指導之不明確，易使相對人因而受不測之損害，改善之道，唯有致力於行政指導之要式化，爰特規定行政機關為行政指導時，應明示行政指導之目的、內容、責任者事項，以求明確[270]。

議，購置相關設備而受有損失，於此情況下，可能構成信賴保護，請參閱：陳春生，同前揭註220，頁764。

[268] 陳春生，同前揭註220，頁762-763。

[269] 行政程序法第一六七條之規定，與陳委員婉真及吳委員東昇等之行政法草案版本略有不同。根據陳委員等提案，認為行政指導貴在其具有應急性、簡便性及隱密性，故原則上不採書面要式主義，然此舉將有害於行政責任之明確，且易造成被指導者權益之損害，故列舉規則性或調整性行政指導須以實施之例外，並應將指導之內容作成書面交付相對人，使其知所適從。另吳委員等提案，以採書面主義為原則，明定行政機關應作成指導說明書交予當事人，使當事人能瞭解行政指導方針及本身的權利，以避免因行政指導的錯誤，而造成相對人損害的求償無門。

[270] 陳清秀，同前揭註256，頁21。

十、行政指導之弊端及改善之方法

在現行行政法上，行政指導之弊端及改善之方法敘述如下[271]：

(一)權責不明確之解決

首先是權責不明確之問題，因為行政指導多用口頭為之，其存否與內容均不明確，且無須作用法上之授權，致擁有行政指導權限之機關亦不明確。若僅憑組織法上規定所掌之事務進行行政指導者，將生不同機關間對同一事務為矛盾之指導，或同系統內下級機關所為之指導而其上級機關不願負責之情形，更遑論承辦人員之離職或轉任更使責任所在更不明確。因此，應致力於行政指導之「要式化」，即課加行政機關應以文書進行行政指導之義務，然此舉將有礙於其應急性、簡便性與隱密性之效用，故不易實現。

(二)防範行政指導之濫用

且行政指導之濫用，亦有陷入「行政便宜主義」且破壞「依法行政原理」之虞，亦為造成人民對政府不信任之主因。在我國，過去曾有行政機關無法律明文規定，而要求申請人捐地百分之三十，方給予許可之行為[272]，另外也有鎮長要求建築業者繳納「鎮長稅」或所謂「地方回饋基金」，若私人企業不從，鎮長揚言未來將於都市計畫中將垃圾場建於該私人土地旁云，此些情形未來皆可以行政程序法之行政指導相關規定加以救濟，可見行政程程序法納入行政指導之相關規定，對人民基本權利保護上，有其重大意義。

(三)行政指導範圍之界定

但值得一提的是，行政指導之行使對象限於特定人，則在此定義下，於我國過去發生之行政實務，如政府部門提供外國領海資訊等單純提供資訊行為或公告認為有害健康之產品等，是否屬行政指導？若是，則如何在解釋上使其合乎「促請特定人為一定作為或不作為」之文義，為一考驗。若非屬此之行政指導，表示此種行政之行為，不受程序法上行政指導之規範。若排除規範此種實務上常發生非正式之行政行為，則制定行政指導相關規範規定之意義將大為減

---

[271] 劉宗德，同前揭註257，438-439。
[272] 即京華開發捐地百分之三十案件，其法理分析，參考陳春生，行政法學上之非正式行為與行政指導，收錄於：陳春生，同前揭註220，頁266以下。

少[273]。

以上案例，公告如涉及該廠商權益時，應屬行政處分。至於提供資訊對象並非特定，僅屬行政事實行為，而與行政指導促請特定人為一定作為或不作為有別。

第四節　行政調查

一、行政調查之概念

所謂行政調查係指行政機關為達成行政上之目的所為之蒐集資料活動，包括由行政機關依法規對人、處所、物件所為之查察、訪視、查詢、檢驗等行政行為[274]。

行政調查性質上原則係為一程序行為，係行政機關於作成實體決定前，調查相關事實，以便正確認事用法而作出正確之實體決定。依此，行政調查係行政主體非以發生法律效果為目的，而係以發生事實上效果為目的之行政行為，屬於行政事實行為之一種，故法理上有關行政事實行為應遵守之要件或其救濟應遵守之法則亦有適用。

二、行政程序法上之行政調查

不過目前行政調查之概念尚未統整於法典之中，而是散落在各個相關法領域之規定中，而目前居於行政調查「總則性」規定者為行政程序法第三六條至第四三條有關調查事實及證據一節的規定，學者認為似有將行政調查日後彙整規定於同一法典之可能性[275]。

行政程序法對於行政調查之進行於第三九條及第四〇條分別規定：「行政機關基於調查事實及證據之必要，得以書面通知相關之人陳述意見。通知書中應記載詢問目的、時間地點、得否委託他人到場及不到場所生之效果。」「行

---

[273] 陳春生，同前揭註220，頁766。

[274] 洪文玲，行政調查與法之制約，學知出版，1998年三月，頁16-17；吳庚，同前揭註8，頁449-450。

[275] 洪家殷，論行政調查之範圍及界限—以行政程序法相關規定為中心，第六屆公法研討會—社會基本權與行政調查制度會議論文集，東吳大學法律學系公法研究中心編印，2009年5月16日，頁1（第四篇論文）。

政機關基於調查事實及證據之必要，得要求當事人或第三人提供必要之文書、資料或物品。」賦予行政機關行政調查權行使之法據，爰此，行政程序法第三九條至第四三條雖規定了「調查事實及證據」部分，但僅僅為概括、一般性的規定，並不足以作為行政調查或行政檢查的一般原理原則或當作行政調查之法規依據。

三、行政調查之種類

　　行政調查之態樣繁多，可以觀察之不同加以分類，如依調查對象之不同可分為「對人」、「對物」、「對處所」之調查；依對於相對人是否具有強制性可分為「任意調查」與「強制調查」。依調查對象之一般性或個別性可分為「一般調查」與「個別調查」，以下即依此分類介紹：

(一)一般調查

　　所謂「一般調查」乃針對不特定人而言，其係指行政機關為行使準立法職權或調查統計，對不特定人一般事項廣泛實施之資料蒐集活動。依此，一般調查可再分為：

1.統計調查

　　所謂統計調查乃指行政機關為取得「決策之基礎資料」所為之調查活動，而調查之結果通常以統計報告方式呈現，例如住宅及人口普查、工商普查等即是。

2.準立法調查

　　準立法調查乃指行政機關依法律授權訂定法規命令草案之前，廣泛蒐集資料之調查活動之謂。其蒐集方式有採正式聽證，也有採非正式受理人民意見陳述，或進行問卷調查。

(二)個別調查

　　個別調查乃針對特定人而言，其係指行政機關為達成行政目的，行使個別具體權限，對特定人所為之相關事實與資料調查蒐集活動。而依管理或取締目的之不同，可約略分為以下三種調查：

1.許可要件審查

指行政機關對人民作成許可之授益處分之前所為之調查，調查結果即成為行政決定之基礎。因許可要件審查所需資料皆由人民主動提供，行政機關無需使用強制力，故許可要件審查亦為任意性調查之一種。

2.監督檢查

係指對於受法規規制之個人或團體，為確認或督促其遵守法定義務之目的，所為之檢視查察活動。因行政機關實施監督檢查，可能因而發現違反行政法規之情事而需施以行政制裁，故可預見於行政機關實施之過程中，將遭遇受檢者規避檢查或拒絕檢查之情事，故於行政檢查之制度設計上皆設有強化實效性之規定，例如水污染防治法第五〇條：「規避、妨礙或拒絕第二十六條第一項之查證者，處新臺幣三萬元以上三十萬元不下罰鍰，並得按次處罰及強制執行查證工作。」

3.裁罰性處分前之證據調查

係指行政機關為維持裁罰性處分之正確性並保障當事人權益，於為裁罰性處分前，對當事人之違法行為加以調查及搜證之謂。此與「許可要件審查」均屬於「構成要件事實」之蒐集活動，故可合稱為「構成要件事實調查」。裁罰性處分前證據調查之重點在於確認違規人之身分，及取得相關違規事實，調查過程可預見將遭遇受調查者之抗拒或規避情事，故為保全證據，有實施強制力之必要，如行政罰法第三四條即定有明文[276]。

四、行政調查與法律保留

行政調查以其實施之方式及強制力之有無區分為：任意調查與強制調查，其與法律保留之關係為何，茲介紹如下：

---

[276] 行政罰法第三四條：「行政機關對現行違反行政法上義務之行為人，得為下列之處置：一、即時制止其行為。二、製作書面紀錄。三、為保全證據之措施。遇有抗拒保全證據之行為且情況急迫者，得使用強制力排除其抗拒。四、確認其身分。其拒絕或規避身分之查證，經勸導無效，致確實無法辨認其身分且情況急迫者，得令其隨同到指定處所查證身分；其不隨同到指定處所接受身分查證者，得會同警察人員強制為之。（第一項）前項強制，不得逾越保全證據或確認身分目的之必要程度。（第二項）」

(一)任意性調查

　　任意性調查係指主管機關本於組織法之管轄規定而實施之調查，其不能強制實施，且無實效性擔保；任意性調查仰賴受調查者出於任意性之協助、配合，故原則上無法律保留原則之適用。如警察的家戶訪查，入出國及移民署官員對大陸配偶實施之面談及查察等屬之。

(二)強制性調查

　　不論係行政機關係出於逕以強制力實施之實力強制調查或是以罰鍰作為擔保手段之間接強制調查[277]，以上對於受調查者而言，皆屬干預處分，故需有明確之作用法作為依據，應有法律保留原則之適用。而強制性調查又得分為：1.實力（物理力）強制調查：行政機關得不待受調查者之同意，逕以實力實施之強制調查。（例如社會秩序維護法第四二條）2.間接強制調查：受調查者若無正當理由而抗拒調查，行政機關得處以罰鍰以間接強制實施調查。（例如稅捐稽徵法第四六條）3.複合（混合）強制調查：法律明文規定得兼採實力強制調查與間接強制調查等多重擔保措施之強制調查。（例如建築法第九一條）

五、行政調查實效確保之方法

(一)以實力強制執行

　　如人民規避行政機關依消防法所為之檢查或複查者，行政機關得依消防法第三七條第二項[278]強制執行檢查或複查。又如行政罰法第三四條之即時處置保全證據之強力作為。

(二)以罰鍰擔保

　　此為最常見之方式，人民如抗拒行政調查時，行政機關得處以罰鍰，例如公職人員財產申報法第十一條第三項[279]。入出國及移民法第八五條有關拒絕查察或拒絕查察登記之處罰。

[277] 洪文玲，行政調查，收錄於：蔡震榮編，警察百科全書（二）行政法，正中書局，2000年1月，頁449。
[278] 消防法第三七條第二項：「規避、妨礙或拒絕第六條第二項之檢查、複查者，處新臺幣三千元以上一萬五千元以下罰鍰，並按次處罰及強制執行檢查、複查。」
[279] 公職人員財產申報法第十一條第三項：「受查詢之機關（構）、團體或個人無正當理由拒絕說明或為不實說明者，處新臺幣二萬元以上十萬元以下罰鍰；經通知限期提出說明，屆期未提出或提出仍為不實者，按次連續處新臺幣四萬元以上二十萬元以下罰鍰。受請求之機關（構）、團體或個人無正當理由拒絕配合提供或提供不實資訊者，亦同。」

(三)以刑罰擔保

例如水污染防治法第三五條[280]，即規定有以刑罰擔保之行政調查。

(四)複合式強制調查

立法例上亦有兼採多種擔保手段者，如水污染防治法第五〇條[281]，其兼採實力強制執行及以罰鍰擔保。消防法第三七條第二項：「規避、妨礙或拒絕第六條第二項之檢查、複查者，處新臺幣三千元以上一萬五千元以下罰鍰，並按次處罰及強制執行檢查、複查。」

(五)間接強制或即時強制

若法律對拒絕行政調查者，既無以罰鍰擔保，亦無以實力強制執行之規定，則得引用行政執行法有關間接強制或即時強制之規定處理。

六、行政調查與行政檢查

行政檢查是指行政主體基於行政治權依法對人民、法人或者其他組織（相對人）是否遵守法律、法規及規章等的情況進行瞭解的行為。

(一)行政檢查對象和內容的特定性

行政檢查對象的特定性，指檢查對象僅限於行政相對人的公民、法人或者其他組織。而不包含行政機關內部機構和下級業務部門及其工作人員。

行政檢查的獨立性。即行政檢查是獨立的行政行為，不依附於其他行政行為而獨立存在。首先，行政檢查有其獨立運行過程，如勞動檢查、消防檢查等。

(二)行政檢查對相對人之影響

行政檢查不直接決定相對人的實體權利義務，而只是在程式上限制行政相對人權利或設定相關義務。

行政檢查對相對人權益的影響絕大多數是間接性的，即行政檢查行為並不

---

[280] 水污染防治法第三五條：「依本法規定有申報義務，明知為不實之事項而申報不實或於業務上作成之文書為虛偽記載者，處三年以下有期徒刑、拘役或科或併科新臺幣二十萬元以上一百萬元以下罰金。」
[281] 水污染防治法第五〇條：「規避、妨礙或拒絕第二十六條第一項之查證者，處新臺幣三萬元以上三十萬元以下罰鍰，並得按次處罰及強制執行查證工作。」

直接相對人的實體權益產生作用，而是以檢查結果為依據，通過進一步作出行政許可、行政處罰等來影響對相對人實體權益。因此，檢查如同調查般只是行政過程。

　　學說是認為行政檢查為行政調查之一部分，實務上個別法規會規定一些檢查行為，而與調查有些差異，如機場對人之證照查驗與對物海關之檢查、對外國人之查察與查察登記（入出國及移民法第七〇條及第七一條）、空氣污染與水污染之入內檢查、警察臨檢或警察勤務區家戶訪查等行為，比較接近行政檢查之行為。

七、行政調查或檢查之救濟

(一)人民本於給付請求權，請求行政機關為行政調查行為時，應依行政訴訟法第八條提起一般給付訴訟。

(二)對於違法行政調查行為之排除，法理上依據民法第七六七條及第九六二條可導出「結果除去請求權」，人民本於此「結果除去請求權」，亦應依行政訴訟法第八條提起一般給付訴訟。

(三)如欲阻止行政機關為行政調查行為，應提起一般給付訴訟之特別類型「不作為訴訟」。本訴訟類型之法律依據係行政訴訟法第八條，人民與行政機關間，因公法上原因發生財產上之給付，或請求作成行政處分以外之其他非財產上給付，得提起一般給付訴訟。

附考題

一、人民向主管機關檢舉他人有違法行為，並請求排除或導正，主管機關未予處理，或函覆稱被檢舉人並無違法行為，檢舉人如有不服，可否提起救濟？

二、市政府對於某甲所擁有之建築物下達一定期間拆除之下命處分，然某甲並未依限拆除，市政府乃於當日強制拆除時，要求警察驅散當日聚集該處之民眾。試問警察驅離之行動屬於何種性質？受驅離民眾對警察之行動不服應如何救濟？試就相關規定說明之。

第四編

行政制裁法

第一節　行政罰法之制定源起與範圍

一、學者研究之參與

　　行政機關對人民違反行政法上義務者，各擁有一定的處罰權，但由於並無統一總則的規定可供依循，致使經常發生行政機關間協調不一致，或管轄競合不知如何處理之問題，且無一般處理原則之規定，在處理實務上，發生各機關各行其事的情形，不但影響行政效率，亦且遭致民怨，因此，有訂定行政罰法總則的必要性，以統一規定行政罰處理原則、處理程序等重要原則。

二、制定的經過與完成

　　制定一部行政罰法，首先必須先克服的是，如何界定行政罰處罰的範圍；在有關研究案中，首先排除了「行政法上處予刑罰刑名」於行政罰之處罰種類，但對於是否可以包括「人身自由的剝奪」如「拘留」措施，或者可以包括其他種類的不利處分，學者間的意見並不一致。

　　由研考會委託張劍寒教授所主持之研究案中[1]，處罰的種類尚包括人身自由的剝奪，該草案參考奧地利行政罰法，以及當時我國尚屬有效之「違警罰法」，而提出得以對違反行政法義務者，處予「自由刑」的規定。就此部分，學者廖義男主持的研究案[2]，則主要以德國違反秩序罰法為參考，不包括「自由刑」，但增加所謂的「管制罰」，亦即「其他種類的不利處分」。

---

[1]　張劍寒（主持），行政制裁制度，行政院研究發展考核委員會補助，1979年6月，頁263。
[2]　廖義男（主持），行政不法行為制裁規定之研究，行政院經濟建設委員會委託（國立臺灣大學法律學研究所執行），1990年5月，頁211以下。

　　法務部則於1995年以廖義男教授之版本為主，所提出的行政罰法草案中，處罰種類除罰鍰、沒入外，尚包括其他種類的不利處分。立法通過的「行政罰法」[3]主要內容也比較接近廖義男氏所草擬的行政罰法草案。其中就「管制罰」部分，其名稱係參考地方制度法第二六條第二項規定，而將「管制罰」名稱改為「其他種類之不利處分」。

三、行政罰法之修正

　　行政院提出行政罰法之修正草案，並立法院於100年11月8日三讀通過、同月23日經總統公布。行政罰法的本次修正，旨在針對一行為（例如酒駕）同時觸犯刑事法律及違反行政法義務，經檢察官為緩起訴處分、法院為緩刑等裁判時，罰鍰應如何科處，及何種條件下得予以扣抵，以消除民眾遭受雙重處罰的疑慮。除上述緩起訴外，本次修正增列了緩刑外，也及於不付保護處分、免刑之裁判確定者之範圍，明顯擴充未依刑事法律處罰的範圍。

　　本次雖共對五條進行修正，但主要係針對第二六條未依刑事法律處罰後，行政罰應如何進一步處理之問題。其餘修正法條也是配合第二六條而修正。其修正所進行之程序重點包括：

(一)違規行為同時觸犯刑事法律及違反行政法上義務規定，經緩起訴處分或不付保護處分（少年事件）、免刑、緩刑之裁判確定者，明定行政機關得依違反行政法上義務規定裁處。

(二)違規行為人依緩起訴處分或緩刑裁判所支付一定金額或提供義務勞務，應扣抵罰鍰金額。

(三)緩起訴處分或緩刑宣告經撤銷確定，有關已收繳之罰鍰，無息退還等之處理。

　　由上述修正可以看出，立法者原本只想解決檢察官所處理之緩起訴附帶條件之問題，卻擴充至於法院實質審判但（暫時）不去執行之緩刑、不付保護處分（少年事件）、免刑等範圍。

---

[3]　張劍寒教授則認為這些不利處分，是對於已存在的授益處分之撤銷，性質上雖屬對當事人的不利處分，然卻不具「裁罰性質」，因此，不屬於行政罰之範圍。參閱：張劍寒（主持），同前揭註1，頁263。

四、新修正法規介紹

本次修正條文共計五條，主要著重於行政罰法第二六條之刑事法律處罰範圍之探討，其餘部分則為配合修正或規範施行日，故本文將僅針對修正重點進行介紹。

(一)緩起訴確定或宣告

本條第二項增加「緩起訴處分確定」及「不付保護處分、免刑、緩刑」之裁判確定之部分，按法務部之修正立法說明，認為第一項中所謂「依刑事法律處罰」，係指由法院對違反刑事法律之行為人，依刑事訴訟程序所為之處罰，才得當之，因此，若僅為宣判有罪判決，如並未付諸執行，仍屬未處罰，而將刑（暫）不執行之「不付保護處分、免刑、緩刑」增列於條文中。

為兼顧該等行政法立法目的之達成及促進行政效能考量，避免行政制裁緩不濟急，失卻處罰目的，一行為如經緩起訴處分確定，不待緩起訴期間屆滿而未撤銷，行政機關即應依違反行政法上義務規定裁處；亦即本項所定「緩起訴處分確定」，係指當事人已不得聲請再議或交付審判以爭執該緩起訴處分而言（刑事訴訟法第二五三條之一第一項後段參照）。同理，為避免行政制裁緩不濟急，失卻處罰目的，對受緩刑宣告部分，亦不待緩刑期滿未經撤銷（刑法第七六條參照），即應依違反行政法上義務規定裁處。

緩起訴處分之性質，本次修正採附條件之便宜不起訴處分，檢察官為緩起訴處分時，依刑事訴訟法第二五三條之二第一項規定，對被告所為之措施及課予之負擔，係一種特殊之處遇措施，並非刑罰，據此將「緩起訴處分確定」加入本條修正之範圍。

就上述之說明，在立法理由所稱「依刑事法律處罰」，是指法院不僅為有罪之宣判外，尚必須有刑的執行才屬之，亦即，處罰是指當事人必須有金錢或自由之執行，只是經法院唯有罪判決仍不屬之，基此理由，本條修正案所增列之部分，因未執行保護處分以及刑的執行，不屬已「依刑事法律處罰」之範圍。

(二)緩起訴之附帶條件得扣抵行政罰罰鍰之規定

依第二六條第三項、第四項立法理由稱，第一項之一行為同時觸犯刑法及行政法上義務者，經緩起訴處分或緩刑宣告確定，而命其向公庫或指定之公益

團體、地方自治團體、政府機關、政府機構、行政法人、社區或其他符合公益目的之機構或團體，支付一定金額或於一定期間提供義務勞務者，因行為人受有財產之負擔或為勞務之付出，為符比例原則，故明定其所支付之金額或提供之勞務，得扣抵罰鍰。至義務勞務扣抵罰鍰之折算標準，按最初裁處時之每小時基本工資乘以義務勞務時數核算，以期明確，爰增訂第三項及第四項。

上述之立法理由，以行為人受有財產之負擔或為勞務之付出，「為符比例原則」得扣抵罰鍰之思考方式。其實，此所稱「為符比例原則」應只是基於人民之感受而言的比例原則，非「法律」所稱的比例原則，因為多數學者尤其是刑法學者一致認為緩起訴之附帶條件是屬於處遇措施，不是處罰，既不是處罰，性質不同就無扣抵之存在。

本條扣抵之立法精神，係參考道路交通管理處罰條例第三五條第八項規定而來：「前項汽車駕駛人，經裁判確定處以罰金低於本條例第九十二條第四項所訂最低罰鍰基準規定者，應依本條例裁決繳納不足最低罰鍰之部分。」

吾人比較兩者確仍存有差異，如違反道路交通不能安全駕駛處予罰金，即應屬於本條所稱「依刑事法律處罰」在案，若依道路交通管理處罰條例仍可扣抵罰鍰，似有一事兩罰之疑慮，亦即，如依行政罰法第二六條之規定觀之，處予罰金，即屬「依刑事法律處罰」，行政機關對此即不得再對之處予行政罰乃屬當然，該條扣抵之規定，似有問題。有主張雖然行政罰法第一條屬特別法之規定，但依第一條前段規定觀之，其特別規定應僅限於罰鍰、沒入或其他種類之行政罰之處罰，並無包括刑事處罰在內。因此，道路交通管理處罰條例第三五條第八項處予罰金折抵之規定，似有重複處罰之嫌。

而緩起訴或緩刑之附帶處分，與前述之罰金顯然不同，經法務部行政罰法諮詢會議多數意見，認為其只是一種處遇措施，並不該當刑事處罰，雖無重複處罰之問題，只因為附帶處分已經造成行為人的負擔，立法者是從人民之角度的法感情作為出發點，才有扣抵之規定。

(三)收繳之罰鍰無息退還之規定

一行為同時觸犯刑法及行政法上義務者，經緩起訴處分或緩刑宣告確定後，如緩起訴處分或緩刑宣告復被撤銷確定，其已依第二項規定所為之裁處，應如何處理，易滋疑義，爰於第五項增訂處理機制，應由主管機關依受處罰者之申請或依職權撤銷原裁處，已收繳之罰鍰，則無息退還。

本項規定把行政機關之罰鍰決定，視為有條件的暫時性行政處分，條件成就時，亦即，緩起訴或緩刑被撤銷，該裁罰之行政處分即失效，屬所謂附解除條件之行政處分，此種以檢察官處分或法院之宣判作為解除行政罰效力之條件，使原行政罰失其效力，似有貶低行政處分價值之嫌。

(四)移送辦法

第三二條第二項之修正理由，乃因司法機關與行政機關為執行本條第一項與第二項規定，有相互移送案件與贓、證物、扣押（留）物之需要，雙方宜建立適當之聯繫機制，爰增訂第本項。第三二條乃增列第三項聯繫辦法之規定而稱：「前二項移送案件及業務聯繫之辦法，由行政院會同司法院定之。」

> **問題一**
>
> 甲因違規酒駕，遭乙警察局裁處罰鍰新臺幣9萬元，處分書另註記：「本案經某某檢察署某某號為緩起訴處分，並已向國庫支付3萬元，本案違規罰鍰仍需補繳納6萬元」。甲不服，認為系爭處分違反一事不再罰原則，試問系爭處分是否合法？

本案處分係依照行政罰法第二六條第三項扣抵之規定處理，並不違反一事不再理原則。

第二節　行政罰之內容及其要件

行政罰法是一部行政機關對人民違反行政法義務處罰之法律，首先吾人必須先定義「何謂行政罰」，行政罰法第一條之規定，其稱行政罰是指行政機關對於人民違反行政法上之義務，而處予罰鍰、沒入或其他種類之行政上之處罰。在此，處罰主體為國家或地方自治團體，其對於自然人或法人觸犯其所命的行政法上之義務加以處罰之，因此，這是一種國家或地方自治團體在行政法上所擁有之處罰權。

我國行政罰處罰的種類，僅限於行政機關對於違反行政法上義務而受罰鍰、沒入及其他種類之行政罰。在此，並不包括處予刑名的行政刑罰在內。因此，行政罰法是獨立於刑法外的一種國家處罰權實現之法。

　　行政罰第二條中所謂的「裁罰性之不利處分」與一般不利處分或稱管制性不利處分（如證照之廢止或撤銷）之區別在於，前者具「裁罰性」，後者則基於行政管制之目的所為之處置。例如，證券交易法第五九條第一項規定：「證券商自受領證券業務特許證照，或其分支機構經許可並登記後，於三個月內未開始營業，或雖已開業而自行停止營業連續三個月以上時，主管機關得撤銷其特許或許可。」之「撤銷」，即不屬本法所規範的裁罰性之不利處分。又依稅捐稽徵法第二四條規定所為限制納稅義務人之財產不得移轉或設定他項權利、限制其減資或註銷登記及限制出境之處分，及依海洋污染防治法第三五條規定所為限制船舶及相關船員離境之處分，均屬保全措施，不具裁罰性，應非屬「裁罰性之不利處分」，無本法規定之適用。

　　所謂「裁罰性」是指對於違反行政法上義務之行為，行政機關為達其行政目的，對違反義務者施以財產罰或其他種類之處罰，以示警告之意（Pflichten-mahnung）。藉行政處分來告知違反者應受一定之制裁，以促將來不再犯，違反義務人必須忍受此種財產上以及其他限制或剝奪等不利處分[4]。至於此種裁罰性之不利處分，應單獨科處或附屬在罰鍰上並不重要，換言之，是否以從罰方式而合併處罰，在我國現行法規中單獨或合併處罰皆有之[5]。行政罰法其實未如刑法，而並未區分主罰或從罰。

　　行政罰法是一種裁罰性之處罰，其在實體要件的規定，主要是參考刑法之實體要件，如責任能力以及責任條件、阻卻違法事由等，至於裁處程序上，因為行政機關為主體，故採用行政程序。

> **問題二**
>
> 行政罰第二條中所謂的「裁罰性之不利處分」與一般不利處分（如證照之廢止或撤銷）之區別何在？

　　洪家殷氏提出以：1.確認功能：確認相對人之違法行為；2.干涉功能：使其承擔因違法行為所生之不利益；3.預防功能：嚇阻其將來再犯等三項要素來

---

[4]　Thieß, Ordnungswidrigkeitenrecht, 2002, Rdnr. 24.
[5]　早期違警罰法對於停止營業或勒令歇業是採取從罰的方式為之，但修正變更後的社會秩序維護法第十九條卻將其列為處罰之種類，不再有主罰、從罰之區分，而與行政罰法第二條規定相同。

判斷某一負擔處分是否具有制裁（裁罰）功能[6]。

李建良氏提出「制裁性不利處分」之概念並應予嚴格限縮，亦即是須篩選出具有制裁過去義務違反行為之性質的不利處分，並作為啟動行政罰法的樞紐[7]。

詹鎮榮氏認為，裁罰性之有無，係觀察「不利處分」與「行政法上義務」兩者間規制內容與規制效果之關聯性，倘若不利處分與行政法上義務之實現或義務違反之除去，在內容上具有「完全同一性」或「高度重疊性」者（即兩者間具有正反之對稱性，如不利處分之內容與人民行政法上義務之實現所達成者乃同一效果，則應無裁罰意圖。蓋若不利處分之規制內容「溢出」人民行政法上義務內涵，等同「額外」課予不利益，原則上應可推定為係對行為人違反行政法上義務之非難，而為裁罰性不利處分[8]。

最高行政法院106年4月庭長法官聯席會議決議，106年1月4日修正公布前公路法第七七條第二項後段「……其非法營業之車輛牌照並得吊扣二個月至六個月，或吊銷之」規定，依其73年1月23日增訂時「至於未經申請核准而經營公路經營業、汽車運輸業……除處以罰鍰並勒令停業外，並增訂吊扣非法營業之汽車牌照或吊銷汽車牌照之規定，以利執行」及106年1月4日修正時「……為達到遏止非法之效果，復提高吊扣非法營業車輛牌照之期限，……」之立法理由，參諸條文內容亦未以所吊扣或吊銷之車輛牌照為同條項前段之違規行為人所有者為限。考其意旨當係基於「使該車輛無法再繼續供作違規使用」並利於主管機關執行健全公路營運制度之目的，賦予主管機關得為吊扣或吊銷車輛牌照之處分，故其性質應認屬管制性行政處分。

本文認為，本法第二條裁罰性不利處分之區分，不夠精確，若干應屬強制處分，或警告性質非行政處分，且第二條之範圍屬行政目的之考量，建議應重新思考是否仍有保留之必要。

---

[6]　參照洪家殷，行政罰法論，五南圖書，2006年11月，增訂二版，頁10；洪家殷，行政罰法之重要爭議及發展特色，收錄於：臺灣行政法學會主編，行政執行／行政罰／行政程序／政府資料開放／風險社會與行政訴訟，元照出版，2017年1月，頁78。

[7]　李建良，行政罰法中「裁罰性之不利處分」的概念意涵及法適用上之若干基本問題─「制裁性不利處分」概念之提出，司法院行政訴訟及懲戒廳編，行政訴訟制度相關論文彙編第7輯，司法院，2010年9月，頁8-9。

[8]　詹鎮榮，行政法總論之變遷與續造，元照出版，2015年11月，頁434-435。

一、實質要件

在裁處實體構成要件上，行政罰法是參考刑法的實體要件，其包括第二章的責任能力、責任條件、正當防衛、緊急避難、依法令之行為以及第三章共同違法及併同處罰之規定等。

二、程序要件

至於裁處程序上，則以行政程序作為其程序要件，採用管轄競和之處理、調查程序、即時處置、陳述意見、聽證以及訴願、行政訴訟等救濟程序。在程序法上，當事人享有聽證權、閱覽卷宗以及法律救濟擔保權等。至於是否應享有緘默權則並無規定，容有探究之必要[9]。

第三節　行政罰法律適用原則之探討

一、特別法優於普通法

> **問題三**
>
> 公平交易法與其他法律（如食品衛生管理法、商品標示法）同樣有針對「不實廣告」設有規定，此時吾人應如何處理此類法規適用之問題？
>
> **問題四**
>
> 某工廠將染有重金屬之廢水排出，觸犯水污染防治法以及廢棄物清理法之規定，有無特別法優於普通法之適用？

違反行政法上義務而受罰鍰、沒入或其他種類行政罰之處罰時，除適用行政罰法有關之規定外，依照行政罰法第一條後段規定：「但其他法律有特別規定者，從其規定。」此一規定係在指應優先適用特別法而言，但特別法之適用

9　Bohnert, Einleitung, 2000, Rdnr. 118ff.

如亦屬行政罰法第二四條所規定之法規競合（同種）時應如何處理？亦即，吾人究應以行政罰法第一條後段或是第二四條判斷？

就上開所舉之問題三而言，法務部曾召開行政罰法諮詢會議進行討論，最後認為作成「一行為違反二以上行政法上義務規定，而該二以上規定之間存有特別法與普通法關係者，於此情形，特別規定之構成要件必涵蓋普通規定之構成要件，從而，除法律別有規定外，應依特別法優先於普通法適用之原則，優先適用該特別規定」之結論[10]。亦即是，例如該廣告係屬食品不實廣告者，則以食品安全衛生管理法為特別法，排除公平交易法之規定作為處罰該不實廣告的法律。同樣的問題似應適用水污染防治法之規定。

二、處罰法定主義

行政罰是行政機關對於違反行政法上義務者，所採取行政法上制裁之手段。行政機關，碰到個別案例，首先要考慮的是，法規對該個案行為人是否有處罰的規定。行政罰法第四條規定：「違反行政法上義務之處罰，以行為時之法律或自治條例有明文規定者為限。」即是「處罰法定主義」，其包括以下四個原理：

(一)禁止以法律或自治條例以外規定的處罰

以有法律或自治條例所規定者才得加以處罰，此亦屬所謂的「法律保留原則」之射程範圍；換言之，干涉人民權利限於法律有明文規定者為限，行政上之處罰屬於干涉人民權利之一種，故應受「法律保留原則」之拘束[11]。

在此所稱的「法律」包括有：由立法者通過之「（狹義）法律」（憲法第一七〇條及中央法規標準法第四條）及由立法者於法律中明文授權由行政機關制定之「授權命令」在內。而禁止以職權命令、行政規則甚至習慣法等作為處罰之依據。

(二)法律明確性原則

此原則要求立法者對於處罰之要件應清楚與明確的描述，讓人民基本上

---

[10] 詳細的討論內容，請參照：法務部，行政罰法諮詢小組第2次會議紀錄，http://www.moj.gov.tw/public/Attachment/512232353570.pdf（瀏覽日期：2012年7月28日）。

[11] Thieß, Ordnungswidrigkeitenrecht, 2002, Rdnr. 47.

得以認識到，其行為是否構成追訴以及應接受何種處罰等。法律明確性原則是一種法安定性之考量。法律明確性原則並不禁止法條中使用不確定法律概念或概括條款，只要這些概念依一般法律解釋規則得以確定其內容，即不在禁止之列。

(三)類推禁止原則

類推禁止原則要求法律適用機關，有義務不得將處罰規定適用在類似但非相同的生活事實上，類推適用首先發生在法律出現漏洞時，以現有的解釋方法無法彌補漏洞時才會發生。

(四)回溯禁止原則

回溯禁止原則是禁止立法者，對已完成的事實回溯至一個行為時尚未存在的罰鍰處罰案件上，尤其在行政罰的多樣性下，對人民而言，能夠事先清楚現行法令處罰之規定，則可避免遭受處罰。因此，行政機關應注意行為時，須已有處罰之規定存在才可為之，否則應禁止而不得為之。回溯禁止原則，也應注意本法第五條的規定。但回溯禁止原則有其例外，例如行為時之法律為處罰較重之規定，而行為後裁處前法律變更為較輕的處罰規定時，則適用較輕處罰規定。我國行政罰法第五條之規定即是如此。

總之，對行政機關之公務員而言，必須先確定該事件，法律有處罰之規定，才會進一步論及構成要件是否該當。

就業服務法第五七條第一款規定：「雇主聘僱外國人不得有下列情事：一、聘僱未經許可、許可失效或他人所申請聘僱之外國人。」第六三條規定：「違反……、第五十七條第一款、……規定者，處新臺幣十五萬元以上七十五萬元以下罰鍰。五年內再違反者，處三年以下有期徒刑、拘役或科或併科新臺幣一百二十萬元以下罰金。」

若有一個案屬五年內再違反之情形者，而觸犯該法第六三條規定第一項後段應處予刑罰之情形，但因檢察官不起訴，可否再依第六三條第一項前段處罰？本書認為，雖然第六三條前段是規範初犯者之處罰，後段條文僅針對再犯之刑事罰，並無行政罰之處罰規定。然處予行政罰，是否有處罰法定主義之適用產生疑義。本文認為，舉重以明輕，如刑事罰不處罰，應可再處行政罰。

三、裁處時之從新從輕原則

行政罰法第五條規定：「行為後法律或自治條例有變更者，適用行政機關最初裁處時之法律或自治條例。但裁處前之法律或自治條例有利於受處罰者，適用最有利於受處罰者之規定。」

此一規定乃係接續第四條「處罰法定主義」而來，其與修正前的刑法第二條相同，但2006年7月1日施行的刑法第二條改為從舊從輕原則。本法第五條是接續第四條「處罰法定主義」而來，先有處罰之規定後，再決定如何處罰以及適用何法規的問題。本原則也可配合本法第十九條的便宜原則一齊適用，亦即裁處時，除考慮從新從輕者外，另若符合便宜原則，而認為情節輕微時，也得免予處罰。例如道路交通處罰條例之罰則經常修改，如以往處罰較輕，如違規者違規行為發生於舊法，但裁處時已有罰則較重之新法，仍依舊法處罰之。如94年修正前第十八條規定：「汽車車身、引擎、底盤等重要設備變更或調換，或因交通事故遭受重大損壞修復後，不申請公路主管機關施行臨時檢驗而行駛者，處汽車所有人六百元以上一千二百元以下罰鍰，並責令其檢驗。」但94年12月28日修正：「汽車車身、引擎、底盤、電系等重要設備變更或調換，或因交通事故遭受重大損壞修復後，不申請公路主管機關施行臨時檢驗而行駛者，處汽車所有人新臺幣二千四百元以上九千六百元以下罰鍰，並責令其檢驗。」

問題五

某甲於民國79年非法營繕墓厝一座，違反行為時法墳墓設置管理條例第二六條第一項規定：「設置墳墓違反本條例之規定者，應由當地主管機關會同有關機關制止之。其已埋葬之墳墓，除得令其補辦手續者外，應限期於三個月內遷葬；逾期未遷葬者，處三千元以上一萬元以下之罰鍰。」（已於91年7月17日廢止，以下簡稱墳墓條例），於97年間經人檢舉查報，縣政府於97年12月4日函知當事人限期三個月內遷葬，屆期（98年3月4日）未完成，將依墳墓條例第二六條規定處以罰鍰。本件主管機關所為限期遷葬及逾期為遷葬者處罰，其法律依據究為墳墓條例第二六條第一項，抑或為殯葬條例第二二條第一項規定：「埋葬屍體，應於公墓內為之。骨骸起掘後，應存放於骨灰（骸）存放設施或火化處

理。」同條例第五六條第一項規定：「違反第二十二條第一項規定者，除處新臺幣三萬元以上十萬元以下罰鍰外，並限期改善，屆期仍未改善者，得按日連續處罰；必要時，由直轄市、縣（市）主管機關起掘火化後為適當之處理，其所需費用，向墓地經營人、營葬者或墓主徵收之。」規定處理之？有無「從新從輕原則」之適用？又本件限期遷葬期限屆滿日為98年3月4日是否已逾裁處權時效？

　　針對上述之問題，在討論時分有二說：

(一)甲說

　　此說為較多學者採用，其認為墳墓條例係於91年9月19日因廢止失效，殯葬條例於同日施行，該二條例對違規濫葬經通知限期改善而不改善者，皆設有罰鍰規定，其適用上揭「從新從輕原則」者，以在墳墓條例失效前已依該條例命改善而未改善之情形為限。本件依來函所述，行為人於民國79年非法營繕墓厝一座，縣政府於97年12月4日依墳墓條例規定函請當事人限期遷葬乙節，因當時墳墓條例已廢止，對於該違法狀態自無援引該條例命改善之餘地，主管機關應依殯葬條例規定命改善。

　　本件行為人於民國79年非法營繕墓厝，依前開說明，主管機關應依殯葬條例規定命限期改善，屆期未改善者，得按日連續處罰；其違反行政法上義務之行為終了之時點，係限期改善之期限屆滿時（98年3月4日），其違反行政法上義務行為後並未有法律變更之情形，無行政罰法第五條從新從輕原則原則之適用，故對於屆期仍未改善者，自應依殯葬條例規定處罰。又該行為終了時點係發生於行政罰法施行後，從而其裁處權時效之起算應適用行政罰法第二七條第二項規定，與行政罰法第四五條第二項規定無涉。

(二)乙說

　　按行政罰法第五條所稱行為後「法律或自治條例有變更」，不以處罰規定為限，亦包括行政法上義務之規定在內，不論義務規定或處罰規定之變更，均足以影響行政罰之裁處，均屬行政罰法第五條之法規變更。又所稱「最有利於受處罰者之規定」，應就整個法律狀態作審查，於比較新、舊法規孰較有利於行為人時，應一併就「可罰性範圍」、「行政罰之重輕」及其他相關事項為整

體性衡量，始合乎「從新從輕原則」之意旨。本件殯葬條例第五六條第一項就濫葬行為之處罰要件係規定「違反第二二條第一項規定」，即逕行處以罰鍰並限期改善，此與舊法即墳墓條例第二六第一項規定，須先限期遷葬，逾期未遷葬者，始得依該條項處罰相比，新法之「可罰性範圍」顯較舊法擴張。本件79年違法設置私人墳墓後，墳墓條例廢止而殯葬條例施行，符合墳墓條例第二六條第一項與殯葬條例第五六條第一項規定，衡諸上述行政罰法第五條從新從輕原則，顯以墳墓條例第二六條第一項較有利於行為人，故本案應依墳墓條例第二六條第一項規定限期遷葬，逾期未遷葬時，依同條項規定處以罰鍰，至處罰既係在殯葬條例施行後，當可於處罰同時依殯葬條例第五六條第一項規定限期改善，如屆期未改善時，則係違反殯葬條例第五六條第一項之限期改善義務，自得依該條項規定連續處以罰鍰。

　　次按墳墓條例第二六條第一項規定，違反該條例規定已埋葬之墳墓，經當地主管機關限期於三個月內遷葬，逾期未遷葬者，處三千元以上一萬元以下之罰鍰，此種處罰係違反主管機關依法律所課予限期改善義務，其裁處權時效自主管機關限期命義務人履行義務，而義務人逾期不履行（即期限屆滿）時起算。本件對非法營繕墓厝之行為，縣政府依墳墓條例第二六條規定於97年12月4日函請當事人限期三個月內遷葬，屆期未完成將處以罰鍰，其違反行為得為裁處之時點，係發生於該期限屆滿時（98年3月4日），裁處權時效應適用行政罰法第二七條第二項規定自斯時起算，與行政罰法第四五條第二項規定無涉。

　　本案係行政罰法諮詢會議所提的甲、乙說，本書部分贊成甲說，部分則提出自己看法：

(一)甲說認為舊墳墓條例已經廢止不得再援用之，本書贊同，因此，本案無新舊法適用之問題。

(二)甲說所主張「主管機關應依殯葬條例規定命限期改善，屆期未改善者，得按日連續處罰之」，事實上法條並無處罰之前限期改善之規定（乙說已明白指出，新法之「可罰性範圍」顯較舊法擴張）。而係直接處罰，再命限期改善，甲說在此顯然有錯誤說明。

(三)甲說主張「行為終了之時點，係限期改善之期限屆滿時（98年3月4日）」係錯誤的，因限期改善係主管機關另加之義務，而非非法營繕墓地之行為，與處罰無關，因此，限期改善不得引以作為行為終了之時點，因此，

行為終了應發生在民國79年時。

(四)甲、乙說皆主張本案引用行政罰法第二七條第二項（行為終了發生在行政罰法實施後三年不行使而消滅之規定）是錯誤的，本案行為終了係已在79年即已終了，而應依行政罰法第四五條第二項（施行日起三年不行使而消滅），95年2月5日施行，98年2月5日前消滅，本案顯然已經超過裁處權時效。

　　有關從新從輕原則，補充下列判決與函釋：最高行政法院九九年度判字第五〇五號判決指出：「……原判決已說明上訴人之違法聯合行為自86年底開始，持續進行至88年2月3日公平交易法修法後，該違法聯合行為自有88年2月3日新修正公平交易法之適用，要無違反法律不溯既往及判決不備理由之情事……」以及法務部102年2月8日法律字第10203501570號函釋：「……違反公平交易法第10條及第14條情節重大之聯合行為繼續至100年11月25日公平交易法修正公布後終了，應適用修正後本法第41條第2項之規定予以裁處，尚無疑義……。」

四、便宜原則

　　行政罰法第十九條第一項規定：「違反行政法上義務應受法定最高額新臺幣三千元以下罰鍰之處罰，其情節輕微，認以不處罰為適當者，得免予處罰。」即所謂之便宜原則。例如：某甲騎自行車在人行道行駛，此時因其係屬於3,000元以下之罰則，交通警察得以勸導代替處罰為之[12]。此一規定之目的，係為了達到行政機關真正能符合「合義務性的裁量」的要求，而對於一個輕微違反義務之行為，就具體事實狀況，認為以不處罰為適當時，得決定不為處罰。

　　此外，行政罰法上之「便宜原則」雖規定在第四章「裁處之審酌加減及擴張」中，但就行政罰大多屬於行為犯之性質而言，追溯與處罰發生之時間點幾乎相同。因此，便宜原則除在行為之裁處上有所適用外，應亦適用在決定是否

---

[12] 道路交通管理處罰條例第七四條第四款：「慢車駕駛人，有下列情形之一者，處新臺幣三百元以上六百元以下罰鍰：……五、在人行道或快車道行駛。」

對於該案件追訴或調查[13]。

五、違反其他法律原則

(一)平等原則

　　所謂平等原則即是對於相類似事件，須有相同之待遇，本質不同之案件分別處理，如同行政程序法第六條中所規範：「行政行為，非有正當理由，不得為差別待遇。」

　　平等原則表現在憲法層次上則是針對抽象法規是否違反憲法第七條以及第二三條之規定，如釋字第六六六號解釋：「社會秩序維護法第八十條第一項第一款就意圖得利與人姦、宿者，處三日以下拘留或新臺幣三萬元以下罰鍰之規定，與憲法第七條之平等原則有違，應自本解釋公布之日起至遲於二年屆滿時，失其效力。」

　　在行政罰法上則是指行政機關之處分，有無違背行政程序法第六條所稱的平等原則，比較常見的發生在行政機關所訂定的裁量準則上，經常是以行業別來決定罰鍰之高低，如特種行業較一般行業之處罰額度較高，而不是以故意或過失，或以初犯或累犯為準，此種裁量準則恐有違平等原則或裁量濫用之嫌。

> **問題六**
>
> 為維護交通順暢，公路主管機關宣布，春節假期期間，凡是違反道路交通管理處罰條例第五六條第一項規定者，一律處新臺幣1,200元罰鍰。甲於除夕夜出外採買除夕夜所需之火鍋料，由於找不到停車位，因此在超級市場旁之消防栓前停車。甲買完火鍋料後，發現已被逕行舉發處罰新臺幣1,200元，甲認為其違規停車僅有5分鐘且並未造成任何交通妨害，應處以最低罰鍰新臺幣600元即可，一律科處新臺幣1,200元罰鍰之處分違法。試自裁量權行使之觀點評論此項罰鍰之適法性。

---

[13] 便宜原則是一種給予行政機關的裁量措施，行政機關應就具體個案，並考量違規人當時情況，來決定是否處罰，但此種規定卻造成處罰機關極大困擾，因為便宜原則，並非一般民眾所認為就是可以不予處罰，若行政機關衡量當時狀況仍以處罰為適當時，即應處罰。由於民眾所認知的與法律規定原本意涵有所差距，造成執法者依法處罰時，民眾的不諒解，此點政府機關應廣為宣導，避免誤會之產生。

本案一律處予最高罰則，卻未依個案情形處理，且未說明理由，恐有裁量濫用之嫌，應屬違法之處分。

(二)法律位階

地方制度法第三〇條中規定自治條例如與憲法、法律或基於法律所授權之法規或上級自治團體自治條例牴觸者，無效，故可看出中央法規對於地方法規亦具有優位性。

臺北市市民某甲經營餐廳未投保公共意外責任險，而觸犯了公寓大廈管理條例以及臺北市消費者保護自治條例及臺北市舞廳舞場酒家酒吧及特種咖啡茶室管理自治條例等地方自治法規等規定，且未辦理商業登記。有無中央優於地方法規之適用？

我國憲法第一〇八條第一項第三款「商業」是歸屬中央之立法並執行之，或交由省縣執行之事項。但商業活動下仍有各式各樣的行業，有特別法之必要，如保全業法、電子遊戲場業管理條例等中央法規，若中央法規對該等事項並無特別之法時，但地方仍有立法之必要，則依照憲法第一一一條是依其性質定管轄，一般而言，若中央對此事項尚未立法，地方若有需要時，則先行立法，待中央有立法必要考量而立法時，則地方法規就應遵守中央法規之規定，例如有關網咖、攤販等管理，中央並無規定相關法規時，則各地方政府視其需要訂定相關規定，如臺北市資訊休閒業管理自治條例、臺北市攤販管理輔導自治條例等。

本案涉及經營商業活動中「強制投保」規定，只就商業行為中的應投保公共意外責任險之規範，此種範圍應只是一種行政法上「義務」的規定，非屬憲法規定立法權之範圍，且目前中央並無針對強制投保行為訂定專門法規，因此，也無憲法第一一一條的適用，其強制投保行為雖分別規定於中央與地方法規中，但各法規範各有其規範的目的，各自訂定義務規定與違反義務之處罰，例如公寓大廈管理條例著重住戶的利益，而臺北市消費者保護自治條例是著重消費者的利益保護，同樣地臺北市舞廳舞場酒家酒吧以及特種咖啡茶室管理自治條例也是以顧客為保護對象；此種法規競合，並不牴觸憲法規定，也無中央法規優於地方法規的情形，違反上述法律上義務時，而觸犯數法規時，主管機關不必去論中央或地方法規，即可依照行政罰法第二四條第一項規定：「一行

為違反數個行政法上義務規定而應罰鍰者，依法定罰鍰額最高之規定裁處。」

(三)平等原則與比例原則

　　某甲因於民國97年7月5日晚間，駕駛自用一般小客車，行駛臺二十線三十五公里處，因酒後駕車經臺南縣警察局員警攔停當場酒測，其呼氣中酒精濃度高達每公升1.0毫克（MG/L），超過標準值每公升0.25毫克（MG/L）。經警方依法舉發後移送嘉義區監理所麻豆監理站依道路交通管理處罰條例（以下簡稱處罰條例）裁處新臺幣4萬9,500元，並施以道安講習處分，同時另依同條例第三五條第一項規定吊扣其「職業聯結車駕駛執照」十二個月。某甲針對其因駕駛「自用一般小客車」違規，卻遭吊扣其「職業聯結車駕駛執照」一年之處分有所不服，遂向臺南地方法院交通法庭提出聲明異議。臺南地方法院交通法庭裁定：「原處分關於吊扣駕駛執照十二個月部分撤銷」，原處分（監理）機關不服提起抗告，全案經臺灣高等法院臺南分院裁定駁回之。

　　按現行道路交通管理處罰條例第六八條僅規定：「汽車駕駛人，因違反本條例及道路交通安全規則之規定，受吊銷駕駛執照處分時，吊銷其持有各級車類之駕駛執照。」但並未包括吊扣之情形。查處罰條例第六八條於民國94年12月14日修正，詳考其修法過程中，有立法委員認為原條文「汽車駕駛人，因違反本條例及道路交通安全規則之規定，受吊扣或吊銷駕駛執照處分時，受吊扣或吊銷其持有各級車類之駕駛執照」，此種作法，將違法或違規駕駛人所持有各級車類之駕駛執照一併吊扣或吊銷，失之過酷，對於人民工作與生活影響過鉅，且影響憲法保障人民之工作權，有違比例原則[14]。經與交通部協商後，乃將其中「受吊扣處分者，吊扣其持有各級車類之駕駛執照」部分之規定刪除。是駕駛人違反道路交通管理處罰條例第三五條第一項第一款之規定而受吊扣駕駛執照處分時，依修正後第六八條規定並參照其修正意旨，應僅得吊扣違規或違法當時駕駛車類之駕駛執照，不能再「吊扣」行為人所持有與違規當時駕駛車種無關之其他各級車類駕駛執照。因此，依此修法意旨，本案吊扣異議人「職業聯結車駕駛執照」十二個月之處分，依臺灣高等法院臺南分院交通事件九七年度交抗字第三○六號裁定也認為違反法律保留原則。

---

[14]　立法院公報，第94卷第70期，頁136-138。

六、一行為不二罰原則

是指一行為不得重複處罰而言,亦即禁止對人民同一違法行為為重複處罰。行政罰法對於一行為不二罰原則之適用,有兩種情形,其一為行政罰法第二六條「刑法與違反行政法上義務規定」發生競合之情形,採刑法優先適用原則。另一為行政罰法第二四條「一行為違反數個行政法上義務規定而應處罰鍰者」競合時,採法定罰鍰最高之規定裁處之。因此,我國行政罰法,不管一行為是在行政罰管轄內或跨越到刑法領域內,只能就其一選擇處罰之,不得併罰。

本條規定是強調「一行為」同時觸犯不同法規的情形,如何判斷一行為,則學者多以刑法的觀點作為探討,認為一行為可分為「自然一行為」與「法律上之一行為」兩種。

(一)自然一行為

自然一行為,外觀上是由多數自然行動所構成,即從自然生活加以判斷,認外觀上可分割為整個事件之數動作,若行為人係於單一之意思決定,且該數個部分行動在時空上又存有緊密關係,而由第三者觀察,足視為單一之綜合行為者稱之。這些內在關聯的行為,若分別評價論處將被視為不自然的區隔[15]。判斷自然一行為共有三項要素:

1.單一與同種類之意思決定

例如:未經申請許可擅自建造建築物,係基於單一擅建意思決定,並由多數個存有緊密時空關係之部分營建行為結合而成整體建造行為,即應視為單一行為(類似接續違法)。

自然一行為不必具有概括之故意,但早期德國刑事法院以「具備單一的行為決定」為已足。由於僅以「單一的行為決定」作為自然一行為的評判標準,範圍過於寬廣,例如對於被告無照駕駛,意圖逃逸,開車衝撞警察,或違抗警察下令(一行為)肇事逃逸(另一行為)等,係基於「意圖逃逸」「單一的行為決定」,而被認定為自然一行為,此種見解遭受眾多之嚴厲批評。法院乃強調除單一的意志決定外,且必須此單一決定設定在同種類之行動意志上,才屬

---

[15] BVerfGE 45, 434.

自然一行為[16]。例如，在同一夜晚被告在同一地下停車場對不同車輛偷竊、不同地點張貼廣告等（接續犯之概念），或連續一周，於各大媒體刊登婚姻媒合廣告。

2.時空緊密關聯

這些行為有無時空緊密關係，即依通常經驗判斷該行為時空緊密而難以分辨前後關係，得視為一行為，否則屬數行為；如連續超速且違規超車，或持續違規超車，若時間與空間上無法分割，有緊密時空關聯性時，歸之於「一行為」；但若長途開車而持續超速或超載，如由高雄到臺北之情形，則因該個別違規行為並無「緊密關聯」，因為時空上持續一段時間與距離，可視為數行為。但若行為人所違規性質不同，如因交通違規，而被攔阻拒絕警察的人別訊問，則因兩者性質不同，且時間上可以分割，屬「數行為」而非一行為[17]。強調時空緊密關係主要在於，數行為若強行分割則違反自然稱之。

實務上如何認定時空緊密關係，並非相當容易，例如在短距離內連續闖四個紅燈，究竟150公尺或1,500公尺才算短距離，實難區別。

3.以第三者的觀察為準

以非當事人之角度觀察，這些行為間無法分割為數行為時，則應視為一行為。

總之，自然一行為，主要仍在於強調時空緊密關聯，而無法或相當困難將這些行為分割為數行為，則視為一行為。

(二)法律上一行為

是從法律觀點，將上述所謂多數自然意義的行為，經由法律的構成要件的結合評價為為單一行為。在一時空緊密關聯下重複地實現構成要件則視為單一行為。如多次夜晚偷竊部分財物，而完成一偷竊整體行為。因此，法律上之一行為通常是指對於該事件，雖存在著多數自然一行為，但在立法政策所考量的法律規範上，卻視其為一行為而處罰之。其有包括如下：

---

[16] Schönke/Schröder, Strafgesetzbuch, Kommentar 26.Auflage, 2001, Vrobem § 52, Rdnr. 25.
[17] Göhler, Ordnungswidrigkeitengesetz, 13. Auflage, 2002, Vor § 19, Rdnr. 6.

1.構成要件的一行為

法律的構成要件將多數自然一行為結合成為一行為。上述皆屬數個自然的違法行為，卻同時符合法律上同一構成要件，以一行為論。例如製造、運輸以及販賣等行為，在法律構成要件上總歸為一行為屬之。

例如我國勞工安全衛生法第五條第一項第五款規定「防止有墜落、崩塌等之虞之作業所引起之危害」，而雇主違反上述「墜落」以及「崩塌」而未作好防護措施，究竟屬一行為或數行為實務上有爭議[18]。本書認為，此既然規定在同法條一條款上，立法者有意將該等自然的數行為，評價為「法律上之一行為」，則應屬構成要件的「一行為」。

2.繼續違法行為

繼續違法是指行為人因故意或過失，持續地維持實現單一構成要件的違法狀態，例如，持續違反登記義務，不繳交經吊銷之執照、未帶駕照開車、貨車持續超載等，繼續違法行為，在學說及實務上皆認為只構成一個違法行為，僅得為一次處罰，而為「一事不二罰」所涵蓋[19]。但若於繼續違反行為中，又有純粹偶發的違規，則應屬數行為，例如貨車持續超載，並違反禁止超車之規定，兩者性質不同應屬數行為[20]。

若不作為義務違反，法規有時間間隔上之規定，例如規定每年應繳付所得稅，而疏於申報，則每年未申報應屬於申報義務之違反，而視為數違規的不作為。

繼續違法行為若是持續一段時日，若仍視為一行為，則似乎過於寬待違反義務人。實務上，嘗試對此種不法的繼續行為作分割，例如長年未繳納汽車保險而仍使用該車，如在這期間內發生過多次車禍而傷及他人，可分割為數行為，而分別處罰[21]。

---

[18] 對此「墜落」以及「崩塌」勞工安全衛生設施規則分別訂定第二三八條以及第二八一條第一項規定，該規則似有將上述兩種情形視為數行為，但既然勞工安全衛生法第五條第一項第五款將其規定在同一條款上，應屬所謂的「構成要件」的一行為。

[19] 但連續犯是否為「法律上之一行為」，則頗具爭議，目前德國於聯邦法院第40冊的判決以來（BGH40, 138），放棄連續犯之適用「法律上之一行為」。我國行政罰法草案並無連續犯之規定，似有意將連續行為視為數行為；請參照李建良，行政秩序罰與一事不二罰原則，月旦法學雜誌，第58期，2000年3月，頁31。

[20] Bohnert, Karlsruher Kommentar zum Gesetz über Ordnungswidrigkeiten, Hrsg. Karlheinz Boujong 2000, §19, Rdnr. 40.

[21] Göhler, 2002, Vor §19, Rdnr. 20.

繼續違法行為，仍可透過行政處分，如警察每天對同一攤販之取締，或透過法規規定之期間，如前述之例子，皆可視為繼續違法行為的中斷，而可分割為數行為，而分別處罰。

3.連續違法行為

所謂「連續違法行為」，指行為人基於概括之犯意，連續數行為實現同一規定之構成要件，且個別行為間具時空之關聯性者（例如：行為人未經許可，基於概括之犯意，連續至各處張貼廣告）。「連續違法行為」本質上屬數行為，雖刑法學者有認「連續犯」為法律上之一行為[22]，刑法並基於刑事政策考量，明定「以一罪論」。其有主觀要素，亦即，所謂的「概括故意」（Gesamtvorsatz），以及客觀要素，主觀要素又可包括如下三種要素：

a.個別之單一行為觸犯相同法益。

b.個別單一行為表現之外觀型態屬同種類型。

c.個別單一行為間具一定的時空之關聯性。

德國早期承認連續犯為一罪，亦即，法律上之一罪，是以「多數本質上同種的個別行為，在確定時空關聯下，基於整體故意觸犯同種類之法益」為前提。但後來德國聯邦法院則作出了放棄該制度之決定[23]。然而，該決定並非完全揚棄連續犯，仍認為有若干特殊連續違法行為的案件仍得適用之。本書認為目前德國司法判決與學理傾向揚棄傳統所承認的連續犯為一行為的理論，僅在部分特殊案件中，基於「時空緊密關聯」下，無法將基於同一犯意實現一構成要件的連續行為切割為數行為時，仍得承認一行為之存在，例如短時間內連續張貼違法之廣告、或同時進行對多輛車輛之毀損或偷竊等[24]。學者有稱此為接續違法，仍視為一行為[25]，但多數學者反對此種所謂的「接續行為」制度，而

---

[22] 林山田，刑法通論（下），作者自版，2008年1月，十版，頁352。

[23] BGHSt GS 40, 138 = NJW 1994, 1663; Bohnert, Karlsruher Kommentar zum Gesetz über Ordnungswidrigkeiten, §19, Rdnr. 58.

[24] 此種時空緊密關聯觸犯單一保護目的，學者有倡導所謂「接續違序」概念而與連續違法行為作區別，其存在是為了補充連續犯經法院廢止後的一個補充。但多數學者反對此種制度之存在，而認為可將此種狀況歸之於「自然一行為」中，參閱Bohnert, §19, Rdnr. 49, 50; Schönke/Schröder, Strafgesetzbuch, Kommentar, Vrobem §52, Rdnr. 26。

[25] Göhler, 2002, Vor §19, Rdnr. 20。Göhler認為連續違法制度不應承認，但此種時空緊密關聯無法分割的連續行為，則應以接續違法稱之，仍視其為一行為。

認為此種事件可因其時空緊密關聯，無法分割，視其為自然一行為[26]。

　　然於行政罰法對於連續違法行為既無明文規定，故在法無明文之規定下，行政罰對於連續犯之情形，仍應視個別狀況作判斷，若連續犯之情形符合上述所稱「時空緊密關聯」，屬自然一行為時，仍得視為一行為。

(三)作為與不作為的行為態樣

　　上述之區分，只是從行為表現於外的分析，在此，進一步分析，行為背後隱藏的義務違反之探討。行為人之行為表面觀之是一個（完全）不作為，但卻可能違反數種法律上之應作為義務，如違規經營電子遊戲場業（積極作為），而不去辦理營業登記、稅籍登記、建築物變更使用登記（不作為），並違反商業登記法、電子遊戲場業管理條例、建築法、消防法等應作為之規定。

　　從上述行為人的營業行為觀之，其僅有一經營電子遊戲場業的意圖與目標，此時，似乎符合所謂「自然單一行為」；但若從各法規的行政目的觀之，其所要求的作為義務（如登記、報稅、通過消防檢查等義務），是基於不同的行政目的要求營業行為人一定之作為。若此種作為義務要求「行政目的」各有不同，原則上應評價為「數行為」[27]。

　　此時因立場不同，對行為數有不同解讀，站在行政機關立場對上述行為人之不作為，當然主張分別處罰，我國行政法院也幾乎多數主張行政法上之「一事」或「一行為」，係以一項法律之一個管制目的為認定基礎，因此，一事實行為分別違反不同法律規定者，即非屬一事或一行為，應分別處罰[28]。但對人民而言，則是傾向違規經營電子遊戲場業是屬於自然單一違規行為，雖觸犯不同法益，但屬想像競合，從一重處斷。

　　本書認為行政罰是針對人民行政義務違反之處罰。因此，觀察是否一行為不能單以行為外觀觀察，而應考慮是否法規上對當事人為該事件，也要求其應為一定之行為。例如，人民之營業行為，通常必須先辦理一些登記、檢查或許可等，法規上有作為之義務之要求。若疏於這些作為，應不只是一個單純的不作為，而應是數個不作為，違反數法益，而該當數行為。因此，在行政罰上判

---

[26] Bohnert, §19, Rdnr. 58.
[27] Göhler, Ordnungswidrigkeitengesetz, 13. Auflage, 2002, Vor §19, Rdnr. 7.
[28] 最高行政法院九二年判字第一二九〇號判決。

斷行為數，應就行為外觀以及該行為所應履行法規要求義務整體觀之，亦即作為與不作為數整體評判之。例如，違規經營電子遊戲場業，違反建築法、電子遊戲場業管理條例、商業登記法或消防法等整體觀之。就此，行為人的一營業行為，而卻違反數個不作為義務，應為數行為。

其次，對該數行為（作為或不作為間）應進一步探討，這些數行為之間是否有本質目的相同的情形，亦即，是否法規所要求義務履行之目的，性質上是相同的，一般而言，「稅籍登記」與「商業登記」，一為稅法上義務，另一為商業行為登記之義務，屬性質不同之登記，應屬於所謂的「不同行政目的」，而可視為「數行為」。至於，其他違反行為，如違反「消防檢查」、違反「都市計畫」或違反建築法是否可包括在未辦理「商業登記」的違反行為中，我國實務上對此大多採取因行政目的不同，而分別處罰之見解。但進一步檢驗，是否這些不作為義務之違反，有無本質相同的情形，若是，則仍可視為一行為，我國電子遊戲場業管理條例第十五條規定：「未依本條例規定辦理營利事業登記者，不得經營電子遊戲場業。」該法第十五條是將營利事業登記（商業登記）與經營電子遊戲場業的登記合而為一，因此，兩法規之登記或許可，應屬本質相同，可從一重處罰的情形。至於，建築法與都市計畫法之規定，主要都是禁止建築物違法變更使用，也屬此種本質相同的行政目的之情形，而可從一重處罰。

若義務人所實施行為中，產生不作為與作為混雜之情形，而該實施行為同時符合兩構成要件，產生相互重疊有緊密關聯不可分割的情形，則應視為「一行為」，例如為了隱瞞事實（未去辦理登記違反秩序），而提供不實消息（處以罰鍰），則兩者在其思慮過程中有相互重疊的緊密關聯，並依一般常理判斷應屬一行為[29]。我國釋字第五〇三號所稱的「行為罰」與「漏稅罰」即亦屬此種情形作為與不作為的交錯情形，行為人之行為「同時符合」行為罰及漏稅罰，因此，應被視為一行為。反之，若無相互重疊「緊密關聯」，而可分開評價，則屬於數行為，如當事人之車輛不作車檢，又違規超速，兩者性質不同又無關聯，則應評價為「數行為」。因此，一行為或數行為的評價，應依其行為或不行為的本質（Wesen）以及行為出現之型態（Erscheinungsform）是否相同

---

[29] Göhler, Ordnungswidrigkeitengesetz, 13. Auflage, 2002, Vor § 19, Rdnr. 8.

或不同作為判斷的依據[30]。

　　對於一行為之判斷，在行政法上不能單以刑法標準的行為數作判斷，亦即，不能單以受處罰主體人民之角度來觀察行為數，如此將無法兼顧法規之目的，並導致行政目的無法達成。因為行政法之處罰關係，主要仍是以公共利益為目的，行政機關為主體，行政機關既是當事人又是處罰主體，透過立法制定不同法規而有作為或不作為義務之要求，如果都不去考慮這些立法或法規目的，只以簡單行為數作判斷，則將忽略了行政罰法之特殊情形實不宜。例如，以違法經營商業活動為例，以一般人角度觀察，應繳稅而不去繳稅，應辦商業登記不去辦理，兩法規目的不同，應可評價為兩消極的不作為，若僅說這是一個消極的不作為，則失之過於簡化的評價。

(四)以立法作行為數之分割

　　吾人以釋字第六〇四號解釋作分析，本號解釋文：「……立法者固得以法律規定行政機關執法人員得以連續舉發及隨同多次處罰之遏阻作用以達成行政管制之目的，但仍須符合憲法第二十三條之比例原則及法律授權明確性原則。鑑於交通違規之動態與特性，則立法者欲藉連續舉發以警惕及遏阻違規行為人任由違規事實繼續存在者，得授權主管機關考量道路交通安全等相關因素，將連續舉發之條件及前後舉發之間隔及期間以命令為明確之規範。

　　道路交通管理處罰條例第八十五條之一得為連續舉發之規定，就連續舉發時應依何種標準為之，並無原則性規定。雖主管機關依道路交通管理處罰條例第九十二條之授權，於九十年五月三十日修正發布『違反道路交通管理事件統一裁罰標準及處理細則』，其第十二條第四項規定，以『每逾二小時』為連續舉發之標準，衡諸人民可能因而受處罰之次數及可能因此負擔累計罰鍰之金額，相對於維護交通秩序、確保交通安全之重大公益而言，尚未逾越必要之程度。惟有關連續舉發之授權，其目的與範圍仍以法律明定為宜。……」

　　在此，本號解釋承認立法機關可以透過法規對行為數作分割，但強調應以法律定之為宜。101年5月30日修正的道路交通管理處罰條例第八五條之一，則將此項規定以法律定之而稱：「汽車駕駛人、汽車所有人、汽車買賣業或汽車修理業違反第五十六條第一項或第五十七條規定，經舉發後，不遵守交通勤務

---

[30] Göhler, Vor § 19, Rdnr. 8.

警察或依法令執行交通稽查任務人員責令改正者，得連續舉發之。」第七條之
二之「逕行舉發案件有下列情形之一者，得連續舉發：一、逕行舉發汽車行車
速度超過規定之最高速限或低於規定之最低速度或有第三十三條第一項、第二
項之情形，其違規地點相距六公里以上、違規時間相隔六分鐘以上或行駛經過
一個路口以上。但其違規地點在隧道內者，不在此限。二、逕行舉發汽車有第
五十六條第一項或第五十七條規定之情形，而駕駛人、汽車所有人、汽車買賣
業、汽車修理業不在場或未能將汽車移置每逾二小時。」符合本號解釋立法保
留之要求。

(五)釋字第七五四號評斷一登記行為因行政目的不同為數行為

該解釋文稱：「最高行政法院一百年度五月份第二次庭長法官聯席會議有
關：『……進口人填具進口報單時，需分別填載進口稅、貨物稅及營業稅相關
事項，向海關遞交，始完成進口稅、貨物稅及營業稅之申報，故實質上為三個
申報行為，而非一行為。如未據實申報，致逃漏進口稅、貨物稅及營業稅，合
於海關緝私條例第三十七條第一項第四款、貨物稅條例第三十二條第十款暨營
業稅法第五十一條第七款規定者，應併合處罰，不生一行為不二罰之問題』之
決議，與法治國一行為不二罰之原則並無牴觸。」

本號解釋係以不同法規的行政目的作為行為數之區分，而認為雖僅填報依
申報單，但實質上為三個申報行為，而非一行為。

(六)不二罰

「不二罰」是指一行為雖觸犯數構成要件，但在程序上只能處罰一次，為
雙重處罰之禁止[31]。在此，首先是要確定為「一行為」後，才有「不二罰」的
考慮。若被評價為「數行為」時，則當然就可分別處罰，而無「不二罰」的情
形。刑法上一般提到有想像競合與法規競合兩種情形：

1.想像競合

想像競合係指行為人透過同一行為違反「多數相同」或「多數不同」的行
政法上義務所形成的競合。前者稱同種想像競合，後者為異種想像競合，應以
「從一重處罰」方式處理。

---

[31] 李惠宗，行政法要義，元照出版，2008年9月，四版，頁490-491。

(1)同種想像競合

例如車行吩咐多數駕駛人駕駛多數輪胎已磨平的車輛，或雇用若干違反最低工資之勞工。又如，同時雇用若干非法外勞等。又如，某客運公司之司機在一天內分別在臺北火車站附近違規停車，觸犯相同之法規，某保全公司，在某一時段內，僱用多位員工，超時工作，又不給予加班費，同時觸犯數法規。

(2)異種想像競合

例如，超速同時違反先行權之規定，在時空上無法或相當難以分割為數行為；又如，行為人在防制區內之道路兩旁附近燃燒物品，產生明顯濃煙，足以妨礙行車視線者，除違反空氣污染防制法第三一條第一項第一款規定，應依同法第六〇條第一項處以罰鍰外，同時亦符合道路交通管理處罰條例第八二條第一項第二款或第三款應科處罰鍰之規定。

2.法規競合

係指行為人之同一行為同時該當數構成要件，該當之數構成要件存有重疊關係者是，此時僅適用最妥適的不法構成要件即為已足，其餘該當的不法構成要件，即被排斥而不適用，否則即會牴觸雙重評價禁止原則，造成一行為二罰的不當現象。法規競合之形態理論上包括：

(1)特別關係

指一個構成要件在法概念上必然包括另一構成要件之所有構成要件要素者，則前一構成要件與後一構成要件，即具普通與特別關係，亦即，前一構成要件除包括後一構成要件外，尚有附加的其他構成要件要素。

(2)補充關係

指一個構成要件僅是輔助性地加以適用，則此一構成要件對主要構成要件而言，即具補充關係。例如，法規上明文規定「對該行為無其他法律處罰之規定時適用之」即屬此種補充關係。

(3)吸收關係

指實現較重主要構成要件，通常必然會實現其他較輕之「伴隨構成要件」。

例如，禁止未滿十八歲進入特種行業場所，兒童及少年福利法第二八條與第五六條第二項以及電子遊戲場業管理條例第二九條有處罰負責人之規定，兩

者皆以保護青少年身心為目的[32]，應屬保護「目的相同」的法規，而產生法條競合之情形。因此，各行政法規之間，雖各有處罰之規定，但若此種「目的相同」的情形，則應可從一重處罰之。又如，上述所稱，經營電動玩具違反商業登記與電子遊戲場業管理條例之登記，應屬法規競合之情形。

(七)最高行政法院九四年六月庭長法官聯席會議

最高行政法院九四年六月份庭長法官聯席會議對「一行為不二罰」也作出決議，而稱：「『一行為不二罰』乃現代民主法治國家之基本原則，此係避免因法律規定之錯誤複雜，致人民之同一行為，遭受數個不同法律之處罰，而承受過度不利之後果。查建築法第九十一條第一項第一款及商業登記法第三十三條第一項規定，係以未經核准變更使用或經營其登記範圍以外之業務行為為處罰條件。亦即單純不申辦之作為尚未該當於構成要件，而須俟其有變更使用之作為時，始得加以處罰。本件行為人並未改變建築物結構，僅有一未經許可擅將系爭建物變更營業而使用之行為（如僅擺放電子遊戲機），而同時符合建築法第九十一條第一項第一款及商業登記法第三十三條第一項之處罰規定，應擇一從重處斷。」

本次決議是針對行政罰與行政罰間的想像競合作出解釋，不再單純以「行政目的」的不同，作出不同之處罰，因此，判斷是否屬於一行為，仍應注意違規人是否有法律上應作為義務而不為時，才有進一步處罰之必要，否則如本案當事人的一違規行為，並沒有變更建築物，仍以一行為論為當。

對此決議，仍有提出反對意見，而認為建築法第九一條第一項第一款及商業登記法第三三條第一項之處罰規定，係基於不同之行政法義務之違反，不同之違法行為應分別裁罰[33]。

本書仍採應分別評價個法規目的來歸納是否法規目的與行為間，可以構成緊密關聯，而可被視為一行為，亦即，以釋字第五〇三號解釋為例作判斷，本案一消極不作為依一般人之觀察，卻同時符合不同構成要件，可視為一行為。

---

[32] 兒童及少年福利法第五六條第二項除處罰鍰外，另有公布場所負責人姓名之處分。依行政罰法第二四條第二項之規定，若罰鍰已為他法所吸收，仍得裁處公布姓名之不利處分。

[33] 傅玲靜，特殊營業場所之使用管制與營業管制，101年度直轄市法制及行政救濟業務研討會，新北市政府編印，2012年6月29日。

(八)釋字第六〇四號解釋

　　我國警察法規中涉及一事不二罰的情形大有所在，其中在大法官釋字第三八四號解釋以及釋字第六〇四號對此原則有進一步的敘述。大法官釋字第三八四號解釋理由書對一事不二罰有闡述：「同一行為觸犯刑事法者，依刑法之規定，刑事審判中認須施予保安處分者，於裁判時併宣告之（參照刑法第九六條），已有保安處分之處置。感訓處分為刑法及保安處分執行法所定保安處分以外之處分，而受感訓處分人，因此項處分身體自由須受重大之限制，其期間又可長達三年，且依上開規定，其執行復以感訓處分為優先，易造成據以裁定感訓處分之行為事實，經警察機關以同時觸犯刑事法律，移送檢察機關，檢察官或法院依通常程序為偵查或審判，認不成立犯罪予以不起訴處分或諭知無罪，然裁定感訓處分之裁定已經確定，受處分人亦已交付執行，雖有重新審理之規定（同條例第十六條第一項第七款），但其喪失之身體自由，已無從彌補。凡此均與保障人民身體自由、維護刑事被告利益久經樹立之制度，背道而馳。」

　　大法官在此號解釋認為檢肅流氓條例上開規定，縱有防止妨害他人自由，維護社會秩序之用意，亦已逾越必要程度，有違實質正當，自亦為憲法所不許。實則上述的解釋理由書也言明，一事不二罰之原則。

　　釋字第六〇四號解釋，則針對違規停車，作出可以分割為數行為的說法，大法官此種解釋顛覆了刑法上一行為的概念，與上述所作的自然一行為與法律上之一行為的區分有所不同，創造出行政法上一行為之概念，除有造成一行為概念之混淆外，另外也使得行政執行法與行政罰法糾葛不分的情形。

(九)一行為不二罰在道路交通處罰條例之適用

　　行政罰法第二六條第一項規定：「一行為同時觸犯刑事法律及違反行政法上義務規定者，依刑事法律處罰之。但其行為應處以其他種類行政罰或得沒入之物而未經法院宣告沒收者，亦得裁處之。」此一規定對有關刑罰與行政罰之罰鍰部分，係採吸收主義，亦即刑罰吸收罰鍰，除另可處以其他裁罰性不利處分，一經刑事處罰確定，即不得再處以罰鍰。惟本次修正後第二項補充規定：「前項行為如經不起訴處分、緩起訴處分確定或為無罪、免訴、不受理、不付審理、不付保護處分、免刑、緩刑之裁判確定者，得依違反行政法上義務規定裁處之。」

　　吾人在此首先要探討的是，行政罰法第二六條第一項的規定，是強調「一行為」的概念，亦即，一個自然或法律上之一行為，而同時觸犯刑事法律及違反行政法上義務規定者，重點在一行為上，至於「同時」之要件，只是一個通常之要件，而並非是必要之條件，若只是「同時」，而非屬一行為時，則不符合本條之規定，例如，未帶駕照並同時超速，則雖是同時完成，但行為仍可分割為二行為，因此不符合一行為[34]。本條採取刑事優先原則，是認為刑法比行政罰有較強的法效果以及通常刑法也比行政罰更具有不法內涵（Unrechts-gehalt），在此考量下既然已處以刑罰，則行政罰即被吸收，因此，不必對一行為同時處以兩罰，則較為妥當[35]。此種刑事優先原則，是否即是行政罰法上應被遵守的憲法原則，則有探討之必要。吾人認為這是一種立法政策之考量，若是其他法律有特別規定時，究應適用何者仍有進一步分析之必要。

　　道路交通管理處罰條例第三五條第八項規定：「前項汽車駕駛人，經裁判確定處以罰金低於本條例第九二條第四項所訂最低罰鍰基準規定者，應依本條例裁決繳納不足最低罰鍰之部分。」本項是規定罰金與行政罰可以折抵，是否違背行政罰法第二六條「刑事優先」的規定，本書是有質疑。這或許是立法政策之考量，得以適用行政罰法第一項後段之特別法優於普通法，而排除第二六條之適用。但是否如此，本書期待司法院進一步之解釋。

(十)社會秩序維護法拘留優先原則之探討

　　行政罰法第二四條第三項規定：「一行為違反社會秩序維護法及其他行政法上義務規定而應受處罰，如以裁處拘留者，不再受罰鍰之處罰。」是否表示拘留應優先其他行政罰適用，茲舉下一例說明：

　　某甲所經營的煙火販賣場所，屬達管制量以上之一般爆竹業，其所儲存之爆竹量已超出法令規定，該行為同時違反爆竹煙火管理條例第四條及第二七條第一項第一款規定，得處新臺幣三十萬元以上一百五十萬元以下罰鍰以及社會秩序維護法第六三條第一項第七款規定：「關於製造、運輸、販賣、貯存易燃、易爆或其他危險物品之營業……」得處三日以下拘留或新臺幣三萬元以下罰鍰。

---

[34] Bohnert, Karlsruher Kommentar Ordnungswidrigkeitengesetz, 2000, §21, Rdnr. 3.
[35] Göhler, Ordnungs widrigkeitengesetz, 2002, §21, Rdnr. 2.

1.法規適用之探討

(1)社會秩序維護法之居留優先原則（甲說）

本說強調拘留處分屬人身自由的剝奪，拘留處分與其他罰鍰處分，可否相互比較，或者更確切的說，從權力干預嚴重性觀之，拘留處分當然比財產權干預之罰鍰來得重要，似乎一行為觸犯社會秩序維護法有處拘留規定以及其他財產罰規定，應以拘留優先處理為原則。且既然行政罰法第二四條第三項「一行為……如以裁處拘留者，不再受罰鍰之處罰」，即已表明應以社會秩序維護法之拘留為優先之原則。

(2)以行政罰法第二四條第一項作為處理原則（乙說）

本說是將社會秩序維護法認定為行政罰，而不去管拘留部分，僅就兩法規所規定的法定罰鍰高低加以比較，而認定依第二四條規定，應優先適用爆竹煙火管理條例之處罰規定。

(3)以行政罰法第一條後段特別法優於普通法規定處理（丙說）

本說以特別法優於普通法來處理，不去理會罰鍰高低或人身自由與財產孰輕孰重之問題，爆竹煙火管理條例是處理爆竹業的特別法，社會秩序維護法則是普通法，基於特別法優於普通法本案應依爆竹煙火管理條例處理之。

2.案例解析

甲說採拘留優先處理原則，並以行政罰法第二四條第三項作為依據，本書不採之，因為行政罰法第二四條第三項只規定「如已裁處拘留」，但並非表示所有法規競合（想像競合），皆採此拘留優先原則。乙說僅以罰鍰高低做比較，立論失之狹義本書也不採。本書較贊成丙說，以特別法優於普通法來處理本案。

七、刑事優先原則

問題七

某甲經營曼谷美容坊未經許可聘僱逾期停留之泰國籍某乙（持一百八十天停留簽證於95年10月27日入境）至該美容坊，從事按摩、臉部保養及全身推拿之工作，案經臺中市警察局第二分局於97年7月8日當場查獲。

> 經原處分機關臺中市政府審查，某甲前經臺北縣政府於94年7月12日以違反就業服務法第五七條第一款規定裁處罰鍰在案，本案某甲又違反同法第五七條第一款規定，該府遂依同法第六三條第一項後段規定，移由臺灣臺中地方法院檢察署偵查，案經該檢查署以97年12月25日97年度偵字第21572號不起訴處分書確定。嗣經該府另以某甲違反就業服務法第57條第1款規定，依同法第六三條第一項規定，以98年4月1日府勞行字第98700號裁處書處某甲罰鍰新臺幣15萬元整。

(一)刑事優先原則之意義

行政罰法第二六條刑事優先原則是強調一行為同時觸犯刑事罰與行政罰之規定，縱然行政法之處罰有日漸加重的趨勢，但基於刑罰對人民懲戒作用以及權益干涉較強、刑罰程序較為慎重嚴謹，故依刑事法律處罰，應足以達到制裁目的，不再處以行政罰中之罰鍰。由本條之立法理由，是將刑罰與罰鍰都視為對「不法行為」的制裁，兩者本質並無不同只是「量」的差異而已。

此種競合應只能選擇其一先行處理，且只能以刑事法律為優先考量。

該行為如經不起訴處分或為無罪、免訴、不受理、不付審理之裁判確定者，得依違反行政法上義務規定裁處之（修正前之法條）。

(二)本案評析

首先要探討的是，究竟行政罰法的處罰法定主義與刑事優先原則是否可以適用在本案上。但本案在檢察官不起訴後，行政機關是否可依據行政罰法第二六條援引第六三條第一項前段處予行政罰，即有正反兩說：

1.否定說

採嚴格處罰法定主義，即是，就業服務法第六三條第一項前段，若從前後文關聯，似乎應只是規範初犯之情形，屬於較輕之處罰，再犯因惡性重大，屬後段規定，但該法並無進一步規定，若刑罰不處罰時應如何處理，此即產生法律規定之漏洞，處罰機關當然不得在法律無進一步規定下，直接援引前段作為處罰之依據，否則將有違處罰法定主義。

2.肯定說

認為屬第六三條第一項後段之規範雖屬較重之處罰，但刑事罰不成立時，只是司法不處理，並不表示行政權即應受其拘束，基於行政罰法之法理，較重之刑事罰不處罰時，行政機關仍得對某甲之違反行為依據法規處罰，且因為第六三條第一項前段只稱：「違反……、第五七條第一款、……規定者，處新臺幣十五萬元以上七十五萬元以下罰鍰。」並未言明初犯或再犯，只要符合第一項前段之構成要件，並在司法不處罰的情形下，行政機關當然可援引其作為處罰之依據。

本書贊成肯定說，就業服務法第六三條立法意旨，乃是對於再犯之惡性，用一般行政罰不足遏止，而採用較強之制裁，舊法當時之立法確實也沒有考慮萬一刑事不處罰時，法律如何進一步規範，這看似法規之漏洞，如予以處罰，似有類似適用之嫌，而有違處罰法定主義，其實不然，本案仍可依行政罰法第二六條刑事優先原則處理，該條是強調一行為同時觸犯刑事罰與行政罰之規定，本案若從就業服務法第六三條第一項前、後段之法律效果不同，前段屬行政罰，後段處予刑罰，似乎再犯之行為，僅符合後段之規定，並不構成一行為同時觸犯刑事罰與行政罰之規定。此種解釋看似合理，但從刑事優先原則之法理來進一步分析，行政罰是在刑罰不處罰時，行政管轄之機關仍可依其行政權作進一步之處理，本案即屬如此，從法律構成要件而言，就業服務法第六三條第一項前段，是規定管轄機關得以處予行政罰之權限，該構成要件並無說明只是針對初犯而適用，因此，再犯之行為，只是先由司法機關依刑罰處罰，因為刑罰之處罰吸收行政上之處罰，某甲仍有違法之事實與違法之故意或過失之責任條件，仍得依行政罰法第二六條第二項，在檢察官對該案行為不起訴時，管轄機關仍得依就業服務法第六三條第一項前段規定處予某甲行政罰。

3.本案結論

本案某甲之行為符合就業服務法第六三條第一項後段再犯而得以處予刑罰之規定，因檢察官不起訴，而移回原移送之管轄依第六三條第一項前段處予某甲行政罰，仍屬有理，因為再犯之行為，不會因刑罰不處罰而消失，反而，管轄機關對某甲違規行為仍得適用當時（修正前）之行政罰法第二六條第二項之規定處罰之；本案所適用之法條，當時立法時確有思慮不周，未來對於再犯之

行為，應可參考行政罰法第二六條之規定修定之。

(三)一罪不二罰

釋字第八〇八號解釋文稱：「社會秩序維護法第三十八條規定：『違反本法之行為，涉嫌違反刑事法律……者，應移送檢察官……依刑事法律……規定辦理。但其行為應處……罰鍰……之部分，仍依本法規定處罰。』其但書關於處罰鍰部分之規定，於行為人之同一行為已受刑事法律追訴並經有罪判決確定者，構成重複處罰，違反法治國一罪不二罰原則，於此範圍內，應自本解釋公布之日起，失其效力。」

該號解釋提出一罪不二罰原則，將社會秩序維護法之罰鍰視為輕罪，顛覆了以往視為行政罰之概念，未來有關一行為觸犯刑事與社會秩序維護法之罰鍰，必須重新加以定義。

(四)緩起訴與刑事優先之關係

1.緩起訴之性質透過修法確定

緩起訴之性質為何，眾說紛紜，有二爭點值得探討，其一，緩起訴負擔之性質，有認為支付緩起訴金或命其服勞務為具有刑事制裁性質，不得再處予行政罰（本案法院即採此說）；法務部已經過多次討論傾向以結果（視為不起訴）來論斷緩起訴性質，學術界已有多人撰文探討，行政法院認為緩起訴期滿未經撤銷，視同不起訴說（最高行政法院九九年裁字第三六八號裁定），但與高等法院座談會認定緩起訴金與服勞務性質為刑事制裁說，卻得出不同之結論。另一，則是若將緩起訴視為不起訴時，何時行政機關可以發動行政罰之裁處權，是在緩起訴處分確定或緩起訴猶豫期間期滿後為之。

此次行政罰法第二六條之修正，將緩起訴列為刑事不處罰之範圍，並以緩起訴處分確定後，宜視同不起訴處分確定，依行政罰法二六條規定，仍得就違反行政法上之義務裁處。亦即，檢察官緩起訴處分確定後，不待緩起訴猶豫期間期滿，即可對當事人再處予行政罰[36]。本次修法除增列緩起訴處分確定外，尚擴充及於不付保護處分、免刑、緩刑之裁判確定者，實有將「刑事法律處

---

[36] 詳細的修法過程及相關介紹，請參照：蔡震榮，行政罰法實施後若干問題之檢討，收錄於：真理大學與北京交通大學「兩岸交通法制」學術研討會論文集，真理大學法律學系編印，2012年5月，頁105-122。

罰」之範圍，擴張及於「刑之執行」之範圍，喪失原來僅以「處罰」有無為界限，此次增修之範圍，也與一事不二罰有違，上述之不付保護處分、免刑、緩刑之裁判確定者，已有處理，顯然本次增修也有違反法律明確性之虞。

2.緩起訴與道路交通管理處罰條例第三五條第八項罰金折抵之關係

新修正之行政罰法第二六條參考道路交通管理處罰條例第三五條第八項增加緩起訴負擔折抵之規定，故現今已有法律依據可資依循[37]。

修法後將「緩起訴處分確定」作為得再裁處行政罰之規定[38]，亦即，將緩起訴處分視為非刑事制裁，但基於人民若已向公庫或該管檢察署指定之公益團體、地方自治團體支付一定之金額者，雖非處罰，但確實也造成人民一定之負擔，而於第三項增列裁罰機關得在其所支付金額範圍內，扣抵其罰鍰處罰之規定。此種修法依立法理由所稱，是一方面兼顧法理，另一方面也考慮到人民之法感情，不致有被重複處罰之感覺，應是較不會產生矛盾引起爭議之解決方式。

透過本次修法將使緩起訴所命繳納緩起訴金，也可採類似道路交通管理處罰條例第三五條第八項折抵規定，此種折抵之裁量規定，也可兼顧人民之法感情，不會覺得似有被重複處罰之嫌，是可以接受之立法。但目前仍有人對處遇措施以及行政罰分別為之，提出重複處罰之疑慮[39]。

(五)如何判斷行政罰法第二六條刑事罰與行政罰間之行為數

法務部於100年8月召開行政罰法第二六條刑事罰與行政罰間之行為數之計

---

[37] 修正後第二六條：「一行為同時觸犯刑事法律及違反行政法上義務規定者，依刑事法律處罰之。但其行為應處以其他種類行政罰或得沒入之物而未經法院宣告沒收者，亦得裁處之。
　　前項行為如經不起訴處分、緩起訴處分確定或為無罪、免訴、不受理、不付審理、不付保護處分、免刑、緩刑之裁判確定者，得依違反行政法上義務規定裁處之。
　　第一項行為經緩起訴處分或緩刑宣告確定且經命向公庫或指定之公益團體、地方自治團體、政府機關、政府機構、行政法人、社區或其他符合公益目的之機構或團體，支付一定之金額或提供義務勞務者，其所支付之金額或提供之勞務，應於前項規定裁處之罰鍰內扣抵之。
　　前項勞務扣抵罰鍰之金額，按最初裁處時之每小時基本工資乘以義務勞務時數核算。
　　依第二項規定所為之裁處，有下列情形之一者，由主管機關依受處罰者之申請或依職權撤銷之，已收繳之罰鍰，無息退還：
　　一、因緩起訴處分確定而為之裁處，其緩起訴處分經撤銷，並經判決有罪確定，且未受免刑或緩刑之宣告。
　　二、因緩刑裁判確定而為之裁處，其緩刑宣告經撤銷確定。」
[38] 所謂緩起訴處分確定，是指不必等到猶豫期間過了才處罰，只要檢察官課處緩起訴未經再議或再議經駁回即屬確定之「形式確定說」。
[39] 苗栗地方法院認為緩起訴處遇措施即是一種處罰，新修正條文之規定違憲而聲請司法院之解釋。

算，事實如下：

　　財政部100年1月25日台財關字第09900552270號致函略以：本案係行為人為私運懲治走私條例所列管制物品，而以共同行使偽造文書、行使變造準私文書之方式，將藏放管制物品之貨櫃提領出站，案經臺灣高雄地方法院檢察署將行為人以偽造文書案件提起公訴，其中部分行為人不服臺灣高雄地方法院有罪之判決，上訴於臺灣高等法院高雄分院，並經二審判決共同犯行使偽造私文書罪在案。惟渠等違反懲治走私條例之私運行為，未於判決主文內諭知有罪及其刑罰，僅於二審判決中敘明：「遍查全卷並無被告……共同自大陸地區走私重約1,000公斤之香菇絲來臺之犯罪事證……貨櫃內物品並無確實之重量、項目及價值可稽……是公訴人認被告等涉犯走私罪，所憑證據尚無從說服本院達於通常一般之人均不致有所懷疑，得確信其為真實之程度，即難據以為被告等不利之認定，此部分本應為無罪之判決，惟公訴人認此部分與前揭論罪科刑部分有想像競合犯之裁判上一罪之關係，故不另為無罪之諭知。」據此，本件所涉違反懲治走私條例之私運行為是否發生本法第二六條第一項同一行為已依刑事法律處罰之效果；如否，上開情形是否屬同條第二項所稱經無罪之裁判確定，得依違反海關緝私條例規定裁處之？

　　查法務部行政罰法諮詢小組會議結論略以：本案行為人係基於同一概括之故意，於同一時間、同一地點一次購入違禁藥品、猥褻物品與未稅私菸意圖販賣，構成藥事法上販賣違禁藥品與刑法上販賣猥褻物品等罪名，係屬想像競合犯，為實質上一罪，而本案之私菸部分，法院認無證據可資認定為禁藥，雖不另為無罪判決之諭知，惟因行為人既係一行為而同時違反刑事法律（藥事法、刑法）與行政法規（菸酒管理法），依本法第二六條第一項本文之規定，就該販賣私菸部分不得再依菸酒管理法第四七條規定裁處行政罰。

　　惟財政部關稅總局之意見則認為本件行使偽造文書之行為與違反懲治走私條例之私運行為不論本質上抑或法律上均應論屬數行為，而非成立想像競合犯之一行為，故仍得就該私運行為依海關緝私條例裁處之。是本件私運行為究否得按違反海關緝私條例之部分另為裁處，涉及本法第二六條第一項規定中「一行為」應如何認定；又本法第二六條第二項規定中所指「無罪」之裁判，是否僅限於主文之判斷，抑或及於理由中之判斷，爰一併提請討論。

法務部法律事務司初步研究意見

1.議題一：本件是否屬一行為而同時觸犯刑事法律及違反行政法上義務規定之情形部分

(1)甲說（數行為說—刑法上之牽連犯，應屬數行為）

查行使偽造文書與私運物品其行為外觀並不相同，行使行為應為私運行為之方法，亦即行使偽造文書之行為與私運行為應具方法結果之牽連關係。換言之，本案所涉行為應屬95年7月1日刑法修正施行前第五五條後段規範之牽連犯，而非成立想像競合犯，其於修法前與想像競合犯（一行為而觸犯數罪名）於裁判上雖均同為一個訴訟客體，惟修法後已刪除牽連犯從一重處斷之規定，具方法結果牽連關係之各行為現皆論屬數罪併罰之範疇（最高法院九五年度台上字第六一九二號判決及九五年台上字第六九二七號判決參照）。是以，本案行使偽造文書之行為與違反懲治走私條例之私運行為不論本質上抑或法律上均應論屬數行為，而非成立想像競合犯之一行為。復參照最高行政法院七五年判字第三〇九號判例「行政罰與刑罰之構成要件雖有不同，而刑事判決與行政處分，亦原可各自認定事實」之意旨，本案所涉之私運行為縱未構成刑罰，倘於行政罰領域認其屬違反行政法上義務之行為，當可予行政裁處。

(2)乙說（一行為說）

按行政罰法上一行為之概念，應與刑法上一行為有所區別，二者判斷標準未必一致。通常刑法上一行為即可認為行政罰法上一行為；而行政罰法上一行為卻可能構成刑法上數行為。因刑法係著眼於保護法益，行政罰則著眼於遵守行政法規，難免有不同判斷。本案是否屬本法第二六條所稱之一行為，應就所違反之行政法上義務規定認定之，不應以是否屬刑法上裁判上一罪為斷，縱刑法已刪除牽連犯之規定，牽連犯於行政罰法上未必為數行為（大法官釋字第五〇三號解釋理由書參照）。

本件行為人以共同行使偽造私文書及變造準私文書之方式私運貨物進口，就海關緝私條例第三六條之法定構成要件判斷，該偽造私文書行為與私運行為，均發生同一結果，區分個別行為並無重大意義，應可綜合視其為一行為。

本書認為，偽造私文書行為係為了私運行為，兩者應構成內在關聯，偽造私文書行為之不法意圖與罪責內涵應涵蓋私運行為，兩者內在相互關聯，應評價為一行為。此種觀點是採德國法上之見解，所謂的「程序上之行為概念」，

在此所謂一行為，是指多個客觀法上各自獨立之行為，被視為程序上一行為，不僅這些獨立外在行為相互重疊，而且在此作為基礎的事實要件，在處罰意義上內在相互連結，亦即，一行為之不法以及罪責內涵涵蓋於另一行為中，如把其分別評價為不同行為，將屬違反自然分割此一單一的生活歷程。此種定義是指在一個生活歷程中，個別行為在時間上，空間上，以及內在上，應是相互連結，分別評價與處罰將展現出將單一生活歷程不自然的分割評價（BGHsT 270）[40]。本案，即屬如此，偽造文書與私運行為內在相互連結屬同一生活歷程，強制分割分別評價屬違反自然之情形，故兩事實要件應評價為同一。

2.議題二：刑事確定判決理由中無罪之判斷，是否屬本法第二六條第二項所稱之無罪確定裁判部分

本案議題一之結論如採乙說而認屬一行為，則行為人「偽造文書」部分既經刑事法院諭知有罪及其刑罰，即屬經有罪判決確定，自不再就同屬一行為之「私運貨物進口」部分處以行政罰鍰，則議題二無庸討論。

本書認為，本案既採同一行為說，則依照行政罰法第二六條刑罰已經論處，則行政罰部分就不應再論究處罰。

第四節　行政罰之法律適用

行政罰在法律之適用上與刑法相同地，必須考量下列三項要素：構成要件該當性、違法性及可非難性。亦即，構成要件該當後才有違法性，乃至於可非難性的審查，就此可圖示如下：

---

[40] 釋字第六〇四號解釋許玉秀大法官不同意見書也有提到此觀點。

一、構成要件該當

論及構成要件該當，可區分為客觀與主觀的要素。客觀的構成要件要素包括：行為人、行為及行為之效果（法益、妨害結果）。因此，共同行為或不作為也包括在客觀構成要件中。

(一)行為人

1.個人、特別身分與共同違法行為

行政罰法上所稱之「行為人」，依其概念得分為「一般人之違反」與「特別身分之違反」，前者如行政罰法第三條：「本法所稱行為人，係指實施違反行政法上義務行為之自然人、法人、設有代表人或管理人之非法人團體、中央或地方機關或其他組織。」屬之。後者則如行政罰法第十四條第二項：「因身分或其他特定關係成立之違反行政法上義務行為，其無此身分或特定關係者，仍處罰之。」及第三項：「因身分或其他特定關係成立之違反行政法上義務行為，其無此身分或特定關係者，仍處罰之。」屬之，為避免處罰上之漏洞，對於非具特別身分者，若其符合該條構成要件時，仍得處罰之。

此外，行政罰法第十四條第一項乃有針對多人故意共同實施違法行為而為規範，但此一規定係採所謂「單一行為人」之概念，僅就每個人參與違反行為皆屬正犯，就參與的程度作為處罰輕重之裁量。

並行政罰法第二九條及第三〇條分別對以上之行為人概念設有「土地管轄」，就此可資參照。

2.為他人行為與觸犯監督責任併罰之規定

(1)法人與法人之董事或其他有代表權人之處罰

行政罰法第七條第二項是針對法人故意過失責任的推定，但有關法人、非法人團體以及代表權人的併同處罰是規定在本法第十五條與第十六條。但若其他法律另有併罰之規定，則依本法第一條後段「從其規定」[41]。

第十五條第一項的併同處罰，包括「法人」以及「私法人之董事或其他有代表權之人」，同條第二項則私法人之職員、受僱人或從業人員之違反行

---

[41] 如就業服務法第六三條以及第六四條等，即有不同於本法第十五條之規定，而採法人之代表人、從業人員以及法人都併罰之規定，則從其規定。

為並無處罰規定，私法人之董事或其他有代表權之人，如對該行政法上義務之違反，因故意或重大過失，未盡其防止義務時，仍應負責。因此，本條規定對「私法人之董事或其他有代表權之人」相當不利，其負責範圍包括「管理人」以及「監督者」的義務。本條僅以「私法人之董事」稱之，其範圍是否過大，容有探究，在解釋上，似應指「有代表權之董事」較為合理。

第十六條，則是對於法人以外設有代表人或管理人之非法人團體，或法人以外之其他私法組織，違反行政法上義務者，準用之規定。因為上述團體或組織受罰能力與處罰條件應與私法人相當，因此，其代表人或管理人對於非法人團體或其他私法組織之運作，亦應負善良管理人與監督者之注意義務，而有準用之規定。

(2)法定代理人、監護人以及營業負責人之處罰

除處罰法人外，行政法規上處罰對象有些是屬於工商業負責人者，是否與實際從業人員併罰，則由各該規定定之，如商業登記法第三四條規定：「商業負責人或其從業人員違反第九條第二項規定，規避、妨礙或拒絕商業所在地主管機關人員抽查者，其商業負責人處新臺幣六千元以上三萬元以下罰鍰。」

社會秩序維護法第十八條規定：「經營特種工商業者之代表、受雇人或其他從業人員關於業務上違反本法之行為，得併罰其營業負責人。」本條立法之意旨，除為配合行政法規實際發展情形，並確實維持社會秩序與善良風俗外，主要在防止營業負責人對於代表、受雇人或其他人員不盡監督義務，於此等人員違反社會秩序維護法時，藉口非其本人所為而推卸責任，例如男子三溫暖，常有服務生（女經理、副理）為顧客媒介私娼，做裸體按摩，一旦為警查獲，如無本條文併罰規定，業者必偽稱係職員個人行為，與其無關，而逍遙法外。而第一項所稱「得併罰其營業負責人」，指除處罰行為人外，亦得一併處罰營業負責人，因而稱其為「兩罰或併罰制度」。

另道路交通管理處罰條例第八五條之四（未滿十四歲之人違規之處罰）亦有規定：「未滿十四歲之人違反本條例之規定，處罰其法定代理人或監護人。」

(二)行為

違反行政法義務之核心，係要實現構成要件的行為，其包括作為違反與不

作為違反。如監督人或父母親疏於監督也屬是不作為犯。秩序違反諸多是屬於不必有結果發生，只要符合構成要件之作為，即屬之，吾人稱其為「單純之行為」（Schlichte Tätigkeit）或行為犯。結果犯在行政罰上是相當罕見的。

行為主觀構成要件，即論及所謂故意、過失等，有人列為罪責要件（具可非難性），但學者有將其列在構成要件上，乃稱其為主觀的構成要件。在本法第七條規定：「違反行政法上義務之行為非出於故意或過失者，不予處罰。」「法人、設有代表人或管理人之非法人團體、中央或地方機關或其他組織違反行政法上義務者，其代表人、管理人、其他有代表權之人或實際行為之職員、受僱人或從業人員之故意、過失，推定為該等組織之故意、過失。」

本條第一項規定基於「有責任始有處罰」之原則，對於違反行政法上義務之處罰，應以行為人主觀上有可非難性及可歸責性為前提。如行為人主觀上並非出於故意或過失情形，應無可非難性及可歸責性，故第一項明定不予處罰。某國宅係民國80年興建，於95年被發現海砂屋，主管機關限住戶限期搬遷，否則強制執行拆除，係處罰這些無故意過失之住戶，為違反第七條之規定。國家對於行為人違反行政法上義務欲加以處罰時，應由國家負證明行為人有故意或過失之舉證責任。本條第一項的立法精神與大法官釋字第二七五號的行政罰「推定過失」有很大差異，以往行政機關對違反者若無法舉證，則依該號解釋，推定其有過失。因此，違法的主觀責任要件很容易即可成立。但若依本法規定，則顯然增加行政機關之負擔。因此，行政機關是否仍可繼續適用大法官釋字第二七五號，這是一般行政機關急於迫切知曉之事。吾人認為，大法官負責釋憲之工作，制定法律為立法者之責，法律因時事之變遷而作不同之規定，仍屬立法機關的形成權，因此，未來仍以本法第七條第一項為執法依據。

至於，本條第二項則採法人責任的推定，原本草案為「從業人員等之故意、過失，『視為』為該等組織之故意、過失」，而後改為「『推定』為該等組織之故意、過失」，如此規定是比較有利於法人，因為如有反證時，法人即可不負責任[42]。依本條第二項責任推定之規定，再配合本法第十五條併同處罰

---

[42] 本條第二項是指法規沒有規定是否處罰法人時，得援引本條第二項作為處罰依據，至於行政法規中本有法人兩罰之規定，則從其規定。例如水污染防治法第三九條：「法人之負責人、法人或自然人之代理人、受僱人或其他從業人員，因執行業務犯第三十四條、第三十五條、第三十六條第一項、第三十七條或第三十八條第二項之罪者，除依各該條規定處罰其行為人外，對該法人或自然人亦科以各該條之罰金。」又如就業服務法第三六條規定：「違反第四十四條或第五十七條第一款、第二款規定者，處新臺

之規定才可對法人處罰。

1.行為數構成要件之判斷

　　行政罰法對於「一行為」或「數行為」的認定最為困難，這也是本法最值得研究之處。行政罰與刑罰有相當不同之處，即是行政機關本身是當事人並且又是處罰的主體，介於行政機關與人民之間有多重的複雜關係。因此，在「一行為」的認定，就非如刑法般，單純從違反義務人的行為觀察之，仍必須顧及到「行政機關」對當事人所命或所禁止之行為而定。因立場不同，對行為數有不同解讀。立於行政機關的立場，對上述行為人之不作為，當然主張分別處罰，另外我國行政法院也多數主張行政法上之「一事」或「一行為」，係以一項法律之一個管制目的為認定基礎[43]。因此，一事實行為分別違反不同法律規定者，即非屬一事或一行為，應分別處罰。

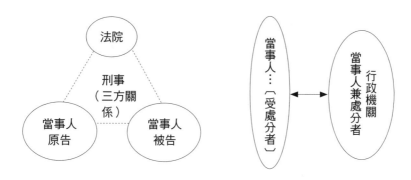

　　在行政罰法上，尤其對於所謂的「法律上之一行為」，如繼續行為或狀態不法行為等，因其行為的持續發生，而衍生的多重義務不履行之情形，最難加以認定。茲舉一例說明之：

　　某甲無照經營餐飲店，且持續一段時日後，才被發現。從行為之外觀，某甲之行為應屬法律上之一行為，但從義務違反的角度觀之，其違反多種的不作為義務，如未辦理營業登記、稅籍登記、未通過消防檢查，違反建築法、都市

幣十五萬元以上七十五萬元以下罰鍰。五年內再違反者，處三年以下有期徒刑、拘役或科或併科新臺幣一百二十萬元以下罰金。」「法人之代表人、法人或自然人之代理人、受僱人或其他從業人員，因執行業務違反第四十四條或第五十七條第一款、第二款規定者，除依前項規定處罰其行為人外，對該法人或自然人亦科前項之罰鍰或罰金。」

43　最高行政法院九二年判字第一二九○號判決。

計畫法等規定，若對該行為以法律上之一行為認定之，則會有問題，這也是行政罰與刑罰不同之處。因此，在行政罰上一行為之認定，應以行為的特質，尤其是具有持續性的商業行為，應考慮各該法條之行政目的是否相同或不同以及是否賦與當事人一定作為義務來定奪。

洪家殷氏則提出以「內在意志決定」、「對外表露行為」、「法規範評價」等三者，作為是否為「一行為」的判斷基準，但主要決定仍在於「法規範評價」；縱行為人表露在外為數行為，但法規評價為一行為，如刑法上之牽連犯與連續犯時，則應屬單一行為，因此，某甲於店內擺放電子遊戲機，雖違反建築法規定，但某甲並無改變建築結構之意圖，外在表露也是一個擺放電子遊戲機的行為，因此，應評價為一行為[44]。洪氏進而提出，上述兩種義務之違反，皆處以罰鍰即可達到行政目的，因此只要從一重處罰即可[45]。

吾人認為洪家殷氏所提的「法規範評價」為最重要，但行政罰之重點應該不是擺在違反義務人之「內在意志決定」或是「對外表露行為」上，而應該僅是以「對外表露行為」為出發點，進而對該外在行為評價，是否其也違反了法律所規定或行政機關所命的不同之行政義務。若是如此，則進一步評價這些不同行政義務間有無相互特別、吸收、補充等法規競合之情形。因此，行政罰法一行為之判斷，應以違反義務人之「內在意志決定」、「對外表露行為」為出發點，以其是否因而違反不同之作為或不作為義務為斷，判斷之依據並非在於「對外表露行為」，而是在於實施該行為後有無「違反不同法規之行政義務」之情形；之後，就不二罰部分，亦即，法效果部分再論及各個不同違反義務之間，有無想像競合或特別、吸收、補充等法規競合之情形。若不存在想像競合或法規競合之情形，則此一看似單純的違規營業行為，其實由行政目的之角度觀察是屬於「數行為」。

另在實務上也經常發生爭議在於，人民為某項行為應經特別許可，亦即，應有特別執照才可為之，若未經許可而從事該行為時，法規上可能存在兩個不同法條之處罰，例如有毒物質的處理與傾倒，須由有執照之人為之，若沒有申請執照而傾倒有毒廢棄物，則同時觸犯廢棄物清理法內兩法條之罰則。又

---

[44] 洪家殷，行政罰中一事不二罰原則之適用，臺灣本土法學雜誌，第58期，2004年5月，頁141。

[45] 洪家殷，同前揭註44，頁144。

如長期間未經核准許可而經營保全業並派遣不同保全人員於不同地區執行保全業務（保全業法第十九條）[46]，此時究竟應分別處罰或從一重處罰，則涉及一行為或數行為的判斷。從上述理論觀察，這些案例之行為，外觀上展現為一個或數個自然行為，其都是屬於執行業務或營業行為，但行為同時違反作為的義務（應申請許可而未為之），兩者之間（作為與不作為）有密切關聯，前者之積極作為，成為後者不作為（沒有申請執照）違反之要件，而存在著相互重疊吸收的關係，屬法律上之一行為依法規競合處理之。上述判斷一行為是依「作為」、「不作為」是否具「緊密關聯」而言，但若法規立法目的顯然可以分割時，仍可依數行為加以處罰。如某甲經營保全業，使保全員乙超時工作，且並未發給超時工資時，分別違反勞動基準法第三二條第二項及第二四條第一、二款規定，仍得分別處罰，即屬明例。

2.一行為或數行為之法效果與管轄權之處理

(1)一行為競合之處理

行政罰法第二四條是屬於數行政法規（想像或法規）競合之處理，第一項稱：「一行為違反數個行政法上義務規定而應處罰鍰者，依法定罰鍰額最高之規定裁處。但裁處之額度，不得低於各該規定之罰鍰最低額。」是從一重處罰的模式。而第三一條第二項之規定：「一行為違反數個行政法上義務而應處罰鍰，數機關均有管轄權者，由法定罰鍰額最高之主管機關管轄。」兩法條規定之內容一致，只是前者論及「法定罰鍰額最高」，後者論及「法定罰鍰額最高之主管機關管轄」不同而已，其處理原則應屬一致。與第三項之規定：「一行為違反社會秩序維護法及其他行政法上義務規定而應受處罰，如已裁處拘留者，不再受罰鍰之處罰。」也將拘留之處罰，視為與罰鍰同種類而從一處罰為已足。

至於有關沒入與其他種類之行政罰與罰鍰關係，則分別規定於行政罰法第二四條第二項與第三一條第三項，兩條文內容幾乎一致，此種重複規定，似不符「立法經濟原則」。其內容對於沒入與其他種類之行政罰視為因行政目的不同採取不同之處罰方式，而歸屬於罰鍰不同性質之處罰，因此，可以分別處

---

[46] 保全業法對於未經許可經營保全業依該法第十九條處罰，但對於違法派遣則法無明文處罰規定，因此，對該等行為被未經許可規定所吸收，仍以第十九條處罰之。

罰，其稱：「前項違反行政法上義務行為，除應處罰鍰外，另有沒入或其他種類行政罰之處罰者，得依該規定併為裁處。但其處罰種類相同，如從一重處罰已足以達成行政目的者，不得重複裁處。」

(2)數行為分別處罰

行政罰法第二五條規定：「數行為違反同一或不同行政法上義務之規定者，分別處罰之。」如前述一個持續違規的營業行為，違反數個不同的行政法上義務規定，如各行政目的有要求義務人為一定之行為內容而不作為時，則其不作為，依各該行政目的之不同，而為數（不作為）行為，依本條之規定，分別處罰之。

二、違法性

構成要件該當之行為，即推定具違法性，在違法性上，必須論及有無阻卻違法事由的存在，亦即所謂的「允許的構成要件」，本法列舉了有，第十二條的正當防衛，第十三條的緊急避難以及第十一條的「依法令之行為」；另外，許可處分是否可構成阻卻違法事由，本法並無規定，是否有阻卻違法效果，容有探究：

(一)違法許可之行政處分

行政處罰之基礎，經常是人民違反行政機關之禁止或命令而產生，就此，就會產生這些禁止或下令，人民仍可透過免除禁止或申請許可，而取得其行為的合法性。在此，有兩大類型的機關核准（阻卻違法之要素）：

1.預防性禁止的許可保留（präventives Verbot mit Erlaubnis-vorbehalt）

此種許可保留只是針對對公共安全與公共秩序之可能危害的預防措施而已，若人民有需要而提出申請，只要符合法律或行政機關所命之要件，即可取得。這些是行政法上最常見之許可，如駕駛執照、營業許可、建築許可等之申請。若人民沒有申請許可仍為之，即屬秩序違反。但若取可後，卻未攜帶或未陳列仍屬違法，如騎車未帶駕照，或營業場所未標示許可證等。

2.抑制性禁止的例外豁免保留（repressives Verbot mit Befreiungsvorbe-halt）

此種抑制性禁止（幾近於全面禁止），但[47]個案中可以例外許可。抑制性禁止通常是以公益為目的政策性考量下的禁止，此如我國以往對八大行業因其經營型態，屬於有礙公序良俗，故當時乃採高道德標準，必須繳納高額稅捐以抑制其存在。或者，如我國禁止廠商大陸投資設廠、禁止買賣貨幣、禁止設置飆車場等。缺乏許可即屬於所謂的「負面的構成要件要素」而違法。

但有時行政機關之許可是違法的，人民若因此而違法，是否可阻卻違法，例如本不應核准，由於執法人員未察而予以核准，使得人民從事違法之行為。在此，若參考行政程序法信賴保護原則之適用，似可肯認其亦具有阻卻違法之事由。例如，違法許可之處分，縣市行政機關核准某甲於河川地建築許可，因為河川地不得有建築，但由於河川地管轄機關為中央經濟部水利署，因此，疏於注意的縣市行政機關，竟然核准，此為「違法的行政處分」雖有瑕疵，但仍屬有效之行政處分，當事人若信任該處分，而無行政程序法第一一九條信賴不值得保護之情形者，即應受到保護，則不應受到水利法第七八條規定：「河川區域內，禁止下列行為：一、填塞河川水路。二、毀損或變更河防建造物、設備或供防汛、搶險用之土石料及其他物料。三、啟閉、移動或毀壞水閘門或其附屬設施。四、建造工廠或房屋。五、棄置廢土或其他足以妨礙水流之物。六、在指定通路外行駛車輛。七、其他妨礙河川防護之行為。」並依水利法第九二條之三第五款「違反第七十八條第四款規定，建造工廠或房屋者」，而處新臺幣60萬元以上300萬元以下罰鍰。

上述情形人民不應受罰，但若該建築物存在仍妨礙水流，在公益大於私益考量下，行政機關仍可依行政程序法第一一七條撤銷違法之行政處分，並依行政程序法第一二〇條之規定給予「信賴補償」。

(二)依法令之行為不罰

行政罰法第十一條第一項規定：「依法令之行為，不予處罰。」但在第二項卻又規定：「依所屬上級公務員職務命令之行為，不予處罰。但明知職務命

---

[47] Rengier, Vor §§15, 16, Karlsruher Kommentar zum Gesetz über Ordnungs-widrigkeiten, Hrsg. Karlheinz Boujong 2000, Rdnr. 15ff.

令違法,而未依法定程序向該上級公務員陳述意見者,不在此限。」因此,第二項又是第一項之例外。得以阻卻違法者,是在公務員不知「職務命令」違法或知道「職務命令」違法,但有依法定程序向該上級公務員陳述意見等兩種情形。

1.依法令之行為與依所屬上級公務員職務命令之行為

不管是抽象或具體之命令,執行命令的下級公務員必須非明知命令為違法者,其依命令的職務行為,始能阻卻違法;否則,若下級公務員明知上級公務員所發布的命令係違法者,可是卻仍依照違法命令而行事,這係阿諛長官,違法曲從,而可能與上級公務員成立共同正犯或幫助犯的關係,自無阻卻違法的餘地[48]。

在此,吾人認為公務員並非一味服從長官之命令即可阻卻違法,公務員其實對於命令仍應盡形式審查之義務,亦即,公務員仍應審查命令的發布有無違背法定程式,欠缺命令的形式要件而違法。

2.陳述意見之阻卻違法

在此可參考公務人員保障法第十七條第一項規定:「公務人員對於長官監督範圍內所發之命令有服從義務,如認該命令違法,應負報告之義務;該管長官如認其命令並未違法,而以書面下達時,公務人員即應服從,其因此所生之責任,由該管長官負之。但其命令有違反刑事法律者,公務人員無服從之義務。」第十七條第二項規定:「前項情形,該管長官非以書面下達命令者,公務人員得請求其以書面為之,該管長官拒絕時,視為撤回其命令。」以及刑法第二一條第二項規定:「依所屬上級公務員命令之職務上行為,不罰。但明知命令違法者,不在此限。」在此,強調公務員明知的狀況,若過失而不知則非屬之。命令違法審查,是否包括實質內容之審查,若觀之公務人員保障法第十七條與刑法第二一條第二項,兩相對照觀之,似乎應包括實質內容之審查。就此,在命令之內容違反行政法義務時,公務員若履行公務人員保障法第十七條的報告義務,即可免責。惟下級公務員若明知命令在實質上違反刑法之規定,卻仍執行者,則仍不能阻卻違法[49]。

---

[48] 林山田,刑法通論(上),2008年1月,十版,頁363以下。
[49] 林山田,同前揭註48。

(三)正當防衛或緊急避難之阻卻違法

行政罰之事件符合正當防衛之情形，應僅屬少數例外情形，最多只能舉社會秩序維護法之例子。如甲乙兩人係鄰居，某日乙不在家，而乙之債權人丙上門討債，因丙已向乙要債數次未果，故此次丙有備而來帶了油漆準備潑灑在乙之房屋，而當丙潑灑一半時，甲出面制止，但丙仍繼續潑灑，甲乃出手將丙猛力推倒在地，此時甲對丙出手猛力推倒之行為係屬加暴行於他人，符合社會秩序維護法第八七條之規定加暴行於他人者，處三日以下拘留或新臺幣一萬八千元以下罰鍰。而丙以油漆潑灑於乙之房屋，丙之行為該當社會秩序維護法第九〇條之規定未經他人許可，張貼塗抹於他人房屋者處三千元以下罰鍰；故丙之行為符合社會秩序維護法第九〇條之規定係屬現在不法侵害，而甲為防衛乙之房子加暴行於丙之行為，係為防衛乙之權利所為之正當防衛行為。雖然甲之行為該當社會秩序維護法第八七條加暴行於他人之構成要件，但符合正當防衛之要件，依本法第十二條規定：「對於現在不法之侵害，而出於防衛自己或他人權利之行為，不予處罰。」

至於緊急避難的例子在交通事件相當多，例如某甲依時速行駛於高速公路上而突然遇到前面車輛緊急煞車，甲為避免自己之生命身體之緊急危難故將車輛急轉駛向對面車道去，依道路交通管理處罰條例第四五條第一項第三款之規定，「不依規定駛入來車道者」，處新臺幣六百元以上一千八百元以下罰鍰。在本案例中甲為避免自己之生命身體之緊急危難而違反道路交通管理處罰條例第四五條第一項第三款之規定而駛入對向車道，其違反行政法上義務依該規定本得科處罰鍰，但因甲當時係正處於緊急危難之下而且甲之避難行為並未過當，故得阻卻該行為之違法性。或者，為了救助病人急速送醫而超速，亦屬緊急避難而亦得為阻卻違法之事由。

(四)其他特別權與義務衝突之阻卻違法

例如在道路交通上，警車、消防車、救護車等以及如有國賓來訪車隊進行中之秩序違反，都是屬於特別權，而有阻卻違法事由之產生。

在行政罰上同時發生多種義務存在（有作為、不作為之義務）衝突的情形實有所在。例如在一交通事故上，車禍現場應保持，但有人受傷時，應緊急運送受傷者，兩種義務產生衝突，當事人擇一為之，緊急運送受傷者則可阻卻違法。

三、可非難性

在此，論及責任能力（年齡）以及不法意識，也有謂也應論及責任條件，故意或過失等型態，本書則採責任條件列在構成要件上。本法第八條規定對於不知法規仍處罰之，對於不具不法意識者並不構成免罰，仍具可非難性。此外，可非難性也論及責任能力以年齡以及辨識能力減低者。可非難性涉及違法行為者的主觀面。

(一)責任能力

本法第九條第一項規定：「未滿十四歲人之行為，不予處罰。」

第二項規定：「十四歲以上未滿十八歲人之行為，得減輕處罰。」

第九條第三項規定：「行為時因精神障礙或其他心智缺陷，致不能辨識其行為違法或欠缺依其辨識而行為之能力者，不予處罰。」以及第四項規定：「行為時因前項之原因，致其辨識行為違法或依其辨識而行為之能力，顯著減低者，得減輕處罰。」

對於現行法規中常用「心神喪失」與「精神耗弱」之語意極不明確，其判斷標準更難有共識。實務上，欲判斷行為人於行為時之精神狀態，常須藉助醫學專家之鑑定意見；惟心神喪失與精神耗弱概念，並非醫學上之用語，醫學專家鑑定之結果，實務上往往不知如何採用，造成不同法官間認定不一致之情形。故第三項、第四項以較具體之文字說明行為人如因精神障礙或其他心智缺陷，致不能辨識其行為違法或欠缺依其辨識而行為之能力，以致違反行政法上義務者，因欠缺可歸責性，故不予處罰；如尚未達此一程度，僅因此障礙致辨識其行為違法或依其辨識而行為之能力顯著減低者，行為人雖仍應受處罰，惟因其可歸責之程度較低，故規定得斟酌情形予以減輕處罰。

第九條第五項規定：「前二項規定，於因故意或過失自行招致者，不適用之。」此為「原因自由行為理論」，其係為處理行為人之行為及責任能力不一致之情形。由於行為人須於行為時具責任能力對其行為才能加以處罰，但行為人在行為時如處於無責任能力或限制責任能力狀態，係因行為人故意或過失所導致，此時若不加以處罰則將造成法益保護之漏洞。依此理論將整個行為區分為兩個階段，原因階段及行為階段。行為人在原因階段對特定之法益侵害有預見或預見可能性，而故意或過失地自陷於無責任能力或限制責任能力狀態下，

故意或過失去實現在原因階段對特定法益侵害之意思，雖然行為人在行為階段處於無責任能力或限制責任能力狀態，但原因自由行為實際上包含前後相續而不可分的原因階段與行為階段，刑法對於這種行為的評價不應只限於行為階段而應同時兼顧仍有意思決定自由的原因階段[50]。例如酗酒致酩酊大醉，或服迷幻藥、吸食煙毒或施打麻醉藥等行為人係由於可歸責自己之過錯導致自己陷於精神障礙狀態，而在精神障礙下實現不法構成要件，因此行為人自應對其行為負責。

(二)阻卻責任

第八條規定：「不得因不知法規而免除行政處罰責任。但按其情節，得減輕或免除其處罰。」本條係規定行為人因不瞭解法規之存在或適用，進而不知其行為係違反行政法上義務時，仍不得因此而免除行政處罰責任。然其可非難程度較低，故規定得按其情節減輕或免除其處罰。刑法第十六條規定：「除有正當理由而無法避免者外，不得因不知法律而免除刑事責任。但按其情節，得減輕其刑。」若有正當理由而無法避免則依刑法第十六條規定得完全排除其刑事責任，此係基於期待可能性之法理，若行為人有正當理由而無法避免，此時對於行為人認識法規範之要求，已欠缺期待可能，故得完全排除其刑事責任。若有期待可能，則得按其具體事實情況之期待可能性高低，而減輕或免除其刑而不能免除刑事責任；反觀本法第八條規定：「不得因不知法規而免除行政處罰責任。但按其情節，得減輕或免除其處罰。」其原則便完全排除得因不知法規而免除行政處罰責任，僅得按其具體事實情況之期待可能性高低，而減輕或免除其處罰而不能免除行政責任。在此欲提出的是行政罰係不區分免除行政處罰責任和免除處罰或者行政罰一律不得免除行政責任，僅得按其情節減輕或免除其處罰，不能排除其行政責任。

不知法律係指行為人於行為時，對於該行為之違法性發生錯誤，或是誤認禁止規範之內容，致使其缺乏從事不法行為之認知，即欠缺不法意識之謂，亦即，其對於客觀事實已有認識，但卻未能認知到其行為，係為行政法規所禁止者。是以，行為人如已知悉法規所禁止或要求應為之行為義務為何，就該違反

---

[50] 林山田，同前揭註48，頁389以下。

行政法上義務之行為而言，行為人即已具備不法意識（違法性認識），應無本法第八條但書適用之餘地。但書所稱之「按其情節」法務部105年2月23日法律字第10503503620號函稱，乃係指行為人不知法規之可責性高低而言，例如依行為人之社會地位及個人能力，於可期待運用其認識能力，是否能意識到該行為係屬不法，並於對該行為之合法性產生懷疑時，負有查詢義務。

倘行為人並非「不知法規」，縱屬初犯，仍無前開但書有關減輕或免除處罰規定之適用。

問題八

> 某甲因急需外勞，未經查證外勞身分是否逃逸外勞，即僱用外勞做為看護，該縣市勞工局查獲，可否以本條因某甲不諳法令且為初犯，而依據本法第十八條第二項減輕其處罰？

本案情形並非屬第八條所稱之不知法規，因而無該條適用。但本文發現，現行行政罰法定罰鍰額度有偏高之情形，因此，個案處罰時，縱處予法定額度最低罰，仍屬過高，如釋字第七一六號以及第七八六號所稱的「造成個案處罰顯然過苛而有情輕法重之情形，不符責罰相當原則」，就此，本文建議，行政罰法第八條應配合刑法之修正，適度加以修正，以調節責罰不相當之情形。

茲就上述管轄之確定、違序之認定以及沒有阻卻違法事由，而進行裁處之程序表列如下：

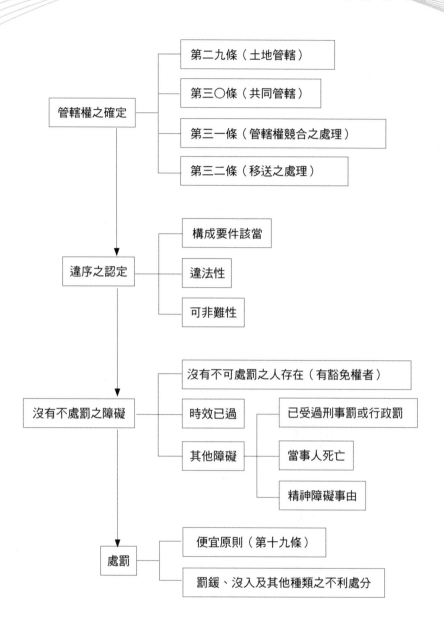

第五節 裁處之調查程序與即時處置原則

一、調查程序之即時處置原則

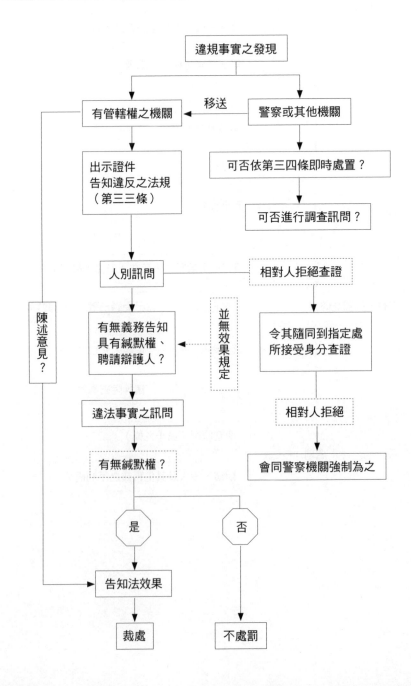

　　行政罰法僅於「第八章裁處程序」中作簡單程序的規定，其中包含第三三條之「告知義務」、第三四條之「即時處理」以及「強制力之行使、確認身分、同行至處所」、第三五條之「即時處置之救濟與處理」及第三六至四一條之「扣留程序與救濟」以及第四二、四三條陳述意見、聽證的規定。

　　上述規定欠缺「調查程序」有關規定，是否適用行政程序法第一章「調查事實及證據一節」（第三六至四三條），作為行政機關為行政調查之一般規定，或準用「刑事訴訟法」有關規定，或甚至仿造我國「社會秩序維護法」訂定專章「調查事實及證據程序規定」，則有探討之必要。

　　一般而言，行政罰事件有屬於單純事件事證明確即時裁決，如亂丟煙蒂由環保局人員即時處罰，或道路交通違規之裁決，都給予當事人陳述意見之機會[51]。

　　但行政罰案件有些則屬事件複雜，非當時現場處理所能決定，此時，現場處理的公務員即時保全證據非常重要。再者，如何進一步進行調查程序也攸關該案件是否得以成立。此時，若案件額度罰鍰高，或涉及當事人權益重大，或事件在事實上或法律上難以即時確定，在程序上就與上述單純明確事件不同，而應進行所謂的「正式的訊問程序」（Förmliche Vernehmung）[52]。

　　此時，是否屬於第四三條所稱的「聽證程序」，容有進一步分析之必要。在此程序中，通常會通知當事人、相關人或證人到場訊問，則是否應規定在本法中，或準用刑訴法之規定，茲分析如下：

(一)出示證明文件之義務

　　第三三條規定：「行政機關執行職務之人員，應向行為人出示有關執行職務之證明文件或顯示足資辨別之標誌，並告知其所違反之法規。」

　　本條是參考警察職權行使法第四條而來，其中不同之處在於，本條將警察職權行使法第四條後段所規定的「並應告知事由」更改為「並告知其所違反之法規」。本條若是作為有管轄行政機關現場處理之規定，此若適用於違法情形事證明確時，則較無問題，例如交通警察於道路取締違規之情形。但行政罰

---

[51]　這些案件違規事實明確，當場舉發，詢問違規人給予陳述意見後，即可開具裁罰單或舉發通知單（交通違規事件）。

[52]　所謂的「正式的詢問程序」即是請求或傳喚違規人到辦公處所進行事實調查及事實確認之程序，此種程序又稱為「口頭詢問當事人」之程序；參閱：Wieser, Handbuch des Bußgeldverfahrens, 2002, S. 219.

事件，仍有諸多事件事證並非明確，尚處於調查階段，究竟行為人違反何種法規，有可能連在場執法人員也不清楚[53]。本條立法用意，是為了使行為人知悉其違法所在，以及執法人員取締之依據，以減少現場處理之爭端。

但吾人認為，行政機關的現場處理不應僅侷限在「事證明確」的案件上，對於案件尚屬調查階段中，行政機關與行為人接觸時，應只要「告知其事由」即已足夠。在此，並非意味著對行為人之裁罰，不必履行「告知其所違反之法規」之義務，而是此種告知義務，可規定在第四二或四三條有關裁處前的當事人「陳述意見」前，或另於調查程序規定此種告知即可。本條後段規定，可能會因而造成未來執法的困難性，不得不深思。

(二)即時處置保全措施與強制到場之規定

第三四條第一項所規定即時處置保全措施與強制到場必要程序如下：一、即時制止其行為。二、製作書面紀錄。三、為保全證據之措施。遇有抗拒保全證據之行為且情況急迫者，得使用強制力排除其抗拒。四、確認其身分。其拒絕或規避身分之查證，經勸導無效，致確實無法辨認其身分且情況急迫者，得令其隨同到指定處所查證身分；其不隨同到指定處所接受身分查證者，得會同警察人員強制為之。

1.保全證據之強制措施

行政機關對現行違反行政法義務之行為人，得即時制止其行為，並確認其身分，並製作書面紀錄以及為保全證據之措施；遇有抗拒保全證據之行為且情況急迫者，得使用強制力排除其抗拒。上述規定為現場處理的情形，在此授予行政機關強制力排除其抗拒之權限。

2.身分確認之強制措施

上述情形若其拒絕或規避身分之查證，確實不能確認其身分且情況急迫者，得令其隨同到指定處所；其不隨同到指定處所者，得會同警察人員強制為之。在此的強制是會同警察人員強制為之，與前者由行政機關單獨為之有所不同。警察人員在此應只是行政執行法上所稱的職務協助。

---

[53] 我國行政罰事件，在實務上有若干是警察首先處理，例如透過民眾之報案，警察到現場處理，通常這些案件都不是警察管轄之案件，其對違反之法規當然不熟悉，若要其告知當事人所違反之法規，是不可能之事。

本條主要是參考社會秩序維護法第四二條「即時制止」規定，並參考警察職權行使法第七條第二項「強制帶往」的規定。

在行政罰事件中保全證據是相當重要的，尤其一些重大與案件複雜事件，若不即時保全證據，經過一段時間後，舉證就相當困難；有可能關係人或證人對當時情況因時日推移，而記憶不復深刻，無法作為證據，因此所保全證據措施，可能是唯一可靠之證據[54]。保全證據措施原則上可包括現場留下來的證物、痕跡，身分確認、證人、關係人之訊問以及採取鑑識措施等等[55]。

本條若與社會秩序維護法第四二條比較，仍有若干差異之處。社會秩序維護法第四二條規定：「對於現行違反本法之行為人，警察人員得即時制止其行為，並得逕行通知到場；其不服通知者，得強制其到場。但確悉其姓名、住所或居所而無逃亡之虞者，得依前條規定辦理[56]。」而本法第三四條，強制帶往者，為不能確認身分且不隨同到指定處所者，主要目的仍在於確認身分；此強制規定與警察職權行使法第七條第二項之「強制帶往勤務處所查證身分」規定相同。

在實務上，除各縣市由各單位成立所謂聯合稽查小組外，通常抵達現場處理多數屬於警察，警察經常接受民眾報案，前往處理不屬自己管轄之案件。因此，若欲解決此種妾身不明之身分，或可建議本條增列「警察機關」在內，而稱：「行政機關或『警察機關』對現行違反行政法義務之行為人，得即時制止其行為，……[57]。」或者在法解釋上對於第三四條所稱的「行政機關」採廣義之解釋，包括警察機關在內。但若如此解釋會產生困擾，因第一項第四款有「會同警察人員強制為之」的規定，而產生警察機關重複的現象。

二、調查事實與證據手段之採取

本法對此並無規定，我國行政程序法規定的調查程序和方法有如下五

---

[54] Göhler, Ordnungswidrigkeitengesetz, 13. Aufl., 2002, § 53, Rdnr. 15; Karlheinz Boujong, Karlsruher Kommentar zum Gesetz über Ordnungs-widrigkeiten, 2000, § 53, Rdnr. 14.

[55] Karlheinz Boujong, ebenda.

[56] 社會秩序維護法第四一條是所謂的「嫌疑人、證人、關係人之傳喚到場手續」。

[57] 德國社會秩序違反法第五三條第一項第一款之規定：「警察機關、人員有合義務性的裁量去偵查違反秩序之案件。並且為保全證物，防止違序事物的消失或不明確，得採取即時的措施。」即授與警此種保全證據即時處理之權限。

種[58]：1.製作調查之書面紀錄；2.通知相關人陳述意見；3.要求提出證據資料。4.鑑定；5.勘驗。而有關當事人之權利，則有依行政程序法第三七條當事人亦有申請「調查事實與證據」之權，以及該法第四六條申請「閱覽卷宗之權」等權之規定。

三、通知到場與訊問

　　由於行政罰經常會涉及高額度之罰鍰、或法律上、事實上之困難，有必要進一步調查事實，因此，本法似應有行政機關得通知關係人到場陳述之規定。可惜的是，本法對此並無規定，目前我國社會秩序維護法第四一條有所謂的「嫌疑人、證人、關係人之傳喚到場手續」以及警察職權行使法第十四條「通知到場」之規定，或可作為將來立法參考之用。此外，通知到場主要在於進一步瞭解事實真相，因此，有必要對嫌疑人、證人、關係人進一步訊問。有關於此，本法並無規定，建議應可參考刑訴法相關規定。

(一)訊問時應告知當事人（嫌疑人）之事項

1.告知其行為所違反之法規[59]

　　在訊問之前，行政機關應告知當事人違反之法律而應受之行政罰。第三三條後段「並告知其所違反之法規」，應即是指此種告知。

2.告知並無陳述之義務

　　我國刑訴法第九五條第二款「得保持緘默，無須違背自己的意思而為陳述」屬之，此即所謂「緘默權之告知」。緘默權之告知，係為踐行正當法律程序原則，目的在使當事人不致自證己罪。於侵害人權較重之刑事偵查程序進行中，必須對被告告知其享有緘默權，無須就不利於己之犯罪事實作不利之自白[60]。

　　由於刑法中有些條文亦僅有判決罰金或得易科罰金之規定，比較行政罰法

---

[58] 羅傳賢，行政程序法論，五南圖書，2002年9月，頁116。

[59] 有關於此可參考刑訴法第九五條規定，其包括：罪名之告知；得保持緘默，無須違背自己的意思而為陳述；得選任辯護人；得請求調查有利之證據等。

[60] 刑訴法第九五條、第一五八條之二。

之財產罰動輒課予義務人百萬元以上財產罰或剝奪義務人營業資格[61]，造成義務人財產上或名譽上之重大損害，有時亦不亞於刑法之處罰。且永久剝奪、消滅權利資格之處分，國家機關似應踐行緘默權之告知義務。行政罰裁處程序若有「緘默權之告知」之程序，亦屬確保公平正當程序之進行，尤其觀之我國諸多環保或衛生法規高額度罰鍰，吾人認為有其必要實施此種告知之義務。

對於刑事訴訟被告不告知「緘默權」所為之陳述，是不得作為證據的[62]。緘默權導源於不自證己罪原則，可謂被告最重要之防禦性武器之一，刑訴法第九五條除了揭示被告保持緘默之權利外，同時規範國家踐行告知義務，因為對於不知法律之被告而言，很有可能因為詢問者是國家機關而誤以為自己負有陳述義務。告知義務之踐行，正是為了避免被告陷於此種錯誤。因此，刑訴法上課予國家告知義務之反面立法方式，一來正面宣導緘默權，二來確保不知法律之被告亦能行使此項權利。

刑訴法規定之違反緘默權告知義務之法律效果[63]，基於正當法律程序及人權之保障，行政罰法是否能準用之，值得探討。現行條文並無「緘默權之告知」之規定，但就當事人權利之保障而言，尤其重大罰鍰事件，似可考慮引進此項制度，至於是否「不告知」即無證據能力。吾人以為行政罰之法效果畢竟要比刑罰來得輕，且行政罰對當事人而言，通常比較不會產生壓迫或恐懼心理，因此，無告知只是程序上有瑕疵，所為之陳述仍得作為證據似比較合理[64]。

緘默權行使的範圍是否包括「被告之姓名年籍」[65]。在刑訴法上採不包括，此屬刑訴法第九四條所稱的「人別訊問」規定，被告有義務告知。而參考

---

[61] 例如吊銷醫師執照可能造成該醫師之財產及名譽上損害，恐難以金錢計算。

[62] 此為目前德國法院之最近的見解，BGHSt. 38, 214, 218 ff.；不得作為證據之理由在於，被告因可預期被處以刑罰的心理壓力下，不少人因而陷入焦慮與迷失中，在失去理性思考情況下所為之陳述，是禁止作為證據的；Karlheinz Boujong (Fn. 23), §55, Rdnr. 16.

[63] 臺北地方法院八八年訴字第八二六號判決謂：「……刑事訴訟法第九五條規定……其旨即在透過明定刑事訴訟程序中訊（詢）問被告時應遵守之事項，及違反該等事項所取得被告自白之效果，落實當事人於憲法所保障正當法律程序下，以享有告知及聽聞之權利為前提，並得以基於其自由意志行使防禦權之權利。從而，實施刑訴法之公務員，於訊（詢）問被告程序中未遵守上開諸規定，即屬剝奪被告所應享有之正當法律程序，其因此取得之被告自白，自不具備證據能力。」

[64] Göhler (Fn. 30), §55, Rdnr. 9；其認為，行政罰雖無告知緘默權，但當事人通常也清楚其有陳述自由，故取得之證據，仍得作為證據。

[65] 緘默權的例外，例如法規賦予當事人有報告、提供消息或參與意見義務時，則當事人就此部分，不得主張緘默權。

社會秩序維護法第六七條第一項第二款「人別之不實或拒絕陳述者」也有處罰規定，則行政罰法似可採同樣規定；此種告知僅係人別之陳述，與被告對其犯罪事實陳述之緘默權，純屬兩事，不得混淆；「人別訊問」是在訊問前，行政機關首先必須確認的，當事人對此有告知之義務，第三四條也有「確認身分」之規定；故緘默權之範圍並不包括「被告之姓名年籍」[66]。

緘默權應只及於口頭「拒絕供述」，其餘如呼氣檢查、指紋及足紋之採取、與身體檢查，皆不在供述拒否權之範圍內[67]。

3.選任辯護人之告知

此應非屬於義務告知之事項，屬行政機關之裁量權。

綜上，吾人認為行政罰法應有「緘默權之告知」之適用，對此，若不另增訂法條，可建議準用刑訴法第九五條之規定。

(二)訊問證人或關係人

我國刑訴法對於證人有拒絕作證權利之規定，刑訴法第一八〇條「身分關係之拒絕證言」，如當事人之親屬等；有基於業務關係，如律師、會計師、醫生；或基於職業上助理，如稅務助理或職業代理人等（刑事訴訟法第一八二條）。

吾人認為就此部分就被告利益與證人作證權之考量，似可準用刑訴法有關規定，或可準用社會秩序維護法第四一條「嫌疑人、證人、關係人之傳喚手續」的規定。

第六節　行政罰之作成：陳述意見與聽證

行政罰之裁處，在性質上屬於行政制裁行為，對於人民權利義務有所影響。而基於此一原因，吾人認為在裁處行政罰前須給予人民對方有辯明之權，因而行政罰法設有「陳述意見」及「聽證」之規定。

此一規定之目的在於擔保當事人法律上之聽證權，給予當事人有為自己辯明之機會，並為有利於己事實辯護。此外，行政機關可經借由聽證，瞭解當事

---

[66] 林俊益，刑事訴訟法概論（上），學林出版，2003年4月，三版，頁468。
[67] 顏榮泰，日本警察盤查法制之研究－兼論我國現行警察盤查法制之整建，中央警察大學碩士論文，1999年6月，頁82。

人之經濟狀況，亦有利於事後裁罰之裁量。對於行政機關而言，聽證亦為其調查手段之一，當事人之說明及聽證之手段運用有助於事實真相的釐清[68]。於調查程序或裁處前皆可進行「陳述意見」或「聽證」。上述於調查程序中，若已通知當事人進行訊問，則通常在訊問過程中當事人就該事件已充分表示意見，符合所謂「陳述意見」或「聽證」之目的，則無須再進行該項程序。

行政罰法第四二條「裁處前之陳述意見」與第四三條「裁處前受罰者之申請舉行聽證」等規定，仍有若干疑點有待釐清。就第四二條「裁處前之陳述意見」較無爭議，因為此種陳述意見是給予當事人最後有利於己辯明之機會[69]。但是否仍然應該經過聽證程序，不無爭議。因為聽證通常是針對事件影響當事人權益重大或事件複雜，事證並非明確之情形。若於調查程序中，得以參考社會秩序維護法第四一條「嫌疑人、證人、關係人之通知到場陳述意見」，而有類似規定引入行政罰法中，則似無必要於裁處前再有「聽證」規定之必要。

本法第四三條舉行聽證要件如下：

1.限於第二條第一款及第二款之處分

本條之所以以此為限，是因為第一款及第二款之處分，涉及權利之限制或剝奪對於受處罰者之權利將有重大影響，故以此作為申請舉行聽證之範圍[70]。

2.由受處罰者提出申請

為避免行政機關恣意專斷之決定，且為避免當事人權益受損，當事人應有權提出申請舉行聽證[71]之機會。

3.聽證之排除

‧有第四二條但書各款情形者，亦即，得不給予受處罰者陳述意見之情

[68] Karlheinz Boujong (Fn. 23), §55, Rdnr. 4；蔡震榮，同前揭註36，頁206。
[69] 我國實務處理上，經常發生未給予當事人最後「陳述意見」之機會，都是「警察機關」先行處理的案件；以「溫泉法」為例，工人於夜晚兩三點違法施工開鑿溫泉井，此時主管縣市政府單位不上班。民眾當然向警察報案，警察雖非管轄機關，仍應前去處理，於現場訊問並予以照相，現場調查有時事證已相當明確，當警察移送縣市主管機關時，縣市主管機關乃直接依據「溫泉法」，對當事人送達處分書而直接處罰，並無踐行最後「陳述意見」之機會；同樣地，在警察取締電動玩具或網咖事件，行政機關事後之處罰，常因警察機關之調查事證明確，而未給予當事人最後「陳述意見」之機會，也大有所在。因此，從實務之觀點，本書認為本草案似應考慮給予「警察的先行處理權」，在此，就顯示出最後「陳述意見」之重要性。
[70] 若持本書之主張，裁罰性之不利處分，僅包括第二條第一、二款處分，而不包括第三、四款情形時，則以此作為申請舉行聽證之要件，將毫無意義。
[71] 其實，本法第四三條由當事人提出之聽證，是有點類似刑訴法第九五條第四款「得請求調查有利之證據」、第一六三條「聲請調查證據」以及行政程序法第三七條「申請調查事實與證據」等情形。

形。

- 影響自由或權利內容及程度顯屬輕微：此種情形屬行政機關依合義務性裁量決定是否屬輕微事件。
- 經依行政程序法第一〇四條規定，通知處罰者陳述意見，而未於期限內陳述意見。

由上述要件觀之，聽證應限於影響當事人權利較重之處分，且必須由受處罰者始得提出。

第七節　裁處書之製作及送達

行政罰法第四四條規定：「行政機關裁處行政罰時，應作成裁處書，並為送達。」此一規範者即所謂之「行政送達」。而行政送達之意義，係指行政機關以法定方式，將行政上之文書，通知特定行政行為之相對人或第三人之行為，使其知悉文書內容，以便採取適當行動，保護自己之權益[72]。一般而言，送達的目的有二：其一為使受領送達之一方確實得知送達之內容；其二為保存送達證書，使何種文書、於何種時間、送達於何人一事有明確證據，以防日後發生紛爭。

因此，送達乃是「確實性」與「安全性」特別受到保障的通知行為。考究行政程序法之立法意旨，可推知立法者似乎有意透過送達規定，以解決行政上通知之相關問題，故行政機關致送人民之公文應均可適用行政程序法有關送達之規定。

第八節　行政罰與刑罰以及其他行政行為之差異

一、行政罰與刑罰之差異

(一)處罰主體不同

刑罰處罰主體為法院，行政罰則通常由行政機關裁處之。但也有若干行政罰之罰鍰，係由法院裁處。例如，少年事件處理法第八四條第二項規定：「拒

---

[72]　此外，行政程序法於第六七條以下亦設有有關送達之程序。

不接受前項親職教育輔導或時數不足者，少年法院得裁定處新臺幣三千元以上一萬元以下罰鍰；經再通知仍不接受者，得按次連續處罰，至其接受為止。其經連續處罰三次以上者，並得裁定公告法定代理人或監護人之姓名。」或者例如我國社會秩序維護法由治安法庭裁處拘留、勒令歇業以及停止營業等。

(二)處罰客體不同

刑罰處罰之客體，恆以自然人為主，法人僅得處予自由刑以外之處罰，如罰金。反之，行政罰處罰客體不但是自然人，法人之處罰規定也不在少數。刑罰處罰之客體區分有共同正犯、教唆犯、幫助犯等而分別科以不同刑責。反之，行政罰採單一行為人概念，亦即，不區分上述刑法之分類，只要參與違法行為皆屬共同違法，依其行為情節之輕重，分別處罰之。

(三)執行程序不同

行政罰法是採行政程序法所規定的執行程序，而刑罰則採刑事訴訟法的執行程序，前者對當事人程序保障較不周延，例如，刑事訴訟法上所稱的緘默權以及聘請辯護人的權利，在行政程序法上並無規定。且行政罰處罰程序是屬於簡單總括的程序（sumarisches Verfahren），由處罰管轄機關依裁量原則裁處之，而與採法院程序的刑罰，有較嚴謹的正當程序不同[73]。

(四)處罰罰則不同

行政罰法除罰鍰、沒入外，尚有各種不同種類之行政罰。此外，社會秩序維護法有拘留之規定，而刑罰則有自由刑、拘役、罰金與從罰沒收等，除生命刑、自由刑外，尚有「拘役」與「拘留」之區別，財產刑及從罰則稱之為「罰金」、「沒收」，名稱上也與行政罰之「罰鍰」、「沒入」有所區分。

(五)處罰效果不同

刑罰是有倫理與社會的非難，對於累犯有加重之規定。行政罰只是行政目的的違反，加強對當事人義務的警告（nachdrückliche Pflichtenmahnung），並無社會非難成分，因而並無類似刑罰累犯之規定，再次違反只是作為裁量罰則高低之參考而已，並無法定之拘束力。此種認為刑罰為較重，對當事人影響較

---

[73] Thieß, Ordnungswidrigkeitenrecht, 2002, Rdnr. 101-102.

大，而行政罰則屬於輕微的違序，而處予較輕的罰則的論理，在參考現今法規所規定的行政罰罰鍰中，已難以自圓其說。例如我國的公平交易法、經濟部所管轄之法規如電子遊戲場業管理處罰條例、石油管理法以及土石採取法等法規之罰鍰，都在新臺幣100萬元以上，此種高罰鍰的立法政策，對當事人在財產上所造成的負擔，遠超過刑罰的罰金，對當事人不法行為的譴責，未必見得比較低[74]。

(六)救濟途徑不同

行政罰若法律無明文規定，通常是採取訴願與行政訴訟的救濟途徑。但也有例外，如社會秩序維護法的治安法庭以及道路交通管理處罰條例的交通法庭等係以法院為救濟途徑。刑罰則由刑事法院受理之[75]。

二、行政罰與懲戒罰

行政罰法之處罰，不包括懲戒罰在內。所謂懲戒罰是指在行政機關長官對於所屬部屬，未能依據長官所為命令、指示或違反相關法律規定，而違反服從之義務，長官對部屬所為之懲戒措施。早期我國懲戒罰，基於特別權力關係，只能內部申訴，而不得提出訴願與行政訴訟。在司法院會議解釋演變下（自釋字第一八七號以來），一直到公務人員保障法的制定，長官對部屬的懲戒罰已經有救濟的規定，因此排除行政罰法之適用。

懲戒罰與行政罰可否併罰之問題，是否有一事不二罰的適用，亦為學者所探討。一般的理論認為懲戒罰與行政罰有本質上之不同，懲戒罰是長官與部屬間之法律關係，處罰的依據是因為部屬違反「服從義務」或「法律規定之義務」，與行政罰針對人民違反行政法上之義務有所不同。因此，二者是可以併罰的。但進一步思考，例如若處以財產罰，即已達到對該公務員懲戒之目的，是否可不再處懲戒罰？例如「減俸」等措施？在德國實務上有提出如此之看法，但在我國，本書認為不可行。因為「減俸」措施，仍涉及其他的利益，如俸級法上之規定，因此，仍具有其他法規上之義務，並非只是單純「財產上」

---

[74] Thieß, ebenda.
[75] 卓英豪，行政罰則之研究，1979年1月，頁71以下。

之利益，因而兩者在處罰性質上，有極大的差異，在我國仍宜主張併罰為當。

三、行政罰與行政執行之差異

(一)怠金與秩序罰

　　自廖義男教授提出了「管制罰」之概念，而為法務部於行政罰法草案中列為「其他種類的不利處分」以來，其爭議不斷。

　　一般在論及「秩序罰」（行政罰）之際，總會提到「執行罰」一詞，以作為區別的對象。而「執行罰」一詞，在1998年修正的行政執行法中已改為「怠金」一詞，兩者之區別，學理上與實務上經常會衍生爭議。「秩序罰」是對於過去義務違反的制裁，而怠金（或執行罰）則是對於義務人，命其於將來一定期限改善之負擔。怠金與秩序罰不同，並非針對「過去義務」，而係「將來改善」的負擔，因而若義務人於限期改善期間內履行義務，則怠金就一筆勾銷。在此意義下，怠金即非屬處罰，而與秩序罰有所區別。

　　但在此，卻遭遇一個極難解決的困境，就是「行政執行法」與「行政罰法」最難解套的範圍。若義務人未於「限期改善期間」履行其義務，而仍處於違反義務之狀態，則行政機關對義務人所科處之怠金或連續處罰，究竟應視其為「秩序罰」或「怠金」（執行罰），則有爭議。本應履行之義務，期限一到卻仍未履行，是否因而改變其原來的性質，亦即是否會因而產生所謂「量變導致質變」的問題頗值深思。

　　釋字第六○四號解釋打破了以往一般所認定行政罰（處罰過去）與行政執行（促將來改善）的界限，其稱：「立法者固得以法律規定行政機關執法人員得以連續舉發及隨同多次處罰之遏阻作用以達成行政管制之目的，但仍須符合憲法第二十三條之比例原則及法律授權明確性原則。……道路交通管理處罰條例第五十六條第二項關於汽車駕駛人不在違規停放之車內時，執法人員得於舉發其違規後，使用民間拖吊車拖離違規停放之車輛，並收取移置費之規定，係立法者衡量各種維護交通秩序之相關因素後，合理賦予行政機關裁量之事項，不能因有此一規定而推論連續舉發並為處罰之規定，違反憲法上之比例原則。」依此解釋，交通警察得就連續處行政罰與拖吊（行政執行）間選擇裁量之。

　　對於「怠金」未於期限內改善而是否仍應科處的情形，德國學者對此也有爭議。少數說認為「未於期限內」改善，即應對此「怠金」的數額徵收後再行「限期改善」。亦即，此怠金因未於期限內改善，則改變為「秩序罰」性質，其間並無緩衝。但多數學者卻持比較緩和的態度而認為，怠金既然不是「秩序罰」，其主要目的仍在於「將來義務的履行」。若第一次未依限改善，仍得將怠金罰則提高，吸收第一次罰則（如第一次怠金1萬元，第二次怠金則提高為3萬元，而將第一次怠金吸收），並增強心理上的強制[76]，但究竟應提高幾次，才會形成「量變導致質變」的情形，學說並未進一步說明。

　　我國並無類似規定，一般實務上則比較傾向採德國的少數說。此外，在我國行政法規上有一特別規定，即「限期改善」後的「按日連續處罰」規定。由於我國行政執行法第三一條對於連續處罰怠金，於第三項中明文容許有「法律特別規定」的存在，此種特別規定，是將按日連續處罰納入行政執行法中。目前各行政法規，尤其是環保法規中的按日連續處罰，屬行政執行的特別規定，以「一次的限期改善」，未於期限內改善，容許「按日多次處罰」。此種「按日連續處罰」之規定，雖各行政法規有「限期改善」規定，但未改善後之處罰，在性質上即屬「秩序罰」，此種實務作法，似有不當之處。此外，若認其為「秩序罰」，是否違反比例原則，亦有重新檢討之必要。若檢視行政罰法所稱的「其他不利處分」，仍可發現諸多「連續處罰」之規定，究竟其為行政罰或怠金（執行罰），則有釐清之必要。吾人以下圖說明兩者界限範圍：

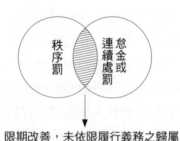

限期改善，未依限履行義務之歸屬

　　如上圖所示，右圖是指「限期改善」後的怠金或連續處罰。左圖指過去義務之違反的秩序罰。中間斜線部分，即屬在「限期改善，未依限履行義務之

---

[76]　Hans Engelhardt/Michael App, Verwaltungsvollstreckungsgesetz, Verwaltungs-zustellungsgesetz, 1996, S.111.

歸屬」。吾人認為，我國目前的「連續處罰」實務，以一次「限期改善」的告戒，卻容許多次處罰，中間並無緩衝。此亦即是將「未依限履行義務」後的處罰，視為「秩序罰」。而且該項處罰，為累積式（按日）的連續處罰，對違反行政機關的下令（告戒），其懲戒意味甚濃，對當事人財產造成相當大的負擔，明顯地違反比例原則，毫無疑問[77]。吾人認為此種「連續處罰」制度應廢除之，而回歸「行政執行法」的怠金規定。至於是否如德國多數說應有緩衝期間，幾次告戒後才可變成「秩序罰」，則仍可評估。

(二)行政罰與其他強制措施的分野

行政罰與其他強制措施之分野，仍必須以法規規定探討，而不能單以「處罰種類名稱」來分辨，因為在行政直接強制措施中，仍有些係屬於命令強制之處分，而與行政罰法的限制或禁止之不利處分相類似。區別上述兩者，仍以法規中是否係針對過去義務違反的處置來下判斷，但是如果法規的下令，係以「將來改善」為目標，則此規定應屬執行罰之性質。

四、行政罰與其他種類不利處分

其他種類的不利處分，尤其是第二條第一款與第二款規定所涉及的授益行政處分之撤銷、廢止以及禁止或限制使用等。上述所提的研究案中，僅張劍寒氏認為，不利處分並非行政罰，而只是一種授益行政處分之撤銷或廢止，並不具裁罰性，但廖義男氏則持反對意見。吾人認為，將這些不利處分納入行政罰法的範圍，確實會讓行政罰與行政程序法的不利處分難以區別，但若從立法目的與法條結構加以觀察，行政法規上的不利處分，確實具有制裁性之內涵，因而不能單以「處罰種類名稱」來加以判斷，仍必須進一步去分析，法規中是否隱含制裁之內涵，來判斷是行政罰或單純的不利處分。裁罰性之有無，是以該處分是否具「義務警告性」（Pflichtenmahnung），亦即，藉行政處分來警告違反行政法上義務之人，其應受一定之制裁，以促將來不再犯之矯正。藉此，違反義務人必須忍受此種財產上或權利上限制或剝奪等不利處分，則屬秩序

---

[77] 李建良教授建議，按日連續處罰應逐日送達，也似乎意味著此種連續處罰在限期改善期限過去後，即屬秩序罰之性質。李建良，三論水污染防治法有關按日連續處罰規定之適用問題－評析最高行政法院90年判字第125號及第168號判決，臺灣本土法學雜誌，第44期，2003年3月，頁55-70。

罰。有關於此，在廖義男氏所主持的研究案中，其亦認為違反行政義務，以罰鍰處罰不能達到其制裁效果，則須更以限制行為或權利行使之方法加以非難與管制，使其不再違反行政義務並維護公共利益。例如，命令停工、停止營業、勒令歇業、吊扣或吊銷執照等屬之[78]。

五、行政罰法與社會秩序維護法之差異

(一)處罰種類與救濟途徑不同

　　社會秩序維護法可謂是集實體法、程序法、行政秩序罰與帶有刑罰手段的行政罰[79]於一身之法律。社會秩序維護法依其立法目的及處罰性質觀之，屬程度輕微之裁罰性處分，自應適用行政制裁原理之規定[80]。惟社會秩序維護法體系，自成一格，有其特定的總則性規定，其中處罰名稱如拘留、罰鍰、沒入與刑法的拘役、罰金、沒收類似；而勒令歇業、停止營業、申誡等又屬行政制裁種類之一種，且社會秩序維護法之救濟制度亦未循訴願之行政救濟之管道，而以地方法院為其受理聲明異議之管轄機關，此等種種因素，似乎將社會秩序維護法獨立於行政罰法體系之外，而成為特別法。

(二)單一行為人與區分各種不同行為人之概念

　　對於參與違反行政義務者之處罰，是否因其參與型態之不同，而為不同之處罰規定，在立法例上有不同之作法。德奧兩國皆採與我國刑法不同之規定，對於所有參與違反秩序者，皆為相同之處罰，即所謂「單一行為人概念」（Einheitstäterbegriff），並未如同刑法上之區分「正犯」（Täterschaft）與「共犯」（Teilnahme）。德國違反秩序罰法第十四條採行單一行為人概念之理由[81]，並不在擴張刑法上之處罰可能性，而在使法律之適用單純化。我國的行

---

[78] 廖義男（主持），同前揭註2，頁211以下。
[79] 國內學者對「行政罰法」之定義有不同之看法者，如；林山田，專題報告二：〈行政刑法與行政犯的辯正〉，收錄於：同前揭註78，頁28。
[80] 但社會秩序維護法性質究屬為何，從社會秩序維護法所規定的制裁手段之性質觀之，仍不易分辨。蓋拘留並非我國現行刑法所規定之刑罰手段，亦非純粹之行政秩序罰，因其係有關人身自由之處罰也。行政不法行為應用何種手段制裁，係屬立法裁量行為，但於裁量時，似仍宜採現行法所規定之處罰種類。要之，由於拘留係有關人身自由之處罰，似勉可將之歸類為行政刑罰，至於罰鍰、勒令歇業、停止營業、沒入等則應認為行政秩序罰。因此，目前社會秩序維護法的性質似可解為係行政刑罰與行政秩序罰混合之行政制裁法規。就此，請參照：梁添盛，警察法專題研究，1993年12月，初版四刷，頁251。
[81] 德國違反秩序罰法第十四條之規定為：「參與者（Beteiligung）多數人參與違反秩序者，皆為參與者。此規定對於只有其中一人具有得被處罰之特定關係時，亦適用之。法律之構成事實允許處罰罰鍰者或在

政罰法第十四條第一項規定：「故意共同實施違反行政法上義務之行為者，依其行為情節之輕重，分別處罰之。」即採此種立法例。

　　對於違反秩序參與者之處罰方式，法條規定內容往往會因採取區分或單一行為人概念而有不同。前者一般會針對不同之參與態樣，究係共同參與者、教唆者或幫助者之差異，而分別規定其處罰，如在社會秩序維護法第十五條對共同參與分別處罰，第十六條對教唆者以所教唆之行為處罰，第十七條幫助者減輕其處罰；後者則在法條中不加以區別，而委由裁罰時衡量，如德國違反秩序罰法第十四條。行政罰因著重以處罰迅速，有效達成行政目的，如在調查渠等是否為共同正犯或教唆、幫助、共謀共同正犯、間接正犯等問題上耗費了過多之人力、物力，殊非行政機關所能負荷[82]。

　　綜上，社會秩序維護法依行政罰法第一條後段「但其他法律有特別規定者，從其規定」，屬行政罰法的特別法，若有競合應優先適用[83]。

法律上至少有處罰未遂者，參與者才被處罰。參與者中之一人不被處罰者，並不因而排斥其他共犯之處罰。法律不對具有特定個人關係加以處罰時，此項規定只對具有此項關係之參與者適用之。對於一般人而言，屬於違反秩序之行為，法律規定因基於特定個人要素而應屬於犯罪行為者，僅具有此項要素之參與者適用刑法，其他無特定關係之參與者，則仍為違反秩序，而適用本法。」

[82] 林錫堯，制定行政罰法之理論與實踐，收錄於：臺灣法學會學術研討會論文集，2000年3月，頁185。
[83] 行政罰法第一條之立法理由：「本法乃為各種行政法律中有關行政罰之一般總則性規定，故於其他各該法律中如就行政罰之責任要件、裁處程序及其他適用法則另有特別規定者，自應優先適用各該法律之規定，為期明確，爰於本條但書明定本法與其他法律之適用關係。」因此，社會秩序維護法屬在此所稱的特別法。

第一節　行政執行之特質

一、行政執行之意義

　　行政法上行政機關經常會要求人民履行一定公法上之義務，如服兵役，納稅或禁建等，這些義務通常會透過行政處分表現出來，此即產生所謂的「下命或禁止」之處分。此種行政處分之頒布，行政機關之行政處分對不遵守者，應掌有貫徹其意志之可能性，除對違反者處以行政罰外，對仍不遵守也可採取最後的強制執行手段，此即產生了行政執行之概念[84]。

　　行政執行係指行政機關或受其委託之高權主體，對於不履行行政法上具體義務之人民或其他主體，本於以自己本身的行政強制權及法定程序，不必向法院申請，以強制手段強制地要求其履行公法上義務或產生義務已予履行之相同狀態[85]。因此，行政執行通常是行政處分的執行，亦即，行政機關以下命處分作為執行名義，所採取的強制執行程序稱之。

(一)狹義行政執行

　　狹義行政執行之執行對象僅限於違反行政法上義務者，其是指行政執行機關對不履行行政義務之人民，施予強制手段，以達履行義務之狀態稱之。狹義行政執行，包括了行政法上金錢給付義務之執行以及行為、不行為義務之執行，後者採取之手段，包括了代履行與怠金（間接強制）以及直接強制等強制方式。狹義行政執行，是行政處分的強制執行。

---

[84] 並非所有的行政處分都可以作為執行名義，祇有下命或禁止處分才有強制人民履行之可能性，形成處分與確認處分，無待執行即發生法律上之效力，故無行政強制執行之必要。
[85] Maurer, Allgemeines Verwaltungsrecht, 12Aufl., 1999, §20, Rdnr. 1.

(二)廣義行政執行

廣義行政執行，除上述狹義行政執行外，尚包括所謂的不以義務違反為前提的「即時強制」在內。所謂「即時強制」，是指行政機關為即時除去目前急迫危害之必要，無暇課以義務時，或依其性質，若課以義務恐難達成目的時，直接對人民之身體或財產加諸實力，達成行政上之必要狀態。

(三)基礎處分與執行處分

狹義的行政執行是指行政處分之執行，因此，必須先有行政處分之存在，此種行政處分吾人稱其為「基礎處分」，以此作為強制執行名義之基礎。例如以行政法上金錢給付義務，必須某人先有欠稅或未支付罰鍰之事實，經主管機關通知其繳納之行政處分之存在。若其未依期限繳納，則產生另一與原來行政處分分開的執行處分之開始，此即所謂的「行政執行」。執行處分以行政法上金錢給付義務為例，通常程序為，主管機關定期間告戒，逾期不履行時，則由原處分機關移送行政執行處，採取強制執行之手段，如行政執行第十一條所規定般。

因此，基礎處分與執行處分是有先後時間的不同，例如先有違法事實之處理，如開罰單、繳稅通知書等基礎處分，而後仍不履行義務時，所採取之執行處分措施。對於基礎處分不服時，則依一般訴願或行政訴訟程序，對執行措施不服時，依行政執行法第九條的聲明異議。

(四)行為或不行為義務之執行與即時強制

行為或不行為義務之執行，對於違反行為或不行為義務，通常程序為主管機關書面告戒或限期履行，逾期不履行，由執行機關依間接或直接強制方法執行之（行政執行法第二七條）。此種經由告戒執行之性質，為行政處分。

反觀即時強制，因情況急迫而有即時處置之必要所採取之措施，因此，並無預為告戒或限期履行之程序行為，其直接採取強制措施，為干預性質的行政事實行為，而非行政處分。

二、行政執行與法院強制執行之差異

(一)行政執行與民事執行之差異

1.執行名義之不同

　　就此，吾人應區分公法上及私法上的強制權。公法上之強制權，係以行政機關自己所頒布之行政處分，作為執行名義，依行政執行手段，無須經由法院之程序，由行政機關自己為之[86]；而私法上之民事執行，係人民依法取得執行名義後，向法院聲請民事執行稱之[87]。

　　行政執行法第四條則規定行政機關或法務部行政執行署所屬行政執行分署為執行機關[88]，因此，有必要作公法與私法之區分，以進一步確定執行管轄權之歸屬。

2.公法與私法之差異

　　行政強制以公法事件，而民事強制則以私法事件為對象。公法與私法之區分在實務上時有爭議。例如，機關首長對行政建築物訪客的禁令，若該建物之管理屬公物之管理，則屬公法，若其以民法所有權為基準，則屬私法[89]。其區分亦可能產生在公家宿舍之使用上。占有公家宿舍若屬公法行為，則可使用行政強制手段，若屬私法行為，則僅能用私法途徑解決。若進一步觀其性質，若某行政機關有足夠宿舍，可無償提供公務員住宿之用，不必支付租金，此屬公物的利用，似應屬公法性質，但在目前，我國實務上普遍認為其屬於私法性質，因此，不適用行政執行法上之規定。

(二)行政執行與行政訴訟強制執行之差異

　　如前所述，行政執行主要係以行政機關所頒布之行政處分，作為執行名

---

[86] 依我國目前行政執行法之規定，仍以行政處分為行政執行之名義，行政程序法實施後，行政契約是否可作為執行名義，則有進一步探討之餘地。

[87] Jürgen Vahle, Vollstreckung und Rechtsschutz im Verwaltungsrecht, 2.Aufl., 1988, S.2f.

[88] 民國100年10月05日制定法務部行政執行署各分署組織準則，將原來的各「行政執行處」改為「行政執行分署」。

[89] 在德國的司法判決則對於行政財產的處分權，則傾向於私法。學界則多數認為，若禁止進入行政建物（Hausverbot）涉及確保公共任務之履行，則為公法而為行政處分之性質；
Vgl.Hanns Engelhardt/Michael App, Verwaltungsvollstreckungsgesetz, Verwaltungszustellungsgesetz, Kommentar, 4 Aufl., 1996, § 6, S.54f.

義[90]，執行機關為行政機關本身。反之，行政訴訟之強制執行，則包括法院之確定判決、和解以及其他依行政訴訟法所為之裁定得為強制執行或科處罰鍰之裁定等均得為執行名義，與上述行政執行不同，在此之執行機關為高等行政法院[91]。雖依我國行政訴訟法第三〇六條規定：「高等行政法院為辦理強制執行事務，得設執行處，或囑託普通法院民事執行處或行政機關代為執行。」但本條規定，係屬高等行政法院請求其他行政機關「執行協助」之規定，事務主管機關，並未改變，仍屬高等行政法院，因此與行政機關以及法務部行政執行署所屬行政執行處單獨自行執行自己所頒之行政處分有別[92]。

三、行政執行是否適用行政程序法之探討

行政執行是否適用行政程序法，學者之間有不同之意見，依行政執行法第二六條規定：「關於本章之執行，除本法另有規定外，準用強制執行法之規定。」又強制執行法第三〇條之一：「強制執行程序，除本法有規定外，準用民事訴訟法之規定。[93]」故當行政執行法本身雖未直接對某事項有所規定，惟

---

[90] 雖然行政執行法第十一條尚包括法院之裁定在內，在修定本法之際，是否有關所有行政法上金錢給付義務之執行，皆由行政執行處來執行尚有爭議，並未完全排除送法院強制執行之適用。修正後第四二條第一項，對移由法院強制執行之規定已有考量。因此，所謂「法院之裁定」之規定，似係指原財務案件處理辦法第二條規定之「罰鍰」、「沒入」及「令繳款」之裁定。但依目前我國法制，確實仍存在有「法院之裁定」後，交由行政機關執行的情形，例如社會秩序維護法中法院第一次「罰鍰」之裁定，交由警察機關執行即屬此種情形。因此，「法院之裁定」仍有適用之餘地。

[91] 參閱我國行政訴訟法第三〇四條與第三〇五條之規定。

[92] 執行協助，係指強制執行之協助而言，執行協助，除行政機關間之協助，尚可包括法院與行政機關間，後者吾人亦稱為「法院協助」，我國行政執行法所稱的「職務協助」應僅包括行政機關間強制執行之協助，至於「法院協助」則可準用「行政執行法」之規定。我國行政程序法所稱的「職務協助」，則範圍較「行政執行法」之執行協助為廣，除及於前述之行政機關間的強制執行協助外，尚可包括一般之業務協助，如警察機關協助縣市建設局查察轄區內未辦理營利事業登記之公司或商號。但由於我國行政程序法與行政執行法兩者皆以「職務協助」稱之，因此，兩者間應以特別法優於普通法之適用，亦即，行政執行法之「職務協助」專指「法院協助」而言，而行政程序法所稱之「職務協助」應是指執行協助外，行政機關間之一般業務協助而言，至於法院與行政機關之協助，如民事訴訟法第一三八條規定：「送達不能依前二條規定為之者，得將文書寄存送達地之自治或警察機關，並作送達通知書，黏貼於應受送達人住、居所、事務所或營業所門檻，以為送達。」則非屬行政程序法「職務協助」之範圍，但仍可準用之。

[93] 強制執行法第三〇條之一規定，強制執行程序，除本法有規定外，準用民事訴訟法之規定。惟強制執行程序與訴訟程序仍有相異之處，故並非強制執行法未規定者，概可準用民事訴訟法之規定，應視各個執行程序之性質，與民事訴訟法之規定相近時始得準用。茲分別說明如次：
(1)民事訴訟法關於管轄、法院職員之迴避、當事人能力、訴訟救助、期日、期間、送達等規定，除強制執行法另有規定外，於強制執行程序中應可準用。
(2)強制執行程序，並不以始終有對立之當事人存在，為執行行為之必要，原則上執行法院應依職權依法律所定定型階段程序進行。故民事訴訟法為保護當事人所設訴訟程序停止之規定，於強制執行程序並不準用。

透過準用條款該事項可適用民事訴訟法之規定時，究應優先適用行政程序法亦或適用強制執行法或民事訴訟法，換句話說，行政法上金錢給付義務逾期不履行之執行行為，行政執行法未規定時，究應依行政執行法第二六條準用強制執行法再準用民事訴訟法，從而不適用行政程序法相關規定？亦或直接適用行政程序法，從而排除民事訴訟法相關規定？適用該法規順序如何以及是否有適用範圍的界限，值得進一步探討[94]。

實務運作上，法務部行政執行署與地方法院見解有些許不同，依法務部行政執行署92年4月10日行執三字第0926200394號函釋認：「執行行為涉及準司法權作用，除行政執行法本身有規定外，依其性質準用強制執行法，其他本質上為行政行為者，例如送達，則適用行政程序法。」

而臺灣花蓮地方法院九二年度拘管字第一號裁定理由中認為，……行政程序法第二條第一項規定：「本法所稱行政程序，係指行政機關作成行政處分、締結行政契約、訂定法規命令與行政規則、確定行政計畫、實施行政指導及處理陳情等行為之程序。」嚴格依據法規而言，關於執行之相關程序，應該沒有適用行政程序法之餘地，換言之行政強制執行事件與其他行政事件在文書送達上會有區隔，只有在行政程序法第二條第一項之相關文書上才有行政程序法第七四條第二項寄存郵局送達之適用……。從上述實務見解看來，應認行政強制執行程序應無行政程序法之適用。

吾人認為，行政強制執行屬公法之行為，公法上之規範發展較民事法為晚，且由於執行程序與強制執行法仍有若干類似而有借用之處，但本質上仍與規範私法的強制執行法有些不同，因為公法上之行為涉及行政機關本身之職權，而屬職權進行主義，而與民法的當事人進行主義有所差異。且強制執行法其強制措施屬法院之職權（司法權），與行政執行法屬行政執行處（行政權）之職權性質，仍有若干不同，若有借用時，仍須考慮其職權本質的不同性。但本書贊同上述法務部執三字第0926200394號函釋的意見，有關執行事項準用強

(3)民事訴訟法中，有關法院基於對當事人之辯論而為判斷，以確定權利關係之規定，例如輔助參加等，於強制執行程序並不準用。

(4)民事訴訟法有關抗告之規定，除強制執行法另有規定外，強制執行程序應得準用。參閱：張登科，強制執行法，作者自版，1997年2月，修訂版，頁12。

[94] 李佳霙，行政法上金錢給付義務執行相關實務問題之研究，東吳大學法律學系碩士論文，2005年11月，頁37。

制執行法之規定。

行政執行法部分條文如第二六條以及第三五條，並未直接明確規定準用之範圍，而採用概括之準用。而法務部最近所成立行政執行法諮詢小組，則明顯針對執行細部朝向作較明確之規定的趨勢，此舉正說明了，行政執行法針對具公法執行特質之部分，若認有必要仍朝向以單獨明文規定，但若其他行政強制執行程序部分，基於立法經濟之考量下，仍可準用強制執行法的規定。

但若干程序規定，如送達、告戒、陳述意見等程序，因都是屬於公法之行為，如行政程序法已有規定，當然有行政程序法之適用，乃屬當然。

第二節　本法總則之一般規定

一、本法為行政執行基本法

行政執行法第一條規定：「行政執行，依本法之規定；本法未規定者，適用其他法律之規定。」外國立法例，如日本行政代執行法第一條、德國聯邦行政強制執行法第一條第三項及第十七條、奧地利行政強制執行法第一條第一項第二款、第七條及第十條等，均規定其為普通法之性質；我國行政法學者，多數亦認行政執行法之性質定位為普通法較為適當。

次按本法之適用範圍包括行政法上金錢給付義務、行為或不行為義務之強制執行及即時強制在內，種類繁多、態樣繁雜，實務運作情形各有不同，本條之立法體例雖將本法定性為基本法，惟有關第三章「行為或不行為義務之執行」、第四章「即時強制」，實務上均優先適用各該特別法所定執行方法執行（例如建築法、警察職權行使法），本法之性質已然成為普通法，如仍維持第一條規定，行政機關未依本法規定執行，可能衍生違法之爭議，故建議刪除本條之規定[95]。未來，如在行政法上金錢給付義務仍有維持基本法之必要，則另訂法條為之。

---

[95] 法務部為此召開多次會議，學者與實務界傾向於總則部分刪除本條規定。但是否於行政法上金錢給付義務仍保留基本法之規定仍未定論。

二、行政執行之機關

行政執行法第四條規定：「行政執行，由原處分機關或該管行政機關為之。但行政法上金錢給付義務逾期不履行者，移送法務部行政執行署所屬行政執行處執行之[96]。」因此，行政執行法的執行機關可分為二：

(一)行為或不行為義務之強制執行機關以及即時強制之機關

1.原處分機關

行為或不行為義務之強制執行機關以及即時強制之機關，為原處分機關或該管行政機關。因為我國之行政執行，仍以行政處分之執行為主，故所謂原處分機關是指作成行政處分之機關。

2.該管行政機關

本法第四條所稱的「該管行政機關」，依行政執行法施行細則第五條規定，是指相關法令之主管機關或依法得為即時強制之機關。如士林文林苑違章拆除，警察在現場將聚集群眾驅離措施屬即時強制措施。

(1)相關法令之主管機關

如保全業法第二條之規定：「本法所稱主管機關，在中央為內政部；在直轄市為直轄市政府；在縣（市）為縣（市）政府[97]。」如警械使用條例第十四第一項規定：「警械非經內政部或其授權之警察機關許可，不得定製、售賣或持有，違者由警察機關沒入。但法律另有規定者，從其規定。」在此，內政部為該管行政機關，警察機關為執行內政部處分之執行機關。又如，限制出境之處分機關，可能是財政部，勞動部或行政執行署，而執行機關為內政部移民署，而屬該管行政機關。

行政執行的執行期間依行政執行法第七條，最長將可延續達十年之久，期間容或有原處分機關或該管行政機關裁撤或改組之情事，為免行政執行因而陷於停頓，乃於行政執行法施行細則第六條規定經裁撤或改組後執行機關之歸屬而稱：「本法第四條第一項所定之原處分機關或該管行政機關經裁撤或改組

---

[96] 2012年10月05日所制定公布之法務部行政執行署各分署組織準則，其中第一條規定：「法務部行政執行署為辦理各轄區內行政法上金錢給付義務之強制執行業務，特設各分署。」因此，行政執行法第四條未來也會配合修正。

[97] 該條文已於2000年7月5日將省管轄之部分刪除。

時，以承受其業務之機關為執行機關；無承受其業務之機關者，以其上級機關為執行機關[98]。」

原處分機關或該管行政機關不以行政院所屬之行政機關為限，即司法機關、考試機關依法行使職權處理行政事務時，亦屬在此所稱之執行機關[99]。

(2)依法得為即時強制之機關

依前述道路交通管理處罰條例第三五條第一項「當場移置保管該汽車」的權限，為舉發機關的員警，此種權限為即時強制措施。

即時強制之機關，是指具有強制力之機關，除一般有管轄權的行政機關外，尚可包括一些秩序機關如警察機關，各消防單位、海岸巡防署等以及縣市長等。警察職權行使法有即時強制專章的規定，此外，消防法[100]、海岸巡防法[101]、入出國及移民法等法也都有即時強制措施的規定。

其他單位如軍方，雖有即時強制之權限，但必須視其性質，來決定是否屬本法之適用範圍。例如，軍方海鷗部隊對山難者之救助，即屬在此所稱之行政執行的即時強制機關。

(二)行政法上金錢給付義務之執行機關

法務部設置行政執行署，專門處理行政法上金錢給付義務之強制執行事宜，並於全國各處設立專責之行政執行分署，由專業人員負責強制執行業務。目前行政執行法第十一條規定，只要義務人負有行政法上金錢給付義務，逾期不履行，經主管機關移送，行政執行處（分署）即可就義務人之財產執行之。本書認為，行政執行分署應只是形式審查當事人是否正確，處分書是否合法送達是否逾越執行時間等，至於內容之合法性的實質審查，應非屬執行分署之權限。

---

[98] 本規定係參考訴願法第十一條及國家賠償法第九條第三項之規定。
[99] 參閱行政執行法修正要點與警察勤業務之關係，2000年警察常年訓練電化教學（第7集），內政部警政署印，頁5。
[100] 消防法第三章「災害搶救」有多數條文如第一九、二〇、二一條進入土地、劃定警戒區、限制人車的進入及使用水源等規定，都屬即時強制措施。
[101] 海岸巡防法主要措施都是實施檢查或採取下令或禁止的即時強制措施，如回航、驅離等措施。

三、比例原則之適用

我國行政執行法第三條規定：「行政執行，應依公平合理之原則，兼顧公共利益與人民權益之維護，以適當之方法為之，不得逾達成執行目的之必要限度。」由於行政強制執行之結果，直接對人民之財產、自由以及名譽產生莫大影響，因此強制執行時，一方面強化行政權，他方面能確實尊重人民權利，以期兼顧社會公義與人民權益之維護，而採行比例原則，實有必要。

目前最遭人詬病也是比例原則運用不當之問題層出不窮，尤其是金錢給付之部分，執行人員違反比例原則的情形不斷發生，如超額拍賣，只欠3,000萬，卻拍賣義務人2億之土地等，更有甚者則是行政強制執行處限制出境的金額，並無統一，若干執行處，以義務人欠稅僅10萬元即限制出境，財產上的不給付，竟以人身遷徙自由為限制，恐有違比例原則[102]。而釋字第五八八號解釋公布前，行政執行法所規定的拘提管收程序，除不合法律正當程序外，實務上執行機關的不當運用拘提管收之手段，也與比例原則有所違背。

由於現行第三條對比例原則所包括之三原則規定不夠詳細，建議將行政執行法施行細則第三條規定，移至本法取代原法條規定[103]。

四、行政強制執行程序之進行

(一)行政執行進行程式與執行筆錄

行政執行不管採取任何手段，皆直接影響人民權益，為明確實施情形，避免事後發生爭議，均有作成筆錄之必要。惟實施直接強制或即時強制時，可能因情況急迫或其他原因，如義務人逃匿無蹤、被管束人酒醉不醒等情事，無法作成執行筆錄，亦宜許得以報告書代之，因此，行政執行法施行細則第九條乃規定：「行政執行應作成執行筆錄。但直接強制或即時強制時，因情況急迫或

---

[102] 各地行政執行處限制出境之金額，並無統一，由各地視當地生活水準而定，各行政執行處已達數十萬元為限制出境之要件；反觀，財政部對欠稅限制出境的金額卻一直在提高，目前已將個人在提起行政救濟前欠稅提高為100萬，公司欠稅為200萬之規定，建議未來行政執行署似乎也應提高限制出境的金額，以確保人民權益。

[103] 由於本法第三條比例原則規定，無法將比例原則所包含三原則詳列，因此，修法小組有意將本法施行細則第三條之規定，略作修正移至第三條。參閱法務部「行政執行法研究修正小組」第一次會議，2005年8月12日，頁17以下。

其他原因，不能作成執行筆錄者，得以報告書代之[104]。」

有關執行筆錄應記載事項，則區分為兩類：

1.行為或不行為義務之執行以及即時強制之執行筆錄，應載明下列事項

(1) 執行所依據之行政處分或法令規定及其內容。

(2) 義務人或應受執行人之姓名、性別、出生年月日、國民身分證統一編號、職業及位居所；其為法人或其他設有負責人、管理人或代表人之團體者，其名稱、事務所或營業所，及負責人、管理人或代表人之姓名、性別、出生年月日、國民身分證統一編號、職業及位居所。

(3) 應執行標的所在地、種類、數量、品質及其他應記明事項。

(4) 執行方法。轉換執行方法或終止執行者，其事由。

(5) 聲明異議者，異議人之姓名、關係、異議事由及對聲明異議之處置。

(6) 請求協助執行者，其事由及被請求協助機關名稱。

(7) 執行人員及在場之人簽名。在場之人拒簽者，其事由。

(8) 執行處所及執行之年、月、日、時。

2.行政法上金錢給付義務逾期不履行，經移送行政執行處執行者，其執行筆錄應記載之事項，準用強制執行法有關規定[105]

(二)人員身分之識別

本法第五條第三項明定執行人員於執行時，應主動向義務人出示足以證明身分之文件，如身分證或其他能證明其身分之文件，以防止人民遭受違法或不當之執行。而本項後段規定：「……必要時得命義務人或利害關係人提出國民身分證或其他文件。」其主要在解決未來之爭議，義務人或利害關係人如擔保人等，若能於執行現場提出證明其在場，則可減低將來發生法律上之爭執。

但實務上義務人或可為其代表之人常不在場，為避免其於執行後爭執或指摘執行違法或不當，以致執行程式受阻，亦宜有客觀之第三人在場，因此，我

---

[104] 作成執行筆錄之目的，在於避免事後爭端，行政執行法本法並無規定，施行細則之規定應僅屬訓示規定，因此，並不強迫行政機關非製作不可。

[105] 上述規定為行政執行法施行細則第十條之規定，本條規定係為配合行政執行法第九條聲明異議的規定而設，針對執行命令、執行方法、應遵守之程序等於執行筆錄中列舉之，以有利於當事人聲明異議之進行。由於金錢給付義務之執行，得採取之手段不一，如參與分配、查封、拍賣等皆須製作筆錄，因其內容不一，無法像行為、不行為義務與即時強制等作列舉式之規定，因此，才會以概括式地準用強制執行法之規定，作為依據。

國行政執行法施行細則第十二條參照刑事訴訟法第一四八條而規定：「執行人員於行為或不行為義務之強制執行及即時強制時，應由義務人或可為其代表之人在場；如無此等人在場時，得由鄰居或就近自治團體之職員在場[106]。」

(三)執行時間之限制

行政執行法第五條第一項以及第二項規定：「行政執行不得於夜間、星期日或其他休息日為之。但執行機關認為情況急迫或徵得義務人同意者，不在此限。日間已開始執行者，得繼續至夜間。」[107]在此所稱夜間是指，日出前、日沒後（行政執行法施行細則第八條）。其他休息日是指應放假之紀念日及其他由中央人事主管機關規定應放假之日（行政執行法施行細則第七條），例如週休二日後之星期六、國定假日等。

行政執行之進行，干擾人民甚重。尤其目前我國人民生活水準普遍提高，相當講求休閒生活，夜間、星期日或其他休息日，多為人民休憩時間，義務人難為應付執行之準備，率予執行，易致人民於不利，因此，才有該款限制之規定。

但行政執行有時有其急迫性，若非即時為之，恐失時機，或義務人對此執行並無相反意見，在徵得同意下，仍可於前述所規定之時間內強制執行之。為求慎重與避免事後爭端，執行機關應將情況急迫或徵得義務人同意之情形，記明於執行筆錄或報告書[108]。

法務部行政執行法修正審議小組即針對行政執行法第五條提出修正意見，修正內容如後：「行政執行不得於夜間、星期六、日或其他休息日為之。但有下列情形之一者，不在此限：……非於夜間、星期六、日或其他休息日執行顯難達成執行目的。……」若依此方向修正，以「必要性」為執行時間之例外規定，相信可以更加符合執行上的需求與狀況，而無須另行仰賴解釋，多生

---

[106] 本條為訓示規定，如均無此等人員在場時，仍得逕予執行，不影響行政執行之效力。但為避免事後舉證之困難，吾人認為此項規定應在本法作強制之規定。目前德國各邦皆有類似之規定，如Nordrhein-Westfalen的行政強制執行法總則第十五條以及Hamburg邦則作類似規定，Hamburg邦行政強制執行法第九條規定：「若強制執行遭受抗拒或義務人或義務人家屬不在場時，則執行公務員應設法取得證人作證」。至於行政法上金錢給付義務之執行，則依本法第二六條規定準用強制執行法之相關規定，不另行規定。

[107] Hamburg邦行政強制執行法第十條第一項規定較我國規定彈性一些而稱：「取得執行機關書面許可後，得於夜間、星期日以及法定休息日強制執行。執行人員在對方要求下應出示許可文件」。

[108] 此項規定於行政執行法施行細則第十一條，而稱：「執行機關依本法第五條第一項但書規定於夜間、星期日或其他休息日執行者，應將情況急迫或徵得義務人同意之情形，記明於執行筆錄或報告書。」此條規定如同前述執行筆錄之製作，皆屬訓示規定，而非強制性規定。

爭議，修正審議小組之考量，值得肯定。

　　行政執行法第五條第三項「執行人員於執行時，應對義務人出示足以證明身分之文件；必要時得命義務人或利害關係人提出國民身分證或其他文件」，此項規定，除一般正常時間外，應是包括夜間或假日進行的強制執行在內，吾人認為夜間或假日所進行的強制執行，僅出示足以證明身分之文件仍稍嫌不足，似應有出示執行機關書面許可文書，始得進行之[109]。行政強制經常會遭遇義務人抗拒執行，似應授權執行人員得以使用實力制止之[110]。而行政執行法研究修正小組草擬之第五條之一規定：「執行人員於執行職務時，不受違法或不當之干涉。遇有抗拒者，得用強制力實施之。但不得逾必要之程度[111]。」若其強制力不足時，則可依行政執行法第六條第一項第三款請求警察機關職務協助[112]。

五、職務協助

(一)職務協助一般意義

　　職務協助係指不相隸屬的行政機關，就其職掌權責範圍內，無法獨立完成時，請求其他機關予以助力，彼此互為協助，而使請求機關得以順利完成任務或簡化業務之執行[113]。

　　職務協助是一種分工，僅是協助他機關完成任務，因此，在職務協助的程序中，通常可分為協助行為及主要行為，被請求協助機關所為之行為，為協助行為，僅屬部分之行為，主要之行為，仍由請求機關自行完成之。透過職務協助，並不改變原來法律所授與之職掌。

---

[109] 目前德國諸多邦之行政強制執行法明文規定，夜間與假日強制執行應出示執行機關的許可文書；Fliegauf/Maurer, a.a.O., S.60。

[110] Hamburg邦行政強制執行法第八條對此有詳細規定，可供我國將來修法的參考，其稱：「針對執行之抗拒，亦得以透過第三人以實力排除之。若有抗拒之情事或有事實顯示抗拒情事之虞時，執行機關或執行公務員在必要情形下得要求警察人員協助執行。」

[111] 參考行政執行法研究修正小組初步通過修正條文，2006年5月5日印製。

[112] 此為我國秩序機關如建設局、工務局等單位的通病，其經常抱怨執行力不足或其缺乏警察權，而不主動著手強制執行事項，因此，吾人建議不妨仿照強制執行法第三條之一規定，「執行人員於執行職務時遇有抗拒，得用強制力實施之。但不得逾必要程度。」而授與執行人員強制執行之權限。

[113] 參閱蔡震榮（計畫主持人），警察職務協助範圍限制之研究，行政院國家科學委員會專題研究計畫成果報告，1999年1月15日，頁13。

(二)行政執行法有關職務協助之規定

1.請求協助之事由

依行政執行法第六條之規定，請求協助之事由共有五款，茲敘述如下：

(1)須在管轄區域外執行者

管轄係指依法律規定，將一定之任務與職權，分配予國家機關或其他行政主體。該機關就分配範圍內，擁有處理該事件之權限，即屬吾人所稱之管轄權。管轄可區分為本於事件之種類而定之事務管轄以及本於土地而定之土地管轄。

本款所稱管轄區域外，係指一定土地範圍，應是指土地管轄之範圍外。本款僅侷限在土地管轄上，而不能及於事務管轄，尤其發生在任務與職權雖為機關所擁有，但卻缺乏強制權時，則不能適用此款，規範似乎仍有所不足，其不若行政程序法第十九條第二項第一款之規定「因法律上之原因，不能獨自執行職務者」來得恰當。

行政執行協助，主要在於強制執行措施之協助，因此，基於行政一體之概念，請求機關無強制執行權，應可請求有權執行強制措施之機關協助，以達其履行義務之目的。因此，本款似宜擴充其適用範圍，採行政程序法第十九條第二項第一款之規定。

(2)無適當之執行人員者

執行時，涉及專業知識或技術性，非執行機關所擁有或所可掌握者，缺乏必要之執行力，如醫生、技術人員等。例如，有關斷水斷電或車禍鑑定等措施。

(3)執行時有遭遇抗拒之虞者

公權力之執行，尤其對人民採取強制措施，遭遇人民之抗拒，在所難免，而一般行政機關，通常比較缺乏強制之機制，而必須仰賴他機關，尤其具有強制機制之機關。此種原因為我國一般行政法規所規定的經常請求之事由，被請求機關以憲警為主要，尤其是警察，例如，違章建築之拆除、斷水斷電之措施等。

(4)執行目的有難於實現之虞者

行政強制執行在於行政主體以強制手段，達到其行政之目的。目的是否得

以實現,對行政強制執行相當重要。若事實上難於實現執行目的時,則基於行政一體當然有必要請求他機關協助,以完成其任務。

(5)執行事項涉及其他機關者

本款係指行政強制執行非原執行機關所可獨立完成,須仰賴其他機關之職權。他機關協助之行為應僅限於協助行為,而非主要行為。在此所謂他機關之事項,應可包括業務及執行協助兩種,例如業務上缺乏公證之權、執行上缺乏強制執行權,如缺乏強制權或移送司法權,而得以請求警察機關協助等。

2.執行協助之程序

被請求協助機關是否有拒絕協助之權,行政執行法第六條第二項前段僅作概括性規定而稱:「被請求協助機關非有正當理由,不得拒絕。」何謂正當理由,則屬不確定法律概念,仍須就具體個案加以判斷之。行政程序法第十九條第四項列舉被請求機關拒絕協助之理由,而稱:「被請求機關於有下列情形之一者,應拒絕之:一、協助之行為,非其權限範圍或依法不得為之者。二、如提供協助,將嚴重妨害其自身職務之執行者。」

由於行政執行法並無類似之規定,上述所稱之理由應可作為行政執行法所稱之「正當理由」,基此而得以拒絕協助。

行政執行法,並無請求方式之規定,而行政程序法則於該法第十九條第三項規定:「前項請求,除緊急情形外,應以書面為之。」依此規定,原則上以書面為原則。雖然行政執行法並無相同規定,但吾人若觀之行政執行法第六條第二項後段規定:「……其不能協助者,應附理由即時通知請求機關。」此款規定亦以書面為之,因此,從此反面觀之,請求時亦應適用行政程序法之規定,以書面為原則。

3.執行費用

行政執行法第六條第三項規定:「被請求協助機關因協助執行所支出之費用,由請求機關負擔之。」在此首先要確定的是,行政機關之範圍為何,在同一行政主體下,例如機關隸屬在同一預算下,是否仍須墊付其所支出之費用。

吾人認為在此所謂行政機關應是指可單獨頒布行政處分之機關,因此,縱使請求機關與被請求機關隸屬同一行政主體(同一預算)下,仍有本條之適用。

但其所支付之費用,僅限於協助執行所支出之費用,請求機關並不支付協

助機關其他之行政規費或手續費等。

六、行政執行之期間

　　行政執行法時效之規定於本法第七條第一項：「行政執行，自處分、裁定確定之日或其他依法令負有義務經通知限期履行之文書所定期間屆滿之日起，五年內未經執行者，不再執行；其於五年期間屆滿前已開始執行者，仍得繼續執行。但自五年期間屆滿之日起已逾五年尚未至執行終結者，不得再執行。」

　　行政執行之期間規定，並不適用於即時強制，因我國的即時強制並不以義務為前提，係為阻止犯罪、危害之發生或避免急迫危害，而有即時處置之必要，多係出於「緊急狀況」，性質上有別其他以義務為前提之行政上強制措施，因此，不宜適用時效之規定[114]。

　　我國目前有關行政執行期間，除上述行政執行法原則性規定外，其他若干行政法規，因其性質特殊，仍有特別規定之必要，此如稅捐稽徵法第二三條、第三九條、第四〇條、道路交通管理處罰條例第九〇條第二項以及社會秩序維護法第三二條等也有處罰權期間的規定，因此，本條第二項乃規定：「前項規定，法律有特別規定者，不適用之。」由此觀之，第一項與第二項屬「原則與例外」的適用關係，在無第二項特別規定的情形下，則適用第一項時效之規定。

(一)法務部諮詢會議

　　此外，行政程序法第一三一條規定了「公法上請求權時效」，法務部「行政執行法研究修正小組」第四次會議（94年10月7日），綜合多數意見，認為行政法上金錢給付義務之執行，適用行政程序法第一三一條規定，建議刪除第七條規定，另於第三章規定行為或不行為義務之執行。因此有謂，既然有了該條之規定，本法第七條就沒必要重複規定，而要求廢除[115]。

　　對此，法務部召開了兩次修法諮詢會議：有學者提出行政處分之執行到底是權力（權限）或權利有所爭議，而認為若屬權力則並非屬公法上之請求權

---

[114] 劉嘉發，警察行政法之理論與實務，中央警察大學印行，1999年9月，頁258。
[115] 法務部「行政執行法研究修正小組」第4次會議（2005年10月4日），即主張廢除該條文，而另於第三章「行為或不行為義務之執行」定其執行期間。

利,則本法第七條之規定並非是消滅時效性質之規定[116]。但多數學者主張公法上之金錢給付義務之執行屬消滅時效之規定,至於其他行為不行為義務或即時強制執行之時效應與消滅時效無關。但法務部法律字第100002148號(100年2月10日)、1000015389號(100年6月21日)以及10103104950號(101年6月22日)函示,認為行政執行法第七條規定之期間為執行期間,非請求權之消滅時效,主張其為除斥期間。

有關行政執行法執行期間與行政程序法第一三一條之問題,最高行政法院一〇四年二月份庭長法官聯席會議,甲說有提到消滅時效係請求權之存續期間,執行期間則係執行力之存續期間,二者為並行之獨立制度,而主張兩者性質不同[117]。

(二)債權憑證與時效

行政法上金錢給付義務之執行涉及執行機關與原處分機關,對無法進一步執行案件,執行分署會發給原處分機關債權憑證,等待發現義務人財產後再進一步移送強制執行。有關時效如何計算產生爭議。

案例:義務人違反公職人員財產申報法之裁罰事件,其處分於90年9月11日確定,並於90年12月13日移送行政執行,行政執行處後於97年4月17日核發債權憑證,監察院在查有義務人財產後於98年6月26日再移送執行,行政執行處後於98年11月12日核發債權憑證。監察院於嗣後查有義務人財產後於99年11月8日再移送執行,卻遭行政執行處以已逾執行期間無法執行退回。

針對本案監察院總之提請法務部解釋(100年3月11日),法務部於100年4月27日1000006847函稱:「本案適用本法第七條第一項後段『其於五年期間屆滿前已開始執行者,仍得繼續執行。但自五年期間屆滿之日起已逾五年尚未執行終結者,不得再執行。』之規定,其前提為該案件於處分確定之日起起算五年執行期間屆滿前已開始執行尚未終結,仍繫屬於行政執行處為限;⋯⋯本部認為執行機關核發債權憑證,即已執行終結,並非已開始執行尚未終結之情形⋯⋯。」

---

[116] 此為張劍寒教授意見,陳愛娥(權限)以及黃錦堂(職權Befugnis)教授提出相類似意見,參閱行政程序法諮詢小組第三八次會議及行政執行法第七條執行期間是否修正,2004年11月26日。

[117] 該決議文稱:「⋯⋯甲於時效完成後始移送行政執行,且經執行程序而受償,因其差額地價之公權利本身消滅(本院95年8月22日庭長法官聯席會議決議參照),故縱執行債務人未於執行程序中依法請求救濟,仍屬無法律上原因而使甲受利益,應構成不當得利。」

　　「本案處分於90年9月11日確定，自處分確定之日起五年內移送執行，經核發債權憑證在案，處後於97年4月17日核發債權憑證，其於99年11月8日再移送執行，已逾五年執行期間不得再執行，行政執行處予以退回，於法尚無不合。」

　　因此，法務部認為，執行案件執行機關核發債權憑證，即已執行終結。案件既已終結就非繫屬中，如自確定之日起已逾五年（行政執行法第七條前段），則不得再執行。

　　法務部見解採強制執行法有關法院債權憑證核發的見解，在民事強制執行法院核發債權憑證，表示案件已執行終結。本書不採，本書認為行政法上金錢給付義務，行政執行處（分署）只是負責執行之機關，與原處分機關皆屬行政機關，執行機關核發債權憑證，只是因為查不到可供強制執行之財產而暫時無法執行，應只是程序上簽報結案，亦即，執行程序無法繼續進行，並非實質上之「執行終結」，因此，核發債權憑證仍屬於執行中之行為，本書認為，本案應符合行政執行法第七條第一項後段「……五年期間屆滿前已開始執行者，仍得繼續執行」的情形，亦即，尚未超過十年之執行期間，原處分機關監察院仍有權請求行政執行分署繼續執行。

　　本書認為，行政法上金錢給付義務之執行，本與法院之強制執行不同，原處分機關與執行機關僅屬內部分工執行事項之關係，與人民與法院之關係不同，人民無製作公文書之能力與權限，必須依賴法院核發製權憑證，反觀同屬行政機關之原處分機關本有能力製作公文書，也可作成執行名義，何須仰賴行政執行分屬之債權憑證，此種制度時有重新探討之必要，因此，本書認為，行政執行分署若查不到義務人之財產時，應將案件暫存處理，亦即，該案仍屬執行中狀態，執行機關與移送機關兩方面仍可繼續調查義務人之財產狀況，一旦發現可供執行之財產時，行政執行分署可接解除暫存調卷執行，但仍需注意行政執行之時效[118]。但法務部101年6月22日法令字第10103104950號令釋：「……經行政執行分署抗發執行憑證交由行政機關收執者，不生執行程序終結之效果；行政機關自處分、裁定確定之日或其他依法令負有義務經通知限期履

---

[118] 姚其聖，論行政執行與民事強制執行分流的必要性—執行名義和債權憑證為例說明，真理財經法學，2010年9月，頁131以下。

行之文書所定期限屆滿之日起十年內，得再移送執行。」即採本書上述見解。另行政執行法修正草案（110年4月行政院版）第十七條第四項規定：「前項執行憑證核發後，行政執行分署發現義務人顯有履行義務可能，且情況急迫或必要時，亦得依職權續予執行。」也採同樣見解。

(三)已開始執行之規定

2007年3月21日修正行政執行法第七條第三項及第四項規定。其中第三項定義所謂的已開始執行其包括二類：1.通知義務人到場或自動清繳應納金額、報告其財產狀況或為其他必要之陳述；2.已開始調查程序。

對於前述第三項規定，於本條增修第四項規定：「第三項規定，於本法民國九十六年三月五日修正之條文施行前移送執行尚未終結之事件，亦適用之。」

七、行政執行之開始與終止

(一)我國行政執行之前提要件

行政執行之開始，係指執行機關依據執行名義為執行程序之開始，在民事強制執行通常有兩種情形來決定執行之開始，一為依債權人聲請，另一為依移送而開始，法院依職權所為之裁判得為強制執行者，移送執行法院執行而開始[119]。而行政執行國家本身為債權人，故並無依聲請之情事。

行政執行之發動，係採職權進行主義，通常由執行機關發動而為行政執行之開始[120]。行為或不行為之強制執行機關，必須有一執行命令，行政執行經由此執行命令而開始。行為或不行為強制執行之執行命令並非創造一新的規定，而只是執行原行政處分之內容，因此，執行命令本身大多非屬行政處分[121]。而行政法上金錢給付義務之執行，係由處分機關移送行政執行處，行政執行處此時為執行機關，仍須有一執行命令為執行之開始，此時之執行命令似乎多屬行政處分[122]。行政執行之開始，就行政法上金錢給付義務，係依行政執行法第

---

[119] 楊與齡，強制執行法論，五南圖書，1997年7月，修正版，頁155以下。
[120] 參閱李建良，行政執行，收錄於：翁岳生編，行政法（下），翰蘆出版，1998年，頁883。
[121] Franz W.Brunn, a.a.O., S.38；執行命令本身屬行政處分如怠金之連續處罰等。
[122] 行政法上金錢給付義務執行所發之執行命令，通常涉及義務人之自由及財產，如限制住居、查封財產等，皆屬行政處分之性質。對此，依本法第九條規定僅可聲明異議，似有未妥之處。

十一條第一項規定，須義務人聲明不履行義務並經主管機關移送行政執行分署開始執行。行為、不行為義務之執行，係依行政執行法第二七條第一項規定，限明履行不履行時始得強制執行之開始。

(二)行政執行之終止

行政執行之目的，在於強制義務人履行義務，如義務人已全部履行義務，或其應履行之義務經執行完畢，或行政處分、裁定因全部、一部撤銷、變更致其義務全部、一部消滅、變更，或其義務經證明為執行不可能者，例如義務人死亡、執行標的物已滅失者，因行政目的已達成或已無執行之原因，自無繼續執行之必要[123]。亦即，行政執行非以執行本身為目的，若執行目的已達成，或強制手段不能達成目的以及執行之前提要件已不存在時等，皆可構成終止之事由，因此，行政執行法乃於該法第八條設定行政執行終止之事由。茲就該條文分析如下[124]：

1.行政執行終止之事由

(1)義務已全部履行或執行完畢者

執行之目的在於要求義務之履行，義務若已全部履行，即表示已達成執行之目的，此即符合所謂「執行目的已達成」者。而執行完畢係指強制措施已全部執行，當然必須終止執行，乃屬當然之事。

(2)行政處分或裁定經撤銷或變更確定者

此即所謂執行之前提要件已不存在之情形，因為行政執行，除即時強制外，係以行政處分或裁定為前提，若行政處分或裁定已經撤銷，則該前提已不存在，或變更確定時，則前提要件已非原來之要件而有所變更，當然無法執行原來之行政處分或裁定。此種情形係指全部撤銷或變更之情形。

若屬部分撤銷或變更之情形時，則於行政執行法第八條第二項作特別之規定而稱：「行政處分或裁定經部分撤銷或變更確定者，執行機關應就原處分或

---

[123] 參閱行政執行法修正案，法律按專輯第244輯，司法（18），立法院司法委員會編，1999年8月，頁299以下。

[124] 行政執行法研究修正小組在第二以及第三次會議（2005年9月30日）於第八條除原來的三款外增列了兩款，其一為「行政處分因解除條件成就或其他事由而失效」，另一款為「義務人死亡，其義務具一身專屬性，依法不得繼續執行」，增加主要原因是小組，在探討「行政處分或裁定經撤銷或變更確定者」發覺該款規定仍有不足，乃增加上述兩款以為補充。

裁定經撤銷或變更部分終止執行。」此謂僅撤銷或變更部分終止執行,其餘部分仍不受影響,仍得繼續執行之。

(3)義務之履行經證明為不可能者

此即所謂縱使採取強制手段,仍無法達到目的,因為義務之履行經證明為不可能者,在此所謂「經證明」應是指依客觀事實判斷,得以證明執行不可能達到義務之履行,既然無法達到目的,如前所述,行政執行非以執行本身為目的,當然有終止執行之必要。如命拆除之建築物已不存在,或義務人已經死亡。

2.終止執行之發動

依行政執行法第八條之規定,終止執行之發動,分為兩種:一為執行機關應依職權為之,「執行機關」就行為或不行為部分,通常係指頒布行政處分之機關,而就金錢給付義務請求權部分,係指行政執行處而言;另一為義務人、利害關係人之申請終止執行,義務人、利害關係人之申請終止執行時,應陳明其理由,並提出有關文件。就金錢給付義務部分,原移送機關是否有申請終止執行之權,法條並無規定[125]。吾人認為,移送機關應間接享有本法第八條該項權利,但應與移送機關的撤回權一併考慮,例如移送後,可能義務人前來移送機關繳納,或移送機關對同一義務人有重複移送之情形等,而有終止的情形發生,此時移送機關因為案件已經移送行政執行處,應要求撤回該案,而終止該案之執行。

執行之終止,因涉及義務人及利害關係人之權益,因此,執行機關終止執行時,應通知義務人及利害關係人[126]。

八、行政執行之救濟途徑

行政執行的救濟,是指受行政執行之義務人或利害關係人,認為行政執行違法或不當而使其權利或利益受到侵害,得向執行機關請求救濟之謂。

行政執行法第九條所規定之救濟,係指義務人或利害關係人針對執行命

---

[125] 參閱行政執行法施行細則第十四條規定,行政執行有本法第八條第一項各款所定情形之一者,義務人或利害關係人得陳明理由並檢附有關文件,申請執行機關終止執行。

[126] 參閱行政執行法施行細則第十四條第三項之規定。

令、執行方法、應遵守之程序或其他侵害利益之情事，得於執行程序終結前，向執行機關聲明異議。聲明異議係指，當事人或利害關係人對於執行機關於執行程序中所為之行為或不行為，認為有違法或不當之情形，請求執行機關變更或撤銷之意思表示[127]。本條係參考強制執行法第十二條規定而來。係針對行政執行之程序，而非針對行政機關對義務人所作成實質之行政處分[128]。因此，就此程序部分，該條似乎只得以聲明異議作為救濟方法，至於是否得對執行程序，提起其他救濟，則有進一步探討之必要。

(一)聲明異議之主體

行政執行法第九條規定聲明異議之主體為義務人或利害關係人。所謂義務人係指行政執行程序中，負有公法上履行義務之人；所謂利害關係人，是指義務人以外，其法律上之權益，因執行行為而受侵害之人，如查封物為第三人所有之第三人即屬之。事實上之利害關係不包括在內，如工廠被查封，員工不能以失業為由聲明異議[129]。

(二)聲明異議之事由

行政執行法第九條第一項規定：「義務人或利害關係人對執行命令、執行方法、應遵守之程序或其他侵害利益之情事，得於執行程序終結前，向執行機關聲明異議。」聲明異議之事由有四：

1.執行命令

所謂「執行命令」是指執行機關於執行程序中所發之各種命令而言。例如命義務人報告財產狀況（行政執行法第十四條）或命義務人提供相當擔保（行政執行法第十七條）。又如就債務人對第三人之金錢債權所為之扣押命令、收取命令或移轉命令、命令將義務人對於第三人得請求交付之權利移轉於債權人等命令也屬之。又如執行機關許可夜間，星期日或其他休息日執行之命令。

2.執行方法

所謂「執行方法」是指執行機關於行政執行時所使用之手段而言。例如查

---

[127] 楊與齡，同前揭註119，頁217。
[128] 楊與齡，同前揭註119，頁300以下。
[129] 楊與齡，同前揭註119，頁218。

封動產應用標封、烙印或火漆印（強制執行法第四七條）、拆除住宅或斷水、電等。執行方法通常是指可直接發生執行法上法效果之事實行為而言，如間接與直接強制方法之採行[130]。傳繳（通知義務人到執行處繳納）以及依行政執行法第十七條所為之限制出境亦屬執行方法。在此，通常針對執行方法，有無過當違反比例原則，或有無違反不當聯結禁止原則等。

3.應遵守之程序

所謂「應遵守之程序」是指，執行機關實施行政執行時，依法律規定應遵守之程序而言。在此所謂法律規定，除本法外，尚包括其他法律之程序。例如，行政執行法有關行政法上金錢給付義務請求程序之規定，有準用之規定（行政執行法第二六條）。如行政法上金錢給付義務請求程序有無履行限期履行的告戒程序；代履行有無經由告戒之程序，或執行處查封動產時應製作查封筆錄及查封物品清單等。

4.其他侵害利益之情事

所謂「其他侵害利益之情事」是指，除上述情形外，任何違反行政執行程序規定，而侵害義務人或利害關係人利益之情事。本項事由係為防止立法疏漏，所作概括之規定。例如，未具備開始強制執行之要件開始強制執行者，其執行程序即屬違法，如執行名義未合法送達，或擬拆除之建築物並非執行名義內容所及。或者有違反比例原則情事者，如扣繳義務人輔助金（敬老津貼等）、薪資之三分之一或其金額機關之存款，致其生活因而陷入絕境等或超額執行等。

(三)聲明異議之程序

聲明異議應於執行程序開始後，至執行程序終結前為之。行政執行法並未規定聲明異議之期限，依本法第九條第一項之規定，只要在執行程序終結前即可。至於行政執行進行到何種程度，才為終結，則應視執行內容而定。例如，金錢給付義務之執行，如標的物之執行程序，須經拍賣，則拍賣所得之價金交付債權人時，程序才算終結[131]。

---

[130] 楊與齡，同前揭註119，頁219。
[131] 楊與齡，同前揭註119，頁221。

對聲明異議決定之程序規定於本法第九條第二項，其謂：「前項聲明異議，執行機關認其有理由者，應即停止執行，並撤銷或更正已為之執行行為；認其無理由者，應於十日內加具意見，送直接上級主管機關於三十日內決定之。」本項原本於審查會時，在上述第二項最後一句，曾列有「異議人對之不得再聲明不服」，而後在二讀會透過政黨協商而刪除之。此是否意味著對執行程序，仍可提起進一步的聲明不服或甚至其他救濟，該項並無規定，理論上似應作此種解釋，對人民之權益始為較周全之保障。

(四)聲明異議之效果

行政執行法第九條第三項規定：「行政執行，除法律另有規定外，不因聲明異議而停止執行。但執行機關因必要情形，得依職權或申請停止之。」

行政執行義務人或利害關係人對程序之違法或不當雖得聲明異議，但為免執行程序延滯，且行政法上之義務屬公法上義務之性質，為維護公共利益，殊不應聽其久不執行，因此，原則上行政執行不因聲明異議而停止執行。但為免規定過於僵硬，乃另設有例外規定，其一為法律另有特別規定，另一為賦予執行機關停止執行裁量權，執行機關因必要情形，得依職權或當事人之申請而停止執行之。

(五)行政執行法聲明異議之性質

法律中聲明異議因相關法規規定不同而具有不同之性質，茲敘述如下：

訴願先行程序之性質，此如海關緝私條例第四七條及第四八條之規定，先聲明異議，而仍不服則提訴願以及行政訴訟。

取代訴願程序之性質，將一些公法上簡易事件之爭議，交由普通法院管轄，而非透過訴願之程序，此如道路交通管理處罰條例以及社會秩序維護法之聲明異議等。

相當於訴願程序，此如我國釋字第二四三號及第二九五號解釋，對於公務員之免職以及會計師之懲戒所提之復審、再復審，相當於訴願之程序，又我國之公務人員保障法的復審、再復審，亦屬此性質[132]。

---

[132] 蔡茂寅，行政執行與行政救濟之關係，收錄於：行政救濟法學研討會書面報告資料，中華民國行政法學會印，1999年5月22日，頁7以下。

　　行政執行法第九條之聲明異議，其性質應與上述之聲明異議有別，在此，吾人必須區分基礎處分以及行政執行程序之措施。行政執行，乃「行政處分之執行」，故執行前應先有行政處分之存在，行政機關依法定職權，先以行政處分課予人民一定之義務[133]，此即所謂的基礎處分，亦即，所謂的執行名義在此產生。基礎處分屬實質之規定，義務人對此不服，應循訴願、行政訴訟程序救濟。

　　行政執行程序之措施係指執行基礎處分內容之程序措施，於人民不履行其義務，且經法定之告戒程序而仍無效果時，始以強制手段促其履行義務，此即所謂的行政執行程序，本法第九條之聲明異議即屬對此之救濟。就公法上之金錢給付義務請求權，針對執行程序係向執行機關提出，亦即，向行政執行處提出，若其認為有理由者，應即停止執行，並撤銷或更正已為之執行行為；認其無理由者，應於十日內加具意見，送直接上級主管機關，行政執行署決定之，而非向作成行政處分之機關或作成裁定之法院提出[134]。就行為或不行為之執行，執行機關雖仍屬頒布行政處分之機關，但在此之聲明異議僅針對執行之程序，而非針對基礎處分，例如針對本法第二八條第一項之代履行以及怠金與第二項直接強制之方法等。因此，本法第九條之聲明異議性質，應與上述針對實質處分所為之聲明異議不同，乃屬當然之事。

　　吾人認為聲明異議雖屬針對執行程序，但吾人若觀之行政執行法的執行程序，其中仍有若干應屬行政處分性質，如怠金、代履行或直接強制之確定或金錢給付義務執行之其他對自由以及財產之強制方法，如行政執行法第十四條之「報告財產狀況」、第十六條之「查封」、第十七條之「命其提供相當擔保」、第十九條之「拘提管收」等。因此，雖然本法第九條並無規定聲明異議，是否可提起其他救濟。針對於此，吾人可從兩不同角度出發，若強調執行程序之迅速快捷，則當然以聲明異議為針對執行程序最後之救濟。但若從保護

---

[133] 李建良，論行政強制執行之救濟途徑，兩岸行政執行法研討會，2006年5月29日，頁1以下；所謂基礎處分，在德國法上係指本於法令所頒布具有執行力以及原則上已不可撤銷可立即執行之行政處分：參閱 Hartmut Maurer, Allgemeines Verwaltungsrecht, 12 Aufl., 1999, S.485；一般而言，僅下命之行政處分具有可執行力，且必須該行政處分原則上已不可經由爭訟程序撤銷得以立即執行才屬之。但仍有例外之情形，如緊急情形則無須等至不可撤銷時，可立即強制執行，此如德國法上之即時強制。但我國的情形，並不強調是否該處分已不可撤銷可立即執行之情形，而與德國法略有差異。

[134] 李震山，論行政法上金錢給付義務不履行之執行，中央警察大學行政警察學系研討會論文集，1999年5月11日，頁182。

義務人或利害關係人之權利觀之，尤其行政執行法並未如強制執行法第十五條設有第三人異議之訴，對第三人或利害關係人之保障似有未周，故應容許聲明異議之外，仍有其他救濟之可能，本人較贊同後者[135]。且既然執行程序中仍有多數行為屬行政處分性質，在其聲明異議後，似應容許其有行政爭訟之權。我國行政訴訟法第三○七條亦規定有「債務人異議之訴」，因此，若債務人有上述之情形，應可提起行政訴訟，乃屬當然。因此，若持聲明異議後，不得行政爭訟，則似乎有違行政訴訟法第八編「強制執行」救濟之規定。對此，法務部行政執行法研修小組已將若干情況列入得逕提起行政訴訟的考慮中[136]。

最高行政法院九七年十二月份第三次庭長法官聯席會議決議也贊成聲明異議後得以救濟：「……禁止義務人或利害關係人於聲明異議而未獲救濟後向法院聲明不服之明文規定，自不得以該條規定作為限制義務人或利害關係人訴訟權之法律依據，是在法律明定行政執行行為之特別司法救濟程序之前，義務人或利害關係人如不服該直接上級主管機關所為異議決定者，仍得依法提起行政訴訟，至何種執行行為可以提起行政訴訟或提起何種類型之行政訴訟，應依執行行為之性質及行政訴訟法相關規定，個案認定。其具行政處分之性質者，應依法踐行訴願程序，自不待言。」

最高行政法院一○七年四月份第一次庭長法官聯席會議稱：「……對具行政處分性質之執行命令不服，經依行政執行法第九條之聲明異議程序，應認相當於已經訴願程序，聲明異議人可直接提起撤銷訴訟。本院九七年十二月份第三次庭長法官聯席會議（三）決議末句：『其具行政處分之性質者，應依法踐行訴願程序』，應予變更[137]。」

---

[135] 吳庚氏則較贊同聲明異議為特別救濟途徑，著重於行政執行之迅速終結為目的。此外，他提出奧地利以及德國之救濟程序，資敘述如下，以供參考。奧國行政執行法第十條規定，當事人不服各種執行處分者，得向直接上級機關上訴，對上訴之裁決，則不得聲明不服。而在德國，如執行措施屬事實行為者，當事人認為違法得依行政法院法第一一三條第一項提起課予義務之訴，主張結果除去請求權；如執行措施為行政處分者，則依行政法院法第四二條第一項提起撤銷訴訟，謀求救濟；參閱吳庚，行政法之理論與實用，作者自版，2010年9月，十一版，頁533-534。

[136] 而行政執行法研修小組草擬之條文第九條第三項則針對若干執行行為准於聲明異議後，如有不服，得逕行提起行政訴訟：一、命繳納代履行費用及其他應繳納之執行費用。二、科處怠金。三、限制住居。四、拒絕終止執行之申請。五、無執行名義或逾越執行名義所為之執行。

[137] 九七年十二月份第三次庭長法官聯席會議（三）決議末句：『其具行政處分之性質者，應依法踐行訴願程序』，仍強調應依法提起訴願，而一○七年四月份第一次庭長法官聯席會議則作了改變。

(六)債務人異議之訴

某丙為某義務人之法定繼承人,繼承人因違反行政罰但已經死亡,某丙主張其並未繼受財產,對行政執行處對其帳戶所發扣押命令應如何救濟?

強制執行法第十四條第一項規定:「執行名義成立後,如有消滅或妨礙債權人請求之事由發生,債務人得於強制執行程序終結前,向執行法院對債權人提起異議之訴。如以裁判為執行名義時,其為異議原因之事實發生在前訴訟言詞辯論終結後者,亦得主張之。」行政執行法並未如強制執行法有此規定。

針對此一問題,最高行政法院九七年五月份第一次庭長法官聯席會議決議:「按行政執行名義成立後,如有消滅或妨礙債權人請求之事由發生,不論其執行名義為何,於強制執行程序終結前應許債務人提起異議之訴,以排除強制執行。行政訴訟法第三〇七條前段規定:『債務人異議之訴,由高等行政法院受理』,應認其係屬行政訴訟法關於債務人異議訴訟類型之規定。雖該條係列於同法第八編,但既未明定僅以同法第三〇五條第一或四項規定之執行名義為強制執行者為限,始有其適用,則行政處分之受處分人,於行政機關以行政處分為執行名義行強制執行時,如於執行名義成立後有消滅或妨礙債權人請求之事由發生,亦得於強制執行程序終結前,向高等行政法院提起債務人異議之訴[138]。」

本案例涉及行政執行法第十五條:「義務人死亡遺有遺產者,行政執行處得逕對其遺產強制執行。」依此規定,本案係針對遺產強制執行之爭議,而衍生對某丙帳戶所發扣押命令(是否某丙該帳戶與遺產繼承有關聯),應屬執行手段而屬於聲明異議之範圍。對此,某丙應可提起聲明異議,事後可再依上述說明向高等行政法院提起債務人異議之訴。

(七)第三人異議之訴

所謂第三人異議之訴,是指第三人就執行標的物有足以排除執行之權利,得於執行程序終結前,請求法院為不許對該物實施執行判決之訴訟而言。其適用範圍為公法上金錢給付之執行事件。在此所稱之「第三人」是指被執行

---

[138] 該次庭長法官聯席會議,共提出甲乙丙三說,甲說是否定得依行政訴訟法第三〇七條提起「債務人異議之訴」,乙說也主張不得援用行政訴訟法第三〇七條提起,但得依行政執行法第二六條準用強制執行法第十四條規定,提起債務人異議之訴,丙說即本次聯席會議之決議。

之當事人以外之人，亦即，執行名義效力所不及之人，其包括權利所有人及對於該所有人之財產有管理及處分權之人例如破產管理人、遺囑執行人等。所謂足以排除執行之權利，是指對標的物有「所有權或其他足以阻止物之交付或讓與之權利」。其內容大致包括所有權、用益物權（例如典權、地上權）、擔保物權（質權、留置權、抵押權）、占有、收取權、債權以及經假扣押、假處分之物等。

第三人異議之訴，應在執行程序終結前，依強制執行法第十五條[139]規定向管轄法院提起民事訴訟（參照行政執行法施行細則第十八條[140]）。且因第三人並未負有公法上義務，因此行政執行機關與第三人間並非立於行使公權力之行政執行關係，有關第三人之權利如遭受行政執行處之侵害，乃涉及私法上權利之侵害，應向普通法院尋求救濟。在上述情形，第三人同時依本法第九條聲明異議時，執行機關得依職權或依申請停止執行[141]。

但學者李建良對此提出質疑，而認為，因行政執行措施致第三人權利受有損害，具有公法性質，第三人之權利因執行措施而受有損害，亦應屬於公法上之爭議。例如執行人員誤認第三人之財產為義務人之財產而予查封，或執行機關於執行拆除處分時，誤第三人之房屋為應拆除之房屋等。較具爭議者，乃第三人就執行標的物有足以排除執行之權利，例如執行機關查封義務人之房屋，而第三人主張該房屋為其所有之情形，換言之，義務人與第三人之間發生系爭房屋之所有權誰屬之爭議。此種爭議，初觀之，似為人民之間的私權爭執，細究之，實為公法上之爭議，蓋造成第三人權利受到侵害，且為第三人所爭執者，乃執行機關之「查封」措施，而非義務人之行為，復因查封措施在性質上屬於公法行為，故此間所生之爭議應具有公法性質。至於義務人與第三人間之所有權爭議，則是構成該查封措施是否違法之事由[142]。但李氏仍認為現行行政執行法施行細則第十八條的規定，仍屬合法，是屬於行政執行法第二六條規定：「關於本章之執行，除本法另有規定外，準用強制執行法之規定。」之具

[139] 強制執行法第十五條規定：「第三人就執行標的物有足以排除強制執行之權利者，得於強制執行程序終結前，向執行法院對債權人提起異議之訴。如債務人亦否認其權利時，並得以債務人為被告。」
[140] 行政執行法施行細則第十八條規定：「公法上金錢給付義務之執行事件，第三人就執行標的物認有足以排除執行之權利時得於執行程序終結前，依強制執行法第十五條規定向管轄法院提起民事訴訟。」
[141] 陳清秀，公法上金錢給付義務之強制執行，植根雜誌，第17卷第7期，2001年7月，頁280。
[142] 李建良，行政執行之救濟，發表於：2006年5月28-29日海峽兩岸行政（強制）執行理論與實務研討會，舉辦地點：南京工業大學，頁202以下。

體化，尚不生違背法律之問題。

　　若肯認李氏之見解，則未來必須透過修法方式，將第三人異議之訴列為公法上之訴訟，劃歸行政法院管轄。但行政院（110年4月）所提修正草案第三二條：「第三人就執行標的物有足以排除行政執行之權利者，得於執行程序終結前，以移送機關為被告，向普通法院提起異議之訴。如義務人亦否認其權利時，並得以義務人為被告。」不採李氏見解。

第三節　行政執行法之內容

　　茲將行政強制執行的基本體系表列如下：

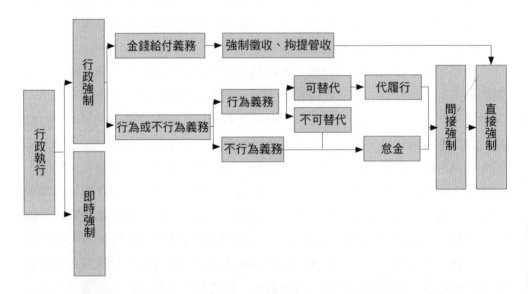

　　上述圖表，以「行政強制執行」之概念，作為我國行政執行法範圍之界定。在「行政強制執行」之下區分為「行政強制」與「即時強制」，其區分之標準在於有無義務之違反為前提，「即時強制」不同於「行政強制」在於其不以義務違反為前提。兩者雖同屬行政上強制手段之採取，但強制之原因不同，因此，兩者實有區分之必要。吾人論及行政強制執行，皆係以行政義務違反為前提，因此，即時強制列入我國行政執行法中，實有些不相稱之感覺。

第四節　行政法上金錢給付義務之執行

　　行政法上金錢給付義務之執行，係人民負有公法上所生金錢給付義務履行期間已過（無論是法定或書面限明履行）仍不履行者，國家以此為執行名義而進行之執行程序稱之[143]。

一、行政法上金錢給付義務執行之種類

　　行政執行法有關行政法上金錢給付義務執行之種類，依行政執行法施行細則第二條規定：「本法第二條所稱行政法上金錢給付義務如下：

　　一、稅款、滯納金、利息、滯報金、怠報金及短估金。
　　二、罰鍰及怠金。
　　三、代履行費用。
　　四、其他公法上應給付金錢之義務。」[144]

　　其他公法上應給付金錢之義務是指上述各款以外的情形，如人民對於行政機關提供服務或使用公共設施所需給付之規費或人民依國家興建公共設施而受有利益，依法應給付之受益費或國家基於特殊之目的，對特定之「集體義務人」課徵之特別公課屬之[145]。由該施行細則條文觀之，其涵蓋甚廣，似乎包括所有公法上應給付金錢義務之執行，皆應依行政執行法之規定為之。

二、執行要件

　　行政法上金錢給付義務係指人民依法令或本於法令之行政處分或法院之裁定，負有行政法上金錢給付義務，在一定條件下，逾期不履行，經主管機關移送，由法務部行政執行署所轄各行政執行處就其財產執行之謂。

　　除上述情形外，該條第二項規定：「法院依法律規定就行政法上金錢給付

---

[143] 行政執行法第十一條第一項各款之情形以及第二項的假扣押、假處分之裁定等，即屬所謂的「執行名義」。但有關第二項法院所為假扣押、假處分、應適用行政訴訟法第三○六條規定，非適用本法規定，未來宜刪除之。

[144] 依行政執行法施行細則之說明，由於行政法上金錢給付義務種類繁多，為期明確，爰於分款定義，除就實務上常見且占大宗之種類為例示規定外，另於第四款設概括規定，以期周延。

[145] 參閱司法院大法官釋字第四二六號；陳伯均，論行政執行法上之拘提管收，司法官訓練所，第44期學員，2004年10月，頁1。

義務為假扣押、假處分之裁定經主管機關移送者，亦同。」

依該條之規定，吾人可得知，行政法上金錢給付義務基本上須具備下述之要件，始得為之：

(一)須人民有行政法上金錢給付之義務[146]

行政法上金錢給付義務種類繁多，為期明確，法務部所制定行政執行法施行細則第二條，即將此予以類型化而稱：「本法第二條所稱行政法上金錢給付義務如下：一、稅款、滯納金、利息、滯報金、怠報金及短估金。二、罰鍰及怠金。三、代履行費用。四、他公法上應給付金錢之義務。」[147]

此外，行政法上金錢給付義務之人民，應包括自然人、法人與非法人團體。依行政執行法規定尚及於遺產繼承人（第十五條）、擔保人（第十八條）以及第二四條所規定拘提管收尚及於義務人以外之其他人[148]。

行政執行法第十五條規定：「義務人死亡遺有財產者，行政執行處得對其遺產強制執行。」本條之增設，主要為貫徹行政目的、強調迅速執行，而得對其遺產強制執行。本條規定係參考財務案件處理辦法第三七條訂定之。此外，依行政執行法第十八條規定，對於義務人逾期不履行第十七條第一項各款情形時，行政執行處得逕就擔保人之財產執行之。

目前實務上與學理上針對義務人死亡遺有財產得否執行，多探討該項義務是否具有一身專屬性，作為得否為行政執行之標的。一般認為，在罰鍰的情形由於為行政制裁，具有一身專屬性質，尤其不應無限制的繼承。至於在稅捐方面，有認為稅捐繳納義務屬行政法上金錢給付義務，其性質具財產性，而不具一身專屬性，因此納稅義務人死亡時，除其繼承人拋棄繼承或限定繼承或法律另有規定者外，依據繼承之法理，其納稅義務應由繼承人概括承受[149]。行政執行法修正草案也朝此方向修正，行政執行法修正草案第十五條第一項規定：「行政執行開始後，義務人死亡者，得續行強制執行。」第二項規定：「行政執行開始前，義務人死亡者，得對其遺產強制執行。」第四項規定：「第一

---

[146] 公法上金錢給付義務之概念不夠明確，以下皆改為行政法上金錢給付義務稱之。

[147] 此施行細則係於2000年1月12日，行政院臺89法字第00883號令訂定發布。最近一次修正是在2006年1月6日。

[148] 參考李震山，論行政法上金錢給付義務不履行之執行，收錄於：中央警察大學行政執行法學研討會，1999年5月11日，頁3以下。

[149] 財政部93年8月9日臺財稅字第09304537100號函。

項、第二項情形，行政執行處於繼承人未為拋棄或限定繼承時，得對其固有財產強制執行。但行政法上金錢給付義務為專屬被繼承人一身之債務或法律另有規定者，不在此限。」

(二)須行政法上金錢給付義務逾期不履行

此為行政執行法第十一條第一項之規定，其稱：「義務人依法令或本於法令之行政處分或法院裁定，負有行政法上金錢給付義務，有下列情形之一，逾期不履行，經主管機關移送者，由行政強制執行處就義務人之財產執行之：一、處分文書或裁定書定有履行期間或有法定履行期間者。二、處分文書或裁定書未定有履行期間，經以書面限期催告履行者。三、法令負有義務，經以書面通知限期履行者。」

依本項之規定，得以執行行政法上金錢給付義務之類別，有依法令、本於法令之行政處分或法院裁定三種。對於後兩者，皆屬具體處分，作為強制執行之「執行名義」毫無問題，行政執行法第十三條第一項第二款「處分文書、裁定書或義務人依法令負有義務之證明文件」應屬執行名義之文書。至於是否存在依法令而直接得以強制執行之情形？吾人則深表懷疑。若以上述所論及得以強制執行行政法上金錢給付之種類觀之，並無依法令之情形，吾人若欲對滯納金強制執行前，必須先有行政處分為前提，同樣地，有關受益費或特別公課亦屬此種情形，因此，實務上並不存在依法令得以強制執行之情形。此可能係立法機關參考舊法而產生的疏失[150]。

至於行政執行法第十一條第一項第三款規定的「依法令負有義務，經以書面通知限期履行者」，吾人認為金錢給付義務經常必須給付一定之金額，此種通知，通常會具體告知一定數額，故由此觀點，此種通知亦非屬催繳性質的觀念通知[151]。限期履行是給予義務人限期改善之機會，屬於告戒性質，如告戒期滿仍未改善，原處分機關即可以此名義，作為強制執行之依據。

---

[150] 我國舊法對於行為或不行為之強制執行，容許依法令行為之存在，此種規定仍有進一步探討之必要，但金錢給付義務之強制執行，直接依法令為之，就吾人觀察所得稅法或其他金錢有關之法規，卻不存在；因這些法規不依法繳納者，皆有催繳及處罰之程序，如對這些仍不遵從時，才執行強制執行，因而在此之前應先有具體處分之存在。相同意見：參照陳敏，行政法總論，作者自版，2011年9月，七版，頁823-824。另李惠宗教授則認為得直接依照法令為執行名義之見解，參照李惠宗，同前揭註31，頁522-523。

[151] 林錫堯，同前揭註82，頁842。

　　法院裁定處以行政罰，如社會秩序維護法之罰鍰以及非行政罰之停止營業、勒令歇業等。依法院裁定不必再通知限期履行，直接以此裁定作為執行名義。

　　因此，行政執行執行名義，只有行政處分才必須告戒限期履行，法院裁定之行政罰不必經此程序，但案件仍移送行政執行分署執行。

(三)須有逾期不履行或法院裁定假扣押、假處分並經主管機關移送者

　　本條得以強制執行之情形共有兩種，除前述所稱的逾期不履行的情形以及法院裁定外，另有本條第二項所稱，法院依法律規定就行政法上金錢給付為假扣押、假處分之裁定[152]。假扣押，是指債權人就金錢請求或得易為金錢請求之請求，欲禁止債務人處分其財產，以保全強制執行，而聲請法院所為之裁定而言。假處分是指債權人就金錢請求以外之請求，欲禁止債務人將請求標的物或有爭執法律關係之現狀變更，以保全強制執行，而聲請法院所為之裁定而言[153]。假扣押或假處分之實施，目的在於保全將來行政法上金錢給付義務之執行。

　　前述兩種情形行政法上金錢給付義務，係由主管機關移送法務部行政執行署及其所屬之行政執行分署，由其負責強制執行。因此，本條之條件除逾期不履行外或裁定行政法上金錢給付義務外，尚須經主管機關之移送，才算完成程序。

　　行政法上金錢給付義務之義務人有時因疏誤等原因未依限履行義務，因此，原處分機關或該管行政機關在將案件移送行政執行處執行前應先以各種方式盡量催繳，促其履行義務，以減少民怨[154]。

(四)須有執行名義

　　執行名義，係指確定行政法上金錢給付義務存在之文書或處分，依此得以作為強制執行之依據。依行政執行法第十三條第一項第二款所規定之「執行名

---

[152] 在此所謂依法律規定例如，依稅捐稽徵法第二四條第二項、第四九條，所得稅法第一一○條之一，關稅法第二五條之一第二項，海關緝私條例第四九條之一等規定，各該行政主管機關如發現義務人有隱匿或移轉財產逃避執行之跡象者，得聲請法院就其財產為假扣押或假處分之裁定。

[153] 參閱楊與齡，同前揭註119，頁66。

[154] 此為我國行政執行法施行細則第十九條之規定，本條為訓示規定。依該規定有除外情形，如所謂「執行憑證」，似乎是指行政法上金錢給付義務執行，義務人符合本法第十一條第一項各款所定情形，仍不履行時，由移送機關檢附上述情形作為執行依據，移送行政執行處執行稱之。

義」可分三類型，處分文書、裁定書以及依法令負有給付義務之證明文件。直接依法令可否作為執行名義，從權利保障角度觀察，似不宜為之為當[155]。

三、行政法上金錢給付義務之執行機關

(一)執行機關管轄權之確定

行政法上金錢給付義務之執行，原處分機關應將案件移送行政執行處，我國行政執行法施行細則第二〇條乃規定：「行政法上金錢給付義務之執行，應以執行標的物所在地之該管行政執行處為執行機關；其不在同一行政執行處轄區者，得向其中任一行政執行處為之。（第一項）應執行標的物所在地不明者，由債務人之住居所、公務所、事務所或營業所所在地之行政執行處管轄。（第二項）受理行政法上金錢給付義務之行政執行處，須在他行政執行處轄區內為執行行為時，應囑託他行政執行處為之。（第三項）」

若應執行標的物所在地不明者，為執行之方便，當然應以債務人之住居所、公務所、事務所或營業所所在地之行政執行處管轄。

(二)移送執行之相關規定

行政執行法第十二條之規定，行政法上金錢給付事件，由行政執行處之行政執行官、執行書記官督同執行員辦理之，不受非法或不當之干涉。本條文明定，行政執行之有關人員並授與執法的正當性，而不受任何非法與不當之干涉[156]。

行政執行處發動行政強制執行時，須有一定之憑證，足以證明義務人負有行政法上金錢給付義務，並已逾第十一條第一項各款之一所定期限而仍不履行時，始得據以執行[157]。基此，為使法律關係明確化，並加重移送機關移送時文書齊備之責任，乃有本法第十三條之規定而稱：「移送機關於移送行政執行處執行時，應檢附下列文件：一、移送書。二、處分文書、裁定書或義務人依法令負有義務之證明文件。三、義務人之財產目錄。但移送機關不知悉義務人之財產者，免予檢附。四、義務人經限期履行而逾期仍不履行之證明文件。五、

---

[155] 劉世良，論行政法上金錢給付義務執行之執行名義，玄奘法律學報，2012年6月，頁81。
[156] 本條已在行政執行法修正草案中已移至草案的第五條中，除原條文內容外，另增「遇有抗拒者，得使用強制力實施之。但不得逾必要之程度」。此段規定，加強執行人員執行權，以利於執行之貫徹。
[157] 楊與齡，同前揭註119，頁308。

其他相關文件。（第一項）前項第一款移送書應載明義務人姓名、年齡、性別、職業、住居所，如係法人或其他設有管理人或代表人之團體，其名稱、事務所或營業所，及管理人或代表人之姓名、性別、年齡、職業、住居所；義務發生之原因及日期；應納金額。（第二項）」

　　本條第一項規定應檢附之文書，其中最重要之文書，為第一款之移送書，因此對於本款，本條第二項再作進一步之補充，明定移送書應包括之內容，以免造成移送有所疏漏之情形。

　　行政執行應具備執行名義，因此應檢附作為執行名義之處分文書、裁定書或義務人依法令負有義務之證明文件，以使行政執行合於程序之規定。此外，移送時仍必須遵守本法第十一條所稱限期履行而逾期不履行之情形，對此情形，移送機關應檢附其限期履行仍不履行之文件。

　　至於第一項第三款之情形，是否應檢附義務人之財產目錄，則非屬必要之要件。但若此為移送機關所知悉之情形，則檢附當然有利於執行機關執行，因此，本款得視移送機關知悉與否，來決定是否檢送。

　　實務上經常衍生的問題，即移送機關將案件移送執行分署後，得否隨時、隨意撤回之[158]？

　　執行機關對移送機關之撤回，應否賦予審查權，見仁見智，惟就實務運作順暢並減少流弊，及課予移送機關，於移送前更慎重之作業義務著眼，實應賦予執行機關審查之權限。次查已廢止之財務案件處理辦法第八條規定：「財務案件移送後，如發現納稅義務人或受處分人，曾就同一事實，依訴願或行政訴訟法程序請求救濟時，原移送機關應在法院裁定或執行終結前，將原案撤回之。」[159]除此之外，所有撤回之案件，均應經執行機關審查同意，以杜絕弊端。因此，修法時行政執行法施行細則第二四條應修正為：「行政法上金錢給付義務執行事件移送該管行政執行處後，移送機關得於執行終結前撤回之。但應經行政執行處同意，於拍定後拍賣物所有權轉移前撤回者，亦應取得拍定人同意[160]。」

---

[158] 李清友，論行政法上金錢給付義務之強制執行，國立臺灣大學國家發展研究所碩士論文，2001年，頁92。

[159] 李清友，同前揭註158，頁92。

[160] 李佳宵，行政法上金錢給付義務執行相關實務問題之研究，東吳大學碩士論文，2005年11月，頁37。

行政執行法修正草案第二二條第一項規定：「執行事件移送該管行政執行分署後，移送機關得於執行程序終結前以書面敘明理由為全部或一部之撤回。」而草案第二項則將行政執行法施行細則第二四條的精神融入而稱：「前項情形，義務人之財產如已拍定，於拍賣物所有權移轉前撤回者，應經拍定人同意。」上述這些規定解決了有關「撤回」問題之爭議。

(三)行政法上金錢給付義務執行之方法與程序

1.通知義務人到場或報告財產狀況

行政執行法第十四條規定：「行政強制執行處為辦理執行事件，得通知義務人到場或自動清繳應納金額、報告其財產狀況或為其他必要之陳述。」

本條之情形有三：(1)到場清償應納金額：義務人若遵守其通知，而到場繳納，則無須進一步強制執行，本案即屬終結；(2)報告其財產狀況：通常義務人為逃避執行，常預行隱匿或處分其財產，而使金錢給付義務難以執行，因此執行機關有權要求其報告財產狀況。所謂財產狀況，是指義務人最近期間財產變動狀況以及現在所擁有之資產。要求其到場報告，通常係在不能發現義務人應交付之財產或已發現義務人之財產，不足清償公法上之給付時，須以書面定報告期限（如於通知後二十日內），並命其據實報告以及虛報之處罰等[161]；(3)其他必要之陳述。

上述(2)與(3)之情形，執行機關仍必須從事調查之活動，其主要對象為當事人財產狀況之調查，以作為執行機關執行下一措施的依據。有關調查，執行機關採所謂的職權調查主義。除本法規定外，得適用行政程序法之規定。依我國行政程序法第四〇條規定的精神，執行機關為調查當事人財產狀況，亦得要求當事人或第三人提供必要之文書、資料或物品等。

2.查封、拍賣、變賣、強制管理、參與分配

(1)查封

行政法上金錢給付義務執行之標的分為動產及不動產。針對動產之執行方法有查封、拍賣以及變賣。不動產執行方法為查封、拍賣與強制管理。

---

[161] 楊與齡，同前揭註119，頁165以下，行政執行法修正草案在通知義務人報告財產狀況，增列一個新條文，亦即增列執行機關的調查權，以及執行機關得向財稅或其他有關機關、團體或知悉義務人之人，調查當事人之財產狀況，上述調查者不得拒絕，否則有行政罰之規定。

查封亦稱扣押，乃為保全金錢給付義務得以實現，而限制義務人對於執行標的物為處分之執行行為。查封之財產須為義務人所有且非禁止查封之物（強制執行法第五三條規定之物）。查封為動產及不動產均適用之執行方法，二者僅在技術上及程序上略有不同[162]。查封為執行程序之第一步，標的物若未先經查封，則無從進行下一步驟的拍賣或變賣。動產或不動產經查封之後，義務人對之即喪失處分之權能[163]。

(2)拍賣與變賣

查封之動產，其換價方法有二，一為拍賣，一為變賣。依強制執行法第六〇條第一項前段規定：「查封物應公開拍賣之」，故以拍賣為原則，變賣為例外。拍賣是指將查封之動產或不動產，公開競價方式出售，並以其賣得之價金來清償義務人金錢給付義務之執行行為。為使多數人明瞭拍賣有關之事項，並使多數人知悉，屆期到場競買，使拍賣標的物易於賣出，行政執行處應先期公告。

拍賣，係將查封物變換價金，以清償義務人公法上應給付之義務。故扣除應給付之債權額後，如尚有餘額，應交還義務人。如前所述，拍賣亦應作成拍賣筆錄，由執行書記官為之。

變賣僅適用於動產，是指查封之物因特別原因，如易腐蝕性或保管困難，不經拍賣程序，而以相當之價格賣出之執行行為。變賣程序簡單，迅速結案，但變賣為動產換價的例外方法，須有法律特別原因始得為之。因此，依強制執行法第六〇條後段規定，變賣除上述所稱易腐蝕性或保管困難外，其他如保管費用過高、有減少價值之虞、為金銀物品或有市價之物品者，應皆可作為變賣的標的物[164]。

(3)強制管理

強制管理只針對不動產，動產並不適用之。強制管理是指執行機關對於已

---

[162] 查封動產與不動產，由查封人員實施之，在此並無區別。實施查封動產之方法，以執行人員實施占有之方法為原則，若其不自行保管而交付保管，為與未經查封之物明確區別，應使用標封、烙印或火漆印或其他適當方法等。而不動產之方法步驟為揭示，亦即，將查封事實公告周知，封閉以及追繳契據等，若查封已登記不動產則應先為登記。查封物交由保管人保管或有關機關保管或管理。

[163] 參閱李建良，同前揭註120，頁904以下。

[164] 強制執行法第六〇條尚規定「債權人及債務人聲請或對於查封物之價格為協議者」亦可適用，但此種情形應不適用於公法上，因為公法上行政執行處係執行行政法上金錢給付義務之執行者，係強制義務人履行公法上之義務，並非民法所稱的債權、債務關係，因此，不可以協議方式為之，似較合理。

查封之不動產，選任管理人實施管理，以其所得收益，清償金錢給付義務之執行行為。對於不動產之天然孳息或法定孳息雖得依對於動產或債權程序為之。惟強制管理，乃將不動產所生收益之整體為執行之標的物，主要目的在使義務人喪失其收益權能，將其移由管理人行使，以其所得收益，作為清償之用[165]。透過強制管理，使義務人立即喪失不動產所生收益，確實足以影響其居住與生計，但其優點是，義務人並不喪失不動產所有權，能顧及義務人之權益。

強制管理之標的，應為不動產，且該不動產須有收益以及該收益未受強制執行等要件。

(4)參與分配

此處所指的參與分配，是指債權公平分配之原則，強制執行所得之金額，相關債權人聲請平均受償之謂。依行政執行法第十六條第一項不得再行查封，即本參與分配原則，避免重複查封，但亦不損及債權人之利益的措施。

但若有二以上不同執行機關就同一義務人之同一標的物進行查封，仍本持不得再行查封，但仍得參與分配之原則，使其他機關之利益亦能受到維護，此乃本法第十六條第二項立法之旨意。

參與分配，係採「優先債權分配原則」，債權有擔保物權及其他法定優先權者，優先於一般債權人而受清償。稅捐之徵收，早期並無優於其他債權或物權之規定，但在釋字第二二四號之解釋卻提出，稅捐之徵收，應重新檢討稅捐之保全與優先受償之問題。基此，民國79年1月24日所修正的稅捐稽徵法第六條第一項與第二項規定：「稅捐之徵收，優先於普通債權。（第一項）土地增值稅之徵收，就土地之自然漲價部分，優先於一切債權及抵押權。（第二項）」稅捐屬國家依法對義務人享有行政法上金錢給付義務請求權，在參與分配時，享有優先受償之地位。

(四)釋字第五八八號解釋後，有關拘提管收條文之修正[166]

1.第十七條條文有關拘提管收修正內容

第十七條第二項以下規定：

---

[165] 楊與齡，同前揭註119，頁599。
[166] 有關修正前之條文敘述及其過程，請參照：蔡震榮，行政執行法，元照出版，2008年9月，四版，頁153以下。

「義務人經行政執行處依前項規定命其提供相當擔保，限期履行，屆期不履行亦未提供相當擔保，有下列情形之一，而有強制其到場之必要者，行政執行處得聲請法院裁定拘提之：

一、顯有逃匿之虞。

二、經合法通知，無正當理由而不到場。

法院對於第二項聲請，應於五日內裁定，其情況急迫者，應即時裁定。

義務人經拘提到場，行政執行官應即訊問其人有無錯誤，並應命義務人據實報告其財產狀況或為其他必要調查。

行政執行官訊問義務人後，認有下列各款情形之一，而有管收必要者，行政執行處應自拘提時起二十四小時內，聲請法院裁定管收之：

一、顯有履行義務之可能，故不履行。

二、顯有逃匿之虞。

三、就應供強制執行之財產有隱匿或處分之情事。

四、已發見之義務人財產不足清償其所負義務，於審酌義務人整體收入、財產狀況及工作能力，認有履行義務之可能，別無其他執行方法，而拒絕報告其財產狀況或為虛偽之報告。

義務人經通知或自行到場，經行政執行官訊問後，認有第五項各款情形之一，而有聲請管收必要者，行政執行處得將義務人暫予留置；其訊問及暫予留置時間合計不得逾二十四小時。

拘提、管收之聲請，應向行政執行處所在地之地方法院為之。

法院受理管收之聲請後，應即訊問義務人並為裁定，必要時得通知行政執行處指派執行人員到場為一定之陳述或補正。

行政執行處或義務人不服法院關於拘提、管收之裁定者，得於十日內提起抗告；其程序準用民事訴訟法有關抗告程序之規定。

抗告不停止拘提或管收之執行。但准拘提或管收之原裁定經抗告法院裁定廢棄者，其執行應即停止，並將被拘提或管收人釋放。

拘提、管收，除本法另有規定外，準用強制執行法、管收條例及刑事訴訟法有關訊問、拘提、羈押之規定。」

2.修正第十九條條文內容

第十九條規定：「法院為拘提之裁定後，應將拘票交由行政執行處派執

行員執行拘提。（第一項）拘提後，有下列情形之一者，行政執行處應即釋放義務人：一、義務已全部履行。二、義務人就義務之履行已提供相當擔保。三、不符合聲請管收之要件。（第二項）法院為管收之裁定後，應將管收票交由行政執行處派執行員將被管收人送交管收所；法院核發管收票時義務人不在場者，行政執行處得派執行員持管收票強制義務人同行並送交管收所。（第三項）管收期限，自管收之日起算，不得逾三個月。有管收新原因發生或停止管收原因消滅時，行政執行處仍得聲請該管法院裁定再行管收。但以一次為限。（第四項）義務人所負行政法上金錢給付義務，不因管收而免除。（第五項）」

(五)修法內容評析

本次修法有關拘提管收的實體要件與程序，除配合本號解釋適度修正，且增加一部分程序規定，而更能符合憲法第八條「法定程序」之要求，對此深表贊同。但第十七條第一項的「限制住居」部分與其他強制手段並列，是否可以通過憲法第二三條比例原則的考驗，是仍有探討的餘地。

至於德國「替代宣誓之保證」制度在本次修正條文中並未增列，但在修正條文第十七條第四項以及第五項第四款有將「據實報告財產狀況」更為明確規定，似可將德國「替代宣誓之保證」部分精神參酌引用，依我國目前狀況應已足夠，未來是否引進該制度，仍可進一步評估。

修正條文第十九條部分，除配合本號解釋實質警察權之解釋，仍由執行員執行拘提管收外，另整列拘提後釋放義務人之要件，以及增列核發管收票時義務人不在場的處理程序，使得程序更為周全。

(六)行政執行法第十七條再修正（2010年2月3日）

行政執行法第十七條第二項規定：「前項義務人有下列情形之一者，不得限制住居：一、滯欠金額合計未達新臺幣十萬元。但義務人已出境達二次者，不在此限。二、已按其法定應繼分繳納遺產稅款、罰鍰及加徵之滯納金、利息。但其繼承所得遺產超過法定應繼分，而未按所得遺產比例繳納者，不在此限[167]。」

---

[167] 原本只有本項第一款規定，2010年2月3日增列第二款，而成為現行條文之規定。

　　本項第一款以新臺幣10萬元作為限制出境之標準，與稅捐保全之金額顯著差異（個人至少欠稅100萬以上）。但執行分署以區區金額作為限制出境，有金額重大差異是否妥當，值得探究。

　　其次，本項第二款所稱「法定應繼分」是指遺產及贈與稅法第四一條之一規定：「繼承人為二人以上時，經部分繼承人按其法定應繼分繳納部分遺產稅款、罰鍰及加徵之滯納金、利息後，為辦理不動產之公同共有繼承登記，得申請主管稽徵機關核發同意移轉證明書；該登記為公同共有之不動產，在全部應納款項未繳清前，不得辦理遺產分割登記或就公同共有之不動產權利為處分、變更及設定負擔登記。」

　　是以，遺產稅納稅義務人如為繼承人，且繼承人為二人以上時，可依前述規定向國稅局申請按法定應繼分分單繳納，惟在遺產分割前，各繼承人對於遺產全部為公同共有，全體公同共有人對應納稅捐仍負連帶責任，故如繼承人之一依法申請按應繼分分單，經國稅局核准，並就該分單之稅款繳納完竣後，雖依財政部86年9月27日臺財稅第861912388號函釋規定，可免為限制出境之處分，惟對尚未繳清之遺產稅，仍負有連帶納稅義務之責任[168]。

　　有關租稅保全事項，行政執行法與稅捐稽徵法競合時，稅捐稽徵法規應解為特別規定，行政執行法規定為一般規定，依特別法優於普通法原則，適用稅捐稽徵法規，對於欠稅義務人之限制出境，應以稅捐稽徵法規為法律依據。其次，稅捐稽徵於稽徵期間屆滿前，仍可移送行政執行處繼續執行，按行政執行法第七條規定，自五年期間屆滿之日起已逾五年尚未執行終結者，不得再執行。因此，行政執行處依據移送之案件，對已按其法定應繼分繳納遺產稅款、罰鍰及加徵之滯納金、利息者，不得作出限制出境之處分，此點呼應財政部86年9月27日臺財稅第861912388號函釋規定，對當事人權利保護也較為周到。

（七）禁奢條款（第十七條之一）規定（2010年2月3日公布）

　　本條規定：

　　「義務人為自然人，其滯欠合計達一定金額，已發現之財產不足清償其所負義務，且生活逾越一般人通常程度者，行政執行處得依職權或利害關係人之

---

[168] 參閱臺北市國稅局於2010.11.11之新聞稿，參閱財政部臺北市國稅局分網，2011年1月10。

申請對其核發下列各款之禁止命令，並通知應予配合之第三人：

一、禁止購買、租賃或使用一定金額以上之商品或服務。

二、禁止搭乘特定之交通工具。

三、禁止為特定之投資。

四、禁止進入特定之高消費場所消費。

五、禁止贈與或借貸他人一定金額以上之財物。

六、禁止每月生活費用超過一定金額。

七、其他必要之禁止命令。

前項所定一定金額，由法務部定之。

行政執行處依第一項規定核發禁止命令前，應以書面通知義務人到場陳述意見。義務人經合法通知，無正當理由而不到場者，行政執行處關於本條之調查及審核程序不受影響。

行政執行處於審酌義務人之生活有無逾越一般人通常程度而核發第一項之禁止命令時，應考量其滯欠原因、滯欠金額、清償狀況、移送機關之意見、利害關係人申請事由及其他情事，為適當之決定。

行政執行處於執行程序終結時，應解除第一項之禁止命令，並通知應配合之第三人。

義務人無正當理由違反第一項之禁止命令者，行政執行處得限期命其清償適當之金額，或命其報告一定期間之財產狀況、收入及資金運用情形；義務人不為清償、不為報告或為虛偽之報告者，視為其顯有履行義務之可能而故不履行，行政執行處得依前條規定處理。」

立院三讀通過行政執行法修正條文，增列號稱「孫道存條款」的禁奢條款，規定積欠行政執行處大筆債務，財產不足以清償欠款者，若仍過著奢華生活，行政執行處可以命其限期清償、報告財產狀況，嚴重者甚至可以拘提、管收。

第五節　行為或不行為義務之執行

一、行為與不行為義務執行與其他行政行為之區別

(一)行政罰與行政執行間的界限

　　行政罰與行政執行間的界限，在我國法律規定上並非相當清楚，有些法規對於行政罰與行政執行間，層次分明，先有行政罰在先，對仍不遵守行政上處罰者，則施以行政執行手段，但有些則僅施以強制手段，而並無行政上處罰在先。吾人以外國人或大陸人士的逾期停留為例。入出國及移民法第三六條第一項第八款及第八五條第四款規定，逾期停留者，除處以2,000元以上1萬元以下罰鍰外，並得強制驅逐出國等兩種規定。反觀，大陸人士的逾期停留，卻無處以罰鍰規定，僅得依臺灣地區與大陸地區人民關係條例第十八條，主管機關僅得逕行強制出境[169]。

　　一般而言，採取行政執行措施前，主管機關總是為一下命令或禁止的行政處分，此即所謂的基礎處分，在此基礎處分當事人有遵守的義務，如前述的「強制出國」處分屬之，此種下令處分，與行政罰法第二條第一款的限制或禁止處分相當。而行政執行則是通常是針對下命或禁止處分的限期履行，對仍不遵守者，採取強制措施的程序。

(二)怠金與按日連續處罰

　　行政罰與行政執行，都是行政機關針對違反行政法上義務者所為之處罰或強制手段之採取。兩者間的界限為何，本有爭議。在行政執行法中所規定的「怠金」，其與我國環保法規中所稱的「按日連續處罰」究竟有無本質的差異，是否應為不同的處理本有爭議，如今卻因行政執行法第三一條第一項後段規定「但法律另有特別規定者，不在此限」，而更加紊亂了怠金與按日連續處罰性質。

　　在實務處理上，違反義務者對於依行政執行法被處以怠金者，得依行政執行法第九條聲明異議，反觀違反環保法規者的「按日連續處罰」，則被視為

---

[169] 同樣屬逾期停留，僅因外國人或大陸人士之不同，而該二法規卻有不同處罰之規定，是否公平實有待檢討。

行政罰，當事人不服依法得提起訴願。兩者間在實務處理上，有本質的不同。但觀察兩者都是在處予行政罰後，限期改善仍不改善的情形下[170]，所為之「怠金」或「按日連續處罰」，兩者只是科處名稱以及適用法律不同而已，是否因此而有本質差異，容有爭議。

(三)釋字第六〇四號解釋之影響

本號解釋認為：「道路交通管理處罰條例第五十六條第二項有關執法人員得於舉發其違規後，使用民間拖吊拖離違規停放之車輛，並收取移置費之規定，係立法者衡量各種維護交通秩序之相關因素後，合理賦予行政機關裁量之事項，不能因有此一規定而推論連續舉發之規定，違反憲法上之比例原則。」

大法官在本號解釋創造出主管機關得就連續處罰與執行拖吊間，得基於裁量權自由選擇執行何種手段，亦即，行政罰與行政執行之採行，屬主管機關的裁量權，此種說法，確實更造成了行政罰與行政執行界限的混淆[171]。

本來對於當事人不在的情形，因無法通知當事人，但對該違規車輛，有即時處置之必要，則仍應採取執行拖吊之強制措施。但本號解釋，卻尊重立法之旨意，而承認了「連續舉發」的制度，給予主管機關得藉由行政之便，而得自由決定其應採取之措施，此種立法是否仍合乎法律制度區分之本質（行政罰與行政執行），則有存疑。可惜，本號解釋卻承認此種立法為合憲的。

二、行為或不行為義務執行之基礎

行政執行法第二七條規定：「依法令或本於法令之行政處分，負有行為或不行為義務，經以處分書或另以書面限定相當期間履行，逾期仍不履行者，由執行機關依間接強制或直接強制方法執行之。（第一項）前項文書，應載明不依限履行時將予強制執行之意旨。（第二項）」本條之規定，係除上述行政法上金錢給付義務執行外的另一種重要強制手段之發動。其重點茲敘述如下：

---

[170] 此種限期改善的性質，為行政處分。因為若不遵守限期改善的義務，則產生義務人將被處以怠金或連續處罰等之法效果。

[171] 本號解釋後段也舉出：「……於舉發後，使用民間施吊車拖離違規停放之車輛，並收取移置費之規定，係立法者衡量各種維護交通程序之相關因素後，合理賦予行政機關裁量之事項，不能因有此一規定而推論連續舉發並為罰之規定，違反憲法上之比例原則。」此論理認為，拖吊與連續處罰屬主管機關裁量之範圍。如此解釋，如認連續處罰的性質屬怠金之性質，尚屬可採，因同屬行政執行的手段，但若認為屬行政罰的話，恐會造成兩者界限之模糊。

(一)依法令或本於法令之行政處分

　　行政強制執行是一種對義務人權益影響甚重之執行，為期尊重義務人之權利，並使法律明確性與具有可預測性以及可預見性，通常要求以行政處分為原則。只有在緊急情形，來不及告戒，才得無行政處分而直接以依法令為之，此種情形，吾人稱之為即時強制。義務人行為或不行為義務之執行，本法共有「依法令」以及「本於法令之行政處分」兩種情形。其中較具有爭議的為所謂「依法令」之執行。此種規定係延續原舊有行政執行法第三條及第四條規定而來。於此次修正時，已將即時強制排除於行為或不行為之外，因此，本法第二七條所稱的「依法令」，仍必須踐行階段式之程序，亦即須以書面為告戒，非指即時強制至為明確。直接以「依法令」作為強制執行基礎，似乎事實上並不存在，因為法規通常屬抽象之規定，而行政上之強制，應屬具體個別之情形，事先應有一具體處分為基礎，以表現其強制性，如此，始可為執行之發動。吾人若觀之，德國聯邦行政執行法第六條第一項即可得知，踐行階段式之執行程序，係以行政處分為執行基礎，該行政處分之內容應足夠明確，且具有可執行性，亦即，非屬形成或確認處分，而屬下命或禁止之處分。如下令拆除違建之處分，因為直接賦予義務人拆除義務，因此具有可執行性。此外，該行政處分，在法救濟上已具有不可撤銷之情形[172]。由上述德國法令之分析情形觀之，我國所謂「依法令」之規定，可能係立法上之疏忽，似乎無存在之必要[173]。最近一次行政執行法修正草案，將「依法令或本於法令之行政處分」修改為「依行政處分或法院之裁定」，以規避上述本條文之錯誤。若將「依法令」文字刪除，是否造成行政機關執行上之困難，本書認為，只要法律規定義務人有行為、不行為義務，且經行政機關以書面通知限期履行，否則強制執行之文書，此種書面通知，即屬本於法令之行政處分，仍符合刪除後之規定[174]。

(二)負有行為或不行為義務

　　義務人負有行為或不行為義務，但是否包括忍受之義務，本條並無規定。是否本規定，屬列舉或例示規定，宜進一步探討。吾人若從行政強制執行

---

[172] Brunn, a.a.O., S.39f。

[173] 學者李建良亦採此一觀點。詳參：李建良，同前揭註120，頁913以下。

[174] 法務部曾作成法律字第0910700384號以及法律字第0970034415號函釋，都以第二七條之「依法令」為解釋，但未來「依法令」文字刪除後，行政機關仍可以限期改善通知書，以行政處分方式為之。

處分屬下命或禁止處分觀之，若欲將忍受義務之處分都包括在內，似乎本條規定應是屬例示規定，亦即，忍受之義務亦應包括之。行為義務例如，有拆除違建屋之義務、營業登記之義務、參加交通講習之義務及接種疫苗之義務等。不行為義務，如被勒令歇業仍從事之、禁止駕駛之義務、從事被禁止之活動如，私娼等。忍受之義務如，營業所有忍受檢查或調查之義務，如稅捐機關資料之調查或警察機關之臨檢、盤查等。例如公司法第二一條第一項規定：「主管機關得會同目的事業主管機關，隨時派員檢查公司業務及財務狀況，公司負責人不得妨礙、拒絕或規避[175]。」行為義務，有可能包括可由他人替代，如拆除違建，與不可替代，如參加交通講習之義務。又如對違章建築的拆除、依法令之物的扣留與搜身等措施之忍受，進入場所之檢查等，所有權人皆有忍受之義務。但不行為與忍受義務依其本質則屬不可替代之行為[176]。

　　但上述有關調查或警察之臨檢行為，若認為該行為是行政處分的話，充其量其應也僅是下命的行政處分，對此下命受檢查之人，有忍受之義務，但若其不從，才有強制執行發動之可能。若依此觀點，受檢查人應有忍受臨檢之義務，對此不從，則可採強制執行臨檢之手段，而將本條文概念擴充至人民負有忍受的義務上，對人民權利保障恐較為不周。吾人認為，宜維持現行法「負有行為或不行為」作為發動之要件，似不宜包括「忍受義務」在內[177]。

(三)經以處分書或另以書面限定相當期間履行，逾期仍不履行者

　　本規定係參考德國聯邦行政強制執行法第十三條第二項規定而來[178]。本規定即屬所謂的「告戒」，其包括在處分書直接告戒之情形，亦即，處分書同時載有履行期限者，於其所定期限屆滿仍不履行，以及於處分書外，另以書面限定相當期間告戒其履行之情形，係針對無處分書依法令之行為。

---

[175] 此為典型忍受義務之強制執行，該條第二項規定：「公司負責人妨礙、拒絕或規避前項檢查者，各處新臺幣二萬元以上十萬元以下罰鍰；連續妨礙、拒絕或規避者，並得按次連續各處新臺幣四萬元以上二十萬元以下罰鍰。」

[176] App, Verwaltungsvollstreckungsrecht, 1989, §48, Rdnr. 753.

[177] 吾人若觀之上述公司法第二一條規定，若不遵守忍受檢查之義務時，僅得處以罰鍰，而非即時採取強制執行之手段，且諸多忍受義務，係發生在即時強制上，如人的管束、物的扣留或住所之侵入等，並非是此處所稱的直接或間接強制處分，故本書建議，仍不宜擴充「行為或不行為」概念之內涵為宜。但如法律明定則不在此限，如警察職權行使法第七條第二項規定：「無法查證身分時，警察得將該人民帶往勤務處所查證；帶往時非遇抗拒不得使用強制力…。」即是規定不遵受忍受義務，得使用強制力之規定。因此，法律明定為例外規定，而行政執行法本身，仍不宜擴張，對人民權利較有保障。

[178] 該法第十三條第二項第一句規定：「告戒與課以作為、忍受、不作為之行政處分得同時為之」。

此外，為使義務人明瞭處分書或限期履行書之法律效果，並得以為適當準備，確實尊重義務人之權益，依本法第二七條第二項規定，此項文書，應載明不依限履行時將予強制執行之意旨。

本款「告戒」規定之意旨在於，強調法律之明確性，提高執行效率，使義務人重視處分書或限期履行書之法律效力。此種（獨立）告戒，另一功能是將原行政處分（下令或禁止處分）轉為強制處分，因此，告戒為行政強制執行之核心，不管於處分書內或獨立告戒之情形，其內容應足夠明確。執行機關應告知採取何種方法，怠金、代履行或直接強制等，直接強制應告知採取何種型態為之，怠金應告知確定怠金之數額，不得僅以最高數額為上限，而不告知確定金額，代履行應告知預估代履行費用。告戒所定限期，應合宜考量義務人之狀況，以及有足夠時間來履行義務，應合乎比例原則[179]。告戒書應送達義務人。

怠金之告戒性質與代履行以及直接強制等告戒之性質不同，怠金以告戒為主要，透過告戒而產生另一新的義務，亦即怠金清償之壓力，併存於原來應履行之義務。反之，代履行以及直接強制之告戒，並非主要目的，其主要目的在於原來義務之履行，因此重點在於確定與執行之程序[180]。

(四)強制方法

義務人經由告戒屆滿，亦即，逾期仍不履行，則由執行機關採取強制手段執行之。

其可分為間接強制與直接強制。而間接強制依本法第二八條規定，包括代履行與怠金兩種。強制方法可反覆為之，甚至可轉換，如行政執行法第三二條由間接強制方法轉換成直接強制即為其例。

三、代履行

(一)代履行之意義

代履行通常係指可替代性之作為義務，義務人不履行而經由法定程序告戒仍不履行時，則由義務人以外之第三人強制踐行該義務，並由行政機關向義務

---

[179] App, Verwaltungsvollstreckungsrecht, 1989, § 54, Rdnr. 811ff.
[180] Hanns Engelhardt/Michael App, Verwaltungsvollstreckungsgesetz, Verwaltungszustellungsgesetz, 1996, S.110.

人徵收費用之一種間接強制之手段。在此值得一提的是，行政執行法第二九條第二項規定：「前項代履行之費用，由執行機關估計其數額，命義務人繳納；其繳納數額與實支不一致時，退還其餘額或追繳其差額。」就此項規定並配合本法第二七條之以書面告戒觀之，執行機關估計代履行費用數額，應是在提出處分書或另以書面告戒時，同時為之。該項徵收之程序，設有預估數額事先繳納之規定，主要在以敦促義務人能自行履行。因此，代履行手段之採取應具備下列條件始得為之：

1.該作為義務係屬可替代之義務。

2.義務人經由法定程序（告戒並估計代履行執行所需數額、確定）仍未踐行該義務內容。

3.由義務人以外之第三人代為履行，此時義務人對該次執行有忍受之義務。

4.義務人須負擔代履行所支出之費用。

論及可替代性時，是指一種積極的作為，由他人替代義務人完成之，而非指忍受或不作為，這些行為通常是不可替代的，只能由義務人為之[181]。首先必須先排除那些不具可替代性之行為。不可替代之行為，則不能實施代履行，此類經常是不作為或忍受之義務以及高度屬人性之行為（如僅能由義務人進行之意思表示或其他行為），例如，強制注射疫苗、接受調查等等。

此外，代履行之標的須可強制之行為方屬之。僅在法律上允許第三人為之，對關係人（有權者）而言，不論是否由義務人或第三人履行，在事實上及經濟上同樣可達到效果時，方屬之。是否該行為具一定基本訓練或專業知識則不重要，若執行因發生此類問題時，通常可要求義務人或其他具該項專業人才幫忙解決之。

(二)代履行制度之內容及法律關係

1.概念及前提要件

代履行係指可替代行為，義務人經由法定程序不履行所命之行為，行政機關得委託第三人代為履行，並責由義務人負擔履行之費用稱之。代履行目前在

---

[181] App/Wettlaufer, Verwaltungsvollstreckungsrecht, 4.Aufl, 2005, §33, Rdnr. 2.

德國以行政處分之存在為前提，我國則包括依法令之行為在內。

2.行政機關自己執行是否屬代履行

依我國原舊有行政執行法第三條規定，行政機關自己執行係包括在舊法的代執行制度中。修正後的代履行制度，似有仿效德國聯邦行政強制執行法而來的。德國聯邦行政強制執行法針對代履行制度，只採取由他人代為履行才屬之，行政機關自行執行屬於直接強制，原則上由行政機關自行負責，並無費用徵收的問題。但採行此種狹義的代履行制度，對行政機關較為不利，且基於財政上的理由，德國若干邦乃採廣義的代履行制度，將其擴充至行政機關自行執行的情形，亦即，將此種原本屬於直接強制的代執行，也要求義務人費用分擔之強制義務[182]，此種代執行之概念在強調義務人之義務，由他人包括行政機關本身代為執行[183]。而產生聯邦與若干邦對代履行制度有不同之規定。

3.代履行執行前之必要程序

執行機關委託第三人或指定人員代履行時，為使義務人明瞭執行程序與執行情形，能事先有所準備，以確保自己權益，執行機關應以文書載明下列事項，送達於義務人：

(1) 執行機關及義務人。

(2) 受委託第三人或指定之人員。

(3) 代履行之標的。

(4) 代履行費用之數額、繳納處所及期限。

(5) 代履行之期日[184]。

上述所稱「指定之人員」代履行，若與「第三人」相比較（排除適用），指定之人員應是指機關自己指定之人代履行，重點擺在代履行作為上，因此包括機關內外以及人員皆可被指定代為履行行為。若如此解釋時，只要義務人應作為之義務，無論何人執行，只要達到義務履行之狀態，皆可徵收費用。

---

[182] Maurer, Allgemeines Verwaltungsrecht, 9. Aufl. 1994, S.458.
[183] 行政執行法第二九條第一項後段「指定人員」，若屬行政機關指定機關或人員（非私人或團體）為之，即有可能符合行政機關本身代為執行之概念。
[184] 參閱行政執行法施行細則第三二條規定。

4.代履行之實施

代履行之實施若由第三人為之[185]，行政機關係以私人簽訂私法契約，命第三人代為履行；契約之履行之際，行政機關得透過一執行官監督之，並對於義務人反抗第三人執行之際，得以直接強制中斷之。第三人（企業）執行費用之要求與其他契約上請求則向機關為之，而非直接向義務人，這純粹私法上之性質。代履行雙重之法律性質（機關與義務人間公法關係，機關與代為履行之他人私法契約），最近漸受質疑，有人提出機關與代履行之他人之關係為須同意之行政處分性質，而將其歸屬公法上勤務之行為。又有人提出公法契約說[186]。但私法契約仍屬通說。因為受委託之第三人，執行代履行時，係以委託者之名義為之，並非以自己名義行使公權力，因此，私法契約說較為合理。

受委託之第三人於實施代履行之際，有遭受義務人抗拒之虞、執行目的有難以實現之虞或執行事項涉及其他機關情事，因受委託之第三人，僅屬以委託者名義行使公權力，本身不能單獨對外為行政處分，與執行機關（委託機關）之法律地位不同，不能直接請求其他機關協助，因此，若發生上述情事，該受委託代履行之第三人，應即通知執行機關，俾由執行機關請求其他機關之職務協助[187]。

6.參與者間的法律關係

義務人與第三人間不存在直接法律關係。但義務人應忍受第三人基於代履行令所為之必要行為（如進入土地與房子拆除等）。在此產生忍受之義務。

機關因委託支付第三人所墊之費用，義務人應負擔之。有關代履行費用數額，執行機關得於執行前，要求義務人支付執行預估費，如前所述，得於處分書或另以書面告戒為之。執行完畢後，若其預先繳納數額，與實支不一致時，執行機關退還其餘額或追繳其差額。因此，差額部分執行機關具有公法上之請求償還權，而得以頒布行政處分，並得以依公法上金錢請求之規定向義務人徵收。

---

[185] 我國新修正之行政執行法除委託第三人外，尚包括所謂「指定人員」，至於「指定人員」之範圍及內涵為何，容有探討之餘地，吾人認為指定人員是否為該機關的公務員或其他人員，並不重要，只要其非執行行為，而僅屬指揮監督之行為，則其所為即非屬執行機關自行執行之行為。
[186] Maurer, Allgemeines Verwaltungsrecht, 15.Auflage, 2004, § 20, Rdnr.14.
[187] 參閱行政執行法施行細則第三三條之規定。

　　但若將自己執行視為直接強制時，則執行費用僅在有特別法規定時才得向義務人徵收之。

　　吾人對代履行間三者的法律關係，以下列圖示為之：

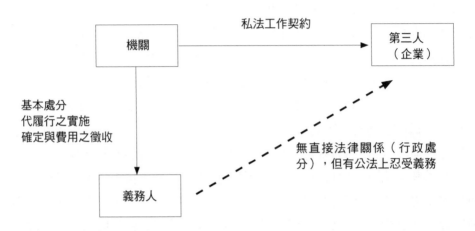

(三)違法代履行責任之探討

　　吾人論及代履行制度時，總會先以行政機關、義務人與執行義務之第三人間的法律關係加以分析。因行政機關對義務人頒布一具有強制措施的行政處分，因此機關與義務人間產生公法上之法律關係。機關與第三人間所定之履行契約則為私法契約。而代履行費用，乃是第三人履行義務人應為之行為而生的費用，由機關支付第三人，因此，行政機關對義務人乃產生墊款償還之請求權，其透過給付決定處分，而以行政執行法徵收方式為之[188]。其仍屬公法上之法律關係。通常這些法律關係在合法情形下執行，應不產生問題。但若代履行屬違法時，是否仍得要求義務人償還費用，則有探討之餘地。

　　目前學說持否定之態度，其認為不能要求之。因為，如前所述，行政機關與義務人存在著公法上之法律關係，因此，機關不得在有違反執行之情形下，仍以民法上之無因管理或不當得利，來要求義務人償還其所墊付之費用。同樣地，通常，第三人（企業）僅是執行機關之任務依契約而負有義務，缺乏必要的管理他人事務之意思，此外，原則上其與義務人間並不存在任何法律關係，

---

[188] Joachim Burmeister, a.a.O., S.257.

基此，他亦不能以無因管理或不當得利來要求義務人償還其所支出之費用。

此外，代履行執行中產生事物之損害，向誰以及如何求償之問題，亦值得探討。以汽車拖吊為例，警察委託第三人來執行拖吊，若拖吊行為不合法，而產生汽車毀損之情事。吾人通常不能對拖吊之第三人，以其有責觸犯執行業務而要求賠償，因為其執行事務係基於警察委託而來，其缺乏管理他人事務之意思。因此，義務人應向行政機關請求之。

第三人與義務人間通常無任何法律關係，但若第三人執行代履行行為時，對義務人為民法上之侵權行為，是否在此情形下，仍應由機關負責，則有探討之必要。例如，第三人實施車輛拖吊後，而將拖吊之車駕駛出遊，導致車輛受損，就此，主張第三人應負直接賠償之責似乎較為合理[189]。對此，有人建議，凡屬民法上之侵權行為，執行之第三人，應直接負責，至於其他行為則先向行政機關請求之。但就人民權利保障而言，吾人較贊成不做區分為宜，只要有損害之情形，應由機關負責，之後，有關求償之問題，再由機關與第三人依契約求償之。

(四)代履行之執行與留置權

代履行之第三人獨立地不受指揮或命令來完成所託之任務。在拖吊車輛之事務上，執行機關得賦與代履行之第三人，在義務人支付拖吊費後才交車。此種權限透過特別法，授權警察機關，其規定如下：「物之歸還得依費用支付而定。」[190]此種保留係在許可之列[191]。在此，第三人與義務人不成立無因管理，因為第三人僅是為機關而執行之（行政助手），其面對義務人乃是為確保機關之留置權與要求其支付之請求權[192]。

(五)預估費用事先繳納合法性之探討

執行費用之預先繳納，係在基礎的行政處分可執行之情形，以及已採取告戒及確定之情形為之，通常預估金額係在確定之程序中為之。

---

[189] Hans Engelhardt, a.a.O., S.62f.
[190] 此規定於Rheinland-Pfalz PVG §25 III（警察法）；因為基本上拖吊業者只是行政助手而已，但因由其保管車輛，故若車主前往領車，不授權其有收取費用之權，恐造成不便，乃有此法律特別授權；App/ Wettlaufer, Verwaltungsvollstreckungsrecht, 4 Auflage, 2005, S.203。
[191] 德國聯邦行政法院持贊同之看法，參閱 BverwG, B 18.1. 1982。
[192] Sadler, a.a.O., S.124.

此種制度之設計，欲藉由預估費用，加強義務人得予主動履行該項義務。因此，此種預先強制徵收，合法性不容質疑[193]。

第三人執行完畢後，主管機關仍應確定最終之執行費用，此時，若義務人已預先繳納之數額，應扣除之。此種最終執行費用之確定為行政處分，義務人對此得提起行政爭訟[194]。

若對照本法第九條之聲明異議是指「於執行程序終結前，向執行機關聲異議」，應是指執行代履行前的估計代履行費用，若已執行完畢，對執行費用產生爭執，則不屬本法第九條聲明異議，而是直接提起行政爭訟。

四、怠金

(一)怠金之意義及其要件

依行政執行法第三〇條規定，怠金制度係指依法令或本於法令之行政處分，負有行為義務而不為，且其行為不能由他人代為履行者，執行機關對義務人，科處一定數額金錢的告戒，希望藉此造成其心理上威嚇或負擔，以影響其履行義務之意志，間接促使其自動履行義務之強制方法。

怠金性質屬純粹強制手段已非強制罰，並不具刑罰特質。同一事件雖已處予刑罰，仍得反覆處以怠金[195]，並不觸犯「一事不二罰」之規定。我國1932年制定之行政執行法，曾仿效日本舊制立法例使用「罰鍰」用語，1998年行政執行法修正，為求與行政秩序罰之罰鍰相區別，將其改稱為「怠金」[196]。

茲將怠金構成要件敘述如下：

1.依法令或本於法令之行政處分

本規定係依據原修正前行政執行法第四條規定「依法令或本於法令之處分」而來。如前探討代履行所述般，不可能存在所謂「依法令」之情形，因為強制措施，對被執行之人而言，應具有明確性以及可預測性，如此始為恰

---

[193] 經濟部以一行政處分通知某甲，限某甲於一定期間內將河川地違法搭建之鐵皮屋拆除，若未於期間內拆除，將執行代履行，並預估執行費用。拆除完畢後，經濟部作成另一繳納執行費用之處分。

[194] Handbuch für das Verwaltungszwangsverfahren, Hrsg. Fachverband der Kommunalkassenvevwalter.e.V. Band, II, 2000, Abschnitt 10, S.26.

[195] Hanns Engelhardt/Michael App, Verwaltungsvollstreckungsgesetz, Verwaltungszustellungsgesetz, 1996, S.89.

[196] 參閱洪文玲，怠金制度之探討，收錄於：中央警察大學行政警察學系研討會論文集，1999年5月11日，頁84。

當[197]。

2.負有行為義務而不為，其行為不能由他人代為履行者

怠金與代履行同屬行政執行法第二八條規定之間接強制方法。怠金與代履行不同之處，除了採取手段本身性質不同外，其適用之範圍也有不同。行政執行法第二九條規定，代履行是指義務人負有行為義務而不為，其行為能由他人代為履行者，則機關得委託第三人或指定人員代履行之；但若案件之性質，不宜用代履行手段時，亦即，如行政執行法第三○條所規定般，依法令或本於法令之行政處分，負有行為義務而不為，且該行為不能由他人代為履行，則應使用怠金手段。兩者適用範圍之區別，在於是否可由他人代為履行為準。除此之外，依行政執行法第三○條第二項規定「負有不行為義務而為之者」，也屬怠金適用的範圍。

此種規定有別於德國法上之規定，德國法上之怠金制度，較我國為更具彈性。其怠金適用範圍，除我國第三○條所規定之範圍外，尚包括可替代之作為義務難以代履行時，尤其於義務人無力負擔代履行之費用時，亦得課以強制金[198]。除此之外，義務人無繳納強制金時，尚得由行政法院為代償強制拘留之裁決。代償強制拘留為最後不得已之手段，係在義務人連怠金（強制金）都無力繳納時才使用之。

3.科處一定數額金錢的告戒

依行政執行法第三○條規定，處予怠金數額係介於新臺幣5,000元以上至30萬元以下。怠金數額究竟多高才算合理，應就其具體事件觀之。首先，應就所追求行政目的之重要性以及可能遭受反抗之強度觀察之[199]。進一步，應考慮義務人本身之經濟狀況[200]。若怠金金額以循序漸進方式，如第一次1萬元，再次為2萬元、3萬元等，則屬合理之情形。至於當事人若被處以數次怠金，應如

---

[197] 本條的修正也如同前述代履行的修正般，未來將修正為「依行政處分或法院之裁定」。

[198] 此種規定乍看之下，似乎毫無意義，因為既然繳不起代履行費用，處以怠金則更無力償還。但德國法上此種規定之怠金或強制金之金額，應少於代履行之費用，亦即給予義務人再一次的機會，若其仍無法履行，則仍得採下一步之措施，亦即，代償強制拘留。

[199] 我國的行政執行法第三○條所規定怠金的最低數額不過為5,000元，若觀之。我國若干法規對不履行之處罰額度僅數百元或1、2,000元，如戶籍法第五二條不於法定期間為簽證之申請，處新臺幣300元以下罰鍰，若對此處以怠金，則明顯偏高，如參考德國法聯邦及各邦規定的最低數額都會超過20馬克，相當於10歐元左右，大致新臺幣500元。由此可見我國之最低數額規定，似乎不甚合理，值得思考。

[200] Hanns Engelhardt/Michael App, Verwaltungsvollstreckungsgesetz, Verwaltungszustellungsgesetz, 1996, S.92.

何計算怠金數額，是以單次或以總共次數為單位，如依行政執行法第三一條第二項規定，每一次處以怠金均須經由告戒觀之，本條數額之計算單位應是指單次累積計算而言，亦即，將各次怠金數額合併計算。

依行政執行法第三一條第二項規定，連續處以怠金前，仍應依第二七條之規定以書面限期履行之告戒[201]。但法律另有規定者，不在此限。此項規定，係著重在義務人權益之保障上。但其他法規有連續處罰之規定，如水污染防治法第四五條的「按日連續處罰」之規定，屬特別規定，自應依其規定為之[202]。

(二)怠金與秩序罰或刑罰併科

學理上認為怠金非屬處罰，只是一種強制手段而已，因此，毫無疑問，若義務人同時觸犯刑法或違反秩序之構成要件時，則可以併科之。

怠金與秩序罰目的不同，秩序罰通常係對於過去義務之違反所為之一次處罰，而怠金通常是指具有持續性之行為，為促其將來履行義務，以怠金之告戒，造成義務人心理上之負擔，而藉此能自動履行義務為目的。兩者可以併科，例如違反上述水污染防治法，首先對於違法情事先處以秩序罰，之後，得限期改善，逾期不改善，則按日連續處罰[203]。

(三)逾期繳納之效果

對於義務人經由限期告戒，卻仍不履行義務時或逾期才履行義務等情形，是否應清繳怠金，容有探討之餘地。

在此，吾人首先要確定的是，怠金之性質為何。怠金主要目的，係透過一定數額之告戒，以藉此造成義務人心裡之強制，促使其能因而履行義務。因此，若如本法第八條第一項各款之情形，亦即，義務已全部履行或執行完畢者，行政處分經撤銷或變更確定者等情形時，或義務之履行經證明為不可能者，縱然告戒已逾期，而該項義務已不存在，前此所為之告戒已失其附麗，當

---

[201] 怠金告戒之內容，依行政執行法施行細則第三四條規定怠金應以文書載明下列事項送達義務人：一、執行機關及義務人。二、原應履行之行為或不行為義務，及其依據、履行期限。三、處以怠金之事由及金額。四、怠金之繳納處所、期限，並註明未依限繳納者，將依法強制執行之。五、怠金之繳納期限及處所。六、不依限繳納時將予強制執行之意旨。

[202] 對此，行政法執行法修正草案則刪除此但書規定；理由在於，會使人誤會，所有的連續處罰規定，如水污染防治法中的「按日連續處罰」，性質為行政執行罰之怠金。因而，刪除此但書之規定。

[203] 此種按日連續處罰，僅作一次限期改善的告戒，卻得按日連續處罰，與行政執行法第三一條第二項前段「連續處以怠金前，仍應依第二七條之規定以書面限期履行」不同，而是屬該項後段「但法律另有規定者」的情形，亦即一次告戒，連續處罰的情形。

然就不必追繳，乃理所當然之事。

　　若無上述之情形時，逾期繳納之問題首先會發生在本法第三一條所稱連續處以怠金之情形。究竟在何種條件下，行政機關得以連續第二次與第三次之處罰以及第一次之逾期不履行是否得以徵收後，再進行第二次之告戒，行政執行法對此並無說明。因此，吾人以德國為例說明其處理情形。

　　我國處理原則，基本上是以書面限期履行，若逾期仍未履行，再度處以怠金，必須重新以書面限期告戒，當然如前所述，告戒金額得以酌量提高為原則。因此，我國係以「逾期不履行」為準，即得以再度處以怠金。

(四)連續處罰與怠金性質之探討

　　我國法規中對一再違規行為，經常法條會出現連續處罰之規定，如入出國及移民法第七五條以下針對經營移民業務以及從事婚姻媒合等業務，有連續處罰之規定。在此意義下之連續處罰規定，其實是比較接近行政執行罰之性質，其主要仍要求其改善。因此，怠金只有在法規解決法規無連續處罰規定時，才有存在意義。但其實縣市主管機關為解決管轄區域內色情或賭博行業充斥，透過行政執行法第二七條，行使其間接或直接強制方法，亦即，其主要目的並非在於可否處予怠金之問題，而是藉由怠金，轉而為直接強制如斷水斷電等。

　　法務部於97年11月4日對於行政執行法第二七條之適用函示稱：「……旨揭條例第十五條規定：『未依本條例規定辦理營利事業登記者，不得經營電子遊戲場業。』準此，行為人未辦理營利事業登記者，即負有『不得經營電子遊戲場業』之不行為義務，違反上開規定，得依旨揭條例第二十二條規定：『違反第十五條規定者，處行為人一年以下有期徒刑、拘役或科或併科新臺幣五十萬元以上二百五十萬元以下罰金。』追究其刑事責任。又行政上強制執行之直接目的，在於除去現存繼續違反義務之狀態，俾向將來實現義務之內容，而不在非難過去違反義務之行為，故與旨揭條例之行政刑罰規定並不衝突。本件行為人違反旨揭條例第十五條規定，符合行政執行法第二十七條規定所稱『依法令負有不行為義務』，如以書面限定相當期間履行，逾期仍不履行者，行政機關得依據行政執行法規定，參照前開本部函釋辦理之[204]。」

---

[204] 法務部97年11月4日法律字第0970034415號函參照。

　　本案是指行政執行目的仍與刑罰目的不同，但義務人在法律上有作為義務而不作為時，主管機關得依行政執行法第二七條以書面限定相當期間履行，逾期仍不履行者，得採取先間接（怠金）後直接之手段，地方主管機關之主要目的是要採取斷水斷電之措施之直接手段，來遏止賭博性行業之猖獗。

(五)怠金與代履行手段轉換的無法考量

　　依行政執行法第三○條僅侷限「有行為義務，其行為不能由他人代為履行者」才得處予怠金之規定，顯然過於嚴苛，未來立法將考慮放寬至「行為雖可替代（第二十九條）但以代履行手段不適當者，亦得處予怠金」，解決實務難以處理的困境。

五、直接強制

(一)直接強制之意義

　　確保義務人履行行為或不行為義務之方法，除上述間接強制方法外，就是實施直接強制之方法。直接強制係對義務人之身體財產「直接」施以實力，而實現與履行義務同一內容狀態之方法。若以其他間接強制，怠金或代履行比較的話，其具直接性，且方法較為激烈，影響義務人權益亦較大，且依本法第三二條規定，經間接強制不能達成執行目的，或因情況急迫，如不及時執行，顯難達成執行目的時，執行機關得依直接強制方法執行之，故其通常被視為最後之手段。

(二)直接強制之方法

　　行政執行法第二八條第二項對直接強制適用範圍作了規定而稱：「前條所稱之直接強制方法如下：一、扣留、收取交付、解除占有、處置、使用或限制使用動產、不動產。二、進入、封閉、拆除住宅、建築物或其他處所。三、收繳、註銷證照。四、斷絕營業所必須之自來水、電力或其他能源。五、其他以實力直接實現與履行義務同一內容狀態之方法。」

　　本項前四款為例示之規定，係參考我國各行政法規及強制執行法中有關強制執行之方法而來。而第五款則就直接強制之意義設一概括規定，概括前述四款所未提及之其他範圍，從法解釋而言，概括規定可將例示規定蘊含其中，因

此，第五款之規定，可作為我國直接強制之定義[205]。

(三)直接強制之要件

茲就我國直接強制之要件敘述如下：

1.依法令或本於法令之行政處分

如前所述，依法令之強制處分，事實上不可能存在，因此，有關此部分應修正之。

2.經間接強制不能達成執行目的，或因情況急迫，如不及時執行，顯難達成執行目的時

直接強制屬最後手段性，因此，是在間接強制不能達成目的時，才使用之。所謂「不能達成執行目的」，是指間接強制無法達到義務履行之情形，例如以處以怠金要求義務人繳交註銷之證件，但義務人仍不繳交時，或對外勞於非指定場所工作，處以怠金毫無效果時，則此時可轉換成直接強制。

至於所謂「情況急迫，如不及時執行，顯難達成執行目的」，此規定係參考舊法第十一條規定，非認為不能行間接強制處分或「認為緊急時」而來，將「認為緊急時」修正為上述之規定，其主要用意，是使執行機關更有裁量餘地轉換執行，以提高行政效能，用意甚佳，且執行機關得依具體情形，裁量決定之。但吾人要知，舊法之直接強制係包括即時強制在內，因此才有此種「認為緊急時」之規定。而如今，修正後本法中已將即時強制單獨規定，因此，是否現制之直接強制仍保留此種制度，值得爭議。因為若容許此種「認為緊急時」制度之存在，常會使即時強制與直接強制有時難以分辨，而產生混淆。外國如德國並無此項規定，因此，應可考慮將來修法時重新斟酌，是否將其刪除[206]。

3.經以處分書或另以書面限定相當期間履行，逾期仍不履行者

以書面限期履行應是指一般情形，但在直接強制中有些方法之採取，侵害義務人之自由、身體、生命之法益，只能由特別執行機關，如警察機關之使用槍械或命令解散或逮捕等。這些當然無法踐行書面告戒之程序，因此，本規定

---

[205] 簡建章，論行政上之直接強制，收錄於：中央警察大學行政警察學系研討會論文集，1999年5月11日，頁128。
[206] 簡建章亦持此種意見，參閱簡建章，同前揭註205，頁130以下。

似乎應容許特別之規定存在，以口頭或警示牌之揭示或鳴槍示警為告戒。

4.以實力直接實現與履行義務同一內容狀態之方法

本法第二八條第二項第一款至第四款屬直接強制例示之規定，除此之外，對於直接強制之定義，除以上述第五款「以實力直接實現與履行義務同一內容狀態」為準外，吾人甚至可參考德國法上之規定作為補強。德國Nordrhein-Westfalen邦之行政執行法於第六七條第一項明文規定，直接強制是指執行機關使用身體力量、實力輔助器或武器對抗義務人或其物，以達履行義務之同一狀態。在此所謂「實力輔助器」，特別是指鐐銬、拒馬、警狗、勤務車輛、興奮劑以及麻醉品等。所謂「武器」是指警棍、手槍等[207]。

(四)直接強制與代履行之差異

行政執行法第二九條第一項規定代履行，執行機關得委託第三人或指定人員履行之，因此，若行政機關自行履行，則屬直接強制。理論如此，但實際上區分卻常有困難，這種情形尤其發生在對物的強制執行上，例如違章建築物之拆除，若由機關自行為之，則屬直接強制。與此種自行著手或經由他人著手來區別直接強制與代履行，係將重點不擺在義務之履行上，而係著重於履行義務之過程，強調究竟由何人履行該義務。吾人認為此種區分沒有必要，因為強制執行之目的在於義務履行與否，因此，不管機關自行或他人履行皆屬達成履行義務之狀態，其義務人本來應履行，如今由他人或機關代為之，當然必須負擔其履行所支出之費用。此外，吾人若對照新法第三二條之間接方法轉換直接方法的執行，則代履行轉換成直接強制只因執行人不同，但執行內容完全相同，則將使得此種轉換毫無意義，也將失去直接強制作為直接性與最後手段性之意義。故似乎該項規定，有修正之必要[208]。

(五)間接強制轉換成直接強制程度之界定

行政執行法第三二條所稱「間接強制不能達成執行目的」究竟至何種程度才符合，行政執行法施行細則草案第三九條分別就兩種間接強制方法之情況加以規定，其雖已遭刪除，但吾人認為仍具參考價值，茲敘述如下：

---

[207] 此為該條第二項對有關概念之解釋，本書係參考該法於1980年5月13日所定之條文。
[208] 目前德國若干邦以將自行執行之方法，列為代履行，例如Nordrhein-Westfalen 邦行政強制執行法第五九條即將機關自行履行包括在代履行中。

1.代履行遭遇抗拒或阻礙致不能達成執行目的

在此所謂「遭遇抗拒或阻礙」是指由他人執行或指定人員代履行時，因遭受義務人或相關人的反抗、拒絕、不合作或其他阻礙執行之進行，而導致其不能達到執行之目的。

2.經處以怠金多次，義務人仍不履行其義務

此點主要在於表示，義務人履行義務之意志相當薄弱，若再度處以怠金，顯然無法達到義務人履行義務之目的，因此，有轉換成直接強制之必要[209]。

第六節　即時強制

一、即時強制概念之確定

(一)即時強制之意義

為阻止犯罪、危害之發生或避免急迫危險時，若仍循先為告戒等法定執行程序，恐緩不濟急。爰例外允許行政機關於特殊情形下，無須先為法定執行程序，而直接採取必要之強制措施，謂之「即時強制」。

早期學說上稱「即時強制」為直接強制，指不以義務為前提且不須經由告戒而直接執行的強制措施，然而此種措施，因係屬於無預先告戒[210]之強制措施，若逕命名為「直接強制」，恐與須踐行法定程序之「直接強制」概念產生混淆，因此德國後來的學說則提倡改以「即時強制」稱之。換言之，即時強制與直接強制之差異在於：即時強制並不以人民有違反行政法上義務為前提，此亦為即時強制與一般強制方法主要區別之所在。其次，即時強制不須踐行告戒，但行為或不行為義務之執行（包括直接與間接強制），原則上仍應踐行告戒程序。

---

[209] 但究竟以幾次才算合理，法務部草擬行政執行法施行細則，則以三次為基準，其觀點似屬可採。
[210] 之所以允許無預先告戒而使用強制方法之原因在於，某些緊急狀態或急迫事件發生時，若不即時處置，可能因人民不遵守強制行為，而危害公共利益及私人利益（生命、財產），故而基於此種概念，因容許行政機關有例外處理之權限。詳見蔡震榮，行政執行法，2002年，頁200。

(二)即時強制之要件

1.須為阻止犯罪、危害之發生或避免急迫危險

(1)阻止犯罪之發生

此指阻止即將或剛開始著手犯罪構成要件之發生，阻止犯罪之發生，係指使即將著手之犯罪行為不能進行，使已經著手之犯罪行為不再繼續，或使其結果不發生[211]。但是若該犯罪行為業已該當不法構成要件時，即屬於刑法上所責難之對象，非本要件射程之所及。

阻止犯罪之發生例如集會遊行法第三三條對「非法物品之扣留」，即屬之[212]。

(2)阻止危害之發生

行政機關就具體狀況依其客觀上之認知，若毫無阻礙地容任某一行為（狀態）繼續發展，則極有可能導致對公共安全與公共秩序之損害，亦即，造成警察所保護之法益的損害，如僅憑其個人主觀所判斷之危險則非屬之[213]。在此必須說明二個概念：A.危害的判斷時點：其指行政機關如何判斷某一行為（狀態）將有損害公共利益之「危害」，尚須經由「預估」之程序使得為之。然預估的時點為何？解釋上應認為行政機關依「當時」之客觀情況判斷，認為將可能發生實害結果時即可，縱使事後該情況並未發生，該「預估」仍屬合法。B.法益：所謂法益，係為法律上所保護之利益[214]，並不包括事實上的利益。

(3)避免急迫危險

所謂避免急迫危險是指，危險迫在眉睫應及時介入，在程度上似乎比阻止危害之發生的危險度更高，且在時間上更急迫，危險即將發生或已開始發生，不及時處理，恐釀成更大危害。

---

[211] 陳敏，同前揭註150，頁878。

[212] 有人認為「阻止犯罪之發生」，屬刑事訴訟法上之問題，不應規定於該條文中而應刪除。吾人認為有些行為若不事先制止，極有可能形成犯罪之行為，如上述對集會遊行者危險物品的扣留，或對於飆車青少年危險物品的扣留等，以阻止犯罪發生之可能，因此，本項規定仍有其必要。

[213] Sadler, Verwaltungsvollsreckungsgesetz, 1992, §6, Rdnr. 141f.

[214] 釋字第四六九號解釋即提出新保護規範理論而擴大權利範圍而認為，法律保護公益，兼具保護特定人，行政機關未履行公法上義務致人民權利受損，亦屬之，對此人民及可基此提起訴訟以為救濟。

(4)須有即時處置之必要

審查有無即時處置之必要，應就時間是否急迫來考量。若有足夠時間，確定危險源以及下令除去危險之措施，亦即，足以實施一般的強制程序時，則不允許採取即時強制。也有人認為行政執行法第三六條第一項之「必要」，包含「必須」與「唯一」二種概念，即行政機關僅在「必須」且「唯一」之情況下，才能為即時強制之措施，而倘有其他替代方法而得達到同一目的時，即不得為即時強制[215]。

為確保必要性事後之舉證，行政機關應即時作好證據之蒐集，如現場照相，拍錄影帶、取得證人之證詞或註記於公文書中等。此如行政罰法第三四條第一項第一款所稱之「即時制止其行為」以及第三款之「保全證據措施」，即屬即時強制措施。

但我國之即時強制非以義務違反為前提，因此即時強制之對象包括違反義務人如違反行政罰之即時處置，違規停車當事人不在之強制拖吊，或其他無責任之人，如地震後房子有倒塌之危險，而進入住宅內立即拆除等。

2.須於法定職權範圍內為之

基於法定職權是指，行政機關之發動是基於法令規定而來，亦即，行政機關對此事物（務）有權制定行政處分，且擁有行政強制權，吾人稱此為行政機關的事物（務）管轄權。

即時強制因其不以行政處分為前提，原則上諸多情形屬依法令之行為。至於先行頒布行政處分，要求其改善，而後因情況緊急有立即執行之必要，而為之即時處置之行為，是否亦屬我國所稱之即時強制，則有探討之必要。例如，限期拆除之房屋，因暴風雨後或地震後，依照建築法第八二條有立即拆除之需要，所為之拆除行為，德國法上承認此種情形為即時強制，我國建築法雖無明文規定為即時強制，但其性質應屬相同。

即時強制所採取方法之類型有兩種：有直接強制方法與代履行之方法兩

---

[215] 此種說法，將即時強制手段視為最後手段性，亦即求他法而不可得者，方得為即時強制措施，此說應是直接在內涵上，繫以必要性原則的檢驗，使得在性質上即具有比例原則的功能，而不需另援引行政執行法第三條之比例原則予以檢視，詳見：林素鳳，警察扣車行為之性質與爭訟，收錄於：2011年月旦法學教室別冊公法學篇，2011年5月，頁188。另外，陳敏認為其係即時強制亦有「最後手段性」之性質，但仍必須繫以比例原則予以檢視，請參見陳敏，同前揭註150，頁878。

種。例如，油罐車之翻覆，警察機關可自行去除油污（直接強制）或請他人排除（代履行）等兩種方法[216]。

二、即時強制與一般強制手段採取之程序差異

(一)一般強制方法之先行程序

一般強制方法區分為直接強制以及間接強制，學說上認為其通常必須履行一定之程序[217]，始得為之：

1.告戒

首先須踐行以書面為告戒程序。依照行政執行法第二七條規定，對於依法令或本於法令之行政處分，負有行為或不行為義務，經於處分書或另以書面限定相當期間履行（文書中應載明不依限履行時將予強制執行之意旨），逾期仍不履行者，由執行機關依間接強制或直接強制方法執行之。但實務上，在警察行使職權時，告戒亦得以口頭為之，如集會遊行中，警察先舉牌三次告知當事人自動解散，否則將採取直接強制為驅散行為，此種方法即屬口頭告戒。

2.強制方法之確定

係指執行機關於告戒後，義務人如未依限履行其義務時，所為決定施以強制方法之表示。

3.強制方法之實施

係指執行機關依所確定之強制方法，實施強制執行措施，如代履行（屬於間接強制）以及直接強制。

(二)即時強制之執行程序

即時強制並不如一般強制方法須踐行法定程序，已如前述。相反地，即時強制是來不及告戒，而馬上即時處置之緊急行為，因此也有人稱即時強制是將前述三階段的程序，合而為一的強制執行。而通常此種即時強制得選擇自己來

---

[216] 即時強制之方法，若稱直接強制方法或間接強制方法恐又與一般強制方法之概念相互混淆，而一概認為直接強制（方法）與間接強制（方法）皆為即時強制之方法。

[217] 也有學者認為，在為一般強制方法前，行政機關通常必須履行之程序為：1.行政處分；2.告戒；3.執行，參見林素鳳，同前揭註215，頁188。

執行（直接強制），以及委託第三人代為執行之代履行（間接強制）。

　　吾人舉例說明，某人違規停車，警察於現場先用麥克風廣播，請該車車主駛離的告戒，若車主未於廣播後駛離時，警察請拖吊業者進行拖吊。此種強制措施因有履行告戒之程序，行為樣態為間接強制之代履行，此種代履行通常被視為行政處分。但若警察並未履行告戒程序，則此時行為樣態為即時強制，此時其可以選擇直接由交通警察（直接強制）或請拖吊業者進行拖吊（間接強制之代履行）。

(三)性質

　　如果進一步分析直接強制或間接強制等強制方法，若從其行為階段進行檢視，可發現其行為階段可以分為兩階段：前階段為告戒行為，例如某甲違規營業，主管機關告知限期改善否則斷水電，此種限期改善之告知，屬行政處分之性質，但某甲未能於期限內改善，則主管機關採取斷水電措施，則是履行前述告戒之內容，屬事實行為中的執行行為（強制行為）[218]。此種方法，目的在行為人違反義務之強制執行。

　　至於即時強制，其行為並無階段性，早期學說認為其與一般強制方法一樣，皆為強制手段，而為事實行為中的執行行為（強制行為）[219]。而因為即時強制，其集告戒、強制方法之確定及實施之前提要件於一身，因此亦有學者認為其性質實際上應屬於行政處分。不過反對論者認為，即時強制並無特定之相對人可資告知，而有無意思表示，是作為判斷行政處分之要件之一[220]，因此現今通說採事實行為說。

三、即時強制之具體措施

　　行政執行法與警察職權行使法都規定了即時強制措施，觀兩者內容大致上所規定之要件相去不遠，因此在警察職權行使法於立法階段，有學者質疑是否有重複立法之必要[221]；不過，除行政執行法所列舉之要件以外，警察職權行使

---

[218] 也有學說認為，直接強制因為相對人有忍受的義務，而其性質應屬行政處分。詳細的學理介紹，請參見蔡震榮主編，警察法總論，一品文化，2009年7月，頁346。

[219] 詳見吳庚，同前揭註135，頁448。

[220] 詳細的學理介紹，請參見陳敏，同前揭註150，頁874以下；蔡震榮主編，同前揭註218，頁347-348。

[221] 詳參：蔡震榮主編，同前揭註218，頁352。

法增列了較詳細之規定，如對人之管束部分，警察職權行使法第二〇條，有使用警銬或其他經核定戒具之規定，此為行政執行法所無，其稱：「警察依法留置、管束人民，有下列情形之一者，於必要時，得對其使用警銬或其他經核定之戒具：一、抗拒留置、管束措施時。二、攻擊警察或他人，毀損執行人員或他人物品，或有攻擊、毀損行為之虞時。三、自殺、自傷或有自殺、自傷之虞時。警察對人民實施查證身分或其他詢問，不得依管束之規定，令其供述。」

除此之外，警察行使職權時，有維持現場秩序之權限（第二七條）以及第二八條採取之必要措施之權限。

但將兩者規定之要件加以比對，其不難發現其要件內容，並無太大差異，因此，也有認為是否刪除行政執行法即時強制之規定，但多數學者認為，因為只有警察人員或警察機關才適用警察職權行使法，行政機關僅能依行政執行法之規定採取強制方法，若冒然將其刪除，將會形成行政機關無法處理緊急情況事件之情形。兩法並存有其必要。

四、即時強制之救濟

若依通說即時強制屬於事實行為，一般皆認為其不得提起行政爭訟，也有論者執行方法若係為事實行為時，則可能因為通常已無恢復原狀之可能性，若提起行政訴訟，恐缺乏訴之利益及適當之訴訟類型，而依行政執行法第十條請求國家賠償[222]。

但若是為警察職權行使法所適用之範圍，依照該法第二條第二項規定：「本法所稱警察職權，係指警察為達成其法定任務，於執行職務時，依法採取查證身分、鑑識身分、蒐集資料、通知、管束、驅離、直接強制、物之扣留、保管、變賣、拍賣、銷毀、使用、處置、限制使用、進入住宅、建築物、公共場所、公眾得出入場所或其他必要之公權力之具體措施。」又同法第二九條第三項規定：「義務人或利害關係人因警察行使職權有違法或不當情事，致損害其權益者，得依法提起訴願及行政訴訟。」在特別法之範疇下，即時強制就算是事實行為，亦得提起爭訟。然而此種國家行為，若已無恢復原狀之可能性

---

[222] 吳志光，不服行政執行機關執行行為之法律救濟，收錄於：2011年月旦法學教室別冊公法學篇，頁256。

時，不論是事實行為抑或是行政處分，依照行政訴訟法第六條則可提起繼續型確認之訴。若是如此，上述區分即時強制之性質究竟係為事實行為或行政處分之爭論，恐怕僅流於學理意義，在實務上並無區分實益。

五、即時強制之損失補償

(一)定義

　　行政上之損失補償，乃行政機關基於公益之目的適法的實施行政權所為之補償，與國家賠償法係對於違法之侵害不同。人民對於國家社會原負有相當的社會義務，行政機關基於公共利益，合法實施即時強制，致人民生命、身體或財產遭受損失時，如係在其社會義務範圍內者，負有忍受之義務，不予補償；必須超過其應盡之社會義務範圍，始得就其個別所遭受之特別損失或特別犧牲，酌予公平合理之補償[223]。

　　在此所稱的「社會義務範圍」，是強調個人的所有權並非絕對，所有權應對社會盡一定之義務，因此而受到某些程度之限制稱之。一般而言，社會義務範圍之界定，為求明確，應由法律定之，但在司法以及行政個案中，亦可能產生對「社會義務範圍」之界定。在此，作為衡量之標準為所謂的「公共福祉」，以「公共福祉」來限制私人的所有權。吾人應注意的是，不得主張一切皆以公益為優先，而恣意地將私益置之不顧，而應就具體個案中，詳加考量，以比例原則確定「社會義務範圍」。

　　超出「社會義務範圍」，始得就其個別所遭受之特別損失或特別犧牲，請求補償誠如上述，本書以下就兩者之意義與性質，有進一步的分析：

1.特別損失

　　行政執行法第四一條第一項第一句規定：「人民因執行機關依法實施即時強制，致其生命、身體或財產遭受特別損失時[224]，得請求補償。」此為特別損失補償請求權之依據。

---

[223] 李震山，警察行政法論—自由與秩序的折衝，元照出版，2009年8月，二版，頁465-466。

[224] 現行條文第一項明定限於生命、身體或財產遭受特別損失時，得請求補償，惟生命、身體無遭受特別損失之概念，宜解為生命、身體遭受侵害，即得請求補償，財產部分仍以遭受特別損失始得請求補償。另參照司法院釋字第四○○號解釋意旨將「特別損失」修正為「特別犧牲」。為配合第一項之修正，爰將現行條文第二項修正規定為以補償生命、身體遭受侵害所致損失或財產實際所受之「特別犧牲」為限，取代原條文的「特別損失」。

所謂「特別損失」，是指基於國家此種合法的即時強制，而導致所涉及的個人或群體，若與其他人或其他群體比較，遭致不平等的損失，而受不可期待的犧牲稱之。

通常，衡量特別損失，應以事件嚴重性與不可期待性為標準，亦即，與一般大眾比較，當事人或群體所遭遇的，是屬嚴重非社會義務所忍受之範圍，且此種損失屬當事人或群體所不可期待的忍受。亦即，不得責望當事人或群體忍受此種損失。「特別損失」屬不確定法律概念，是否符合「特別損失」之要件，應就具體狀況判斷來決定，是否當事人之損失已超出「社會義務範圍」。

例如，警察為救助車禍受傷之人，而要求當時在場之私人車輛運送，則此時受命令之人，應屬所謂「社會義務範圍」，不能要求損失補償之權。但若消防隊依其專業判斷，在救火之際，預估大火可能延燒之範圍，而事先拆除未燃燒之房舍，屋主因此所受之損失，當然屬在此所稱「特別損失」。但上述之損失補償，僅以不可歸責該人民之事由為限，始得請求，因此，本條第一項第二句即稱：「但因可歸責於該人民之事由者，不在此限。」[225]

2.特別犧牲

所謂特別犧牲，是指國家基於公益理由合法行使公權力，對人民生命、身體、財產等權利所生之損害已逾越「社會義務範圍」，且不可期待當事人無償地承受該項損失時，基於人民基本權保障之理由，為衡平公益及私益，以全體人民共同分擔，給予其合理之補償[226]。

亦即，若特定人因國家合法之公權力，而遭受之損失逾越其本身之「社會義務範圍」，係基於平等原則，應將該項損失分配至全體人民分擔。反之，若該項損失係為「社會義務範圍」內或一般人所能容許之範圍內時，則並不構成特別犧牲。如警察職權行使法第三一條第一項：「警察依法行使職權，因人民特別犧牲，致其生命、身體或財產遭受損失時，人民得請求補償。但人民有可歸責之事由時，法院得減免其金額。」即將「特別損失」修正為「特別犧牲」。

---

[225] 特別損失的概念模糊，且參考警察職權行使法第三一條之規定，也只稱「遭受損失」，並無「特別損失」之規定，未來修法時建議刪除「特別」二字。

[226] 李震山，同前揭註223，頁465。

(二)要件

　　基於上述意義，損失補償大致可分為下列數項要件，分述之：1.公權力的措施：在此包括行政處分與事實行為在內，當時也包括行政機關的函釋；2.個人法律地位之侵害：現時法律上具有財產上或非財產上（如生命、身體或行動自由等）之利益的侵害，不包括經濟上利益以及將來期待之利益等。學說上有認為此個人法律地位，應以財產權為限[227]但應賦予非財產法益之犧牲請求權[228]；3.侵害的直接性：因公權力措施，而在結果上直接對當事人的所有權產生侵害；4.特別犧牲：必須在社會容許義務範圍與特別犧牲間作評斷，關於犧牲界限，則依一般社會通念，就具體狀況，公正理性的判斷之。

---

[227] 例如：葉百修，行政上損失補償之意義，收錄於：當代公法新論（下）翁岳生教授七秩誕辰祝壽論文集，元照出版，2002年7月，頁308。
[228] 採相同見解者，例如：陳敏，同前揭註150，頁1188；吳庚，同前揭註135，頁746。

第五編

行政爭訟法概論

第一節　訴願之意義與功能

一、何謂訴願？

(一)訴願與其他救濟之差異

憲法第十六條規定：「人民有請願、訴願及訴訟之權。」三者內涵有何差異？

訴願是一種行政救濟程序，人民面對行政機關違法或不當行政處分，或政府機關對於人民申請事件怠為作為時，人民為保護自己之權益，向原處分機關或受理訴願機關，提起救濟，並由受理訴願機關作成一定決定之程序。提起訴願先決要件必須以行政處分為前提，且是撤銷課予義務之行政訴訟，必須先經歷過的先行程序。

請願法第二條（得請願之事項及受理機關）：「人民對國家政策、公共利害或其權益之維護，得向職權所屬之民意機關或主管行政機關請願。」第四條規定：「人民對於依法應提起訴訟或訴願之事項，不得請願。」請願是屬於訴願與訴訟外，人民得向職權所屬之民意機關或主管行政機關請求之事項。行政程序法第一六八條規定：「人民對於行政興革之建議、行政法令之查詢、行政違失之舉發或行政上權益之維護，得向主管機關陳情。」第一七二條第二項規定：「陳情之事項，依法得提起訴願、訴訟或請求國家賠償者，受理機關應告知陳情人。」請願以及陳情事項依法得提起訴願、訴訟，不得請求之。

至於訴願與訴訟在救濟實質與程序上仍有些差異。訴願屬於行政權，亦即，由行政機關所組成訴願審議委員會，來審理人民認為行政機關所為之不當或違法行政處分，是針對行政機關公權力運作之行為，屬公法上之行為，此種性質為行政權之本質，而與訴訟屬司法權有所差異。訴訟之受理機關為法院，

法院所為之決定為司法處分，與前述訴願決定為行政處分有所差異。訴願之定義為何，一般認為，訴願乃係指行政機關為確保依法行政之要求，對於先前所為之行政處分（或消極行政處分），所為之自我審查及監督[1]。

(二)訴願是針對公法事件

現行訴願法，對得提起訴願之事件有詳細規定。依訴願法第一條第一項規定：「人民對於中央或地方機關之行政處分，認為違法或不當，致損害其權利或利益者，得依本法提起訴願。但法律另有規定者，從其規定。」「各級地方自治團體或其他公法人對上級監督機關之行政處分，認為違法或不當，至損害其權利或利益者，亦同。」而現行法第一項與舊法[2]相較，除刪除再訴願外，文字均屬相同。

另依同法第二條第一項：「人民因中央或地方機關對其依法申請之案件，於法定期間內應作為而不作為，認為損害其權利或利益者，亦得提起訴願。」至於受理訴願之機關，依同法第四條，原則上為原處分機關之上級機關。而所謂訴願，係指行政機關作成違法或不當之行政處分，或不依限作成所申請之行政處分（包含行政機關怠為處分及拒為處分之情形），致受處分人之權利或利益受損，請求原處分之上及機關或其他法定之受理機關，對該行政處分，以行政程序為審查，並作成一定決定之救濟方式。

若非行政處分則不得提起訴願，在公法事件上，則必須區分行政處分與觀念通知之差異，兩者之差異在於法效性之有無。若屬未發生法效性之觀念通知，則受理訴願機關應為不受理之決定。至於，私法事件如國庫行政之行為，也是為不受理之決定。

(三)訴願先行程序

訴願先行程序是指人民在訴願之前，必須經由一定程序之審查後，始得提起訴願之程序。

訴願先行程序之目的，主要在於「專業性」的考量，訴願先行程序的受理機關多為原處分機關，其長期從事相同之業務，無論在專業能力的具備或實際

---

[1]　蔡震榮，論訴願中之停止執行制度—附論94停字122號裁定，收錄於：2006訴願制度研討會會議實錄，行政院訴願審議委員會編印，2006年12月，頁41。

[2]　舊訴願法第一條：「人民對於中央或地方機關之行政處分，認為違法或不當，致損害其權利或利益者，得依本法提起訴願、再訴願。但法律另有規定者，從其規定。」

經驗的累積上，均優於其他行政機關，相較之下，當然較其他機關更有能力審查系爭行政處分的合目的性與合法性，經由訴願先行程序專業的審查後，更能妥善解決紛爭，進而有效縮減訟源。

　　訴願先行程序有些為法律所規定，如商標法之異議與評定，專利法的舉發或再審查程序等，但有些非法律明文之先行程序，而在實務操作上將其視為先行程序，如勞保、健保之爭議審議程序，屬原處分機關內部單位所為之審查處分。又如，學生退學處分（釋字第三八二號解釋）必須先經由學校之申訴程序等。

(四)相當於訴願之其他救濟

　　公務人員保障法所稱之復審，會計師懲戒覆審委員會之覆審（釋字第二九五號解釋），行政程序法第一〇九條規定：「不服依前條（聽證）作成之行政處分者，其行政救濟程序，免除訴願及其先行程序。」及聽證程序等同於訴願[3]。

二、訴願之功能

　　人民認為行政機關之行政處分違法或不當時，必須先提起訴願（並經不受理或駁回後）始得提起行政訴訟，此即所謂的「訴願前置主義」。行政爭訟法之所以採「訴願前置主義」，在於給予行政機關自我審查該違法或不當的行政處分，而減少行政法院之負擔。但目前只有撤銷訴訟與不作為課予義務訴訟，仍採訴願前置主義，其他如給付訴訟、確認訴訟不採訴願前置主義，直接提起之。

　　「訴願制度」的目的或功能，大致有如下數種：

(一)行政機關自我審查

　　為使行政機關有自我審查功能，我國在1998年增訂的訴願法首度規定，人民對原行政機關之處分不服時，是向原處分機關提起訴願書，由原處分機關重新審查原處分之合法性與適當性，原處分機關如認為訴願有理，可直接變更原處分予以救濟。無須再多一層訴願及行政訴訟程序。如認為原處分並無違誤，

3　郭介恆，訴願爭議之研究，瑞興圖書，2015年3月，頁45以下。

應將訴願案移送訴願管轄機關（訴願法第五八條）。在此，原處分機關有訴願審查權，藉由訴願之提出，得以進一步審查調整及調整原處分之功能。

　　依照訴願法第四條之規定受理訴願機關，通常屬原處分機關的上一級機關，使上級機關得以審查原處分機關之行政處分，落實行政監督權，且目的事業主管之中央機關如為受理訴願機關，可以透過訴願制度，監督地方機關貫徹法令之執行。

(二)減少訟源與減輕行政法院負擔

　　由於上述多一層原處分機關自我審查之功能，能有減少訟源之效，且訴願程序中於專業技術的鑑定或證據之蒐集等調查，以及訴訟參加以及言詞辯論，已對案情有相當程度的釐清，減輕行政法院的負擔。

(三)確保人民權益

　　由於訴願程序多方面程序之顧慮，如人民申請訴願參加之規定以及訴願代理人之規定，使人民提起訴願多一層之保障，加上程序之規定，能作到確保人民權益之功能。

三、訴願之性質

(一)訴願程序與行政程序之關係

　　行政程序法第一〇九條規定：「不服經聽證作成之行政處分者，其行政救濟程序，免除訴願及其先行程序。」所以，經由行政程序法所訂定之聽證程序，在行政救濟程序中，無需再經過訴願前置的限制，而可直接提起行政訴訟，就此而言，聽證程序明顯具有替代訴願程序之性質。

　　依行政程序法第一一四條第二項規定，有關補正行為僅得於訴願程序終結前為之，基此，訴願程序應屬於行政程序之一環。

　　另外，行政執行法第九條之聲明異議，未來也有可能替代訴願程序，直接提起行政訴訟[4]。

---

[4]　對具行政處分性質之執行命令不服，經依行政執行法第九條之聲明異議程序，應認相當於已經訴願程序，聲明異議人可直接提起撤銷訴訟。參閱最高行政法院一〇七年四月份第一次庭長法官聯席會議。

(二)訴願程序具準司法程序之性質

現行訴願程序之規定，諸多參考行政訴訟之私法程序保障規定例如：准許人民申請閱卷；得於必要或人民申請時進行言詞辯論；為求利害關係人參與而設計的「訴願參加」；甚至明文規定一般在司法程序中才有的「不利益變更禁止」原則。訴願程序的規範結構，已經在修法後日趨複雜，並且，大量的產生訴訟程序化的現象，在審理機關上更由具有相當獨立性的訴願審議委員會擔任，且具有「第三機關裁決」的特色，類似法院之功能。

四、訴願之類型

(一)撤銷訴願

採取訴願前置之訴訟類型上，除了原本的撤銷訴訟以外，還加上課予義務訴訟，訴願法第一條第一項規定撤銷訴願，其稱：「人民對於中央或地方機關之行政處分，認為違法或不當，致損害其權利或利益者，得依本法提起訴願。但法律另有規定者，從其規定。各級地方自治團體或其他公法人對上級監督機關之行政處分，認為違法或不當，致損害其權利或利益者，亦同。」

(二)怠為處分訴願

課予義務訴訟中的怠為處分訴訟，訴願法第二條第一項規定怠為處分訴願，其稱：「人民因中央或地方機關對其依法申請之案件，於法定期間內應作為而不作為，認為損害其權利或利益者，亦得提起訴願。」

五、訴願之提起要件

問題一

行政機關可否對行政機關的處分不服，提起訴願呢？

問題二

人民訴願之標的為何？亦即，係針對何種行政行為提起訴願？
請依據訴願法規定，說明訴願決定之種類及其內涵為何？

　　訴願之提起須滿足何種要件方得提起訴願？訴願法第一條：「人民對於中央或地方機關之行政處分，認為違法或不當，致損害其權利或利益者，得依本法提起訴願。但法律另有規定者，從其規定。（第一項）各級地方自治團體或其他公法人對上級監督機關之行政處分，認為違法或不當，致損害其權利或利益者，亦同。（第二項）」就此，以分述如下：

(一)提起訴願之主體（訴願人）

1.訴願主體

　　按訴願法第一條第一項前段規定：「人民對於中央或地方機關之行政處分，認為違法或不當，致損害其權利或利益者，得依本法提起訴願。」就此規定中所稱之「人民」是否包括外國人（外國人民及外國法人）及無國籍之人？一般而言，除非條約或法律有特別規定，自無不許外國人、無國籍之人訴願之理[5]。

　　同樣地大陸人士是否得提起訴願？吾人認為在臺灣地區與大陸地區人民關係條例及相關法令皆無明文禁止之情形下，亦應准許其提起訴願[6]。

　　而以往認為隸屬於特別權力關係之相對人非訴願法之人民，而剝奪其訴願權利見解[7]，大法官會議近年來之解釋已不採此見解，行政法院類似之判決亦迭經宣告違憲在案[8]。目前公務員關係因為公務人員保障法之施行，若因身分或管理關係遭受長官之處分，則分別提起申訴、再申訴或復審，不再以提起訴願為準，而有分別處理之情形。

　　而除自然人外，依訴願法第十八條規定：「……法人、非法人之團體……得提起訴願。」但是否包括行政機關在內，如行政訴訟法第二十二條規定：「自然人、法人、中央及地方機關非法人之團體，有當事人能力。」訴願法第十八條並無規定，本書認為應包括在內。

---

[5]　縱若未經認許之外國公司，而未取得我國法律上之外國公司地位，然實務上亦承認其得為行政爭訟之主體，參照：張自強、郭介恆，訴願法釋義與實務，2002年2月，初版，頁75。

[6]　例如主管機關臺灣地區與大陸地區人民關係條例第八〇條之一，所課處大陸船舶之所有人、營運人或船長的罰鍰處分，當事人若認該處分有違法或不當自得提起訴願。又如大陸配偶針對在臺入境遭受驅逐出國之處分，亦有訴願權能。

[7]　司法院院字第三三九號解釋：「人民與官吏身分各別，其有因官吏身分受行政處分者，純屬行政範圍，非以人民身分因官署處分受損害者可比，自不得援引訴願法提出訴願。」

[8]　如釋字第一八七號、第二〇一號、第二四三號、第二六六號、第三一二號、第三二三號、第三三八號、第三八二號及第四三〇號解釋等是。

　　法人及非法人團體依本規定得提起訴願較無問題，但法人之內部單位（如某工廠、某分公司或某分處等）是否具有訴願之當事人能力不無爭議。學理上就此認為該內部單位僅為法人之一部分無獨立法人格而無當事人能力，但實務上則認為內部單位因為屬於行政處分之對象，就其業務範圍內應仍具有當事人能力[9]，但如果僅是公司內部單純的門市[10]、辦事處或郵局的支局[11]則無當事人能力。但非獨資之合夥組織，亦得提起之。

2.公法人

　　目前我國法上所稱之公法人，包括各級地方自治團體及行政法人等，詳參本書第二篇所述。

　　公法人具有權利能力而具有法律上之人格，準此，倘該公法人因其他行政機關所作成之處分而致其權益遭受損害時，應無不准該法人提起訴願之理，我國以往在實務上係以是否「立於與人民同一之地位而受行政處分者[12]」作為認定該公法人是否具有訴願當事人地位之標準。

　　而目前依照訴願法第一條第二項之規定：「各級地方自治團體或其他公法人對上級監督機關之行政處分，認為違法或不當，致損害其權利或利益者，亦同。」亦即，公法人提起訴願不以「立於與人民同一之地位」為要件。就此，地方制度法第七六條第五項：「直轄市、縣（市）、鄉（鎮、市）對於代行處理之處分，如認為有違法時，依行政救濟程序辦理之。[13]」

9　最高法院六六年台上字第三四七〇號判例：「分公司為受公司管轄之分支機構，並無獨立之財產，為謀訴訟上便利，現行判例雖從寬認定分公司就業務範圍內之事向涉訟時，有當事人能力，但不能執此而謂關於分公司業務範圍內之事項，不得以總公司名義起訴。」

10　最高行政法院八九年判字第一〇二號判決：「公司之某地區辦事處，並非由總公司分設之獨立機構，亦無獨立之財產，縱稅捐稽徵機關為課稅上便利，準由某公司以某地區辦事處名義辦理營業登記，設立稅籍，予以課稅，惟在行政救濟程序上，尚難認該辦事處，具有當事人能力，自不得以該辦事處名義獨立提起訴願、再訴願或行政訴訟。」

11　行政院勞工委員會勞訴字第1010004493號訴願決定書。

12　例如有：院解字第二九九〇號：「省縣政府對於鄉鎮獨有之處分，鄉鎮雖有不服不得提起訴願，若其處分不獨對於鄉鎮為之該鄉鎮係以與一般人民同一地位而受處分，不能以其為公法人遂剝奪其提起訴願之權利。如省政府核准徵收鄉鎮公有土地之違法處分時，鄉鎮如有不服自得提起訴願。」及釋字第四〇號：「行政訴訟法第一條規定，人民因中央或地方官署之違法處分致損害其權利者，得依法定程序提起行政訴訟，是僅人民始得為行政訴訟之原告。臺灣省物資局依其組織規程係隸屬於臺灣省政府之官署，與本院院解字第二九九零號解釋所稱之鄉鎮自治機關不同，自不能類推適用此項解釋。至海關緝私條例第三十二條對於提起行政訴訟之原告，並無特別規定，要非官署所得引為提起行政訴訟之根據。」

13　大法官於釋字第五五三號解釋理由書中表明：「……本件行政院撤銷臺北市政府延期辦理里長選舉之行為，係中央主管機關認有違法情事而干預地方自治團體自治權之行使，涉及中央法規適用在地方自治事項時具體個案之事實認定、法律解釋，屬於有法效性之意思表示，係行政處分，並非行政機關相互間之意見交換或上級機關對下級機關之職務上命令。上開爭議涉及中央機關對地方自治團體基於適法性監督

3.行政機關

而行政機關依現行訴願法第二條、第十八條及第二〇條，是否能具得為行政處分相對人，非無疑問。近年來以對於立於與人民同一地位之行政機關作為行政處分對象之事例日漸增多，實務上，遂傾向容許其提起行政爭訟[14]，學說上亦傾向承認行政機關亦具有訴願當事人能力[15]。（問題一採肯定見解）

訴願當事人能力之認定，本不以具備一般法律人格為必要，因而認為行政機關亦得提起訴願。

4.其他行政處分之相對人

除上述自然人、法人、行政機關、非法人團體外，另法律有特別規定者，亦得為行政處分處分之相對人，如公平交易法第二條所稱之事業，勞動檢查法第五章各條規定之事業單位，空氣污染防制法罰則所定「工商場、廠」以及「公私場所」等，不再侷限於上述之範圍內。

5.非行政處分之相對人亦得提起訴願

依照訴願法第十八條規定：「……其他受行政處分之相對人及利害關係人得提起訴願。」一般而言，向行政機關提起訴願者通常係該違法或不當行政處分之相對人，但如遇有「第三人效力處分」之情形時，該第三人雖非行政處分之相對人，然其權益亦因該行政處分受損害，自應許該第三人提出訴願。常見之爭議，如商標近似、鄰人建築或同業競爭等[16]。最高行政法院一〇五年度判

之職權所為撤銷處分行為，地方自治團體對其處分不服者，自應循行政爭訟程序解決之。其爭訟之標的為中央機關與地方自治團體間就地方自治權行使之適法性爭議，且中央監督機關所為適法性監督之行為是否合法，對受監督之地方自治團體，具有法律上利益。為確保地方自治團體之自治功能，本件臺北市之行政首長應得代表該地方自治團體，依訴願法第一條第二項、行政訴訟法第四條提起救濟請求撤銷，並由訴願受理機關及行政法院就上開監督機關所為處分之適法性問題為終局之判斷……。」

[14] 例如：行政法院（改制前）八七年判字第二八一〇號判決（水污染防治法／經濟部工業局大發工業區管理中心訴高雄縣政府）、臺北高等行政法院九九年訴字第二四五一號判決（水污染防治法事件／經濟部工業局訴行政法院環境保護署）等。

[15] 李建良等著（李建良執筆部分），行政法入門，元照出版，2006年1月，三版，頁479。
而吳庚大法官認為，行政機關仍可提起訴願應非常態，詳參：吳庚，行政爭訟法論，作者自版，2012年2月，六版，頁381-383；陳敏大法官認為，訴願法第十八條之規定，有訴願當事人能力者，實為「受行政處分之相對人或利害關係人」，並不以具一般法律人格為限。因為受行政處分之行政機關應仍具有訴願當事人能力，至於在個案中，受行政處分之行政機關，是否有權利保護比要性而得合法提起訴願，則係另外一個問題，詳參：陳敏，行政法總論，2012年9月，七版，頁1275；李震山大法官則認為，為現行法之制度下，應視個別法令有無相關規定，若法令已有所規定，則從其規定，詳參：李震山，行政法導論，三民書局，2011年10月，九版，頁547。

[16] 又如公務員升遷中，甲為乙之競爭者，針對乙之升遷甲得表示不服而提起救濟，但並不表示該案勝訴而乙不能升遷之結果即代表甲得因此升遷。

字第三二六號判決即稱：「……鄰近住宅基地之所有權人認為（主張）鄰近基地興建之建築物影響其基地住宅之『日照』，對主管建築機關核發與鄰近基地建造執照之處分不服循序提起行政訴訟，應屬前述行政訴訟法第四條規定之利害關係人，而有實施訴訟之權能（當事人適格），行政法院應就其主張有無理由，從實體上予以調查審究。……。」

夫妻各自為權利義務之主體，配偶之一方因行政機關作成違法或不當之行政處分，致其權利或法律上之利益受有損害，他方配偶並非當然為上開規定之利害關係人。居留簽證之申請人既係外籍配偶，對本國配偶不存有駁回處分，其亦未因該駁回處分而有權利或法律上利益直接受損害，則本國配偶對駁回居留簽證申請之處分，自無提起行政訴訟之適格。從而，本國配偶以自己名義對駁回居留簽證申請之處分提起行政訴訟，其當事人不適格，應予駁回。（參照最高行政法院一〇三年八月份第一次庭長法官聯席會議）但從人權保障以及家庭團聚權，應許配偶之一方提起訴訟為當。

有權提起訴願之主體，又可稱為有訴願權能者，除處分當事人外，包括利害關係人以及釋字第四六九號解釋所稱保護規範說，法律對主管機關應執行職務行使公權力之事項規定明確，該管機關公務員依此規定對可得特定之人所負作為義務已無不作為之裁量餘地，猶因故意或過失怠於執行職務，致特定人之自由或權利遭受損害，在此，人民有公法上之請求權[17]。

(二)須行政處分違法、不當或行政機關違反作為義務

訴願之提起，須針對訴願係針對行政機關所為違法或不當之行政處分，或對行政機關拒為或怠為所申請之行政處分提起。基此，對於行政機關之公法上其他行為（如行政契約及事實行為等）及私法行為皆不得提起訴願。

1.中央或地方機關

訴願法第三條中所稱之「中央或地方機關」，係指各種實質意義之行政機關，而不以行政組織系統內之行政機關為限。因此受託行使公權力之私人（受託行使公權力），亦為行政機關，亦得作成行政處分[18]。

---

[17] 參閱釋字第四六九號解釋文。
[18] 釋字第二六九號、第三八二號解釋參照。

2.行政處分之違法或不當

所謂行政處分，依照訴願法第三條之規定，乃指：「本法所稱行政處分，係指中央或地方機關就公法上具體事件所為之決定或其他公權力措施而對外直接發生法律效果之單方行政行為。（第一項）前項決定或措施之相對人雖非特定，而依一般性特徵可得確定其範圍者，亦為行政處分。有關公物之設定、變更、廢止或一般使用者，亦同。（第二項）[19]」

而行政處分違法係指欠缺合法要件而言，而行政處分不當係指行政處分雖未違法，惟在客觀上不符合目的性。而所謂須行政處分違法或不當，只須訴願人於提起訴願時，主張原處分有違法或不當之情形即可，至於其主張是否合理，則屬受理訴願機關應為實體上審查之事項。

3.行政機關違反作為義務

除對積極作為有所不服，得提起訴願外，若行政機關消極不作為，訴願法第二條規定：「人民因中央或地方機關對其依法申請之案件，於法定期間內應作為而不作為，認為損害其權利或利益者，亦得提起訴願。前項期間，法令未規定者，自機關受理申請之日起為二個月。」

基此，可避免行政機關藉故拖延決定，而若該管機關於法定期間內不作為依法視為許可處分者，如集會遊行法第十二條第三項，主管機關於特定期間內未作出決定，則「視為許可」或「視同核准」，在此人民權益既未因而受有損害，自無提起訴願救濟之餘地，乃屬當然。

(三)須主張權利或利益遭受損害

若違法或不當之行政處分未損害人民之權利或利益者，僅生行政監督之問題，尚不得提起訴願。而若訴願之提起係第三人主張行政處分之作成損害其權利或利益者，該第三人之訴願，則要視該第三人是否有「公法上之權利」受侵害，則必須透過「保護規範理論」針對相關法律之規範意旨，探求第三人是否有公法上之權利。

---

[19] 此一規定與行政程序法第九二條之規定，就本質而言並無不同之處，陳敏教授就此認為，訴願程序接續於一般行政程序，本質上亦為行政程序。為訴願標的之違法或不當之行政處分，既為行政處分，自應與前此之行政程序法做相同理解。行政程序法對行政處分之定義規定原可適用訴願程序，訴願法內無須重複規定，或可考慮刪除此一定義規定。參見：陳敏，同前揭註15，頁1262。

　　所謂「保護規範理論」認定行政處分有無損害個人之權利或法律上利益，係探求法律規範之目的雖係為公共利益或一般國民福祉而設之規定，但就法律之整體結構、適用對象、所欲產生之規範效果及社會發展因素等綜合判斷，可得知亦有保障特定人之意旨時，則個人主張其權益遭受損害，亦為法所許[20]。

　　反之，若規範僅著重公益之保護，個人雖因此受益，然僅係一種「反射利益」，個人僅係因法律基於公益目的，命行政機關為特定作為或不作為，而另特定之個人受有某種利益，個人僅係因執行法規偶而受利之情形，自無訴願權利。

(四)向訴願管轄機關提起

　　依照訴願法之規定，提起訴願可向原處分機關（第五八條）或向受理訴願機關（第五九條）提起。

　　訴願管轄係向原處分之事務管轄直接上級機關提起訴願，若原處分機關為國家最高機關時，則以原處分機關為受理訴願機關。若訴願人向無管轄權之機關提起，其法律效果為何？

　　實務上認為，訴願誤向無管轄權機關表示不服原處分，如在法定期間內，自應認為已經合法提起訴願，為實務上一向之見解[21]，現行訴願法第六一條亦已明文規定：「訴願人誤向訴願管轄機關或原行政處分機關以外之機關作不服行政處分之表示者，視為自始向訴願管轄機關提起訴願。前項收受之機關應於十日內將該事件移送於原行政處分機關，並通知訴願人。」

(五)須於法定期間內依法定程式提起

　　訴願之提起，應遵守法定不變期間（或法定訴願期間）。訴願法第十四條

---

[20] 大法官於釋字第四六九號解釋文中認為：「法律規定之內容非僅屬授予國家機關推行公共事務之權限，而其目的係為保護人民生命、身體及財產等法益，且法律對主管機關應執行職務行使公權力之事項規定明確，該管機關公務員依此規定對可得特定之人所負作為義務已無不作為之裁量餘地，猶因故意或過失怠於執行職務，致特定人之自由或權利遭受損害，被害人得依國家賠償法第二條第二項後段，向國家請求損害賠償。……。」並於該號解釋之解釋理由書中進一步的表示：「……至前開法律規範保障目的之探求，應就具體個案而定，如法律明確規定特定人得享有權利，或對符合法定條件而可得特定之人，授予向行政主體或國家機關為一定作為之請求權者，其規範目的在於保障個人權益，固無疑義；如法律雖係為公共利益或一般國民福祉而設之規定，但就法律之整體結構、適用對象、所欲產生之規範效果及社會發展因素等綜合判斷，可得知亦有保障特定人之意旨時，則個人主張其權益因公務員怠於執行職務而受損害者，即應許其依法請求救濟。……。」

[21] 如：司法院院字第四二二號解釋。

規定：「訴願之提起，應自行政處分達到或公告期滿之次日起三十日內為之。（第一項）利害關係人提起訴願者，前項期間自知悉時起算。但自行政處分達到或公告期滿後，已逾三年者，不得提起。（第二項）」

(六)有先行程序者應經該程序

依照訴願法第一條第一項規定：「人民對於中央或地方機關之行政處分，認為違法或不當，致損害其權利或利益者，得依本法提起訴願。」人民依照本條規定，原則上得針對行政機關違法或不當之行政處分，提起訴願以謀求救濟，但我國法上仍有必須先經過一定程序後，始得提起訴願，此即訴願法第一條第一項但書所規定「但法律另有規定者，從其規定」之情形，而吾人稱之為「訴願先行程序」。

現行法中有規定之當事人若有行政處分表示不服，依其他法律規定，提起訴願之前經先行程序者，當事人應用盡先行程序之救濟途徑，仍有不服始得提起訴願，若不經此一程序受理訴願機關將予以駁回。此種「訴願先行程序」之規定，在我國法上為數甚多，最為學者間所談論的即有如[22]：稅捐稽徵法第三五條以下規定之復查程序、全民健康保險法第六條規定之審議程序等。

(七)須不屬於應循其他取代訴願途徑救濟之事件

如法律另有規定應依其他途徑救濟，則應依循其他程序救濟。例如有公務人員保障法之復審、會計師法第六一條至第六八條、律師法第三九條至第四四條所定之懲戒程序[23]及政府採購法第七四條以下所規定之異議、申訴程序[24]。

六、訴願管轄

問題三

若某公司認為國家通訊傳播委員會所作成之撤照處分係屬違法，則該公司應如何提請訴願？

---

[22] 如吳庚，同前揭註15，頁390；蔡震榮，同前揭註1，頁5。
[23] 並請另行參照釋字第二九五號及第三七八號解釋。
[24] 政府採購爭議案件的「異議／申訴」審議判斷之效力，依該法第八三條「視同訴願決定」。

(一)訴願管轄之態樣

1.基本管轄

基本管轄，又稱一般管轄或列舉管轄[25]，吾人就此得分為「隸屬關係標準」及「主管機關標準」。依照訴願法第四條第一款、第二款、第四款及第六款至第七款規定，可知本條主要係採隸屬關係標準，即以原處分機關或受理申請機關之直屬上級機關為原則，而中央各院因為無直屬上級機關，故以自己本身作為訴願之管轄機關。

基於地方自治之本旨，中央部會與地方政府間應非上下隸屬關係，但中央各部會為國家專業行政之最高主管機關，基於專業行政之考量，同條第三款及第五款乃仍列中央各部會為縣（市）、直轄市政府所為行政處分（各種行政領域之行政處分）之訴願管轄機關，此為「主管機關標準」。

2.比照管轄

人民對於前述以外機關之行政處分提起訴願時，依訴願法第五條規定：「人民對於前條以外之中央或地方機關之行政處分提起訴願時，應按其管轄等級，比照前條之規定為之。訴願管轄，法律另有規定依其業務監督定之者，從其規定。」亦即，應比照前述規定，以定其管轄等級。

若該「機關」為內部單位時，因訴願法第四條未為明文規定，應直接以其所隸屬之機關為原處分機關，比較訴願法第四條第三、五、七款規定，向上級機關提起訴願。例如新竹市政府建設局、教育局等內部單位所作之處分，乃直接認為屬於新竹市政府所為之處分，應按處分所涉之專業領域分別向內政部、教育部提起訴願。

3.共同管轄

訴願法第六條：「對於二以上不同隸屬或不同層級之機關共為之行政處分，應向其共同之上級機關提起訴願。」本條僅為二以上不同隸屬關係（如高雄市政府及交通部會銜認定紅毛港遷村安置戶資格，其共同上級機關為行政院）或不同層級（如臺北市與新北市就跨界營建事宜之共同上級機關為內政

---

[25] 李建良教授則將管轄之類型分為「基礎管轄」與「補充管轄」。請參照：李建良等著（李建良執筆部分），同前揭註15，頁458以下。

部），為其處分訴願管轄決定之準據[26]。

4.委託事件之管轄

所謂的委託事件，其內涵包括：(1)行政機關間的權限委託（行政程序法第十五條第二項）；(2)委託行使公權力（行政程序法第二條第三項）。本書就此分述如下：

所謂行政機關間的權限委託，依行政程序法第十五條第二項規定：「行政機關因業務上之需要，得依法規將其權限之一部分，委託不相隸屬之行政機關執行之。」而針對此類委託事件之管轄，訴願法第七條規定：「無隸屬關係之機關辦理受託事件所為之行政處分，視為委託機關之行政處分，其訴願之管轄，比照第四條之規定，向原委託機關或其直接上級機關提起訴願。」亦即，行政機關間的權限委託，其係以「原委託機關」（或其直接上級機關）作為訴願管轄機關。如農委會就有關老年福利津貼之核發及溢領催繳業務，應屬行政院農委會之行政處分，而應向農委會之上級機關（行政院）提起訴願（提起行政訴訟時以農委會為被告）[27]。

然所謂委託行使公權力，係指行政機關將某部分之行政權限移轉（委由）予私人或私人團體行使之，並受委託之私人（或私人團體）就該公權力特定事項，得以其名義作成行政處分，其地位依照行政程序法第二條第三項及釋字第二六九號視為行政機關[28]。於此情形，若訴願人對該受託之私人（或私人團體）所作成之行政處分表示不服，則應以行使公權力之私人為原處分機關，而定其訴願機關。就此，訴願法第十條規定：「依法受中央或地方機關委託行使公權力之團體或個人，以其團體或個人名義所為之行政處分，其訴願之管轄，向原委託機關提起訴願。」諸如私立大學對學生所為之退學處分或其他處

---

[26] 例如最高行政法院九〇年判字第二一三〇號判決：「高級中學以下學校之教師新聘，係學校之權限，教師之新聘或與其他相關之行政處分，為學校作成之行政處分。教師之新聘審查業務，在實際作業上，雖由學校之教師評審委員會設立甄審委員會負責辦理，但教師評審委員會及甄審委員會皆係學校之內度單位，而非獨立之行政機關，其所為之甄選決定，縱以委員會名義為之，亦為學校之決定，始得發生行政處分之效力，故為學校之行政處分。同一縣、市之多數學校成立聯合甄審委員會者，其所為之甄選結果，則為數學校之共同處分，以各校之共同上級機關縣、市政府為訴願管轄機關。」

[27] 最高行政法院九四年三月份庭長法官聯席會議。

[28] 此外，除如上述所述係由受主管機關委託行使公權力者外，尚有直接依法令受委託公權力之情形，如下述之私立大學對學生所為之行政處分及私立大學之教評決定。

分[29]、私立大學對教師所為之教評決定[30]，均屬該私立大學所為之行政處分，就此當事人如有不服，則應向教育部提起訴願。

但針對前二種「行政機關間的權限委託／委託行使公權力」，訴願法第七條及第十條對於其訴願管轄機關之規定並不同，就此可能發生訴願管轄產生歧異之情形，例如同樣係農委會所為之委託，其將權限委由勞工局（不相隸屬之行政機關），而勞工局所為之行為依訴願法第七條之規定係視為委託機關之行政處分，而應以農委會為原處分機關向行政院提起救濟；但若農委會將權限委託予農會（受託行使公權力），則卻係農委會為訴願管轄機關，此一訴願管轄機關之規定差異，頗受學者批評[31]。

5.委任事件之管轄

依行政程序法第十五條第一項規定：「行政機關得依法規將其權限之一部分，委任所屬下級機關執行之。」就此一規定而言，學理上乃稱之為「委任」。

而委任事件之管轄機關應如何認定？訴願法第八條乃規定：「有隸屬關係之下級機關依法辦理上級機關委任事件所為之行政處分，為受委任機關之行政處分，其訴願之管轄，比照第四條之規定，向受委任機關或其直接上級機關提起訴願。」亦即是直接以受委任機關作為原處分機關，此一規定亦符合於訴願法第十三條所揭示之「顯名原則」。本次疫情，臺北市政府將取締口罩事宜，委任警察機關處理，雖合乎法律規定，但卻加重警察機關之負擔[32]。

6.委辦事件之管轄

所謂委辦事件，依地方制度法第二條第三款之規定，係指地方自治團體依法律、上級法規或規章規定，在上級機關指揮監督下，執行上級政府交付辦理之非屬該團體事務，形式上須經過具體的委辦之手續，而負其行政執行責任之

---

29 釋字第三八二號、第六八四號解釋參照（特別是釋字第六八四號解釋）。
30 釋字第四六二號解釋。
31 吳庚，同前揭註15，頁396-398。
 吳庚大法官並批評，訴願法第七條之設計顯然有違同法第十三條所揭示的「顯名主義原則」，且無隸屬關係之委託，受託機關並非委託機關之下級官署，受託機關作成處分時，委託機關自難加以指揮，然該處分卻視為委託機關之處分，顯有所不當，此情形應僅只需規定受託機關之處分，應向委託機關或其上級機關訴願即可。
32 蔡震榮，特殊傳染性肺炎疫情下有關口罩取締與裁處管轄權之爭議，月旦醫事法報告，第60期，2021年10月，頁59以下。

事項[33]。例如臺北市政府受內政部委辦特定事項，其訴願即應向行政院提起。

7.承受管轄

訴願法第十一條：「原行政處分機關裁撤或改組，應以承受其業務之機關視為原行政處分機關，比照前七條之規定，向承受其業務之機關或其直接上級機關提起訴願。」

例如原行政院新聞局裁撤，其業務由文化部（影視產業業務）及外交部（國際宣傳業務）承受、原內政部勞工司裁撤，其原有業務由行政院勞工委員會承受。

8.交付執行事件之管轄

訴願法第十三條規定：「原行政處分機關之認定，以實施行政處分時之名義為準。但上級機關本於法定職權所為之行政處分，交由下級機關執行者，以該上級機關為原行政處分機關。」

本條規定處分機關之認定係以「實施處分時之名義為準原則」，即為學理上所稱「顯名主義」。本條但書則為例外之情形，例如土地徵收應由內政部核准之，核准之後再交由土地所在地之該管直轄市或縣市主管機關為公告或通知，此時直轄市或縣市主管機關僅係徵收之執行機關，徵收處分機關仍為核准徵收之機關即中央機關之內政部。人民若對徵收處分有所不服，依本條但書規定，應以核准機關定其訴願管轄機關。

9.多階段行政處分之管轄

所謂多階段行政處分，係指行政處分之作成係由二以上之機關先後參與作成。而該處分機關之認定，係採顯名主義，即以最後階段之行政處分為處分作成機關。如外國人在臺申請三證外交簽證、勞動部工作許可證以及移民署居留簽證合一的就業金卡，多機關參與，最後作成之機關為內政部移民署。

多階段行政處分也有可能存在於中央與地方之關係上，如土地徵收事件，需地機關向原處分地方行政機關申請，地方行政機關必須向中央內政部請求許可後，再辦理土地徵收，形成了多階段之情形。

---

[33] 吳庚大法官認為，此一委辦事項，僅限於原屬中央機關權限內之事務而所具體委辦予各級地方政府之事項，而不包括地方政府所承辦之概括委辦事項或自治事項。請參照：吳庚，同前揭註15，頁398-399。

　　然而，若人民不服某一「多階段行政處分」時，其究竟應向何機關提起救濟？目前在訴願管轄上依訴願法第十三條係採取所謂「顯名主義」，其指前階段行為通常僅被視為內部之行為而不得以之作為提起爭訟之對象，後階段行為係直接對人民產生法律效果，因此人民自應作成後階段處分機關之上級機關提起訴願[34]。前述土地徵收處分，應以內政部為原處分機關提起訴願。

　　而依訴願法之規定，若參與機關其同意或許可影響後階段行為作成之程度較強時，則應被邀請訴訟參加。但若行政機關之參與行為對當事人而言，具有重大影響或被引用法規賦予此獨立之意義，縱若該參與附隨著主要行政處分而頒布，視為可單獨存在之行政處分，對此決定不服，仍可提起爭訟[35]。例如上述所稱就業金卡，針對否准處分（因勞動部工作許可否准），亦可對勞動部單獨提起之。

　　上述有關欠稅限制出境，則目前依83年3月16日行政法院八三年三月份庭長、評事聯席會議決議：「營利事業欠稅其負責人（原告）是否有限制出境之必要，係由財政部決定，內政部入出境管理局無從審查財稅機關決定之當否，是於財政部函請該局限制出境同時將副本送達原告時，應認為已發生法律上之效果，即為行政處分，得對之請求行政救濟。」亦即，（最高）行政法院認定財政部所為之限制出境決定，雖僅係副知欠稅人，然而為使人民得對財政部之限制出境決定，提起具體有效之救濟，仍認定財政部（或其上級機關）為受理訴願機關。不過入出國及移民法第六條第五項後段規定：「……第十款規定禁止出國者，入出國及移民署於查驗時，當場以書面敘明理由交付當事人，並禁止其出國。」在此一共作成兩處分，財政部之限制出境處分，以及入出國及移民署的禁止出國處分，當事人針對前一處分不服時，應向財政部提起訴願。

10.課予義務訴願之管轄

　　擴大訴訟類型是行政訴訟法修正時的重點之一；並且，在立法決定下必須採取「訴願前置」，而不再僅限於撤銷訴訟一種。因此，隨著訴訟類型的擴

---

[34] 蔡震榮，多階段行政處分與行政救濟，收錄於：臺灣行政法學會主編，行政法爭議問題研究（上），五南出版公司，2000年12月，初版，頁509-510。
[35] Ferdinand O.Kopp, Verwaltungsprozessordnung, 2002, §35, Rdnr. 41.
　　亦即，顯名主義的例外，吾人認為應包括下列要件：1.作成處分之機關對其依法應予尊重且不可能有所變更者。2.前階段行為屬於行政處分成立之要素。3.前階段行為已直接送達或以他法使當事人知悉者。4.後階段行為僅是在補充前階段行為。就此可參：蔡震榮，同前揭註1，頁511。

大，訴願類型亦隨之擴大。所以，訴願法除原配合撤銷訴訟所設之訴願程序外，亦因應行政訴訟法上採取課予義務訴訟，而增設訴願法第二條第一項之課予義務訴願。不過，行政訴訟法上的課予義務訴訟可分為怠為處分訴訟與拒絕申請訴訟二種，惟訴願法第二條第一項卻僅規定怠為處分訴願，對於拒絕處分訴訟卻未規定相對應之訴願類型。就此，拒絕處分訴願之規範基礎，應類推適用訴願法第二條第一項之規定。

(二)管轄爭議之解決

訴願法第十二條規定：「數機關於管轄權有爭議或因管轄不明致不能辨明有管轄權之機關者，由其共同之直接上級機關確定之。無管轄權之機關就訴願所為決定，其上級機關應依職權或依申請撤銷之，並命移送於有管轄權之機關。」本條規定應與行政程序法第十四條第二項規定：「人民就其依法規申請之事件，得向共同上級機關申請指定管轄，無共同上級機關者，得向各該上級機關之一為之。受理申請之機關應自請求到達之日起十日內決定之。」

行政程序法規定比訴願法詳細，就有關訴願管轄權之爭議，行政程序法第十四條第二項有人民得申請指定管轄之規定，應可適用。

案例：針對「NCC」作成處分，向何機關提起訴願之問題，司法院大法官第1333次會議（97年12月26日）議決不受理案件第12案決議：「有關不服通傳會行政處分之訴願管轄問題，並不在本院釋字第六一三號解釋之解釋範圍……。」故不受理。最高行政法院九七年十二月份第三次庭長聯席會議決議認為：通傳會屬中央行政機關組織基準法第二條第一項所指適用同法之行政院所屬各級機關。不服通傳會之行政處分者，其他法律無特別規定者，依訴願法第四條及第五條之規定，向訴願管轄機關行政院提起訴願。

七、訴願提起及進行之人的範圍

(一)訴願提起程序（第五八條）

1.向原行政處分機關

原行政處分機關應先行重新審查原處分是否合法妥當，其認為有理由者，得自行撤銷或變更原行政處分，並陳報訴願管轄機關。若不依訴願人之請

求撤銷或變更原行政處分者，應儘速附具答辯書，並將必要之關係文件，送於訴願管轄機關。

2.向受理機關提起（第五九條）

訴願人向受理訴願機關提起訴願者，受理訴願機關應將訴願書影本或副本送交原行政處分機關，依前述1.情形辦理。

3.訴願提起日期之認定

訴願法第十四條規定：「訴願之提起，應自行政處分達到或公告期滿之次日起三十日內為之。利害關係人提起訴願者，前項期間自知悉時起算。但自行政處分達到或公告期滿後，已逾三年者，不得提起。訴願之提起，以原行政處分機關或受理訴願機關收受訴願書之日期為準。訴願人誤向原行政處分機關或受理訴願機關以外之機關提起訴願者，以該機關收受之日，視為提起訴願之日。」

因此，訴願之提起時間，依訴願法第十四條第三項規定，以原處分機關或受理訴願機關收受訴願書之日期為準。並且，為保障訴願人之期間利益，訴願人如誤向無管轄權之機關提起訴願時，依訴願法第十四條第四項規定，該機關收受訴願書之日，視為已提起訴願。

4.在途期間之扣除

倘若，訴願人非居住於受理訴願機關所在地時，如仍統一適用提起訴願期日之規定，則有失公平，應扣除在途期間後，始起算三十日之訴願期間。因此，訴願法第十六條規定：「訴願人不在受理訴願機關所在地住居者，計算法定期間，應扣除其在途期間。但有訴願代理人住居受理訴願機關所在地，得為期間內應為之訴願行為者，不在此限。」換言之，該條文一方面可確保了訴願人之期間利益，另一方面則因有訴願代理人可於期間內為訴願行為時，已無保障之必要，故決不需要再行扣除在途期間。

至於在途期間之扣除辦法，依訴願法第十六條第二項規定，授權行政院定之。行政院爰於民國89年6月21日發布「訴願扣除在途期間辦法」，並於訴願法施行之日起施行。該辦法於104年2月9日修正。

5.回復原狀

訴願法第十五條第一項規定：「訴願人因天災或其他不應歸責於己之事由，至遲誤前條之訴願期間者，於其原因消滅後十日內，得以書面敘明理由向受理訴願機關申請回復原狀。但遲誤訴願期間已逾一年者，不得為之。」且為求迅速進行相關程序，依同條第二項規定，申請人應於申請回復原狀同時，為應為之訴願行為。

6.提起訴願期間教示錯誤

依行政程序法第九六條第一項第六款規定，行政處分之書面應記載不服行政處分之救濟方法、期間及其受理機關。一般稱此為教示義務。因為行政機關負有教示義務，人民即可知悉應於何時、向何機關提起救濟之權利。當然，訴願程序亦為該條文所稱之救濟應無疑問。然而，倘若因為行政機關未履行教示義務或誤載其內容時，致人民遲誤提起訴願之不變期間時，則亦應有因應之道，因為效果相當嚴重，故具有相當之重要性。

針對救濟期間教示錯誤之情形，行政程序法第九八條規定：「處分機關告知之救濟期間有錯誤時，應由該機關以通知更正之，並自通知送達之翌日起算法定期間。處分機關告知之救濟期間較法定期間為長者，處分機關雖以通知更正，如相對人或利害關係人信賴原告知之救濟期間，致無法於法定期間內提起救濟，而於原告知之期間內為之者，視為於法定期間內所為。處分機關未告知救濟期間或告知錯誤未為更正，致相對人或利害關係人遲誤者，如自處分書送達後一年內聲明不服時，視為於法定期間內所為。」

可分為未為告知救濟期間與告知救濟期間錯誤，以下分別說明之：

(1)未為告知

原行政處分機關於行政處分書面尚未告知之救濟期間教示錯誤情形，而致訴願人遲誤訴願期間時，依行政程序法第九八條第三項規定，訴願人於處分書送達一年內聲明不服時，可視為於法定期間為之。

(2)告知錯誤

倘若行政處分書面所告知之救濟期間有誤，則應是較法定期間較長或較短為不同之處置。依行政程序法第九八條第一項規定，原處分機關所教示之救濟期間有錯誤時，應以通知更正之，並自通知送達之翌日起起算法定期間。不過，倘若在告知之救濟期間較法定期間為長，縱然原處分機關已為更正通知，

惟如訴願人因信賴該期間而無法於法定期間提起訴願時，若在原告知錯誤之法定期間內提起訴願，依訴願法第九八條第二項規定，仍視為在法定期間提起。例如，錯誤告知提起訴願期間為兩個月，當事人於兩個月內（第三十五天）提起屬之。如果原處分機關未為更正時，是否適用訴願法第九八條第三項規定，訴願人得於處分書送達一年內聲明不服之規定。本文認為，該項規定應僅限於告知錯誤之救濟期間要短於法定期間之情形，因為在告知錯誤之救濟期間較長於法定期間時，訴願人已有同條文第二項給予保障，無由再受一年之長期保障。

7.期間之計算

訴願法第十七條規定：「期間之計算，除法律另有規定外，依民法之規定。」換言之，訴願法有關期間之計算均準用民法之相關規定。

(二)訴願當事人

1.訴願當事人能力

訴願法第十八條：「自然人、法人、非法人之團體或其他受行政處分之相對人及利害關係人得提起訴願。」此條文係規定訴願當事人能力，係指作為訴願主體之資格，並承受因參與訴願程序所產生之權利或義務。

本條之用語與行政程序法相關條文或行政訴訟法皆不盡相同，解釋上仍應認為有訴願當事人能力者為：自然人、法人及設有代表或管理人之非法人團體以及中央及地方之行政機關。

2.訴願行為能力

訴訟行為能力（訴願能力），係指獨立實施訴願行為之能力。此種訴訟能力之有無，基本上係沿襲自民法有關行為能力之規定而來，訴願法第十九條及第二〇條分別規定：「能獨立以法律行為負義務者，有訴願能力。」「無訴願能力人應由其法定代理人代為訴願行為。（第一項）地方自治團體、法人、非法人之團體應由其代表人或管理人為訴願行為。（第二項）關於訴願之法定代理，依民法規定。（第三項）」

(三)共同訴願

訴願法第二一條規定：「二人以上得對於同一原因事實之行政處分，共同提起訴願。前項訴願之提起，以同一機關管轄者為限。」基此，所謂共同訴願

係指數人針對屬於同一機關管轄及屬於同一原因事實之行政處分，得共同提起訴願者稱之。

1.選定或指定代表人

共同提起訴願者，依照訴願法第二二條第一項規定：「得選定其中一人至三人為代表人。」此一「選定代表人」其本身亦屬於系爭訴願案件之當事人，因此亦屬於「選定當事人」[36]。而同條第二項另規定：「選定代表人應於最初為訴願行為時，向受理訴願機關提出文書證明。」此一規定之目的係為防止當事人關係複雜，造成訴願程序曠日廢時而設。

> **問題四**
>
> 若提起訴願有甲乙丙三人，僅於訴願書聲明甲為代表人，並無如第二二條第二項提出相關文書時，受理訴願機關應如何處理？

依訴願法第二三條規定：「共同提起訴願，未選定代表人者，受理訴願機關得限期通知其選定；逾期不選定者，得依職權指定之。」亦即，受理訴願機關應依職權指定甲為代表人。

但受理訴願機關依本條規定指定代表人者，其效力應如何發生？訴願法在此未如第二二條第二項（針對選定當事人）一般設有規定，有認為在此應類推適用行政程序法第三〇條第二項規定：「行政機關指定、更換或增減當事人者，非以書面通知全體有共同利益之當事人，不生效力。（第一項）但通知顯有困難者，得以公告代之。（第二項）」亦即，指定代表人應經通知共同（全體）訴願人或公告後，始生效力。但實務上如上述問題一，依職權指定後即產生效力。

此外，共同訴願業已選定或指定代表人後之更換或增減，依照訴願法第二五條之規定，應以書面通知受理訴願機關始生效力。

2.選定或指定代表人之效力

按訴願法第二四條本文：「代表人經選定或指定後，由其代表全體訴願人

---

[36] 行政程序法第二七條第一項規定：「多數有共同利益之當事人，未共同委任代理人者，得選定其中一人至五人為全體為行政程序行為。」

為訴願行為。」因此，代表人一經選定，則其餘共同訴願人即脫離訴願程序，由其代表為訴願行為。

3.選定或指定代表人代為訴願行為之權限

(1)單獨代表權

訴願法第二六條：「代表人有二人以上者，均得單獨代表共同訴願人為訴願行為。」

(2)撤回之限制

訴願法第二四條但書：「但撤回訴願，非經全體訴願人書面同意，不得為之。」至於其餘有關權限之拋棄或權利負擔等事項，依行政程序法第二十七條規定：「多數有共同利益之當事人，未共同委任代理人者，得選定其中一人至五人為全體為行政程序行為。未選定當事人，而行政機關認有礙程序之正常進行者，得定相當期限命其選定；逾期未選定者，得依職權指定之。經選定或指定為當事人者，非有正當理由不得辭退。經選定或指定當事人者，僅得由該當事人為行政程序行為，其他當事人脫離行政程序。但申請之撤回、權利之拋棄或義務之負擔，非經全體有共同利益之人同意，不得為之。」代表人自亦不得為之，而訴願程序中之和解，當然亦在禁止之列。

4.代表權之效力

訴願法第二七條：「代表人之代表權不因其他共同訴願人死亡、喪失行為能力或法定代理變更而消滅。」

(四)訴願之參加

1.訴願參加之意義

訴願參加，係指第三人為保護自己之權益，加入進行中之訴願程序，並為訴願行為，此等第三人即稱為「訴願參加人」。而訴願法第二八條規定：「與訴願人利害關係相同之人，經受理訴願機關允許，得為訴願人之利益參加訴願。受理訴願機關認有必要時，亦得通知其參加訴願。訴願決定因撤銷或變更原處分，足以影響第三人權益者，受理訴願機關應於作成訴願決定之前，通知其參加訴願程序，表示意見。」

準此，吾人可得知，訴願參加人之類型有二：(1)利害相同之參加：亦即參加人與訴願人利害關係相同，且須為訴願人利益參加；(2)因原處分撤銷或

變更而權益受影響者之訴願參加：此種情形常見於最常發生於第三人效力處分之情形[37]。

3.訴願參加之方式

訴願法第二九條：「申請參加訴願，應以書面向受理訴願機關為之。參加訴願應以書面記載左列事項：一、本訴願及訴願人。二、參加人與本訴願之利害關係。三、參加訴願之陳述。」訴願法第三○條：「通知參加訴願，應記載訴願意旨、通知參加之理由及不參加之法律效果，送達於參加人，並副知訴願人。受理訴願機關為前項之通知前，得通知訴願人或得參加訴願之第三人以書面陳述意見。」

4.訴願參加之效力

按訴願法第三一條：「訴願決定對於參加人亦有效力。經受理訴願機關通知其參加或允許其參加而未參加者，亦同。」所謂「訴願決定對於參加人亦有效力」係指該訴願決定對該參加之人權益發生法律上之效力，從而該參加人對於訴願決定如有不服，自可對該訴願決定直接提起撤銷訴訟（行政訴訟法第四條第三項）。並非謂該第三人受訴願決定拘束而不得聲明不服。

(五)訴願代理人及輔佐人

訴願法仿各種訴訟法之規定設有訴願代理人之制度，規定於訴願法第三二條至四○條。代理人與前述代表人不同，其本身並無利害關係，僅係代訴願人為訴願行為之人。輔佐人則指訴願人、參加人或訴願代理人於言詞辯論期日，偕同到場輔佐其訴願行為之第三人。相關規定於訴願法第四一條及四二條。

八、提起訴願之效力

(一)繫屬效力

係指訴願人依法請求受理訴願機關發動其審議權，以保障其權益，而訴願管轄機關因訴願人之訴願，有依法為一定行為之義務之效力。訴願案件繫屬於機關後，無論該訴願是否合法，有無理由，機關均應予以審理，作成訴願決定。

---

[37] 惟本條第二項所規定之通知義務似過於嚴苛，未來應限制或明示通知之對象。

(二)阻止處分發生形式存續力

行政機關所為之行政處分，相對人或利害關係人如未依限提起行政救濟，該行政處分即具有「形式存續力」，而人民就該處分即不得再提起救濟。惟若，系爭行政處分若經人民提起訴願，則該行政處分即處於爭訟之狀態，而不發生「形式存續力」，就此也有學者將此稱之為「延宕力」者[38]。

(三)停止處分執行之效力

1.現行法規範之探討

現行法有關停止執行制度規定在訴願法第九三條第一項、第二項以及第三項，該條稱：「原行政處分之執行，除法律另有規定外，不因提起訴願而停止。原行政處分之合法性，顯有疑義者，或原行政處分之執行將發生難以回復之損害，且有急迫情事，並非為維護重大公共利益所必要者，受理訴願機關或原行政處分機關得依職權或依申請，就原行政處分之全部或一部，停止執行。前項情形，行政法院亦得依聲請，停止執行。」以及行政訴訟法第一一六條第一項、第二項以及第三項，該條規定：「原處分或決定之執行，除法律另有規定外，不因提起行政訴訟而停止。行政訴訟繫屬中，行政法院認為原處分或決定之執行，將發生難於回復之損害，且有急迫情事者，得依職權或依聲請裁定停止執行。但於公益有重大影響，或原告之訴在法律上顯無理由者，不得為之。於行政訴訟起訴前，如原處分或決定之執行將發生難於回復之損害，且有急迫情事者，行政法院亦得依受處分人或訴願人之聲講，裁定停止執行。但於公益有重大影響者，不在此限。

(1)有權受理機關之探討

依訴願法第九三條之規定，有權受理機關除原處分機關以及訴願機關外，尚包括行政法院，而行政訴訟法第一一六條第三項也規定了受處分人或訴願人於行政訴訟起訴前聲請停止執行，該項規定與訴願法第九三條第三項規定是否重複規定就有問題。另外，當事人在法律規定下，可否重複聲請（申請），是否應作適當地限制，以及，若允許重複提起，受理機關如何處理以及解決管轄權競合的問題，則是另一問題。

---

[38] 如陳敏，同前揭註15，頁1288；李惠宗，行政法要義，元照出版，2008年9月，四版，頁573。

(2)實體規範要件不同之爭議

此外，就實體面之 規範而盲，除規範內容敘述不一致外，構成要件上訴願法第九三條第二項多了一項要件是行政訴訟法第一一六條第三項所無，即「原行政處分之合法性顯有疑義者」，針對同一事件卻產生不同構成要件規定，難怪有人批評訴願法第九三條第二項為有瑕疵之條文。

(3)立法技術上的問題

我國有關法律制度之建立通常會參考外國立法例，但立法之際可能受到多方考量因素影響，而遭刪除或增加若干與本條文不甚相關之規定，而產生與原先所要規範內容有所出入，這在我國立法制定上經常發生，例如，本書在此所欲探討的停止執行，因為訴願法與行政訴訟法修法時間不同，導致立法上產生若干之差異，如申請程序的重複規 定，以及同屬於停止執行實體法上規定卻不同，此種不一致若未能及時修法，就必須仰賴法律之解釋以為補充。

訴願法第九三條之立法理由中明示，現行之停止執行制度像參酌日本行政不服審查法第三四條及我國行政訴訟法第一一六條而制定，惟前開之立法文字若與日本行政不服審查法及德國聯邦行政法院法做對照，除行政訴訟法第一一六條第三項及訴願法第九三條第三項之訴前向行政法院聲請停止執行條參考德國聯邦行政法院法第八〇條五項制定，以及第九三條第三項受理訴願機關或原處分機關停止執行權限規定與德國行政法院法第八〇條四項規定雷同外，其餘均與日本行政不服審查法同出一轍。因此，德日兩國之立法確實影響我國立法可見一斑。

因為如此，法解釋上若能參考其他國家實務之作為，試圖透過對該國法解釋以及實務運作分析，找出一適當途徑，以解決目前法規範不足，未嘗不是一個暫時之對策，且德日兩國建構實體審查標準，並非拘泥於現行法規範上，這點或許是與我國也有類似之處，值得我國借鏡，並可解決實務處理不一致的情形。

2.停止執行效力與聲請（申請）程序

(1)停止執行之效力

停止執行之效力各國規定有不同較著重當事人權益考量之國家，通常只要當事人提起法救濟，及產生暫緩執行的效力或暫不生效。反之，以行政效率為

重之國家，則是否停止執行或行政處分暫不生效，則需由當事人聲請（申請）之。

A.提起救濟即產生停止執行之效力或暫不生效：如德國、美國等。

美國1967年所公布之行政程序法第七〇五條規定：「行政機關為求公正，在司法審查期間，得暫緩處分執行之期間，審查法院，包括上訴法院等，為防止不可彌補損害的情況下，得採取必要與適當措施，於司法審查程序終結前，延遲行政行為的實施日期或保存原狀或權利。」以及德國聯邦行政法院法第八〇條第一項等規定與我國訴願法以及行政訴訟法不同，若有爭訟之提起以停止執行為原則，這些國家制度與國情與我國不同，立法考量也有所不同，其主要著重在於人民權益之保障。

B.採取不停止執行為原則：日本與我國，不因提起行政救濟而停止執行的規定，停止執行必須單獨提出，是較重於公益的考量。

日本行政不服審查法第三四條第一項規定：「請求審查不妨礙處分之效力、處分之執行及程序之續行。」行政事件訴訟法第二五條一項：「提起撤銷訴訟不影響處分之效力、處分之執行及程序之續行。」

我國訴願法第九三條第一項規定：「原行政處分之執行，除法律另有規定外，不因提起訴願而停止。」行政訴訟法第一一六條第一項規定：「原處分或決定之執行，除法律另有規定外，不因提起行政訴訟而停止。」本項之立法文字與日本行政不服審查法第三四條一項以及行政事件訴訟法第二五條一項規定大致相同。

國內及日本學者之多數說認為此種立法原則並不違憲，強調行政處分之執行本身具有公益性質之考量，或基於傳統行政處分公定力立法沿革、或基於該行政處分可能附有第三人利益，不能僅保護處分相對人而不保護第三人，基於行政效率之要求及避免人民濫行提起救濟之考量，故採取不停止執行原則是立法政策之考量，並不違憲。

(2)起訴前聲請停止執行之容許性探討

A.聲請停止執行之重複規定

訴願法第九三條第三項規定：「前項情形，行政法院亦得依聲請停止執行。」與行政訴訟法第一一六條第三項規定：「於行政訴訟起訴前，如原處分或原決定之執行將發生難以回復原狀之損害，且有急迫之情事者，行政法院得

依受處分人或訴願人之聲請，裁定停止執行。但於公益有重大影響者不再此限。」條文內容不盡相同，但兩法條卻重複規定「得向行政法院聲請停止執行」，是否必要。

有謂訴願法第九三條第三項卻規定了行政法院之受理權，似乎以救濟之下級機關來規範上級管轄機關之作為，是有問題的，況且在程序上既然行政訴訟法第一一六條第三項已有規定，訴願法重複即屬無必要。但有認為，訴願法之規定是在訴願程序進行中停止執行的聲請，而與行政訴訟法第一一六條第三項「於行政訴訟起訴前」的聲請期間不完全相同，兩者可以併存，在現行實務上，關係人在行政處分頒布後有同時向不同機關提出，或訴願未於一定期間決定而向行政法院提出，也有於訴願決定後提出等各種不同狀況，因此，併存規定或許避免產生規範上之漏洞。

但若真正分析，行政訴訟法第一一六條第三項「於行政訴訟起訴前」的聲請，即可涵蓋訴願法第九三條第三項之規定，恐有重複規定之嫌。

B.如何適用實體要件

吾人若比較兩法條所規定停止執行乏實體要件不盡相同，訴願法第九三條第二項之聲請停止執行之實體構成要件「原行政處分之合法性顯有疑義者」是行政訴訟法第一一六條第三項所無，法院受理時究竟審理範圍以何法規為準，有認為似應以行政訴訟法為準，因為訴願法應以訴願人以及行政機關為規範對象，但若此項聲請在訴願決定前，亦即，訴願機關尚未做成訴願決定前，因此，停止執行審查重點應擺在當事人訴願勝訴之可能性，當然「原行政處分之合法性顯有疑義者」之因素，顯然會影響當事人勝訴之可能，若就此觀點而言，行政法院並非僅就訴訟法觀點，尚須斟酌原行政處分之合法性是否當事人在本案可獲得勝訴為考量才屬正當。吾人若參考目前行政法院針對停止執行案件，有將訴願法第九三條與行政訴訟法第一一六條並列，而一併實體決定中考量。但也有持反對意見而認為，行政法院不必就「原行政處分之合法性顯有疑義者」審查，最高行政法院就採此見解，九七年度裁字第〇一〇七六號稱：「行政訴訟法第一一六條第三項起訴前聲請停止執行之要件，並未有『原行政處分合法性顯有疑義』之規定，故行政法院僅須就原處分或決定之執行，是否將發生難以回復之損害，且有急迫情事者，而於公益無重大影響等要件，予以審查即可，如未符合上述要件，即應予駁回。本件抗告人對相對人所為之原處

分，以有訴願法第九三條第二項所定『原處分顯有疑義』為由，向原審法院聲請停止執行，原審法院以相對人所科處罰錄處分，並非不能以金錢賠償而予以回復，自無將發生難以回復損害之情事而予駁回，本院經核並不合，本件抗告為無理由，應予駁回。」

但在最高行政法院九○年度裁字第八三○號判決卻採敢不同意見而認為：「聲請人之本案訴訟在法律上是否顯無理由，雖不是行政法院依行政訴訟法第一百十六條第三項規定審查聲請停止執行事件時之要件，但應屬法理上之當然。」

本書認為，本號裁定將行政訴訟法第一一六條第二項所列「法律上是否顯無理由」，也列入同條第三項「行政訴訟起訴前」之考量要件中，是屬創舉，基此要件，法院通常會對原處分合法性加以審查，以決定其聲請「法律上是否顯無理由」，因此，主管法院應先審查當事人對該行政處分所提出合法性之質疑，是否法律上顯無理由。若對照第一一六條第二項與第三項之差異，若於第三項也將「法律上是否顯無理由」，也列入同條第三項「行政訴訟起訴前」之考量要件中，就立法經濟而盲，兩項條文其實就可以合併規定。

(3)停止執行管轄競合問題之探討

依據訴願法第二項以及第三項規定，關條人得向原處分機關、受理訴願機關以及行政法院聲請（申請）停止執行，在此要處理的除了程序問題外，是否准許當事人同時或先後向法律所規定之受理機關，亦即，向原處分機關、受理訴願機關以及行政法院同時或先後提出，以及未向受理訴願機關提起訴願或向原處分機關或受理訴願機關申請停止執行，可否於行政訴訟起訴前向行政法院聲請停止執行外，也涉及實體審查之問題。

A.同時或先後聲請（申請）

持否定見解者認為，文義解釋雖無禁止，然為避免遭權利濫用，應援引必要性原則及程序失權之法理予以限制。但多數學者採肯定說而認為，法無明文禁止或限制，訴願人依法有選擇權。有提出折衷說，此說原則上採肯定說，但應以「權利保護之必要性」來限制訴願人，若明顯發現訴願人有濫用權利之情事，應以欠缺權利保護必要性駁回之。如最高行政法院九六年度裁字第一八二八號判決即稱：「訴願法第九三條第二項規定受處分人得申請受理訴願機關或原行政處分機關停止執行，理論上得由上開機關獲得救濟，殊無逕向行

政法院聲請之必要。且行政法院條審查行政處分違法性之最終機關，若一有行政處分，不待訴願程序即聲請行政法院停止原處分之執行，無異規避訴願程序，而請求行政法院為行政處分之審查，因此應認適用訴願法第九三條第三項或行政訴訟法第一一六條第三項規定，逼向行政法院聲請停止執行時，必其情況緊急，非即時由行政法院予以處理，即難以救濟之情形，否則尚難認有以行政法院之裁定予以救濟之必要，而應認欠缺權利保護必要而駁回其聲請。況且訴願法第九三條第二項所謂『受理訴願機關或原行政處分機關得依職權或依申請，就原行政處分之全部或一部，停止執行』及第三項所謂『行政法院亦得依聲請，停止執行』，係採雙軌制，得由受處分人依其選擇向『受理訴願機關或原行政處分機關』或「行政法院」提出申請，並非得同時向『受理訴願機關或原行政處分機關』及「行政法院」提出申請，否則無異容許受處分人得任意濫用行政救濟程序之資源，且恐將發生各該機關准駁不一，致無所適從之情形，顯非立法賦與多方救濟管道之本意。」

實務上有關奈及利亞人士被撤銷國籍限令出國之案件多起，當事人委託同一律師分別向行政機關與行政法院提起，而行政法院都有受理，並就實體要件審查，且依最高行政法院九四年度裁字第三二七號裁定意旨，也並不禁止先後提出。

綜合上述實務之同意同時或先後提出的理由有二，其一為訴願機關就停止執行之申請遲遲未決，影響當事人停止執行之權利與利益，另一為，本案確有急迫情勢，且強制執行後果將有難以回復之虞。

若採肯定說，其次，要處理的是，如何決定由誰受理管轄的問題：

a.行政機關與法院發生管轄競合

本議題是論當事人向不同機關提出，而受理機關尚未作成決定時，如何決定由誰受理管轄的問題。有提出由最先受理者加以審理，其餘在後者應不予受理或駁回。但有認為，應先決定有優先管轄權者，行政機關與法院發生管轄競合時，應由行政機關有優先管轄之權，這是行政法院所持見解，原則上應由行政機關決定後，行政法院才受理，最高行政法院九六年度裁字第一一二八號判決即稱：「本件抗告人就相對人所為之原處分，於九六年四月十七日除向國防部提起訴願，併依訴願法第九三條第二款之規定，聲請停止執行外，復於同日易依行政訴訟法第一一六條第三項之規定，向原審法院聲請停止執行；而於

九六年四月二十日原審法院裁定時，受理訴願機關雖尚未為准駁之決定，惟尚難遽認，受理訴願機關有未於適當期間內為准駁之情事，揆諸上揭說明，抗告人不待訴願程序，於向日逕向原審法院聲請停止原處分之執行，即難認有以行政法院之裁定予以救濟之必要，應認欠缺保護之必要，原裁定乃駁回。」本書贊同此觀點，應先由行政機關受理，法院應駁回其聲請。

　　b.原處分機關與受理訴願機關發生管轄競合

　　有謂應依行政程序法第十三條解決之，但也有認為應以受理訴願機關為優先受理機關。本書認為，受理訴願機關與原處分機關通常存有層級管轄關條，若發生管轄權競合時，應以受理訴願機關為管轄機關，理由在於，當事人應向有權選擇停止執行機關，停止執行之許可經常繫於本案勝訴之可能性，當事人申請停止執行，同時也會針對本案提起訴願，就此而言，訴願機關當然是有權決定停止執行與否最適切之機關，而非原處分機關。況且訴願法第九三條第一項規定，原則上採不因提起訴願而停止執行，因此，受理訴願機關也是決定停止與否之機關。

　　B.不經訴願程序直接向法院聲請容許性之探討

　　探討本問題，其實可輔以行政法院之見解作為分析，在訴願法大幅修正之初，最初行政法院持否定說保守態度，而後逐漸採限制否定說之見解，學者則傾向肯定說。

　　a.否定說

　　其認為，受處分人或利害關條人未提起訴願前，並無不服原行政處分之表示，不能認為有停止執行之利益，且訴願決定之目的在使行政機關有自我審查之機會，不待訴願而逕向行政法院聲請停止執行，無異由行政法院直接為行政處分之審查，不僅規避訴願程序，且使行政機關喪失自我審查之機會。

　　b.限制否定說之見解

　　實務承認有三項例外，可不待訴願，逕向行政法院聲請停止執行。

　　(a)訴願機關逾時不予處理，致受處分人無從依停止執行制度受到應有保
　　　護者。

　　(b)必須情況緊急，非即時由行政法院予以處理，否則難獲救濟者。這是
　　　目前實務上採取最多的看法，採取嚴格的限縮在情況緊急上，其他情
　　　形，則都引用上述否定說見解，而認為未經訴願程序直接向法院聲請

停止執行，欠缺保護之必要。

c.肯定說

多數學者認為，法無明文禁止或限制，訴願人依法有選擇權。

d.小結

就上述見解，學者意見不一，有採否定說者，所持理由也不一，有基於減輕法院負擔之考量者，有認為無權利保護必要者；實務上則認為，訴願人於未提出訴願前，並無不服原處分之表示，不能認為有停止執行之利益，且訴願程序之目的在於行政機關有自我審查之機會，不待訴願而逕向行政法院聲請停止執行，無異係由行政法院直接審查行政處分，使行政機關喪失自我審查之機會[39]。

此外，訴願人於訴願程序中，申請原行政處分機關或受理訴願機關，停止行政處分之執行，如遭拒絕或不為停止與否之處置者，依訴願法第七六條規定，於訴願程序中，訴願人不得單獨就此請求救濟，而須於其後之行政訴訟中，一併表示不服，如受有損害，並得依法提請求賠償。

惟從行政訴訟法第一一六條第三項之立法理由觀之，及基於人民對於訴訟程序之主體權之地位，人民本得選擇適用最有利於自己之程序，因此，我國之聲請停止執行之程序應不以先行訴願或向法院提起訴訟為前提。

李震山教授認為，停止執行同時規定於訴願法及行政訴訟法卻並未規定適用先後，訴願人應可擇一或一併提出申（聲）請，若行政機關與行政法院意見不同時，行政法院之裁定應可拘束作為當事人一方之行政機關，若發生於原處分機關與受理訴願機關間，應依行政層級原理，以受理機關之決定為準。

且基於我國較重於公益考量，給予行政執行機關寬廣的執行權，在此情形下，更應容許當事人於訴願前，有申請（聲請）停止執行之可能性，以確保其權益。

---

[39] 89年12月18日最高行政法院暨所屬高等行政法院行政訴訟法律座談會（二）結論：「受處分人或利害關係人尚未提起訴願前，並無不服原行政處分之表示，不能認為有停止執行之利益。且訴願程序之目的在使行政機關有自我審查之機會，不待訴願而逕向行政法院聲請停止執行，無異由行政法院直接為行政處分之審查，不僅規避訴願程序，使行政機關喪失自我審查之機會。關係人如充分利用此一程序，將耗費大量司法資源於停止執行之暫時權利保護，影響訴訟事件之審判。」吳庚亦傾向採取此一見解，請參照：吳庚，同前揭註15，頁465-466。

九、訴願人之權利

(一)閱覽卷宗

　　訴願人之閱覽卷宗權，訴願法第四九條第一項規定：「訴願人、參加人或訴願代理人得向受理訴願機關請求閱覽、抄錄、影印或攝影卷內文書，或預納費用請求付與繕本、影本或節本。」而得當事人同意或釋明其具有法律利害關係第三人，則依訴願法第五〇條，經受理訴願機關許可者，亦得為閱覽卷宗之請求。在此所稱「有法律利害關係」是否包括利害關係相反之情形，訴願法第五〇條既未明文限制，應兼指利害關係相反之情形[40]。

　　不過受理訴願機關，符合訴願法第五一條之情形者，得拒絕閱覽卷宗之請求，其情形包括：

　　1.訴願決定擬辦之文稿。

　　2.訴願決定之準備或審議文件。

　　3.為第三人正當權益有保密之必要者。

　　4.其他依法律或其於公益，有保密之必要者。

　　上述所稱「其他法律」包括檔案法以及政府資訊公開法等相關法律。

(二)撤回訴願

　　訴願提起後，於決定書送達前，訴願人得撤回之。訴願經撤回後，不得復提起同一之訴願。（訴願法第六〇條）

(三)補正

　　受理訴願機關認為訴願書不合法定程式，而其情形可補正者，應通知訴願人於二十日內補正。（訴願法第六二條）如法人提起訴願，訴願書未加蓋法人圖記，受理訴願機關即應依法函請補正。

十、訴願之審議

(一)訴願審議委員會之性質

　　訴願審議委員會為受理訴願機關之內部單位，不具有機關之地位，故訴願

---

[40]　參閱行政院訴願委員會第1506次會議，92年9月25日。

決定書以本機關名義為之，其職責為專門處理訴願事件[41]。例如經濟部訴願會以經濟部名義處理訴願案。

(二)訴願審議委員會之組成

訴願法第五二條規定：「各機關辦理訴願事件，應設訴願審議委員會，組成人員以具有法制專長者為原則。訴願審議委員會委員，由本機關高級職員及遴聘社會公正人士、學者、專家擔任之；其中社會公正人士、學者、專家人數不得少於二分之一。訴願審議委員會組織規程及審議規則，由主管院定之。」

(三)訴願審議委員會之決議

訴願決定之決議方法按訴願法第五三條規定：「訴願決定應經訴願審議委員會會議之決議，其決議以委員過半數之出席，出席委員過半數之同意行之。」若違法此條多數決原則時，訴願決定為得撤銷。

訴願審議及筆錄之作成：按訴願法第六三條第一項規定：「訴願就書面審查決定之。」原則上訴願係以書面審查為原則，必要時按本條第二項及第三項之規定得以言詞陳述意見，且訴願人或參加人有正當理由提出請求時，訴願審議委員會不得拒絕。而訴願法第六五條亦規定於必要時得依申請或依職權於指定處所為言詞辯論。可知訴願法乃係以書面審查為原則，兼採必要之陳述意見。以勞動部為例，訴願案審查時，除給予當事人陳述意見外，並請求處分機關說明處理經過及決定事由。

十一、訴願決定

(一)訴願決定之意義及其種類

乃終止訴願程序之裁決，訴願決定亦屬行政處分之一種，依其決定內容有下列幾種：

1.程序決定（不受理）

訴願審理，依「先程序，後實體」原則，訴願機關應就訴願之提起是否符合程序之合法要件如訴願權能、法定程序、法定期間、管轄權等先與審查。訴

---

[41] 訴願審議委員會為各該行政機關之內部單位，不具行政訴訟當事人能力；參閱最高行政法院一○四年度裁字第一九○三號判決，104年11月26日。

願法第七七條即規範程序事項之欠缺，訴願人經通知後不補正或無法補正時，訴願機關應為不受理之決定。

> ### 問題五
>
> 訴願人未向原處分機關異議或申請復查（訴願先行程序），即提起訴願，受理訴願機關應如何決定？

人民未經先行程序即提起訴願，應視為已依法提出先行程序之申請，受理訴願機關宜將該等案件移送，由先行程序之受理機關處理[42]。訴願人如逾期提出先行程序，受理機關不論為不受理或駁回方式處理，均屬行政處分，受理訴願機關自應進行實體審理[43]。

2.實體決定

訴願進入實體審查時，得就原處分在事實及法律層面上之合法性與合目的性採取通盤審查。不過有以下例外情形之限制：

(1)對地方自治事務審查權限之限制

按訴願法第七九條第三項：「訴願事件涉及地方自治團體之地方自治事務者，其受理訴願之上級機關僅就原行政處分之合法性進行審查決定。」本於憲法保障地方自治之意旨，國家或上級機關對於各級地方自治團體之自治事項，僅能作「適法性監督」，不能作「合目的性監督」或「專業監督」。

(2)不利益變更禁止

訴願法第八一條：「訴願有理由者，受理訴願機關應以決定撤銷原行政處分之全部或一部，並得視事件之情節，逕為變更之決定或發回原行政處分機關另為處分。但於訴願人表示不服之範圍內，不得為更不利益之變更或處分。前項訴願決定撤銷原行政處分，發回原行政處分機關另為處分時，應指定相當期間命其為之。」訴願審議機關雖可確認原處分違法或不當，但不得依職權於當事人主張之範圍外，使原訴願人處於較原處分更不利之法律地位。惟原處分若適用法律錯誤，則不受上開原則之限制[44]。

---

[42] 參閱最高行政法院九八年六月份第一次庭長聯席會議決議。

[43] 參閱行政院101年5月9日臺規字第1000017128號函。

[44] 參照行政法院（改制前）五八年判字第三一號判決：「惟稽徵機關如發見原處分確有錯誤短徵，為維

　　不利益變更禁止是否為一般法律行為，學者有熱烈的討論，有認為其不屬於法律原則，有認為其不應全面適用訴願法。

　　案例：某甲經營企業，未全額發給員工薪水，違反就業服務法，原處分機關以最低額處罰某甲2萬元罰鍰，經當上人提起訴願，訴願機關撤銷原處分，因原處分之處罰並未說明為何處罰最低，原處分乃提高罰則處予6萬元，並說明處予6萬元之理由，試問該項處罰合理否？

　　在此，本書認為此雖不違反訴願法第八一條不利益變更禁止原則（該條僅拘束受理訴願機關），但受理訴願機關為撤銷該處分時，應同時告知原處分機關不得更為更不利於當事人之處分。

(3)法理上所受之其他限制

　　此類限制性質上與判斷餘地或行政裁量類似。例如釋字三八二號解釋，學生退學或類此處分之訴願事件，學生受開除學籍或勒令退學等處分，在用盡學校內部申訴途徑，均可提起訴願或行政訴訟。然實際上學生品學之優劣，學校與教師較為知悉，故受理訴願之教育主管機關或行政法院應以尊重學校之認定為原則，不宜以自身判斷取代學校[45]。

　　釋字第四六二號解釋，確認學校及教育主管機關對教師升等資格之審定，均為行政處分，申請升等之教師得提起行政爭訟。解釋文並指明各大專院校所設之教師評審委員會，應尊重依學校專業就申請人之專業知識及學術成就所作之評量，受此類事件之行政救濟機關及行政法院自得據此審查其是否遵守相關之程序，或其判斷、評量有無違或顯然不當之情事。關於考試評分事件，釋字第三一九解釋，各種國家考試應「尊重閱卷委員所為之學術評價」，不論此項評分之法律性質歸屬為行政機關裁量權之行使，或認為屬於適用不確定法律概念之判斷餘地，其他機關及行政法院不得以自己之判斷，代替典試或閱卷委員評定之分數。

　　但臺北高等行政法院一〇七年度訴字第六三六號判決對判斷餘地卻有不同見解，行政法院對於閱卷委員針對申論式題型所為評分之審查，亦應區分一般

　　持課稅公平之原則，基於公益上之理由，要非不可自行變更原查定處分，而補徵應繳納而未繳納之稅額。」。

[45] 釋字第三八二號解釋理由書第三段：「又受理學生退學或類此處分爭訟事件之機關或法院，對於其中涉及學生之品行考核、學業評量或懲處方式之選擇，應尊重教師及學校本於專業及對事實真象之熟知所為之決定，僅於其判斷或裁量違法或顯然不當時，得予撤銷或變更，併此指明。」

申論題或簡答題而異其審查密度。針對一般申論題型,行政法院應尊重閱卷委員學術專業上之判斷餘地,僅得就是否具有前述違法事項加以審查;惟如係針對有標準答案之簡答題型,行政法院即得審查閱卷委員之評分是否符合標準答案與一致性之評分標準,故於此範圍內,閱卷委員應無享有判斷餘地之可言,就應考人之作答內容是否符合標準答案而予以評分。

3.撤銷訴願之實體決定

撤銷訴願之實體決定,依訴願法之規定得分為下列數種:

(1)訴願無理由駁回

訴願無理由,包括原處分所憑理由雖屬不當,但依其他理由認為正當之情形者。訴願法第七九條第一項:「訴願無理由者,受理訴願機關應以決定駁回之。」其主文為「訴願駁回」。

(2)撤銷原處分(訴願有理由)

訴願有理由時,應於訴願人聲明之範圍內,撤銷原處分,但不受訴願人主張之理由或證據之拘束。訴願理由雖無可採,然依其他理由認為原處分有撤銷原因者,仍應以訴願為有理由。撤銷原處分不限於全部撤銷,亦可為一部撤銷,一部駁回之決定。

至於撤銷原處分後原處分機關是否應另為適當處分,應視事件性質而定。如有另為處分之必要時,應命原處分機關另行為之。原處分機關重為處分時,應依訴願決定意旨為之。並將處理情形告知受理訴願機關(訴願法第九六條)。

(3)變更原處分(即自為決定)

訴願法第八一條第一項前段規定:「訴願有理由者,受理訴願機關應以決定撤銷原行政處分之全部或一部,並得視事件之情節,逕為變更之決定或發回原行政處分機關另為處分。」

(4)視情況而定

訴願內容經受理訴願機關審查後,可分別作出部分有理由、部分無理由或部分不合法而分別處理。訴願有理由依第八一條撤銷或變更之,訴願無理由者,依第七九條駁回之,訴願不合法則依第七七條不受理決定之。

(5)依職權撤銷或變更

訴願法第八〇條第一項前段:「提起訴願因逾法定期間而為不受理決定時,原行政處分顯屬違法或不當者,原行政處分機關或其上級機關得依職權撤

銷或變更之。」受理訴願機關得於理由中指明應由原處分機關撤銷或變更之[46]。

4.命為一定之處分

訴願法第八二條第一項：「對於依第二條第一項提起之訴願，受理訴願機關認為有理由者，應指定相當期間，命應作為之機關速為一定之處分。」

5.情況決定

情況決定指訴願法第八三條所定之情形，即受理訴願機關發生原處分雖屬違法或不當，但其撤銷或變更於公益有重大損害，經斟酌訴願所受損害、賠償程度、防止方法及其他一切情事，認原處分之撤銷或變更顯與公益相違時，得宣示原處分違法或不當，但訴願決定主文仍駁回其訴願。

並且，受理訴願機關為情況決定時，依訴願法第八四條規定，並得斟酌訴願人因違法或不當處分所受損害，於決定書指明原處分機關應與訴願人協議賠償（同法第八四條）[47]。

(二)訴願決定之效力

訴願決定之性質乃屬於行政處分，因此訴願決定之效力乃與行政處分之效力殊無二致，就此部分請參照本書第三篇第一節行政處分之相關說明，以下乃僅就訴願法有關確定力、拘束力之規定予以說明：

1.確定力

訴願決定後，人民未於法定期間內向行政法院提起行政訴訟者，該訴願決定即因而發生確定力，故訴願人不得據而提起訴訟。

2.拘束力

(1)原處分機關及訴願決定機關

行政處分之實質存續力旨在拘束原處分機關不得撤銷變更，而訴願決定為爭訟具有更強之實質存續力，原處分機關及訴願決定機關自更不得任意撤銷變更。訴願決定因期間經過而確定後，訴願決定機關除有法定再審原因外，原則上不得再予以撤銷或變更（訴願法第九五條、第九七條）。

訴願法第九六條並規定：「原行政處分經撤銷後，原行政處分機關須重為處分者，應依訴願決定意旨為之，並將處理情形以書面告知受理訴願機關。」

---

[46] 參閱行政院及各級行政機關訴願審議委員會審議規則第二五條規定。
[47] 於情況決定之情形下，行政機關明知該處分違法卻仍不撤銷，似有忽視人民救濟權利之嫌。

基此，除有發現新事證外，或訴願決定顯然有意由原處分機關自行裁量之外，自不得作成與已撤銷之原處分相同內容之處分。

(2)對其他行政機關

訴願法第九五條：「訴願之決定確定後，就其事件，有拘束各關係機關之效力；就其依第十條提起訴願之事件，對於受委託行使公權力之團體或個人，亦有拘束力。」

所謂「有拘束各機關之效力」，除原行政處分即訴願決定機關外，對一般之行政機關，包括受委託行使公權力之私人，皆有拘束力，皆必須遵守訴願決定。

(三)訴願決定之期限

訴願法第八五條：「訴願之決定，自收受訴願書之次日起，應於三個月內為之；必要時，得予延長，並通知訴願人及參加人。延長以一次為限，最長不得逾二個月。（第一項）前項期間，於依第五十七條但書規定補送訴願書者，自補送之次日起算，未為補送者，自補送期間屆滿之次日起算；其依第六十二條規定通知補正者，自補正之次日起算；未為補正者，自補正期間屆滿之次日起算。（第二項）」

(四)訴願決定書之記載

1.訴願決定書之記載

依訴願法第八九條，訴願決定書應記載：「一、訴願人姓名、出生年月日、住、居所、身分證明文件字號。如係法人或其他設有管理人或代表人之團體，其名稱、事務所或營業所，管理人或代表人之姓名、出生年月日、住、居所、身分證明文件字號。二、有法定代理人或訴願代理人者，其姓名、出生年月日、住、居所、身分證明文件字號。三、主文、事實及理由。其係不受理決定者，得不記載事實。四、決定機關及其首長。五、年、月、日。」

2.應為教示之附記

訴願法第九〇條規定：「訴願決定書應附記，如不服決定，得於決定書送達之次日起二個月內向行政法院提起行政訴訟。」[48]

---

[48] 2012年06月27日修正前之規定為：「如不服決定，得於決定書送達之次日起二個月內向高等行政法院提起訴訟。」而必須注意的是本規定之施行日期，依照訴願法第一〇一條第二項，係由行政院以命令定之。

(1)教示附記管轄錯誤時之效果

移送並視為自始起訴。訴願法第九一條規定：「對於得提起行政訴訟之訴願決定，因訴願決定機關附記錯誤，向非管轄機關提起行政訴訟，該機關應於十日內將行政訴訟書狀連同有關資料移送管轄行政法院，並即通知原提起行政訴訟之人（第一項）。有前項規定之情形，行政訴訟書狀提起非管轄機關者，視為自始向有管轄權之行政法院提起行政訴訟（第二項）。」

(2)教示附記起訴期間錯誤或遺漏時之效果

通知更正後重行計算期間或延長為一年。訴願法第九二條，訴願決定機關附記提起行政訴訟期間錯誤時，應由訴願決定機關以通知更正之，並自更正通知送達之日起，計算法定期間（第一項）。若訴願決定機關根本未為附記，或附記錯誤而未依前項規定通知更正，致原提起行政訴訟之人遲誤行政訴訟期間者，如自訴願決定書送達之日起一年內提起行政訴訟，視為法定期間內提起（第二項）。

(五)訴願決定書之送達

訴願決定書之送達，依訴願法第八九條第二項規定：「訴願決定書之正本，應於決定後十五日內送達訴願人、參加人及原行政處分機關。」

1.訴願決定書之送達方式

訴願法第四七條規定：「訴願文書之送達，應註明訴願人、參加人或其代表人、訴願代理人住、居所、事務所或營業所，交付郵政機關以訴願文書郵務送達證書發送。（第一項）訴願文書不能為前項送達時，得由受理訴願機關派員或囑託原行政處分機關或該管警察機關送達，並由執行送達人作成送達證書。（第二項）」基此，訴願決定書之送達方式原則上係以郵務送達（訴願法第四七條第一項）為原則，而派員或囑託送達（訴願法第四七條第二項）為例外。

2.訴願決定書送達之對象

訴願法第四六條規定：「訴願代理人除受送達之權限受有限制者外，送達應向該代理人為之。但受理訴願機關認為必要時，得送達於訴願人或參加人本人。」此外訴願法亦規定有下列特定對象之送達：

(1)對於無訴願能力人為送達

「對於無訴願能力人為送達者，應向其法定代理人為之；未經陳明法定代理人者，得向該無訴願能力人為送達。」「法定代理人有二人以上者，送達得僅向其中一人為之。」（訴願法第四四條第一項、第三項）

(2)對於法人或非法人團體為送達

「對於法人或非法人之團體為送達者，應向其代表人或管理人為之。」「代表人或管理人有二人以上者，送達得僅向其中一人為之。」（訴願法第四四條第二項、第三項）

(3)對在中華民國有事務所或營業所之外國法人或團體之送達

「對於在中華民國有事務所或營業所之外國法人或團體為送達者，應向其在中華民國之代表人或管理人為之。（第一項）前項代表人或管理人有二人以上者，送達得僅向其中一人為之。（第二項）」（訴願法第四五條）

(六)訴願程序之停止、承受與終結

1.訴願程序之停止

訴願之決定，若係以他法律關係為準據者，則該法律關係即為訴願決定之先決問題。就此類先決問題，原則上受理訴願機關得自行判斷。然先決問題所涉及法律問題，已在訴訟或行政救濟程序進行中，為俾免管轄機關或法院認定相歧異，而產生矛盾影響訴願決定之效力，自以待法律關係確定後，再為訴願之審查或決定為宜。

因此，訴願法第八六條第一項即有所規定：「訴願之決定以他法律關係是否成立為準據，而該法律關係在訴訟或行政救濟程序進行中者，於該法律關係確定前，受理訴願機關得停止訴願程序之進行，並即通知訴願人及參加人。」此外，受理訴願機關停止訴願程序之進行者，其所定訴願決定期間，自該法律關係確定之日起，重行起算。（同法第二項參照）

例如，原處分認定訴願人符合入出國及移民法第三一條第四項規定之居留原因消失，係以勞動部107年4月3日函作為基礎（即前提要件），勞動部上開107年4月3日函處分是否成立，為本部（內政部）訴願案之先決問題，訴願人於107年4月19日已另向行政院提起訴願，由行政院審理中，爰擬依訴願法第八六條第一項規定，本部停止訴願程序之進行。

2.訴願程序之承受

(1)當然承受

訴願法第八七條規定：「訴願人死亡者，由其繼承人或其他依法得繼受原行政處分所涉權利或利益之人，承受其訴願。法人因合併而消滅者，由因合併而另立或合併後存續之法人，承受其訴願。依前二項規定承受訴願者，應於事實發生之日起三十日內，向受理訴願機關檢送因死亡繼受權利或合併事實之證明文件。」

惟得提起訴願之組織體，不以法人為限，故為訴願人之組織體因合併而消滅時，亦應有訴願法第二項之適用。

(2)申請承受

訴願法第八八條規定：「受讓原行政處分所涉權利或利益之人，得檢具受讓證明文件，向受理訴願機關申請許其承受訴願。」惟公法上之權利義務，如具有一身專屬性，或雖不具有一身專屬性，但並無得個別移轉之原因時，即不發生受讓之問題，亦無承受訴願之可言。

3.終結訴願程序之方式

一般而言，終結訴願程序之方式有三種：(1)作成訴願決定；(2)撤回訴願；(3)（訴願）和解。惟有關訴願決定部分，本書已於前文有所介紹，就此，僅說明「撤回訴願」及「（訴願）和解」：

(1)撤回訴願

訴願法第六〇條：「訴願提起後，於決定書送達前，訴願人得撤回之。訴願經撤回後，不得復提起同一之訴願。」撤回訴願為程序行為，不得附條件，意思表示到達後即生效。訴願決定後仍能為訴願撤回：受理訴願機關收受撤回訴願決定之日期，早於訴願人收受訴願決定者，仍生訴願撤回之效力[49]。訴願撤回之效果：訴願案件既經合法撤回者，不僅訴願人或其他利害關係人不得就同一事件要求訴願審議重新審理；訴願審議機關亦不得重新審議或更為決定，否則該訴願決定即為違法。

(2)和解

於訴願程序中是否得與行政訴訟法一般而為「和解」？訴願法並無明文予

---

[49] 吳庚，同前揭註15，頁214。

以規定，吳庚大法官基於以下之理由，採取肯定見解[50]：

- ·訴願人與行政機關間所為和解行為，僅須符合行政程序法中關於和解契約成立之要件，即無違背依法行政之要求。
- ·行政訴訟程序中得為和解，訴願程序應無理由予以拒絕。
- ·訴願法已肯認「情況判決」制度，而和解亦係以雙方相互讓步之方法達成合意以終結事件，其性質與情況裁決之賠償協議殊無二致。
- ·實務上，訴願程序亦有先行私下和解，再由訴願人撤回訴願之情形。

　　陳敏大法官則採反對意見，認為若係訴願人與訴願管轄機關在訴願程序內，以直接終止訴願程序為目的，經由互相退讓所為解決爭執之協議，再由訴願人撤回訴願，從而終結訴願程序，並非直接終結訴願程序之訴願和解。此種協議，由訴願人與管轄機關為之者，其要件與效力應依行政程序法第一三五條以下規定判斷之，並無特別問題[51]。

　　而訴願和解之規定，行政程序法亦無從補充適用於訴願程序之規定，且除訴願人已依法逕行提起行政訴訟，或因訴願人撤回訴願，而當然終結訴願程序中，在其他情形，仍須訴願管轄機關作成程序或實體之訴願決定，並就實體之訴願決定，發生訴願法第九五條拘束各機關之效力，在我國現制下，由訴願人與管轄行政機關在訴願程序內，依行政程序法規定，締結訴願和解契約，以直接終結訴願程序，在實際上甚難運作。

(七)確定訴願決定之救濟

1.提起行政訴訟

　　訴願人若針對訴願決定之結果不服，則可依行政訴訟法第四條及第五條之規定，提起撤銷之訴或課與義務之訴。

2.再審

　　有關再審之事由，訴願法第九七條第一項規定：

　　「於有左列各款情形之一者，訴願人、參加人或其他利害關係人得對於確定訴願決定，向原訴願決定機關申請再審。但訴願人、參加人或其他利害關係

---

[50]　吳庚，同前揭註15，頁291-293，此外，肯定得為訴願和解者，尚有：蔡志方，行政救濟法新論，元照出版，2000年1月，初版，頁283-284。

[51]　陳敏，同前揭註15，頁1322 -1324。

人已依行政訴訟主張其事由或知其事由而不為主張者,不在此限:

一、適用法規顯有錯誤者。

二、決定理由與主文顯有矛盾者。

三、決定機關之組織不合法者。

四、依法令應迴避之委員參與決定者。

五、參與決定之委員關於該訴願違背職務,犯刑事上之罪者。

六、訴願之代理人,關於該訴願有刑事上應罰之行為,影響於決定者。

七、為決定基礎之證物,係偽造或變造者。

八、證人、鑑定人或通譯就為決定基礎之證言、鑑定為虛偽陳述者。

九、為決定基礎之民事、刑事或行政訴訟判決或行政處分已變更者。

十、發見未經斟酌之證物或得使用該證物者。」

　　吾人認為訴願法及行政訴訟法之「再審」規定,應各自承擔該階段之任務,不應互相重疊而混雜,因此,若再審事由發生於行政法院裁判之後,或訴願人知悉在裁判之後者,似不宜再尋求訴願再審救濟,以合乎訴訟經濟及紛爭一次解決原則[52]。

　　而針對訴願再審之決定,當事人得否提起行政訴訟為救濟?依據各級行政法院行政訴訟法法律座談會之見解:「當事人就確定之訴願決定聲請再審,乃形式訴願法得除去確定訴願決定之權利,與行政訴訟法第四條及第五條所規範得提起行政訴訟以資救濟之一般訴願決定並不相同;加以訴願性質上為行政機關體系內之行政救濟,與行政訴訟法上司法救濟體系之審級制度無涉,故於再審決定依現行訴願法亦無救濟程序規定之情況下,難認當事人得就訴願再審決定提起行政訴訟救濟之;況訴願法上之再審,既係在通常救濟程序之外所提供之非常手段,係以已確定且不得再提起行政訴訟之訴願決定為標的,有別於通常之訴願決定,自不宜再成為行政訴訟之對象。」[53]亦有不同見解,認為再審決定本質上既為訴願決定,針對該決定不服,亦仍得提起行政訴訟,以資救濟[54]。

---

[52] 洪家殷,訴願法上再審制度相關問題,收錄於:訴願專論選輯—訴願新制專論系列之三,臺北市政府訴願審議委員會出版,2002年12月,頁160。

[53] 司法週刊,第1133期,2003年5月14日,三版。

[54] 許登科,論訴願再審之程序標的及訴願再審決定之救濟,月旦法學雜誌,第92期,2003年1月,頁125。

行政訴訟法於111年6月22日修正，且已於112年8月15日施行。其修正要點如下：

一、建構堅實第一審的訴訟結構

(一)簡易訴訟程序事件、交通裁決事件、收容聲請事件等獨任事件集中於地方行政法院，人民訴訟便利性不打折

1.本法所稱高等行政法院，指高等行政法院高等行政訴訟庭；所稱地方行政法院，指高等行政法院地方行政訴訟庭。訴訟法上，地方行政訴訟庭即相當於「地方行政法院」的審級，其與高等行政訴訟庭的關係，屬於訴訟上不同審級之法院。（修正條文第三條之一）

2.地方行政法院審理之獨任事件，當事人一造之住居所、公務所、機關、主事務所或主營業所所在地位於與法院相距過遠之地區者，行政法院應徵詢其意見，以遠距審理、巡迴法庭或其他便利之方式行之。並授權訂定與法院相距過遠地區之標準、審理方式及巡迴法庭臨時開庭辦法。（修正條文第二百三十二條）

3.配合第三條之一修正而為文字修正。（修正條文第一百七十五條、第二百二十九條、第二百三十七條之二至第二百三十七條之四、第二百三十七條之十一、第二百三十七條之十六、第二百九十四條、第三百條、第三百零五條、第三百零六條）

(二)調整高等行政法院與地方行政法院第一審管轄範圍

1.通常訴訟程序事件，原則上維持由高等行政法院為第一審管轄法院，審酌地方行政法院軟硬體建置、人力逐步到位及案件負荷量情形，爰將訴訟標的金額或價額在新臺幣一百五十萬元以下之稅捐、罰鍰或其附帶之

其他裁罰性、管制性不利處分、其他公法上財產關係訴訟，以地方行政法院為第一審管轄法院。調整前後均維持兩個審級，不影響人民的審級利益。但能活化法官配置，使具公法專業之法官儘早辦理行政訴訟事件，培養長期穩定的行政法院法官人才，以提供專業、即時、有效之權利救濟。（修正條文第一百零四條之一）

2.配合社會經濟情況發展，提高適用簡易訴訟程序之金額為新臺幣五十萬元以下，使與民事訴訟法一致。（修正條文第二百二十九條）

3.修正因訴之變更、追加、一部撤回或反訴，致訴訟種類及管轄法院變更時，行政法院之處理方式。（修正條文第一百十四條之一、第二百三十條、第二百三十七條之六）

(三)調整高等行政法院與最高行政法院上訴審管轄範圍（增訂第三編第一章及第二章）

1.高等行政法院之第一審終局判決，除法律別有規定外，得上訴於最高行政法院；地方行政法院之第一審終局判決，以管轄之高等行政法院為上訴審終審法院；修正上訴審程序及相關準用之規定。（修正條文第二百三十八條、第二百六十三條、第二百六十三條之一、第二百六十三條之五）

2.上訴理由應表明原判決所違背之法令及其具體內容、依訴訟資料合於該違背法令之具體事實。在監所之當事人於上訴期間內向監所長官提出上訴狀，視為上訴期間內之上訴（修正條文第二百四十四條）

3.因應地方行政法院與高等行政法院第一審管轄分工及高等行政法院與最高行政法院上訴審管轄範圍之調整，修正、增訂第一審行政法院管轄錯誤及誤用訴訟程序時，上訴審行政法院之處理方式。（修正條文第二百三十六條之二、第二百五十六條之一、第二百六十三條之二、第二百六十三條之三）

4.配合管轄範圍之調整，修正相關行政法院之文字。（修正條文第二百六十六條、第二百七十五條、第三百零七條）

(四)擴大強制代理的範圍

1.增訂高等行政法院管轄之環境保護、土地爭議之第一審通常訴訟程序事

件及都市計畫審查程序事件、高等行政法院管轄之通常訴訟程序上訴事件、向最高行政法院提起之事件、適用通常訴訟程序或都市計畫審查程序之再審事件、聲請重新審理及其再審事件，以及上開程序進行中所生之其他事件，原則上當事人應委任律師為訴訟代理人。並明定當事人具備一定資格得不委任律師之情形、委任非律師且行政法院認為適當之情形，以及未合法委任訴訟代理人時，行政法院之處理方式。（修正條文第四十九條之一、第二百四十一條之一）

2.增訂於律師強制代理事件，訴訟代理人得偕同當事人於期日到場，經審判長許可後，當事人得以言詞為陳述。當事人並得依法自為相關程序上處分行為。如訴訟代理人未到場，視同當事人不到場。（修正條文第四十九條之二、第一百九十四條之一）

3.增訂當事人無資力委任訴訟代理人時得聲請訴訟救助；律師強制代理事件，其訴訟代理人受送達之權限，不受限制；行政法院或審判長依法為當事人選任律師為特別代理人或訴訟代理人，其酬金為訴訟費用之一部，行政法院為終局裁判時，原則上應併予酌定等規定。（修正條文第四十九條之三、第六十六條、第九十八條之八）

4.於受命法官行準備程序時亦準用關於委任非律師為訴訟代理人之許可、撤銷及相關補正程序。（修正條文第一百三十一條）

(五)強化高等行政法院移送最高行政法院統一裁判見解的機制

高等行政法院受理地方行政法院所為第一審判決之上訴及抗告，認有確保裁判見解統一之必要時，應裁定移送最高行政法院裁判，程序上並準用行政法院組織法大法庭相關規定。對該裁定，不得聲明不服。最高行政法院如認未涉及裁判見解統一之必要者，應裁定發回高等行政法院。（修正條文第二百三十五條之一、第二百三十七條之九、第二百六十三條之四、第二百七十二條）

(六)修正言詞辯論程序之規定

1.增訂上訴事件涉及法律關係複雜、涉及專門知識或特殊經驗、涉及公益或影響當事人重大，有以言詞辯明之必要者，最高行政法院應行言詞辯論。並授權最高行政法院訂定言詞辯論實施之辦法。（修正條文第

二百五十三條）

2.增訂通常訴訟程序上訴審行政法院行言詞辯論時，當事人之訴訟代理人無正當理由均未到場者，得不行言詞辯論，逕為判決。（修正條文第二百五十三條之一）

3.上訴審行政法院行言詞辯論後，斟酌其所得闡明或補充訴訟關係之資料，足認事實明確，本得依第二百五十九條第一款事由自為判決，無須重複規定，爰刪除行言詞辯論即應自為判決之規定。（修正條文第二百五十九條）

(七)建立最高行政法院裁判不同意見書制度

最高行政法院駁回上訴或廢棄原判決自為裁判時，法官對於裁判主文或理由有不同之法律上意見，已於評議時提出，經記明於評議簿，並於評決後三日內補具書面者，得於裁判附記不同意見；逾期提出者，不予附記，並授權最高行政法院訂定實施辦法。（修正條文第二百五十九條之一、第二百七十二條）

(八)修正再審程序

1.配合憲法訴訟法施行（一百零八年一月四日修正公布，定於一百十一年一月四日施行），確定終局判決所適用之法規範，經憲法法庭判決宣告違憲，或適用法規範所表示之見解，與憲法法庭統一見解之裁判有異者，其聲請人亦得提起再審之訴，並酌修其他再審事由，以資明確。（修正條文第二百七十三條）

2.經司法院大法官依當事人之聲請裁判為牴觸憲法或統一解釋為違背法令之本旨，其聲請人提起再審之訴之不變期間自裁判送達之翌日起算。參考司法院釋字第八〇〇號解釋意旨，以及憲法訴訟法第九十一條第三項立法模式，使聲請案件繫屬之日起至裁判送達聲請人之日止，不計入本條第四項之「五年」期間。（修正條文第二百七十六條）

3.再審訴狀宜添具確定終局判決繕本或影本。（修正條文第二百七十七條）

(九)簡易訴訟程序及交通裁決事件訴訟程序之上訴、抗告、再審、重新審理回歸

適用各編規定簡易訴訟程序及交通裁決事件訴訟程序之上訴、抗告、再審及重新審理，原則上與第三編至第六編相同，體例上回歸各編適用即可。並就簡易訴訟及交通裁決事件訴訟之上訴審訴訟代理、誤用訴訟程序審理並為裁判之情形及處置方式等，增訂相關規範。（修正條文第二百三十五條、第二百三十六條之一、第二百三十六條之二、第二百三十七條之九、第二百六十三條之一、第二百六十三條之五）

二、保障原住民族、弱勢兒少與身心障礙者近用司法之權益

（一）參照原住民族基本法第三十條立法意旨及司法改革國是會議就「有效保障原住民族司法權益機制」之決議，增訂因原住民、原住民族部落之公法上權利或法律關係涉訟者，除兩造均為原住民或原住民族部落外，得由為原告之原住民住居所地或經核定部落所在地之行政法院管轄。便利原住民及經核定之部落就近尋求行政法院之權利保護。（修正條文第十五條之三）

（二）增訂準用民事訴訟法第一百十四條之一，貫徹弱勢兒少權益之保障，倘受訴訟救助之兒少因負擔訴訟費用而致生計有重大影響，許其得向法院聲請減輕或免除訴訟費用，並限定聲請期間，以避免程序久懸不決。（修正條文第一百零四條）

（三）參考身心障礙者權利公約第十三條之近用司法保障意旨，增修訴訟關係人如為聽覺、聲音或語言障礙者，得由具一定關係或受其信賴之人陪同在場及不得令證人具結之保護範圍。（修正條文第一百二十二條之一、第一百五十條）

三、完善替代裁判之紛爭解決機制

(一)強化行政訴訟和解制度

1.為謀求當事人間之紛爭得以有效解決，必要時，得就訴訟標的以外之事項，併予和解。（修正條文第二百十九條）

2.增訂準用民事訴訟法第三百七十七條之一、第三百七十七條之二及民事訴訟法第三百八十條第三項關於法官得提出和解方案，以及請求繼續審判時應繳回前已退還之裁判費規定。（修正條文第二百二十八條之一）

3.配合修正條文第三百零五條第四項規定，刪除第三人參加和解成立，得為執行名義之規定。（修正條文第二百二十七條、第二百二十八條）

(二)增訂行政訴訟調解制度（增訂第二編第一章第八節）

1.當事人就訴訟標的具有處分權且其調解無礙公益之維護，行政法院得於訴訟繫屬中，經當事人合意將事件移付調解；必要時，得就訴訟標的以外之事項，併予調解，並得許可第三人參加調解。（修正條文第二百二十八條之二）

2.調解由原行政法院、受命法官或受託法官行之，或由法官選任調解委員先行調解，並明定其選任方式。（修正條文第二百二十八條之三、第二百二十八條之四）

3.調解之程序、效力、救濟及保密義務等事項準用行政訴訟法或民事訴訟法之相關規定。（修正條文第二百二十八條之五、第二百二十八條之六）

4.依本法成立之調解得為執行名義。（修正條文第三百零五條）

四、促進訴訟程序

（一）增訂當事人違反書狀規則之效力、其他訴訟關係人亦得以科技設備傳送書狀及傳送書狀上簽名之效力增訂當事人書狀格式、記載方法及效力之規則，由司法院定之。未依該規則為之者，行政法院得拒絕其書狀之提出。其他訴訟關係人亦得以科技設備將書狀傳送於行政法院，並準用當事人之相關規定；依法令以科技設備傳送前項書狀者，其效力與提出經簽名或蓋章之書狀同。其他訴訟關係人以科技設備傳送應簽名或蓋章之訴訟文書者，亦同。（修正條文第五十七條、第五十八條）

(二)明確化行政法院職權調查與當事人協力義務

1.行政法院應依職權調查事實關係及證據，不受當事人事實主張及證據聲

明之拘束；當事人之訴訟種類選擇錯誤者，審判長應令其敘明或補充之。（修正條文第一百二十五條、第一百三十三條、第一百三十四條）

2.增訂當事人負協力義務之原則性規範。審判長得於徵詢當事人意見後，定期間命陳述事實、指出證據方法或提出其依法負提出義務之文書或物件。當事人遲延陳述事實、指出或提出證據方法，於一定要件下，行政法院得不予斟酌，逕依調查結果裁判。（修正條文第一百二十五條、第一百二十五條之一、第一百三十一條）

(三)個案濫訴之防杜

1.濫訴之定義及濫訴之駁回起訴基於惡意、不當或其他濫用訴訟程序之目的或有重大過失(例如為騷擾法院或藉興訟延滯、阻礙被告機關行使公權力；抑或一般人施以普通注意即可知其所訴無據，而有重大過失)，類此情形，堪認係屬濫訴。為維護公共利益及合理利用司法資源，原告之訴如違反此要件，其情形不可以補正；或可以補正，經命補正而未補正者，行政法院均應以其訴為不合法，裁定予以駁回。濫行上訴、聲請或聲明事件亦同。（修正條文第一百零七條、第二百四十九條）

2.濫訴之處罰：法院得對實質上為濫訴行為之原告、代表人或管理人、代理人，各處以新臺幣十二萬元以下之罰鍰。處罰應與本案訴訟合併裁定之。裁定內應記載受處罰人供相當金額之擔保後，得停止執行，以避免受處罰人利用救濟程序繼續濫訴。濫行上訴、聲請或聲明事件亦同。（修正條文第一百零七條、第二百四十九條）

(四)簡化裁判書製作

1.增訂最高行政法院判決書之事實及理由，如與高等行政法院判決相同者，得予引用，並準用於抗告程序。（修正條文第二百六十一條之一、第二百七十二條）

2.地方行政法院得將簡易訴訟程序之判決主文及其事實、理由之要領，記載於言詞辯論筆錄或宣示判決筆錄，不另製作判決書。（修正條文第二百三十四條）

五、其他

（一）配合公務員懲戒法修正及法官法關於職務法庭的規定，調整法官迴避事由之文字用語。（修正條文第十九條）

（二）增訂行政法院應用通譯及證人作成陳述書面之相關規定，以求明確，不再準用民事訴訟法。（修正條文第一百二十二條之一、第一百三十一條、第一百三十二條、第一百四十三條之一、第一百七十六條）

（三）修正行政法院或審判長權限準用民事訴訟法之規定。（第一百三十二條）

（四）配合增訂當事人未盡協力義務之失權規定，關於行政法院得命司法事務官對當事人說明之規定，條次遞移。（修正條文第一百二十五條之二）

（五）配合現代社會及國人日益重視心理諮商之需求與功能，及現行心理師法、刑法相關規定，增訂證人為心理師或曾任心理師者，就其因業務所知悉有關他人秘密之事項受訊問，得拒絕證言。（修正條文第一百四十六條）

（六）增訂鑑定人揭露資訊之規定，以確保中立性及公正性。（修正條文第一百五十七條）

（七）配合第二百五十三條第一項規定修正，酌作條文文字修正。（第二百五十四條）

（八）明定民事訴訟法第三編第一章規定，與行政訴訟抗告程序之性質不相牴觸者，得準用之規範。（修正條文第二百七十二條）

（九）因應憲法訴訟法於一百十一年一月四日施行，該法第五十五條已就法院聲請法規範憲法審查之要件予以明定。配合修正本條規定。（修正條文第一百七十八條之一）

（十）配合憲法訴訟法於一百十一年一月四日施行，酌作條文文字修正。（修正條文第二百三十七條之二十六）

第一節　行政訴訟審判權

一、司法一元主義與司法二元主義

(一)司法一元主義

　　司法一元主義（有學者稱為「合併主義」），採行此種制度之國家係將行政訴訟事件之審理逕由普通法院掌管，而不另設行政裁判機關，目前採行此種制度之國家包括有英國、美國，而日本在二次戰後亦採取此種制度。

(二)司法二元主義

　　採行此種制度之國家，其法律體系的背景大致上皆「公法／私法」之二元區分，二者所追求之目的、調整之社會關係不同[55]。基此，其在法院之制度上，亦普遍地將行政事件分離出來由另設裁判機關掌理，而非如民事案件一般合併由普通（一般）法院掌理。

　　在世界各國中，以法國為最早確立此種制度之國家（諮政院），後來為德國、奧國等吸收學習。而我國在行憲前曾師法法國諮政院之制度設立有「平政院」，而行憲後乃於憲法第七七條、行政法院組織法第一條等規定而設立有「行政法院」，此外依照大法官所作成的多號解釋亦可知我國現行制度乃係採所謂「二元訴訟制度」（即司法二元主義[56]）。

二、我國行政法院之審判權及其例外

　　行政訴訟法第二條規定：「公法上之爭議，除法律別有規定外，得依本法提起行政訴訟。」基此，有關公法上之爭議案件，原則上仍由行政法院審理，但法律另有規定者，則例外地歸由其他法院審理。以下本書略將目前現行法律將公法爭議事件歸由其他法院審判者[57]：

---

[55] 林騰鷂，行政訴訟法，三民書局，2011年10月，四版，頁11。

[56] 例如釋字第四四八號解釋、釋字第五四〇號解釋等，就此有關公私法二元區分理論，請參照本書第一篇。

[57] 更詳盡的整理可參照：林騰鷂，同前揭註55，頁59-72。

(一)憲法爭議事件（憲法訴訟法）

　　所謂憲法爭議案件，包括適用憲法發生疑義、法律或命令有無牴觸憲法及地方自治規章有無牴觸憲法之爭議。就此類爭議案件，依照司法院大法官審理案件法第四條至第六條之規定，係屬司法院大法官掌理。我國於2019年1月4日通過了憲法訴訟法，將於2022年1月4日施行，取代了司法院大法官審理案件法。憲法法庭審查標的除了法規外，也可以針對定讞案件進行是否違憲的審查，開放人民可在確定判決送達的六個月內，提起釋憲（憲法訴訟法第五九條）。

　　憲法法庭於111年2月25日作成一一一年憲判字第一號判決。摘要：車禍肇事者如果拒絕酒測，依道路交通管理條例可以進行強制抽血，憲法法庭作成首件判決，認定只有對有酒駕合理懷疑時才可以強制抽血，現行的規定違反憲法保障的人身自由等，判決違憲二年內失效。

　　憲法法庭指出，相關機關判決公告之日二年內修法，完成修法前強制取證之實施，應報請檢察官核發鑑定許可書才得強制抽血；但有相當理由認為駕駛涉酒駕，或情況急迫時得先行移送醫院抽血酒測，二十四小時內陳報檢察官許可，如果檢察官不可許，三日內撤銷。

　　憲法法庭表示，受採檢人對採檢合法性有執爭議，在執行十日內可以向法院聲請撤銷採血；憲法法庭強調駕駛肇事致人死傷及警方攔檢勤務不受本判決影響。

(二)選舉罷免訴訟

　　依公職人員選舉罷免法第一一八條以下之規定，有關選舉無效、當選無效或罷免無效、罷免案通過或否決無效之訴應向普通法院所設之選舉法庭提起訴訟，而其他選舉爭議依照行政訴訟法第十條規定，仍歸由行政法院審理。因此，選罷法訴訟屬民事訴訟，選罷法未規定之訴訟，則提起行政訴訟。

(三)違反社會秩序維護法事件

　　有關違反社會秩序維護法事件，其處罰之管轄依社會秩序維護法第三三條以下之規定係分別有由行為地或行為人之住所、居所或所在地之地方法院或其分院或警察機關管轄。

　　社會秩序維護法裁罰機關分成警察機關（第四三條）以及地方法院（簡易

庭）（第四三條以外之案件）兩種；而針對警察機關或依照同法第五五條之規定，應於五日內經由警察機關向該管地方法院簡易庭聲明異議。受裁定人或原移送之警察機關對於簡易庭就第四五條移送之案件所為之裁定，有不服者，得向同法院普通庭提起抗告；對於普通庭之裁定，不得再行抗告。（第五八條）

(四)公務員懲戒事件

公務員懲戒事件，依公務員懲戒法，由公務員懲戒委員會為之。但有關公務員行政懲處之部分，依照公務人員保障法第二五條以下之規定，尚得向行政法院提起行政訴訟。

(五)刑事補償案件（原：冤獄賠償事件）

有關刑事補償事件，依照刑事補償法第九條第一項之規定為地方法院管轄（軍法案件則由地方軍事法院管轄），若人民不服其決定者，則應向司法院刑事補償法庭聲明不服[58]。

(六)國家賠償事件

國家賠償事件乃公法上損害賠償事件，現行國家賠償法容許可提起行政訴訟時附帶請求，但如依國家賠償法之規定，係則循民事訴訟途徑求償，採雙軌併行。

第二節　行政訴訟之當事人及訴權

一、當事人之範圍

行政訴訟法上當事人之範圍為何？依行政訴訟法第二三條規定：「訴訟當事人謂原告、被告及依第四十一條與第四十二條參加訴訟之人。」

針對原告及訴訟參加人之範圍，通常沒有認定上的問題，不過針對被告，雖然原則上係由原告選定，但因為訴願前置主義之影響，而導致有時會難

---

[58] 而大法官曾在釋字第四八七號針對冤獄賠償法之覆議事件所為之決定作成解釋，其理由書稱：「……司法院冤獄賠償覆議委員會依冤獄賠償法第五條規定，由最高法院院長及法官組成，其就冤獄賠償覆議事件所為之決定，性質上相當於確定終局裁判，故其決定所適用之法律或命令發生有牴觸憲法之疑義時，應許人民依首開法律規定，聲請本院解釋……。」

以確定被告的範圍[59]（如：何一機關係為被告等），是故行政訴訟法第二四條特別針對撤銷之訴及課與義務之訴的被告機關予以規定：

(一)撤銷訴訟之被告

行政訴訟法第二四條規定：「經訴願程序之行政訴訟，其被告為下列機關：一、駁回訴願時之原處分機關。二、撤銷或變更原處分時，為撤銷或變更之機關。」

1. 駁回訴願時，即形同維持原處分，對之不服者，實質上乃不服原處分，故應以原處分機關為被告。
2. 訴願決定撤銷或變更原處分之結果，訴願人完全獲得救濟，自無再提起訴訟之餘地，此際提起訴訟者，必屬權利因訴願決定受損之利害關係第三人。
3. 但若原處分之性質屬於可分，訴願審理機關為部分之撤銷或變更原處分之決定，原告亦可能針對未被撤銷或變更之部分，表示不服而提起撤銷訴訟。此時對於原告「首次」造成不利益負擔者，仍為原處分機關，故以原處分機關作為被告機關為宜[60]。

(二)課予義務訴訟之被告

人民提起課予義務訴訟，於依訴願法規定提起訴願遭駁回時，行政訴訟之被告機關為原應為處分之機關，亦即應以受理人民申請案件之機關為被告。

考題（104年度三等考試關務財稅行政、關稅法務）

本國人甲與外國人乙在國外結婚後，乙以依親為由，向我國駐外館處申請居留簽證遭駁回，甲得否認為其有權利或法律上利益受損害，而提起課予義務訴訟，訴請行政法院判命駐外館處應發給乙居留簽證？請附理由說明之。

本題，最高行政法院一○三年八月份第一次庭長法官聯席會議對此採否定說，而認甲非利害關係人，無公法上請求權，不得提起之。

---

59 蔡志方，同前揭註50，頁133-134。
60 程明修，行政訴訟之被告機關，法學講座，第26期，2004年3月，頁100。

二、當事人能力

當事人能力係指在行政訴訟程序中，得作為原告、被告或參加人，而為行政訴訟法律關係主體之資格。就此，行政訴訟法第二二條規定：「自然人、法人、中央及地方機關、非法人之團體，有當事人能力。」

三、當事人適格

(一)意義

所謂的當事人適格，係指具有當事人能力之當事人，就特定之行政訴訟標的中，得要求或被要求為本案判決的具體資格[61]。在訴訟法的功能上，具備當事人適格者，才有進一步以自己之名義於系爭之具體案件，實施訴訟之權能。就此，吾人稱之為「訴訟實施權」。

(二)制度目的

此種理論的建立，在於達到以下之功能：

1. 選定當事人：此在原告而言，係避免原告濫行提起訴訟、並防止所謂的公眾訴訟；而就被告方而言，此一理論係在保護被告，並防止其受到強制應訴之困擾[62]。
2. 要求原告必須說明其權利受違法損害的可能性，以排除「單純的利益訴訟」。

四、訴訟能力

所謂訴訟能力，係指當事人得獨自為訴訟行為之能力。原則上具有民法上行為能力者，即具備有訴訟能力。但此種行為能力並不要求須完全具備行為能力，亦即是「限制行為能力人」亦具有訴訟能力，得獨自為訴訟行為。

訴訟能力之規定，我國行政訴訟法將之規定於第二七條，其稱：「能獨立以法律行為負義務者，有訴訟能力。（第一項）法人、中央及地方機關、非法

---

[61] 林騰鷂，同前揭註55，頁245。
[62] 劉宗德、彭鳳至（劉宗德執筆部分），行政訴訟制度，收錄於：翁岳生編，行政法（下），元照出版，2006年10月，三版，頁383。

人之團體，應由其代表人或管理人為訴訟行為。（第二項）前項規定於依法令得為訴訟上行為之代理人準用之。（第三項）」民法第十二條：「滿十八歲為成年。」（於112年1月1日實施），因此，滿十八歲即有訴訟能力。

此外，有關訴訟之法定代理及允許、能力及代理、允許之補正等，依同法第二八條規定準用民事訴訟法第四六條至第四九條及第五一條之規定。

五、訴訟參加

所謂訴訟參加，是指原告及被告以外之第三人，基於其在該案訴訟標的之權利或法律上利益，而參與行政訴訟之程序。就此，行政訴訟法第四一條以下有所規定。創設「訴訟參加」之程序，其功能在於充分釐清系爭案件之真實性、確保該案判決之有效，並有保障第三人在該訴訟標的上之權利或法律上利益而言[63]。

依照行政訴訟法之規定，訴訟參加得分為下列三種：

(一)必要參加

行政訴訟法第四一條規定：「訴訟標的對於第三人及當事人一造必須合一確定者，行政法院應以裁定命該第三人參加訴訟。」例如：共同繼承人就遺產稅涉有爭訟、或共有土地之行政爭訟案件等。

(二)獨立參加

行政訴訟法第四二條第一項規定：「行政法院認為撤銷訴訟之結果，第三人之權利或法律上利益將受損害者，得依職權命其獨立參加訴訟，並得因該第三人之聲請，裁定允許其參加。」除撤銷訴訟外，其他訴訟有獨立參加之情形時，依同條第三項規定，亦得由行政法院依職權或依該第三人之聲請，以裁定許其參加。

(三)輔助參加

依行政訴訟法第四四條規定：「行政法院認其他行政機關有輔助一造之必要者，得命其參加訴訟。（第一項）前項行政機關或有利害關係之第三人亦得

---

[63] 陳清秀，行政訴訟法，元照出版，2009年10月，三版，頁293。

聲請參加。（第二項）」

　　例如，在多階段行政處分之情形，倘前一階段行為之機關對准駁之決定有重大影響，而最後對外為准駁之機關為被告機關時，為利於訴訟程序之進行，行政法院得命前一階段行為之機關為輔助參加。如內政部移民署許可核發就業金卡前，應會同勞動部及外交部審查，最後由內政部核發就業金卡，因此，勞動部或外交部得以輔助參加。

六、訴之利益

(一)意義

　　訴之利益，又稱「權利保護必要」，其係指行政爭訟之提起者對於該爭訟程序之進行具有法律上值得保護之利益。此一理論之發展，主要目的在於排除一些無法或無必要以提起行政訴訟，作為保護權益的行政訴訟案件類型[64]。欠缺權利保護必要者，即屬無訴之利益，在法律上顯無理由，行政法院得不經言詞辯論，逕以判決駁回之[65]。行政訴訟法第一○七條第三項定有明文。

　　因此，判斷當事人是否具有訴之利益之要件，其實益在於使法院避免受到不必要的司法資源浪費，亦即是人民必須只在其具有「值得以裁判保護的利益」時，才得向行政法院提起救濟。

(二)欠缺「訴之利益」的型態

　　關於欠缺訴之利益之情形，一般吾人得歸納出下列型態，以供參考：

1.無效率的權利保護

　　當原告所追求的目標可藉由較簡便的方式達成，而原告卻利用法院起訴時，即為無效率之權利保護。例如：行政機關得自力執行卻提起給付之訴；行政契約訂有自力執行約款卻提起給付之訴。

2.無用的權利保護

　　當所追求的權利保障，對原告並無實益，僅具有理論上意義時，即為無用

---

[64] 林家祺，政府採購行政訴訟—訴之利益理論與實務，新學林出版，2009年1月，頁99。
　　並林家祺教授將訴之利益稱之為「客觀訴之利益」，而與訴訟實施權（其稱主觀訴之利益）有所區別。
[65] 參閱最高行政法院九二年度判字第七六四號判決。

的權利保護[66]。

3.其他濫用爭訟機制的情形

依客觀判斷，原告是否藉由起訴，追求特別不正當之目的；換言之，起訴僅為加損害於他人，或增加法院不必要之負擔。111年5月31日立法院三讀通過修正第第一〇七條第一項第十一款：「原告之訴，有下列各款情形之一者，行政法院應以裁定駁回之。但其情形可以補正者，審判長應先定期間命補正：…………十一、起訴基於惡意、不當或其他濫用訴訟程序之目的或有重大過失，且事實上或法律上之主張欠缺合理依據。」對於前述之濫訴於第二四九條，並有處罰之規定。

第三節　行政訴訟之種類

一、撤銷訴訟

(一)意義

行政訴訟法制的發展上，撤銷訴訟係為最早之訴訟類型。雖後來開啟多元的行政訴訟類型管道，但撤銷之訴仍然屬於最典型的權利防禦訴訟類型[67]。撤銷訴訟或撤銷之訴，其係指人民對於行政機關作成之違法處分，得在經由訴願程序後，向行政法院請求以判決撤銷之。

行政訴訟法第四條規定：「人民因中央或地方機關之違法行政處分，認為損害其權利或法律上之利益，經依訴願法提起訴願而不服其決定，或提起訴願逾三個月不為決定，或延長訴願決定期間逾二個月不為決定者，得向行政法院提起撤銷訴訟。（第一項）逾越權限或濫用權力之行政處分，以違法論。（第二項）訴願人以外之利害關係人，認為第一項訴願決定，損害其權利或法律上之利益者，得向行政法院提起撤銷訴訟。（第三項）」

---

[66] 釋字第五四六號解釋理由書（節錄）：「惟為訴願決定時，已屬無法補救者，其訴願為無實益，應不受理，依訴願法第七條應予駁回。旨在闡釋提起行政爭訟，須其爭訟有權利保護必要，即具有爭訟之利益為前提，……。惟所謂被侵害之權利或利益，經審議或審判結果，無從補救或無法回復者，並不包括依國家制度設計，性質上屬於重複發生之權利或法律上利益，諸如參加選舉、考試等，人民因參與或分享，得反覆行使之情形。是當事人所提出之爭訟事件，縱因時間之經過，無從回復權利被侵害前之狀態，然基於合理之期待，未來仍有同類情事發生之可能時，即非無權利保護必要……。」
[67] 林洲富，行政法－案例式，五南圖書，2012年4月，初版，頁195。

(二)提起撤銷訴訟之要件

參酌行政訴訟法第四條所設之規定，吾人得將提起行政訴訟之要件歸納如下：

1.須有行政處分或訴願決定之存在。

2.須主張系爭行政處分違法，並損害其權利或法律上利益。

3.須經訴願程序而未獲救濟。

原則上須先提起訴願而不服其決定，或提起訴願而訴願機關不為決定，始得依本條提起撤銷訴訟（即訴願前置主義）。但如具備有下列情形時，則無須再提起訴願，而得逕依本條提起撤銷訴訟：(1)訴願人以外之利害關係人，認為訴願決定損害其權利或法律上利益者（行政訴訟法第四條第三項），該利害關係人無須再提起訴願；(2)已用盡其他相當於訴願之程序而不服其決定者，就此例如有公務人員保障法之復審程序、會計師懲戒復審委員會之決議（釋字第二九五號解釋）；(3)經聽證程序作成之行政處分（行政程序法第一〇九條）。

4.須於法定期間內提起

撤銷訴訟應於訴願決定書送達後二個月之不變期間內為之。但訴願人以外之利害關係人知悉在後者，自知悉時起算（行政訴訟法第一〇六條第一項）。惟為維持法律秩序之安定，撤銷訴訟自訴願決定書送達後，已逾三年者，不得提起（同條第二項）。而不經訴願程序即得提起撤銷之訴者，應於行政處分達到或公告後二個月之不變期間內為之（同條第三項）。

二、課予義務訴訟

(一)意義

課予義務訴訟，係指人民得透過請求行政法院判決，而課予行政機關作成處分之義務，其在本質上係屬於給付訴訟的一種。

行政訴訟法第五條規定：「人民因中央或地方機關對其依法申請之案件，於法令所定期間內應作為而不作為，認為其權利或法律上利益受損害者，經依訴願程序後，得向行政法院提起請求該機關應為行政處分或應為特定內容之行政處分之訴訟（第一項）。人民因中央或地方機關對其依法申請之案件，

予以駁回，認為其權利或法律上利益受違法損害者，經依訴願程序後，得向行政法院提起請求該機關應為行政處分或應為特定內容之行政處分之訴訟（第二項）。」

(二)提起課予義務訴訟之要件

針對不同的課予義務訴訟之種類，其提起之要件亦有所差異，就此本書乃簡述如下：

1.怠為處分之課予義務訴訟

怠為處分之課予義務訴訟，或稱怠為處分之訴，其規定在行政訴訟法第五條第一項，其係指行政機關在法定期間有作成一定之行政處分之義務，但卻怠為履行，因此原告得向行政法院請求課予行政機關為行政處分或特定內容之行政處分之義務，此種情況通常發生於人民請求行政機關作成授益處分而遭行政機關置之不理之情形。

而提起怠為處分之訴的要件，吾人得區分如下：

(1)原告之申請須有法規依據

即行政訴訟法第五條規定之「人民因中央或地方機關對其『依法』申請之案件」，而所謂「依法」解釋上不限於法律，包括各種行政命令。

(2)須該管機關於法定期間內應作為而不作為

法定期間之長短視個別法規之規定為斷，若法令未規定者，訴願法第二條第二項定為自機關受理申請之日起二個月。

(3)須先經訴願程序

提起怠為處分之訴亦採訴願前置，在起訴前先經訴願程序，不服訴願決定，及提起訴願後訴願機關怠於作成決定，得類推適用行政訴訟法第四條第一項規定，提起訴願逾三個月不為決定，或延長訴願決定逾二個月不為決定，訴願人即得依同法第五條第一項提起本訴。

(4)原告須主張損害其權利或法律上利益

蓋違反作為義務之本身即屬於違法之一種，基此，原告僅須主張其權益將於行政機關怠為處分之情形有所損害即可。

(5)須未逾越起訴之期間

課予義務訴訟之提起，應於訴願決定書送達後二個月之不變期間內為

之。但訴願人以外之利害關係人知悉在後者，自知悉時起算（行政訴訟法第一〇六條第一項）。但為維持法律秩序之安定，課予義務訴訟自訴願決定書送達後，已逾三年者，不得提起（同條第二項）。不經訴願程序即得提起第五條第一項之訴訟者，於應作為期間屆滿後，始得為之。但於期間屆滿後，已逾三年者，不得提起（同條第四項）。

2.拒絕申請之課予義務訴訟

又稱拒絕處分之訴是指人民申請作成特定內容之行政處分，而遭行政機關予以駁回，認為其權利或法律上利益受到侵害者，得請求行政法院判命原處分機關作成遭拒絕之行政處分或特定內容之行政處分。

行政訴訟法第五條第二項規定：「人民因中央或地方機關對其依法申請之案件，予以駁回，認為其權利或法律上利益受違法損害者，經依訴願程序後，得向行政法院提起請求該機關應為行政處分或應為特定內容之行政處分之訴訟。」其要件與怠為處分之訴大致相同，歸納如下：

(1)須原告已依法規申請該管機關作成特定之行政處分而遭拒絕。

(2)原告權利或法律上利益受侵害。

(3)須先經訴願程序而無結果。

(4)須未逾起訴期間。

課予義務訴訟之提起，應於訴願決定書送達後二個月之不變期間內為之。但訴願人以外之利害關係人知悉在後者，自知悉時起算（行政訴訟法第一〇六條第一項）。但為維持法律秩序之安定，課予義務訴訟自訴願決定書送達後，已逾三年者，不得提起（同條第二項）。

三、一般給付之訴

行政訴訟法第八條第一項規定：「人民與中央或地方機關間，因公法上原因發生財產上之給付或請求作成行政處分以外之其他非財產上之給付，得提起給付訴訟。因公法上契約發生之給付，亦同。」此訴訟稱為一般給付訴訟，其實體判決要件析述如下[68]：

---

[68]　參照吳庚，同前揭註15，頁188以下。

(一)須因公法上原因發生之給付

公法上原因發生之給付有基於法規之規定、基於公法契約之約定或因事實行為而生者。法條稱「人民與中央或地方機關間」，解釋上不限於人民為給付訴訟之原告，就財產上之給付並不排除中央或地方機關亦得以原告地位對人民起訴，故與課予義務訴訟或撤銷訴訟不同。

(二)限於財產上之給付或請求作成行政處分以外之其他非財產上給付

財產上給付包括金錢或物品之給付，例如公保、勞保之給付、因公法契約發生之給付或公法上不當得利之返還請求等屬之。而行政處分以外之其他非財產上之給付，係指不屬於行政處分之其他高權性質之作為或不作為而言，例如原告請求行政法院判命被告機關為某種事實行為，諸如請求與行政機關締結公法契約、請求有關機關資訊提供、或資料塗銷等。

(三)原告須主張其有訴訟權能及訴之利益

原告若有合法途徑實現其權利者，自無保護之必要，無須提起給付之訴，例如依稅法主管機關做成核課處分，相對人即有納稅義務，若逾期不繳納得作為強制執行名義，主管機關即不得捨此而起訴。至於人民可否提起預防性不作為訴訟，在德國理論上多傾向肯定見解，惟仍應分別情形而論[69]。如不作為性質為行政處分以外之行政作為，原告提起不作為請求之訴時，不能單憑過去違反義務之事實，尚須被告將來有繼續侵害之虞者，始認為有權利保護之必要。如訴請不作為之性質為行政處分者，因行政機關以行政處分為行政上採取措施之手段，在制度上已有各種救濟機制，當事人不得任意聲請行政法院，預先判命行政機關不得作成某種行政處分，以免行政權之運作遭受過度干預。但例外在符合「特殊權利保護必要」時，亦即德國聯邦行政法院認為，須當事人已無從期待循現行行政訴訟程序之其他訴訟類型，維護其權利保護之利益時，始可為之。學界稱之為「無期待可能條款」理論。

---

[69] 參閱最高行政法院一〇三年度判字第三二九號判決：「行政機關將作成之行政處分或其他公權力行為，實際上對人民權利義務有直接影響或變動時，倘具備下列訴訟要件及本案勝訴要件，得對該行政行為提起預防性行政訴訟，……人民事前可預知行政機關將作成行政處分或其他公權力行為具有高度可能性（蓋然性）；人民因行政機關將作成之行政處分或其他公權力行為，而有發生重大損害之虞在預防性行政訴訟制度未臻成熟前，不宜貿然放寬預防性行政訴訟補充之要件，……故目前須在事後救濟已無實益之情形下，始有事前救濟之必要性（補充性）……。」

(四)須不屬於得在撤銷訴訟中併為請求之給付

行政訴訟法第八條第二項規定：「前項給付訴訟之裁判，以行政處分應否撤銷為據者，應於依第四條第一項或第三項提起撤銷訴訟時，併為請求。原告未為請求者，審判長應告以得為請求。」故給付請求權是否成立以行政處分為據者，既應先由行政法院對行政處分合法性加以判斷，則給付部分亦應合併請求。例如公務員請領退休金遭該管機關拒絕，此拒絕之意思表示性質上為行政處分，得提起訴願及行政訴訟，則該公務員即應訴請撤銷原處分且一併請求給付若干金額。本條立法理由係因給付訴訟既以行政處分應否撤銷為據者，若許原告逕行提起給付訴訟，則無異規避審查行政處分合法性應遵守之訴願前置主義。

> **問題六**
>
> 本國人甲與外國人乙在國外結婚後，乙以依親為由，向我國駐外館處申請居留簽證遭駁回，甲得否認為其有權利或法律上利益受損害，而提起課予義務訴訟，訴請行政法院判命駐外館處應發給乙居留簽證？請附理由說明之。

目前多數說採，本國人民其外籍配偶向我國駐外館處申請簽證遭否准，應認該本國人民受國家法律保護之權益直接受有損害，其得以利害關係人身分循序提起行政訴訟。但，司法見解認為，本國配偶以自己名義對駁回居留簽證申請之處分提起行政訴訟，其當事人不適格，應予駁回。（參照最高行政法院一百零三年八月份第一次庭長法官聯席會議）

四、確認訴訟

行政訴訟法第六條第一項規定：「確認行政處分無效及確認公法上法律關係成立或不成立之訴訟，非原告有即受確認判決之法律上利益者，不得提起之。其確認已執行而無回復原狀可能之行政處分或已消滅之行政處分為違法之訴訟，亦同。」

故確認訴訟係指，由行政法院確認行政處分無效、已執行完畢或已消滅的

行政處分違法，以及公法上的法律關係成立不成立之訴訟。而所謂有即受確認判決的法律上利益係指，原告主觀上認其法律上地位處於不安定之危險狀態，而該狀態得以確認判決加以除去，謂之確認利益，而確認利益亦為確認訴訟提起之共通要件。

(一)確認行政處分無效之訴

1.須先依行政程序法之規定請求確認無效

行政程序法第一一三條第一項規定：「行政處分之無效，行政機關得依職權確認之。」同條第二項規定：「行政處分之相對人或利害關係人有正當理由請求確認行政處分無效時，處分機關應確認其為有效或無效。」又行政訴訟法第六條第二項規定：「確認行政處分無效之訴訟，須已向原處分機關請求確認其無效未被允許，或經請求後於三十日內不為確答者，始得提起之。」因此，在提起確認行政處分無效之訴前，應先依行政程序法之規定向行政機關請求確認行政處分無效。

2.不受確認訴訟補充性之限制

行政訴訟法第六條第三項規定：「確認訴訟，於原告得提起或可得提起撤銷訴訟、課予義務訴訟或一般給付訴訟者，不得提起之。但確認行政處分無效之訴訟，不在此限。[70]」因確認行政處分無效之方式僅有提起確認訴訟一途，無效之行政處分不可能提起撤銷訴訟、課予義務訴訟或一般給付訴訟，因此，但書規定確認行政處分無效之訴訟不受確認訴訟補充性之限制，以符法理。

3.誤提確認行政處分無效訴訟之處理

若應提起撤銷訴訟，誤為提起確認行政處分無效訴訟時，若已經訴願程序者，法官行使闡明權使之變更訴之聲明；若未經訴願程序者，高等行政法院應

---

[70] 行政訴訟法第六條修正理由說明，本條第三項原規定確認訴訟之補充性，限於「確認公法上法律關係成立或不成立之訴訟」，並不及於第一項後段之確認行政處分違法之訴訟。而認定行政處分是否違法，已有撤銷訴訟作為權利保護方式，如其得提起撤銷訴訟，卻逕行提起確認訴訟，或原得提起撤銷訴訟而怠於為之，至撤銷訴訟已無法提起時，始提確認訴訟，不僅混淆行政訴訟權利保護之機制，且將使「確認已執行而無回復原狀可能之行政處分或已消滅之行政處分為違法之訴訟」既無期間之限制，亦不受補充性之限制，恐將有失法律秩序之安定性，爰將原第三項「確認公法上法律關係成立或不成立之訴訟」，修正為「確認訴訟」，並設但書排除確認行政處分無效之訴訟，以符法理。又確認訴訟之補充性，理論上不僅係對於撤銷訴訟而言，基於訴訟經濟及最大法律保護原則之要求，如得提起課予義務訴訟或一般給付訴訟者，亦不得提起確認訴訟。原第三項僅規定確認訴訟對於撤銷訴訟之補充性，未顧及課予義務訴訟及一般給付訴訟，亦欠周全，爰併予修正增列。

以裁定將該事件移送於訴願管轄機關，並以行政法院收受訴狀之時，視為提起訴願[71]。

(二)確認公法上法律關係存否之訴

1.須以公法上法律關係成立不成立為請求對象

所謂法律關係乃兩個以上權利主體間所產生的權利義務關係，或產生人對權利客體間之利用關係。行政法上法律關係成立有直接基於法規規定者，亦有因行政處分、行政契約或事實行為而發生者。於實務上常生爭議者，乃行政機關對於特定公法上法律關係存否之表示，是否具有行政處分性質？蓋若為行政處分，則人民須對之提起撤銷訴訟；反之，若非行政處分，則人民可直接提起確認訴訟。例如，行政機關認定某道路為既成道路之公函，是否具有行政處分之性質，即應依「確認處分」之概念及意涵來認定之[72]。

2.須原告不得提起其他訴訟（確認訴訟之補充性）

原行政訴訟法第六條第三項規定：「確認公法上法律關係成立或不成立之訴訟，於原告得提起撤銷訴訟者，不得提起之。」學理上稱之為「確認訴訟之補充性」。行政訴訟法第六條第三項規定：「確認訴訟，於原告得提起或可得提起撤銷訴訟、課予義務訴訟或一般給付訴訟者，不得提起之。」因此，除得提起撤銷訴訟者，不得提起確認公法上法律關係成立或不成立訴訟。基於訴訟經濟及最大法律保護原則之要求，如得提起課予義務訴訟或一般給付訴訟者，亦不得提起確認公法上法律關係成立或不成立訴訟。

(三)確認行政處分違法之訴

1.確認已執行完畢之行政處分為違法之訴訟

行政訴訟法第一九六條所謂行政處分已執行完畢，並非僅指行政法上行政執行之概念而言（例如：違建拆除完畢），尚包括所有行政處分所指涉之措施（例如：專利權期間消滅）。至於判斷行政處分是否已經執行，則是以行政處分所生之法律效果是否已經部分或完全發生為據。至於是否真正發生一個事實上態樣的改變則非所問。惟須注意，行政處分若已執行完畢，但其執行之效果

---

[71] 行政訴訟法第六條第五項參照。
[72] 李建良，行政訴訟實務十年掠影，月旦法學雜誌，第182期，頁25-26。

繼續存在，而有回復原狀的可能及必要者，應提起撤銷訴訟[73]。例如：退學處分已經註銷學籍執行完畢，但處分之效力仍然持續，此時應提起撤銷訴訟，而非確認已執行完畢之行政處分為違法之訴訟。警察依警察職權行使法實施身分查證，人民對此措施仍有所爭議，則依此提起確認之訴。

2.確認因其他事由而消滅之行政處分為違法之訴訟

就立法意旨而言，行政訴訟法第六條第三項後段所謂行政處分執行完畢應屬於行政處分已消滅之例示而已。而已執行完畢以外之其他事由，諸如因終期屆至、解除條件成就或被撤銷、廢止等原因而失效，亦即行政處分不再產生規範效果[74]。

3.須原告不得提起其他訴訟

行政訴訟法第六條第三項規定：「確認訴訟，於原告得提起或可得提起撤銷訴訟、課予義務訴訟或一般給付訴訟者，不得提起之。」例如在行政處分雖已執行完畢，但其違法之法效果仍然繼續存在的情形。此時原告欲實現其權利，必須提起撤銷訴訟，而非確認訴訟[75]。

第四節　通常訴訟程序

一、起訴

所謂起訴，係指原告對於被告，向行政法院就其主張之違法行政處分、公法上權利義務或其他事項予以裁判之要式訴訟行為[76]，是所謂起訴的「訴狀強制主義」[77]。新修正行政訴訟法第一○四條之一新增但書規定，調整高等行政法院與地方行政法院第一審管轄範圍而稱：「適用通常訴訟程序之事件，以

---

[73] 修正後行政訴訟法第六條第一項後段規定，其確認已執行而無回復原狀可能之行政處分或已消滅之行政處分為違法之訴訟，非原告有即受確認判決之法律上利益者，不得提起之。修正理由說明，行政處分已執行與行政處分消滅不同，依第一九六條規定之意旨，已執行之行政處分，如有回復原狀之可能，仍可提起撤銷訴訟，原第一項後段規定「確認已執行完畢或因其他事由而消滅之行政處分為違法之訴訟」，易滋行政處分已執行亦屬消滅之事由，且均得提起確認訴訟之誤會，爰予修正，期臻明確。

[74] 吳志光，確認行政處分違法訴訟之性質與第一次權利保護優先原則，法學講座，第24期，2003年12月，頁38-39。

[75] 參閱註70之說明。

[76] 陳計男，行政訴訟法釋論，作者自版，2000年1月，頁347。

[77] 黃錦堂，起訴，收錄於：翁岳生編，行政訴訟法逐條釋義，五南圖書，2002年11月，頁368。

高等行政法院為第一審管轄法院。但下列事件，以地方行政法院為第一審管轄法院：一、關於稅捐課徵事件涉訟，所核課之稅額在新臺幣一百五十萬元以下者。二、因不服行政機關所為新臺幣一百五十萬元以下之罰鍰或其附帶之其他裁罰性、管制性不利處分而涉訟者。三、其他關於公法上財產關係之訴訟，其標的之金額或價額在新臺幣一百五十萬元以下者。四、其他依法律規定或經司法院指定由地方行政法院管轄之事件。（第一項）前項所定數額，司法院得因情勢需要，以命令增至新臺幣一千萬元。（第二項）」

　　其立法理由稱，通常訴訟程序原則上維持由高等行政法院為第一審管轄法院，部分改以地方行政法院為第一審管轄法院，並以訴訟標的之金額或價額作為區分標準，以資明確，如無從認定或認定上有相當困難，則應回歸原則，由高等行政法院為第一審管轄法院。

　　依照行政訴訟法第一〇五條第一項規定：「起訴，應以訴狀表明下列各款事項，提出於行政法院為之：一、當事人。二、起訴之聲明。三、訴訟標的及其原因事實。」

(一)當事人

　　所謂的當事人，依照行政訴訟法第二三條係指原告、被告及依第四一條與第四二條參加訴訟之人。

(二)訴之聲明

　　所謂訴之聲明，係指原告起訴主張之範圍[78]，而依照訴訟類型之不同，訴之聲明亦有不同之形式，就此本書例示如下以為說明：1.撤銷之訴：「請求撤銷原處分及原訴願決定」，亦可能為「請求撤銷原訴願決定」；2.課予義務之訴：又可分為：(1)怠為處分訴訟：「判命被告機關為某處分」；(2)拒絕處分訴訟：「請求撤銷原處分及原訴願決定；並請判命被告機關為某處分」；3.一般給付之訴：「請求判被告機關給付原告新臺幣〇〇〇〇元及自民國〇年〇月〇日起至清償日指按年利率〇%計算之利息」；4.確認之訴：「請求確認原告法律關係之存在」。

---

[78] 其他有關訴之聲明的撰寫範例，可參見：劉宗德、彭鳳至（彭鳳至執筆），同前揭註62，頁457-492。

二、起訴效力

(一)訴訟繫屬

　　訴訟案件一旦經由起訴而進入法院即成為待決案件而發生訴訟繫屬之效力，此時訴訟程序因而開啟，法院不得藉故拒絕裁判系爭案件[79]。

(二)當事人恆定之問題

　　行政訴訟法第一一一條規定：「訴狀送達後，原告不得將原訴變更或追加他訴。但經被告同意或行政法院認為適當者，不在此限。」此一規定即所謂的系爭訴訟事件之「當事人特定」，而依行政訴訟法第一一〇條第一項規定：「訴訟繫屬中，為訴訟標的之法律關係雖移轉於第三人，於訴訟無影響。但第三人如經兩造同意，得代當事人承當訴訟。」在此所謂移轉，不問移轉之法律上原因，標的物或權利雖已移轉於第三人，原來之當事人仍為正當當事人，並不喪失其實施訴訟之權能[80]。

三、職權調查主義與舉證責任

(一)職權調查主義與當事人協力義務

　　1.新修正行政訴訟法第一二五條第一項敘明，行政法院以職權調查主義為原則不受當事人主張之拘束係指行政法院依職權調查證據，不以當事人所聲明證據之範圍為限。第二項增列當事人協力義務以及第四項審判長行使闡明權增列訴訟類型，其稱：「行政法院應依職權調查事實關係，不受當事人事實主張及證據聲明之拘束。（第一項）前項調查，當事人應協力為之。（第二項）審判長應注意使當事人得為事實上及法律上適當完全之辯論。（第三項）審判長應向當事人發問或告知，令其陳述事實、聲明證據，或為其他必要之聲明及陳述；其所聲明、陳述或訴訟類型有不明瞭或不完足者，應令其敘明或補充之。（第四項）陪席法官告明審判長後，得向當事人發問或告知。（第五項）」

　　行政訴訟之審理以職權調查為原則。然爭訟事實發生在當事人間，當事人有時較行政法院更能掌握正確之資料。基於誠實信用原則，並促進訴訟之成

---

[79] 劉宗德、彭鳳至（劉宗德執筆），同前揭註62，頁407。
[80] 吳庚，同前揭註15，頁206-207。

熟，當事人有與行政法院合作，協力探求、發現事實真相的必要，爰增訂第二，明定當事人之協力義務。第四項稱列訴訟類型之理由在於，訴訟類型之選擇，攸關人民得否在一次訴訟中達到請求法院保護其權利之目的。故遇有當事人於事實及法律上之陳述未明瞭或不完足之處，或訴訟類型選擇錯誤時，均應由審判長行使闡明權，協助當事人選擇適宜其權利保護的訴訟類型。

2.當事人遲延協力義務以及其法律效果

本次修正增列第一二五條之一，敘明為督促當事人善盡協力義務，對於當事人未於期間內為協力行為者，於審判長已告知遲延效果，且該遲延有礙訴訟之終結，當事人復未能釋明其遲延係不可歸責於己時，除法律別有規定（如第一六五條、土地稅法第三四條之一第一項、所得稅法第八三條第一項等）外，應有失權之效果，乃規定於本條第二項，其稱：「審判長得於徵詢當事人之意見後，定期間命其為下列事項：

一、陳述事實或指出證據方法。

二、提出其依法負提出義務之文書或物件。

當事人逾前項期間，遲延陳述事實、指出或提出證據方法，符合下列情形者，除法律別有規定外，行政法院得不予斟酌，逕依調查結果裁判之：

一、其遲延有礙訴訟之終結。

二、當事人未能釋明其遲延係不可歸責於己。

三、審判長已告知其遲延之效果。」

(二)舉證責任

所謂舉證責任，係指當事人提出證據主張對自己有利之事實以證明其為真實之責任[81]。而吾人一般將舉證責任分為「主觀舉證責任」及「客觀舉證責任」。所謂主觀舉證責任，是指當事人之一方，為免於敗訴，就有爭執之事實，有向法院提出有利於己之證據的行為責任，是當事人在訴訟過程中的舉證活動。而客觀之舉證責任，是指法院在審理階段，其要件事實仍屬不明，而無法形成心證時，法院依舉證責任分配原則，使當事人之一方負擔此一事實不明之不利益。

---

[81]　吳庚，同前揭註15，頁235。

目前依照行政訴訟法第一三六條之規定：「除本法有規定者外，民事訴訟法第二百七十七條之規定於本節準用之。」其係採職權調查主義而認為當事人不須負有主觀舉證責任，但在法院汲盡調查義務而事實狀態仍屬不明時，當事人仍負擔有客觀舉證責任。

1.舉證責任之分配

關於客觀舉證責任之分配規則，通說一般係採「規範說」（法律要件分類說）[82]。依規範說之意義，在爭訟的待證事實不明或無法證明時，主張擁有權利之一造當事人，應就創設或取得權利之事實負有舉證責任；而否認或抗辯已證明存在之權利或主張者，則須就權利的消滅、妨害發生或一時抗辯之事實，負有舉證責任。

2.給付訴訟與課予義務訴訟

給付訴訟之舉證責任，原告應證明其請求作為、不作為或忍受之情形業已具備；而課予義務訴訟則是要負有有權申請作成該行政處分之舉證責任。

3.撤銷訴訟及確認行政處分訴訟之舉證責任

一般而言，行政機關在作成負擔處分時，須有法律之依據且必須符合法定之要件，若受此處分影響之當事人對此處分有無效或得撤銷提出爭議時，則被告機關應對此負擔處分係有法律依據且符合法定要件之事實，負有舉證責任。而行政機關對於授益處分之撤銷與廢止，其不利益效果幾乎等同於作成負擔處分，故撤銷或廢止之法定要件事實，自應由行政機關一方負舉證責任。

四、行政訴訟之裁判

(一)裁判之種類

依照行政訴訟法第一八八條規定：「行政訴訟除別有規定外，應本於言詞辯論而為裁判。（第一項）……裁定得不經言詞辯論為之。（第三項）」吾人

---

[82] 在行政訴訟法中應如何分配舉證責任，德國通說中有採有利規範說（Normbegünstigungsprinzip）者，其內容大致上與民事訴訟法之規範說相同。亦即，主張權利之當事人，須就創設或取得權利之事實負客觀舉證責任；否認已證明存在之權利或主張其有對抗權者，則須就權利消滅、妨礙權利發生或產生權利抗辯之事實負舉證責任。
詳細的整理，可參見：蔡震榮，論行政訴訟法上之舉證責任，收錄於：蔡震榮，行政制裁之理論與實務，元照出版，2012年1月，頁86-87。

得將行政訴訟之裁判分為判決及裁定二者。所謂判決，係指原則上經過言詞辯論，而由行政法院針對實質上的爭點，以判決書作成判斷者，而裁定則即指得不經過言詞辯論，而就程序事項所作成之判斷[83]。

而判決一般得細分為下列數種：1.終局判決、一部判決與中間判決；2.捨棄或認諾判決；3.情況判決。

(二)裁判基準時

1.撤銷訴訟之裁判基準時

原則上，應以原處分發布時之事實及法律狀態為基準時點。但基於衡平及合理性之要求[84]，下列情形以「行政訴訟言詞辯論終結時」，為判斷行政處分之合法性的基準時點：(1)處分發布後，法規有變更，並溯及既往者；(2)有持續效力之行政處分，尚未執行或因提起行政救濟而停止執行之處分；(3)雙重效果之處分，受有負擔之第三人提起撤銷訴訟時，為維護相對人之利益，以行政訴訟言詞辯論終結時之法律及事實關係為判斷基準。

2.給付訴訟之裁判基準時

因為給付訴訟之提起，非以過去之事實關係及法律狀態而要求被告為給付，因此，有關於給付訴訟之裁判基準時，學者通說認為應以事實審之行政法院言詞辯論終結時為準。而課予義務之訴，法律嗣後變更為不能准許時，此時反而應適用原告聲請時之法律[85]。

3.確認訴訟之裁判基準時

在確認訴訟中，應以確認法律關係是否存在有無時間之限制為準，而分為該確認過去存在或不存在之時點及事實審行政法院言詞辯論終結時。

(三)既判力

既判力，又為實質確定力，其係指行政訴訟標的上之法律關係，經行政法

---

[83] 又有學者將裁定及判決稱之為「程序裁判」及「實體裁判」。請詳參：李惠宗，同前揭註38，頁607-608。

[84] 蔡志方，同前揭註50，頁293。

[85] 參照中央法規標準法第十八條：「各機關受理人民聲請許可案件適用法規時，除依其性質應適用行為時之法規外，如在處理程序終結前，據以准許之法規有變更者，適用新法規。但舊法規有利於當事人而新法規未廢除或禁止所聲請之事項者，適用舊法規。」

院判決確定者，當事人對該法律關係不得再另行提起訴訟[86]。

1.既判力的客觀範圍

依據行政訴訟法第二一三條之規定，有關既判力之客觀範圍，係指訴訟標的經由裁判者為限。亦即法院在主文中所作成之判斷方有既判力可言，並當事人日後不得再就同一訴訟標的更行起訴或為相反之主張，裁判的理由，則學者一般認為無既判力之適用。而學者認為主張抵銷之對待請求，因為其類似於被告就對待請求法律關係提起反訴之性質[87]，因而主張抵銷之對待請求，經裁判確定成立或不成立者，則類推適用民事訴訟法第四○○條第二項之規定：「主張抵銷之請求，其成立與否經裁判者，以主張抵銷之額為限，有既判力。」

2.既判力的主觀範圍

行政訴訟法第二一四條第一項之規定：「確定判決，除當事人外，對於訴訟繫屬後為當事人之繼受人者及為當事人或其繼受人占有請求之標的物者，亦有效力。」就此，吾人得將既判力主觀之範圍，即對人之所及範圍歸納如下：

(1)當事人及其他參與訴訟之人

行政訴訟法第四七條：「判決對於經行政法院依第四十一條及第四十二條規定，裁定命其參加或許其參加而未為參加者，亦有效力。」

(2)當事人之繼受人

行政訴訟法第二一四條第一項：「確定判決，除當事人外，對於訴訟繫屬後為當事人之繼受人者及為當事人或其繼受人占有請求之標的物者，亦有效力。」

(3)為他人而充當原告或被告者

行政訴訟法第二一四條第二項：「對於為他人而為原告或被告者之確定判決，對於該他人亦有效力。」

(4)關係機關

行政訴訟法第二一六條第一項：「撤銷或變更原處分或決定之判決，就其事件有拘束各關係機關之效力。」而此一關係機關包括有原處分機關及訴願機關等。

---

[86] 林騰鷂，同前揭註55，頁496。
[87] 陳計男，同前揭註76，頁552。

3.對重為處分的拘束力

行政訴訟法第二一六條第二項：「原處分或決定經判決撤銷後，機關須重為處分或決定者，應依判決意旨為之。」

4.形成判決的對世效

行政訴訟法第二一五條：「撤銷或變更原處分或決定之判決，對第三人亦有效力。」

第五節　和解

一、和解之意義及要件

在行政訴訟之訴訟繫屬中，當事人得在對訴訟標的有處分權且未違反公益之前提下，於法院前，雙方彼此讓步，而以終結訴訟程序之全部或一部為目的之合意行為，此為行政訴訟之處分權主義之要求；而行政法院亦得在當事人符合上述要件時，於訴訟程序中勸告當事人為和解行為，而上述二種情況，訴訟雙方若彼此同意為和解行為者，亦得稱之為「和解契約」。

行政訴訟法第二一九條規定：「當事人就訴訟標的具有處分權且其和解無礙公益之維護者，行政法院不問訴訟程度如何，得隨時試行和解。必要時，得就訴訟標的以外之事項，併予和解。受命法官或受託法官亦得為前項之和解。第三人經行政法院之許可，得參加和解。行政法院認為必要時，得通知第三人參加。」吾人並得將成立行政訴訟上之和解契約之要件列舉如下：1.訴訟繫屬中；2.依法定方式為之；3.由訴訟當事人為之；4.和解標的為訴訟標的之全部或一部；5.雙方互相讓步；6.具有處分權且不違反公益。

為有效解決當事人間之紛爭，本條修正增列，《必要時，得就訴訟標的以外之事項，併予和解》。但所成立之和解，如嗣後發生爭執時，因其非原訴訟範圍，故當事人不得依第二百二十三條請求繼續審判，僅得另依適當之訴訟方式處理，例如訴請確認和解所成立之法律關係不存在，或請求返還已依和解內容所為之給付。

二、和解之效力

訴訟上和解成立者,其效力依行政訴訟法第二二二條規定,而準用同法第二一三條、第二一四條及第二一六條之規定,以下分述之:

(一)確定力

訴訟標的經和解成立者,有確定力。其實體法律關係即告確定,當事人不得為與判決內容相矛盾之主張,行政法院亦不得為與該和解內容相牴觸之裁判。此確定力,除當事人外,對於訴訟繫屬後為當事人之繼受人或為當事人或其繼受人占有請求之標的物者,亦有效力。對於為他人為原告或被告之和解,和解之確定力亦及於該他人。

(二)拘束力

行政訴訟法第二一六條第一項規定:「撤銷或變更原處分或決定之判決,就其事件有拘束各關係機關之效力。」並依同條第二項及第三項之規定,原處分或決定機關應依和解之內容,而不得為相左或歧異之處理。

(三)執行力

訴訟上之和解,如包含可為強制執行之內容時,即具有執行力,原告得以之作為執行名義向地方法院行政訴訟庭請求強制執行[88]。

第六節　調解

為協助行政訴訟之當事人相互讓步,達到紓解訟源,減輕法官工作負擔之效果,擴張裁判外紛爭解決機制之必要,行政訴訟法乃增訂行政訴訟調解制度。

一、調解之要件

行政訴訟法第二二八條之二規定:「當事人就訴訟標的具有處分權且其調解無礙公益之維護者,行政法院得於訴訟繫屬中,經當事人合意將事件移付調

---

[88] 並請參見本章第十節之說明。

解。（第一項）受命法官或受託法官亦得為前項之調解。（第二項）必要時，經行政法院許可者，得就訴訟標的以外之事項，併予調解。（第三項）第三人經行政法院之許可，得參加調解。行政法院認為必要時，得依聲請或依職權通知第三人參加調解。（第四項）」本條規定與第二一九條和解之規定內容幾乎相同以及民事訴訟法第四百二十條之一第一項規定，予以明定。

二、調解聲請與受理

　　行政訴訟法第二二八條之三規定：「調解由原行政法院、受命法官或受託法官選任調解委員一人至三人先行調解，俟至相當程度有成立之望或其他必要情形時，再報請法官到場。但法官認為適當時，亦得逕由法官行之。（第一項）當事人對於前項調解委員人選有異議者，法官得另行選任之。（第二項）」

　　行政訴訟當事人可聲請調解，由法院聘任的調解委員主持，委員來源為退休行政法院法官、公法學者、各機關首長，必要時可改請法官主持，如經法官同意，調解範圍不限於本案訴訟標的。

三、調解委員之選任與列冊

　　行政訴訟法第二二八條之四規定：「行政法院應將適於為調解委員之人選列冊，以供選任；其資格、任期、聘任、解任、應揭露資訊、日費、旅費及報酬等事項，由司法院定之。（第一項）法官於調解事件認有必要時，亦得選任前項名冊以外之人為調解委員。（第二項）第一項之日費、旅費及報酬，由國庫負擔。（第三項）」

四、調解之程序、效力以及救濟

　　調解之程序、效力、救濟以及保密義務等事項準用行政訴法或民事訴訟法相關規定。依本法第三〇五條第四項：「依本法成立之和解或調解，………得為執行名義。」作為強制執行之依據。

第七節　簡易訴訟程序與交通裁決事件程序

2011年11月23日所修正公布之行政訴訟法[89]，係將行政訴訟之審級改作「三級二審制」。2022年6月22日修正行政訴訟法第第三條之一：「本法所稱高等行政法院，指高等行政法院高等行政訴訟庭；所稱地方行政法院，指高等行政法院地方行政訴訟庭。」亦即是在高等行政法院設置地方行政訴訟庭，並由地方行政訴訟庭掌理有關簡易訴訟、交通裁決事件及強制執行等訴訟案件。

就此，本書以下將針對修正後之簡易訴訟程序及交通裁決事件程序作一初步之介紹，而強制執行之部分則留待本章第十一節再作介紹：

一、簡易訴訟程序

所謂簡易訴訟程序其為了促進訴訟資源的有效利用[90]，將一般行政訴訟案件與較為輕微的簡易案件分流處理，以確保法院能迅速的處理簡易案件及妥適、有效的解決通常事件的訴訟紛爭。並行政訴訟法將有關簡易訴訟程序之規定，規定於行政訴訟法第二二九至二三七條，以下分述之：

(一)簡易訴訟程序之第一審及第二審管轄

適用簡易訴訟程序之事件，以地方行政法院為第一審管轄法院。（行政訴訟法第二二九條第一項）而依照同法第二三五條及第二三六條之一的規定，須於理由中具體說明指摘原裁判所違背之法令及其具體內容、具體事實始得提起上訴或抗告。

(二)簡易訴訟程序之範圍

行政訴訟法第二二九條規定：「適用簡易訴訟程序之事件，以地方行政法院為第一審管轄法院。下列各款行政訴訟事件，除本法別有規定外，適用本章所定之簡易程序：一、關於稅捐課徵事件涉訟，所核課之稅額在新臺幣五十萬元以下者。二、因不服行政機關所為新臺幣五十萬元以下罰鍰處分而涉訟者。三、其他關於公法上財產關係之訴訟，其標的之金額或價額在新臺幣五十萬元

---

[89]　本次修正的條文，將於2012年9月6日施行，並此敘明。
[90]　蔡志方，同前揭註50，頁312。

以下者。四、因不服行政機關所為告誡、警告、記點、記次、講習、輔導教育或其他相類之輕微處分而涉訟者。五、關於內政部移民署（以下簡稱移民署）之行政收容事件涉訟，或合併請求損害賠償或其他財產上給付者。六、依法律之規定應適用簡易訴訟程序者。前項所定數額，司法院得因情勢需要，以命令減為新臺幣二十五萬元或增至新臺幣七十五萬元。第二項第五款之事件，由受收容人受收容或曾受收容所在地之地方行政法院管轄，不適用第十三條之規定。但未曾受收容者，由被告機關所在地之地方行政法院管轄。」

(三)簡易訴訟程序之適用程序

1.言詞辯論

依照行政訴訟法第一八八條第一項之規定：「行政訴訟除別有規定外，應本於言詞辯論而為裁判。」針對簡易訴訟程序中，新修正之條文將原行政訴訟法第二三三條第一項刪除[91]，其目的在於設置地方行政訴訟庭後，業已改善人民法院往返之時間，是故有關簡易訴訟程序應回歸常軌，而舉行言詞辯論[92]。

2.遠距審理或巡迴法庭

行政訴訟法第二三二條修正規定：「簡易訴訟程序在獨任法官前行之。簡易訴訟程序之審理，當事人一造之住居所、公務所、機關、主事務所或主營業所所在地位於與法院相距過遠之地區者，行政法院應徵詢其意見，以遠距審理、巡迴法庭或其他便利之方式行之。（第一項）前項與法院相距過遠地區之標準、審理方式及巡迴法庭臨時開庭辦法，由司法院定之。（第二項）」首創「巡迴法庭」，由法官親自到當事人所在地開庭，開我國訴訟史先河。

3.簡易訴訟程序管轄權之變更

行政訴訟法第一一四條之一第一項規定：「地方行政法院適用通常訴訟程序之事件，因訴之變更或一部撤回，致其訴之全部屬於簡易訴訟程序或交通裁決事件訴訟程序之範圍者，地方行政法院應改依簡易訴訟程序或交通裁決事件訴訟程序之規定，由原受命法官繼續審理。

---

[91] 修正前行政訴訟法第二三三條第一項：「簡易訴訟程序之裁判得不經言詞辯論為之。」
[92] 陳清秀，行政訴訟法修法簡介，月旦法學雜誌，第201期，2012年2月，頁159-160。

二、交通裁決事件訴訟程序

　　有關於交通裁決之作成，其裁決之本質屬於行政處分而應係屬於行政訴訟事件而劃歸行政法院掌理，但因為交通裁決之事件係屬反覆發生之爭議，若使人民對交通裁決之不服皆須向臺北、臺中、高雄三所高等行政法院提起訴訟之情形下，將使人民往返於法院之間而曠日廢時。因此，交通裁決事件長久以來皆交由地方法院所設置交通法庭掌理。

　　就此，大法官曾作成釋字第四一八號解釋認為：「道路交通管理處罰條例第八十七條規定，受處分人因交通違規事件，不服主管機關所為之處罰，得向管轄地方法院聲明異議；不服地方法院對聲明異議所為之裁定，得為抗告，但不得再抗告。此項程序，既已給予當事人申辯及提出證據之機會，符合正當法律程序，與憲法第十六條保障人民訴訟權之意旨尚無牴觸。」

　　但於2011年11月23日修正公布之行政訴訟法第三條之一業已於各地方法院設置行政訴訟庭，並於同法第二三七條之一以下增訂「交通裁決事件訴訟程序」，將交通裁決事件劃歸為行政訴訟事件而由地方法院行政訴訟庭掌理。

　　2022年6月行政訴訟法修正第二三七條之二：「交通裁決事件，得由原告住所地、居所地、所在地或違規行為地之地方行政法院管轄。」（配合第三條之一修正）。

(一)交通事件裁決程序之適用範圍

　　「本法所稱交通裁決事件如下：一、不服道路交通管理處罰條例第八條及第三十七條第五項之裁決，而提起之撤銷訴訟、確認訴訟。二、合併請求返還與前款裁決相關之已繳納罰鍰或已繳送之駕駛執照、計程車駕駛人執業登記證、汽車牌照。（第一項）合併提起前項以外之訴訟者，應適用簡易訴訟程序或通常訴訟程序之規定。（第二項）」（行政訴訟法第二三七條之一第一項）

　　此類交通事件應係指有關汽車違規事件而為公路主管機關所設置之交通裁決單位處罰者，以及慢車、行人及道路障礙之違規事件，由警察機關裁決後，亦適用交通裁決之行政訴訟，無須再經由訴願。

(二)交通事件裁決程序之適用程序

　　「交通裁決事件訴訟之提起，應以原處分機關為被告，逕向管轄之地方行政法院為之。（第一項）交通裁決事件中撤銷訴訟之提起，應於裁決書送達後

三十日之不變期間內為之。（第二項）前項訴訟，因原處分機關未為告知或告知錯誤，致原告於裁決書送達三十日內誤向原處分機關遞送起訴狀者，視為已遵守起訴期間，原處分機關並應即將起訴狀移送管轄法院。（第三項）」（行政訴訟法第二三七條之三）。

(三)重新審查制度

不服交通裁決，不須經訴願程序即得向地方行政法院起訴，惟起訴後被告機關（原處分機關）收受起訴狀繕本應即重新審查原裁決，以確保其合法、妥當，如有違法不當，即由被告機關（原處分機關）自行撤銷變更處分。原處分機關不依原告請求處置者，尚須附具答辯狀，並將重新審查之紀錄及其他必要關係文件提出於管轄之地方行政法院。

(四)收受裁判費

以往交通裁決之救濟程序（即道路交通管理處罰條例聲明異議程序），因未收取裁判費，敗訴之一方無須負擔任何裁判費，少數民眾濫行異議，部分員警為求績效而予舉發，加上裁決機關或有不查逕予裁罰，嚴重消耗司法資源。改制後，起訴按件收取裁判費300元，裁判費日後由敗訴者負擔（如被告機關於重新審查程序時，完全依照原告之請求撤銷變更原裁決者，則法院依職權退還原告已繳之全部裁判費）。

考題一

某甲因酒醉駕車主管機關依道路交通管理處罰條例第三五條吊扣駕照一年針對該項處分某甲應如何救濟，試敘述之？

依行政訴訟法第二三七條之一規定，應向地方行政法院提起撤銷（罰鍰）之訴，並合併請求返還（吊扣之駕照）。

考題二

甲駕駛自用小客車載送突發心臟病之父親赴醫院急救，行經十字路口時，雖見眼前交通號誌為紅燈，仍疾駛衝過，被固定科學儀器拍照存證，警察機關遂依道路交通管理處罰條例第五三條第一項規定，開單舉發並以制式送達

證書合法送達。試問：如甲不服，依現行道路交通管理處罰條例及行政訴訟法之相關規定，如何提起行政爭訟？

依行政訴訟法第二三七條之一規定，應向地方行政法院提起撤銷之訴。

三、有關收容新增訂條文介紹

由於司法院釋字七〇八號以及七一〇號解釋針對暫時收容制度，認為違憲，而行政訴訟法有必要針對暫時收容等訴訟程序加以規定，除二二九條在檢疫訴訟程序增加了第二項第五款之規定外，也在第二三七條之十以下將收容程序明文規定之。

(一)收容聲請事件範圍

第二三七條之十：「本法所稱收容聲請事件如下：一、依入出國及移民法、臺灣地區與大陸地區人民關係條例及香港澳門關係條例提起收容異議、聲請續予收容及延長收容事件。二、依本法聲請停止收容事件。」

明定本法所稱收容聲請事件包括提起收容異議、聲請續予收容、延長收容及停止收容事件，敘述如下：

1.收容異議

受收容者或其他得提起異議之人，針對移民署暫時收容提出異議，此即所謂的即時司法救濟。

2.續予收容

移民署於暫時收容後，認有必要時，主動向法院聲請續予收容。

3.延長收容

延續上述續予收容後，移民署認有必要時於收容期滿後繼續收容時，於收容期限屆至前向法院聲請延長之程序。

4.停止收容

依行政訴訟法二七三條之十三，已經法院核准之收容，認有特定情形，聲請停止收容之情形。

依司法院釋字第七〇八號及第七一〇號解釋意旨，入出國及移民署因遣送所需合理作業期間，雖得作成暫予收容處分，惟應賦予受收容人有立即聲請法

院審查決定之救濟機會，始符合憲法第八條第一項正當法律程序之要求。因應前開司法院解釋意旨，入出國及移民法、臺灣地區與大陸地區人民關係條例及香港澳門關係條例均已配合增修有關外國人、大陸地區人民及香港或澳門居民收容之相關規定。申言之，對於入出國及移民署作成暫予收容處分不服者，受收容人或與其具一定親屬關係之人得提起收容異議，入出國及移民署於受理收容異議書起，應即於二十四小時內將受收容人移送法院迅速裁定，此即時司法救濟之功能已優於提審之救濟，亦符合提審法第一條但書得即時由法院審查之意旨，已符人身自由之正當程序保障。再者，暫予收容期間屆滿前，入出國及移民署倘認有繼續收容之必要，因事關人身自由之長期剝奪，基於憲法保障人身自由之正當法律程序之要求，入出國及移民署應向法院聲請續予收容，由法院依法審查決定；續予收容期滿而有延長收容必要者，亦同。

(二)收容處分

針對收容處分，收容係移民署依入出國及移民法、臺灣地區與大陸地區人民關係條例及香港澳門關係條例對該當收容要件，而予以收容之處分。為因應釋字第七〇八以及七一〇號解釋，入出國及移民法修正第三八條之暫予收容之規定。

(三)收容相關救濟程序之管轄

第二三七條之十一：「收容聲請事件，以地方行政法院為第一審管轄法院。前項事件，由受收容人所在地之地方行政法院管轄，不適用第十三條之規定。」

收容聲請事件，聲請人僅得向受收容人所在地之地方行政法院聲請，其他法院對之無管轄權，不適用第十三條以原就被之訴訟原則。

(四)救濟正當程序

第二三七條之十二：「行政法院審理收容異議、續予收容及延長收容之聲請事件，應訊問受收容人；移民署並應到場陳述。行政法院審理前項聲請事件時，得徵詢移民署為其他收容替代處分之可能，以供審酌收容之必要性。」收容決定係嚴重剝奪人身自由之強制措施，應審慎為之。如因具有收容事由，以致不能儘速使其出國，應考量有無比收容緩和之方法，可確保在預定期間內

強制其出國（境）；亦即如有對於受收容人權益損害較少之替代方法，即不得選擇對其權益損害較大之收容，以符憲法第二三條及行政程序法第七條所定比例原則之要求。

(五)行政法院之審理與裁定

第二三七條之十四：「行政法院認收容異議、停止收容之聲請為無理由者，應以裁定駁回之。認有理由者，應為釋放受收容人之裁定。行政法院認續予收容、延長收容之聲請為無理由者，應以裁定駁回之。認有理由者，應為續予收容或延長收容之裁定。」法院就上開事件為准駁時，應審查受收容人有無收容原因、收容必要及得不予收容之情形，以確保強制驅逐出國（境）處分之執行。

第二三七條之十五：「行政法院所為續予收容或延長收容之裁定，應於收容期間屆滿前當庭宣示或以正本送達受收容人。未於收容期間屆滿前為之者，續予收容或延長收容之裁定，視為撤銷。」行政法院所為續予收容或延長收容之裁定，係屬剝奪人身自由之裁定，自不宜僅經公告即使其生效，爰明定裁定於收容期間屆滿前應經當庭宣示（亦包含依遠距審理方式而為宣示）；未經宣示者，須於收容期間屆滿前以正本送達受收容人，始依裁定內容發生續予收容或延長收容之效果。

(六)裁定不服之抗告

第二三七條之十六：「聲請人、受裁定人或移民署對地方行政法院所為收容聲請事件之裁定不服者，應於裁定送達後五日內抗告於管轄之高等行政法院。對於抗告法院之裁定，不得再為抗告。抗告程序，除依前項規定外，準用第四編之規定。收容聲請事件之裁定已確定，而有第二百七十三條之情形者，得準用第五編之規定，聲請再審。」

收容聲請事件，經地方法院行政訴訟庭裁定後，聲請人、受裁定人或入出國及移民署對該裁定不服者，自得向管轄之高等行政法院提起抗告，並採二審終結。對於抗告法院之裁定，不得再為抗告。

考題

試述對外國人暫予收容之要件為何？暫予收容之法性質為何？其程序與救濟方法為何？請依入出國及移民法規定分析之。

附帶一提，大法官2017年作出釋字七四二號解釋，強調都計影響人民權益甚鉅，立法機關應於二年內增訂相關規定，使人民得就違法之都市計畫，提起訴訟以資救濟；戴秀雄教授說，若「專章」通過，將是行政訴訟法中第一個針對法規命令的救濟程序，未來不管通盤檢討、個案都市計畫，人民都能提出行政訴訟。

四、都市計畫審查程序

行政訴訟法於109年1月15日修正公布，並定自109年7月1日施行，以增訂「都市計畫審查程序」專章之方式，規範人民得就違法之都市計畫，認為損害其權利或法律上之利益時，得提起訴訟以資救濟。該訴訟具客觀訴訟之性質，亦有兼顧保障人民主觀權利之功能，此次重要之修正內容含括原告資格、被告資格、訴訟客體、訴訟要件、訴訟管轄、起訴期間之限制、重新自我省查程序、訴訟參加、個案審理及裁判範圍、裁判宣告種類、判決後續效力、保全程序等。本章開啟了行政訴訟抽象法規審查以及預防性不作為訴訟，行政訴訟法二三七條之十八第一項規定：「人民、地方自治團體或其他公法人認為行政機關依都市計畫法發布之都市計畫違法，而直接損害、因適用而損害或在可預見之時間內將損害其權利或法律上利益者，得依本章規定，以核定都市計畫之行政機關為被告，逕向管轄之高等行政法院提起訴訟，請求宣告該都市計畫無效。」基於便利民眾參與訴訟，並使行政法院易於就近調查相關事證等因素之考量，爰規定都市計畫審查訴訟由「都市計畫區所在地」之高等行政法院專屬管轄（行政訴訟法二三七條之十九）。

(一)訴訟標的

依都市計畫法「已發布實施之都市計畫」為對象，而不以都市計畫已施行為必要，但不包括草擬階段之都市計畫。新制審查對象不限於行政處分，尚可

包括法規命令在內。

(二)原被告適格與訴訟要件

　　人民、地方自治團體或其他公法人認為行政機關依都市計畫法發布之都市計畫違法，而直接損害、因適用而損害或在可預見之時間內將損害其權利或法律上利益者，得依本章規定，以核定都市計畫之行政機關為被告，逕向管轄之高等行政法院提起訴訟（專屬都市計畫區所在地之法院管轄），為第一審專屬管轄法院，請求宣告該都市計畫無效（訴訟請求）。

(三)起訴期間之規定

　　都市計畫審查訴訟之起訴期間為自都市計畫發布後一年內提起，但發布後始發生違法原因者，自原因發生時起算不變期間。

(四)重新自我省查程序（修正條文第二三七條之二一）

　　都市計畫不再適用訴願法及本法有關違法行政處分之救濟規定，為使原都市計畫核定機關有先為自我省查之機會，乃規定高等行政法院應於收受原告之起訴狀後，將起訴狀繕本送達被告。被告收受起訴狀繕本後，應於二個月內重新檢討都市計畫是否合法，並附具答辯狀、卷證及其他必要文件，一併提出於高等行政法院。

(五)訴訟參加及陳述意見之規定（修正條文第二三七條之二二至第二三七條之二五）

　　審查程序事件，高等行政法院得依職權命具利害關係之第三人參加訴訟、輔助一造參加訴訟，第三人亦得聲請參加訴訟；高等行政法院應依職權通知都市計畫之擬定機關及發布機關到場陳述意見，並得依職權或聲請通知權限受都市計畫影響之行政機關到場陳述意見。

(六)對其他訴訟的關係

1. 都市計畫審查程序事件已經訴訟繫屬尚未終結，同一都市計畫經聲請憲法法庭判決宣告違憲者，高等行政法院在憲法法庭審理程序終結前，得以裁定停止訴訟程序。（新修正條文第二三七條之二六）
2. 不得合併非行本章（都市計畫審查程序）其他訴訟。（修正條文第二三七條之十八第二項）

(七)法院審理結果

1.都市計畫未違法

如認為原告起訴之主張無理由，且未發現都市計畫有何違法之處，應以判決駁回原告之訴。如都市計畫僅違反作成之程序規定，且得補正，並已於第一審言詞辯論終結前合法補正者，亦應以判決駁回原告之訴。（修正條文第二三七條之二七）

2.都市計畫違法

(1)都市計畫違法

高等行政法院經審理後，如認原告請求宣告無效之都市計畫確有違法原因，應以判決宣告該都市計畫無效。（修正條文第二三七條之二八第一項）

(2)發布後始發生違法原因

都市計畫發布後始發生違法原因者，應宣告自違法原因發生時起失效。（修正條文第二三七條之二八第二項）

(3)依法僅得為違法宣告

如依其違法原因，於特殊情況下，為保障第三人權益，不宣告都市計畫無效或失效，而僅宣告其違法。（修正條文第二三七條之二八第三項）

(八)判決後之效力

都市計畫經宣告無效、失效或違法確定後，對第三人亦有效力。都市計畫作成之其他確定裁判或行政處分，效力不受影響，但尚未執行或執行未完畢者，不得強制執行。（修正條文第二三七條之二九第三項及第四項）

(九)保全程序（修正條文第二三七條之三○）

為防止發生重大之損害或避免急迫之危險而有必要時，得聲請管轄本案之行政法院暫時停止適用或執行爭執之都市計畫，或為其他必要之處置。

第八節　上訴及抗告程序

上訴及抗告程序之存在，須有二個以上之審級始有存在之空間，而我國舊行政訴訟法之規定因僅有採一個審級，而人民雖得對行政法院之裁判提起再

審，但並不得提起上訴或抗告[93]。

而目前我國行政訴訟法於第二三八條以下分別規定有上訴及抗告程序：

一、上訴程序之意義、要件以及不合法之處置

當事人不服行政法院所作成之不利判決，在該判決未確定前，向上級行政法院聲請廢棄或變更之方法。而行政訴訟法第二三八條第一項規定：「對於高等行政法院之終局判決，除本法或其他法律別有規定外，得上訴於最高行政法院。」基此上訴之要件包括有：

(一)得上訴之裁判為對象

依照行政訴訟法第二三八條第一項規定：「對於高等行政法院之終局判決，除法律別有規定外，得上訴於最高行政法院。」而在此本法別有規定者，例如，對於高等行政法院之第二審裁判，不得上訴或抗告（第二三六條之一第二項）等。

此外，因為上訴制度係在維護受不利益當事人之救濟程序為目的，是故縱當事人認為有利於己之判決其理由不當[94]，亦不得提起上訴。

(二)須有上訴權

訴訟當事人不得有捨棄上訴權、撤回上訴等。

(三)未逾越上訴期間

上訴係在阻斷判決確定之效力，是故一般訴訟法上就此皆有上訴期間之設定[95]，以避免濫行上訴之情事發生，而行政訴訟法第二四一條：「提起上訴，應於高等行政法院判決送達後二十日之不變期間內為之。但宣示或公告後送達前之上訴，亦有效力。」

(四)遵守上訴方式

行政訴訟法第二四四條第一項規定：「提起上訴，應以上訴狀表明下列各

---

[93] 基於原審「自己不易發現錯誤或承認錯誤」之理由，實有必要設置有上訴或抗告之規定。詳參：蔡志方，同前揭註50，頁316。
[94] 陳計男，同前揭註76，頁634。
[95] 陳清秀，同前揭註63，頁598；王甲乙、楊建華、鄭健才合著，民事訴訟法新論，作者自版，2008年4月，頁612-613；劉宗德、彭鳳至（彭鳳至執筆），同前揭註62，頁504。

款事項，提出於原高等行政法院為之：一、當事人。二、高等行政法院判決，及對於該判決上訴之陳述。三、對於高等行政法院判決不服之程度，及應如何廢棄或變更之聲明。四、上訴理由。」並因為最高行政法院依照第二五三條之規定得不經由言詞辯論而為裁判，第二四四條第二項修正規定：前項上訴理由應表明下列各款事項：一、原判決所違背之法令及其具體內容。二、依訴訟資料合於該違背法令之具體事實。」

(五)原判決違背法令

「對於高等行政法院判決之上訴，非以其違背法令為理由，不得為之。」（行政訴訟法第二四二條參照）並同法第二四三條有針對違背法令之情形分為：

1.相對的上訴理由

在此所稱相對的上訴理由，乃係指判決不適用法規或適用不當者（第二四三條第一項）而言，其意指法院積極地適用不應適用之法規或消極不適用應適用之法規而言。在此所謂的法規乃指法律、法規命令及行政規則應無疑義。而在法條所稱之「不適用法規或適用不當」者，應屬於法規適用上之瑕疵，其情形有：(1)適用錯誤；(2)涵攝錯誤；(3)違反經驗及論理法則；(4)所認定之事實與卷載內容相反；(5)怠於審查規範之合法性與合憲性。

2.絕對的上訴理由

此即指所謂當然違背法令而言，就此依照同條第二項之規定，包括有：「一、判決法院之組織不合法。二、依法律或裁判應迴避之法官參與裁判。三、行政法院於權限之有無辨別不當或違背專屬管轄之規定。四、當事人於訴訟未經合法代理或代表。五、違背言詞辯論公開之規定。六、判決不備理由或理由矛盾。」等。

(六)律師強制代理

於2011年5月25日修正公布之行政訴訟法增訂有第二四一條之一的規定，其即所謂上訴之律師強制代理，其稱：「對於高等行政法院判決上訴，上訴人應委任律師為訴訟代理人。但有下列情形之一者，不在此限：一、上訴人或其法定代理人具備律師資格或為教育部審定合格之大學或獨立學院公法學教授、

副教授者。二、稅務行政事件，上訴人或其法定代理人具備會計師資格者。三、專利行政事件，上訴人或其法定代理人具備專利師資格或依法得為專利代理人者。」

　　本條在2022年6月22日新修正時刪除上述條文，而第四九條之一第一項規定：「下列各款事件及其程序進行中所生之其他事件，當事人應委任律師為訴訟代理人：一、高等行政法院管轄之環境保護、土地爭議之第一審通常訴訟程序事件及都市計畫審查程序事件。二、高等行政法院管轄之通常訴訟程序上訴事件。三、向最高行政法院提起之事件。………」其中第二款屬之。

(七)最高法院對不合法上述之處置

　　新修正行政訴訟法第二四九條規定：「上訴不合法者，最高行政法院應以裁定駁回之。但其情形可以補正者，審判長應先定期間命補正。（第一項）上訴不合法之情形，已經原高等行政法院命補正而未補正者，得不行前項但書之程序。（第二項）最高行政法院認上訴人之上訴基於惡意、不當或其他濫用訴訟程序之目的或有重大過失，且事實上或法律上之主張欠缺合理依據，應以裁定駁回之。但其情形可以補正者，審判長應先定期間命補正。（第三項）最高行政法院依前項規定駁回上訴者，得各處上訴人、代表人或管理人、代理人新臺幣十二萬元以下之罰鍰。（第四項）第一百零七條第五項及第七項前段規定，於前二項情形準用之。（第五項）」

二、高等行政法院上訴審程序

(一)調整高等行政法院與最高行政法院上訴審管轄範圍

　　2022年6月22日修正調整高等行政法院與最高行政法院上訴審管轄範圍，增訂第三編第一章及第二 章，修正情形如下：

　　1.高等行政法院之第一審終局判決，除法律別有規定外，得上訴於最高行政法院；地方行政法院之第一審終局判決，以管轄之高等行政法院為上訴審終審法院；修正上訴審程序及相關準用之規定。（修正條文第二三八條、第二六三條、第二六三條之一、第二六三條之五）

　　2.上訴理由應表明原判決所違背之法令及其具體內容、依訴訟資料合於該違背法令之具體事實。在監所之當事人於上訴期間內向監所長官提出上

訴狀，視為上訴期間內之上訴（修正條文第二四四條）

3.應地方行政法院與高等行政法院第一審管轄分工及高等行政法院與最高行政法院上訴審管轄範圍之調整，修正、增訂第一審行政法院管轄錯誤及誤用訴訟程序時，上訴審行政法院之處理方式。（修正條文第二三六條之二、第二五六條之一、第二六三條之二、第二六三條之三）

4.配合管轄範圍之調整，修正相關行政法院之文字。（修正條文第二六六條、第二七五條、第三〇七條）

(二)增訂高等行政法院上訴審程序

1.新修正行政訴訟法第二六三條之一規定：「對於地方行政法院之終局判決，除法律別有規定外，得依本章規定上訴於管轄之高等行政法院。對於高等行政法院之第二審判決，不得上訴。」

地方行政法院之終局判決包括適用通常訴訟程序、簡易訴訟程序及交通裁決事件訴訟程序。地方行政法院為第一審管轄法院，高等行政法院為上訴審法院，因此增訂第一項規定。地方行政法院為第一審管轄法院之事件，均以高等行政法院為上訴審終審法院，高等行政法院之第二審判決，不得上訴，因此增訂第二項規定。另參酌法院組織法第三條的體例，地方法院審判民事、刑事之合議案件，上訴高等法院時，亦由法官三人合議行之。對地方行政法院適用通常訴訟程序之判決上訴時，依行政法院組織法第三條第一項規定，亦由高等行政法院以法官三人合議行之。

2.新修正行政訴訟法第二六三條之二規定：「應適用簡易訴訟程序或交通裁決訴訟程序之事件，高等行政法院不得以地方行政法院行通常訴訟程序而廢棄原判決。應適用交通裁決訴訟程序之事件，高等行政法院不得以地方行政法院行簡易訴訟程序而廢棄原判決。前二項情形，高等行政法院應依該事件所應適用之上訴審程序規定為裁判。」

應行簡易訴訟程序或交通裁決事件之訴訟程序，地方行政法院誤行通常訴訟程序；或應行交通裁決事件之訴訟程序，地方行政法院誤行簡易訴訟程序，因適用之通常或簡易訴訟程序較嚴謹周密，對於當事人之程序保障並無欠缺，故受理上訴之高等行政法院並無將第一審判決廢棄之必要，以免增加當事人及法院不必要之勞費。因此參考民事訴訟法第四五一條之一第一項規定，於本條

第一項及第二項明文規定受理其上訴之高等行政法院不得以此誤行程序而廢棄原判決。

　　地方行政法院雖將簡易訴訟程序事件或交通裁決事件誤為通常訴訟程序事件，而依通常訴訟程序審判；或將交通裁決事件誤為簡易訴訟程序事件，而依簡易訴訟程序審判，並不因此改變其為簡易訴訟程序事件或交通裁決事件之性質，受理上訴之高等行政法院仍應適用簡易訴訟程序事件或交通裁決事件之上訴審程序規定為裁判，因此參考民事訴訟法第四五一條之一第二項規定，增訂本條第三項。高等行政法院審理後，以其他事由將原判決廢棄發回或發交，則應由管轄之地方行政法院依簡易訴訟程序或交通裁決事件訴訟程序審理，以符簡易訴訟制度或交通裁決訴訟制度之立法旨趣。

　　3.新修正行政訴訟法第二六三條之三規定：「地方行政法院就其應適用通常訴訟程序之事件，而誤用簡易訴訟程序或交通裁決事件訴訟程序審判；或應適用簡易訴訟程序之事件，而誤用交通裁決事件訴訟程序審判者，受理上訴之高等行政法院應廢棄原判決，將該事件發回或發交管轄地方行政法院。以高等行政法院為第一審管轄法院之事件，誤由地方行政法院審判者，受理上訴之高等行政法院應廢棄原判決，逕依通常訴訟程序為第一審判決。當事人對於第一項程序誤用或第二項管轄錯誤已表示無異議，或明知或可得而知並無異議而就本案有所聲明或陳述者，高等行政法院應依原程序之上訴審規定為裁判，不適用前二項規定。」

　　配合第一零四條之一關於地方行政法院與高等行政法院管轄適用通常訴訟程序事件之分工，就地方行政法院應適用通常訴訟程序之事件，誤用簡易訴訟程序或交通裁決訴訟程序審理；及應適用簡易訴訟程序之事件，誤用交通裁決事件訴訟程序審理並為判決與管轄錯誤之情形與處置方式，增訂第一項至第三項。

　　第三項所謂當事人明知或可得而知程序誤用或管轄錯誤，繫於個案情形而定，但法院認定上應有較明確的事證可資判斷，以免浮濫。例如：當事人於簡易訴訟或通常訴訟程序，行言詞辯論時；於交通裁決事件訴訟程序，依第二三七條之四規定收受重新審查之答辯時，應可認當事人明知或可得而知。

　　所謂高等行政法院應依原程序之上訴審規定為裁判，是指地方行政法院應適用通常訴訟程序之事件，誤用簡易訴訟程序時，高等行政法院應依簡易訴訟

程序之上訴審規定為裁判；地方行政法院應適用通常訴訟程序之事件，誤用交通裁決事件訴訟程序時，高等行政法院應依交通裁決事件訴訟程序之上訴審規定為裁判；地方行政法院應適用簡易訴訟程序之事件，誤用交通裁決事件訴訟程序時，高等行政法院應依交通裁決事件訴訟程序之上訴審規定為裁判；以高等行政法院為第一審管轄法院之事件，誤由地方行政法院審判者，受理上訴之高等行政法院應依本章通常訴訟程序之上訴審規定為裁判。

　　4.新修正行政訴訟法第二六三條之四規定：「高等行政法院受理上訴事件，認有確保裁判見解統一之必要者，應以裁定敘明理由移送最高行政法院裁判之。高等行政法院審理上訴事件期間，當事人認為足以影響裁判結果之法律見解，先前裁判之法律見解已產生歧異，得向受理本案之高等行政法院聲請以裁定敘明理由移送最高行政法院裁判之。其程序準用行政法院組織法第十五條之四規定。前二項之移送裁定及駁回聲請之裁定，均不得聲明不服。最高行政法院認高等行政法院裁定移送之事件，並未涉及裁判見解統一之必要者，應以裁定發回。受發回之高等行政法院，不得再將上訴事件裁定移送最高行政法院。除前項情形外，最高行政法院各庭應先以徵詢書徵詢其他庭之意見，並準用行政法院組織法第十五條之一、第十五條之二、第十五條之五至第十五條之十一規定。」

　　為堅實第一審行政法院，原由高等行政法管轄並適用通常訴訟程序之事件，部分 改由地方行政法院管轄，高等行政法院則為該事件之上訴審終審法院。依此，適用通常、簡易、交通裁決訴訟程序之上訴事件，均有確保裁判見解統一之必要。高等行政法院受理上訴事件，因先前裁判已有複數紛歧見解之積極歧異（包括最高行政法院未經統一之裁判相互間、相同或不同高等行政法院第二審裁判相互間或最高行政法院未經統一之先前裁判與高等行政法院第二審裁判間有法律見解歧異），而有確保裁判見解統一之必要，即應以裁定移送最高行政法院裁判，因此為第一項規定。

　　鑑於當事人為訴訟程序之主體，為周全對當事人程序參與權之保障，應使當事人得促請受理上訴事件之高等行政法院行使第一項裁定移送最高行政法院之職權。然為確保裁判見解有統一之必要性，並避免當事人聲請浮濫，過度增加高等行政法院負擔，故其程序準用行政法院組織法第十五條之四，增訂第二項規定。考量第一百零四條之一第一項但書事件之範圍有限，高等行政法院

為該事件之上訴審終審法院，基於程序經濟，應先表示有原則重要性之法律見解，如嗣後有歧異之法律見解歧異時，再行統一即可，因此不準用行政法院組織法有關「原則重要性提案」之規定。又簡易訴訟或交通裁決事件上訴之當事人，其提起上訴固無律師強制代理規定之適用，但其如欲依第二項規定聲請移送，因涉及確保裁判見解統一之法律專業性，亦應準用行政法院組織法第十五條之四第二項之律師強制代理規定。

因移送裁定對當事人並無不利，而駁回聲請移送之裁定則屬於程序中處置，且均為終審法院之裁定，因此第三項明定對移送裁定或駁回聲請移送之裁定，當事人均不得聲明不服。

最高行政法院如認高等行政法院裁定移送之上訴事件，未涉及裁判見解統一之必要（例如：並無上訴審裁判法律見解歧異存在或受理時雖有上訴審裁判法律見解歧異存在，但於裁定時見解已經統一），應以裁定發回。為避免受發回之法院又檢具其他事證再次裁定移送最高行政法院，使事件來回擺盪影響當事人訴訟權益，受發回之高等行政法院不得再將該上訴事件裁定移送最高行政法院，於第四項明定。

除本條第一項規定情形外，因高等行政法院作為該事件之上訴審終審法院，經評議後既出現歧異裁判之可能性，具有開啟大法庭統一見解之類似性，應由最高行政法院先以徵詢書表明該庭意見並徵詢其他庭之意見，其程序準用行政法院組織法第十五條之一、第十五條之二、第十五條之五至第十五條之十一規定，增訂第五項規定。

5.新修正行政訴訟法第二六三條之五規定：「除第二百五十九條之一及本章別有規定外，本編第一章及前編第一章之規定，於高等行政法院上訴審程序準用之；交通裁決事件之上訴，並準用第二百三十七條之八規定。」

地方行政法院為第一審判決之行政法院，高等行政法院為上訴審終審法院之情形，除第二五九條之一及行政訴訟法第第三篇第二章別有規定外，其應適用之程序與第三編第一章最高行政法院上訴審程序及第二編第一章通常訴訟程序不乏相同之處，為免重複，因此設本條準用之規定，以節繁文。又交通裁決事件關於訴訟費用額之規定，於第二三七條之八有特別規定，應於上訴審程序準用之，因此予以明定。

上開概括準用之範圍，包含準用第二五三條第二項規定，故高等行政法院

行言詞辯論時，亦準用最高行政法院訂定之言詞辯論實施辦法。又適用簡易訴訟程序或交通裁決訴訟程序之事件及其上訴，依第四九條之一規定，本不適用律師強制代理，故其上訴審程序（包括行政法院有行言詞辯論之必要時），亦無強制當事人應委任訴訟代理人之必要；也不適用第二五三條之一第二項有關訴訟代理人未到場者，得依職權由到場之訴訟代理人辯論而為判決。當事人之訴訟代理人均未到場者，得不行言詞辯論逕為判決之規定。

三、抗告程序

當事人或訴訟關係人不服行政法院所為之裁定，而向上級審行政法院聲請直接廢棄或變更原裁定之訴訟行為者，稱之為抗告[96]。而行政訴訟法第二六四條規定：「對於裁定得為抗告。但別有不許抗告之規定者，不在此限。」

但如是：「受命法官或受託法官之裁定，不得抗告。但其裁定如係受訴行政法院所為而依法得為抗告者，得向受訴行政法院提出異議。（第一項）前項異議，準用對於行政法院同種裁定抗告之規定。（第二項）」（行政訴訟法第二六六條）。

第九節　再審及重新審理程序

一、再審

行政訴訟法上之再審，其性質屬於針對終局判決所設之特別救濟途徑。就有關程序而言，我國行政訴訟法並未如德國聯邦行政法院法之立法體例準用民事訴訟法規定，而自行規定於第二七三條至第二八三條[97]，就此簡述如下：

(一)功能

原則上依照一事不再理原則之要求，訴訟標的如業經判決確定時，則產生

---

[96] 吳庚，同前揭註15，頁339。

[97] 形式上較德國聯邦行政法院法僅有一條規定在保障上較為充足；實質上因為行政訴訟法與民事訴訟法所規定之再審，性質並無太大分別，因此，德國聯邦行政法院法就再審之程序係準用該國民事訴訟法之規定，反觀我國行政訴訟法與民事訴訟法之規定並無太大差異卻捨準用而自行規定，吳庚大法官認為我國行政訴訟法在此之立法技術較為拙劣。詳參：吳庚，同前揭註15，頁341。

拘束法院、當事人及繼受人之效力。但原判決如有程序上之重大瑕疵，或與該
判決本身密切相關之事項已產生改變，而至其正確性有所影響時，則應有有別
於通常程序之特別救濟程序，以糾正其上述之缺點，此為再審程序之功能。

(二)再審事由

　　新修正行政訴訟法第二七三條規定：「有下列各款情形之一者，得以再
審之訴對於確定終局判決聲明不服。但當事人已依上訴主張其事由經判決為無
理由，或知其事由而不為上訴主張者，不在此限：一、適用法規顯有錯誤。
二、判決理由與主文顯有矛盾。三、判決法院之組織不合法。四、依法律或裁
判應迴避之法官參與裁判。五、當事人於訴訟未經合法代理或代表。但當事人
知訴訟代理權有欠缺而未於該訴訟言詞辯論終結前爭執者，不在此限。六、當
事人知他造應為送達之處所，指為所在不明而與涉訟。但他造已承認其訴訟程
序者，不在此限。七、參與裁判之法官關於該訴訟違背職務，犯刑事上之罪已
經證明，或關於該訴訟違背職務受懲戒處分，足以影響原判決。八、當事人之
代理人、代表人、管理人或他造或其代理人、代表人、管理人關於該訴訟有刑
事上應罰之行為，影響於判決。九、為判決基礎之證物係偽造或變造。十、證
人、鑑定人或通譯就為判決基礎之證言、鑑定或通譯為虛偽陳述。十一、為判
決基礎之民事或刑事判決及其他裁判或行政處分，依其後之確定裁判或行政處
分已變更。十二、當事人發現就同一訴訟標的在前已有確定判決、和解或調解
或得使用該判決、和解或調解。十三、當事人發現未經斟酌之證物或得使用該
證物。但以如經斟酌可受較有利益之判決為限。十四、原判決就足以影響於判
決之重要證物漏未斟酌。確定終局判決所適用之法規範，經憲法法庭判決宣告
違憲，或適用法規範所表示之見解，與憲法法庭統一見解之裁判有異者，其聲
請人亦得提起再審之訴。第一項第七款至第十款情形之證明，以經判決確定，
或其刑事、懲戒訴訟不能開始、續行或判決不受理、免議非因證據不足者為
限，得提起再審之訴。第一項第十三款情形，以當事人非因可歸責於己之事
由，不能於該訴訟言詞辯論終結前提出者為限，得提起再審之訴。」

(三)補充性

　　行政訴訟法第二七三條第一項但書規定：「但當事人已依上訴主張其事由
經判決為無理由，或知其事由而不為上訴主張者，不在此限。」因此，雖當事

人具有再審事由，但是若「當事人已依上訴主張其事由經判決為無理由，或知其事由而不為主張者」，則不得再提起再審。此稱為再審之補充性原則。

(四)再審期間

行政訴訟法第二七六條第一項：「再審之訴應於三十日之不變期間內提起。」此外依同條第四項規定並有五年之除斥期間。

(五)再審之效力

「再審之訴之判決，對第三人因信賴確定終局判決以善意取得之權利無影響。但顯於公益有重大妨害者，不在此限。」行政訴訟法第二八二條定有明文。

原則上確定判決如經再審廢棄而另為判決時，第三人之權利因為當事人之法律關係變更而受有影響；但基於交易安全之考量[98]，當事人係因為信賴終局判決結果而善意取得之利益應予保護，若此時將有重大妨害於公益者，則應以公益為優先之考量。

二、重新審理

重新審理[99]，係指在滿足法定要件之前提下，准予提起重新審理之聲請，請求廢棄原終局確定判決[100]而重新進行程序，而防止利害關係人因非可歸責於己之事由未參加訴訟，而蒙受該撤銷判決之不利益而言。

是故再審之訴僅有當事人始得提起，對於未能參加訴訟且權利因此受損之第三人之保障有所不周，因此行政訴訟法乃於第二八四條以下設有重新審理之制度，本書以下將簡單予以介紹：

---

[98] 黃啟禎，再審程序，收錄於：翁岳生編，同前揭註77，頁728。

[99] 在立法例之比較研究（法律用語）上必須提醒閱讀者的是，我國法上所稱之重新審理，在日本行政事件訴訟法第三四條乃係稱為「第三者の再審の訴え」（我國學者有直接翻為「第三人再審之訴」者）。詳參：林素鳳譯，日本行政事件訴訟法，司法院中譯外國法規，http://www.judicial.gov.tw/work/work03/%E6%97%A5%E6%9C%AC%E8%A1%8C%E6%94%BF%E4%BA%8B%E4%BB%B6%E8%A8%B4%E8%A8%9F%E6%B3%95.doc（瀏覽日期：2012年7月23日）。

[100] 陳淑芳，行政訴訟之重新審理，收錄於：2011年月旦法學教室別冊公法學篇，元照出版，2011年5月，頁236。

(一)重新審理之要件

因撤銷或變更原處分或決定之判決，而權利受損害之第三人，如因非可歸責於己之事由，未參加訴訟，致不能提出足以影響判決結果之攻擊或防禦方法者，得對於確定終局判決聲請重新審理。

1.聲請重新審理之人

行政訴訟法第二八四條第一項規定：「因撤銷或變更原處分或決定之判決，而權利受損害之第三人，如非可歸責於己之事由，未參加訴訟，致不能提出足以影響判決結果之攻擊或防禦方法者，得對於確定終局判決聲請重新審理。」因此，聲請重新審理之人，原則上必須是其未參加訴訟程序，而導致權利因撤銷訴訟而受影響者[101]。而維護公益訴訟則係依照同法第十一條之規定得準用撤銷訴訟有關之規定。

2.聲請期間

重新審理之聲請，應於知悉確定判決之日起三十日之不變期間內為之。但自判決確定之日起已逾一年者，不得聲請。（行政訴訟法第二八四條第二項）

3.重新審理之管轄法院

重新審理之規定，亦係對於不服確定判決之人所設之特別救濟途徑因此重新審理之管轄法院，與再審制度之設置目的別無不同，爰此，行政訴訟法第二八五條乃準用第二七五條有關再審之規定，是故原則上重新審理之管轄法院應為原行政法院。（第二七五條第一項）但若第三人係對不同審級之行政法院所審理之同一事件同時聲請重新審理者，則例外的是由專屬上級行政法院合併管轄（第二七五條第二項）。

4.重新審理之聲請程序

行政訴訟法第二八六條：「聲請重新審理，應以聲請狀表明下列各款事項，提出於管轄行政法院為之：一、聲請人及原訴訟之兩造當事人。二、聲請重新審理之事件，及聲請重新審理之陳述。三、就本案應為如何判決之聲明。四、聲請理由及關於聲請理由並遵守不變期間之證據。（第一項）聲請狀內，宜記載準備本案言詞辯論之事項。（第二項）」

---

[101] 陳敏，同前揭註15，頁1610。

(二)重新審理之程序

與再審程序大抵相同。只是聲請重新審理有理由時，法院並非逕行開始重新審理，而應先下一裁定命重新審理。

(三)重新審理之效力

行政法院重新審理之結果，如與原確定判決不同，第三人基於信賴原確定判決而善意取得之權利，不受重新審理判決之影響[102]。

第十節　停止執行

一、停止執行之原因與程序

提起行政訴訟是否當然停止原處分或原決定之執行，各國立法例可分為兩種。一為提起行政爭訟，當然停止者，德國採之；另一為行政處分並不因行政救濟之提起而停止，但人民於一定條件下，得聲請行政法院准予停止，日本採之。我國法制基於維護行政效率之觀點，採取提起行政爭訟不停止原處分執行之原則。行政訴訟法第一一六第一項即規定：「原處分或決定之執行，除法律另有規定外，不因提起行政訴訟而停止。」[103]

但依同條第二項及第三項之規定，只要符合以下要件，則例外地不論「行政訴訟繫屬中」或是「行政訴訟起訴前」，皆得由當事人聲請或由法院依職權裁定停止執行：1.原處分或決定之執行，將發生難於回復之損害；2.有急迫情事；3.停止執行不會對公益造成重大影響；4.原告之訴在法律上並非顯無理由。

二、停止執行之效力

關於停止執行之效力是否僅限於具下命性質處分之執行力，涉及「執行說」與「效果說」之爭議，茲述如下：

---

[102] 行政訴訟法第二九二條準用第二八二條。
[103] 林清祥，行政訴訟法中停止執行制度實務之探討（上），司法周刊，第1051期，2001年10月3日。

(一)執行說

此說認為停止執行之「執行」，係指強制執行之行為而言。而有待執行之處分，本質上限於類似給付之下命處分，至於亦屬常見之形成處分或確認處分原無須強制執行，因此僅下命處分有可能停止執行。

(二)效果說

此說認為停止執行之「執行」，並非僅指具體的執行行為，包括行政處分所欲規範之法律效果的發生，亦屬之。因此，若停止執行，不但因處分而生之作為不作為義務、為其實現處分內容之行為，皆暫不履行，處分所形成之權利義務關係、所確認之法律關係，亦不生形成或確認應有之效果。

(三)通說及我國法制採效果說

德國學者多傾向效果說，我國學者亦同，行政訴訟法第一一六條第五項亦明文規定：「停止執行之裁定，得停止原處分或決定之效力、處分或決定之執行或程序之續行之全部或部分。」簡而言之，停止執行之效力，除了停止行政處分之強制執行之外，尚應包含停止原處分或原決定本身之效力，使其暫時不發生法律效果之情形在內。

因此，停止執行之效力，不僅及於具下命性質處分之執行力，亦包含具形成性質處分之形成效果及確認性質處分之確認效果。

第十一節　保全程序

保全程序，是指當事人為防止其權利系爭案件在判決確定後無法獲得滿足，故預先向行政法院聲請保全之訴訟行為，因此學者又稱之為「暫時性之保全措施」。保全程序規定在行政訴訟法第二九三條以下，並得分為假扣押及假處分，以下分述之[104]：

> **問題七**
>
> 假扣押、假處分之管轄法院為何？

---

[104] 尤須注意者是，假扣押及假處分所稱之「假」，皆屬於暫時之意。

　　依行政訴訟法第二九四條規定，原則上通常訴訟程序事件，為高等行政法院；如為簡易訴訟程序事件，則屬地方行政法院管轄；例外情形，亦得由債務人住所或擔保之標的所在地之地方行政法院管轄（第三項）。

　　假處分管轄則依行政訴訟法第三〇〇條規定：「假處分之聲請，由管轄本案之行政法院管轄。但有急迫情形時，得由請求標的所在地之地方行政法院管轄。」

一、假扣押

(一)假扣押的要件

　　依照行政訴訟法第二九三條第一項之規定：「為保全公法上金錢給付之強制執行，得聲請假扣押。」但聲請假扣押須以日後有不能強制執行或甚難執行之虞始得為之（行政訴訟法第二九七條準用民事訴訟法第五二三條第一項）。

(二)假扣押之管轄、審理、裁定及其效果

1.假扣押之管轄

　　假扣押之聲請，依照行政訴訟法第二九四條第一項之規定，應由管轄本案之行政法院或假扣押標的所在地之地方行政法院管轄。而此二類情形分別指：「管轄本案之行政法院為訴訟已繫屬或應繫屬之第一審法院。」「假扣押之標的如係債權，以債務人住所或擔保之標的所在地，為假扣押標的所在地。」（第二九四條第二項及第三項）。

2.聲請程式

　　首先，「假扣押之聲請，應表明下列各款事項：一、當事人及法定代理人。二、請求及其原因事實。三、假扣押之原因。四、法院。（第一項）請求非關於一定金額者，應記載其價額。（第二項）依假扣押之標的所在地定法院管轄者，應記載假扣押之標的及其所在地。（第三項）」（行政訴訟法第二九七條準用民事訴訟法第五二五條）。

　　並且，「請求及假扣押之原因，應釋明之。（第一項）前項釋明如有不足，而債權人陳明願供擔保或法院認為適當者，法院得定相當之擔保，命供擔保後為假扣押。（第二項）請求及假扣押之原因雖經釋明，法院亦得命債權人

供擔保後為假扣押。（第三項）」（行政訴訟法第二九七條準用民事訴訟法第
五二六條）。

3.假扣押之裁定

「假扣押裁定內，應記載債務人供所定金額之擔保或將請求之金額提
存，得免為或撤銷假扣押。」（行政訴訟法第二九七條準用民事訴訟法第
五二七條）。

4.假扣押之抗告

「關於假扣押聲請之裁定，得為抗告。」（行政訴訟法第二九七條準用民
事訴訟法第五二八條）。

5.限期起訴：應於十日內起訴

「假扣押裁定後，尚未提起給付之訴者，應於裁定送達後十日內提起；
逾期未起訴者，行政法院應依聲請撤銷假扣押裁定。」（行政訴訟法第二九五
條）。

二、假處分

行政訴訟法上所稱假處分係以保護公法上之權利為目的，而確定在系爭
案件中不致使該權利有難以實現之事實狀態而設。而假處分依其性質得分為：
1.保全處分；2.規制處分[105]。前者，又稱保全強制執行之假處分，依照行政訴
訟法第二九八條第一項係指：「公法上之權利因現狀變更，有不能實現或甚難
實現之虞者，為保全強制執行，得聲請假處分。」而後者又稱為定暫時狀態之
假處分、狀態處分，其則指「於爭執之公法上法律關係，為防止發生重大之損
害或避免急迫之危險而有必要時，得聲請為定暫時狀態之處分」。（行政訴訟
法第二九八條第二項）

(一)假處分之管轄

假處分之聲請，由管轄本案之行政法院管轄。但有急迫情形時，得由請求

---

[105] 而民事訴訟法上則將假處分分類為保全處分、規制處分及滿足性假處分，而滿足性假處分原則上係為給
付訴訟的先行程序，例如設置障礙物以阻止其通行等是。詳參：姜世明，民事訴訟法基礎論，元照出
版，2011年1月，四版，頁323以下。

標的所在地之地方行政法院管轄。（行政訴訟法第三〇〇條）

(二)假處分之除外

依照行政訴訟法第二九九條規定，得依第一一六條請求停止原處分或決定之執行者，不得聲請為前條之假處分，此稱為假處分制度之補充性。而行政機關得依法採取行政措施達成目的者，亦無聲請假處分之餘地。另不能以本案訴訟達成目的者，亦不得聲請假處分，因為假處分性質上為保全程序，並不能終局地解決法律上之紛爭，若容許不得提起本訴者聲請假處分，無異以暫時性之處分取代訴訟上之救濟。

而就假處分制度之適用範圍以觀，在德國法上，係將假處分之適用範圍限制於「得提起異議及撤銷訴訟而生延緩效果者」，其餘課予義務訴訟、一般給付訴訟及確認訴訟原則上仍得聲請假處分。但我國則自文義上觀察，只要與行政處分有關者均包括在內，故撤銷訴訟、怠為處分之訴、拒絕處分之訴、附帶給付之訴均不得聲請假處分，如此一來，假處分制度將失其存在意義，因此，有學者主張行政訴訟法第二九九條應加以限縮解釋為：對於行政處分得提起撤銷訴訟或確認訴訟者，不得聲請假處分[106]。

第十二節　強制執行

一、確認判決及課予義務判決得執行

依現行法，執行法院既不能直接強制，亦不能間接強制，故僅有監察院之糾彈或國家賠償之問題。

二、執行名義

> **問題八**
>
> 強制執行事件管轄法院為何？

---

[106] 吳庚，同前揭註15，頁360-361。

　　所謂執行名義，係指用以確定債權存在，並得請求執行機關予以強制執行之依據。有關執行名義之種類，行政訴訟法將其規定在第三○五條：「行政訴訟之裁判命債務人為一定之給付，經裁判確定後，債務人不為給付者，債權人得以之為執行名義，聲請地方行政法院強制執行。（第一項）地方行政法院應先定相當期間通知債務人履行；逾期不履行者，強制執行。（第二項）債務人為中央或地方機關或其他公法人者，並應通知其上級機關督促其如期履行。（第三項）依本法成立之和解，及其他依本法所為之裁定得為強制執行者，或科處罰鍰之裁定，均得為執行名義。（第四項）」

　　亦即，依據第三○五條之規定，原告得以確定之給付判決、訴訟和解及得為強制執行或科處罰鍰之裁定，作為向地方行政法院聲請強制執行之名義。行政訴訟法第三○五條第一項規定：「地方行政法院為辦理行政訴訟強制執行事務，得囑託民事執行處或行政機關代為執行。」

三、執行手續

　　地方法院行政訴訟庭應先定相當期間通知債務人履行；逾期不履行者，強制執行。債務人為中央或地方機關或其他公法人者，並應通知其上級機關督促其如期履行[107]。至於進一步執行程序，則應視執行機關為法院或行政機關而分別準用強制執行法或行政執行法[108]。

四、救濟途徑

(一)債務人異議

　　依行政訴訟法第三○六條第三項，由地方行政法院裁定之。

(二)債務人異議之訴

　　依行政訴訟法第三○七條前段，債務人異議之訴，依其執行名義係適用簡易訴訟程序或通常訴訟程序，分別由地方行政法院或高等行政法院受理。因此，係以事件適用何種程序，來決定管轄法院。

---

[107] 行政訴訟法第三○五條第二項、第三項參照。
[108] 行政訴訟法第三○六條參照。

(三)其餘有關強制執行之訴訟

　　依行政訴訟法第三〇七條後段，由普通法院受理。所謂其他有關強制執行之訴訟，如第三人異議之訴、參與分配之訴等是。

第六編

國家責任法

第一節　何謂國家責任？

　　國家或地方自治團體所為之行為，有些是執行公共任務所為之公法活動，亦即，所謂的高權行政，其是指一切公法上活動，包括行政處分、行政契約、行政計劃以及事實行為等。

　　在此，論國家賠償時，仍必須區分對內與對外之公法行為，既然論及公權力之行使，則應是指對外之公法活動，不包括對內之行為，如公文製作與決定，或長官與部屬間的命令指揮關係等。但是否所有的公法活動，都屬於行使公權力之範圍，則有論就。一般而言，行政機關的私法行為不屬於國家賠償，但公法活動中的行政契約是否也應包括在內，吾人認為，行政程序法第一四五條以及第一四六條已將國家訂定契約行使公權力，或調整或終止契約，屬損失補償之規定，本書比較傾向行政契約不屬於國家賠償之範圍。

　　傳統上將國家高權行為之責任，依照該行為係屬合法抑或違法而分為損失補償及國家賠償，國家合法的高權行為，屬損失補償之範圍，違法即屬於國家賠償之範圍。如行政執行法第四一條第一項：「人民因執行機關依法實施即時強制，致其生命、身體或財產遭受特別損失時，得請求補償。但因可歸責於該人民之事由者，不在此限。」及警察職權行使法第三一條第一項規定：「警察依法行使職權，因人民特別犧牲，致其生命、身體或財產遭受損失時，人民得請求補償。但人民有可歸責之事由時，法院得減免其金額。」都是採損失補償之概念。

　　但此種區分法已不足於應付各種行政行為所產生的結果，例如國家行為已經侵害人民之自由及財產權，法律卻無補償之規定（準徵收Enteignungsgleicher Engriff），違法干預個人具財產價值的權利，而造成個人或團體權利不平等的「特別犧牲」，亦即，已超出社會容忍義務之範圍，而產生對財產（所

有權）的違法侵害，實際上使關係人造成特別犧牲的效果，此種特別犧牲，「應視同徵收侵害般」，給與補償。準徵收侵害是德國司法所發展出來的。例如，我國對私人土地公用地役權，未辦理徵收之情形，如釋字第七四七號明確指出有徵收的事實卻無徵收之名的準徵收，即使無法律規定，人民仍有請求補償的權利[1]；或國家合法行使公權力，卻產生損害人民自由、身體或財產的情形（具徵收附屬效果之侵害Enteigenender Eingriff），例如，軍方實施射擊演習，卻造成民宅之損失。我國警械使用條例將合法或違法使用警械的情形，應列入補償之規定，即是將徵收附屬效果之侵害以及違法補償之規定列入考量中，不再以傳統二分法為依皈。

第二節　國家賠償責任之理論基礎

一、國家賠償法之立法依據

　　依照國家賠償法第一條之規定，其首先敘明國家賠償法之依據乃係憲法第二四條，憲法第二四條稱：「凡公務員違法侵害人民之自由及權利者，除依法律受懲戒外，應負刑事及民事責任。被害人民就其所受損害，並得依法律向國家請求賠償。」依本條之規定，得依法律向國家請求賠償之事由乃限於公務員違法之侵害而言，但國家賠償法卻規定了公共設施設置及管理欠缺之責任，就此是否應將之歸於損失補償之範圍[2]？則有討論空間。

二、國家賠償責任之責任制度

　　我國國家賠償法之國家賠償責任共分為二種：一為公務員行為，另一為公共設施所引起之責任，就此本書茲將由上述兩者可能發生之責任理論基礎，敘述如下：

---

[1] 釋字第七四七號解釋文稱：「需用土地人因興辦土地徵收條例第三條規定之事業，穿越私有土地之上空或地下，致逾越所有權人社會責任所應忍受範圍，形成個人之特別犧牲，而不依徵收規定向主管機關申請徵收地上權者，土地所有權人得請求需用土地人向主管機關申請徵收地上權。」

[2] 葉百修大法官則肯認此一責任屬於國家賠償責任範圍。詳參：葉百修，國家賠償法之理論與實務，元照出版，2011年3月，三版，頁5。

(一)國家無責任論

　　此即所謂的公務員責任論，其理論源自於「授權契約說」。該理論主要理由在於，國家委託公務員合法的執行公權力，若公務員因而違法則非屬合法委託的範圍。

　　對其所引起的損害，公務員需自行負責。此種授權契約理論，為十八世紀至十九世紀中一般通行的理論，德國於1900年所訂的民法第八三九條更將其予以明文化，迄今仍作為國家賠償中公務員責任認定的基礎。該法條規定：公務員因故意或過失違背對於第三人應執行的職務，致造成第三人損害，對其所造成損害負賠償責任。其因過失者，以被害人不能依他項方法受賠償時為限，負其責任。我國民法第一八六條規定與此雷同。

(二)交替責任

　　又可分為兩種，其一為公務員及國家責任並存。另一為國家代位主義，此為目前一般所採的制度，公務員仍為歸責主體，但其個人的責任由國家替代賠償之，故其國家賠償之成立，仍需公務員有違法侵害他人之自由或權利為基礎。國家並非對自己本身之行為負責，而係承當他人之責任。此種轉嫁至國家之責任，德文乃稱其職務責任（Amtshaftung），為目前德國所採的制度。

　　我國則依國家賠償法第二條第二項之文義及實務見解，國家賠償責任之成立，係以公務員違法有責之行為為其前提，且國家在向被害人為賠償後，對於造成損害而有故意或重大過失之公務員具有求償權，顯係採「國家代位責任論」。國家代位責任之理由有二：其一為擔保受到損害之人民，由國家替代公務員，對人民而言擔保一個有償還能力的債務人。另一，乃其於行政效率的考量，提昇公務員士氣及強化公務員決定能力，不必因須負擔責任而憚於決定。

(三)無過失責任或國家直接責任

　　此理論認為公務員係為國家服勤務之人員，故只要是公務員所執行之職務，不論一切之利益或不利益，不論有無特定公務員之故意或過失，只要造成對他人權利或自由的損害，其效果均歸屬於國家，由國家自行擔負損害賠償責任。通說又稱此理論為「危險責任論」或「國家無過失責任論」。

　　此種主張，其主要思想乃認為國家之公務活動，既然在增進社會大眾之利益，則其活動之結果，如因而使一些個人受到損害者，該個人所受之損害，也

應該由社會大眾公平分擔,而社會大眾公平分擔之方法,即是國家應負責損害賠償。國家賠償法第三條規定,國家賠償責任只要公共設施因設置或管理有欠缺,致人民受到損害,即可成立,不問國家對該設置或管理之欠缺有無過失,或於防止損害之發生是否已善盡注意,顯見此規定應係採國家自己責任論之無過失責任主義。

第三節　國家賠償請求雙軌制之探討

一、第一次與第二次權利保護

　　德國法上有所謂的第一次權利保護(提起行政爭訟)與第二次權利保護(提起損害賠償訴訟),亦即,先行提起第一次後才得提起第二次權利保護。我國現行實務並未完全採行第一次權利保護優先原則,亦即,對於違法之行政處分或其他公權力行為所生損害,請求權人雖得依法提起行政爭訟救濟,惟並不發生中斷國家賠償請求權時效之效果。

二、我國採雙軌制

(一)民事訴訟途徑

　　國家賠償法所規定的國家賠償請求程序,係採民事訴訟程序,且必須先經向賠償義務機關請求之「協議程序」,若協議不成再依民事訴訟提起民事損害賠償之訴。

　　就此,國家賠償法第十條規定:「依本法請求損害賠償時,應先以書面向賠償義務機關請求之。(第一項)賠償義務機關對於前項請求,應即與請求權人協議。協議成立時,應作成協議書(性質為行政契約),該項協議書得為執行名義(不必經過訴訟程序,聲請法院裁定後直接強制執行)。(第二項)」第十一條第一項規定損害賠償之訴:「賠償義務機關拒絕賠償,或自提出請求之日起逾三十日不開始協議,或自開始協議之日起逾六十日協議不成立時,請求權人得提起損害賠償之訴。但已依行政訴訟法規定,附帶請求損害賠償者,就同一原因事實,不得更行起訴。」

(二)行政訴訟途徑

國家賠償法第十一條第一項但書規定：「但已依行政訴訟法規定，附帶請求損害賠償者，就同一原因事實，不得更行起訴。」本條但書容許不循上述民事請求程序，則可依本條但書提起行政訴訟。

(三)國家賠償法之損害賠償與行政訴訟附帶之損害賠償之訴的關係如何？

對於公務員違法造成人民自由及財產損害之行政處分，當事人可選擇依國家賠償法請求國家賠償或在行政訴訟中附帶請求損害賠償。同一事件若已依行政訴訟法請求損害賠償，則基於一事不再理之原則，不得再依國家賠償法請求國家賠償。

行政訴訟法第七條：「提起行政訴訟，得於同一程序中，合併請求損害賠償或其他財產上給付。」

解釋上目前之規定，依法提起行政訴訟合併請求損害賠償應如同提起民事訴訟的損害賠償之訴，其賠償範圍相同[3]。提起之類型如下：

1. 人民因違法行政處分之執行而受損害案件，對於行政處分提起之撤銷之訴。
2. 人民於依法申請案件，因行政機關違法不作為或駁回而受損害時，而提起請求作成行政處分之課予義務訴訟。
3. 人民因無效之行政處分而受損害（例如因處分之執行而受害）之案件，提起確認行政處分無效之訴訟。
4. 人民因公法上法律關係之爭議（例如行政機關主張行使公用地役權而進行私有道路之管理維護，發生權利有無之爭執）而受損害時，提起確認公法上法律關係不存在之訴。
5. 人民因已經執行完畢之違法行政處分而受損害，提起請求撤銷行政處分之訴或請求確認該行政處分違法之訴[4]。

---

[3] 吳志光，以行政處分違法或無效為先決問題之國家賠償訴訟，臺灣法學雜誌，第87期，2006年10月，頁167。

[4] 就此問題，九一年度各級行政法院行政訴訟法律座談會決議認為：（一）原告因行政處分之撤銷而有可回復之法律上利益時，雖該處分已執行完畢，依行政訴訟法第一九六條及釋字第二一三號解釋意旨，原告應提起或續行撤銷訴訟，如原告提起確認訴訟，審判長應行使闡明權，如原告仍不轉換為撤銷訴訟，應以其訴欠缺一般權利保護必要；（二）原告因行政處分之執行完畢而無回復原狀之可能者，則應依行政訴訟法第六條第一項後段提起確認訴訟，如原告提起撤銷訴訟時行政處分已執行完畢，或在訴訟進行中執行完畢時，應認得將撤銷訴訟轉換為確認訴訟。

6.人民因其他事由而消滅之行政處分（例如違法處分經行政機關撤銷，但原處分早已經執行完畢）而受損害時，提起確認已消滅之行政處分違法之訴訟。

7.人民因為行政機關之公法上事實行為（或怠於執行有關公法上事實行為之職務行為），而受損害時，提起請求排除該事實行為（或應採取事實行為）之一般公法上給付之訴。

第四節　公務員違法有責之國家賠償責任

其構成要件如下：

一、行為人須為公務員

公務員之概念，因法律規範之對象不同，而其內涵亦有所差異。就此，本書已於第二篇第二章有關公務員法之部分有所檢討，在此僅論述有關國家賠償法之公務員的部分：

國家賠償法第二條第一項：「本法所稱公務員者，謂依法令從事於公務之人員。」僅包括行政法上的公法範圍（如臺電、中油等），並不及於私法範圍，故政府股分百分之五十以上之企業不屬於公務的範圍。故公法與私法的區分在國家責任的認定上具有意義，此即吾人所稱責任法上的公務員概念，亦即由其功能觀之，凡任何執行高權行為之人，不管是法官、教師、考試委員及考試院職員，民意機關之職員以及由人民直接或間接選出之代表，如立法委員、監察委員或國大代表等或受委任或行政助手等皆屬此之「公務」執行之公務員。

國家賠償法第四條「受委託行使公權力之團體，其執行職務之人於行使公權力時，視為委託機關之公務員」，亦屬功能上之公務員。該條所稱之委託應屬於受委託單位以自己名義，獨立對外行使受委託之任務，從功能上觀之，既然執行公共任務，則執行之人即被視為公務員。若非以自己名義執行，而以委託機關名義為之，則屬行政助手，則這些執行任務之助手，為國家賠償法第二

條所稱之公務員[5]。

因此，究屬上述何種公務員並非重要，仍必須論究是否執行公權力為斷，決定因素在於執行行為。

二、須執行職務行使公權力之行為

所謂執行職務，係指公務員之行為乃在行使其職務上之權力或履行其職務之義務而與其所執掌之公務有關之行為而言。其判斷之標準不以該公務員主觀之意思為決定之因素，而只要在客觀上行為之外觀，足認為與其執行職務有關，即可認為執行職務[6]。而職務行為必須是行使公權力，而所謂公權力係指公務員居於國家公法上之地位，行使統治權之行為。我國最高法院八○年台上字第五二五號判決即指出：「所謂行使公權力，係指公務員居於國家機關之地位，行使統治權作用之行為而言。並包括運用命令及強烈等手段干預人民自由及權利之行為，以及提供給付、服務、救濟、照顧等方法，增進公共及社會成員之利益，以達成國家任務之行為。如國家機關立於私法主體之地位，從事一般行政之補助行為，如購置行政業務所需之物品或處理行政業務相關之物品，自與公權力之行使有間，不生國家賠償法適用之問題[7]。」由此判決明白地顯示，我國法院對公權力之範圍採廣義之解釋，而與公法範圍相同，並不以權力為其要素。公權力不僅包括所有法律行為，如行政處分、行政命令及公法上契約，尚且包括公法上之事實行為，如給付行政提供之服務、照顧、救濟等行為亦屬之，但國庫行政（如租賃、買賣或投資等行為）則非屬之。因此，判斷是否屬執行職務行使公權力行為，需以公法與私法區分為準，公法才屬國家賠償之範圍。例如，招標機關依政府採購法之採購行為私經濟行為，所發生對廠商之損害，廠商不得依國家賠償法請求國家賠償[8]。

但以此標準是否過寬，亦即，是否行政契約也包括在內，本書持否定態度，行政契約應不屬於行使公權力範圍，且行政程序法第一四五條以及第

---

[5]　李震山，行政法導論，三民書局，2011年10月，九版，頁613以下。
[6]　最高法院四二年台上字第一二二四號判例。此外，法務部83年2月7日83法律字第2844號函釋之見解，採以公務員行為之外觀決定是否為執行職務之行為，即同於上述所主張之客觀說或外觀說。
[7]　法務部85年5月10日法85律決字第11355號函。
[8]　參閱法務部90年12月25日法90律決字第047910號函。

一四六條已將國家訂定契約行使公權力，或調整或終止契約，屬損失補償之規定，因此，上述主張似應做調整。

例如，某警員受長官脅迫其於法院為不實陳述，嗣後又以行政手段脅迫，該長官意圖使其不能行使刑事訴訟法之告發義務，是否屬請求國家賠償之範圍？就此本書認為，公務員與國家關係應適用公務員相關規範，應先適用一般訴求如申訴、復審等，如能確認長官行為違法（依公務人員保障法第十七條命令違法之報告義務），再啟用國家賠償救濟。

三、須為不法之行為

不法行為係指觸犯法規範而產生一定法效果之行為，如觸犯刑法構成要件產生刑罰的法效果，觸犯民法侵權行為而產生損害賠償義務的法效果，觸犯行政法上的職務義務而生的國家賠償義務。國家賠償法第二條第二項「不法」之概念，是採用民法侵權行為的不法概念，究竟其概念是否等同於行政法上所稱的「違法」概念，學者間確有爭議，有認為兩者意義不同[9]，但多數學者仍主張[10]，不法或違法應屬相同內涵之概念。但國家賠償法係針對國家之公法行為所生之損害所為之規定，解釋上自應與憲法第二四條之「違法」同其意義。

不法係指違反法規範，除法律、命令外，有無包括內部行政規則在內，如行政規則針對同一性質事件，相同處理之規定，若違反此規定之處理屬違反職務義務[11]。不法，應非指單純之違反法令而已，尚包括公法上法律原則之違反。要言之，現代行政法下違法之概念可分為程序之違法與實質之違法。程序之違法可包含正當法律程序（程序面）或行政程序之違反（例如聽證、陳述意見之違反）。實質之違法可分為事實錯誤之違法、法律適用錯誤之違法（含違反憲法基本權保障及第二三條之法律保留、比例原則之立法錯誤及實質正當法律程序之違法）、裁量權逾越及濫用之違法。又所謂濫用裁量權，乃指其裁量權之行使，違反比例原則、目的原則、平等原則、禁止恣意原則、合理原則、

---

[9]　翁岳生，行政法與國家賠償法，收錄於：翁岳生，法治國家之行政法與司法，月旦出版社，1994年6月，頁198；葉百修，同前揭註2，頁145。

[10]　林錫堯，國家賠償法之分析與檢討（上），臺灣法學雜誌，第76期，2005年11月，頁2；陳清秀，國家賠償實務之研討（上），月旦法學雜誌，第141期，2007年2月，頁178以下。

[11]　高等法院九四年度上國更（一）第二號民事判決參照。

信賴保護原則、誠實信用原則等等。國家賠償法應是指實質違法。而所謂的不（違）法行為大致可區分為如下數種：

(一)違反法律保留原則

法律保留原則，某些事情如人民的權利義務需要以法律或授權以法規命令訂之。若行政機關為法律授權或法律並無規定，而觸犯人民的自由及權利時，若無阻卻違法事由則屬不法行為，如有關商店營業時間的規定，法並無規定何時不准營業，不能擅自以行政命令定之。又如司法院釋字第六六六號解釋：「社會秩序維護法第八十條第一項第一款就意圖得利與人姦、宿者，處三日以下拘留或新臺幣三萬元以下罰鍰之規定，與憲法第七條之平等原則有違，應自本解釋公布之日起至遲於二年屆滿時，失其效力。」但警察機關在解釋之後，尚未屆滿二年，仍繼續依該條規定處罰，因該條已經大法官解釋違反憲法第七條平等原則，警察機關仍繼續使用該條規定作為處罰，恐該當國家賠償法中的不法行為[12]。

(二)違法的行為

公務員的違法性責任，又可分為二：

1.適用法規的錯誤

如裁量錯誤而產生違法。裁量錯誤一般又可細分為逾越權限、濫用權限、不為裁量，此外也包括裁量中違反比例原則、平等原則，亦屬違法性的裁量錯誤。

2.違背對於第三人之職務義務

職務義務與上述裁量錯誤的區別，在於職務義務係指公務員對於國家或地方自治團體所負的義務及責任，原則上與外在的人民毫無關聯，而裁量錯誤係指對於人民所為的錯誤決定而言，故原則上兩者範圍不同。觸犯職務義務雖屬違背長官所下的命令指示，但亦有可能發生觸犯第三人之權利。如公務員有服從上及長官命令的義務，而不遵從長官合法命令，導致觸犯第三人之權利，則公務員此種行為不僅觸犯面對於國家之內在義務，且觸犯外在人民之權利。吾

---

[12] 該條經解釋後修正前，若干警察機關仍依據此處罰從事性交易者，若干裁處被法院撤銷。

人在此所欲探討即是那些具外在效力的職務義務，亦及觸犯對於第三人之職務義務。若單純就觸犯職務義務觀之，此尚未構成違法性。但若其已觸犯第三人之權利時，則此時觸犯職務義務因結合了對於第三人之權利觸犯而在國家賠償法上成為國家之不法。若公務員被授有裁量決定權，而裁量錯誤造成第三人之損害亦屬違背對於第三人應執行之職務義務，亦成立國家賠償之責任。

3.怠於執行職務

國家賠償法第二條第二項後段規定：「公務員怠於執行職務，致人民自由或權利受損害者，國家應負損害賠償責任。」其中所稱之「怠於執行職務」即為國家不作為賠償責任之來源。被害人如依本條後段主張公務員怠於執行職務提起國家賠償訴訟，除證明所被侵害者係被害人之「權利」及國家之不作為與損害間有因果關係之外，就「怠於執行職務」部分，必須證明：(1)人民因前開權利受到侵害，得以對國家請求為賠償之公法上請求之權利確屬存在。換言之，人民所有者必須為公法上之權利而非反射利益；(2)國家之公務員事實上有特定職務義務之不作為；(3)國家公務員之職務不作為係有逾越裁量界限或濫用裁量權之違法；(4)國家公務員之不作為有故意或過失。

最高法院七二年度台上字第七〇四號判例對於怠於執行職務持相當保守之見解稱：「被害人對於公務員為特定之職務行為，有公務員請求權存在，經請求其執行而竟怠於執行，致自由或權利遭受損害者，始得依上開規定，請求國家負損害賠償責任。若公務員對於公共職務之執行，雖可使一般人民享有反射利益，人民對於公務員仍不得請求為該職務之行為者，縱公務員怠於執行該公共職務，人民尚無公法上請求權可資行使，以資保護其反射利益，自不得依上開規定請求國家賠償損害。」依上開判例，國家不作為責任之成立，必須符合兩項要件。第一，必須受害人對國家有公法上請求權存在。第二，必須經請求執行而竟怠於執行。

然而大法官則於釋字第四六九號解釋[13]，稱：「法律規定之內容非僅屬授予國家機關推行公共事務之權限，而其目的係為保護人民生命、身體及財產等

---

[13] 就此，國家賠償法草案第三條第三項草案則將本號解釋明文化而稱：「第一項所稱怠於執行職務，指公務員就保護特定或可得確定人民權利之法規所定職務，依該法規已明確規定應執行且無不作為之裁量餘地而不執行。」

法益，且法律對主管機關應執行職務行使公權力之事項規定明確，該管機關公務員依此規定對可得特定之人所負作為義務已無不作為之裁量餘地，猶因故意或過失怠於執行職務，致特定人之自由或權利遭受損害，被害人得依國家賠償法第二條第二項後段，向國家請求損害賠償。」至於如何判斷法律規定之目的係為保護人民之法益，該號解釋於理由書第二段中有所闡釋：「至前開法律規範保障目的之探求，應就具體個案而定，如法律明確規定特定人得享有權利，或對符合法定條件而可得特定之人，授予向行政主體或國家機關為一定作為之請求權者，其規範目的在於保障個人權益，固無疑義；如法律雖係為公共利益或一般國民福祉而設之規定，但就法律之整體結構、適用對象、所欲產生之規範效果及社會發展因素等綜合判斷，可得知亦有保障特定人之意旨時，則個人主張其權益因公務員怠於執行職務而受損害者，即應許其依法請求救濟。」從此段文字中，吾人可知本號解釋提出所謂的「保護規範理論」作為判斷是否構成「怠於執行職務」之標準。

四、須有故意或過失

故意或過失為責任型態。「故意」包含直接故意及間接故意。直接故意係指行為人對於構成不法侵害行為之事實，明知並有意使其發生。間接故意則指行為人對於侵害行為之事實，預見其發生而其發生並不違背其本意者是。

「過失」係指行為人雖非故意，但按其情節應注意並能注意而不注意，或對於構成不法侵害行為之事實，雖預見其發生，而確信其不發生者是。公務員觸犯法條規定，或法或事實的錯誤認知皆非屬故意，而係過失。

(一)機關過失或組織過失

行政機關組織作用之不健全、行政無效率、或機關之監督不周，造成他人受有損害，該行政機關即認為有過失而可歸責，如同時具備違法性等其他要件時，行政機關即不能免其國家賠償責任。當承認此種行政機關組織之有責性（Organisationsverschulden）時，公務員個人行為有無非難性（Vorwerfbarkeit）即不重要。是否採組織過失或個人過失，須依法規而定，但法無規定時，仍以公務員本身之責任為判斷。

(二)重大過失

　　所謂「重大過失」，係指顯然欠缺普通一般人應有之注意而言。國家賠償法上注意能力之判斷標準，係以一般公務員的平均能力作為判斷基準。過失可分為一般「過失」與「重大過失」，所謂重大過失，係顯然欠缺普通人應有之注意者，其已幾近故意。一般過失與重大過失區別之目的，係因國家對公務員行為如有故意或重大過失時具有求償權之故。

(三)過失客觀化

　　「過失客觀化」係指以善良管理人社會生活上之注意義務，作為過失判斷之依據。如行為人之行為違反善良管理人之注意義務，除有法定無責任能力情事外，即認為成立過失而不再論究行為人之注意能力是否能預見該損害。換言之，即不考慮行為人之主觀個別特性而以善良管理人之注意義務作為判斷過失之依據。

(四)推定過失

　　過失推定之理論，其主旨係指於損害發生時，因某種客觀事實或條件存在，即推定行為人有過失，從而減輕或免除被害人對於過失之舉證責任，並轉為由加害人負無過失之證明責任。過失推定原有事實推定及法律推定之分，後者又分法律上之事實推定及法律上之權利推定，英美法上之「事實推定過失」理論（doctrin of resipsa loquitur）、德國法上之「外觀證明」（Prima facie beweis; Anscheinsbewis）以及日本法上之「初步推定」，均為事實推定之性質，我國民法第一八四條第二項規定「違反保護他人之法律者，推定其有過失」則屬法律上之推定。

五、須不法行為與損害之產生有相當因果關係

　　比較公務員合法行為與公務員違法情況，若違法所引起受害人財產狀況事實上比合法行為來的重時，則可認為觸犯職務是引起損害的原因。依事物的通常程序而得以產生損害之結果時，稱之為相當因果關係，在具體情況下，若公務員合義務性的裁量下可能對作出其他決定時，則屬具相當因果關係。故是否具相當因果關係，需就具體狀況決定之。

　　一般認為，人民必須主張其損害與公務員之不法行為有相當因果關係，人民必須證明損害之發生，係由於公務員違背其職務義務之行為而導致。

　　問題：請求權人主張環保局清潔隊員長期於清晨期間用竹掃把掃地，聲音嚴重影響個人睡眠，長期精神虐待必須搬家而請求國家賠償，此主張是否合理？以相當因果關係來否定賠償：

　　環保局以使用竹掃把執行清掃業務之音量是否為噪音，涉及個人認知及觀感不同，且「請求權人就其所受噪音之強度、所受損害及噪音與損害間之因果關係，均未舉證證明以實其說，實難認本件國家賠償責任已然成立」即為適例。

六、侵害人民之自由或權利

　　此處之「人民」，包括自然人、法人，與基於平等互惠原則而適用我國國賠法之外國人。人民之自由或權利，係指憲法所保障及法律所維護之人民一切自由及權利而言。所為侵害，諸如生命之剝奪、身體健康之傷害、自由之限制或妨害，以及造成財產上之損失，使現有財產減少或妨礙現存財產增加等均屬之。

　　而此一情形是否也包括公務員受到長官不當或違法處分在內？本書認為，公務員因隸屬在公法上職務關係，應先啟用一般可以表達訴求方式為之，如申訴、復審等救濟，啟用第一次權利救濟，如能確定長官違法，再啟用第二次權利救濟（國家賠償）。

第五節　因公共設施之設置或管理有缺失之國家賠償責任

一、國家賠償之公共設施要件

(一)國家直接支配或管理或委託民間團體或個人管理之公共設施

　　修正前國家賠償法第三條第一項所使用「公有公共設施」概念，108年12月18日修正公布後去除「公有」二字，構成國賠責任以公共設施為已足，不以

設施是國家或地方自治團體所有為限[14]，這也是過去實務見解的明文化[15]。

公共設施除國家直接支配或管理外，行政主體所（自行或委託）設置或經營之公共設施的欠缺所衍生之責任的法律歸屬（公法的國家賠償責任或私法性質的侵權行為）之界定，修正第三條第二項即規定，國家如將公共設施委託民間團體或個人管理，涉及權限（即公物管理權）之移轉，雖非由國家直接支配或管理，惟該等設施仍係供公共或公務目的使用，亦有國家賠償法之適用。

1.「公共」之解釋

所謂公共設施，係指以公共目的使用之有體物或其他物的設備而言，諸如山域、水域、道路、河川、橋梁、堤防、水溝、下水道、機關辦公廳房舍、公立學校校舍及此等設施之附屬物等是。而稱「公共」，係該項設施供多數人，且不以不特定之多數人為限，即特定之多數人，如監獄、看守所等供特定多數人使用之有體物或其他物之設備，亦應包括及之[16]。

復其有關有體「物」或其他「物」之設備之「物」概念，學說上有廣義說與狹義說之別[17]：(1)持狹義說者認為，應以一般國民為限，亦即公共設施係指僅供一般國民使用之有體物或其他物之設備而言，並不包括行政機關自身所使用之物，如辦公廳舍、公家宿舍等在內者；(2)持廣義說者則認為，供公共目的所提供之物，並不限於一般國民使用之公共用物，即便係專屬於行政主體本身使用之公物，亦包括在內。

本書以為「公共」應採廣義解釋，即某一設施不限於一般國民使用之公共用物，即使專屬於行政主體本身使用之公務，亦是公共之「物」概念，著重於「供公眾或公務使用」之特性。因山域、水域、道路、公園等供不特定公眾使用之設施，人民在日常生活當中有接觸這些設施的可能，固然應具有「公共性」，而專供行政機關公務使用、平時不對外開放參訪的設施，基於保護人民權益，亦應從寬認定公共設施，因人民仍有可能獲允許合法進入這類設施參

---

[14] 「由國家設置且管理，或雖非其設置，但事實上由其管理」，且「直接供公共或公務目的使用」者，即有本法之適用，參閱修正第三條之立法理由。

[15] 高等法院九五年度上國更（一）字第七號民事判決指出：「國家賠償法第三條所規定之國家賠償責任性質，係屬危險責任，並具社會保險之效果與機能，為保護人民權益，國家所設置管理之公共設施，如為供公共目的之使用，國家所有者固為之，但並不以國家所有者為限，即若非國家所有，但事實上處於由國家或地方自治團體之管理狀態，亦應屬之。」

[16] 曹競輝，國家賠償立法與案例研究，1991年3月，頁152-153。

[17] 葉百修，同前揭註2，頁200。

訪，此時當應將此類設施納入國家賠償法第三條之適用範圍。再者，此類設施之工作人或合法使用之人員（例如學校之老師以及監獄之受刑人）如因該設施之瑕疵而受損害，依據一般之見解亦有國家賠償制度之適用。是以，國家賠償法第三條第一項所謂「公共」的概念應從寬解釋為「具有供公眾或公務使用之目的」。

2.「設施」之解釋

「設施」係指一般之有體物及物之設備而言，不包括人之措施、行為或無體物在內[18]。我國國家賠償法草案第三項說明，謂公共設施，如道路、河川之類。所謂「道路」，自指人工公物，山域、水域應指自然公物，因此，國家賠償法之設施，應包括自然公物。

行政機關為公行政目的而供利用之有體物或其他物之設備，固以不動產居多，但是否包括動產在內，尚未有定見。有認為民法第一九一條所定工作物所有人責任，僅以土地上之工作物為限，且無使國家負較民法上工作物所有人更重責任之理由，而主張不包括動產在內者；通說則認為國家賠償法與民法未必具有同一目的，且國家賠償法第三條文義亦與民法第一九一條不同，兩者無為同一解釋之必要，從而主張動產亦包括在內，應以後者為是，故如警備車、消防車、警犬等亦均屬此之所謂公共設施[19]。

復「設施」當指必須已施工建造完成，國家將之供公共目的使用之意思或行為，始足當之，如無此開始提供公用之意思，自不得逕將該誤認為公共設施，因而新闢之道路未正式通車，新建之體育館未正式啟用，若人民擅自利用受損害者，應依民法第一九一條救濟，並無國家賠償法之適用。

惟公共設施使用後，嗣因修繕或增建，而未予封閉，人民仍有使用者，如因之遭受損害，自有國家賠償法之適用。至於公共設施，設置存續期間之長短，則在所不問，即臨時性設施供公共使用者，亦包括之[20]。

(二)設置或管理有欠缺

公共設施之國家賠償責任，係以公共設施設置或管理有欠缺為前提要

---

[18]　葉百修，同前揭註2，頁221-222。

[19]　劉春堂，公有公共設施設置及其管理欠缺致生損害之國家賠償責任，法令月刊，第32卷第8期，1981年8月，頁231。

[20]　曹競輝，同前揭註16，頁154。

件,然何謂「設置有欠缺與管理有欠缺」?即有進一步探究之必要。所謂設置有欠缺者,係指設計不完備、施工不良、施工方法錯誤、或材料低劣、品質與規格不符而生瑕疵而言,通常係從公共設施之自體而為判斷,但不以此為限,仍應兼及於其他因素,從而,應就公共設施之構造、用法、場所之環境、利用狀況,尤其是利用者之判斷能力與行動能力等等因素,做綜合之考慮,且應就具體的個別之事件予以判斷。又所謂設置者,不僅指設計、建造、安置、裝設而言,即連擴充或擴建者,亦包括在內。而所謂管理有欠缺者,係指建造或裝置後,未妥為保管、或怠於維護,致公共設施發生瑕疵而言,此之所謂管理,不僅指具體之處分或事實行為而已,尚包括訂立管理規則之抽象作用在內[21]。然公共設施如因突發事件受損,而不及修復,其安全性之缺乏,即非出於管理之欠缺。惟管理人員應及時採取充分有效之措施,以防止損害之發生。至於公共設施為備置管理人員,或管理人員未善盡職責,則屬於國家賠償法第二條第二項,公務員怠於執行職務之問題。

至於「設置或管理有欠缺」之判斷標準,歷來學說上有「主觀說」、「客觀說」以及「折衷說」等不同的解釋取向。採主觀說者將「設置或管理有欠缺」解釋為「安全注意義務之違反」。換言之,不但該設施在客觀上不具有安全使用的狀態,且必須是設置或管理機關未善盡其安全注意義務所導致。至於採客觀說者則認為,「設置或管理有欠缺」應僅就各該公共設施客觀上是否符合安全使用狀態來評斷,一旦確認其不符合通常之安全使用狀態即可成立國家賠償責任。至於所謂折衷說則認為,當公共設施客觀上欠缺通常的安全狀態時,不當然成立國家賠償責任;而必須視主管機關對於此一不安全狀態的因應與處置是否妥適而定。如果國家對於損害的防止已盡相當的注意義務,則應認為其管理並無疏失,不成立第三條第一項之國家賠償責任[22]。

本書以為「客觀說」較為可採,因國家賠償法第二條第一項與第三條第一項之立法並不相同;前者採過失責任主義,後者採無過失責任主義,所謂義務之違反者,必與故意或過失相關聯,公共設施設置或管理欠缺之國家賠償責

---

[21] 王和雄,國家賠償法公有公共設施設置或管理欠缺之判斷標準——日本相關學說、判例之介紹、分析與批判,政大法學評論,第31期,1985年06月,頁114。

[22] 林三欽,國家賠償請求權基礎之三——「公共設施瑕疵」之國賠請求權,月旦法學教室,第58期,2007年08月,頁34。

任，既採無過失責任主義，則有無欠缺之判斷，就該公共設施之設置或管理為客觀之觀察為已足，殊無再涉及是否違反義務之必要。換言之，是否違反義務實乃國家賠償法第二條第一項所應探究之問題，而非國家賠償法第三條第一項之問題。

然主張主觀說者質疑倘不考慮管理者之人之措置之不當，如何追究管理者之責任？其立論基礎在於認為近代採個人責任主義之原則下，不法行為法之基本原理，乃是因有一定行為而發生損害時，始得追究行為者對於損害之不法行為之責任，而進一步主張此一原則絕不能因國家賠償法第三條之規定而放棄[23]。

本書以為主觀說之此種論點，實無視於國家賠償法第三條第一項之無過失責任主義之性質，因其既採無過失責任主義，當然不須以個人主觀意思之非難為必要，故主觀說不可採。

公共設施之國家賠償責任依據，並非公共設施之設置或管理欠缺之「行為本身」，而是將具有使他人發生損害之危險之公共設施，因公之目的而提供利用之「事件本身」。法律所要求之國家或公共團體責任，乃是避免因公共設施之設置或管理有欠缺致生損害於他人，但如確有因公共設施設置或管理之欠缺致損害他人者，國家或公共團體即應負賠償責任，在此種情形下，是一種基於危險責任或結果責任之無過失責任，只須有此一事實之發生，即應負賠償責任，不以是否違反作為或不作為義務為必要。

如是解釋，較能把握國家賠償法第三條第一項規定之法律上依據，否則，如須以是否違反義務為前提，將因公共設施設置或管理方法不一，而發生請求權人必須就違反作為與不作為義務內容課與主張與證明之負擔，對人民權益保障甚為不利。再者，國家賠償法第三條第一項僅規定「設置或管理欠缺」，並無涉及「義務違反」之問題，似不宜強行解釋為必以「義務之違反」為前提，法院亦無須於判決內就是否違反作為與不作為義務加以判斷。

折衷說認為公共設施設置或管理之欠缺，不僅指公共設施本身之客觀瑕疵為限，即人之措置亦應包括在內，因公共設施能否保持安全良好之狀態，與設置或管理者之作為與不作為義務之是否違反，有甚大之關係。

---

[23]　王和雄，同前揭註21，頁118。

然折衷說所謂「人之措置」或「違反作為或不作為之義務」有關係,究為何指,並無明確之定義,且將發現如此標準,仍就須評斷「義務是否違反」,則結果與主觀說之理論並無不同。是以,主觀說之不可採既如前所述,則折衷說之不可採乃當然之事,判斷公共設施設置或管理之欠缺,應以客觀之標準衡量,而不必再涉及其是否違反作為或不作為之義務,採客觀說較為妥適。

另須補充說明者,在判斷公共設施設置或管理有無欠缺時,應依據具體情形,例如當地人口、交通、氣候等各種因素,綜合判斷該設施是否具備應有的安全水準[24]。不能以甲地的標準直接適用於乙地上。例如道路上有坑洞,是否即為管理的欠缺,應視該道路實際情形、車流量與車輛行駛速度以及管理行為等因素。通常而言,高速公路因車速快,安全要求較高,即使不甚明顯的坑洞也應認為是管理的欠缺;相反的一般市區道路則容許普通坑洞的出現。同時也應考量各該設施主要使用者的辨識能力與習慣等,而不能一概而論[25]。至於,管理行為,是指一般所實施的,如道路保養行為,坑洞填補、清掃道路、維持道路安全駕駛等,如道路清掃後,卻因砂石車或其他車輛行駛後所造成之污染,而引發道路使用人之傷亡,可否追究國家之責任,則有討論空間。

(三)生命、身體、人身自由或財產受損害

修正後國家賠償法第三條第一項規定:「公共設施因設置或管理有欠缺,致人民生命、身體、人身自由或財產受損害者,國家應負損害賠償責任。」本項修正增加人身自由這項規定。原條文明定限於人民之生命、身體或財產受損害,始有本法之適用。惟考量公共設施設置或管理之欠缺亦可能使人民之人身自由受到損害,爰將本條之保護客體擴及「人身自由」,於第一項增列「人身自由」之文字。

本條規定是採列舉或例示說,分析如下:

1.採列舉說者認為,既然立法者明白將公共設施瑕疵國家賠償責任的損害標的限定為「生命、身體、人身自由或財產」,則應有排除其他標的之意。且這種限縮適用範圍的立法方式,應與該條規定採取對國家較嚴格的標準為限有關,用來衡平國家因「危險責任」所承受的較重責任。立

---

[24] 林三欽,同前揭註22,頁38。
[25] 董保城、湛中樂,國家賠償法,2005年7月,頁176。

法理由即採本說。

2.採例示說者則認為，該條規定只是例示數項可能的損害標的，但不以這些標的為限，為徹底保障人民權利，應將人民的其他權利也納入該項適用範圍[26]。

本書以為應採例示說，因須受保護的人民權利並不以該項所舉三者為限，亦非以該三者為最重要，其他權利如自由權、名譽權及隱私權等，也都具有高度的重要性，此些權利如因公共設施之設置或管理有欠缺而受損害，應給予人民補償。例如人民前往行政機關洽辦公事，卻因行政機關內電梯故障而被困在電梯中三個鐘頭，這種因公共設施管理有欠缺而導致自由權受損害之情形，須給予人民國家賠償。為避免引發疑義，本書建議未來修法時，應將國家賠償法第三條第一項關於保護客體修正後雖增加「人身自由」的文字，仍有所不足，應比照同法第二條第二項改為「自由或權利」，方得周延保護人民權益。

(四)「公共設施瑕疵」與「損害」間須有相當因果關係

國家賠償法第三條第一項公共設施瑕疵國家賠償責任，必須設置或管理上的欠缺與人民權利受損之間具有因果關係。人民所受之損害，與公共設施之設置或管理之欠缺間，須有相當因果關係。在客觀觀察上，如有該公共設施之設置或管理欠缺，通常即發生損害，且如無該等欠缺，通常即不發生損害者，該欠缺與損害間，謂之具有相當因果關係[27]。

有學者進一步認為即便雖有自然災害或被害人行為介入，倘其係與設置或管理之欠缺共同促成損害發生，當不影響後者之因果關係存在，但如介入之重大天災事變，縱無公共設施設置或管理之欠缺，亦仍發生相同損害時，該設置或管理之欠缺與損害之發生，即無相當因果關係[28]。

---

[26] 林三欽，同前揭註22，頁39。而本次修法後，林三欽教授也主張，本條規定不若國賠法第二條所保障客體「自由或權利」來得寬，建議予以放寬，參閱，林三欽，淺論公共設施瑕疵國賠責任之進其爭議－兼論國賠法第三條修正內容，高雄律師會訊，第15屆，2021年5、6月，頁64。

[27] 陳敏，行政法總論，作者自版，2011年9月，七版，頁1146-1147。

[28] 葉百修，國家賠償法，收錄於：翁岳生編，行政法（下），元照出版，2006年10月，三版，頁624以下。

二、增列國家賠償法公共設施委託民營之意義

　　現今為提昇政府效能，且減少政府財政負擔，普遍被認為有效的方式為精簡政府組織，並將部分業務與設施委託民間經營。

　　公共設施委託民間經營之後仍得成立國家賠償責任。首先應將設置責任與管理責任分別處理，一項委託民營的公共設施，如因行政機關當初設置的瑕疵導致人民權利受損，設置機關針對設置瑕疵所應承擔的責任，不受其後「委託民營」的影響，依然存在。

　　再就公共設施之作用、與人民之關係等，將其大致分為「與人民關係密切的基礎設施」、「一般的基礎設施」以及「特定用途的保育或育樂設施」三類。第一類「與人民關係密切的基礎設施」不但依一般觀念應由國家提供，且是人民生活中無可迴避、高度依賴且無可替代及無從選擇的設施，例如道路、橋樑等。第二類「一般的基礎設施」係依一般觀念應由國家提供人民使用的設施，但不具有無可迴避性等性質，例如動物園、公園等。第三類「特定用途的保育或育樂設施」具有特定用途，非必須由國家提供，且並非人人皆有使用的必要，例如會議中心、養老院等。

　　在上述分類的觀點下，「第一類」與「第二類」與人民關係密切的設施，即使委託民營仍有國家賠償責任的適用。反之，與人民關係淡薄的設施，若國家自行經營管理固然有成立國家賠償責任的可能；一旦此類設施委託民營，其性質與純由私人設置者差別不大，不應適用國家賠償制度。由是進一步可推知，各行政機關的建築設備應屬於第二類「一般的基礎設施」，若此類設施管理不當導致前往洽公之人民受傷，可成立國家賠償責任。即使該建築物的清潔工作乃外包，或部分福利設施的經營外包（如餐飲部、福利社等），由於行政機關對於建築物整體仍負有管理責任，因而皆適用國家賠償制度。

　　此外，若政府將高速公路委託民間經營管理，由於人民對於高速公路有高度依賴性，為重大基礎設施，屬於前述第一類「與人民關係密切的基礎設施」之公共設施，其瑕疵將增加人民生活的風險。政府將之委託民間經營管理，甚至約定業者應承擔損害賠償責任，亦有國家賠償制度的適用[29]。

---

[29]　林三欽，同前揭註22，頁40-42。

　　民營化、管制鬆綁結果，公共設施委託民間興建、經營情形，日漸增多，實務上除促進民間參與公共建設法第八條第一項所列有六種類型外，例如：(1)委託經營紀念館：例如臺北市政府文化局委託財團法人臺灣區域發展研究院經營臺北市二二八紀念館；(2)公立醫院公辦民營：例如臺北市政府將市立萬芳醫院委託財團法人私立臺北醫學院經營；(3)委託經營高速公路休息站：例如交通部國道公路局將其所有，設置於高速公路上之餐廳及零售店（休息站），委託私人經營管理；(4)委託操作管理垃圾焚化廠：例如臺中市政府委託私人環保服務公司負責臺中市垃圾焚化廠之操作管理事宜；(5)委託認養地下道及人行道：例如臺北市政府為鼓勵法人或團體參與人行地下道之管理維護工作，並予以認養，訂有「臺北市人行地下道認養須知」；(6)街道家具委託經營：例如依「臺北市促進民間參與街道家具設置營運管理辦法」規定，將北市路段之街道家具（例如人行道上之垃圾桶）委託民間經營管理；(7)「部分公營、部分民營」：政府提供建物設備，由政府與民間共同經營提供服務之型態，例如公務人力發展中心，該中心提供新建大樓之硬體設備，本身配置若干人力於上班時間利用該大樓完善設施負責執行公務人員訓練業務，另週休二日或例假日則委託民間業者辦理住宿、餐飲及場地的管理維護經營；(8)委託經營停車場：例如臺北縣石門鄉公所將石門洞停車場委託私人公司管理；(9)依漁港法第八條規定，由主管機關將建設完成之公共設施（例如魚市場、給水站、曳船道、曬網場），撥交當地漁會無償使用。甚至，雖非將公共設施委託民間經營管理，而係由政府機關自行採私法利用關係方式，供公共使用之情形，例如：公物人力發展中心租借場地予民間舉辦大型研討會或辦理結婚喜宴，動物園、博物館、文化中心或公園須買票始能進入利用，設置醫院、安養中心之有償利用等[30]。

　　以上公共設施雖屬國家或地方自治團體所設置或管理，然畢竟與一般公共設施之設置管理有別，其是否成立公共設施設置管理有欠缺之國家賠償責任？學說與實務向有爭議，因此，參酌德國理論，以該公共設施之性質、人民利用該公共設施之依賴程度及替代可能性等因素後，以立法方式解決此類爭議。亦

---

[30] 賴恆盈，法務部國家賠償法修正草案之評析，高雄市政府法制及訴願學術研討會（六），2008年10月17日。

即，法務部草案原認為「國家或地方自治團體如將公共設施委託民間團體或個人，因涉及權限（即公物管理權）之移轉，並非由國家或地方自治團體直接支配或管理，宜適度限縮損害賠償責任之範圍，由該民間團體或個人就設施因管理欠缺所生損害負賠償責任」，僅例外於「由國家或地方自治團體設置或管理之道路、橋樑或其他公眾往來之交通基礎設施，委託民間團體或個人管理時」，因「考量此類交通基礎設施具有獨占性，且人民對之亦有高度依賴性，故縱使委託管理」，可不問其委託關係與利用關係之性質，仍應由國家或地方自治團體負本條之國家賠償責任，然於2009年7月31日報院版草案中，將其改成「前項設施委託民間團體或個人管理時，因管理欠缺致人民生命、身體、人身自由或財產受損害者，國家或地方自治團體仍應負損害賠償責任」，不區分人民是否對之有高度依賴性，如管理欠缺致人民生命、身體、人身自由或財產受損害，皆認國家或地方自治團體仍應負損害賠償責任。修正後第三條第二項即採國家直接負責說而稱：「前項設施委託民間團體或個人管理時，因管理欠缺致人民生命、身體、人身自由或財產受損害者，國家應負損害賠償責任。」其立法理由稱：「國家如將公共設施委託民間團體或個人管理，涉及權限（即公物管理權）之移轉，雖非由國家直接支配或管理，惟該等設施仍係供公共或公務目的之使用，如因管理欠缺致人民生命、身體、人身自由或財產受損害者，國家仍應負損害賠償責任。」

在此，上述有關促參法第八條第一項各款情形，有無本條第二項適用，有不同意見，採不適用說，而認為，由於民間參與公共設施管理的類型多元，民間有僅參與管理者，有參與設置與管理者，型態不一，不應採極廣義解釋，否則，不但將使國家賠償責任過重，且也失去民間參與公共建設的意涵[31]。贊成說，促參法第八條第一項，有公辦民營以及民辦民營，均可能成立國家賠償責任[32]。

本文認為，本條項規定係以公共設施為標的，而促參法第八條第一項之情形，都符合公共設施之概念，如管理欠缺致人民生命、身體、人身自由或財產受損害者，國家應負損害賠償責任，故該項設施管理欠缺，本文認為應成立國家賠償責任。

---

[31] 林三欽，同前揭註26，頁64。
[32] 梁志偉，公私協立關係與國家賠成責任－以國家賠償法第三條為探討中心，全國律師，2020年8月，頁82。

三、國家不必負責、減輕或免除應負之損害賠償責任

(一)自然公物適當之警告或標示

本法修正的第三條第三項以及第四項規定：「前二項情形，於開放之山域、水域等自然公物，經管理機關、受委託管理之民間團體或個人已就使用該公物為適當之警告或標示，而人民仍從事冒險或具危險性活動，國家不負損害賠償責任。」

本條第三項所規範客體為山域、水域等自然公物，是否僅限於此範圍，從立法理由中似乎不僅限於此，有可能包括其他自然公物。

其立法理由稱：「由國家設置或管理，直接供公共或公務目的使用之公共設施之自然公物如：開放之山域或水域等。然利用大自然山域、水域等從事野外活動，本質上即具有多樣及相當程度危險性，人民親近大自然，本應知悉從事該等活動之危險性，且無法苛求全無風險、萬無一失。是以，就人民利用山域、水域等自行從事之危險活動，在國家賠償責任上應有不同之考量與限制。就山域、水域等自然公物，各主管機關之管理目的多係以維持原有生態、地形與地貌為管理原則，故無法全面性地設置安全輔助設施，亦不宜或難以人為創造或改正除去風險，此與一般人工設置之公共設施（例如：公園、道路、學校、建物等），係由國家等設計、施作或管理，以供人民為該特定目的使用者，性質上仍有差異。因此，對此二類公共設施之課責程度亦應有所不同。就開放之山域、水域等自然公物（例如：國家公園、森林遊樂區、海岸、沙灘、野溪及天然湖泊等），業經管理機關、受委託管理之民間團體或個人為適當之警告或標示，而人民仍從事冒險或具危險性活動情事者，國家於此狀況下不負損害賠償責任。至於管理機關、受委託管理之民間團體或個人應以何種方式為警告或標示乙節，考量各開放之山域、水域等所在場域位置之天候、地理條件各有不同，人民可能從事之活動，亦有差異，故所為之警告或標示，並不以實體方式（例如：標示牌、遊園須知告示、門票、入園申請書、登山入口處等適當處所警告或標示）為限，宜進一步考量景觀維持、環境保護、警告或標示之有效性、後續警告或標示維護等因素，綜合決定採用一種或數種方式，或於管理機關之網站為警告或標示，亦無不可。」

本項規定對自然公物，國家不負損害賠償責任之要件如下：

1.規範客體為自然公物

自然公物係指，國家公園、森林遊樂區、海岸、沙灘、野溪及天然湖泊等開放之山域、水域，不包括人工公物如：公園、道路、學校、建物等。本次修法將國家公園、森林遊樂區列入自然公物恐有範圍過大之嫌，是否排除區域內遊客中心、停車場等，立法理由說明這些屬於「自然公物內人工設施」[33]。當園區內登山步道上設置之「木棧道」有設置或管理欠缺時，是依第三條第三項「不負責任」？或第三條第四項「自然公物內人工設施」得「減免責任」？本文認為，「木棧道」屬人工添加，應合於第四項之規定。

至於都會區周邊的河濱公園等設施，大多數有人為規劃、施工，與本次修法所規範的自然環境有所不同，應屬人工公物，並無新法之適用[34]。

2.經管理機關、受委託管理之民間團體或個人為適當之警告或標示

主管機關或受託單位已為適當之警告或標示，其不以實體方式（例如：標示牌、遊園須知告示、門票、入園申請書、登山入口處等適當處所警告或標示）為限，於管理機關之網站為警告或標示，亦無不可，主管機關或受託單位採取任一種方式都算是合乎警告或標示。

3.人民仍從事冒險或具危險性活動

本條係規定國家與人民間責任風險之分擔，僅在於人民從事該危險活動時遭遇風險本身要承擔風險，國家免除國賠責任。「從事冒險或具危險性活動」情形，鑑於人民進入之地區、場域，所從事之活動、時間、天候狀況、環境條件，個人從事活動所需具備之專業知識、基本體能、技術、攜帶之器材裝備等情事，皆有不同，因而其行為是否具冒險或危險性，宜就具體事實，依一般社會通念及生活經驗等綜合判斷之。

(二)自然公物內設施之減輕或免除國家應負之損害賠償責任

本條第四項規定：「第一項及第二項情形，於開放之山域、水域等自然公物內之設施，經管理機關、受委託管理之民間團體或個人已就使用該設施為適

[33] 洪振豪，涉及自然公物之公共設施的國家賠償責任－從108年山林解禁政策談起，2020全國登山研討會，2020年8月20日完稿，頁84；參閱http://taiwanmt.nchu.edu.tw/download/A1-3%E6%B4%AA%E6%8C%AF%E8%B1%AA.pdf（瀏覽日期：2022年1月26日）。
[34] 林三欽，同前揭註26，頁66。

當之警告或標示，而人民仍從事冒險或具危險性活動，得減輕或免除國家應負之損害賠償責任。」本項與前項之區別，在於前項是指公物本身，本項則是公物之設施。

立法理由稱：「開放之山域、水域等自然公物區域範圍內，設置其他直接供公眾使用之人工設施，例如：人工棧道、階梯、護欄、吊橋、觀景台、涼亭、遊客中心、停車場等，惟因該等設施坐落於開放之山域、水域內，使用該設施之風險未必皆能由管理機關等予以完全掌握控制，是以，如經管理機關等已就使用該人工設施為適當之警告或標示，而人民仍從事冒險或具危險性活動所致生之損害，不能完全歸責於國家，於此情況下，得減輕或免除國家應負之損害賠償責任。」

> **問題一**
>
> 登山客發生山難，國家之救護義務是否可依本條第三項減輕或免除國家救護責任？

本文認為本條第三項只是針對登山客冒險登山之行為，有國家責任減輕或免責，至於失事後之救難，應不屬第三條第三項規範範圍，而屬本法第二條怠於執行職務之行為[35]。

四、求償權

修正條文第三條第五項規定：「第一項、第二項及前項情形，就損害原因有應負責任之人時，賠償義務機關對之有求償權。」其立法理由稱：「於第二項情形國家將公共設施委託民間團體或個人管理時，因受託之民間團體或個人管理欠缺致人民生命、身體、人身自由或財產受損害者，國家仍應負損害賠償責任，惟因損害之發生，乃直接肇因於民間團體或個人之管理欠缺所致，倘

---

[35] 張博崴於100年2月27日進行南投縣仁愛鄉白姑大山登山健行失事請求國賠，最高行政法院一○七年度台上字第九七二號民事判決贊同高院見解（人民登山相對於國家並非零風險），認為不成立國賠，搜救人員已盡力積極搜救張博崴而不可得，並無過失不法加害行為或怠於執行職務之情形，亦與張博崴死亡間無相當因果關係，所為原告敗訴之判決，並無違誤。

因國家賠償之後，民間團體或個人即可免責，亦非事理之平。是以，賠償義務機關於對人民為賠償後，自應依法向應負責任之民間團體或個人求償。又第四項之情形，人民於開放之山域、水域等自然公物內之設施從事冒險或具危險性活動發生意外，致生國家賠償，具體個案事實倘賠償義務機關不能免責，且有其他應負責任之人時，賠償義務機關於對人民為賠償之後，亦應依法行使求償權，爰將原第二項移列至第五項，並酌作文字修正。」

與修正前條文比較，修正後條文多增加了第二、第三及第四項，其中第二項以及第四項涉及委託私人團體或個人之管理，在此，可能產生求償之問題。

第六節　國家賠償請求之程序

一、書面請求

依國家賠償法第十條第一項規定，被害人民就其所受損害，向國家請求損害賠償時，應先向賠償義務機關以書面請求之，即此所稱之「書面請求」，目的在使請求之關係臻於明確。依施行細則第十七條規定，此項書面，應載明一、請求權人之姓名、性別、年齡、籍貫、職業、住所或居所，請求權人為法人或其他團體者，其名稱及主事務所或主營業所；二、有代理人者，其姓名、性別、年齡、籍貫、職業、住所或居所；三、請求賠償之事實及理由；四、請求損害賠償之金額或回復原狀之內容；五、賠償義務機關；六、年、月、日等事項，由請求權人或代理人簽名或蓋章，提出於賠償義務機關。

賠償義務機關係指代表國家或其他公法人，負賠償責任之機關而言。而國家賠償法草案第三條將國家擴充包括了地方自治團體。依國家賠償法之規定可分為四種情形：

（一）公務員於執行職務行使公權力時，因故意或過失不法侵害人民自由或權利，或公務員怠於執行職務，致人民自由或權利遭受損害者，以該公務員所屬機關為賠償義務機關（第九條第一項）。

（二）受委託行使公權力者，以委託機關為賠償義務機關。國家賠償法第四條規定：「受委託行使公權力之團體，其執行職務之人於行使公權力時，視同委託機關之公務員。受委託行使公權力之個人，於執行職務行使公

權力時亦同。」本條既然規定「視同」，似應表示責任之歸屬委託機關為賠償義務之主體。

（三）因公有公共設施瑕疵致生損害者，以該公共設施之設置或管理機關為賠償義務機關（第九條第二項）。

（四）賠償義務機關經裁撤或改組者：國家賠償法第九條第三項規定：「賠償義務機關經裁撤或改組者，以承受其業務之機關為賠償義務機關。無承受其業務之機關者，以其上級機關為賠償義務機關。」

二、協議先行主義

國家賠償法第十條規定：「依本法請求損害賠償時，應先以書面向賠償義務機關請求之。賠償義務機關對於前項請求，應即與請求權人協議，協議成立時，應作成協議書，該項協議書得為執行名義。」此即吾人所謂之「協議先行主義」。

故國家賠償法請求損害賠償時，應先以書面向賠償義務機關，請求進行協議程序，不得逕行提起訴訟，否則即以裁定駁回。其目的在便利人民並使賠償機關有機會先行處理，以簡化賠償程序；另一方面，避免增加雙方當事人之訟累，可以疏減訟源。

第一節　損失補償概說

　　國家因其公權力行為致人民受損害而負擔填補責任時，傳統的分類取決於國家公權力行為是否違法。依此標準，可區別為「損害賠償（國家賠償）」與「損失補償」兩種國家責任 —— 前者係指國家機關，尤其是行政機關違法導致人民權利損害的填補；後者則指國家合法的公權力行為所導致人民損害的填補，已如前述。

　　但在事實上，兩者之概念並非可以「一刀兩斷」的予以明確劃分，因為有時雖法律名稱為「賠償法」，但所規定內容卻是補償概念，例如司法院釋字第六七〇號解釋即改變過去釋字第六二四號解釋[36]之見解而於解釋理由書中稱：「……特定人民身體之自由，因公共利益受公權力之合法限制，諸如羈押、收容或留置等，而有特別情形致超越人民一般情況下所應容忍之程度，構成其個人之特別犧牲者，自應有依法向國家請求合理補償之權利，以符合憲法保障人民身體自由及平等權之意旨……。」在本號解釋中，大法官以「平等權」強調「特別犧牲」之概念，並引出合理補償之權利，而認定其因為遭遇超越人民一般情況下所應容忍之「特別犧牲」，而有向國家請求合理補償之權利[37]。因此，冤獄賠償法雖名為「賠償」，但就合法行為「補償」之色彩，恐較濃烈，自不因法律名稱為「冤獄賠償」或法條規定為「國家賠償」而變更其「損失補償」

---

[36] 釋字第六二四號解釋：「……立法機關制定冤獄賠償法，對於人民犯罪案件，經國家實施刑事程序，符合該法第一條所定要件者，賦予身體自由、生命或財產權受損害之人民，向國家請求賠償之權利。凡自由、權利遭受同等損害者，應受平等之保障，始符憲法第七條規定之意旨。……。」而認為冤獄賠償法之性質屬於國家賠償法。

[37] 而目前「冤獄賠償法」也於2011年7月6號修正為「刑事補償法」，就此有關的論述請詳參本書第五篇第二章「行政訴訟法概論」之說明。
　　不過林明鏘教授針對大法官作成釋字第六七〇號解釋之此一結論卻語帶保留，就此請詳參：林明鏘，2010年行政法發展回顧，臺大法學論叢，第40卷特刊，2011年10月，頁1691。

之本質。釋字第六七〇號解釋即促使立法者將冤獄賠償法修改為刑事補償法，以正其名。同樣地，又如原子能法以及警械使用條例等規範內容諸多含有損失補償之意涵。

論及損失補償概念，通常會出現「徵收侵害」與「徵收補償」的概念，傳統的損失補償大致以土地的「公益徵收」為主，亦即，損失補償概念起源於國家為公共利益目的而對私人財產權之公用徵收，國家為改善人民生活興建公共設施需要私人的土地房舍，而對私人財產權強制徵收，人民因公共利益之急需，以致形成「特別犧牲」被徵收其財產權，自應予以「合理適當之補償」[38]。事實上，在德國法制發展另一損失補償概念，而所謂準徵收（或類似徵收）與具徵收附屬效果之概念，並擴展所有權之剝奪（土地徵收）至所有權限制，也歸屬徵收補償之範圍，如國家公園之設定、古蹟之認定，而限制所有權之使用，也屬之。

此外，隨著公權力行為之多樣化，損失補償概念發展至對非財產上之損害，如生命、身體之傷害等，如警械之使用或即時強制之行為等，所造成無辜他人之傷害之特別犧牲請求權有關之補償。

一、損失補償定義

傳統所謂損失補償，係指起因自國家的合法行為，造成國民財產權或非財產權的特別損失，對於被波及的損失，政府本於公平負擔與保障人民權利的見解，進行財產上的補償[39]。

傳統的損失補償是架構在「徵收侵害（Enteigungseingriff）與補償」的概念上；「徵收」是一種公權力措施，基於公共利益，而對私人所有權全部或一部的剝奪或限制，因此，我國學者有將「徵收」又稱為「公共徵收」或「公益徵收」[40]。

徵收結果是對個人權利的剝奪或限制，此種剝奪或限制，又有稱為「干預」或「侵害」（Eingriff），因為公益徵收是為了公共利益而對私人所有權

---

[38] 董保城、湛中樂，同前揭註25，頁17。
[39] 勞資論壇，http://fclma.org/ShowPost/2319.aspx（瀏覽日期：2012年7月22日）。
[40] 李建良，損失補償，收錄於：翁岳生編，同前揭註28，頁658以下。

的限制，而目前學說與實務，一致認為個人所有權並非絕對，所有權也應受「社會義務的拘束」，而基於「社會義務拘束」，若是在可忍受的義務範圍內，個人應受其拘束，而無所謂損失補償；反之，若超出此容忍的界限，而個人或團體遭受比其他個人或團體不公平的限制或剝奪時，即產生所謂「特別犧牲」的概念，基於「特別犧牲」因個人為公益而犧牲，國家應給予適當的補償，而產生損失補償的概念。

因此，損失補償乃是國家為了公共利益所實施之公權力措施，直接對人民權利之侵害或限制，並使該人民因而造成特別犧牲，而應加以適度財產上補償之謂。

二、損失補償之類型

(一)古典徵收

合法直接干預全部或部分判奪個人的所有權的公權力侵害（傳統的徵收），如土地徵收。

(二)一般犧牲侵害

將古典徵收之概念加以擴充至其他非財產權之侵害。合法的高權（公權力）之行使，侵害生命、身體、健康以及其他身體行動之自由等法益，而造成不平等的特別犧牲。如行政執行法以及警察職權行使法中之損失補償等屬之。

(三)準徵收侵害（或類似徵收）

是指違法干預個人具財產價值的權利，而造成個人或團體權利之剝奪或限制，已超出人民一般情況下所應容忍之不平等「特別犧牲」之情形。在此所稱的「違法侵害」（rechtswidriger Eingriff）是指因國家高權行為造成當事人的特別犧牲，亦即不平等的侵害與加附當事人的特別犧牲即表現出「違法侵害」，因此，在此定義下，違法性即等於特別犧牲[41]。

國家公權力措施雖在法律所允許的範圍內為之，且法律並無明文補償之規定，但依其實施內容以及其效果，卻展現出「徵收侵害」的形態，亦即，已超

---

[41] Pasternak, Enteignungsgleicher Eingriff, in: Die Enteignungsentschädigung, Hrsg. Aust/Jacobs/Pasternak, 5.Auflage, 2002, Rdnr. 212.

出社會容忍義務之範圍，而產生對財產（所有權）的違法侵害，實際上使關係人造成特別犧牲的效果，此種特別犧牲，「應視同徵收侵害般」，給與補償。準徵收侵害是德國司法實務所發展出來的，係針對所謂的「立法之不法」，亦即，該行為已經展現一種徵收狀態（特別犧牲），但法律上卻不給予補償。[42]文化資產保存法第三〇條第一項限制所有權人不得變更之規定，係屬過度限制所有權人之所有權，不符徵收應予補償之規定，100年11月9日修正後該條之改列第二一條，而將「不得變更」字眼刪除，並賦予所有人、使用人或管理人提出計畫，經主管機關核准後，採取適當之修復或再利用方式。

(四)具徵收附屬效果之侵害

合法的高權行使（公權力），卻對當事人自由與權利產生不可期待（嚴重與不可忍受）的附帶效果與不利情形等，亦即，原本合法公權力（目的取向）之行使，卻衍生目的外的附帶不利益之法效果。此概念，重點擺在執行行為之法效果上，對其所產生對人民自由或財產之附帶效果侵害之特別犧牲，應給予適當之補償，如軍事演習導致民宅受到攻擊房屋全毀，或市政府興建捷運，而導致附近房屋傾斜危險，或交通警察追緝嫌犯的跟車行為而肇至嫌犯撞擊他人車輛的損害等。我國警械使用條例第十一條合法使用警械造成對第三人自由與權利侵害之補償規定即屬此種情形。

三、有關之憲法規定

我國憲法第十五條保障人民的財產權，第一四三條第一項並規定，人民依法取得之土地所有權，應受法律之保障與限制，然而卻未如同德國基本法第十四條明文規定所有權的社會義務，及徵收補償之方法及範圍應由法律規定或法律授權，憲法第一〇八條第十四款，雖提及「公用徵收」，唯其僅屬中央與地方立法權限事項之劃分，從而有論者以為，從我國憲法規定尚難窺知公用徵收概念的意義與內涵[43]，然而，亦有學者認為公用徵收補償，應受到我國憲法

---

[42] 100年11月9日修正前的文化資產保存法第三〇條第一、二項：「古蹟應保存原有形貌及文化風貌，不得變更，如因故損毀應依照原有形貌及文化風貌修復，並得依其性質，報經古蹟主管機關許可後，採取不同之保存、維護或再利用方式。古蹟之發掘、修復、再利用，應由各管理維護機關（構）提出計劃，報經古蹟主管機關許可後始得為之。」
[43] 李建良，同前揭註40，頁659。

默示的肯認，而具有憲法位階的效力，而由釋字第四二五號解釋的意旨，應可以得到支持，而公用徵收補償在我國應該具有憲法層次之習慣法地位[44]。

吾人認為，雖然我國憲法並未明文規定徵收補償制度，然而回歸憲法第十五條保障財產權的意旨，應當承認徵收補償具有憲法的位階，如此憲法對於財產權保障的體系方堪稱完整，況論者有謂，立憲者在憲法內（第一〇八條）採用公用徵收的字語，諒係承認此已在土地法內所確定且當時已在實施的徵收制度，雖係我國實證憲法內的一個「遺漏之制度」，但是其係一「先於憲法存在之制度」（ein vorkonstitutionelles Institut）[45]，而為憲法所吸收，此種見解殊值採信，故吾人認為徵收補償實為一具有憲法位階的制度。

四、有關損失補償之司法院解釋

我國憲法中並無徵收補償的明文規定，然大法官本於憲法第十五條保障財產權之意旨，建構出我國徵收補償制度的大致輪廓，其中較為重要的有釋字三三六、四〇〇、四二五、四四〇、五一六、五三四、五七九、七三二、七四七等幾號解釋，綜觀大法官解釋之內容，主要集中在強調財產權特別犧牲的「損失補償」上，各號解釋中所提及為公用或公益之必要，依據法律之規定，以公權力措施剝奪或限制人民之財產，而使人民逾其社會責任所應忍受之範圍，受有特別犧牲，國家應予補償等語，一直到釋字五七九號解釋，主要集中在所有權之徵收上，以特別犧牲概念作為補償之依據。

釋字第六七〇號解釋理由書稱：「……人民受憲法第八條保障身體之自由，……，尤其應受特別保護，亦迭經本院解釋在案（本院釋字第三八四號、第五八八號解釋參照）。是特定人民身體之自由，因公共利益受公權力之合法限制，諸如羈押、收容或留置等，而有特別情形致超越人民一般情況下所應容忍之程度，構成其個人之特別犧牲者，自應有依法向國家請求合理補償之權利，以符合憲法保障人民身體自由及平等權之意旨。……」是號解釋將財產權侵害擴充至於身體自由權之侵害，並架構在「特別犧牲」以及「合理之補償」上。

---

[44] 蔡宗珍，既成道路之徵收補償問題，收錄於行政法實務與理論（一），收錄於：林明鏘、葛克昌主編，2003年3月，頁178。

[45] 陳新民，憲法財產權保障之體系與公益徵收之概念，憲法基本權利之基本理論（上），1999年6月，頁345。

事實上大法官在諸號解釋中均以「特別犧牲」作為國家應予補償之要素，其重點置於因「特別犧牲」而造成當事人「權利被剝奪或限制」，而有「補償的必要性」，與德國學說及實務見解相較，此種作法顯然可以避開若干概念（準徵收或徵收效果）區分上的作法，不失為一種簡明清楚的處理方式[46]，吾人以為特別犧牲的補償為此二種概念的共同目的，在前述區分無實益的狀況下，採行較為簡單清楚的處理方式，將可以減少紛爭，因此，在概念上，吾人相當贊成某些學者將準徵收以及徵收附屬效果侵害合併探討而不作區分的看法。此外，從釋字第六七〇號解釋之發展，吾人也認為，司法實務對徵收適用範圍之擴充，所謂生命、身體的特別犧牲，也可以一併包括在損失補償中[47]。釋字第七四七號創造出特別犧牲請求權準徵收之概念，土地所有權人得直接依照本號解釋，請求「需用土地人」高公局向「主管機關」內政部申請徵收地上權。

五、損失補償的構成要件[48]

(一)履行公共任務的國家公權力措施

在此，不僅要符合公共任務外，且必須是國家公權力的公法措施行為，如土地徵收、警察職權、消防救災等屬之。我國諸多民生給養照顧（Daseinfür-sorge）的任務，例如民生用水、電等已經委託私人或任務私法化時，則就非屬公權力措施，但如委託私人而由於自來水公司，而非政府機關，當然就不屬公權力措施。例如原子能法第二九條：「由於核子事故之發生，致人民之財產權益遭受損失，或身體健康遭受損害，應予適當賠償；……。」在此，先區分核子經營者為公家機關與否，本條規定如屬政府經營，則屬補償之規定。

公權力的措施，包括行政處分與事實行為在內，也包括行政機關的函釋在內。如釋字第五〇八號解釋，即是針對徵收補償函釋而來。

(二)積極的作為或加重的不作為

公權力措施應是造成對人民權利的剝奪或限制，賦予當事人忍受之義

[46] 李建良，同前揭註40，頁664。
[47] 目前我國警械使用條例與警察職權行使法所採的損失補償即是採此種模式。
[48] 董保城，湛中樂，同前揭註25，頁18。

務，或對物的限制或禁止使用等的一個積極的作為，如行政執行法上之即時強制或土地徵收條例之土地所有權徵收等行為屬之。若屬一個單純的不作為則仍不符合之。但在德國司法實務上卻發展出「不作為的徵收」（Enteignung durch Unterlassen）的法型態，其涉及所謂的「加重的不作為」（Qualifiziertes Unterlassen）[49]，其是指，一個不作為，雖不符合當事人所期待，但也非單純的不作為所可概括，其已展現出拒絕或否定的性質成分。例如，（違法的）拒絕一個建築執照的申請，甚至拒絕當事人的請求之行政行為。此種不作為對當事人權利範圍的干涉，如同一個積極的作為[50]。學說上也認為，人民申請建築執照，主管機關稽延未決，係土地利用的暫時限制，對所有人也構成侵害徵收。此種侵害經常是以主管機關有法律上之作為義務為前提[51]。

　　我國在商業登記的實務上，也經常發生此種所謂的「加重的不作為」，例如某縣市基於地方治安政策的考量，對於提出申請電動玩具店經營者，拒絕其申請，或者因電子遊戲場業自治條例之頒布施行，已擁有執照業者申請變更，暫時不予核准變更的不作為。主管機關不作為，致當事人無法正常營業等情事，應屬此種「加重的不作為」，因為營業權本身若非屬於違反風俗的行業，當然也受到保護，因此，遲延核准，當然構成權利的妨害，而屬於徵收侵害[52]。但在此仍必須區分受徵收侵害保障的是，現時法定位之侵害，因此，尚未取得的營業權不在保障之範圍，就此而言受到侵害應只是已擁有執照業者申請變更者。

(三)公權力措施直接影響所有權所保護的法地位

　　此種影響必須是直接的而非間接的影響。所謂侵害「直接性」是指，無其他附加的原因而強制地產生效果。司法實務上對於直接性，只要是此種侵害導致損壞結果發生時，是該公權力的典型具體措施及其特質，即屬之，簡單而言，由該公權力的具體措施，所產生的危險狀況，而導致損害的發生，

---

[49] 陳敏，同前揭註27，頁1154。

[50] Aust, Eigentumsbeschrankungen (Teilenteignung), in: Die Enteignungsentschadigung, Hrsg. Aust/Jacobs/Pasternak, 5.Auflage, 2002, Rdnr. 183.

[51] Hartmut Maurer, Allgemeines Verwaltungsrecht, 12.Auflage, 1999, §26, Rdnr. 92；對此以法律上義務為前提，Ossenbühl即提出反對意見，而認為應屬國家賠償的範圍，Staatshaftungsrecht, 1991, S. 213f。

[52] Kimminich, a. a. o., Art. 14, Rdnr. 80ff；在此所謂違反風俗，應就各國風土民情與具體值狀況而定，我國法上所指的「違反風俗」一般是指妓女行業。我國的電子遊戲場業，既然有法律的規定，且屬於應許可的事業，故應受憲法上財產權的保障，僅基於政策的考量，而不受理民眾申請案，應屬於徵收侵害。

皆屬之。傳統徵收僅侷限在特定目標的侵害上（ein gezielter hoheitlicher Eing-riff），是指公權力措施的侵害是有意地（bewusst）針對特定具有財產價值的對象或特定對象而來的，如土地徵收。

但在此，只要公權力直接產生個人所有權的侵害，不管是否涉及之對象為當事人或他人，亦即，只論結果之產生是否因公權力措施所引起，即屬侵害的直接性，因此，也包括一些偶然不可事先預見的附帶效果，例如對第三人產生侵害包括在內，如警察使用槍械，本來是針對特定嫌疑犯（目標確定），卻傷及無辜之他人，但也是警察直接之行為影響所有權所保護的法地位。個人法地位之侵害，包括現時法律上具有財產上或非財產上（如生命、身體或行動自由等）之利益的侵害，但不包括經濟上利益以及將來期待之利益等，如修築馬路或捷運工程實施所造成之不便等，即屬經濟上利益。

(四)已超出社會容忍義務之範圍而有特別犧牲

合法徵收是對於公共福祉的犧牲，因而有損失補償。合法的徵收補償是對所有權的侵害，不管其是剝奪或負擔的形態，而使所涉及的當事人或族群與其他人或族群比較處於特別不平等的情況，強迫其對公共福祉不可期待的犧牲，對此種不可期待的特別犧牲，僅可以透過補償義務來彌平其所受的損害（亦稱特別犧牲理論）[53]。因此，特別犧牲係基於平等權之概念而來。

但在此，仍必須顧及此種犧牲是否在社會容許義務範圍內，此即所謂的犧牲界限，如何評斷則依一般社會通念，就具體狀況，公正理性的判斷之。若已屬特別犧牲範圍，但法律上卻無合理補償之規定，則此種侵害是對憲法第十五條保障財產權、憲法第八條人身自由以及其他自由權等條文的侵害而違憲。

五、損失補償的內容

損失補償的內容通說是認為應給予「正當之補償」。正當補償又進一步分為「完全補償說」與「相當補償說」。完全補償說，認為應對所生之損害全部補償。相當補償說方面，有認為應依社會通念，只要由客觀給予公正妥當之補償便可，有認為只要合理即使金額多寡亦無礙。

---

[53] Hartmut Maurer, Allgemeines Verwaltungsrecht, 12.Auflage, 1999 §26, Rdnr. 16.

　　我國土地徵收條例、警械使用條例、行政執行法以及警察職權行使法皆採「相當補償說」，如行政執行法第四一條第二項，補償實際所受之特別損失為限，以金錢為之。

第二節　我國相關法規有關損失補償之規定

　　相對於國家賠償責任已於國家賠償法有統整性之規定，損失補償責任，則大多散落在各個不同之法規之中，學說認為此種現象導致損失補償法制的建立，仍屬雜亂，且無一較為清晰的體系脈絡可供依循[54]，而以下則試以相關法領域中有關損失補償之規定，以為敘述之便：

一、土地徵收

(一)土地徵收補償原則

　　土地徵收之損失補償，土地徵收條例採相當補償原則，且行政法院判決亦認為憲法係採相當補償原則，土地徵收條例第三○條規定：「被徵收之土地，應按照徵收當期之市價補償其地價。在都市計畫區內之公共設施保留地，應按毗鄰非公共設施保留地之平均市價補償其地價。（第一項）前項市價，由直轄市、縣（市）主管機關提交地價評議委員會評定之。（第二項）」

(二)土地徵收之範圍

1.私有土地補償方式

　　就此，得有二種方式可供選擇：

（1)現金補償者

　　土地徵收依前述第三○條規定現金補償之。

（2)不領取現金補償者

　　應在徵收公告期間內，以書面申請發給開發後的可建築用地〔及抵價地〕。領回抵價地之比例，依現行法令規定係以徵收私有土地總面積百分之

---

[54] 相關批評，可參閱：李建良，損失補償，收錄於：翁岳生編，同前揭註28，頁625；廖元豪，災害救助與現代型損失補償，收錄於：臺灣行政法學會編，損失補償、行政程序法，元照出版，2005年7月，頁195。廖元豪教授並認為雖然在傳統上有著合法行為─損失補償／違法行為─國家賠償的分類模式，但在處理實際問題時，仍有可能（或有必要）併同處理。

五十為原則，最少不得低於百分之四十。曾經農地重劃者，該農地重劃者，該重劃地區部分不得少於百分之四十五。此外，本案尚有高速鐵路車站地區區段徵收抵價地暨優先買回土地抽籤分配作業要點之適用。

2.土地改良物之補償

可分為農作改良物及建築改良物二項補償費估定，均依據土地徵收條例第三一條規定辦理之。

土地所有權人對於地價補償費可以選擇全部領取現金補償，或全部申請發給抵價地，也可以選擇部分領取現金補償部分申請發給抵價地。經主管機關核定發給抵價地之土地所有權人，在抵價地分配作業說明會召開前，如果想改領現金補償，須以書面向主管機關提出申請，由主管機關徵詢需用土地人資金調度情形及考量是否影響區段徵收實際作業後，再決定是否同意土地所有權人改領現金補償。

3.合法營業損失補償

土地徵收條例第三三條規定：「建築改良物原供合法營業之用，因徵收而致營業停止或營業規模縮小之損失，應給予補償。（第一項）前項補償基準，由中央主管機關定之。（第二項）」

4.遷移費

土地徵收條例第三四條：「徵收土地或土地改良物時，有下列情形之一，應發給遷移費：一、依第五條第一項第一款或第二款規定遷移者。二、徵收公告六個月前設有戶籍之人口必須遷移者。但因結婚或出生而設籍者，不受六個月期限之限制。三、動力機具、生產原料或經營設備等必須遷移者。四、因土地一部分之徵收而其改良物須全部遷移者。五、水產養殖物或畜產必須遷移者。（第一項）前項遷移費查估基準，由中央主管機關定之。（第二項）」[55]

土地徵收時，其土地上之改良物依法應一併徵收。而對於土地改良物一併徵收之時間，行政法院判決傾向認為，祇要於土地徵收案之計畫使用年限內徵

---

[55] 第五條第一項第一款或第二款規定：「徵收土地時，其土地改良物應一併徵收。但有下列情形之一者，不在此限：一、土地改良物所有權人要求取回，並自公告期滿之日起十五日內自行遷移者。二、墳墓及其他紀念物必須遷移者。」

收土地改良物，即於法無違。惟因實務上常見所擬興辦之公共事業卻先行徵收土地，時隔多年後，始另行為地上改良物之徵收者。而其成因，實因實務上對於徵收土地之計畫使用期限認定過加寬鬆所致。

(三)土地徵收處分

現行我國土地徵收制度，係將徵收處分與補償處分，分別由內政部及直轄市或縣（市）政府二個機關為之。且另一方面，土地徵收條例雖對於土地徵收另設有異議及復議之救濟途徑，但由於規定不明確與立法上之疏失，致於土地徵收之行政救濟呈現諸多亂象，不僅徒增無謂之爭議，亦使人民權利保護受到阻延。

(四)被徵收土地之濫用

在我國經常發生被徵收土地，原所有權濫用之情形。例如，政府於民國86年辦理土地徵收供建築高鐵使用，民國88年高鐵於各地開工後，發覺地下有垃圾囤積掩埋的嚴重情形，亦即，所有權人於土地徵收後，將該土地提供他人採取土石，以及垃圾回填的濫用情形。

針對於此，雖然土地徵收條例第三七條規定：「區段徵收範圍勘定後，該管直轄市或縣（市）主管機關得視實際需要，報經上級主管機關核定後，分別或同時公告禁止建築改良物之新建、增建、改建或重建及採取土石或變更地形。（第一項）前項禁止期間，不得超過一年六個月。（第二項）」但由於該條文並無處罰之規定，淪為訓示規定，給予所有權人不當利用之機會。因此，未來土地徵收條例應適時修正該條文，增列處罰之規定，以杜爭議。

二、警械使用條例

2002年6月26日修正前之警械使用條例第十條規定：「警察人員非遇第四條各款情形之一，而使用警刀、槍械或其他經核定之器械者，由該管長官懲戒之。其因而傷人或致死者，除加害之警察人員依刑法處罰外，被害人由各該級政府先給予醫藥費或撫卹費。但出於故意之行為，各級政府得向行為人求償。（第一項）警察人員依本條例使用警械，因而傷人或致死者，其醫藥費或埋葬費由各該級政府負擔。（第二項）前二項醫藥費、撫卹費或埋葬費之標準，由

內政部定之。（第三項）」此一規定對於合法與違法的使用警械均採用「損失補償制度」，而適用之範圍侷限在「生命及身體的傷害」上；而實務上經常發生警察緝捕人犯時，採取攻擊行動而破壞或損壞無辜人民的財產，例如對歹徒所租用房屋的攻堅[56]。

為了彌補此一法規上的缺漏，2002年6月26日警械使用條例乃於第十一條規定：「警察人員依本條例規定使用警械，因而致第三人受傷、死亡或財產損失者，應由各該級政府支付醫療費、慰撫金、補償金或喪葬費。（第一項）警察人員執行職務違反本條例使用警械規定，因而致人受傷、死亡或財產損失者，由各該級政府支付醫療費、慰撫金、補償金或喪葬費；其出於故意之行為，各該級政府得向其求償[57]。（第二項）前二項醫療費、慰撫金、補償金或喪葬費之標準，由內政部定之。（第三項）」本條增加了「財產損失」的補償規定及「警察人員使用警械致人傷亡財產損失醫療費慰撫金補償金喪葬費支給標準」第三條規定，對於因合法使用警械（國家公權力措施），而導致民眾財產權侵害者，以金錢補助其實際財產損失。

(一)警械使用條例之性質

目前有人用合法使用與違法使用警械，而將本條例第十一條第一項之法律性質係屬於行政上損失補償（合法使用警械），而本條例第十一條第二項之法律性質則屬於行政上損害賠償（違法使用警械）。警察人員合法行使公權力肇致人民損害，應予以補償；警察人員非法行使公權力肇致人民損害，更應賠償，且賠償金額應比補償金額更高，包括財產上之損害及非財產上之損害；財產上之損害，亦包括所失利益在內。然就警察人員使用警械致人傷亡財產損失醫療費慰撫金補償金葬費支給標準而言，第二條依法使用警械致第三人受傷或死亡與第三條違法使用警械致人受傷或死亡卻適用相同之損害賠償標準[58]，而

---

[56] 民國81年3月24日，臺北市警察局圍捕某槍擊要犯，因其擁有強大火力，故員警連續擊發數千發子彈，致屋主房屋及車輛受損，由於當時法規並無財產上損失補償之規定，故僅能依當時所編列之「損失及賠償費」以及民間團體的「補助費」予以補償屋主財產上之損失。

[57] 本項規定是指警察違反本條例使用警械的規定，在此產生了警械使用條例與國家賠償法法規競和的問題，有主張警械使用條例為特別法，且國家賠償法第六條規定：「國家損害賠償，本法及民法以外其他法律有特別規定者，適用其他法律。」，應優先適用警械使用條例；但也有主張人民有選擇權，因此，也可依此而向警察機關請求損害賠償；此觀點著重在人民的權利保障上。

[58] 警察人員使用警械致人傷亡財產損失醫療費慰撫金補償金葬費支給標準第二條：「警察人員執行職務依本條例規定使用警械致第三人受傷或死亡者，其醫療費、慰撫金及喪葬費依下列規定辦理：一、受傷者：除支付醫療費外，並給與慰撫金，最高以新臺幣五十萬元為限。二、身心障礙者：除支付醫療費

與損害賠償之法理，即賠償受害人民之全部損害之原則相違背，且於法律性質上可能令人誤解為本條例第十一條第一項與第二項係屬於相同之法律性質。

　　本書對於警械使用條例支給金額，比較贊同不論合法或違法使用皆屬損失補償之性質，理由除上述補償金額一致，表示賠償義務主管機關認為，以所列項目支給，就不去考慮違法與否以及故意或過失，顯然此種支給只是補償之性質外，另外是警察人員用槍時機都是在相當緊急情形時才為之，都屬於執行職務之公權力行為，且警械使用是一高度危險造成人員受傷情形經常存在，不能只因為合法或違法而強行區分為損失補償或國家賠償。

　　本書雖主張本條例支給屬補償性質，但並不否認受害者本人或其家屬仍有法規適用的選擇權，仍得因警察違法用槍，申請國家賠償，而適用國家賠償法之規定。在此，受害者本人或其家屬得放棄申請警械使用條例之補償規定，直接援引國家賠償法之規定請求國家賠償。

(二)警械使用條例與國家賠償法之關係

　　行政院送立法院審議之國家賠償法草案第二條[59]：「國家損害賠償，除法律有特別規定者外，適用本法；本法未規定者，適用行政程序法；行政程序法未規定者，準用民法之規定。（第一項）前項特別規定之法律設有賠償項目或賠償金額之限制者，請求權人就其依該限制未能請求賠償之部分，仍得依本法請求之。但該特別規定就同一賠償事件設有最高賠償總額之限制者，不在此限。（第二項）」

　　本條立法理由認為：「國家賠償法屬國家損害賠償之普通法，尚有其他法律予以特別規定，例如：土地法、警械使用條例等，具體個案之違法事實如符合特別法所定之要件時，自應優先於本法而適用，明白表示國家賠償法與警械使用條例之間係屬於普通法與特別之關係。另第二項規定國家賠償之特別

外，並依下列規定給與一次慰撫金：（一）極重度障礙者：新臺幣二百五十萬元。（二）重度障礙者：新臺幣一百五十萬元。（三）中度障礙者：新臺幣一百萬元。（四）輕度障礙者：新臺幣七十萬元。三、死亡者：除給與一次慰撫金新臺幣二百五十萬元外，並核實支付喪葬費，最高以新臺幣三十萬元為限。四、因受傷或身心障礙死亡者，依前款規定補足一次慰撫金差額，並支付喪葬費（第一項）。前項第一款、第二款醫療費，除病房費以保險病房為準外，核實支付（第二項）。第一項第二款所稱障礙等級之鑑定，依身心障礙者保護法及相關規定辦理（第三項）。」支給標準第三條：「警察人員執行職務依本條例規定使用警械致第三人對財產損失者，應以金錢補償其實際所受之財產損失。」第四條：「警察人員執行職務違反本條例規定使用警械致人受傷、死亡或財產損失者，其醫療費、慰撫金、補償金及喪葬費支付標準，依前二條規定辦理。」
[59] 民國98年7月31日送立法院審議。

法對於賠償項目（例如警械使用條例第十一條第二項僅規定賠償醫療費、慰撫金、補償金或喪葬費而未規定賠償『喪失勞動能力』部分）或賠償金額設有限制者，對於特別法未規定之賠償項目或超過該等賠償金額之部分，於符合本法所定之賠償要件時，可否依本法請求賠償，學說及實務見解容有爭議。為保障請求權人之權益，除特別法就同一賠償事件設有最高賠償總額之限制者外（例如：電腦處理個人資料保護法第二十七條第四項及土地法第六十八條第二項），請求權人對於特別法未予賠償之部分（包括特別法未規定之賠償項目，或特別法已規定之賠償項目，但設有金額限制者），仍得於符合本法所定之賠償要件時，依本法所定之程序及時效等規定，請求賠償義務機關賠償。」

如本草案第二條第二項規定，未來該草案通過時，受害者或其家屬可以先請求警械使用條例之支給，仍有不足，請求權人就其依該限制未能請求賠償之部分，仍得依本法請求之。但本草案尚未通過，如將警械使用條例視為補償規定，就無所謂特別法與普通法之關係，受害者或其家屬如認為該項補償無法滿足所造成之損害時，則應給予其法規適用選擇權，仍可以針對警察違法使用警械行為，依國家賠償法請求國家賠償。

三、行政執行法的即時強制以及警察職權行使法損失補償規定

行政執行法的即時強制以及警察職權行使法都有損失補償之規定。警察職權行使法第三一條：「警察依法行使職權，因人民特別犧牲，致生命、身體或財產遭受損失時，人民得請求補償。但人民有可歸責之事由時，法院得減免其金額。」此種損失補償是將德國法所稱的準徵收、具徵收附屬效果之侵害以及一般犧牲侵害包括其中。例如警車緝捕要犯追車行為引發對無辜第三人生命、身體或財產遭受損失時，可依本條請求損失補償。

吾人若對照警察職權行使法第三一條與警械使用條例第十一條可以發現，若警察人員合法使用槍械亦屬即時強制之一種形式，同時符合兩法規，而產生想像（法規）競合，請求權人應可選擇其一適用。適用警械使用條例，只能獲得「醫療費、慰撫金、補償金或喪葬費」之定額補償，不問被害人年齡、收入、扶養親屬狀況等實際損害作實質填補；相對的適用警察職權行使法，「以補償實際所受之特別損失為限」，反而可能獲得較高之補償費。

四、災害防救法

災害防救法第三一條規定災害應變中心指揮官，於災害應變之必要範圍內，得為「徵調相關專門職業及技術人員協助救災」、「徵用民間搜救犬、救災器具、車、船或航空器等裝備、土地、建築物、工作物」等處分或強制措施。第三三條規定，「……處分、強制措施或命令，致其財產遭受損失時，得請求補償。但因可歸責於該人民之事由者，不在此限[60]」、「損失補償，應以金錢為之，並以補償實際所受之損失為限」、「損失補償，於調查確定後六個月內，該管政府應補償之」、「損失發生後，經過四年者，不得提出請求」。

對於補償之程序規定，於「災害應變徵調或徵用補償辦法」中，第二條規定「災害應變徵調或徵用補償，由該管政府於廢止徵調或徵用後逕予補償」「前項徵調或徵用連續每滿三十日者，該管政府應先發給該期間之補償費」，依該辦法第三、四、五、六條則係分別規定有關徵調人員、器物、車輛、土地之規定。

五、嚴重急性呼吸道症候群防治及紓困暫行條例與傳染病防治法

於2003年SARS肆虐期間，政府的許多公權力措施，亦對人民的財產權造成侵害，如徵用民間的醫院、醫療設備、口罩設備等，然這一類的措施，因後續有許多係立法規定作為補償的法源依據，使得民眾的財產權能獲得補償的保障。

就此，我國乃頒布嚴重急性呼吸道症候群防治及紓困暫行條例，其中第七條規定：「各級政府機關為迅速執行救人、安置及防疫工作，得向民間徵用土地、工作物、建築物、防疫器具、設備、藥品、醫療器材、污染處理設施、車、船、航空器及其他經中央衛生主管機關公告指定之防疫物資，並給予適當之補償；其補償辦法，由行政院定之。」第八條第三項亦有規定：「接受強制

---

[60] 廖元豪教授認為，災害損失在其特性上首先是災害的成因複雜，依照目前科技而言尚有多數災害不得或無法預測，而具有「不可預測性」，而在此一前提下，如不問「主要成因」的逕將其發生原因歸責於特定對象，則可能導致「無法歸責」（特定人無故意或過失）或「極易歸責」（行政程序變成可歸責之對象），因此災害損失的第二個特性是「不可歸責性」；最後，因為災害發生的重大性可能導致非直接受害之對象的認定範圍擴大，而致其無法獲得補償。因此，其進一步認為，此一源自於民法侵權行為法「有損失斯有補償」之概念，應為「社會連帶補償」之理論為取代。就此，請參照：廖元豪，同前揭註54，頁192-193、205以下。

隔離者，經診斷證實未感染嚴重急性呼吸道症候群，政府得給予合理補償。」

傳染病防治法第五四條規定：「中央流行疫情指揮中心成立期間，各級政府機關得依指揮官之指示，徵用或調用民間土地、工作物、建築物、防疫器具、設備、藥品、醫療器材、污染處理設施、運輸工具及其他經中央主管機關公告指定之防疫物資，並給予適當之補償。前項徵用、徵調作業程序、補償方式及其他應遵行事項之辦法，由中央主管機關定之。」之後，發生新冠肺炎之肆虐，乃於2020年2月25日制定了嚴重特殊傳染性肺炎防治及紓困振興特別條例（最近一次修正在2021年5月31日）。該條例第九條也有補償之規定：「受嚴重特殊傳染性肺炎影響而發生營運困難之產業、事業、醫療（事）機構及相關從業人員，得由目的事業主管機關予以紓困、補貼、振興措施及對其員工提供必要之協助。醫療機構因配合中央流行疫情指揮中心防疫需要而停診者，政府應予適當補償。前二項之產業、事業、醫療（事）機構之認定、紓困、補貼、補償、振興措施之項目、基準、金額及其他相關事項之辦法，由各中央目的事業主管機關擬訂，報行政院核定。」

目前疫情指揮中心是依照上述兩法規來預防與控制疫情。

六、行政程序法信賴補償之規定

行政程序法第一一七條規定，違法行政處分於法定救濟期間經過後，原處分機關及及其上級機關均仍得依職權為全部或一部之撤銷，但授益處分之「受益人無第一一九條所列信賴不值得保護之情形，而信賴授予利益之行政處分，其信賴利益顯然大於撤銷所欲維護之公益者」，即不得予以撤銷，亦即，可就地合法。但如果行政職權所擬保護的公益大於信賴利益，仍非不得撤銷該違法行政處分，同法第一二〇條第一項規定：「授予利益之違法行政處分經撤銷後，如受人無前條所列信賴不值得保護之情形，其因信賴該處分致遭受財產上之損失者，為撤銷之機關應給予合理之補償。」

此外，行政程序法第一四五條第一項：「行政契約當事人之一方為人民者，其締約後，因締約機關所屬公法人之其他機關於契約關係外行使公權力，致相對人履行契約義務時，顯增費用或受其他不可預期之損失者，相對人得向締約機關請求補償其損失。……」以及第一四六條第一以及第二項：「行政契

約當事人之一方為人民者，行政機關為防止或除去對公益之重大危害，得於必要範圍內調整契約內容或終止契約。前項之調整或終止，非補償相對人因此所受之財產上損失，不得為之。」

第三節　實務關於損失補償案例

一、我國司法判決於釋字第七四七號始承認準徵收制度

以往實務上有關土地徵收補償，必須由法律明確規定，財產權人應獲得之合理補償，亦需同時以法律訂定，始得請求之。對於法律未有明文補償規定，在德國由司法判決發展出準徵收，由司法判決來決定徵收機關給予人民之特別犧牲一定之補償。因此，德國法上的準徵收，是指政府之公權力行為對財產（所有權）的違法侵害，實際上使關係人造成特別犧牲的效果，此種特別犧牲，雖法律並無明文補償規定，司法機關依據判決，要求政府對此種特別犧牲，仍應給予人民適當之補償。

但以往見解並不承認準徵收制度，以最高行政法院九六年度裁字第一四二三號裁定為例，該裁定認為：「國家因公用或其他公益目的之必要，雖得依法徵收人民之財產，但應予合理之補償。此項補償乃因財產之徵收，對被徵收財產之所有人而言，係為公共利益所受之特別犧牲，國家自應予以補償，以填補其財產權被剝奪或其權能受限制之損失。故補償不僅需相當，更應盡速發給，方符憲法第十五條規定，人民財產權應予保障之意旨。固分別為釋字第四〇〇號、第四四〇號、第五一六號解釋在案，惟其補償方式，立法機關有一定之自由形成空間（釋字第五七九號解釋），且大法官會議解釋雖有拘束行政機關之效力，惟尚不得據以為請求權基礎，須法規有明定者，始得為之。」

其進一步認為：「公用徵收不僅徵收之要件應由法律明確規定，財產權人應獲得之合理補償，亦需同時以法律訂定（此稱為徵收補償結合條款），始得據以請求，至於造成特別犧牲之公權力行為，同須有法規之依據始得請求補償，此觀都市計畫法有關公共設施保留地長期保留又未徵收，未設補償之規定，司法院釋字第三三六號解釋理由書，雖認定國家對此有補償之義務，然對如何檢討修正有關法律俾能滿足利害關係人之補償請求，解釋文仍委諸『立法

問題』可資參照。惟本件若無法律之依據作為請求權基礎，尚難僅憑憲法保障人民財產權之意旨，即認其符合損失補償之成立要件，而得據為起訴請求。」

由上述裁定可知，徵收補償結合法律明文規定，人民始得請求，所以縱然人民已有特別犧牲之情形，如本案鄉公所在上訴人土地上鋪設柏油雖已對土地徵收使用，卻無補償，因為尚未進行徵收之程序，不符法律規定，而無法補償；司法並無代替立法權限，故必須完成徵收程序，始得補償。

但此種見解在司法院釋字第七四七號有了突破。其解釋理由書稱：「……然國家因公益必要所興辦事業之設施如已實際穿越私人土地之上空或地下，致逾越所有權人社會責任所應忍受範圍，形成個人之特別犧牲，卻未予補償，屬對人民財產權之既成傷害，自應賦予人民主動請求徵收以獲補償之權利。」依此，土地所有權人可以請求「需用土地人」向「主管機關」申請徵收地上權，首度承認土地所有權人有請求國家徵收之權。

二、公法上之不當得利

最高行政法院九七年度判字第九五二號判決認為：「政府就既成道路存在公用地役關係，尚未按計畫徵收前，因公眾通行之需要，得為必要之改善與維護，因此，主管機關為原有之使用，而鋪設柏油路面，並未改變原來之形態，則行政機關在原有使用之範圍內，無不當得利之情事，然如逾越原來之使用（即供公眾通行外之使用），並逾土地所有權人應負之社會義務，例如利用既成道路設置停車場，或埋設地下設施物，如油管、瓦斯管、電纜等，妨礙土地權利人對其權利之行使，致生損失，形成其個人特別之犧牲，自應享有受相當補償之權利（司法院釋字第四四〇號解釋文參照）。又行政機關除自己使用外，又提供他人埋設地下設施物，並向該他人收取費用，因而獲得相當利益，該利益即係無償使用土地所有權人之土地所得之對價，對土地所有權人而言，即成立不當得利，土地權利人得依不當得利之法律關係請求返還。」

公法上不當得利是指在公法關係中欠缺法律上原因發生財產變動，致使一方受益他方受有損害，受損之一方得受益之一方請求返還所受利益。公法上不當得利最初亦屬來自民法上之概念，目前已成文化，而為行政法上之制度，此觀行政程序法一二七條：「授予利益之行政處分，其內容係提供一次或連續

之金錢或可分物之給付者，經撤銷、廢止或條件成就而有溯及既往失效之情形時，受益人應返還因該處分所受領之給付。其行政處分經確認無效者，亦同。前項返還範圍準用民法有關不當得利之規定。」之規定自明。因此，既將土地供公眾通行外之使用，且有收取費用，在該土地尚未徵收所有權並沒有移轉的情形，行政機關此種行為即屬公法上不當得利，土地權利人自得依不當得利之法律關係請求返還。

三、承租人補償之解釋

大法官針對承租人補償，共作出兩號解釋，主要針對平均地權條例第十一條而來，釋字第五〇八號解釋，係針對行政機關所為之函釋有無侵害所有權人之權利，而釋字第五七九號解釋則是針對平均地權條例第十一條內容規定有無違憲之問題。

(一)函釋內容適法性之探討

釋字第五〇八號解釋文認為：「依法徵收之土地為出租耕地時，依七十八年十月三十日修正公布之平均地權條例第十一條第一項規定應給與承租人之補償費，核屬所得稅法第八條第十一款規定之所得，應依同法第十四條第一項第九類所稱之其他所得，計算個人之綜合所得總額。財政部七十四年四月二十三日臺財稅第一四八九四號函謂：『佃農承租之土地，因政府徵收而終止租約，其依平均地權條例第十一條規定，由土地所有權人所得之補償地價扣除土地增值稅後餘額之三分之一給予佃農之補償費，應比照地主收回土地適用所得稅法第十四條第三項變動所得之規定，以補償費之半數作為當年度所得，其餘半數免稅。』係基於課稅公平原則及減輕耕地承租人稅負而為之函釋，符合所得稅法上開各規定之意旨，與憲法第十五條、第十九條、第二十三條規定並無牴觸。前述第一四八九四號函釋，係對耕地承租人因政府徵收出租耕地自出租人取得之補償，如何計算當年度所得，作成之釋示；而該部六十六年七月十五日臺財稅第三四六一六號函：『個人出售土地，除土地價款外，另自買受人取得之建物以外之地上物之補償費，免課所得稅。該項補償費如係由耕作地上物之佃農取得者，亦可免納所得稅。』係就土地買賣時，佃農取得之耕作地上物補償費免納所得稅所為之詮釋，前者係其他收益所得，後者為損失補償，二者之

性質互異，自難相提並論，與憲法第七條平等原則並無違背。」

　　本號解釋並非針對應與承租人補償之問題[61]，主要是針對補償費得否免納所得稅提出探討，而認為這些函釋，並無增加當事人之負擔而認為合憲。

(二)法規內容合憲之探討

　　釋字第五七九號解釋主要是針對法律規定內容有無違憲而作出解釋，平均地權條例第十一條第二項規定，補償承租人之地價，應由主管機關於發放補償或依法提存時，代為扣交之規定，是否違憲，釋字第五七九號解釋文稱：「……國家依法徵收土地時，對該土地之所有權人及該土地之其他財產權人均應予以合理補償，惟其補償方式，立法機關有一定之自由形成空間。耕地承租人之租賃權係憲法上保障之財產權，於耕地因徵收而消滅時，亦應予補償。且耕地租賃權因物權化之結果，已形同耕地之負擔。平均地權條例第十一條第一項規定，依法徵收之土地為出租耕地時，應由土地所有權人以所得之補償地價，扣除土地增值稅後餘額之三分之一，補償耕地承租人；第二項規定，前項補償承租人之地價，應由主管機關於發放補償或依法提存時，代為扣交，係出租之耕地因公用徵收時，立法機關依憲法保障財產權及保護農民之意旨，審酌耕地所有權之現存價值及耕地租賃權之價值，採用代位總計各別分算代償之方法，將出租耕地上負擔之租賃權價值代為扣交耕地承租人，以為補償，其於土地所有權人財產權之保障，尚不生侵害問題。惟近年來社會經濟發展、產業結構顯有變遷，為因應農地使用政策，上開為保護農民生活而以耕地租賃權為出租耕地上負擔並據以推估其價值之規定，應盡速檢討修正，以符憲法意旨，併予指明。」

　　本號解釋，除肯認耕地租賃權因物權化，將徵收所有權之概念擴充及於其他物權上，從充分保障人民權利，是值得稱許之事，另外，也尊重立法機關之裁量權，在此，司法解釋解決權利是否因法律規定而受侵害之事項，亦即，著重在審查法規內容權利保護是否周延上，至於請求權如何行使以及請求金額多少，則委由立法機關立法決定之。

---

[61] 承租人之補償早在78年10月30日修正公布之平均地權條例第十一條第一項規定應給與承租人之補償費。

四、冤獄賠償法有無損失補償適用[62]

(一)冤獄賠償法為損失補償法

　　釋字第六七〇號解釋文稱：「受無罪判決確定之受害人，因有故意或重大過失行為致依刑事訴訟法第一百零一條第一項或軍事審判法第一百零二條第一項受羈押者，依冤獄賠償法第二條第三款規定，不得請求賠償，並未斟酌受害人致受羈押之行為，係涉嫌實現犯罪構成要件或係妨礙、誤導偵查審判，亦無論受害人致受羈押行為可歸責程度之輕重及因羈押所受損失之大小，皆一律排除全部之補償請求，並非避免補償失當或浮濫等情事所必要，不符冤獄賠償法對個別人民身體之自由，因實現國家刑罰權之公共利益，受有超越一般應容忍程度之特別犧牲時，給予所規範之補償，以符合憲法保障人民身體自由及平等權之立法意旨，而與憲法第二十三條之比例原則有違……。」本號解釋提出「特別犧牲」之概念，而認為冤獄賠償法屬損失補償性質。冤獄賠償法雖名為「賠償」，但就合法行為「補償」之色彩，恐較濃烈，自不因法律名稱為「冤獄賠償」或法條規定為「國家賠償」而變更其「損失補償」之本質[63]。

　　本號解釋理由書稱：「……冤獄賠償法於形式上為國家賠償法之特別法，然本條項所規定之國家賠償，實係國家因實現刑罰權或為實施教化、矯治之公共利益，對特定人民為羈押、收容、留置、刑或保安處分之執行，致其憲法保障之自由權利，受有超越一般應容忍程度之限制，構成其個人之特別犧牲時，依法律之規定，以金錢予以填補之刑事補償。」

(二)本案符合「特別犧牲」之損失補償

　　本號解釋認為，系爭規定涉及非財產法益之羈押、收容、刑之執行、強制工作、感化教育之執行、留置等基本權利，該等干預措施皆具公權力強制性質，若侵害已逾越社會通常觀念所能容忍之程度，而形成不平等之負擔，已構成所謂特別犧牲，需賦予人民公法上犧牲補償請求（Aufopferungsanspruch）

---

[62] 李震山大法官於釋字第六七〇號解釋協同意見書認為，冤獄賠償法第一條就受害人得請求賠償之要件，分別以第一項「依法」及第二項「非依法」相互區隔，若其係為「合法」與「違法」之區分，就可襯托出「補償」與「賠償」本質之別。但依中華民國96年10月16日司法院、行政院修正函頒之「辦理冤獄賠償事件應行注意事項」第二點後段規定：「第二項所稱受害人，指依刑事訴訟法、軍事審判法、少年事件處理法或檢肅流氓條例所拘禁之人而言。」此時，第二項之「非依法」究係指「依據所列舉法律以外之法」或者是「違反所列舉之法律」，有其混沌之處。

[63] 但釋字第六二四號解釋內容，則係將冤獄賠償法認定為國家賠償法之特別法。

之權。該號解釋理由書稱：「……冤獄賠償法第二條第三款規定，因故意或重大過失行為致受羈押者，不得請求補償部分（以下稱系爭規定），……，並未斟酌受害人致受羈押之行為，係涉嫌實現犯罪構成要件，或係妨礙、誤導偵查審判（例如逃亡、串供、湮滅證據或虛偽自白等），亦無論受害人致受羈押行為可歸責程度之輕重及其因羈押所受損失之大小，皆一律排除全部之補償請求，並非避免補償失當或浮濫等情事所必要，不符冤獄賠償法對特定人民身體之自由，因實現刑罰權之公共利益受有干涉，構成超越一般應容忍程度之特別犧牲時，給予所規範之補償，以實現憲法保障人民身體自由及平等權之立法意旨，而與憲法第二十三條之比例原則有違。」本案解釋內容屬非財產法益之羈押、收容、刑之執行，涉及憲法第八條人身自由剝奪之範圍，因此，首度將損失補償擴及非財產權範圍。

(三)本案不給予損失補償規定而違憲

　　上述解釋是司法對於國家對人民特別犧牲，立法卻因其他原因不予補償，屬所謂所謂的立法之不法（違法不予補償）宣布違憲，這是我國司法上首度將德國法上準徵收違法徵收概念引進我國，亦即，對國家公權力措施已達徵收侵害程度，法律上卻未給予補償之規定（肇因冤獄賠償法第二條第三款以「因受害人故意或重大過失之行為，致受羈押或刑之執行者曾受羈押者，不得請求賠償」排除適用之規定）認為是違法之規定，要求在人民忍受此種公權力措施的不平等待遇之特別犧牲下，法律應給予合理之補償。

(四)以刑事補償法取代原冤獄賠償法

　　民國100年7月6日總統華總一義字第10000138681號令修正公布刑事補償法全文四十一條；並自100年9月1日施行（原名稱：冤獄賠償法；新名稱：刑事補償法），本次修正係為落實公民與政治權利國際公約規定及司法院釋字第六七〇號解釋意旨，修法重點如下：1.修正法律名稱為「刑事補償法」，並以「補償」取代原條文所用「賠償」乙詞。2.擴大得請求補償之處遇種類及程序事由：除原有之羈押、收容、刑罰、感化教育及強制工作外，增訂鑑定留置及強制工作以外之拘束人身自由之保安處分，亦得請求；程序事由則擴大及於撤回起訴、裁定駁回起訴、免訴、撤銷保安處分或駁回保安處分聲請、拘束人身自由之期間逾有罪判決所定之刑或保安處分期間，及同一案件經重複判決之情

形。另刪除現行第二條第三款，因故意或重大過失行為，或因行為違反公序良俗而情節重大等不得補償之規定。3.建立公平的補償法制[64]。

---

[64]　參閱司法周刊第1547期，民國100年6月17日，頁1。

主要參考書目

中文文獻（按照筆畫數）

1. 臺灣行政法學會主編，行政法爭議問題研究（上），五南圖書。
2. 吳庚，行政法之理論與實用，作者自版，2010年9月十一版。
3. 吳庚，行政爭訟法，作者自版，2012年2月六版。
4. 李建良、陳愛娥、陳春生、林三欽、林合民、黃啟禎合著，行政法入門，元照出版，2006年1月三版。
5. 李惠宗，行政法要義，元照出版，2008年9月四版。
6. 李震山，行政法導論，三民書局，2011年10月九版、2019年2月十一版。
7. 林山田，刑法通論（上），作者自版，2008年1月十版。
8. 林紀東，行政法，三民書局，1990年12月六版。
9. 林明鏘，行政法講義，新學林，2019年8月五版。
10. 林騰鷂，行政訴訟法，三民書局，2011年10月四版。
11. 翁岳生編，行政法（上）、（下），元照出版，2006年10月三版。
12. 許宗力，法與國家權力，月旦出版社，1994年10月二版。
13. 陳清秀，行政訴訟法，元照出版，2009年10月三版。
14. 陳新民，行政法學總論，作者自版，2005年9月八版。
15. 董保城，行政法講義，作者自版，2011年9月。
16. 管歐，中國行政法總論，作者自版，1989年10月修訂二十六版。
17. 蔡志方，行政救濟法新論，元照出版，2000年1月初版。
18. 蔡震榮編，警察百科全書（二）行政法，正中書局，2000年1月。
19. 蔡震榮，行政制裁之理論與實務，元照出版，2012年1月。
20. 蔡震榮、鄭善印、周佳宥，行政罰法逐條釋義，新學林，2019年7月三版。

德文文獻（按照字母序）

1. Achterberg, Allgemeines Verwaltungsrecht, 1986.

2. Würtenberger, Polizei- und Ordnungsrecht, in: Besonderes Verwaltungsrecht II, Achterberg/Püttner (Hrsg.), 1992.

3. App, Verwaltungsvollstreckungsrecht, 1989.

4. App/Wettlaufer, Verwaltungsvollstreckungsrecht, 4. Aufl., 2005.

5. Pasternak, Enteignungsgleicher Eingriff, in: Die Enteigungsentschädigung, Hrsg. Aust/Jacobs/Pasternak, 5. Aufl., 2002.

6. Bohnert, Karlsruher Kommentar zum Gesetz über Ordnungswidrigkeiten, Hrsg. Karlheinz Boujong 2000, § 19.

7. Martin Bullinger, VerwaltungsermessenimmodernenStaat, Landesberichte, Bundesrepublik Deutschland, in: VerwaltungsermessenimmodernenStaat, Hrsg. Bullinger, 1986.

8. Drews/Wacke/Vogel/Martens, Gefahrenabwehr, 9. Aufl., 1986.

9. Hans Engelhardt/Michael App, Verwaltungsvollstreckungsgesetz, Verwaltungs-zustellungsgesetz, 1996.

10. Engisch, Einfuehrung in das juristische Denken, 8. Aufl., 1983.

11. Erichsen und Martens, Das Verwaltungshandeln, in: Allgemeines Verwaltungs-recht, Hrsg. Erichsen und Martens, 1986.

12. Göhler, Ordnungswidrigkeitengesetz, 13. Aufl., 2002.

13. Jürgen Salzwedel, Anstaltsnutzung und Nutzung öffentlicher Sache, in: Allgemeines Verwaltungsrecht, Hrsg. Erichsen/Martens, 1986.

14. Fleiner, Institutionen des deutschenVerwaltungsrechts, 8. Aufl., 1928.

15. Christian Starck, Das Verwaltungsermessen und dessengerichtlicheKontrolle, Festschrift für Horst SendlerzumAbschiedausseinemAmt, Hrsg. Fraussen, 1991.

16. Hartmut Maurer, Allgemeines Verwaltungsrecht, 12. Auflage, 1999.

17. Ossenbühl, Vorrang und Vorbehalt des Gesetzes,in: Handbuch des Staatsrechts, Hrsg. Isensee/Kirchhof, Bd III, § 62.

18. Jesch, Gesetz und Verwaltung, Tübingen, 1968.

19. Herzog, in: Maunz-Dürig-Herzog-Scholz, Art. 20, 1993.

20. Hans-Günter Henneke, Begriff des Verwaltungsaktes, in: Verwaltungs-verfahrensgesetz, Kommentar, Hrsg.Knack, 6. Aufl., 2000.

21. Hans-Günter Henneke, Öffentlich-rechtlicher Vertrag, Vor § 54, in: Verwaltungsverfahrensgesetz, Kommentar, Hrsg. Knack, 1996.

22. Handbuch für das Verwaltungszwangsverfahren, Hrsg. Fachverband der Kommunalkassenvevwalter.e.V. Bd Ⅱ, 2000.

23. Kopp,Verwaltungsverfahrensgesetz, 6. Aufi., 1996.

24. Ferdinand O. Kopp, Verwaltungsprozessordnung., § 35, 2002.

25. Mayer/Kopp, AllgemeinesVerwaltungsrecht, 5. Aufl., 1985.

26. Mutius, UnbrstimmterRechtsbegriff und ErmesseninVerwaltungsrecht, in: JURA 1987, S.94ff.

27. Ossenbühl, Staatshaftungsrecht, 1991.

28. Ossenbühl, Satzung, in: Handbuch des Staatsrecht.

29. Pein, AllgemeinesVerwaltungsrecht, 1994.

30. Peter-Michael Huber, AllgemeinesVerwaltungsrecht, 1992.

31. Rasch, Der Realakt, DVBl.1992, S.209.

32. Reuss, Das Ermessen, VersucheinerBegriffsklaerung, DVBl 1953, S.585ff.

33. Robbers, Schlichtes Verwaltungshandeln, in: DÖV 1987, S.273f.

34. Ronellenfitsch,Das besondereGewaltverhältnis-einzufrühtotgesagtes Rechtsinstitut,in: ÖffentlicheVerwaltung, 1981, S.934.

35. Sadler, Verwaltungsvollstreckungsgesetz, 2. Aufl., 1992.

36. Schönke/Schröder, Strafgesetzbuch, Kommentar, 26. Aufl., 2001.

37. Schweichhardt/Vondung, AllgemeinesVerwaltungsrecht, 8. Aufl., 2004.

38. Sieckmann, Beurteilungsspielräume und Kontrollkompetenz, in: DVBl, 1997, S.101ff.

39. Schenke, Polizei- und Ordnungsrecht, in: Besonderes Verwaltungsrecht, Steiner (Hrsg.), 1992.

40. Thieß, Ordnungswidrigkeitenrecht, 2002.

41. Ule, Verwaltungsprozessrecht, 9. Aufl., 1987.

42. Jürgen Vahle, Vollstreckung und Rechtsschutz im Verwaltungsrecht, 2. Aufl., 1988.

43. Wahl, Risikobewertung der Exekutive und richterlicheKontrolldichte, in: NVwZ 1991, Heft 5, S. 410.

44. Wolff/Bachof/Stober, Verwaltungsrecht I , 10. Aufl., 1994.

國家圖書館出版品預行編目資料

行政法概要／蔡震榮著. -- 五版. -- 臺北
市：五南圖書出版股份有限公司, 2023.10
面； 公分
ISBN 978-626-366-613-9（平裝）

1.CST: 行政法

588   112015227

1R22

行政法概要

作　　者 ― 蔡震榮（378.1）

發 行 人 ― 楊榮川

總 經 理 ― 楊士清

總 編 輯 ― 楊秀麗

副總編輯 ― 劉靜芬

責任編輯 ― 林佳瑩

封面設計 ― 陳亭瑋

出 版 者 ― 五南圖書出版股份有限公司

地　　址：106台北市大安區和平東路二段339號4樓

電　　話：(02)2705-5066　　傳　　真：(02)2706-6100

網　　址：https://www.wunan.com.tw

電子郵件：wunan@wunan.com.tw

劃撥帳號：01068953

戶　　名：五南圖書出版股份有限公司

法律顧問　林勝安律師

出版日期　2012年10月初版一刷
　　　　　2015年10月二版一刷
　　　　　2019年11月三版一刷
　　　　　2022年 5 月四版一刷
　　　　　2023年10月五版一刷

定　　價　新臺幣700元

經典永恆・名著常在

五十週年的獻禮——經典名著文庫

五南，五十年了，半個世紀，人生旅程的一大半，走過來了。

思索著，邁向百年的未來歷程，能為知識界、文化學術界作些什麼？

在速食文化的生態下，有什麼值得讓人雋永品味的？

歷代經典・當今名著，經過時間的洗禮，千錘百鍊，流傳至今，光芒耀人；

不僅使我們能領悟前人的智慧，同時也增深加廣我們思考的深度與視野。

我們決心投入巨資，有計畫的系統梳選，成立「經典名著文庫」，

希望收入古今中外思想性的、充滿睿智與獨見的經典、名著。

這是一項理想性的、永續性的巨大出版工程。

不在意讀者的眾寡，只考慮它的學術價值，力求完整展現先哲思想的軌跡；

為知識界開啟一片智慧之窗，營造一座百花綻放的世界文明公園，

任君遨遊、取菁吸蜜、嘉惠學子！